总编　黄红元
主编　蒋　锋　卢文道

Zheng Quan Fa Yuan

证券法苑

第二十五卷
（2018年7月）

法律出版社
LAW PRESS · CHINA

证券法苑 第二十五卷
（2018年7月）

主办单位：上海证券交易所

证券法苑　第二十五卷(2018)

Securities Law Review (Serial No. 25) (2018)

卷首语

本期《证券法苑》共分为5个栏目，收录了证券法治领域的17篇优秀稿件，详细介绍如下：

【前沿探讨】本栏目收录了3篇论文。

2018年6月6日，中国证监会发布《存托凭证发行与交易管理办法（试行）》等规章及规范性文件，沪深交易所随后发布了《试点创新企业股票或存托凭证上市交易实施办法》及相关业务规则，试点创新企业境内上市工作稳步推进。依法创造条件引导创新企业发行股权类融资工具并在境内上市，充分发挥资本市场对创新驱动发展战略的支持作用，是深入贯彻落实党的十九大精神和党中央、国务院相关决策部署的重要举措。本栏目的3篇文章就试点创新企业境内发行上市中的相关问题进行了探讨。

唐应茂的《临时报告的国际披露原则与内国法适用——存托凭证临时报告的披露原则和主要问题》比较了国际证监会组织《2002年临时报告披露原则》以及美国的立法模式，认为我国在尝试构建创新企业发行存托凭证的临时报告披露规则时，应采用原则性立法模式，保持规则弹性，适度放宽临时报告要求，发布重点格式指引，并区分股东和上市公司的信息披露义务。

傅穹、杨金慧的《不同投票权制度：争议中的胜出者》以小米集团为例进行探讨，认为我国应积极引入不同投票权的制度安排,同时进行一定的准入限制,加强公司治理以及强化保障机制,从而在保障公众股东权益的同时,吸引高质量成长性新兴产业公司上市,提升我国资本市场竞争力。

王灏文的《美国类别股法律制度探源:背景、进程及内在逻辑》通过对美国差异表决权股份的成因、背景与发展历程进行分析,试图找出该制度的基本逻辑,并认为我国应借鉴以双重股权结构为主的美国类别股法律制度,在吸引优秀上市资源的同时,平衡各方利益,完成相关制度的本土化设计。

【制度研究】本栏目收录了5篇论文。

近年来,证监会坚持依法全面从严监管,查处了一批侵害投资者合法权益的大案要案。相比之下,受害投资者通过民事诉讼寻求权利救济仍然面临诸多制度性阻碍。赔偿范围的厘定及赔偿标准的确立是证券侵权民事救济最为基础的问题。冯果、张阳的《证券侵权民事赔偿标准确立的内在机理与体系建构》从民事赔偿标准的构成要素和价值衡平入手,认为赔偿标准应求同存异,并在三个维度上进行系统化的统筹,方能使投资者的利益得到保护。

股东表决权滥用是公司法司法审判中的一个热点问题。曹兴权的《股东表决权滥用的认定》对司法实践中股东表决权滥用规则的运行情况进行了实证分析,认为股东表决权滥用固然应受到限制,但也不应随意被贴上该标签,而是应该结合公司法及其他民商法制度与理论,在个案裁判中进行精细化论证。

陈剑、王志明、蒋迅锋的《关于借用证券账户行为的问题分析与监管思考》关注的是市场上普遍存在的借用证券账户行为。该行为规避了账户实名制的要求,减损了穿透式监管的行政效能,不利于宏观风险监测,在微观层面也不利于事前信息披露、事中市场监控及事后稽查执法。文章对比了我国对银行账户的监管和国际上对证券账户的监管,认为现阶段应通过反洗钱身份识别制度提高对证券账户的识别能力,推动证券账户实名制,加强信息技术手段的运用以及行业自律监管;中长期来看,我国需要通过完善政策法规以及强化证券公司的会员责任来加强对借用证券账户行为的监管。

2016年以来,沪深交易所探索建立了“以监管会员为中心”的交易行为监管模式,2017 年证监会发布的相关文件也对证券公司客户管理责任提出了明确的要求。陈岚、朱维、李烁的《证券公司客户管理责任若干问题的法律思考》,先从证券公司自身的责任及其与客户的法律关系入手,进而阐明了证券公司对客户管理的新趋势。文章认为,实践中证券公司在管理客户时常常遇到两难困境,担心按照监管要求履行了相应法定义务,却被客户要求承担一定的侵权责任。文章建议建立客户管理责任的安全港规则,并且建立统一的证券公司客户管理与服务体系。文章还通过案例,特别分析了证券公司在资产管理通道业务中作为管理人所遇到的问题以及应承担的责任。

赵子毅的《比例原则视角下大额持股披露规则的解释论》考察了我国大额持股披露规则的来源和演变。文章提出,应当运用私法上的比例原则对大额持股披露规则进行解释,使违规增持行为与相应的法律后果适当匹配,在实现法律规范意旨的同时避免过度干预。

【市场观察】本栏目收录了 4 篇论文。

薛波的《公司信用基础的理论争辩与谬误澄清》在分析信用和公司信用内涵的基础之上,系统地梳理了公司信用基础理论的论争过程。文章认为,从资本信用到资产信用,只是对公司信用转型趋势的一种形象化描述,以资产信用的优越性进而彻底否定资本信用是一种不合逻辑、背离现实的武断评判模式。

在竞争法的视角下,我国证券市场长期存在市场参与主体之间的不公平竞争现象,典型的是投资者之间的不公平竞争。宁立志、肖函的《证券市场投资者间不公平竞争的竞争法透析》认为,此类不公平竞争的产生与市场本身的缺陷以及政府的监管不到位有关,有些则可能是监管本身所致。我国证券市场的健康发展不能离开政府的监管,政府应该致力于建立和维护市场竞争机制的长期制度化和有效运行。该文章针对我国证券市场投资者不正当竞争问题提出了三项基本原则和四项具体措施。

王真真的《我国董事监督义务的制度构建:中国问题与美国经验》以美国特拉华州的实践经验为例考察了美国董事监督义务的发展脉络,认为董事对经理层的监督义务性质上属于注意义务,内容上包括监督制度的建立以及监督经理人的行为。文章认为,目前国内监事会没有起到真正的监督作用,董事的监督在监督力度、监督方式等方面不同于监事会,强调董事的监督义务对我国有着重要意义。

王几高在《禁止财务资助的制度逻辑和规则重构——以降低代理成本为视角》一文中提出,我国目前关于禁止财务资助制度的立法呈现出规则和标准不一致、缺乏独立性和灵活度、立法技巧不足、立法层级较低、违规成本较低等弊端,已不适应公司法现代化的要求。文章尝试在资产维持原则、保护债权人和小股东利益的角度之外,利用降低代理成本的逻辑框架对禁止财务资助制度进行规则重构,亦即依照公司类型、公司控制权、交易动机以及交易杠杆等不同特征对是否允许财务资助进行差异化管理,科学配置附条件豁免模式,并加强事后惩处机制。

【优秀硕士论文选登】本栏目收录了2篇优秀硕士毕业论文。

张佳杰的《股东优先购买权纠纷之司法裁判研究》对215件涉及股东优先购买权纠纷的司法案件进行了实证研究。论文总结了股东优先购买权的具体行使规则在司法实践中的问题,对优先购买权遭损害时股权转让合同的效力、股东优先购买权受损害的救济方式等具体问题进行了探讨。

江妙龄的《伪造签名的股权转让纠纷裁判实证研究》对121个涉伪造签名的股权转让纠纷进行分析。从司法实践来看,这些案件的主要特点包括利益冲突多元、事实认定困难、裁判依据模糊、鉴定多周期长,以及民、行、刑交叉等方面,凸显出司法立场不统一、对公司利益保护不足等现实问题。论文从确定登记是否属实、判断有无事先同意或事后追认、无追认时考察可否类比表见代理、协议无效时视情况判断股权归属以及对公司利益的特殊考虑等五个方面,提出了具体裁判规则的构建意见。

【域外法制】本栏目收录了3篇论文。

美国《1933年证券法》创设了联邦强制披露制度,要求证券发行人必须提供给潜在投资者的一项综合信息列表,包括财务报表,资本结构和投票权信息,高管薪酬,承销商薪酬和风险因素等。然而,在美国学界,怀疑强制披露制度必要性的声音一直不绝如缕。布伦特·J.霍顿的《捍卫联邦强制披露制度:观察证券法颁布之前的招股说明书》一文对怀疑论者的论点提出了批驳。文章对比了该制度出台前披露的招股说明书，认为该制度使得招股说明书的信息披露更加充分，因此不得被随意削弱。

玛格丽特·M. 布莱尔的《资本锁定：19世纪公司法为企业组织者实现了什么？》（上）对于公司的资本锁定功能进行了解读。该文探究了19世纪的美国商业企业家为何开始利用公司的形式来组织他们的企业，进而认为公司形式的关键优势之一在于其具有锁定资本的能力。对这一过程的理解，可能有助于阐明困扰世界各地的经济转型问题，以及探索小型初创企业的治理安排。

2018年8月，《国际证监会组织关于交易场所异常波动管理和交易秩序维护机制的最终报告》，对各成员国或地区交易场所目前正在使用的各类异常波动风险管理措施进行了研究。报告着重讨论了四个内容：一是交易所在异常波动事件中采用的各种自动反应机制；二是上述机制中建立和观察初始价格和参考价格的处理方法；三是关于上述机制设计、运作和触发的何种信息以何种方式提供给监管机构、市场参与人和社会公众；四是在何种程度上与境内外交易场所进行信息共享。在报告中，国际证监会认为，交易场所应当设置恰当的波动控制机制，以管理市场波动，维护金融工具交易的有序进行。

《证券法苑》坚持理论与实践的“深度”结合，坚守质量立刊的宗旨，点滴汇涓成流，不断巩固、夯实和推进资本市场法治的进步。

编　者

2018年8月

【前沿探讨】

《证券法苑》(2018)
第二十五卷,第1~50页

临时报告的国际披露原则与内国法适用

——存托凭证临时报告的披露原则和主要问题

唐应茂*

摘要:国际证监会组织《2002年临时报告披露原则》强调原则性、重大性以及根据不同信息披露文件和义务主体确定不同信息披露要求,美国大体采纳了该原则,但未采纳披露的同时性和一致性原则,且在临时报告内容和格式方面保持较大弹性,并区分股东与上市公司信息披露责任。境内试点创新企业发行存托凭证的临时报告披露规则构建,应该采用原则性立法模式,保持规则弹性,适度放宽临时报告要求,发布重点格式指引,并区分股东和上市公司的信息披露义务。

关键词:存托凭证　临时报告　持续信息披露　国际证监会组织

在跨境发行股票和上市这个问题上,国际证监会组织(IOSCO)发布过三个文件,分别是1998年发布的《外国发行人跨境发行和初次上市国际披露

---

* 北京大学法学院副教授、耶鲁大学法律科学博士(JSD)。

标准》、[1] 2002 年发布的《上市机构持续信息披露和重大进展报告披露原则》(以下简称《2002 年临时报告披露原则》),[2] 以及 2010 年发布的《上市机构定期披露原则》(以下简称《2010 年定期报告披露原则》)。[3] 第一个文件适用于企业跨境公开发行和上市,后两个文件适用于企业跨境上市之后的持续信息披露,本文侧重讨论《2002 年临时报告披露原则》。

《2002 年临时报告披露原则》没有国际法意义上的强制力,仅代表国际证监会组织的观点,各国证券监管机构可以决定不采纳,也可以决定采纳以及如何采纳。因此,它不具有国际法意义上的法律效力。同时,《2002 年临时报告披露原则》由国际证监会组织技术委员会发布,该委员会基本由欧美主导,主要反映发达证券市场的立场。[4] 不过,《2002 年临时报告披露原则》作为国际证监会组织牵头形成的文件,具有一定的代表性和影响力,部分原则被其成员包括中国所采纳。2018 年 3 月,国务院办公厅转发中国证监会《关于开展创新企业境内发行股票或存托凭证试点若干意见的通知》(以下简称《创新企业境内上市试点通知》),该通知针对的主要是已经或计划在美国以及我国香港地区上市的创新企业。《2002 年临时报告披露原则》基本反映了美国和我国香港地区的立场。因此,本文把《2002 年临时报告披露原则》视为国际标准,结合美国如何采纳该国际标准的做法,讨论创新企业境内发行存托凭证后临时报告涉及的若干问题。

一、《2002 年临时报告披露原则》及其特点

《2010 年定期报告披露原则》对年报、季报、半年报等定期报告的

---

[1] IOSCO: *International Disclosure Standards for Cross-Border Offerings and Initial Listings by Foreign Issuers*, September 1998.

[2] IOSCO: *Principles for Ongoing Disclosure and Material Development Reporting by Listed Entities*, October 2002.

[3] IOSCO: *Principles for Periodic Disclosure by Listed Entities*, February 2010.

[4] 国际证监会技术委员会的组成及其代表发达市场立场的论述,请参见 A. A. Sommer, Jr. ,IOSCO: *Its Mission and Achievement*, 17 Nw. J. Int'l L. & Bus. 15(1996),pp. 18 – 19.

披露原则做了总结，而《2002年临时报告披露原则》主要对定期报告涵盖期间之间发生重大事件涉及的临时报告披露原则做了总结。《2002年临时报告披露原则》明确提出了临时报告的若干原则，强调原则性，强调重大性，强调根据不同信息披露文件、不同信息披露主体分别确定信息披露要求，这是它比较突出的三个特点。

（一）原则性

从标题来看，《2002年临时报告披露原则》采用了“原则”（principles）这一术语，强调其目的是总结持续信息披露标准的“宏观原则”（high level principles）。[5] 从《2002年临时报告披露原则》行文特点来看，它采用了典型的“原则性”立法范式。

比如，《2002年临时报告披露原则》一共只有13页，其中正文只有6页。该文件正文分为两个部分：第一部分是引言；第二部分是对七个原则的介绍，只有3页篇幅。这七个原则分别是：持续信息披露业务的核心要素原则（key elements of ongoing disclosure obligations）、及时性原则（timeliness）、披露的同时性和一致性原则（simultaneous and identical disclosure）、信息传播原则（dissemination of information）、披露标准原则（disclosure criterial）、披露的平等对待原则（equal treatment of disclosure）以及责任分配原则（allocation of accountability）。

就这七个原则而言，针对每一个原则，《2002年临时报告披露原则》仅仅做了非常简单的阐述，并未试图做出任何更细致的界定。比如，就披露标准原则而言，该文件要求“持续信息披露应该公正表述，不应具有误导性或欺骗性，且不应遗漏重要信息”。[6] 除此之外，

---

[5] 《2002年临时报告披露原则》第1部分（Introduction）第8条[“To develop a companion set of International Disclosure Standards to IDS98 – namely setting high level principles in ‘International Ongoing Disclosure Standards for ongoing disclosure and material development reporting by listed entities’（IODS）”]。相比而言，1998年发布的《外国发行人跨境发行和初次上市国际披露标准》采用了“披露标准”（disclosure standards）这一术语。从该文件的内容（何为披露标准）来看，该文件的规定比较细致，已经接近于法律规则范式，与《2002年临时报告披露原则》和《2010年定期报告披露原则》存在很大区别。

[6] 英文原文为“Ongoing disclosure of information should be fairly presented, not be misleading or deceptive and contain no material omission of information”。

《2002 年临时报告披露原则》再无任何进一步阐述。同样,就责任分配原则而言,该文件仅仅强调,“上市主体应该对持续信息披露义务的合规性负责。在有的法域,某些特定人士也对该信息披露负有责任”。除此之外,《2002 年临时报告披露原则》无任何其他规定。甚至什么是“某些特定人士”,该文件也不试图做任何说明。

(二)重大性(materiality)

在《2002 年临时报告披露原则》中,重大性既是第一个披露原则,被称为持续信息披露业务的核心要素原则,也作为原则之上的总要求放在“引言”中加以讨论,并通过附件形式做更为详细的论述。因此,“重大性”是《2002 年临时报告披露原则》的核心内容。具体而言,在《2002 年临时报告披露原则》中,国际证监会组织总结了不同国家针对持续信息披露采用的两种不同模式:一种模式是欧盟为代表的“通用义务型”披露模式(general obligation approach);另一种模式是以美国为代表的“列举型”披露模式(prescription approach)。在“通用义务型”披露模式下,证券法律仅要求上市公司披露对股票价格敏感具有重要影响的信息,并不具体列举哪些事件、信息属于重大事件或重要信息。而在“列举型”披露模式下,证券法律会具体列举某些事件或信息,要求上市公司发生该事件或出现该信息时,应该披露该事件或信息。证券法律具体列举的这些事件或信息,通常被认为属于重大事件、重要信息。

当然,《2002 年临时报告披露原则》也强调,实践中这两种模式的区分并不是绝对的。比如,在美国,即便上市公司披露了美国证券法律列举的事件或者信息,投资者仍然可以到法院对上市公司提起诉讼,指控上市公司没有披露某些投资者认为应该披露的重大事件或信息。是否构成重大遗漏,最后则由法院来加以判断。因此,证券法律列举式规定重大事件或信息,并不排除投资者或法院的进一步审查,甚至对上市公司的披露提出挑战。上市公司在发生列举事件或信息以外的事件或信息,仍然需要考虑该信息对于投资者是否重要。同样,对于采用“通用义务型”披露模式的国家,也不排除上市规则、会计准则甚至法律本身仍然会规定,某些信息或事件需要放在价格敏感性或重大性测试的框架下进行分析,从而确定是否要作为重大事件或信息进行披露。为此,《2002 年临时报告披露原则》的附件介绍了巴西的实践。巴西采用“通用义务型”披露模式,但巴西相关规则列举了需要根据重大性测试进行分析确定是否披露的事件或信息,《2002 年临时报告披露原则》逐一列举了这些事件和信息。

(三)区分不同文件和义务主体确定不同信息披露要求

《2002 年临时报告披露原则》曾试图将定期报告披露原则也包含在内,[7] 因此,在它提出的某些原则中,曾经试图将某原则同时适用于定期报告和临时报告,但通常会对不同信息披露文件如何适用该原则做出区分。比如,就“及时性”原则而言,《2002 年临时报告披露原则》在阐述“及时性”原则的时候,区分临时报告和定期报告两种情况,认为“及时性”原则要求临时报告需要针对重大事项立即(immediate)披露,实践中表现为法律要求“尽快”(as soon as possible)披露,或者在规定时间内(如美国不超过 2 个工作日)披露,[8] 而“及时性”原则要求定期报告要根据法律要求“定期”披露(periodic basis)。换句话讲,定期报告的“及时性”主要体现为,上市公司在法律要求的时限内发布定期报告。

随着《2010 年定期报告披露原则》的发布,这一问题得到明确:《2010 年定期报告披露原则》专门适用于上市后的定期报告,而《2002 年临时报告披露原则》主要侧重适用于上市后的临时报告。《2002 年临时报告披露原则》试图涵盖定期报告,这一做法没有成功,而且带来潜在问题。但是,《2002 年临时报告披露原则》对持续信息披露文件进行区分,不同类型的持续信息披露文件其披露原则和标准不同。因此,即便所谓“及时性”原则可以同时适用于定期报告和临时报告,“及时”的含义因为报告类型不同而不同。

对于信息披露时间的同步性或内容的一致性问题而言,《2002 年临时报告披露原则》在及时性原则的基础上,进一步提出了披露的同时性(或同步性)(simultaneous)和一致性(identical)原则。根据这一原

---

〔7〕 参见《2002 年临时报告披露原则》第 1 部分第 5 条(the term “ongoing” is defined in this report to include generally all current, continuous and periodic disclosures, other than that disclosed at the IPO stage)。

〔8〕《2002 年临时报告披露原则》第 2 部分第 2 条。

则,如果企业在两个或多个法域上市,它们在一个法域披露的信息必须在所有其他上市法域同时且一致披露。但是,《2002 年临时报告披露原则》并未进一步阐述,披露的同时和一致性原则是否应同时适用于定期报告和临时报告。

从《2002 年临时报告披露原则》对及时性原则的讨论,以及该《原则》引言部分的介绍来看,《2002 年临时报告披露原则》试图同时适用于定期报告和临时报告,这一点似乎没有疑问。但是,如果采用这一解读,则会产生许多问题。就定期报告而言,不同市场对定期报告的内容和格式准则有不同要求,两地或多地上市公司会根据不同上市地要求制作不同上市地需要的定期报告。如果采用《2002 年临时报告披露原则》的同时性和一致性原则,这意味着两地或多地上市公司可能会需要将根据一个国家要求制作的年报,"同时"而且"一致"的提交到另一个国家。实践中,这很难做到,而且也缺乏意义。

因此,在《2010 年定期报告披露原则》中,同样针对在两个或多个法域上市企业的要求,在定期报告的场景下,该准则采用了"披露的等效性原则"(equivalence)这一提法,要求两地或多地上市企业在一个法域披露的"重要定期信息"也必须向所有其他上市地及时(promptly)披露。通过使用"等效性"原则这一提法,并使用"重要定期信息"这一术语对定期信息做重要性限定,定期报告在多地上市场景下的披露被赋予了很大弹性。虽然也存在多地上市公司,将在一个法域制作的年报(或其他定期报告)"同时"且"一致"的披露到另一法域,但是,如果采用《2010 年定期报告披露原则》"披露等效性原则",两地或多地上市公司需要做的,只是将所有"重要定期披露信息"同时反映在根据不同国家要求制作的年报中,就可以被认为满足了"披露的等效性"要求。所以,结合《2010 年定期报告披露原则》来看,《2002 年临时报告信息披露原则》中的同时性和一致性原则,应主要适用于临时报告。不过,如下文所述,同时性和一致性原则并未被部分国际证监会组织的部分成员国如美国采纳,因为该原则缺乏弹性,在很大程度上不具有操作性。

此外,从不同信息披露义务主体来看,《2002 年临时报告披露原则》还提出了责任分配原则,强调上市后的持续信息披露责任主体一般为上市公司,但某些国家也规定,特定人士也是持续信息披露义务的责任主体。不过,《2002 年临时报告披露原则》并未进一步明确,这里提到的“特定人士”究竟指的是哪些人士?从实践来看,不少国家都存在股东持股情况的信息披露要求,在涉及上市公司股份收购场景下,股东持股以及收购意图也属于信息披露的内容。因此,上市公司股东和实益所有人也会成为其持股情况和收购意图等信息的披露义务主体。因此,不同信息披露义务主体,其信息披露责任要求不同。

二、《2002 年临时报告披露原则》在内国法的适用——以美国为例

《2002 年临时报告披露原则》属于国际证监会组织推荐各国采纳的规范性文件,它不能在内国直接适用。同时,《2002 年临时报告披露原则》过于原则性,缺乏细节。因此,不同国家需要颁布内国法规则,通过内国法规则来落实《2002 年临时报告披露原则》。本部分以美国为例,具体说明美国如何通过内国法规则处理跨境上市企业的临时报告问题。

(一)临时报告披露的原则性和灵活性

从某种程度来讲,《2002 年临时报告披露原则》中所确立的临时报告披露原则是美国主导的产物,但是,《2002 年临时报告披露原则》中的部分原则被美国国内法所放弃,这是一个非常有意思的现象。其中主要原因在于,《2002 年临时报告披露原则》部分原则缺乏弹性,在实践中,美国出于吸引境外公司到美国上市的目的,基本放弃了这类缺乏弹性的原则。

比如,《2002 年临时报告披露原则》包含信息披露的及时性原则。在临时报告的场景下,《2002 年临时报告披露原则》将“及时性”解释为“立刻”(immediate),并认为实践中法律要求表现为“尽快”(as soon as possible)或者在法律规定的时限内(如美国要求的 2 个工作日内)。但是,这里引用的美国做法是美国针对其境内设立的美国发行人的要求。就在美国境外设立的所谓外国私人发行人(foreign private issuer)

而言,美国证监会发布的临时报告格式准则 6 - K 表格(Form 6 - K)大大放宽了及时性要求。6 - K 表格规定,外国私人发行人应该"迅速"(promptly)向美国证监会提交该临时报告。就英文语义而言,"立刻"(immediate)和"尽快"(as soon as possible)都接近于"马上""一刻都不能耽搁"的意思,而"迅速"(promptly)意味着究竟要多快存在很大解释空间。从实践来看,相当多律师都认为,遵守"迅速"的要求,不需要遵守适用于美国发行人 2 个工作日的时限。不对外国私人发行人规定任何明确时限,而是采用"迅速"这一带有弹性的要求,这本身就反映了美国证监会对外国发行人相对宽松的态度。

同时,《2002 年临时报告披露原则》还提出了信息披露的同时性(simultaneous)和一致性(identical)原则。如上所述,该原则一方面已经不再被《2010 年定期报告披露原则》所提及,而是由后者采用的披露等效性原则所取代。另一方面,6 - K 表格以及其他美国证监会规则也没有将同时性和一致性作为法律规则来要求外国发行人。

不过,美国证券法律没有明确要求,并不等于上市公司自己不会试图去保持两地或多地上市信息披露的同时性和一致性,以避免被认为违反其他原则或要求,如《2002 年临时报告披露原则》提及的信息披露平等原则,或者《2010 年定期报告披露原则》提及的平等获得信息原则,甚至两个原则都提及的披露标准原则。虽然信息披露的平等原则和平等获得信息原则并非针对两地或多地上市情形,[9] 但上市公司出于谨慎起见,避免出现在一个上市地披露的信息因为没有"同时"且"一致"地向另一个上市地披露,由此带来另一个上市地投资者以不符合"披露标准"原则(如未向该上市地投资者披露重要信息)为由质疑上市公司,从而引发争议甚至诉讼的风险,进而主动地将在一地披露的定期或临时报告信息在另一地"同时"且"一致"的披露。

但是,既然不是美国法律的明确要求,既然是上市公司主动采取的避险行为,那么,实践中不同上市公司的做法就存在差异,有时差异甚

〔9〕 根据《2002 年临时报告披露原则》,信息披露的平等原则指的是,在信息公开前,上市公司不应该向某些特定投资者提前公布信息。根据《2010 年定期报告披露原则》,平等获得信息原则与《2002 年临时报告披露原则》的信息披露的平等原则含义基本一致。

至很大。比如,不少在美国和我国香港两地上市的中国企业,都会以美国法下的临时报告(6-K表格)形式将其香港年报“同时”且“一致”地在美国披露。例如,北京时间2018年4月12日17时5分,中国电信在香港联交所披露了根据香港地区法律要求制作的英文年报;[10]同一天的美国时间13点57分,中国电信以临时报告(6-K表格)的形式将该香港英文年报全文提交给美国证监会,仅仅比该年报在香港联交所披露的时间晚了几个小时。[11] 同样,北京时间2018年4月11日16点50分,中国人寿在香港联交所披露了根据香港地区法律要求制作的英文年报;[12]同一天的美国时间11点20分,中国人寿以临时报告(6-K表格)形式将该香港英文年报全文提交给美国证监会,也仅仅比该年报在香港联交所披露的时间晚了几个小时。域外年报在境内“同时”且“一致”披露,属于上市公司做得比较好的例子。即便如此,中国人寿同时在上海、香港和纽约上市,中国人寿在大陆A股的年报,就没有以临时报告(6-K表格)形式在美国“同时”且“一致”的披露。语言和翻译虽然是一个原因,但这也反映出同时和一致原则的局限。

进一步讲,对于临时报告而言,在判断是否需要“同时”且“一致”将一个上市地临时报告在另一个上市地披露,不同上市公司的做法存在很大的差异。比如,从中国人寿的披露实践来看,中国人寿尽可能地会以美国临时报告(6-K表格)的方式将在香港披露的临时报告英文全文同时向美国证监会提交。比如,附件一总结了2017年中国人寿在上海、香港地区和美国提交的104份临时公告。其中,在我国大陆、我国香港地区和美国都提交的有77份,有27份属于并未在三地都同时披露的公告。在这27份临时公告中,有的属于在我国大陆、我国香港地区公告但在美国没有公告的情况,也有的属于在我国香港地区和美国公告但在我国大陆没有公告的情况。就前者而言,涉及选取公司通

[10] 参见香港联交所披露易网站:http://www.hkexnews.hk/listedco/listconews/SEHK/2018/0412/LTN20180412501.pdf,2018年6月1日访问。

[11] 参见美国证监会网站:https://www.sec.gov/Archives/edgar/data/1191255/000119312518115373/0001193125-18-115373-index.htm,2018年6月1日访问。

[12] 参见香港联交所披露易网站:http://www.hkexnews.hk/listedco/listconews/SEHK/2018/0411/LTN20180411409.pdf,2018年6月1日访问。

讯方式的公告、涉及董事名单及其角色职能的公告、涉及董事会会议公告等多份公告属于仅在香港地区披露，而没有在美国披露的临时报告。同时，香港联交所和美国证监会都会显示临时公告的上传时间。从七十多份香港地区和美国都披露的临时公告的上传时间来看，中国人寿也几乎是做到了“同时”披露。相对而言，中国人寿属于自愿执行“同时”且“一致”原则的“模范生”，这可能与中国人寿2013年年底在美国上市即遭遇美国投资者集团诉讼，从而采取非常保守和谨慎得多的信息披露实践有关。即便如此，中国人寿也存在上述27份没有在三地同时公告的情况。

同时，其他在两地或多地上市的公司，并没有都采取中国人寿一样的保守披露实践。比如，2018年5月28日，中国电信在香港联交所披露了4个公告，分别涉及中国电信修改后的章程、中国电信年度股东会投票结果、中国电信董事名单及其职责以及中国电信某独立董事辞职信息。2018年5月29日，中国电信仅向美国证监会提交了2个临时报告（6－K表格），分别涉及某独立董事辞职信息和年度股东会投票结果。[13] 从简单对比来看，中国电信在香港地区披露的修改后章程公告以及董事名单及其职责公告并未在美国披露，而且，在美国披露相关公告的时间要晚一天。美国证监会临时公告格式准则（6－K表格）允许上市公司根据重大性原则判断是否需要披露某些信息（下文详述）。同时，如上所述，美国6－K表格仅要求境外上市公司“迅速”披露临时公告，并未要求“同时”披露。因此，从美国临时公告的要求来看，中国电信的披露做法并不违反相关要求，但同上述境外年报披露所遵循的“同时”和“一致性”原则相比，中国电信对临时公告的披露实践明显不同，与中国人寿也存在很大差异。附件二总结了中国电信2017年在我国香港地区和美国两地的临时报告披露情况。总体而言，中国电信因为仅涉及我国香港地区和美国两地上市，因此，其临时公告的数量相对较少，仅有31份，但也存在中国人寿一样的没有在两地同时公告的

---

〔13〕 参见美国证监会网站：https://www.sec.gov/cgi-bin/browse-edgar?action=getcompany&CIK=0001191255&owner=exclude&count=40&hidefilings=0，2018年6月1日访问。

情形。

（二）临时报告的重大性

在《2002年临时报告披露原则》中，美国被列为“列举型”披露模式，以区别于以欧盟为代表的“通用义务型”披露模式。但是，就临时报告而言，当美式“列举型”披露模式适用于美国境外上市公司时，该披露要求被大大简化，以包容境外上市公司的临时报告披露义务。

一方面，在美国“列举式”披露模式下，虽然美国证监会也列举了二十多项具体事项或信息，假设这类信息属于重要信息，要求上市公司以临时报告形式披露，但是，这二十多个事项或信息很少以数字或比例作为标准，给了上市公司某种程度的弹性。[14] 相比而言，同样被归为“列举式”披露模式的日本，在列举应该披露的事项或信息的基础上，对不少事项或信息做了量化要求。[15] 比如，就诉讼而言，日本法律要求披露索赔额达到上市公司净资产15%的诉讼，或者赔偿额达到上市公司净资产3%的诉讼；就业务转让而言，日本法律要求披露导致30%及以上净资产增加或减少的业务转让，或者披露导致10%及以上收入增加或减少的业务转让。将应披露事件或信息进行量化，好处是提供了一个明确的可操作性标准，不好之处在于披露规则缺乏弹性。比如，导致收入增加或减少10%的业务转让，对于某些企业来讲可能很重要，但对于另一些企业来讲，可能只是一个常规并购活动。对于后者而言，披露规则实际上“剥夺”了上市公司自己来判断该并购是否重大的权利，当然也同时减少了未来争议的可能性。

另一方面，在将“列举式”披露模式适用于境外上市公司时，美国实际上进一步放宽了披露要求，对披露内容和披露形式都做了弹性处理。在《2002年临时报告披露原则》中，国际证监会组织引用的是美国针对其境内注册的上市公司发布的临时报告准则要求，即8－K表格（Form 8－K）要求。针对境外注册的外国私人发行人临时报告内容和

---

〔14〕 参见《2002年临时报告披露原则》附件（Annex）。《2002年临时报告披露原则》附件在列举美国要求时，并未列举任何量化指标，但8－K表格第2.01项针对收购和处置重大资产，规定了10%的指标，即收购或处置资产达到总资产10%的为收购或处置重大资产。

〔15〕 参见《2002年临时报告披露原则》附件（Annex）。

格式要求,美国证监会除了上文提到的提交6－K表格的时间要求被弹性处理外,对6－K表格的内容和形式要求也做了简化。

比如,在适用于美国发行人的8－K表格中,美国证监会不仅列举了每一类需要披露的事项或信息,还针对如何披露每一类事项或信息做了进一步要求。比如,针对需要披露的资产收购或处置交易,8－K表格第2.01项要求上市公司披露完成交易的时间、资产情况描述、所支付对价的性质和金额、资金来源情况,同时,第2.01项还进一步对什么是收购或处置、金额比例要求和财务报告要求做了进一步界定。然而,在适用与外国私人发行人的6－K表格中,美国证监会仅仅是在B项中对应该披露的重要事项和信息做了非常简要的列举,也就是列举个标题,没有像8－K表格一样进一步对每一需要披露的事项和信息做进一步界定和要求。也就是说,像应该披露的资产收购或处置交易,6－K表格并未进一步明确上市公司应该披露交易时间、对价等要求,也没有对什么构成收购或处置、多大金额交易需要披露等做进一步说明。实际上,整个6－K表格只有4页,与20多页长的8－K表格相比,显得非常简略。

从形式上看,不论是8－K表格还是6－K表格,都没有做出任何披露的格式或形式要求,这给上市公司很大弹性去选择如何披露某一重要事项或者信息。因此,对于相当多的境外上市公司来讲,在美国的临时报告披露就是在一个半页长的6－K表格标准文本,加上一个境外已经披露的文件作为附件,这就算满足了美国临时报告的形式要求。比如,上面提到的中国人寿或者中国电信的香港年报,就是以6－K附件的形式提交给美国证监会。同时,香港联交所对各种类型的临时报告有格式要求。股东大会通知、股东大会结果、财务业绩公告、一般公告和通告等等都需要采用不同的临时报告格式。而从美国证监会角度来看,只需要采用6－K表格格式就行,无须根据不同类型临时报告采用不同格式。因此,中国人寿和中国电信在我国香港地区发布的各种类型临时公告,都以6－K表格附件的形式提交给美国证监会,向美国投资者披露。

(三)根据不同信批文件和不同主体确定临时报告披露要求

如前所述,《2002年临时报告披露原则》提出了及时性原则,并针对不同类型的持续信息披露文件,即定期报告和临时报告,阐述了"及时性"的不同含义。在适用及时性原则的时候,美国也区分定期报告和临时报告,分别针对外国私人发行人做出了不同的及时性要求。比如,临时报告(6-K表格)需要"迅速"(promptly)向美国证监会提交,年报需要在上一财年结束后4个月内提交,且外国私人发行人无须提交季报。同时,上面也提到,在临时报告的场景下,美国证券法律并未采纳同时性和一致性原则;在定期报告(年报)的场景下,美国在实践中基本采纳了《2010年定期报告披露原则》的"披露的等效性原则",但并不禁止外国发行人自愿将境外年报"同时"且"一致"的在美国披露。

就不同主体确定持续信息披露要求问题来看,年报和临时报告的信息披露主体是上市公司,其他持续信息披露义务主体主要是负有披露义务的股东或证券实益所有人。比如,持股5%以上的股东或实益所有人(beneficial owner)必须在交易完成后10天之内向美国证监会提交13D表格(Schedule 13D)或13G表格(Schedule 13G),并通知上市公司和相关交易所。如果13D表格或13G表格中的重要信息发生变化,那么,相关股东必须向美国证监会及时提交表格的修正案,并通知上市公司和相关交易所。持股或权益变动报告主要用于上市公司股权收购场景,没有控股上市公司计划的股东或实益所有人可以采用相对简化的13G表格报告其权益持有和变动情况,但需要声明其无控股计划。

因此,从实践来看,在美国证监会网站上,会显示美国上市公司的持续信息披露(年报、临时报告)情况,也会显示上市公司股东或实益所有人的权益变动披露(13D表格或13G表格)情况,但是,两类报告的"作者"是不同的。股东或实益所有人的权益变动由股东或实益所有人做出披露,上市公司事前并不知情,无法控制谁会做出相应披露,也没有义务去核实相关信息。不过,上市公司的年报需要披露主要股东的身份及持股情况。在这种情况下,上市公司基于13D表格或13G表格信息在年报中披露主要股东身份及持股情况,通常需要非常明确说明,在上市公司年报中披露的该主要股东身份即持股信息,是基于该主要股东提交的13D表格或13G表格,以此免除上市公司对该信息的法律责任。

比如,中国电信在其2017年年报第70页披露,"仅根据富兰克林资源公司以及部分其他人士于2018年2月6日提交的13G表格的第11份修正案,中国电信约13.1%H股由富兰克林资源公司及其子公司或所管理账户实益持有"。[16] 毫无疑问,中国电信之所以要在自己的年报中特别强调"仅根据"前述人士提交的13G表格修正案信息,就是为了与这些人士"划清界限",以避免被投资者认为该股东及持股状况信息是中国电信自己披露的,从而避免承担可能由此带来的证券法下的披露责任。

三、存托凭证临时报告的披露原则

从上述《2002年临时报告披露原则》的讨论来看,强调原则性处理、强调遵守重大性披露以及根据不同信批文件和义务主体确定披露要求三个特点是比较清晰的,在不同市场也有一定的接受度。同时,《2002年临时报告披露原则》所确立的原则,如果与"原则性立法"本身相违背,比如强调临时报告的同时性和一致性原则,因为其操作缺乏弹性,也会被之后的文件所取代,或者在内国法适用时被放弃。此外,从美国在跨境上市企业临时报告中的披露实践来看,它一方面调整甚至放弃了《2002年临时报告披露原则》的部分内容,如同时性和一致性原则;另一方面,也根据其政策导向确定对外国私人发行人采取更为宽

---

〔16〕 参见中国电信2017年美国年报第70页,载美国证监会网站:https://www.sec.gov/Archives/edgar/data/1191255/000119312518137004/d504701d20f.htm#toc504701_9("Based solely on information contained in an Amendment No. 11 to Schedule 13G, or the FRI Schedule 13G/A, jointly filed with the SEC, on February 6, 2018 by Franklin Resources, Inc., or FRI, Charles B. Johnson, Rupert H. Johnson, Jr. and Templeton Global Advisors Limited, 1,819,412,052 shares of our Company, or the FRI Shares, representing approximately 13.1% of the total number of our H shares outstanding as of December 31, 2017, were beneficially owned by investment companies or other managed accounts that were investment management clients of investment managers that were direct or indirect subsidiaries of FRI"),2018年6月1日访问。

松还是更为严格的态度。从临时报告的要求来看,美国无疑采取了对外国发行人更宽松的态度。某一具体规则究竟是出于保持规则弹性从而确保可操作性出发制定,还是出于吸引外国发行人到美国上市从而给予其更为优惠的待遇出发制定,两个立法政策导向的界限有时并不清晰。

从我国创新企业发行存托凭证试点来看,毫无疑问,保持规则弹性从而保证可操作性,并为未来发展预留空间,如为未来推出"沪伦通""国际板"预留空间,为吸引其他国家创新企业到中国上市预留空间,这是应该解决的问题。而我国是否应该对在境外注册的创新企业采取"优惠"政策,从而在 A 股目前基础上"放松"某些要求,这是政策考量的问题,而且很可能是边走边看的实验性路径,不一定立刻有一个明确答案。参考本文前两部分的讨论,从尽量确保规则的可操作性角度出发,适当考虑增加 A 股对境外注册创新企业的吸引力,减少其不必要负担,针对存托凭证的临时报告披露要求,本文认为需要重点考虑以下问题。

(一)原则性立法、保持规则弹性

从某种程度上来讲,国际证监会组织的《2002 年临时报告披露原则》、美国证监会的 6 - K 表格都是原则性立法。在本文看来,《2002 年临时报告披露原则》真正"流传"下来,没有被后来的国际证监会组织自己的文件放弃,能够被成员国认可和接受的原则主要就是强调信息披露的及时性原则,以及强调信息披露要公正(fairly present)、不能有误导性陈述和重大遗漏的披露标准原则。及时性原则采用的"及时"这一术语,给予发行人和监管者较大弹性空间,也被美国等国家的国内法规则所接纳,尽管"及时"既可以被解释为"立刻"(immediate),也可以被解释为迅速(promptly),两个术语的含义存在不同。

实际上,我国《上市公司信息披露管理办法》第 2 条第 1 款强调,"信息披露义务人应当真实、准确、完整、及时地披露信息,不得有虚假记载、误导性陈述或者重大遗漏",这也正是接纳了及时性原则和披露标准原则后的表述。《关于开展创新企业境内发行股票或存托凭证试点的若干意见》(以下简称《创新企业试点意见》)第 7 条规定,试点企业及其控股股东、实际控制人等相关信息披露义务人应真实、准确、完整、及时、公平地披露信息,不得有虚假记载、误导性陈述或重大遗漏,这也是接纳了这两个原则后的表述。

但是,《2002 年临时报告披露原则》提出的同时性和一致性原则,因为其表述过于绝对,没有留下任何解释空间,因此,它在实践中遇到的问题也最多,实际上也没有被国际证监会组织成员国如美国所接纳。比如,上面提到,将该原则适用定期报告的话,尽管像中国人寿这样的信批"模范生"可以"同时"将其根据我国香港地区法律准备的英文香港年报原文(一致)地提交给美国证监会,但是,它在我国大陆 A 股市场披露的中文年报却无法"同时"且"一致"的提交给美国证监会。此外,如果将该原则适用于临时报告的话,同样,即便像中国人寿这样的"模范生",仍然存在某些非常具有香港特色的公告(如董事会会议通告)没有向美国证监会提交的情形。

反过来讲,一个在香港地区上市的创新企业,它根据香港地区法律准备的定期报告和临时报告,由于香港地区要求上市公司准备英文和中文两种语言披露文本,也许该创新企业能够相对容易地"同时"且"一致"地向大陆提交香港地区法律下的定期报告和报告,但这也不能保证每一份香港地区法律的临时公告也都能够"同时"且"一致"地提交给大陆投资者(参见附件一和附件二总结)。同时,对于那些仅在美国上市的企业,要求它在根据中国大陆法律准备 A 股中文年报的基础上,还要将其根据美国法律准备的美国英文年报翻译成中文,然后将美国英文年报的中文版"同时"且"一致"的提交给中国大陆投资者,这似乎是一个不小的负担,且没有太多实质意义。

更不用说,仅在美国上市的企业,其临时公告也不免涉及某些仅仅是美国法要求而对其他法域投资者也许并不重要的信息,这类临时公告同样也可能不需要"同时"且"一致"地提交给其他法域投资者。比如,2018 年 4 月 27 日,中国电信在美国证监会网站提交了一个临时公告,内容涉及确认其已经在年报做出了有关"2012 年减轻伊朗威胁和叙利亚人权法"(Iran Threat Reduction and Syria Human Rights Act of 2012)披露的确认函。[17] 从中国电信角度看,该临时公告明显属于纯

〔17〕 参见美国证监会网站:https://www.sec.gov/Archives/edgar/data/1191255/000119312518137045/0001193125-18-137045-index.htm,2018 年 6 月 1 日访问。

美国法的内容,因此,它并未向香港联交所提交该公告。

因此,同时性和一致性原则,在本文看来,是否要纳入创新企业存托凭证持续信息披露要求值得探讨,或者至少在实践中要加以弹性调整。

比如,《上市公司信息披露管理办法》第 2 条第 3 款规定:“在境内、外市场发行证券及其衍生品种并上市的公司在境外市场披露的信息,应当同时在境内市场披露。”又如,《创新企业试点意见》第 7 条规定:试点红筹企业及其控股股东、实际控制人等相关信息披露义务人在境外披露的信息应以中文在境内同步披露,披露内容应与其在境外市场披露内容一致。中国证监会发布的《存托凭证发行与交易管理办法》第 22 条和第 24 条基本沿用了这一提法。

再如,上海证券交易所《上市公司日常信息披露工作备忘录——第六号　境内外市场同时上市公司的信息披露规范要求》(以下简称《六号工作备忘录》)第 3 条规定,“境内外市场同时上市的公司在境外证券市场披露的信息应当在本所证券市场同时披露。同时披露是指分别在本所及境外证券市场最近一个交易时间开始前,公司相关信息分别在本所及境外证券市场的指定媒体进行披露,并且应当同时符合上述证券市场的有关规定”。同样,《六号工作备忘录》第 4 条进一步规定:“境内外市场同时上市的公司在境外证券市场披露的信息应当与在本所证券市场披露的内容保持一致。内容保持一致是指公司就同一事件向境外证券交易所提供的报告和公告信息,应当与依照本所证券市场投资者的阅读习惯编制的向本所提供的公告内容相一致。出现重大差异的,公司应当向本所作出专项说明,并按照本所要求披露补充或更正公告。”不过,从 2018 年 6 月中旬上海证券交易所发布的一系列与创新企业境内上市相关的信息披露要求来看,上海证券交易所并未采纳前述《六号工作备忘录》的要求。因此,后者是否适用于创新企业境内上市情形存在一定讨论空间。但是,由于《创新企业境内上市试点通知》等上位法律规范中仍然提及同时性、同步性和一致性等表述,该类表述缺乏弹性,都应在存托凭证实践中加以调整。

(二)适度放宽临时报告要求、发布重点格式指引

在临时报告重大性问题的处理上,我国与美国类似,都属于“列举型”披露模式。一方面,《证券法》第67条列举了12类需要作为临时报告披露的“重大事件”。另一方面,《证券法》同条又给出了重大事件的一个相对宽泛的定义,即重大事件是“可能对上市公司股票交易价格产生较大影响的重大事件”。也就是说,即便不属于《证券法》第67条列举的事件,如果可能对上市公司股票交易价格产生较大影响,也属于需要作为临时报告披露的重大事件。实际上,《上市公司信息披露管理办法》已经将《证券法》列举的12类重大事件扩展到21类重大事件,这已经说明《证券法》列举的事件并未穷尽所有重大事件范围。实践中,上海证券交易所进一步发布了《临时公告格式指引》(以下简称《信批备忘录一号》),为94类事件或信息提供了临时公告的格式。中国证监会发布的《存托凭证发行与交易管理办法》第20条确认了上述《证券法》和《上市公司信息披露管理办法》对重大事件的定义和列举规定。因此,我国属于“列举型”披露模式比较典型的国家,且对重大事件的界定、披露内容和披露格式作出了远比《2002年临时报告披露原则》和国际证监会其他成员国如美国更为详细的要求。

如前所述,美国对外国发行人发布的临时报告(6-K表格)采取了非常宽松的政策,仅仅列举了若干类被认为是重要事件的标题,没有尝试做进一步的界定或阐述,也几乎没有任何格式的要求。这种几乎“毫无原则”的宽松政策,是为了确保可操作性,如规定格式要求会增加披露时间和其他成本从而牺牲披露的及时性,还是为了吸引外国私人发行人从而给予其相对于美国国内发行人更为优惠的待遇,还是两种考虑兼而有之,这其中的原因恐怕很难准确界定。但是,从实践来看,美国对待外国私人发行人临时报告的弹性政策,的确支持其近几十年资本市场开放,且未出现大的政策反复或变动。

从保持弹性和可操作性角度来看,《上市公司信息披露管理办法》和上海证券交易所《信批备忘录一号》中许多规定过于刚性,都存在可以调整的空间。从重大事件的范围和界定来看,究竟哪些目前规则中被列举为重大事件的事件可以做出适当调整,这需要广泛征求相关方意见。但是,总的来讲,除了某些无法用重大性加以限定,或者说一经发生就默示为重大事件的事件,如公司申请破产或被清算、审计师变更,列举为需要披露的重大事件应该尽可能的加上重大性限定,尽量避免以固定的数字或比例来衡量是否重大。

比如,《证券法》第67条列举的重大事件,除了第7项公司董事和1/3以上监事和经理发生变动、第9项公司减资、合并、分立、解散或破产、第11项公司涉嫌犯罪被司法机关立案调查外,其他重大事项都有"重大"、"重要"、"较大"或"主要"的限定,为临时报告的信息披露保留了灵活性。但是,《上市公司信息披露管理办法》补充列举的部分重大事件,缺少类似限定,从而缺乏弹性。比如,公司涉嫌违法违规被有权机关调查属于重大事件之一,但是,公司日常经营中出现某些不合规现象,甚至被行政处罚的现象,在中国并不少见。并非所有这类不合规或行政处罚,都属于对公司有重大影响的事件。因此,在没有任何重大性限定的情况下,证券法规则要求披露所有事件,缺乏弹性,对投资人也没有实际意义。

进一步讲,跨境上市企业面临的情况复杂,《上市公司信息披露管理办法》中对披露时点的具体界定,《信批备忘录一号》对不同类型临时公告的格式指引要求,由于其规定的过于具体、过于细致,容易导致规则缺乏弹性而不易得到遵守,或者在实践中被放弃(如定期报告的同时性和一致性披露要求)。实际上,美国对临时报告几乎不做任何格式要求,在某种程度上属于一个极端例子。我国香港地区对不同临时报告也有格式要求。不过,相对而言,香港地区对临时报告的格式要求也不如大陆细致。比如,从中国人寿或中国电信这类企业在香港的临时报告披露实践可以看出,比较常见的临时报告披露类型主要包括公告和通告(announcement and notice)、股东通函(circular)、代理投票表格(proxy form)、财务报表(financial statement,主要用于含财务报表等年报的披露)等少数几种格式,而上市公司使用最多的就是公告和通告这种类型,几乎涵盖所有类型的临时报告。

从美国和我国香港地区的实践来看,如果认为采取美国完全"放任不管"的模式不适合中国以散户为主的市场,那么,参考香港地区实践,规定主要几类中国投资者关心且境外注册创新企业经常披露的临时公告类型的格式指引要求,这可能是一个折中的做法。从美国上市的中国创新企业来看,最为常见的临时公告披露涉及股东大会和日常运营之外的重大交易。比如,在2017年财年,阿里巴巴一共披露了16

个临时公告(6－K表格)。在这16个临时报告中,3个涉及季度财务信息,3个涉及阿里巴巴拟入股蚂蚁金服交易,6个涉及阿里巴巴公开发行美元债交易,1个涉及阿里巴巴与其他公司结成战略联盟安排,1个涉及阿里巴巴2017年年会投票结果,1个涉及阿里巴巴合并菜鸟交易,1个涉及马云和蔡崇信及关联慈善基金采纳根据美国证监会10b5－1规则的股票出售方案。因此,至少从阿里巴巴来看,绝大多数临时公告都是与重大交易有关的公告。

2018年6月15日,上海证券交易所发布了《关于发布〈红筹公司临时公告格式指引适用指南〉的通知》(上证函〔2018〕592号)。该通知附上了《红筹公司临时公告格式指引适用指南》(以下简称《适用指南》),作为红筹公司(创新企业)准备临时公告的格式指引文件。《适用指南》第2条规定:“已在境外上市红筹公司和相关信息披露义务人,根据本所《实施办法》要求披露重大交易、关联交易事项公告的,可以按照其境外上市地的格式要求、披露惯例编制并披露,或者参照《信披备忘录一号》规定的相应公告格式指引编制并披露。”从《适用指南》的规定来看,上海证券交易所基本采取了本文提到的做法,即针对重大交易、关联交易这类常见且受关注的事件而言,允许创新企业按照其境外上市地的格式要求进行公告,也就是放松了这类惯常交易的格式要求。而对于其他需要公告的重大事件,《适用指南》第4条规定,创新企业“应当参照适用《信披备忘录一号》规定的相应公告格式指引编制并披露。”因此,参照适用意味着并不一定完全按照《信批备忘录一号》的规定适用,这给创新企业临时公告提供了一定的弹性操作空间。

(三)区分股东和上市公司的信息披露义务

《证券法》《上市公司信息披露管理办法》对定期报告和临时报告做了区分,针对不同类型的持续信息披露也做了不同要求。总体而言,这与《2002年临时报告信息披露原则》一致,与国际证监会其他成员如美国的做法没有本质差异。就根据不同信息披露义务人制定不同信息披露要求而言,至少从美国法律规定和实践来看,中国和美国之间在股东权益变动问题上的披露要求和实践存在较大差异。

从美国来看,5%以上股东权益变动披露的责任人是股东或实益所有人，它们有义务向美国证监会提交相关信息披露文件（13D/13G 表格）；上市公司需要在定期报告（如年报）中披露主要股东身份及持股情况，但是，上市公司可以依据股东信息披露文件在上市公司定期报告中作出相应披露，而无须对该部分信息承担证券法下的披露不实责任。在我国，虽然《证券法》第 86 条规定，投资人持股 5% 以上时，应该向证券监管机构、交易所提交书面报告，并通知上市公司。但实践中，通常做法是投资人触发报告义务后，书面通知上市公司，由上市公司负责公告权益变动情况。从某种意义上来讲，上市公司成为股东股权变动信息披露的义务人。

因此，对于股东权益变动披露问题不同法域存在的差异，至少需要从两个方面对现有规则或实践进行调整。

一方面，在需要作为临时报告披露的重大事件中，涉及股东及其股权变动的事件，从法理和逻辑来看，实际上都不宜作为上市公司的临时报告披露义务。比如，《上市公司信息披露管理办法》第 30 条第 8 项"持有公司 5% 以上股份的股东或者实际控制人，其持有股份或者控制公司的情况发生较大变化"，以及第 14 项"任一股东所持公司 5% 以上股份被质押、冻结、司法拍卖、托管、设定信托或者被依法限制表决权"，这两种情况上市公司实际上是无法主动知晓的。只有在上市公司被这些股东告知的情况下，它才有可能作为重大事项披露；如果上市公司没有被告知，那么，它无从履行其信息披露义务。实际上，美国的临时报告也仅要求导致上市公司控股权变更的情况下，上市公司才有义务披露。当然，披露主要股东变化并非不可以作为上市公司的义务。比如，《2002 年临时报告披露原则》中，日本法律列举的重大事件即包括"主要股东变化"。但是，如果要将其作为上市公司的义务，最起码需要给予上市公司一定弹性，即该信息披露规则执行是基于上市公司知悉（投资人履行通知义务）的前提。

另一方面，在实践中实际缺乏投资人向证券监管机构、交易所提交权益变动报告渠道的情况下，我国需要考虑是否应该执行《证券法》第 86 条的要求，即由投资者向中国证监会或交易所提交权益变动报告，类似于美国的 13D 表格或 13G 表格。这样，上市公司和所有投资者都能看到上市公司主要股东变化及股权变动情况。海外投资者可以直接向中国证监会、交易所申报其权益变动，而不用通过上市公司来公告，减少持续信息披露的中间环节，同时，将信息披露责任人直接对应。

2018年6月15日，上海证券交易所发布了《关于红筹公司股东或存托凭证持有人通过权益信息披露系统申报披露权益信息的通知》（上证函〔2018〕593号）。根据该通知，上海证券交易所于2018年6月22日上线“权益信息披露系统”，要求持有红筹公司在境内发行的股票或存托凭证的投资者通过上述“权益信息披露系统”申报并在上海证券交易所网站上披露相关信息。因此，“权益信息披露系统”的上线，以及通过交易所网站披露投资人权益持有和变动信息的要求，实际上将红筹公司（创新企业）与其股东的信息披露义务加以区分，根据不同信息披露义务人确定不同要求，因而减少了中美在股东权益变动问题实践上的差异。

（编辑：邹思思）

附件一

美国、我国香港地区和大陆上市公司披露实践——中国人寿(2017 年)

编号	A 股(时间)	A 股(公告)	H 股(时间)	H 股(公告)	美股(时间)	美股(公告)
1	2017－01－18	保费收入公告	2017－01－17 16:38	保费收入公告	2017－01－17 06:34:02	ANNOUNCEMENT OF PREMIUM INCOME
2	无	无	2017－01－20 16:33	选择收取公司通讯的方式及语言版本	无	无
3	2017－01－26	2016 年年度业绩预减公告	2017－01－25 16:31	2016 年年度业绩预减公告	2017－01－25 07:52:32	ANNOUNCEMENT ON ESTIMATED PROFIT DECREASE FOR THE YEAR 2016
4	2017－02－09	H 股公告(没收未领取的股息)	2017－02－08 16:34	公告—没收未领取的股息	2017－02－08 06:31:02	FORFEITURE OF UNCLAIMED DIVIDENDS
5	2017－02－16	保费收入公告	2017－02－15 16:39	保费收入公告	2017－02－15 06:18:03	ANNOUNCEMENT OF PREMIUM INCOME
6	2017－02－16	H 股公告(更改香港地区主要营业地点)	2017－02－15 16:36	更改香港地区主要营业地点	2017－02－15 06:19:33	CHANGE OF PRINCIPAL PLACE OF BUSINESS IN HONG KONG
7	2017－03－11	H 股公告(董事会会议通告)	2017－03－10 16:31	董事会会议通告	无	无

续表

编号	A 股(时间)	A 股(公告)	H 股(时间)	H 股(公告)	美股(时间)	美股(公告)
8	2017－03－15	保费收入公告	2017－03－14 16:33	保费收入公告	2017－03－14 07:21:03	ANNOUNCEMENT OF PREMIUM INCOME
9	无	无	2017－03－23 18:59	截至 2016 年 12 月 31 日的年度业绩公告	2017－03－23 15:29:06	ANNOUNCEMENT OF RESULTS FOR THE YEAR ENDED 31 DECEMBER 2016
10	2017－03－24	2015 年年度报告补充公告	2017－03－23 19:10	公告- 董事、监事及高级管理人员 2015 年度薪酬补充情况	2017－03－23 11:12:02	ANNOUNCEMENT ON SUPPLEMENTARY INFORMATION REGARDING THE COMPENSATION OF DIRECTORS, SUPERVISORS AND SENIOR MANAGEMENT MEMBERS IN 2015
11	2017－03－24	日常关联交易公告	2017－03－23 19:37	公告—续展保险资金另类投资委托投资管理协议之持续关连交易	2017－03－23 12:10:02	ANNOUNCEMENT RENEWAL OF CONTINUING CONNECTED TRANSACTIONS IN RELATION TO THE ENTRUSTED INVESTMENT AND MANAGEMENT AGREEMENT FOR ALTERNATIVE INVESTMENTS WITH INSURANCE FUNDS

续表

编号	A 股(时间)	A 股(公告)	H 股(时间)	H 股(公告)	美股(时间)	美股(公告)
12	2017-03-24	日常关联交易公告	2017-03-23 19:55	公告—与重庆信托之持续关连交易	2017-03-23 11:29:56	ANNOUNCEMENT CONTINUING CONNECTED TRANSACTIONS WITH CHONGQING TRUST
13	2017-03-24	偿付能力季度报告摘要(2016 年第四季度)	2017-03-23 20:22	保险公司偿付能力季度报告摘要(2016 年第四季度)	2017-03-23 14:48:56	SUMMARY OF SOLVENCY QUARTERLY REPORT OF INSURANCE COMPANY NOTE (FOURTH QUARTER OF 2016)
14	2017-03-24	2016 年社会责任报告(简体版)	2017-03-23 20:28	中国人寿保险股份有限公司 2016 年度社会责任报告	2017-03-24 07:50:21	CHINA LIFE INSURANCE COMPANY LIMITED 2016 CORPORATE SOCIAL RESPONSIBILITY REPORT
15	2017-03-24	第五届董事会第十一次会议决议公告	2017-03-23 20:45	中国人寿保险股份有限公司第五届董事会第十一次会议决议公告	2017-03-23 11:38:32	ANNOUNCEMENT ON THE RESOLUTIONS OF THE ELEVENTH MEETING OF THE FIFTH SESSION OF THE BOARD OF DIRECTORS OF CHINA LIFE INSURANCE COMPANY LIMITED

续表

编号	A 股(时间)	A 股(公告)	H 股(时间)	H 股(公告)	美股(时间)	美股(公告)
16	2017-03-24	第五届监事会第十次会议决议公告	2017-03-23 20:48	中国人寿保险股份有限公司第五届监事会第十次会议决议公告	2017-03-23 11:38:32(与第9项在同一份6-K表格中)	ANNOUNCEMENT ON THE RESOLUTIONS OF THE TENTH MEETING OF THE FIFTH SESSION OF THE BOARD OF SUPERVISORS OF CHINA LIFE INSURANCE COMPANY LIMITED
17	2017-03-24	会计估计变更公告	2017-03-23 20:53	中国人寿保险股份有限公司会计估计变更公告	2017-03-23 11:28:56	ANNOUNCEMENT ON CHANGES IN ACCOUNTING ESTIMATES
18	2017-03-24	中国人寿2016年年度内部控制评价报告	2017-03-23 20:58	中国人寿保险股份有限公司2016年度内部控制评价报告	无	无
19	2017-03-24	中国人寿公司董事会审计委员会2016年年度履职报告	2017-03-23 21:03	中国人寿保险股份有限公司董事会审计委员会2016年度履职报告	无	无
20	2017-03-24	中国人寿公司董事会独立董事2016年年度履职报告	2017-03-23 21:08	中国人寿保险股份有限公司董事会独立董事2016年度履职报告	无	无

续表

编号	A 股(时间)	A 股(公告)	H 股(时间)	H 股(公告)	美股(时间)	美股(公告)
21	2017-03-24	中国人寿独立董事关于公司对外担保情况的专项说明和独立意见	2017-03-23 21:12	中国人寿保险股份有限公司独立董事关于公司对外担保情况的专项说明和独立意见	无	无
22	2017-03-24	已审财务报表(2016年12月31日)	2017-03-23 21:18	中国人寿保险股份有限公司2016年度按企业会计准则编制已审财务报表	无	无
23	2017-03-24	2016年年度控股股东及其他关联方占用资金情况的专项说明(2016年12月31日)	2017-03-23 21:24	中国人寿保险股份有限公司2016年度控股股东及其他关联方占用资金情况的专项说明	无	无
24	2017-03-24	2016年年度会计估计变更的专项报告(2016年12月31日)	2017-03-23 21:28	中国人寿保险股份有限公司2016年度会计估计变更的专项报告	无	无

续表

编号	A 股(时间)	A 股(公告)	H 股(时间)	H 股(公告)	美股(时间)	美股(公告)
25	2017 – 03 – 24	董事会关于 2016 年年度会计估计变更的专项说明	2017 – 03 – 23 21:31	中国人寿保险股份有限公司董事会关于 2016 年度会计估计变更的专项说明	无	无
26	2017 – 03 – 24	内部控制审计报告(2016 年 12 月 31 日)	2017 – 03 – 23 21:37	中国人寿保险股份有限公司内部控制审计报告	无	无
27	2017 – 04 – 08	关于非执行董事辞任的公告	2017 – 04 – 07 16:46	公告—非执行董事辞任	2017 – 04 – 07 06:06:03	ANNOUNCEMENT RESIGNATION OF NON – EXECUTIVE DIRECTOR
28	无	无	2017 – 04 – 11 17:09	2016 年(香港)年报	2017 – 04 – 11 08:56:10	CHINA LIFE INSURANCE COMPANY LIMITED ANNUAL REPORT 2016
29	2017 – 03 – 24	2016 年年度报告	2017 – 03 – 23 20:36	中国人寿保险股份有限公司 2016 年 A 股年度报告	无	无
30	2017 – 03 – 24	2016 年年度报告摘要	2017 – 03 – 23 20:40	中国人寿保险股份有限公司 2016 年 A 股年度报告摘要	无	无

续表

编号	A 股（时间）	A 股（公告）	H 股（时间）	H 股（公告）	美股（时间）	美股（公告）
31	2017－04－12	关于召开 2016 年年度股东大会的通知	2017－04－11 17:13	2016 年度董事会报告及监事会报告、2016 年度财务报告及利润分配方案、董事及监事薪酬、选举刘慧敏先生和尹兆君先生为第五届董事会非执行董事、2016 年度审计师酬金及 2017 年度审计师聘用、持续关连交易、发行 H 股股份的一般性授权、董事会独立董事 2016 年度履职报告、2016 年度关联交易情况和关联交易管理制度执行情况报告及股东周年大会通告	2017－04－11 09:29:34	REPORTS OF THE BOARD OF DIRECTORS AND THE SUPERVISORY COMMITTEE FOR THE YEAR 2016 FINANCIAL REPORT AND PROFIT DISTRIBUTION PLAN FOR THE YEAR 2016 REMUNERATION OF DIRECTORS AND SUPERVISORS ELECTION OF MR. LIU HUIMIN AND MR. YIN ZHAOJUN AS NON－EXECUTIVE DIRECTORS OF THE FIFTH SESSION OF THE BOARD OF DIRECTORS REMUNERATION OF AUDITORS FOR THE YEAR 2016 AND APPOINTMENT OF AUDITORS FOR THE YEAR 2017 CONTINUING CONNECTED TRANSACTIONS GENERAL MANDATE TO ISSUE H SHARES DUTY REPORT OF THE INDEPENDENT DIRECTORS OF THE BOARD OF DIRECTORS FOR THE YEAR 2016 REPORT ON THE STATUS OF CONNECTED TRANSACTIONS AND EXECUTION OF THE CONNECTED TRANSACTIONS MANAGEMENT SYSTEM FOR THE YEAR 2016 AND NOTICE OF ANNUAL GENERAL MEETING

续表

编号	A 股(时间)	A 股(公告)	H 股(时间)	H 股(公告)	美股(时间)	美股(公告)
32	无	无	2017-04-07 16:51	董事名单与其角色和职能	无	无
33	2017-04-14	保费收入公告	2017-04-13 16:34	保费收入公告	2017-04-13 10:44:03	ANNOUNCEMENT OF PREMIUM INCOME
34	2017-04-14	H 股公告(董事会专门委员会成员变更)	2017-04-13 16:39	公告—董事会专门委员会成员变更	2017-04-13 10:47:02	CHANGE OF COMPOSITION OF BOARD COMMITTEES
35	无	无	2017-04-13 16:43	董事名单与其角色和职能	无	无
36	2017-04-14	H 股公告(董事会会议通告)	2017-04-13 16:46	董事会会议通告	无	无
37	2017-04-28	第五届董事会第十二次会议决议公告	2017-04-27 17:31	中国人寿保险股份有限公司第五届董事会第十二次会议决议公告	2017-04-27 09:30:03	ANNOUNCEMENT ON THE RESOLUTIONS OF THE TWELFTH MEETING OF THE FIFTH SESSION OF THE BOARD OF DIRECTORS OF CHINA LIFE INSURANCE COMPANY LIMITED

续表

编号	A 股(时间)	A 股(公告)	H 股(时间)	H 股(公告)	美股(时间)	美股(公告)
38	2017－04－28	第五届监事会第十一次会议决议公告	2017－04－27 17:35	中国人寿保险股份有限公司第五届监事会第十一次会议决议公告	2017－04－27 09:30:03（与21项在同一份6－K表格中）	ANNOUNCEMENT ON THE RESOLUTIONS OF THE EIEVENTH MEETING OF THE FIFTH SESSION OF THE BOARD OF SUPERVISORS OF CHINA LIFE INSURANCE COMPANY LIMITED
39	2017－04－28	会计估计变更公告	2017－04－27 17:41	中国人寿保险股份有限公司会计估计变更公告	2017－04－27 10:01:02	ANNOUNCEMENT ON CHANGES IN ACCOUNTING ESTIMATES
40	2017－04－28	关于拟参与广发银行股份有限公司增资的关联交易公告	2017－04－27 17:45	中国人寿保险股份有限公司关于拟参与广发银行股份有限公司增资的关联交易公告	2017－04－27 11:55:56	ANNOUNCEMENT CONNECTED TRANSACTION PROPOSED SUBSCRIPTION OF CAPITAL INCREASE OF CGB
41	2017－04－28	董事会秘书变更公告	2017－04－27 17:50	中国人寿保险股份有限公司董事会秘书变更公告	2017－04－27 09:45:02	CHANGE OF BOARD SECRETARY

续表

编号	A股(时间)	A股(公告)	H股(时间)	H股(公告)	美股(时间)	美股(公告)
42	2017-04-28	中国人寿董事会关于2017年第一季度会计估计变更专项说明	2017-04-27 17:54	中国人寿保险股份有限公司董事会关于2017年第一季度会计估计变更专项说明	2017-04-27 10:01:02	ANNOUNCEMENT ON CHANGES IN ACCOUNTING ESTIMATES(在"相关文件"中提及)
43	2017-04-28	中国人寿监事会关于2017年第一季度会计估计变更专项说明	2017-04-27 17:58	中国人寿保险股份有限公司监事会关于2017年第一季度会计估计变更专项说明	同上	同上
44	2017-04-28	2017年第一季度报告	2017-04-27 16:55	2017年第一季度报告	2017-04-27 11:19:56	2017 First Quarter Report
45	2017-04-28	偿付能力季度报告摘要(2017年第一季度)	2017-04-27 17:18	保险公司偿付能力季度报告摘要(2017年第一季度)	2017-04-27 10:54:03	SUMMARY OF SOLVENCY QUARTERLY REPORT OF INSURANCE COMPANY NOTE (FIRST QUARTER OF 2017)
46	2017-05-16	保费收入公告	2017-05-15 16:47	保费收入公告	2017-05-15 09:50:39	ANNOUNCEMENT OF PREMIUM INCOME

续表

编号	A 股(时间)	A 股(公告)	H 股(时间)	H 股(公告)	美股(时间)	美股(公告)
47	2017-06-01	2016 年年度股东大会决议公告	2017-05-31 20:04	公告—股东周年大会决议及派发末期股息	2017-05-31 12:51:56	ANNOUNCEMENT RESOLUTIONS PASSED AT THE ANNUAL GENERAL MEETING AND DISTRIBUTION OF FINAL DIVIDEND
48	2017-06-01	中国人寿 2016 年年度股东大会的法律意见书	2017-05-31 20:14	中国人寿保险股份有限公司 2016 年年度股东大会的法律意见书	无	无
49	2017-06-12	中国人寿 2016 年年度 A 股利润分配实施公告	2017-06-11 18:11	中国人寿保险股份有限公司 2016 年年度 A 股利润分配实施公告	2017-06-12 06:15:05	ANNOUNCEMENT ON THE IMPLEMENTATION OF PROFIT DISTRIBUTION OF THE A SHARES OF CHINA LIFE INSURANCE COMPANY LIMITED FOR 2016
50	2017-06-15	保费收入公告	2017-06-14 16:34	保费收入公告	2017-06-14 07:20:03	ANNOUNCEMENT OF PREMIUM INCOME

续表

编号	A 股(时间)	A 股(公告)	H 股(时间)	H 股(公告)	美股(时间)	美股(公告)
51	2017－07－06	关于董事会秘书任职资格获中国保监会核准的公告	2017－07－05 16:38	中国人寿保险股份有限公司关于董事会秘书任职资格获中国保监会核准的公告	2017－07－05 06:16:02	ANNOUNCEMENT APPROVAL OF QUALIFICATION OF BOARD SECRETARY BY THE CIRC
52	2017－07－15	保费收入公告	2017－07－14 16:57	保费收入公告	2017－07－14 07:56:03	ANNOUNCEMENT OF PREMIUM INCOME
53	2017－07－15	第五届董事会第十三次会议决议公告	2017－07－14 17:03	中国人寿保险股份有限公司第五届董事会第十三次会议决议公告	2017－07－14 07:59:55	ANNOUNCEMENT ON THE RESOLUTIONS OF THE THIRTEENTH MEETING OF THE FIFTH SESSION OF THE BOARD OF DIRECTORS OF CHINA LIFE INSURANCE COMPANY LIMITED
54	2017－07－21	关于选举职工代表监事的公告	2017－07－20 16:38	公告—选举职工代表监事	2017－07－20 07:57:32	ANNOUNCEMENT ELECTION OF EMPLOYEE REPRESENTATIVE SUPERVISOR

续表

编号	A 股(时间)	A 股(公告)	H 股(时间)	H 股(公告)	美股(时间)	美股(公告)
55	2017 - 08 - 11	关于董事任职资格获中国保监会核准及董事辞任的公告	2017 - 08 - 10 16:38	公告—董事任职资格获中国保监会核准及董事辞任	2017 - 08 - 10 06:27:07	APPROVAL OF QUALIFICATION AS DIRECTORS BY THE CIRC AND RESIGNATION OF DIRECTOR
56	无	无	2017 - 08 - 10 16:44	董事名单与其角色和职能	无	无
57	2017 - 08 - 15	保费收入公告	2017 - 08 - 14 16:34	保费收入公告	2017 - 08 - 14 06:35:35	ANNOUNCEMENT OF PREMIUM INCOME
58	2017 - 08 - 15	H 股公告(董事会会议通告)	2017 - 08 - 14 16:37	董事会会议通告	无	无
59	2017 - 08 - 17 08:35	澄清公告	2017 - 08 - 14 12:06	中国人寿保险股份有限公司澄清公告	2017 - 08 - 17 06:18:05	ANNOUNCEMENT OF CLARIFICATION
60	2017 - 08 - 23	关于监事辞任的公告	2017 - 08 - 22 16:33	公告—监事辞任	2017 - 08 - 22 06:06:10	ANNOUNCEMENT RESIGNATION OF SUPERVISOR
61	2017 - 08 - 25	关联交易公告	2017 - 08 - 24 19:07	公告—关连交易—成立合伙企业	2017 - 08 - 24 14:46:03	ANNOUNCEMENT CONNECTED TRANSACTION FORMATION OF PARTNERSHIP

续表

编号	A 股(时间)	A 股(公告)	H 股(时间)	H 股(公告)	美股(时间)	美股(公告)
62	2017-08-25	H 股公告(提名非执行董事及非职工代表监事)	2017-08-24 19:11	公告—提名非执行董事及非职工代表监事	2017-08-24 13:54:04	ANNOUNCEMENT NOMINATION OF NON-EXECUTIVE DIRECTOR AND NON EMPLOYEE REPRESENTATIVE SUPERVISOR
63	2017-08-25	中国人寿 2017 年半年度报告	2017-8-24 19:18	中国人寿保险股份有限公司 2017 年半年度报告	无	无
64	2017-08-25	中国人寿 2017 年半年度报告摘要	2017-08-24 19:21	中国人寿保险股份有限公司 2017 年半年度报告摘要	无	无
65	2017-08-25	第五届董事会第十四次会议决议公告	2017-08-24 19:24	中国人寿保险股份有限公司第五届董事会第十四次会议决议公告	2017-08-24 15:10:35	ANNOUNCEMENT ON THE RESOLUTIONS OF THE FOURTEENTH MEETING OF THE FIFTH SESSION OF THE BOARD OF DIRECTORS OF CHINA LIFE INSURANCE COMPANY LIMITED

续表

编号	A 股(时间)	A 股(公告)	H 股(时间)	H 股(公告)	美股(时间)	美股(公告)
66	2017-08-25	第五届监事会第十二次会议决议公告	2017-08-24 19:27	中国人寿保险股份有限公司第五届监事会第十二次会议决议公告	2017-08-24 15:10:35（与40项在同一份6-K表格中）	ANNOUNCEMENT ON THE RESOLUTIONS OF THE TWEIFTH MEETING OF THE FIFTH SESSION OF THE BOARD OF SUPERVISORS OF CHINA LIFE INSURANCE COMPANY LIMITED
67	2017-08-25	会计估计变更公告	2017-08-24 19:31	中国人寿保险股份有限公司会计估计变更公告	2017-08-24 10:14:35	ANNOUNCEMENT ON CHANGES IN ACCOUNTING ESTIMATES
68	2017-08-25	中国人寿董事会关于2017年半年度会计估计变更专项说明	2017-08-24 19:34	中国人寿保险股份有限公司董事会关于2017年半年度会计估计变更专项说明	同上	同上（在“相关文件”中提及）
69	2017-08-25	中国人寿监事会关于2017年半年度会计估计变更专项说明	2017-08-24 19:37	中国人寿保险股份有限公司监事会关于2017年半年度会计估计变更专项说明	同上	同上

续表

编号	A 股(时间)	A 股(公告)	H 股(时间)	H 股(公告)	美股(时间)	美股(公告)
70	2017-08-25	关于中国人寿保险股份有限公司截至2017年6月30日6个月期间会计估计变更的专项报告	2017-08-24 19:40	中国人寿保险股份有限公司截至2017年6月30日6个月期间会计估计变更的专项报告	无	无
71	2017-08-25	偿付能力季度报告摘要(2017年第二季度)	2017-08-24 19:09	保险公司偿付能力季度报告摘要(2017年第二季度)	2017-08-24 14:47:56	SUMMARY OF SOLVENCY QUARTERLY REPORT OF INSURANCE COMPANY NOTE (SECOND QUARTER OF 2017)
72	无	无	2017-08-24 19:05	截至2017年6月30日的未经审计中期业绩公告	2017-08-24 17:12:11	ANNOUNCEMENT OF UNAUDITED INTERIM RESULTS FOR THE SIX MONTHS ENDED 30 JUNE 2017
73	2017-08-25	2017年半年度报告	2017-09-08 07:31	2017年中期报告	2017-09-07 06:41:37	CHINA LIFE INSURANCE COMPANY LIMITED 2017 INTERIM REPORT
74	2017-09-08	关于监事任职资格获中国保监会核准的公告	2017-09-07 16:33	公告—监事任职资格获中国保监会核准	2017-09-07 06:47:05	ANNOUNCEMENT APPROVAL OF QUALIFICATION AS SUPERVISOR BY THE CIRC

续表

编号	A 股(时间)	A 股(公告)	H 股(时间)	H 股(公告)	美股(时间)	美股(公告)
75	2017-09-15	保费收入公告	2017-09-14 16:31	保费收入公告	2017-09-14 09:57:07	ANNOUNCEMENT OF PREMIUM INCOME
76	2017-10-17	保费收入公告	2017-10-16 16:31	保费收入公告	2017-10-16 10:11:58	ANNOUNCEMENT OF PREMIUM INCOME
77	2017-10-17	H 股公告(董事会会议通告)	2017-10-16 16:35	董事会会议通告	无	无
78	2017-10-21	2017 年前三季度业绩预增公告	2017-10-20 16:37	2017 年前三季度业绩预增公告	2017-10-20 06:50:58	ANNOUNCEMENT ON ESTIMATED PROFIT INCREASE FOR THE FIRST THREE QUARTERS OF 2017
79	2017-10-27	H 股公告(续展本公司与国寿财富之持续关连交易)	2017-10-26 17:21	公告—续展本公司与国寿财富之持续关连交易	2017-10-26 07:33:03	ANNOUNCEMENT RENEWAL OF CONTINUING CONNECTED TRANSACTIONS BETWEEN THE COMPANY AND CLWM
80	2017-10-27	第五届董事会第十五次会议决议公告	2017-10-26 17:41	中国人寿保险股份有限公司第五届董事会第十五次会议决议公告	2017-10-26 08:10:00	ANNOUNCEMENT ON THE RESOLUTIONS OF THE FIFTEENTH MEETING OF THE FIFTH SESSION OF THE

续表

编号	A 股(时间)	A 股(公告)	H 股(时间)	H 股(公告)	美股(时间)	美股(公告)
						BOARD OF DIRECTORS OF CHINA LIFE INSURANCE COMPANY LIMITED
81	2017-10-27	第五届监事会第十三次会议决议公告	2017-10-26 17:43	中国人寿保险股份有限公司第五届监事会第十三次会议决议公告	2017-10-26 08:10:00 (与49项在同一份6-K表格中)	ANNOUNCEMENT ON THE RESOLUTIONS OF THE THIRTEENTH MEETING OF THE FIFTH SESSION OF THE BOARD OF SUPERVISORS OF CHINA LIFE INSURANCE COMPANY LIMITED
82	2017-10-27	会计估计变更公告	2017-10-26 17:47	中国人寿保险股份有限公司会计估计变更公告	2017-10-26 07:22:22	ANNOUNCEMENT ON CHANGES IN ACCOUNTING ESTIMATES
83	2017-10-27	关于续展日常关联交易的公告	2017-10-26 17:20	公告—续展持续关连交易之保险业务代理协议	2017-10-26 07:41:06	ANNOUNCEMENT RENEWAL OF CONTINUING CONNECTED TRANSACTIONS UNDER THE POLICY MANAGEMENT AGREEMENT

续表

编号	A 股(时间)	A 股(公告)	H 股(时间)	H 股(公告)	美股(时间)	美股(公告)
84	2017 - 10 - 27	日常关联交易公告	2017 - 10 - 26 17:23	公告—安保基金与国寿投资之持续关连交易	2017 - 10 - 26 08:00:12	ANNOUNCEMENT CONTINUING CONNECTED TRANSACTIONS BETWEEN AMP AND CLI
85	2017 - 10 - 27	关于拟购置不动产的关联交易公告	2017 - 10 - 26 17:24	公告—拟与财产险公司共同购置不动产	2017 - 10 - 26 11:50:59	ANNOUNCEMENT PROPOSED ACQUISITION OF PROPERTIES JOINTLY WITH CLP&C
86	2017 - 10 - 27	关于拟购置不动产的关联交易公告	2017 - 10 - 26 17:50	中国人寿保险股份有限公司关于拟购建不动产的关联交易公告	2017 - 10 - 26 11:46:05	ANNOUNCEMENT PROPOSED ACQUISITION AND CONSTRUCTION OF PROPERTIES
87	2017 - 10 - 27	中国人寿董事会关于 2017 年第三季度会计估计变更专项说明	2017 - 10 - 26 17:53	中国人寿保险股份有限公司董事会关于 2017 年第三季度会计估计变更专项说明	2017 - 10 - 26 07:22:22	ANNOUNCEMENT ON CHANGES IN ACCOUNTING ESTIMATES(在“相关文件”中提及)
88	2017 - 10 - 27	中国人寿监事会关于 2017 年第三季度会计估计变更专项说明	2017 - 10 - 26 17:55	中国人寿保险股份有限公司监事会关于 2017 年第三季度会计估计变更专项说明	同上	同上

续表

编号	A 股(时间)	A 股(公告)	H 股(时间)	H 股(公告)	美股(时间)	美股(公告)
89	2017 - 10 - 27	2017 年第三季度报告	2017 - 10 - 26 17:14	2017 年第三季度报告	2017 - 10 - 26 13:34:58	2017 THIRD QUARTER REPORT
90	2017 - 10 - 27	偿付能力季度报告摘要(2017 年第三季度)	2017 - 10 - 26 17:18	保险公司偿付能力季度报告摘要(2017 年第三季度)	2017 - 10 - 26 08:02:00	SUMMARY OF SOLVENCY QUARTERLY REPORT OF INSURANCE COMPANY NOTE(THIRD QUARTER OF 2017)
91	2017 - 11 - 03	关于召开 2017 年第一次临时股东大会的通知	2017 - 11 - 02 17:10	选举袁长清先生为第五届董事会非执行董事、选举罗朝晖先生为第五届监事会非职工代表监事及 2017 年第一次临时股东大会通告	2017 - 11 - 02 07:36:35	ELECTION OF MR. YUAN CHANGQING AS A NON - EXECUTIVE DIRECTOR OF THE FIFTH SESSION OF THE BOARD OF DIRECTORS ELECTION OF MR. LUO ZHAOHUI AS A NON-EMPLOYEE REPRESENTATIVE SUPERVISOR OF THE FIFTH SESSION OF THE SUPERVISORY COMMITTEE AND NOTICE OF THE FIRST EXTRAORDINARY GENERAL MEETING 2017

续表

编号	A 股(时间)	A 股(公告)	H 股(时间)	H 股(公告)	美股(时间)	美股(公告)
92	2017 - 11 - 03	中国人寿关于召开2017 年第一次临时股东大会的通知	2017 - 11 - 02 17:12	2017 年第一次临时股东大会通告	无	无
93	2017 - 11 - 14	保费收入公告	2017 - 11 - 13 16:31	保费收入公告	2017 - 11 - 13 06:34:05	ANNOUNCEMENT OF PREMIUM INCOME
94	2017 - 12 - 13	保费收入公告	2017 - 12 - 12 16:55	保费收入公告	2017 - 12 - 12 06:13:05	ANNOUNCEMENT OF PREMIUM INCOME
95	2017 - 12 - 16	关于保费收入逾人民币 5,000 亿元的公告	2017 - 12 - 15 17:34	公告—保费收入逾人民币 5000 亿元	2017 - 12 - 15 06:41:05	ANNOUNCEMENT PREMIUM INCOME EXCEEDING RMB500 BILLION
96	2017 - 12 - 20	第五届董事会第十六次会议决议公告	2017 - 12 - 19 19:00	中国人寿保险股份有限公司第五届董事会第十六次会议决议公告	2017 - 12 - 19 09:39:07	ANNOUNCEMENT ON THE RESOLUTIONS OF THE SIXTEENTH MEETING OF THE FIFTH SESSION OF THE BOARD OF DIRECTORS OF CHINA LIFE INSURANCE COMPANY LIMITED

续表

编号	A 股(时间)	A 股(公告)	H 股(时间)	H 股(公告)	美股(时间)	美股(公告)
97	2017-12-20	第五届监事会第十四次会议决议公告	2017-12-19 19:02	中国人寿保险股份有限公司第五届监事会第十四次会议决议公告	2017-12-19 09:39:07(与59项在同一份6-K表格中)	ANNOUNCEMENT ON THE RESOLUTIONS OF THE FOURTEENTH MEETING OF THE FIFTH SESSION OF THE BOARD OF SUPERVISORS OF CHINA LIFE INSURANCE COMPANY LIMITED
98	2017-12-20	关联交易公告	2017-12-19 19:41	公告—关连交易—成立合伙企业	2017-12-19 08:26:11	ANNOUNCEMENT CONNECTED TRANSACTION FORMATION OF PARTNERSHIP
99	2017-12-20	关于续展日常关联交易的公告	2017-12-19 19:42	公告—续展保险销售业务框架协议下之持续关连交易	2017-12-19 09:11:08	ANNOUNCEMENT RENEWAL OF CONTINUING CONNECTED TRANSACTIONS UNDER THE INSURANCE SALES FRAMEWORK AGREEMENT
100	2017-12-20	日常关联交易公告	无	无	无	无

续表

编号	A 股(时间)	A 股(公告)	H 股(时间)	H 股(公告)	美股(时间)	美股(公告)
101	2017 – 12 – 20	H 股公告(国寿财富与重庆信托之之持续关连交易)	2017 – 12 – 19 19:56	国寿财富与重庆信托之之持续关连交易	2017 – 12 – 19 09:29:16	ANNOUNCEMENT CONTINUING CONNECTED TRANSACTIONS BETWEEN CLWM AND CHONGQING TRUST
102	2017 – 12 – 20	公告(与国寿财富之持续关连交易)	2017 – 12 – 19 19:55	公告—与国寿财富之持续关连交易	2017 – 12 – 19 09:35:12	ANNOUNCEMENT CONTINUING CONNECTED TRANSACTIONS WITH CLWM
103	2017 – 12 – 21	2017 年第一次临时股东大会决议公告	2017 – 12 – 20 18:46	公告—2017 年第一次临时股东大会决议	2017 – 12 – 20 09:24:10	RESOLUTIONS PASSED AT THE FIRST EXTRAORDINARY GENERAL MEETING 2017
104	2017 – 12 – 21	中国人寿 2017 年第一次临时股东大会的法律意见书	2017 – 12 – 20 18:54	中国人寿保险股份有限公司 2017 年第一次临时股东大会的法律意见书	无	无

附件二

美国和我国香港地区上市公司临时报告披露实践——中国电信（2017 年）

编号	H 股（时间）	H 股（公告）	美股（时间）	美股（公告）
1	2017－03－06 22:08	进一步贯彻落实国家有关网络提速降费的政策要求	2017－03－08 06:18:33	FURTHER IMPLEMENTATION OF THE POLICY REQUIREMENTS OF THE STATE REGARDING NETWORK SPEED UPGRADE AND TARIFF REDUCTION
2	无	无	2017－04－28 07:11:55	IRANNOTICE
3	2017－03－09 12:18	董事会会议召开日期	无	无
4	2017－03－21 12:06	截至 2016 年 12 月 31 日之年度业绩公布	2017－03－21 09:21:34	ANNOUNCEMENT OF ANNUAL RESULTS FOR THE YEAR ENDED 31 DECEMBER 2016
5	2017－04－06 16:44	2016 年年报	2017－04－06 08:04:13（与下两项属于同一份 6－K 表格）	ANNUAL REPORT FOR THE YEAR ENDED DECEMBER 31,2016,RELEASED ON APRIL 6,2017
6	2017－04－06 17:35	股东周年大会通告	2017－04－06 08:04:13	ANNOUNCEMENT OF NOTICE OF ANNUAL GENERAL MEETING,DATED APRIL 6,2017

续表

编号	H股(时间)	H股(公告)	美股(时间)	美股(公告)
7	2017-04-06 17:20	建议选举及重选董事及监事、建议修改公司章程及股东周年大会通告	2017-04-06 08:04:13	CIRCULAR REGARDING PROPOSED ELECTION AND RE-ELECTION OF DIRECTORS AND SUPERVISORS, PROPOSED AMENDMENTS TO ARTICLES OF ASSOCIATION AND NOTICE OF ANNUAL GENERAL MEETING, DATED APRIL 6, 2017
8	2017-04-13 16:35	董事会会议召开日期	无	无
9	2017-04-27 12:11	2017年第一季度主要财务及运营数据	2017-04-27 07:37:57	KEY FINANCIAL AND PERFORMANCE INDICATORS FOR THE FIRST QUARTER OF 2017
10	2017-05-22 20:30	执行副总裁辞任及撤回股东周年大会有关选举其为董事的第4.5项普通决议案	2017-05-22 12:18:02	RESIGNATION OF EXECUTIVE VICE PRESIDENT AND WITHDRAWAL OF ORDINARY RESOLUTION NUMBERED 4.5 IN THE ANNUAL GENERAL MEETING IN RELATION TO THE ELECTION OF HIM AS A DIRECTOR
11	2017-05-23 20:21	股东周年大会投票表决结果、董事及监事之委任及变更及派发末期股息	2017-05-24 06:10:33	POLL RESULTS OF ANNUAL GENERAL MEETING, APPOINTMENT AND CHANGE OF DIRECTORS AND SUPERVISORS AND PAYMENT OF THE FINAL DIVIDEND

续表

编号	H 股(时间)	H 股(公告)	美股(时间)	美股(公告)
12	2017-05-23 20:46	董事名单与其角色和职能	无	无
13	2017-05-23 22:11	公司章程	无	无
14	2017-05-24 19:05	香港主要营业地点所在大厦名称变更	2017-05-25 06:09:56	CHANGE OF BUILDING NAME OF PRINCIPAL PLACE OF BUSINESS IN HONG KONG
15	2017-06-07 20:22	董事辞任及重要行政管理职位变更	2017-06-07 11:08:59	RESIGNATION OF DIRECTOR AND CHANGE OF IMPORTANT EXECUTIVE POSITION
16	2017-06-07 20:40	董事名单与其角色和职能	无	无
17	2017-08-11 16:33	董事会会议召开日期	无	无
18	2017-08-23 12:14	截至2017年6月30日之中期业绩公布	2017-08-23 09:11:33	ANNOUNCEMENT OF INTERIM RESULTS FOR THE SIX MONTHS ENDED 30 JUNE 2017
19	2017-08-23 16:45	2017年中期报告	2017-08-30 07:11:05	2017 INTERIM REPORT, DATED AUGUST 23, 2017

续表

编号	H 股(时间)	H 股(公告)	美股(时间)	美股(公告)
20	2017 – 10 – 11 16:36	委任总裁兼首席运营官及建议委任董事	2017 – 10 – 11 07:55:05	APPOINTMENTS OF PRESIDENT AND CHIEF OPERATING OFFICER AND PROPOSED APPOINTMENT OF DIRECTOR
21	2017 – 10 – 13 16:35	建议选举董事及特别股东大会通告	2017 – 10 – 13 06:36:08	PROPOSED ELECTION OF DIRECTOR AND NOTICE OF EXTRAORDINARY GENERAL MEETING
22	2017 – 10 – 13 16:42	特别股东大会通告	无	无
23	2017 – 10 – 17 16:31	董事会会议召开日期	无	无
24	2017 – 10 – 27 12:09	2017 年首三季度主要财务及运营数据	2017 – 10 – 27 06:46:06	ANNOUNCEMENT IN RELATION TO KEY FINANCIAL AND PERFORMANCE INDICATORS FOR THE FIRST THREE QUARTERS OF 2017, DATED OCTOBER 27, 2017
25	2017 – 11 – 03 16:36	建议修改公司章程及特别股东大会通告	2017 – 11 – 03 07:02:09	PROPOSED AMENDMENTS TO ARTICLES OF ASSOCIATION AND NOTICE OF EXTRAORDINARY GENERAL MEETING
26	2017 – 11 – 03 16:42	特别股东大会通告	无	无

续表

编号	H股(时间)	H股(公告)	美股(时间)	美股(公告)
27	2017-11-13 21:57	特别股东大会延期及更改暂停办理股份过户登记手续期间	2017-11-14 06:10:06	POSTPONEMENT OF EXTRAORDINARY GENERAL MEETING AND CHANGE OF BOOK CLOSURE PERIOD
28	2017-11-28 17:07	于2017年11月28日举行的特别股东大会—投票表决结果	2017-11-28 07:58:05	EXTRAORDINARY GENERAL MEETING HELD ON 28 NOVEMBER 2017 - POLL RESULTS
29	2017-11-28 17:22	董事名单与其角色和职能	无	无
30	2017-12-15 17:52	会计估计变更	2017-12-15 09:16:52	CHANGES IN ACCOUNTING ESTIMATES
31	2017-12-21 16:41	自愿性公告:控股股东公司名称及公司类型变更	2017-12-22 06:10:43	VOLUNTARY ANNOUNCEMENT: CHANGE OF COMPANY NAME AND COMPANY TYPE OF CONTROLLING SHAREHOLDER

《证券法苑》(2018)
第二十五卷,第51~81页

不同投票权制度:争议中的胜出者

傅 穹* 杨金慧**

摘要:不同投票权制度的特殊治理架构,实现了新兴经济产业公司创始人对公司的控制权。不同投票权制度的立法变迁史,就是一部制度功能利弊的理论争辩与实证检讨的博弈史,也是一部新兴创新企业的创始人寻求控制权与中小股东权益保护之间的立法平衡史。资本市场的竞争实则是制度的竞争,我国上市规则应更具包容性与开放性,积极引入不同投票权的制度安排,辅之以保障公众股东权益的相应治理措施。

关键词:不同投票权 新兴创新企业 公司治理 公众股东保护

2013年阿里巴巴提出在我国香港地区以"非标准化股权结构"(确保最终控制权掌握在创始人和主要经理层等少数人手中的合伙人结构)上市遭到港交所拒绝,触发了新兴经济企业引入不同投票权

---

* 吉林大学法学院教授,博士生导师。
** 吉林大学法学院民商法研究生。

权架构模式的利弊得失大讨论。[1] 此后四年期间,香港联交所不断咨询相关行业对于不同投票权架构模式上市的态度,遍寻各国不同投票权架构的公司法、证券法、上市规则、乃至民商法典相关的制度安排,比对最近几十年关于不同投票权架构模式对于股东权益保护、公司控制权争夺、公司业绩成长等影响的实证数据,试图得出是否突破固有的同股同权的治理定式,从而吸引创新产业公司并提升香港地区的经济金融竞争力。

2014 年 8 月 29 日,联交所通过一份《不同投票权架构的概念文件》吹响了重思不同投票权制度的合法性与合理性的第一声号角。2014 年 11 月 28 日,亚洲公司治理协会的主席 Douglas Henck 先生与时任香港特首梁振英通信,表达了对批准同股不同权的公司在港上市只会以牺牲中小股东利益作为代价的担忧。2015 年 6 月 19 日,港交所发布了针对上市规则变更的第二阶段征询文件。[2] 2017 年港交所 IPO 数量为 174 起,融资总额为 164 亿美元,虽创历史新高,但排名却从曾经的全球第一名骤降为第四名。高质量的互联网与科技企业缺席,拖累了港股整体估值,也变相削弱了港交所的地位。[3] 2018 年 4 月,纽交所修改上市规则,Spotify 互联网公司成为首家不发行新股、不通过承销商直接上市的大型独角兽企业。随着直接上市形式的推出,美国市场势必对全世界的科技公司产生更大的吸引力,全球的独角兽资源抢夺战正式吹响号角。4 月 24 日,港交所发布《新兴及创新产业公司上市制度咨询总结》,决定在主板上市规则中增加生物科技章节、不同投票权章节,且该新规定已于 2018 年 4 月 30 日正式生效,这也是香港市场近 25 年来最大的一次上市机制改革。据东北证券付立春研报分析,继小米打响港交所同股不同权企业上市第一枪后,美团也提交了申请。未来,蚂蚁金服、陆金所、滴滴打车等企业都有望以同股不同权的

---

〔1〕 参见卢文道、王文心:《双层股权结构及其对一股一权规则的背离——阿里上市方案中“合伙人制度”引起的思考》,载《证券法苑》2013 年总第 9 卷。

〔2〕 参见港交所 2015 年 6 月《不同投票权架构的概念文件咨询总结》,其议题包括公司类别、新旧隔离、投票权范围限制、独立非执行董事的角色、立法建议、披露规定等。

〔3〕 参见戴苏琳:《港交所新政影响和借鉴》,载《中国金融》2018 年第 4 期。

方式登陆港股市场，使其占领抢夺战中的优势地形。[4]

2018年3月8日，我国证监会宣布富士康首发通过，中国正式进入“独角兽元年”。根据2017年全球“独角兽”企业名单显示，2017年全球有57家初创企业估值超过10亿美元，总估值高达1165亿美元，中国企业入围18家。[5] 针对这一现状，2018年3月30日，国务院办公厅转发证监会《关于开展创新企业境内发行股票或存托凭证试点的若干意见》(以下简称《若干意见》)，这成为证券市场开放与创新的又一标志性举措，也引起了广泛的讨论。6月6日，证监会发布中国存托凭证(CDR)共包括9个文件在内的实施细则。[6] 然而，CDR“指由存托人签发、以境外证券为基础在中国境内发行、代表境外基础证券权益的证券”，[7]仅是一种内地投资者购买境外企业的理财产品而已。《若干意见》要求“试点企业在境内的股票或存托凭证相关发行、上市和交易等行为，均纳入现行证券法规范围”，《存托凭证发行与交易管理办法》要求“存托凭证的发行和交易，适用《证券法》、《若干意见》、本办法以及中国证监会的其他规定。境外基础证券发行人的股权结构、公司治理、运行规范等事项适用境外注册地公司法等法律法规规定的，应当保障对中国境内投资者权益的保护总体上不低于中国法律、行政法规以及中国证监会规定的要求，并保障存托凭证持有人实际享有的权益与境外基础证券持有人的权益相当，不得存在跨境歧视……”恰恰表明此次改革尚未触及包括允许“同股不同权”构架上市等在内的上市制度变革内容。[8]

---

〔4〕《破发难挡赴港IPO热潮，小米过后，7家TOP100独角兽排队上市中》，载凤凰网：http://finance.ifeng.com/a/20180710/16376258_0.shtml，2018年7月10日访问。

〔5〕参见《全球再添16家“独角兽” 四家中国公司上榜》，载搜狐网：http://www.sohu.com/a/228325147_222256，2018年4月15日访问。

〔6〕彭浩彪：《中国存托凭证(CDR)套利机制初探》，载中证网：http://www.cs.com.cn/sylm/zjyl_1/201806/t20180619_5825056.html，2018年7月10日访问。

〔7〕详见证监会令(第143号)《存托凭证发行与交易管理办法(试行)》。

〔8〕正如学者的观察，“监管当局之所以快速推出CDR，恰恰是希望短期内绕过新经济企业重新在A股上市必须符合的我国《证券法》和《公司法》的相关规定，以尽快实现拥抱创新型企业，结束部分独角兽企业‘国内赚钱，境外分红’模式，推动新经济企业回归A股”。参见郑志刚：《CDR：只是刚刚吹响上市制度改革的号角》，载《经济观察报》2018年4月16日。

面对新兴经济企业对不同投票权结构上市的治理需求,无论在盛行同股不同权的美国,还是现今拒绝这一机制的德国,抑或呈现各异安排的欧盟,无论是学术原理检讨还是实证数据观察,远未达成共识。可以说,不同投票权制度的演变历史,既是一部不同投票权制度的功能利弊博弈的观点对话历史,也是一部不同投票权制度引发的治理绩效与股东权益保护强弱的实证博弈历史,更是一部验证不同国家立法者面对新兴经济需求能否大胆改革的变法历史。有学者指出,在缺乏美国发达的集体诉讼制度与特拉华公司法上"忠慎义务"的前提下,引入不同投票权机制无疑是喝下了一杯"毒酒",我国立法应该谨慎考虑。[9] 更有学者通过实证表明,在外部制衡机制不完善的新兴国家中,采用双股制而且创始人任董事长或 CEO 反而会减少创新投入,我国目前采用双层股权制度的条件还不成熟。[10] 与此同时,深交所总经理王建军则呼吁修改《公司法》,完善双层股权结构的法律制度供给。相比新加坡和我国香港地区大胆改革接受"同股不同权"而言,我国尚需不断重温并比较不同投票权架构的功能利弊与实证检验,不同投票权制度究竟是"解药还是毒药",我国资本市场果真条件不成熟吗?本文拟从作为首家在香港上市的小米集团的招股说明书中的不同投票权架构入手,观察不同投票权架构的功能利弊的最新进展,比对各国公司法、证券法或民商法典关于不同投票权架构的制度安排,检讨不同投票权架构引入下的公司治理的共同制度设计,进而呼吁我国立法政策取向应该积极吸引新兴经济企业来我国资本市场,积极推动公司法与证券法的联动修改,大胆引入不同投票权制度。

一、小米集团招股说明书中的不同投票权架构安排

2018 年 5 月 3 日,成立于开曼群岛的小米集团以中信里昂、高盛、

〔9〕 参见张巍:《同股不同权:香港还缺什么》,载搜狐网:http://www.sohu.com/a/223880000_667897,2018 年 2 月 24 日访问。

〔10〕 参见石晓军、王骜然:《独特公司治理机制对企业创新的影响——来自互联网公司双层股权制的全球证据》,载《经济研究》2017 年第 1 期。

摩根斯坦利三家全球鼎鼎大名的投行作为联席保荐人,以君合律师事务所作为大陆法律顾问,以不同投票权控制模式申请港交所上市。7月6日,小米公布了IPO配售结果,公告称共收到1034986800股认购申请,相当于超额认购约9.5倍,按17港元发售价计算,此次小米上市可净筹资约239.75亿港元,而上市估值可达到543亿美元。7月9日,小米正式在港交所挂牌上市,这不仅仅是资本圈的盛事,也是整个手机硬件圈的标志性事件。[11] 作为首家以“不同投票权”架构申请到港交所上市的高科技公司,小米集团招股说明中展现的不同投票权架构的相关安排,必然成为研究不同投票权架构个案最为生动且现实的样本。小米集团采纳何种不同投票权架构,以符合港交所上市规则改革后的规则要求?小米集团如何向公众投资者表明自我公司的创新精神与治理规范?小米集团的不同投票权架构对于我国未来公司法、证券法乃至上市规则的联动修改均将具有启发与参考价值。基于此,本部分将结合长达598页的小米集团招股说明书与港交所上市规则第8A章的新政要求,勾勒并呈现小米集团的不同投票权架构安排背后的法律逻辑。

(一)不同投票权架构公司的风险提示

何谓不同投票权架构呢?本文所研究的不同投票权架构,也称同股不同权制度,是相对于同股同权的概念。同股不同权制度,强调的是股东对现金流的权利和表决权的份额配置将不成比例,旨在实现创新产业企业创始人的控制权,而非加大创始人股权的经济性权利。因此,广义上的同股不同权,是不包含普通股和优先股的“不同权”,也可理解为各国公司法规定的种类股、类别股或者是差异化股权结构中的特定类型,主要包括多倍表决权股、限制表决权股、无表决权股、优先表决权股,及具有较大或独有的董事选任权的股份等多种形式。[12] 因此,以股东异质化理论,来解释类别股份比较恰当,但用来揭示不同投票权架构安排,则未必妥当。本文所指的不同投票权是一种典型的双层股

---

〔11〕 小渔:《小米今日登陆港交所上市 雷军开启新的征程与挑战》,载TechWeb网:http://www.techweb.com.cn/it/2018-07-09/2683718.shtml,2018年7月10日访问。

〔12〕 参见张巍:《资本的规则》,中国法律出版社2017年版,第218页。

权结构,包括普通股A股、特权股B股双重结构:A股的投票权为每股一票;B股的投票权为每股多票,持有这种较高投票权比例股份的股东,一般都是公司的创始人、早年加入公司的合伙人、主要策略性投资者或公司高层。其形成往往分为两个阶段:一是公司在初次公开发行(IPO)阶段就存在的双层股权结构;二是原本没有双层股权结构的公司,后来在股权重组过程中建立起来的"同股不同权"。在具体运用中大多数创新型公司于首次公开发行(IPO)时,附带每股一票的A股在交易所上市;及附带每股多票(最常见为每股10票)的B股发行给公司在任创始人或管理层。B类股往往可按照1∶1的比例转换成A股,而A股却不能转换为B股。[13]

翻阅小米集团招股说明书,首先映入眼帘的是第一页下方的黑体字:"本公司以不同投票权控制。务请留意不同投票权架构公司的潜在风险,特别是不同投票权受益人的利益未必总与股东整体利益一致,而不论其他股东如何投票,不同投票权受益人会对股东决议案的结果有重大影响。有关本公司所采用不同投票权架构的风险详情,请参阅「风险因素」。"上述示警字句旨在强烈提醒投资者务必关注到不同投票权架构上市公司的各类风险,通览长达46页的风险因素的各种披露,除了与公司业务与行业有关的风险之外,关于不同投票权架构独有的风险、权益持有人的利益冲突、我国法律体系不确定性带来的影响三方面的风险尤其值得注意。

就不同投票权架构独有的风险而言,招股说明书"风险因素—股份所有权集中限制股东影响公司事务的能力"部分提示,本公司通过不同投票权控制,每股A类享有10票投票权,每股B类享有一票投票权,唯就极少数保留事项有关的决议案投票除外,在此情况下,每股A类股份和每股B类股份均享有一票投票权。雷军和林斌将成为不同投票权受益人,并将共同实益拥有我们全部已发行在外A类股份,且各股份就除保留事项以外的其他决议案均享有一票表决权,因此,雷军和林斌在可预见未来对本公司的管理及事务和须经股东批准的所有事项有重大影

[13] 参见港交所2018年4月《双层股权架构与生物科技行业的上市制度改革研究报告》。

响力，包括董事选举（不包括委任、选举或罢免任何独立非执行董事）及本公司或资产的合并或出售等重大公司交易。此外，由于每股B类的投票权仅每股A类股份投票权的1/10（适用法律有所规定及与保留事项相关则除外），因此发行B类股份（包括期货股份收购交易及雇员股权奖励计划）可能延长不同投票权受益人对我们投票权的拥有时限及巩固彼等厘定提交予股东供其投票的大多数事项的结果的能力。风险因素部分进一步指出，A类股份持有人或会对我们施加重大影响，未必会以我们独立股东的最佳利益行事。不同投票权受益人将能够对本公司事务施加影响，并将能影响任何股东决议案的结果，而不论其他股东的投票权。A类股份持有人的利益未必与股东整体利益完全一致，而投票权集中亦可能迟延、顺延或阻止本公司控制权的变动。

就合并联属实体的权益持有人、董事及行政人员以及执行其他策略计划的雇员可能对本公司存在潜在利益冲突而言，风险因素部分指出，按照中国大陆法律规定，董事及行政人员应当对所主管或管理的公司承担信托责任。合并联属实体的董事及行政人员（包括我们的执行董事、创始人、董事会主席兼首席执行官雷军）须与可变利益实体的利益诚信行事，不得利用各自职位谋取个人利益。另外，雷军作为本公司董事，根据开曼群岛法例对本公司及其股东整体负有关怀及忠诚责任。由于该等个人兼任合并联属实体的董事及行政人员和本公司的董事或雇员，或兼任合并联属实体权益持有人和本公司的董事或雇员多重身份，可能存在利益冲突。因此，无法保证出现任何利益冲突时，该等个人总是按照符合本公司利益的方式行事，或利益冲突将总是以对我们有利的方式解决。

就我国法律体系存在的不确定因素而言，招股说明书“风险因素”部分直接指出，“中国大陆法律体系是成文法的民法法系，与普通法体系不同，该民法法系中已审结的法律案件并无多少先例价值。中国大陆的法律体系发展迅速，许多法律法规及规则的解释可能不一致……外商投资的法律法规及法律规定不断变化，其解释与实施亦涉及不确定因素，可能对我们可获取的法律保护构成限制。我们无法预测中国大陆法律体系未来发展的影响，尤其是与互联网相关行业有关的发展。此外，在中国大陆提起的任何诉讼均可能耗时较长，招致巨额成本，并分散管理层注意力”。上述我国法律体系风险的提示略有些出乎笔者的预料,原本以为在最高人民法院推出法律文书公开与最高院民商事指导案例之外,关于法律案件的可预测性与指导性案例的先例价值已经显现,然而在创新企业的小米公司看来,我国法律体系的不确定性与诉讼的时间成本已经成为重要的风险披露因素。

(二)不同投票权架构公司的属性要求

按照港交所关于不同投票权架构的上市公司申请要求,适合以不同投票权架构上市的公司必须具备如下特点:其一,创新产业公司,且能证明公司成功营运因应用了新的科技、创新理念或业务模式,亦令该公司有别于现有上市公司;研发将为公司贡献一大部分的预期价值,以研发为主要业务及开支;证明公司成功营运有赖其专利业务特点或知识产权;相对于有形资产总值,公司的市值/无形资产总值极高。更为重要的是,何谓“创新产业”的定义视乎申请人营运所属行业及市场的状况而定,而且随着科技、市场及行业不断发展和变迁,该定义也会变。其二,公司业务成功,且具有预期可持续的高增长轨迹。其三,不同投票权受益人的贡献,公司价值主要来自或依赖无形的人力资源,每名不同投票权收益人的技能、知识或战略方针均对推动公司业务增长有重大影响。其四,每名不同投票人必须为个人,且是董事,积极参与业务营运等。

反观小米公司的招股说明书介绍,正如董事长的公开信所言,“小米不是单纯的硬件公司,而是创新驱动的互联网公司……小米要构建的绝不是一个封闭的商业帝国,也不仅是一个创新的科技公司,更是数字时代的生活方式的成立和推动者”。从 2010 年 4 月,八个联合创始人成立小米至今八年,小米已经成为一家以手机、智能硬件和 IoT 平台为核心的互联网公司,是全球第四大智能手机制造商,全球最大的消费类 IoT 平台,为 1.9 亿活跃用户提供创新的互联网服务。根据艾瑞咨询,2017 年第四季度小米成为印度市场出货量排名第一的智能手机公司(根据 IDC 统计,正式进入印度市场三年半后实现);2017 年成为全球最大的消费级 IoT 平台,以连接设备(不包括智能手机及笔记本电脑)数量统计,与全球收入超过人民币 1000 亿元且盈利的上市公司相比,按收入增长速度计算,小米在互联网公司中排名第一,在所有公司中排名第二。招股说明书特别强调,本公司采用不同投票权架构,尽管不同投票权受益人并不拥有本公司股本的大部分经济利益,但不同投票权人可对本公司行使投票控制权。尤其指出,不同投票权收益人目光长远,实施长期策略,其远见及领导能使本公司长期受益。

(三)不同投票权架构公司的受益人要求

按照港交所上市规则要求,不同投票权受益人必须为申请人上市时的董事会成员,可以通过有限责任合伙、信托、私人公司或其他工具持有不同投票权,并对不同投票权受益人的持股比例、对外转让、终止条件提出详尽的要求。

小米集团招股说明书“股本”部分指出,本公司采用不同投票权架构,分为A类股份与B类股份,A类股份由Smart Mobile Holdings Limited[由雷军(作为委托人)以其本身及家族为受益人成立的信托间接全资拥有的公司]持有,林斌将实益拥有A类股份,由林斌作为信托受托人代林斌及其家族持有。

小米集团公司章程第2.1条详尽地对于不同投票权的限制与终止作出了符合港交所的安排,具体包括:“(c)本公司不得再发行A类股份,除非经联交所批准及根据(i)向本公司全体股东提呈按股东当时持股比例(零碎股份除外)认购本公司股份的要约;(ii)向本公司全体股东通过以股代息计划按比例发行股份;或(iii)股份分拆或其他类似资本重组所进行者则除外,唯本公司各股东有权认购或获发行当时所持股份的同类股份(建议配发或发行不得致使已发行的A类股份比例增加);(d)购回股份时不同投票权股份的减少,本公司通过购买本身股份减少已发行B类股份的数目时,倘减少已发行B类股份数目将导致A类股份占已发行股份总数的比例增加,则A类股份持有人将按比例减少于本公司的投票权(不论通过转换部分A类股份或其他方式);(e)禁止修订不同投票权股份的条款,本公司不得修订A类股份的权利以增加每股A类股份享有的投票数;(f)A类股份仅可由董事或董事全资拥有或控制的公司持有。根据上市规则或其他适用法律法规,在发生以下任何事件时,各A类股份应自动转换为一股B类股份:(i) A类股份持有人身故(或持有人为董事拥有或控制的公司,则该董事身故);(ii) A类股份持有人因任何原因不再担任董事或不再为董事拥有或控制的公司;(iii) A类股份持有人(或持有人为董事拥有或控制的公司,则拥有或控制该公司的董事）被联交所视为无能力履行其董事职责；（iv）A 类股份持有人（或持有人为董事拥有或控制的公司，则拥有或控制该公司的董事）被联交所视为不再符合上市规则对董事的要求；或（v）向任何人士转让 A 类股份的合法所有权、实益拥有权或经济利益或所附投票权，唯（A）就该股份授出任何产权负担、留置权或抵押权，但该股份的合法所有权、实益拥有权或经济利益或所附投票权直至执行上述权利时方转让；及（B）董事向本身拥有或控制的公司转让或董事拥有或控制的公司向该董事或该董事拥有或控制的另一公司转让则除外。（g）终止不同投票权，倘所有已发行 A 类股份均转换为 B 类股份，且本公司不再发行 A 类股份，则法定股本中所有的 A 类股份应自动重新指定为 B 类股份。”

（四）不同投票权架构公司的治理要求

按照港交所要求，采纳不同投票权架构的发行人必须设立企业管治委员会，须以独立非执行董事占大多数，并聘请常设的合规顾问。基于此，小米集团已经按照上市规则第 8A 章成立企业管治委员会。企业管治委员会的主要职责是确保本公司的营运及管理符合全体股东的利益，亦确保本公司遵守上市规则并维护本公司不同投票权的架构。小米集团的董事会架构如下：董事会成员 7 名，两名执行董事、两名非执行董事及三名独立非执行董事。雷军任执行董事、董事长兼首席执行官，林斌任执行董事兼总裁。董事会相信将主席与首席执行官的角色由同一人承担，会有利于确保本集团有统一领导，使本集团的整体策略规划更有实效及效率。董事会认为目前架权无损权力与授权的制衡，更可让本公司及时且有效决策及执行。董事会将继续检讨，当时机合适会基于本集团的整体状况，考虑区分本公司董事会主席与首席执行官的角色。

二、不同投票权制度的功能利弊

小米集团招股说明书中的不同投票权架构，实则是港交所关于新兴经济企业上市规则变革的一个缩影与写照，这一典型的双层股权结构在香港的积极引入，历经了一个长达4年的理论争辩，若回溯同股不同权的政策取向与立法演进，更是发现各国关于其功能利弊的态度呈现反复徘徊或难以取舍的两难之中。域外研究发现，双层股权结构在美国、加拿大、英国、新加坡等国涌现之际，均引发了剧烈的争议，而后促进了监管机制的发展与完善。我国资本市场是否引入不同投票权制度，进而吸引新兴经济产业创始人的控制权需求，端看我国理论界与立法者如何看待呈现分歧之中的不同投票权架构的功能利弊论争。

（一）同股不同权制度的理论分歧

理论研究表明，支持派强调该制度对于新兴经济创始团队的控制权需求与创新企业的长期持续发展的正向效果，反对派夸大此种结构导致控制股东对中小股东的利益侵蚀与公司治理的弱化。

一方面，支持者认为同股同权并非所有公司的最优表决权结构选择。一则，最新研究表明，双层股权结构对高科技企业创新有显著的促进作用。〔14〕 二则，在金融市场机构投资者过度集中的情况下，双层股权结构是规避市场短期行为而不得不采取的自我保护措施。前香港证监会主席、前中国证监会首席顾问梁定邦认为，一个企业本身管理团队的稳定性对其持续发展有着非常重要的作用。相比机构投资者和广大公众投资者"关心公司不如关心股市"的做法，〔15〕公司的创立者和管理层更加专注于贯彻其长期的经管方针，特别当这种长期方针的短期效益并不显著的时候。〔16〕 我国学者也指出，通过不同投票权治理安排，股东与经理人由之前的短期雇佣关系转变为长期合伙合约关系，提升了管理效率，有效地防范了野蛮人的敌意收购，对于分散股权结构的我国资本市场意义重大。三则，现代公司理论研究表明，股东"同质化"的假定不成立，〔17〕采用不同投票权架构，管理层不必担心股权被稀释，可以转求助于成本更高的债务融资。〔18〕 四则，面对各国资本

---

〔14〕 同注〔8〕。

〔15〕 方龙喜：《德、美、日股份有限公司治理机制比较》，载《当代法学》2001年第3期。

〔16〕 Lucian A. Bebchuk, *The Myth that Insulating Boards Serves Long-Term Value*, Columbia Law Review, Vol. 113, 2013.

〔17〕 朱慈蕴、沈朝晖：《类别股与中国公司法的演进》，载《中国社会科学》2013年第9期。

〔18〕 同注〔9〕，第219页。

市场交易所之间的激烈竞争,忽视新兴经济企业创始团队对控制权的需求,将丧失在未来市场的核心竞争力。[19] 2017 年 Howell 对美国双层股权结构公司的存续时间进行了调研,认为双层股权结构为众多企业创下良好业绩提供了股权结构上的保障,是保障创新型企业成功存活的重要原因。[20] 五则,控制股东或实际控制人可以取代市场更好地实现专业管理的收益。[21] 双层股权结构中,企业家凭借掌握公司最大份额表决权控制公司,无可争议的控制权为其提供了追求特质愿景的自由。[22]

另一方面,反对者认为双层股权结构的核心矛盾其实是控制股东的超级投票权与公众投资者的单一投票权间的不对等关系引发的治理困境。[23] 一则,双层股权结构下的控制股东与普通股东的利益冲突加剧,代理成本更高,防范滥用公司控制权的监督成本上升;二则,为保护管理层的利益,阻却外部收购人,将直接或间接损害公司利益,影响市场化敌意收购的监督功能发挥;[24] 三则,拥有低股权的控制人因只承担其行为对公司不利影响的部分后果,出于私人利益最大化的考量,极易发生关联交易,作出与公众投资者偏好错位的决定;四则,公司控制权的自由流动是确保管理层勤勉高效工作的最终途径,随着时间的推移,永续的双层股权结构使管理层不受市场纪律的约束,导致工作效率下降,所以即便如阿里巴巴、谷歌等"梦想家"创建的高科技企业也必须有一些退出

---

〔19〕 参见李小加:《港交所李小加八问八答创新型公司股权结构》,载新浪网:http://finance.sina.com.cn/stock/hkstock/ggIPO/20131025/091617112261.shtml,2018 年 4 月 14 日访问。

〔20〕 See Bradford D. Jordan, Mark H. Liu and Qun Wu, *Corporate Payout Policy in Dual-class Firms*, available at SSRN: https://ssrn.com/abstract=1985683 or http://dx.doi.org/10.2139/ssrn.1985683, accessed May 4th, 2018; Howell, J. W., *The Survival of the US Dual Class Share Structure*, Journal of Corporate Finance, Vol. 44, 2014.

〔21〕 See Ronald J. Gilson & Alan Schwartz, *Constraints on Private Benefits of Control: Ex Ante Control Mechanisms Versus Ex Post Transaction Review*, J. Institutional & Theoretical Econ., Vol. 169, 2012.

〔22〕 参见[美]佐哈·戈申、阿瑟夫·哈姆达尼:《公司控制权与特质愿景》,林少伟、许瀛彪译,载《证券法苑》2017 年总第 21 卷。

〔23〕 参见蒋昇洋:《博弈视角下的激励机制与双层股权结构》,载《证券法苑》2015 年总第 15 卷。

〔24〕 参见傅穹:《敌意收购的法律立场》,载《中国法学》2017 年第 3 期。

条款的设计；[25]五则，研究发现，与一流公司相比，双层股权结构公司在总体上或研发上都不会投入更多资金；六则，在全球范围内，使用同股不同权股权结构的公司往往被视为拥有较差的公司治理。[26]

（二）同股不同权制度的实证检验

双层股权结构在新兴经济企业之中占据重要的位置，但同股不同权的立法政策合理性仍然饱受质疑。

一方面，实证研究发现，同股不同权结构在新兴经济领域占有重要的经济地位，且不断呈现上升的趋势。2007 年由美国机构股东服务公司（ISS）对 16 个欧洲国家的 464 家公司进行调查，结果显示 24% 的样本公司具有双层股权结构。[27] 2008～2013 年，美国使用双层股权结构的公司占 IPO 比重的 16.5%，占首发融资金额的 34.1%。[28] 2015 年在美国交易所上市公司中采纳双层股权结构的为 133 家，占比 13.5%，远高于2005 年的1%。[29] 2012 年至2016 年，约有 19% 的美国科技公司上市采用双层股权结构——比前五年期间增加一倍以上。港交所咨询文件亦指出，目前美国 116 家中概股公司总市值的 84% 集中在 33 家采用“同股不同权”架构的公司中，市值达 5610 亿美元，相当于港股总市值的 15%。MSCI（全球最大的指数编制公司）最近发布的一项研究表明，2007 年 11 月到 2017 年 8 月，投票权不平等的公司股票表现总体上要好于市场的平均水平。如果将这些公司从指数成分股中排除出去，那么，

---

〔25〕 参见张宁：《诺奖得主哈特：高科技公司双重股权结构必须设计退出条款》，载搜狐网：https://www.sohu.com/a/231447073_260616，2018 年 5 月 13 日访问。

〔26〕 参见亚洲公司治理协会：*Dual-class Shares：A Poisoned Apple*?，载公司治理观察微信公众号：https://mp.weixin.qq.com/s/2T5iuPAgbKNGNh－Kj5OmiA，2018 年 4 月 14 日访问。

〔27〕 See Morten Bennedsen et al.，*Inside the Family Firm：The Role of Families in Succession Decisions and Performance*，Q. J. Econ.，Vol. 122，2007.

〔28〕 See Howell，J. W.，*The Survival of the US Dual Class Share Structure*，Journal of Corporate Finance，Vol. 44，2014

〔29〕 See Steven Davidoff Solomon，*Shareholders Vote with Their Dollars to Have Less of a Say*，N. Y. Times：DealBook，Nov. 4，2015.

每年在指数编制期内将减少指数的总回报约30个基点。[30] 在美国,双层股权结构上市公司并不限于新兴科技行业,在其他传统领域的大公司包括AMC、巴菲特的伯克希尔哈撒韦、Cablevision、CBS、康卡斯特、雅诗兰黛、福特、好时、新闻集团、耐克、Ralph Lauren、泰森食品和维亚康姆等。[31]

另一方面,实证研究揭示,同股不同权结构的功能优势饱受质疑,例如世界著名高科技公司苹果、微软、亚马逊采纳的均是同股同权结构。Jarrell和Poulsen对1962年至1985年12月的663起成功的收购要约溢价进行了估算。他们发现,20世纪60年代的溢价平均为19%,20世纪70年代则为35%,1980年至1985年平均溢价为30%。这些数据与Jensen和Ruback提及的针对1980年以前数据的13项研究一脉相承。后者还发现1980年之前的成功要约收购和合并,为目标公司带来了16%~30%的正回报。[32] 目标公司的股东显然可以从收购中获益,它是一支维持资本市场生态平衡的重要力量。一旦公司治理不规范,野蛮人就在家门口,会用各种各样的公司法律制度来制约你、收购你、平衡你,[33] 而双层股权结构显然抵御了敌意收购的发生。2014年美国的机构投资者理事会(CII)向证券交易所提出申请,建议回归同股同权的政策,根据美国ISS收到的120件调查回执,其结果也显示有57%的机构

---

〔30〕 See David J. Berger & Laurie Simon Hodrick, *Are Dual-Class Companies Harmful to Stockholders? A Preliminary Review of the Evidence*, Geoffrey Kiel and James Beck, Effective Governance Pty Ltd., on Friday, May 18, 2018.

〔31〕 See Edward Kamonjoh, *Controlled Companies in the Standard & Poor's 1500: A Follow-up Review of Performance & Risk*, *Investor Responsibility Research Ctr. Inst. available at* https://irrcinstitute.org/wp-content/uploads/2016/03/Controlled-Companies-IRRCI-2015-FINAL-3-16-16.pdf, accessed May 4th, 2018.

〔32〕 参见[美]罗伯塔·罗曼诺:《公司法基础》,罗培新译,北京大学出版社2013年版,第524页。

〔33〕 参见刘纪鹏:《"中国式"独董既要制约大股东,也要制约"保姆"》,载新浪网:http://finance.sina.com.cn/stock/marketresearch/2018-04-17/doc-ifzfkmth4867667.shtml,2018年5月10日访问。

投资者反对双层股权结构公司公开上市。[34] 港交所 2014 年的研究报告同样指出,"同股不同权的内生性问题更为严重,不利证据远多于有利证据"。[35] 2013 年 12 月,亚洲公司治理协会向各会员公司的治理部门的高级官员或投资经理(基金经理)发出了一份关于同股不同权股权制度的调查问卷。结果表明,如果阿里巴巴最终以其坚持的特殊合伙人结构在香港成功上市,全球投资者可能会对阿里巴巴的股票折价10% ~ 25% 。如果此类非标准化的股权结构在香港成为惯常,投资者更将会对香港市场整体作出平均超过 13% 的折价。[36] 1997 年最高峰时,美国共有 7509 家上市公司,可是到 2016 年,这个数字只剩 3618 家,几乎只是 1997 年的一半。而同一时期,世界上其他地方的上市公司数量倒是在不断增长,[37] 因此,无法轻易认为同股不同权替美国吸引到了更多的创新企业上市。

三、不同投票权制度的立法演进

同股不同权的发展演变可谓历史悠久,古罗马时期就有所谓的向富人和广大公众发行不同类型的股份。发展到中世纪时期,欧洲的商事组织已经从"一成员一票"向着各种非比例性投票权构造演进。[38] 在近代,英国东印度公司没有同股同权的规定,美国特许制时代的特许状也不强调同股同权。随着全球并购浪潮的风起云涌,遵从同股同权原则的

---

〔34〕 See Marc Goldstein, 2016 – 2017 *Annual Benchmark Voting Policy Survey*, Harv. L. Sch. F. on Corp. Governance & Fin. Reg. (Oct. 5, 2016), *available at* https://corpgov.law.harvard.edu/2016/10/05/2016-2017-annual-benchmark-voting-policy-survey/, accessed May 4th, 2018.

〔35〕 See Hong Kong Exchs. & Clearing Ltd., *Concept Paper*, *Weighted Voting Rights*, at III-1 to III-17 (Aug. 2014).

〔36〕 同注〔24〕。

〔37〕 See Doidge et al., *Eclipse of the Public Corporation or Eclipse of the Public Markets?*, NBER Working Paper No. 24265, 2018.

〔38〕 See Katharina Pistor, Yoram Keinan, Jan Kleinheisterkamp & Mark D. West, *The Evolution of Corporate Law: A Cross-country Comparison*, Social Science Electronic Publishing, Vol. 23, 2002.

管理层对双层股权结构的呼声日渐高涨。根据欧委会授权进行的一项关于欧盟地区上市公司中的股份所有与控制之比例的外部研究表明，在464家样本公司中，44%的公司拥有一种或者更多的“控制权强化机制”，拥有该机制的公司比例最高的成员国依次是法国、瑞典、西班牙、匈牙利和比利时，它们的上市公司中拥有控制权强化机制的比例都超过了一半。[39]

（一）美国同股不同权制度：从禁止到允许的百年变迁

在美国公司法的州际竞争中，《特拉华州一般公司法》无疑占有非常重要的地位，在纽约证券交易所上市的公司总量的1/3以上是在特拉华州设立的。在《特拉华州一般公司法》第8章“章程修订与股本变化”第242条规定了类别股股东在公司章程修订的特殊情况下的种类表决权。《1984示范商事公司法》§10.04规定了某种股份作为一个单独的表决集团参加表决的九种情形。美国多数州公司法允许公司自由选择股权结构，并对此进行了两点限制：第一，至少有一种股票拥有或者多种股票共同拥有不受限制的投票权，并且至少有一种股票拥有或者多种股票共同拥有分配权和清偿权；第二，公司如果要将股票划分为不同种类，就必须在公司注册证书中载明。

20世纪20年代，美国著名的道奇兄弟汽车公司、国际纤维公司、A&W树根啤酒公司、福克斯电影院公司都开始发行双层股票。截至1926年，美国至少有184家采用多层股权结构的公司上市发行股票。[40] 1926年2月17日，纽约时报的头版头条刊载了美国总统卡尔文·柯立芝（Calvin Coolidge）与哈佛威廉·雷普利（William Ripley）教授对双层股权结构的讨论。[41] 1940年，纽交所正式宣布禁止多层股权结构的公司上市交易。截至1985年，受AMEX和纳斯达克的政策吸引，双层股

---

〔39〕 See *Report on the Proportionality Principle in the European Union*, *External Study Commissioned by the European Commission*, Open call for Tenders NO MARKT/2006/15/F, 2006, p. 6.

〔40〕 See Arthur Stone Dewing, *The Financial Policy of Corporations*, The Fronald Press, 1953, p. 178.

〔41〕 See New York Times headline, *President Studies Non-voting Stocks*; *He Confers With Professor Ripley to Learn if Federal Action is Advisable*, New York Times, February 17, 1926.

权结构公司已经占据 AMEX 上市公司总数的 7%(785 家中的 60 家);在纳斯达克上市的 4101 家公司中,也有 110 家为多层股权结构的公司。[42] 1985 年,国会对三个证券交易所施压,要求其步调一致共同进退。至此纽交所开展了对双层股权结构公司上市的讨论,被迫有条件(要经过拥有外部股权的大部分股东同意;要经过独立董事的大多数同意)地接受双层股权结构公司上市。[43] 截至 1988 年,有 336 家多层股权结构公司在美国上市,占总上市公司总数的 6.7%。[44]

随着多层股权结构上市公司数量的增加,其暴露的问题也越来越多。考虑到公司控制权滥用的风险加剧、管理层的低效运作、代理成本的上升以及给公司治理带来的挑战,美国国会、美国能源和商务委员会主席 John D. Dingell 以及塞里格曼(Seligman)等法学家纷纷对双层股权制度提出反对意见,要求禁止其在大型上市公司使用。[45] 有作者直接在纽约时报上发问:"当控制股东取得了 55% 的股权,启动股权重置,要强行推行双层股权结构,此时中小股东的权益谁来保护?"[46] 从尊重投资者选择的自主性、满足股东诉求的异质化倾向、企业长期发展战略的实行以及增加股票价值等角度考量,也有部分美国学者认为不应当禁止双层股权结构公司上市,解决问题的途径是对滥用控制权的行为进行规制,更好地保护中小股东权益。[47] 这场论战声势浩大,包括 Richard S. Ruback、Daniel R. Fischel、Jeffrey N. Gordon、John C. Coffee 在内的多名专家参与其中。双方争论不休,直到 1988 年 7 月 7 日美国证监会以 4:1

---

〔42〕 See Craig Doidge, *US Cross-listings and the Private Benefits of Control: Evidence From Dual-class Firms*, Journal of Financial Economics, Vol. 3, 2004.

〔43〕 See Thomas Math, *Big Board Ends Equal Vote Rule*, New York Times, July 4, 1986.

〔44〕 See Ang, J. S. & W. L. Megginson, *Restricted Voting Shares, Ownership Structure, and the Market Value of Dual-class Firms*, , 12 Journal of Financial Research, Vol. 12, 1989.

〔45〕 See Joel Seligman, *Equal Protection in Shareholder Voting Rights: The One Common Share, One Vote Controversy*, George Washington Law Review, Vol. 5, 1986.

〔46〕 See Steven Greenhouse, *Unequal Voting Rights in Stock*, New York Times, March 19, 1985.

〔47〕 See Kenneth Lehn, *Consolidating Corporate Control: Dual-class Recapitalizations Versus Leveraged Buy-outs*, Journal of Financial Economics, Vol. 27, 1990.

的投票结果通过了 19c - 4 规则,[48] 规定了"禁止 + 例外"的规制条款,这场论战才以反对方大获全胜而告终。[49] 1991 年美国证券交易所实行与 19c - 4 规则相类似的规则:只有在公司取得了 2/3 以上多数的股东同意,且同时取得控制股东和内部人之外的其他股东的 1/2 以上同意的情况下才能进行股权重置,创设双层股权结构。[50] 1993 年 12 月,纳斯达克、美国证券交易所、纽约证券交易所相继接受了美国证监会主席 Arthur Levitt Jr. 的倡议,在允许双层股权结构公司上市交易的问题上再次采取一致政策。[51] 至此,美国对双层股权结构的规制政策趋于统一化、成熟化,其基本立场是,对公司已经发行的股票不能以任何方式去剥夺既有股东的投票权,但在发行新股时公司可以引入双层股权结构。[52]

近年来,美国学者通过实证研究发现,永久的双层股权结构是站不住脚的。双层股权结构公司 IPO 时可能提供的任何监督收益会随着时间的推移而下降,潜在成本趋于增加,而潜在收益趋于消失。在公司发展早期,基于创新能力对企业竞争力构建的重要性,保护创立者的控制权会有利于公司,是明智选择,但是在某个时间点[这一个时间点通常被称作"日落"(sunset)]之后,双层股权结构的有效性需要重新考虑。研究表明即使管理层发现公司运营的效率低下,也仍然有强烈的动机去保留双层股权结构。因此,美国很多大型的双层股权结构公司在章程中规定,或经过固定的时间段(如 10 年或 15 年),或特定的触发事件发生,或跨越某个所有权百分比,公司将进行"日落",除非该股权结构的延续得到了与控制人无关的半数以上的股东批准。[53]

---

[48] SEC Rule 19c - 4 Governing Certain Listing or Authorization Determinations by National Securities Exchanges and Associations.

[49] 参见周韶龙:《美国法上的双层融资结构及其借鉴》,载《金融法苑》2015 年第 1 期。

[50] See Terry College, *A Mex Files Plan for Holders Votes on Classes of Stock*, The Wall Street Journal, June 13, 1991.

[51] Foremski, *NYSE Approves Shareholder Voting Rights Policy*, Dow Jones News Service, May 5, 1994.

[52] 参见马一:《股权稀释过程中公司控制权保持:法律途径与边界 以双层股权结构和马云"中国合伙人制"为研究对象》,载《中外法学》2014 年第 3 期。

[53] Bebchuk & Kastiel, *The Untenable Case for Perpetual Dual-class Stock*, Virginia Law Review, Vol. 103, 2017.

（二）美国之外的国家同股不同权制度：尚未达成共识的分歧之中

欧盟对于是否适用“一股一票”的态度比较矛盾：一方面，认为其设计有违传统的股权平等原则，可能阻碍资本的自由流动；另一方面，没有足够的理由在成员国强制实施。在 2003 年 3 月，欧洲法院曾判决公司管理层保有特殊权力违背资本的自由流动。在 2004 年的公司收购指令中，欧盟又引人“打破规则”，即一旦某一公司获得了目标公司 75 % 的股份，“一股一票”的投票规则将重新适用。尽管“打破规则”仅适用于公司收购这一特殊情形，但有学者认为欧盟实际上已经将“一股一票”确定为了欧洲标准。值得我们注意的是，《欧盟公司法》第五号指令议案至今尚未颁行，欧委会虽然引入了“打破规则”，但与此同时也允许成员国明示排除该规则的国内适用，〔54〕鉴于各国对同股同权的不同态度，第五指令颁布的可能性微乎其微。

英国立法对于不同投票权制度经历了一个从早期允许到后来相对禁止的道路。20 世纪 60 年代中期，双层股权结构风行一时。但随着媒体对双层股权结构公司负面报道的激增，投资者普遍不看好双层股权结构公司，这种需求直接影响了企业的资金成本和公司治理。及至 70 年代，双层股权结构公司股票的实际价值被投资者严重低估，他们向政府施压，导致双层股权结构日益萎缩。在英国，同股同权虽然是公司法的预设标准，但不禁止公司采用其他的股权结构。2012 年，英国曼彻斯特联合银行足球俱乐部为了采用双层股权结构，不得不转投纽交所上市。2014 年英国金融行为局上市监管局（UKLA）规定以高级形式上市的公司不能设立双层股权结构，〔55〕同种类别的股份其投票数相同，获准上市的股份所享有的表决权必须与其在总股本所占的权益比重保持一致。由于英国主板市场有高级上市（premium listing）和标准上市（standard listing）两种形式，采用标准形式上市的公司仍可选择不同的投票权架构，所以有学者认为英国的机构投资者已经总体上成功地阻止了双层股

〔54〕 参见汪青松：《论股份公司股东权利的分离——以“一股一票”原则的历史兴衰为背景》，载《清华法学》2014 年第 2 期。

〔55〕 参见安邦坤：《审慎推动双层股权结构公司上市》，载《中国金融》2018 年第 4 期。

权结构的说法值得商榷。[56] 并且情况在近期似有了转机，为提高资本市场的吸引力，英国金融行为监管局发布了一份讨论文件，广泛征求双层股权结构公司上市的意见。[57]

德国立法关于不同投票权架构的发展更是一波三折，呈现出"允许—限制—完全禁止"的波浪式震动。德国一度允许双层股权结构公司上市，结果导致大量滥用双层股权结构的案件发生，中小股东利益严重受损。1937 年德国国会规定，只有因公共利益的需要，并经所在州一级的最高行政机构特殊批准，才可使用双层股权结构。直到 1998 年，德国正式决定废除双层股权结构，规定除非在 2003 年 6 月 1 日之前成功召开股东大会，以 3/4 以上的绝对多数表决通过允许不同投票权继续存在的议案，否则先前存在的双层股权结构失效。《德国股份法》第 12(2)条规定，任何情况下德国公众公司都不能实行一股多表决权制。[58] 之后 2002 年、2009 年的《德国公司治理准则》均建议上市公司坚持同股同权原则。[59]

在 2003 年，法国经第 2003－7 号法律批准，将《法国公司法典》中的内容重新编纂为"商事公司与经济利益合作组织"，将其作为《法国商法典》的第二卷。[60] 其中第 L225－123 条规定了"忠诚股"，双层表决权可以赋予在股东登记册上连续存在两年且缴足股款的股东。且该种股票一旦转让，根据第 L225－124 条规定，一股一票的状态将得到恢复。在法国"股东之间地位平等"并不具有绝对价值。[61] 虽然私人公司不能实行一股多表决权，也不能剥夺任何一名股东的表决权，但是公众公司却认可代表双层表决权的股份，甚至可以发行代表多倍表决权的股份。[62]

---

〔56〕 See Julian Franks, Colin Mayer & Stefano Rossi, *Spending Less Time with the Family: The Decline of Family Ownership in the UK*, Nber Working Papers, Vol. 21, 2004.

〔57〕 See Fin. Conduct Auth., Discussion Paper, Review of the Effectiveness of Primary Markets: The UK Primary Markets Landscape 7－8, 20－23 (Feb. 2017).

〔58〕 [挪威]马德斯·安登斯、[英]弗兰克·伍尔德里奇：《欧洲比较公司法》，汪丽丽、汪晨、胡曦彦译，法律出版社 2014 年版，第 154 页。

〔59〕 同注〔52〕。

〔60〕 李飞：《当代外国破产法》，法制出版社 2006 年版，第 340～341 页。

〔61〕 参见 P. 迪迪耶：《股东之间的平等，神化还是现实》，载《企业法律手册》1994 年第 5 期。

〔62〕 同注〔55〕，第 152 页。

直至20世纪80年代,以色列上市公司可以自由适用双层股权结构。一股一票与五股一票的类别股组合在特拉维夫证券交易所尤为常见,实际上约40%的上市公司都采取了同股不同权的股权结构。[63] 可是,1990年的一项监管改革要求使特拉维夫的证券市场盛况不再,改革后上市公司在IPO时只可发行普通股。随后的短短10年间,原本采纳不同投票权结构的109家公司,已有近4/5的公司统一了股票类型,剩余的也多被合并、退市,逐渐淡出市场。据统计,截至2009年年初,采纳不同投票权结构的上市公司只余7家。[64]

金字塔结构和不同投票权架构都可满足股东对控制权强化的渴求,但由于意大利长期限制双层股权结构的政策,导致20.3%的上市公司受金字塔结构控制,占到2012年股票市场总市值的62.2%。《民法典》原则上采取同股同权的表决规则,但公司仍被允许对股东表决权进行自由设置。2014年6月,立法机关颁布91号法令,上市前允许公司发行每股不超过三票的股份,取消了对发行不同表决权股的禁令。至此,起源于法国的"忠诚股份"被意大利引入,要求特别股持有人必须满足拥有该公司股票两年以上并进行了特别登记。

瑞典对各式控制权强化机制持包容态度。20世纪90年代早期,在瑞典斯德哥尔摩证券交易所,使用双层股权结构及金字塔结构的公司以2%的终极现金流权,最终控制了50%的市值。在2006年,规模最大的20家公司中有4/5都采用双层股权结构。现今以小额资本杠杆撬动巨额资金的传统仍旧主导着斯德哥尔摩证交所。在荷兰,每股股份面值的大小直接决定了其所代表的投票数。《荷兰民法典》第2.118(3)条规定,原则上每名股东所持有股份的累计面值除以公司已发行最小股份面值,是其所持有的有效票数。但根据股票不同的类别,公司也可要求持有相同投票数的认购人支付不同的对价。

---

〔63〕 See Shmuel Hauser & Beni Lauterbach, *The Value of Voting Rights to Majority Shareholders: Evidence from Dual-class Stock Unifications*, Review of Financial Studies, Vol. 17, 2004.

〔64〕 Beni Lauterbach & Yishay Yafeh, *Long Term Changes in Voting Power and Control Structure Following the Unification of Dual Class Shares*, Journal of Corporate Finance, Vol. 17, 2011.

《瑞士公司法》第4章第1条规定了同股同权是公司预设的默认标准规则,第4章第2条和第3条规定通过公司章程设置选用双层股权结构的例外。西班牙修订后的《1989年西班牙公众有限责任公司法》第50(2)条规定股东不得获得任何形式的利息,还规定公司不得创设任何直接或间接变更票面价值与表决权比例或优先权利的股份。比利时《公司法》规定,公众公司可以发行创始股,公司章程可以规定创始股股东享有表决权,可以限制每一股东在股东大会上的投票数量,无论其参与投票的股东所持有的股份种类。

加拿大没有对每股股票可拥有的投票权数作限制性规定。根据《加拿大商业公司法》第140(1)条规定,一股一票是原则,但允许公司章程另行规定。在双层股权结构公司,章程需载明权利安排和相应的限制性条件。20世纪70年代,加拿大的上市公司中仅有5%是双层股权结构公司;截至2005年,其占比在多伦多交易所(TSX)上升至20%。有学者从TSX的前100名公司中选取双层股权结构公司进行统计,得出结论:20世纪40年代到80年代是其发展的黄金期,几个最大规模的双层股权结构公司都是在此期间形成;90年代以后的双层股权结构公司都集中于新兴的电子传播行业。[65] 根据2013年7月的最新数据,TSX的1555家上市公司中,仅余41家(3%)双层股权结构公司。当下,加拿大一个由大型机构股东组成的联盟又开始强烈呼吁限制双层股权结构在上市公司的使用。[66]

2013年新加坡立法机关首先修改了公司法,明文废除了第64条,规定内部公司所持有的每一股票都应该对应公司在实际管理过程中的投票权,并且同意上市公司根据实际情况进行调整,发行不同类别的股份,此项决定于2014年8月生效。为了防范可能出现的风险,指导委员会制定了配套的应对措施:首先,高额投票权的股票发行需经过股东大会的绝对多数同意。其次,为了最大限度地保障公众股东对于高倍投票权

---

〔65〕 Terence Zinger, *Dual-class Share Structures, Founder Control and Enterprise Growth: New Insights and Directions for Research*, Entrepreneurial Practice Review, Vol. 1, 2009.

〔66〕 See Canadian Coal. for Good Governance, *Dual Class Share Policy*, available at http://www.ccgg.ca/site/ccgg/assets/pdf/dual_class_share_policy.pdf, accessed May 4th, 2018.

的知情权，要求在提出发行提案时，必须提供不同类型股票投票权的特别说明。最后，在公众公司章程中需清晰载明发行股票的种类和其投票权的数量。〔67〕 2016 年，新加坡上市咨询委员会建议新加坡交易所接受双层股权结构，并提出需同时推出合适的保障措施以限制该结构带来的风险。2018 年 3 月 28 日，新加坡交易所就双层股权结构的运用推出第二轮市场咨询，包括考虑上市公司商业模式，由事件触发的日落条款机制，是否有资深投资者参股等。〔68〕 近期，马来西亚吉隆坡证券交易所也表示正在评估是否允许双层股权结构公司来此上市。

四、不同投票权制度的治理安排

截至 2017 年 2 月 7 日，在我国的 76 个民营资本系族中，有 25 个系族内上市公司现金流权与表决权分离度均值超过 50%，占比约为 33%；在 179 家民营资本系族控制的上市公司中，有 62 家上市公司的两权分离度高于 50%。〔69〕 当前，我国股东为了获取同股不同权结构带来的制度优势，往往会通过表决权委托、表决权限制协议、优先分红权与优先清算权协议、对赌协议、章程盈余优先分配条款、股票收益权转让等渠道〔70〕进行“曲线救国”。域外的成熟经验告诉我们，通过金字塔持股结构、交叉持股、瓜分董事会等方式，也会使现金流权与表决权分离，以较少的出资实现对公司的最终控制。〔71〕 因此，试图通过拒绝不同投票权架构来保护中小股东权益的思路，只能影响境内投资者分享新兴经济成长带来的财富效应，扼杀我国新兴经济的成长，最终损害企业家的创新精神乃至国家竞争力。与其拒绝不同投票权架构，莫不如完善不同投票

〔67〕 参见陈彬：《双层股权结构制度改革评析——新加坡公司法的视角》，载《证券市场导报》2016 年第 7 期。

〔68〕 同注〔10〕。

〔69〕 参见邢立全：《A 股资本系族：现状与思考》，上交所 2017 年 5 月 5 日公布的研究报告。

〔70〕 同注〔14〕。

〔71〕 See R La Ports，F. Lopex - de - Silanes，A. Shleifer & R Vishny，*Corporate Ownership around the World*，The Journal of Finance，Vol. 54，1999.

权架构的配套治理机制,设定一系列行之有效且经过验证的限定性治理安排,以期兼顾新兴经济的成长与公众股东权益的保障。

(一)不同投票权架构引入的"准入限制"

1. 限定为新经济领域

美国采取双层股权结构的公司主要集中于互联网、传媒、通讯、娱乐、钢铁等几个主要领域。港交所则将可以采用同股不同权的公司限定在创新型企业,有条件地考虑接受尚未产生收入或盈利的新经济公司的上市申请。联交所将审视每宗个案的实况及情况。一家公司合资格上市并不代表另一家采用类似科技、创新理念或业务模式的申请人同样合资格上市。

有学者建议双层股权结构应仅适用个别类型公司,在科技创新型公司、关乎国计民生的国有企业、借助家族伦理关系协调资源配置的家族企业、需要保持真实性和客观性的传媒企业进行率先试点,并且建立一套个案审查机制。〔72〕 香港交易所集团行政总裁李小加曾公开表示:"创新型公司与传统公司最大的不同在于,它取得成功的关键不是靠资本、资产或政策,而是靠创始人独特的梦想和远见。"〔73〕为了鼓励创新、保护创新型公司的核心竞争力,从公司的长远发展考虑,必须给予创始人一定的空间与机会掌舵。从当前我国对"独角兽"企业的政策背景考虑,笔者建议首先在具备行业发展价值的"四新"企业——生物科技、云计算、人工智能、高端制造进行试点,待条件成熟再逐步降低准入限制。根据各行业发展的具体情况对行业分类的定义作出适时调整,一旦决定了合适的定义,应根据申请人实际情况进行个案裁量。

2. 限定企业市值规模

有组织的交易所有强烈的动机来维持良好的声誉,同理有规模的企业也有维护形象的现实需求。当企业达到一定的规模时,会迫使更多的被动型投资者持有他们的股票。基于以上考量,港交所要求在主板上市的同股不同权公司市值要超过100亿港元,并且规定其最近一个财年经

---

〔72〕 同注〔46〕。

〔73〕 参见江家岱:《合伙人根本不是问题,李小加八论"创新型公司"》,载搜狐网:http://business.sohu.com/20131025/n388900257.shtml,2018年5月25日访问。

审计后的收入至少要超过10亿港元；或者其预期市值是要不低于400亿港元的公司。笔者认为内地交易所可参考其标准，结合内地经济发展的现状，适度限定企业的市值规模，以期最大限度地规范我国的资本市场。

3. 限定特权股所有人资格

不同国家对超级表决权股转让均设有一定限制，美国规定超级表决权股一般不能流通，即使转让也会自动转换为一股一票的普通股。加拿大多伦多证券交易所则要求给外部股东提供“燕尾保护”（coat-tail protection），即拥有超级表决权股权架构的公司应当确保提出要约购买超级表决权股的购买方在同等条件下提出要约购买次级表决权股，以防止内部股东将公司的控制权出售并获得大量溢价，掠夺其他股东利益。新加坡交易所在近期的咨询文件中，则建议在特定条件下超级投票权股须转为普通股，如股东辞任董事、转让手上股份等。港交所规定公司可以采用双层股权结构进行IPO，但超级投票权股禁止转让，不同投票权受限于“自然”日落条款，表明管理层愿意在某一天把投票权还给股东。法国的“忠诚股份”通常要求股东的持股期限不低于两年。股份拥有权转移时，特殊投票权随即取消，[74]但继承或夫妻共同财产转让、亲属进行馈赠除外。[75]

维持股东利益平衡的方式之一是直接规定超级表决权股不具有流通性。“创始人持有”特权股，享有高于资本对应权利之上的“超级”投票权，是由于他们能够创造高于股份本身等比例配置的参与性权利所能够产生的价值。[76]笔者建议只有对企业的长期发展起关键作用的管理层才能持有特权股。股份不得转让给其他股东和家庭成员在内的公司外部人员。一旦特权股持有人不再参与公司业务（退休、丧失工作能力、去世）或所持有的股份少于特定比重，那么将自动触发“日落条款”，特权股也将会被剥夺。

4. 限定发行人特权股所占比例

法国规定特权股所占比例不得超过公司注册资本的1/4，港交所规

〔74〕《法国商业守则》第L.225－124条。

〔75〕港交所2014年8月《不同投票权架构概念文件》，附件三第5页。

〔76〕参见肖金锋、杨梦：《类别股的类型化分析及制度建构——以股权融资与控制权兼顾为视角》，载《证券法苑》2017年总第20卷。

定发行人不得提高已发行的不同投票权股份比重,亦不得增发任何不同投票权股份。笔者建议在上市之前确定发行人特权股所占比例,发行人不得在以后融资过程中发行更多的特权股。

(二)不同投票权架构引入的“管治安排”

在亚洲公司治理协会发布的亚洲11个国家和地区公司治理评估报告中,中国排名第九。中国内地公司治理改革滞后的一个清楚例证便是2002年首次发布,但其后从未进行任何修改的《上市公司治理准则》。双层股权结构的制度背后实则是公司控制权的争夺,而由控制权争夺所引发的公司治理才是矛盾冲突的关键。

1.引进忠慎义务制度

控制股东滥用控制权将产生巨大的风险,许多国家和地区为了实现股东之间的实质平等,往往会在法律层面赋予其特殊的诚信义务,限制他们的权利,以约束他们的行为。笔者建议在引进同股不同权这味对公司治理毒性剧烈的猛药的同时,引进特拉华公司法上的忠慎义务制度作一味缓解毒性的解药。参酌域外的立法成果,保护中小股东的合法权益。

2.限制特权股表决权

首先要限制加权幅度。《法国商事公司法》规定,仅允许公司发行每股两票的高额投票权股份。《瑞典公司法》第4章第5条规定,股份的投票权概不得超过任何其他股份投票权的10倍。新加坡交易所咨询引入双层股权架构时,也建议倍数股份以10倍为限。港交所规定超级投票权人在上市时享有的经济权益不能低于10%,超级投票权一票的威力最多也只能抵普通的十票,普通股股东所拥有的有效投票权在股东大会上必须占到至少10%。从国际做法来看,虽然美国股市并没有对投票权设定加以限制,但最普遍的结构安排是超级表决权股每股有不超过10倍的投票权。我国赴境外上市的双层股权结构公司中,除京东为普通股的20倍外,多数限定在10倍以内。建议我国应将比重控制在10倍以内为宜。

其次要建立完善的表决机制。港交所规定在双层股权结构上市公司,以下重要事宜也必须按“一股一票”基准决定:发行人组织章程文件的变动;任何类别股份所附带权利的变动;委任或罢免独立非执行董事;

委聘或辞退核数师；发行人自愿清盘。笔者建议针对修改章程，分立、合并、并购、处置公司重大资产、重组、转让主要知识产权，变更股东权利，选举和罢免独董及审计人员，以及主动终止公司这几类事项必须采用一股一票的投票方式。

最后规定特权股持有人的提名权被股东大会否决的次数上限。创始人的控制权与中小股东利益不是一对不可调和的矛盾。通过市场的调节和制衡，可以通过制度的设计有效减少决策者失误带来的损失。笔者建议当其他股东反对创始人的提名时，创始人可以申请进行第二轮的表决，如果投票的结果没有变化，则创始人不再享有高倍投票权。

3. 设立公司治理委员会

港交所规定采用同股不同权的公司必须设立公司治理委员会。结合美国和我国香港地区的立法经验，笔者建议在双层股权结构公司设立由独董占多数并由独董出任主席的治理委员会，委员会拥有向管理层索取信息、聘请独立顾问机构的权利，可以定期考察监督关联交易、利益输送等控制股东行为，以确保公司为全体股东利益运营。

4. 严格独立董事制度

将独立董事引入董事会，由其担任董事会和董事会下设的某些关键的委员会成员，是保护少数股东激励策略的做法之一。独董因受到"低能激励"（也就是职业声望、道德、个人声誉）驱动，会直面控制股东以维护公司的整体利益。[77]"独立董事"作为中国资本市场上的舶来品，最早出现是1993年青岛啤酒为满足港交所的上市要求。1997年证监会发布的《上市公司章程指引》中首次规定公司可设立独立董事。直至2000年的《上海证券交易所公司治理指引》才将其确立为强制性规范。次年，深交所发布了《上市公司独立董事制度实施指引》；证监会发布了《关于在上市公司建立独立董事制度的指导意见》，要求上市公司董事会成员中必须包括1/3以上的独立董事。[78]"在我们的上市公司中，独立董事的任务首先是制约大股东，保护经营者的利益。第二个任务跟西

〔77〕［美］莱纳·克拉克曼、亨利·汉斯曼：《公司法剖析：比较与功能的视角》，罗培新译，法律出版社2012年版，第93~98页。

〔78〕参见何军香：《对上市公司构建独立董事制度的思考》，载《当代法学》2003年第11期。

方一致,就是当股权高度分散的时候,制约'保姆',保护'主人'的利益"。[79] 笔者建议定期对独立董事进行业务培训和考核,确保其选任与公司运营无业务牵连,使其独立于上市公司,公司的控制股东和实际控制人。[80]

(三)不同投票权架构引入的"保障机制"

1.强化企业的信息披露

强制披露揭示了控制股东的股权结构和利益冲突的交易,对中小股东的权利保护发挥着关键作用。市场价格可以动态反映公司控制者的机会主义行为,并对具体行为予以惩罚。[81] 除此之外,强制性披露提供了保护中小股东的其他机制(如投票和诉讼)所必需的信息。[82] 多伦多证券交易所要求在公司章程或招股说明书中载明对不同投票权股东的保护性条款。港交所要求将信息披露等要求纳入发行人的公司章程等文件。笔者建议双层股权结构的上市公司将所发行的股份类型、每种类型的数量与投票权架构、公司章程对于股份转让的限制性规定、股份的数量与权利的变动等重要内容进行全面、真实、及时的公开披露。

2.监督企业"新旧隔离"

Jeffrey N. Gordon 认为,如果不进行"新旧隔离",将使绝大多数中小股东被迫同意对其无利的股权重置计划,从而使得管理层的地位得到强化,而溢价的敌意收购则会变得非常困难。[83] 笔者建议强制进行"新旧隔离",确保只有新申请人才能以同股不同权的结构上市。[84] 禁止现有

---

〔79〕 同注〔30〕。

〔80〕 参见徐明:《多措并举,积极推进立体型中小投资者保护机制》,载投服中心微信公众号:http://mp.weixin.qq.com/s/0OJU1FBfFORWpWoikuTLaQ,2018年4月14日访问。

〔81〕 参见美国《1934年证券交易法》第13D条,15 U.S.C. § 78a(2008);Directive 2004/109/EC ,2004.O.J.(L 390)38,第9-15条。

〔82〕 同注〔75〕,第102页。

〔83〕 See Jeffrey N. Gordon, *Ties that Bond: Dual Class Common Stock and the Problem of Shareholder Choice*, CAL. L. REV. Vol. 76, 1988.

〔84〕 根据Daines等学者的研究成果,作为反并购措施的双层融资结构较为广泛地被写入了首发IPO的章程条款中。研究者也通过一系列回归、统计分析,证明在章程条款被市场定价的情况下(首发IPO时),章程条款的采用提高了效率和公司价值。Daines, Robert & Michael Klausner, *Do IPO Charters Maximize Firm Value? Antitakeover Protection in IPOs*, Journal of Law Economics, and Organization , Vol. 17, 2001.

上市公司进行分拆然后将分拆之后的新公司以同股不同权的结构进行上市。

3. 投资者的"司法保护"

美国是典型的判例法国家，可以通过司法审查确立起有效的规则。特拉华有名的 Kahn v. Lynch Communication Systems 案，特委会原本为公司寻找了更好的买家，可囿于控制股东拥有足以否决一切并购交易的表决权，最终不得不放弃那个买家，转而接受大股东的收购。若非法院在诉讼中确立起对控制股东忠慎义务的严格审查标准，一桩欺压小股东的买卖就要在特委会的眼皮底下成交。〔85〕 针对利益冲突交易（控制股东收购上市公司全部股权将其私有化），1983 年"温伯格诉 UOP 公司案"（Weinberger v. UOP, Inc.）确立了"彻底公平"标准的审查，即董事会举证交易过程彻底公平，交易价格彻底公平。后来通过成立特别委员会来负责私有化交易，确立了"少数股东中的多数同意"规则。〔86〕 2014 年的 Kahn v. M & F Worldwide 一案，确立了 MFW 规则。2017 年 8 月，美国特拉华法院将 MFW 规则沿用到控制股东虽未直接收购公司，却可能在第三方收购交易中获得特别权益的情况。

2015 年 6 月，香港交易所在不同投票权架构咨询及 2017 年有关建议设立创新板的咨询中发现，只有少数回应者认为引入集体诉讼机制是准许不同投票权架构的先决条件，同时市场的回应也显示在美国的大多数集体诉讼涉及的是信息披露问题，而不是在不同投票权架构下可能发生的滥用控制权问题。研究表明，我国香港地区与美国一样都高度重视投资者保障，只是做法不同。〔87〕 考虑到小米集团对风险因素的综合分析，以及我国《上市公司治理准则》等适用条款的滞后性，笔者建议在强调信息披露重要性的同时，也不可忽视司法系统能动作用的发挥，尽力为中小股东的权益保护建构起最后一道防火墙。

4. 构建透明有效的退市机制

为了引入同股不同权架构，港交所前期为修复退市机制作出了不少

---

〔85〕 同注〔7〕。

〔86〕 参见张巍：《上市公司董事会的信义义务：基础理论与美国实践》，载《投资者》2018 年第 1 辑。

〔87〕 详见香港交易所 2014 年 8 月《不同投票权架构的概念文件》。

努力。退市机制是可以提醒利益相关方保持警惕的有效补救措施之一。笔者建议我国应当构建一个透明、有效且快捷的退市机制。[88]

不同投票权架构的法律移植,饱受诟病的一个障碍就是中小股东权益保护机制的不完善与公司治理缺乏规范,因此审慎对待不同投票权架构的引入之声不绝于耳。对此,司法界、政商界均充分认识到这一问题的紧迫性,2017 年 8 月 7 日,最高人民法院发布《关于为改善营商环境提供司法保障的若干意见》,其中强调要"加强中小股东保护,推动完善公司治理结构。适时出台公司法相关司法解释,促进公司治理规范化,提升我国保护中小股东权益的国际形象,增强社会投资的积极性"。政商两界代表也频频发声,国务院总理李克强作政府工作报告时提出,"支持优质创新型企业上市融资"。证监会副主席姜洋表示,"会出台措施支持新经济企业上市"。证监会副主席阎庆民也表示,"证监会对新经济企业上市制度改革有很多创新"。[89] 2018 年 3 月 2 日,《法制日报》刊登了一篇文章,在讨论公司法修订草案时提到,"在继续坚持同股同权原则基础上,增加公司可以发行拥有不同数量表决权的普通股的法律安排,满足初创企业维持控制权的需求"。

正如美国法经济学家所言,最好的治理结构并非从理论中产生,它一定是从实践经验中发展而来的。[90] 可以说,公司发展的历史,就是那些在治理结构上因不能适应周围环境的公司,在竞争中不断被击败的历史。[91] 全球资本市场上存在不同的投票权制度安排,虽然这些实践饱受争议,甚至被认为是"腐败的治理体系",但不能否定其实现了创始人的愿望,将公司控制权集中在管理层和同盟者手中,为敌意收购制造了困难,维持了公司政策的稳定性。资本市场的竞争实则是制度的竞争,我国上市规则应更具包容性与开放性,积极引入不同投票权的制度安

〔88〕 参见汪青松:《股份公司股东权利多元化配置的域外借鉴与制度建构》,载《比较法研究》2015 年第 1 期。

〔89〕 秦嘉敏:《深交所总经理王建军:建议修改〈公司法〉,完善"双层股权结构"》,载财经网:http://yuanchuang.caijing.com.cn/2018/0308/4415169.shtml,2018 年 4 月 23 日访问。

〔90〕 [美]伊斯特布鲁克、费希尔:《公司法的经济结构》,罗培新、张建伟译,北京大学出版社 2014 年版,第 6 页。

〔91〕 同注〔73〕。

排,辅之以保障公众股东权益的相应治理措施,从而吸引高质量成长性新兴产业公司上市,提升我国资本市场的国际竞争力与治理绩效,这已经成为当下我国公司法与证券法联动修改给予制度供给的重大现实话题。

(编辑:武俊桥)

《证券法苑》(2018)
第二十五卷,第82~110页

美国类别股法律制度探源:背景、进程及内在逻辑

王灏文*

摘要:美国类别股法律制度由来已久,其产生及发展的进程与美国商业、经济及公司法发展的背景不无关系。我国学界对于美国类别股法律制度之前虽也多有介绍,但主要聚集于类别股的具体制度介绍,但对于其成因、背景与发展历程的研究并不深入。因此,本文希望通过对于美国类别股追根溯源式的分析,探寻其演进至今的基本逻辑和成果,以期对于我国公司法未来改革的理念和路径有所启发。

关键词:类别股　双重股权制度　契约理论

自20世纪初美国承认将股东的投票权与股权分开的"优先股"(preferred stock)结构时,美国公司法在公司运作公平与效率倾向于效率的选择

* 华东政法大学国际金融法律学院2015级本科生,美国天普大学国际交换学生。感谢华东政法大学国际金融法律学院郑彧副教授、李诗鸿老师在本文选题及写作上的指导,本文文责作者自负。

便已昭然。[1] 尽管绝大多数的公司仍然采用"同股同权"的公司治理结构，但已有约1/10的公司在公开上市时选择发行类别股(classified share)，[2] 其中，较为常见的是被我国学界及业界所广为认知的"双重股权结构"(dual-class share)。双重股权结构的出现与美国诸州对于公司采用的治理结构相对宽松的法律制度密不可分。[3] 自20世纪90年代末美国三大交易所就双重股权结构达成共识后至2001年短短数年时间，采用双重股权结构上市公司的样本数量从100家迅速上升到215家。[4] 2005年Google上市时，仅有1%在美国证券交易所上市的公司拥有双重股权结构，而2012年至2016年上市的美国科技公司中，已有19%的公司采用双层结构，比前五年增加了1倍以上，甚至已经出现诸如引入了三重甚至更多重的股权结构的Snapchat和Facebook等公司。[5] 自类别股亮相美国公司治理舞台之时，美国相关法律也随之不断变迁，且二者呈现相辅相成、互为因果的关系。为此，本文将通过对类别股产生历史动因的探析，结合谷歌、Snapchat等在公司章程中公开说明采用类别股股权结构的样本公司为例，分析美国类别股股权结构演变的内部逻辑及对我国相关规范的启示。

---

〔1〕 Douglas C. Ashton, *Revisting Dual-class Stock*, 68 St. John's L. Rev. 863, 876(1994).

〔2〕 See Dual-Class Stock, http://www.cii.org/dualclass_stock, last viewed on November 29, 2017.

〔3〕 See e. g., 8 Del. Code § § 151(a), 221(特拉华州州法规定公司允许在发行股票时在股票上附着任意投票权，甚至将投票权给予股票持有者之外的公司债券持有者)；*See Also*, e. g., N. Y. Bus. Corp. Law 703(McKinney 1986)(纽约州法明确允许类别股的发行)。

〔4〕 Paul Gompers, *Joy Ishii & Andrew Metrick*, *Extreme Governance: An Analysis of Dual-Class Firms in the United States*, 23 Rev. Fin. Stud. 1051(2007).

〔5〕 See The Dual Class Share Dilemma, http://www.nasdaq.com/article/the-Dual-class-share-dilemma-cm865808, last viewed on November 29, 2017(2017年，脸谱公司董事会宣布将引入一层新的股东类别，该类别的股东将不享有任何投票权。如果这项决议通过，尽管脸谱公司的CEO扎克伯格仅拥有公司16%的股份，却控制着脸谱公司逾60%的投票权)。

一、美国类别股制度的历史演进:从"抗拒"到"接受"

(一)资本的话语权规则:"同股同权"传统与双重股权的禁止

20 世纪初期,优先股在美国股票市场已不鲜见。优先股与普通股的主要区别表现在更靠近债权的固定股息以及更加优先的清算顺序上,其出现的主要原因是融资方基于对资金的需求而希望用比债券收益率更高的收益来吸引投资人投资。[6] 在优先股的法律结构安排上,鉴于优先股股东对于公司现金流方面较之普通股股东的优先权利,因此作为公司优先股股东与普通股股东之间权利的平衡,优先股股东对于公司的参与性权利(投票权)并没有太大的优越性,甚至多为无投票表决权的优先股结构。但是自 20 世纪 20 年代开始,已有学者发现,许多公众公司除了发行优先股,"越来越倾向于限制某些类别的股东的投票权"。[7] 由此美国资本市场对于此类公司治理的探究始露端倪,并逐步集中于公司所有权和控制权分离的争论,最后反映于证券市场中股票上投票权与现金流量请求权剥离的实践。[8]

时间倒回到 19 世纪末 20 世纪初,从家族企业手中受让股票的投资者不但在意公司的经济表现,甚至开始觊觎公司的管理权,因此家族企业在因股权减持、出售而不断股份比例减少的背景下,有动机采取一系列新的股票投票权机制试图保住家族对于公司控制权。这种尝试首先就是寄希望于发行无表决权的股份来防止家族手中的控制权被过度稀释。基于此等目的,1925 年道奇兄弟公司(Dodge Brothers, Inc.)为

---

〔6〕 参见王会敏:《优先股股东权利保护法律制度研究》,山东大学 2017 年博士学位论文,第 53 页。

〔7〕 Stevens, *Stockholders' Voting Rights and the Centralization of Voting Control*, 40 Q. J. ECON. 353, 355 (1926).

〔8〕 Adolf A. Berle, Jr. & Gardiner C. Means, *The Modern Corporation and Private Property* 5 – 19 (1932).《现代公司与私有财产》的出版极大地激起了社会上对于公司设立基础假设的争论。公司所有权与控制权分离的问题也从中逐渐走向台前。

筹集约13000万美元的资金发行了15000万股无表决权A类普通股，而投资银行狄龙瑞德公司（Dillon，Read & Co.）却以不到225万美元的对价持有250001股有表决权的B类股票并取得了公司的控股地位。[9]而作为美国传统民主思维在经济领域上的具现，公司法领域始终秉承对于处于同一清算顺位的普通股应遵循"一股一票"（one share，one vote）的基本原则，[10]其目的在于确保外部投资者能够通过"一股一票"规则展开对于公司投票权的争夺以实现对股东权利的主动防御。由此，道奇兄弟公司对于公司控制权的这种安排使得舆论哗然并引发了广泛的抨击，这种"同股不同权"的发行方式被广泛认为是剥夺普通股东对公司控制权的不端行为。[11] 在社会各方的施压下，纽约证券交易所（NYSE）于1926年以"禁止无表决权股票上市交易"的方式对道奇兄弟的行为进行回应，此后60年，严格禁止双重股权结构在美国证券市场中被作为一项基本原则确立了下来。[12]

（二）创业企业的控制权保护：创始人的诉求与一股一权的突破

但有意思的是，即便美国证券市场上确立了"禁止无表决权股票上市交易"的原则，但在美国公司法层面却对此架构未有过多限制。比如，1950年首次出版的《美国示范公司法》并没有严格强调公司治理结构上的"一股一票"，甚至在股东权利分配方面留下了很大的自由

---

〔9〕 John C. Coffee, Jr., *The Rise of Dispersed Ownership: The Roles of Law and the State in the Separation of Ownership and Control*, 111 The Yale Law Journal, 1, 82 (2001).

〔10〕 所谓"一股一票"，指一个股份对应一份投票权，See John C. Coffee, Jr., *The Rise of Dispersed Ownership: The Roles of Law and the State in the Separation of Ownership and Control*, 111 The Yale Law Journal, 1, 82 (2001)。.

〔11〕 哈佛大学教授 William G. Ripley 教授对此抨击尤甚，此句是摘录其当时抨击的文字。《纽约时报》也曾以"Say Wall Street Must Clean House"（华尔街必须清理门户）为题发表相关报道。See Joel Seligman, *Equal Protection in Shareholder Voting Rights: The One Common Share, One Vote Controversy*, 54 Geo. Wash. L. Rev. 687 (1985 - 1986)。

〔12〕 Stevens, *Stockholders' Voting Rights and the Centralization of Voting Control*, 40 Q. J. ECON. 353, 355 (1926).

度,允许公司章程授权董事会发行投票权等权利不同的股票。[13] 除了佛罗里达州等少数州公司法强制性规定一股一权外,大多数州公司法对于限制投票权问题都是以强调披露为主的任意性规定。特别是到了20世纪80年代,硅谷的新型科技公司开始迅猛发展,创业企业创始人面临的不仅仅是大量的融资需求,还有随之而来的在"一股一票"原则下对于自身股权大量稀释的担忧。为解决许多企业管理层由此面临的自身被解雇之忧虑,新型反收购方式开始层出不穷,基于创始人的股东身份而享有超级投票权的双重股权结构作为一种特殊的反收购方式在硅谷兴起。其间,王氏实验公司(Wang Laboratories, Inc.)成为一个突出的例子:王氏实验公司的创始人王安(An Wang)为了能够在上市后依然保持其对公司的控制权,防止其控制权因融资被稀释以及潜在的敌意收购风险,他创设了投票权只有C类股票的1/10的B类股票,并且限制B类股票股东只能选任董事会7席成员中的2席。由此王氏家族保留了大部分的C类股票,而大部分的B类股票则出售给投资者。[14] 1976年,因不符合纽交所"一股一票"的原则,王氏实验公司在美国股票交易所(AMEX)重新上市。在王氏实验公司上市后,AMEX以政策声明的形式颁布一项被业界称为"王氏公式"(Wang Formula)的标准:"无表决权普通股的发行申请不得批准,但允许限制对董事会

---

〔13〕 Model Business Corporation Act § 6.02. Terms of Class or Series Determined by Board of Directors(由董事会决定的各类股票或各系列股票条款)。如果公司章程作出规定,董事会经授权可以在不经股东同意的情况下:将未发行的股票分成一个或多个种类或一个种类当中的一个或多个系列:(1)将未发行的股票分成一个或多个种类或一个种类当中的一个或多个系列;(2)将未发行的任一种类的股票重新分成一个或多个种类或将其分成一个或多个种类中的一个或多个系列;(3)将未发行的任一种类的任何系列的未发行的股票重新分成一个或多个种类或一个种类当中的一个或多个系列。

〔14〕 A. A. Sommer, Jr., *Two Classes of Common Stock and Other Corporate Governance Issues*, Practising Law Institute, 17th Annual Institute on Securities Regulation 555, 567-68(1985).

成员选举席位的普通股的上市交易”，[15]以此为采用双重股权结构的公司挂牌上市打开规则的通道。

被业界戏称为“门槛交易所”的 AMEX 尚且有所规制，而另一个交易中心 NASDAQ 在投票权差异的问题上甚至对投票权没有任何限制；[16]相反，NYSE 在这一阶段则始终坚持对“一股一票”治理原则的态度。因此，在不同交易所对于同股不同权不同态度所产生的差异化竞争背景下，许多希望创设双重股权结构的公司舍弃 NYSE 而谋求到 AMEX 和 NASDAQ 进行上市。从统计数据上看，1986 年在 AMEX 上市的 785 家公司中，有 60 家（约占 7%）拥有双重股权结构，[17]在 NASDAQ 则有 110 家（约占 2.7%）拥有多重股权结构的公司上市，[18]而 1985 年 NYSE 只有 10 家拥有双重股权结构的公司。[19]

---

〔15〕 虽然不允许无投票权的股份上市，但是允许满足下列条件的附着有不同投票权的股票上市交易：(1)被限制投票权的股东需要有能力选出不少于 25% 的董事会成员。(2)在除选举董事以外的所有事宜上，不能有股票上附着被限制投票权的股份十倍以上的投票权。(3)不允许创设会减少现有限投票权股份持有者投票权的股份。(4)交易所一般会要求，如果这些股票的数量低于总股本的一定比例，那么拥有“超级”投票权的股份就会丧失一定属性。(5)虽然不是强制要求，但是强烈建议给予不具备“超级”投票权的股份在分红时更高的股息。参见 AMEX 法律和监管事务副主任 Richard Scribner 给 Joel Seligman 的信（Aug. 15, 1985）。转引自 Joel Seligman, Equal Protection in Shareholder Voting Rights: The One Common Share, One Vote Controversy, 54 Geo. Wash. L. Rev. 687（1985 – 1986）。

〔16〕 张舫：《美国“一股一权”制度的兴衰及其启示》，载《现代法学》2012 年 3 月第 34 卷第 2 期。

〔17〕 参见 AMEX 法律和监管事务副主任 Richard Scribner 给 Joel Seligman 的信（Aug. 15, 1985）。转引自 Joel Seligman, *Equal Protection in Shareholder Voting Rights: The One Common Share, One Vote Controversy*, 54 Geo. Wash. L. Rev. 687（1985 – 1986）。

〔18〕 *Hearings Before Subcomm. on Oversight and Investigations of the House Comm. on Energy and Commerce*, 99th Cong., 1st Sess. 8（1985）（John S. R. Shad 的证言），quoting Joel Seligman, *Equal Protection in Shareholder Voting Rights: The One Common Share, One Vote Controversy*, 54 Geo. Wash. L. Rev. 687（1985 – 1986）.

〔19〕 Jason W. Howell, *The Dual Class Stock Structure in the United States: A New Dataset and An Examination of Firms who Leave the Structure*, available at https://getd.libs.uga.edu/pdfs/howell_jason_w_201005_phd.pdf, last viewed on April 30, 2018.

(三)控制权保留与融资需求的平衡:三大交易所的妥协与“双重股权”的流行

到了20世纪中期,发行类别股的情况已经不单单限于较为小型的家族企业与初创公司,许多体量巨大的公司在巨量融资背景下也产生了发行不同投票权股票防止公司控制权被过度稀释的需求,非公众公司在非公开融资过程中对于双重股权的实践已经越来越多,因此放弃持续已久的“一股一票”原则进而避免失去更多潜在的优秀上市公司,看起来是NYSE在新形势下面对NASDAQ和AMEX崛起的最好回应。继1956年NYSE默许内部人士超级投票权的福特公司(Ford Motor)上市后,[20] 1984年通用汽车公司(General Motors Corporation ,GM)宣布为了完成对电子信息系统(electronic data systems)的并购活动而进行融资,将在NYSE发行一类每股仅有0.5票表决权的新股票,由此NYSE顺水推舟宣布暂停执行其长期以来奉行的“一股一权”原则。1986年7月,NYSE开始允许双重类别的证券上市,条件是存在该等双重类别的证券的交易得到公司已发行的公众股份大部分股东以及大多数独立董事同意;[21] 1986年9月,NYSE修订其“上市公司手册”第313条,正式承认双重股权结构的地位,[22] 纽交所为此给出的三大修订理由包括:(1)AMEX和NASD的竞争需要;(2)企业防范日益兴起的敌意收购行为的需要;(3)监管变化(如公司披露制度的改善)

〔20〕 See Joel Seligman, *Equal Protection in Shareholder Voting Rights*:*The One Common Share*,*One Vote Controversy*, 54 Geo. Wash. L. Rev. 687(1985 - 1986)。与完全无股东投票权的双重股权结构不同,福特公司内部人士用约5.1%的资产控制了公司40%的投票权,仍然在投票权较低的股上留存约1/12投票权,并没有全然剥夺股东“发声”的途径。

〔21〕 See 18 Sec. Reg. & L. Rep. (BNA)998(1986); *Big Board Ends Equal Voting Rule*,N. Y. Times,July 4,1986,at D1,col. 1. 转引自 Peter N. Flocos,*Toward A Liability Rule Approach To The* “*OneShare*,*One Vote*” *Controversy*:*An Epitaph For The SEC' S Rule* 19*c* -4,138 U. Pa. L. Rev. 1761,1763(1990)。

〔22〕 该标准规定:(1)所有有投票权股东的2/3批准发行第二种类普通股。(2)如果发行公司董事会就发行该种股份进行投票时,独立董事占据董事会多数席位,应得到这些独立董事的多数批准;如果独立董事在董事会不占多数席位,应得到所有独立董事批准。(3)低表决权股份的表决权不能低于10股1票。(4)表决权受限股份的其他权利在本质上与高表决权股份相同。参见张舫:《美国“一股一权”制度的兴衰及其启示》,载《现代法学》2012年3月第34卷第2期。

已经使股东得到了足够的保护，公司有权选择更加灵活的融资途径。[23]

（四）双重结构的监管挑战：公司自由选择性规则与证券监管的强制性规则

对于双重股权结构的监管之所以至关重要，是因为这一制度使得那些只享有低表决权的股东在投票决定权上的地位非常弱势。双重股权结构非但在形式上剥夺了他们的投票权，只看公司商业行为的表面，也没有提供额外的实质经济价值用以补偿股东们让渡投票权的行为，特别是在公司并购的场合下高表决权股票的股东可能更容易收获交易溢价。比如，1986 年，Resorts International 以每股 135 美元的价格向 Donald Trump 出售 B 类股票，其表决权是市面上另一类流通股 A 类股的 100 倍，在 Trump 完成对 B 类股的购买后，A 类股交易价格则在 1988 年 2 月从高位迅速跌至 20 美元。那些拥有无表决权股票的小股东手中所持的数量众多的股票对于后续投资者不再具有任何吸引力。由于低表决权股股东既不享有优先股那样的优先清算权，在并购中退出所能实现的经济价值也远落后于表决权股，甚至连用足够的表决权来拒绝并购也做不到，这就有可能严重危害这些股东的经济利益。[24]正是因为认识到双重股权结构对于股东权益可能会造成的影响，为了防止各大证券交易所“比谁更差”（race to bottom）的竞争使上市公司的监管进一步向手握公司控制权的经营者们倾斜，美国证券交易委员会（SEC）才会选择对 NYSE 的“革新”作出回应，于 1988 年 7 月颁布规则 19c－4，禁止所有交易所上市的股票以公司资本重组（recaptalization）的方式向公司引入双重股权结构，即完全禁止事后的双重股权，[25]但 19c－4 规则因为被多数州的法院认定为无效规则，因为大多数州认为关于股东创设公司股票类别和投票权应属于公司治理范畴，应由州公

[23] 1994 SEC LEXIS 4072；59 FR 66570.

[24] Lowenschuss v. Resorts Int'l, *Civil Action No.* 89－1071，1989 U. S. Dist. LEXIS 7407 (E. D. Pa. June 29，1989).

[25] 17 C. F. R. § 240. 19c－4(1990).

司法和州法院而非 SEC 管辖,超出了 SEC 的立法领域。[26]

尽管如此,19c－4 规则的主要条款还是被 NYSE、AMEX 以及 NASD 三大交易所采纳。该三大交易所在 1994 年统一了有关股东投票权的最低标准,禁止已经上市的公众公司剥夺股东权利,它们各自对于双重股权结构采纳的要点包括:其一,公司可以在首次公开发行(IPO)中发行投票权不同的股票,这不属于剥夺股东权利的行为;其二,公司在 IPO 以后,只能发行之前已创设的低投票权的股份;发行投票权高于已发行在外股票的股票类别,则被视为是剥夺股东权利的行为而被禁止。[27] 在这些规则的背后,公司上市后拟创设同股不同权的结构实质上被各个交易所禁止了,能在事后增发的股票已经被限定为已经发行的高表决权股,或者新种低表决权股,而不能发行那些股票上表决权高而现金流量请求低的转换要约(exchange offer)。

三大交易所这样的规定显示了其投资者保护方面的考量:首先是防止投资者在面对事后发行的高表决权转换要约时陷入"囚徒困境"。例如,在上市后发行的新种股票具备这种转换要约时,投资者一方面希望在得到更高的股息同时能够按照传统的持股方式将公司的控制权按照资本比例掌握在自己手中;另一方面却害怕自己一旦执着于控制权而其他投资者却选择持有低表决权高息股份,就可能会成为唯一的外部高表决权低息股份持有者,自己非但无法左右公司内部的投票权,还会白白丧失可获得的高息机会。这就引起了"理性的冷漠",即外部股东们可能近乎是"被强迫"去持有低表决权的股票来确保获得高息的机会,这样的发行看似给予股东选择的机会,实际上反而加重了股东的负担。交易所的考量之二是要防止发行人自身股价因存在前述囚徒困境而被低估,进而殃及交易所。因为后续投资者在进场交易时会认为上市后可能存在新增同股不同权的风险,担忧自己的权利将会受到无法预计的损害而压低对整个证券交易所股票的估价,从而把对自己因表决权折损而可能造成的现金流量请求权不自由度降到

---

〔26〕 *Voting Rights Listing Standards*;*Disenfranchisement Rule*,53 Fed. Reg. 26,376(July 12, 1988)[codified as amended at 17 C. F. R. § 240. 19c－4(2009)],invalidated by Bus. Roundtable v. SEC,905 F. 2d 406,417(D. C. Cir. 1990).

〔27〕 1994 SEC LEXIS 4072;59 FR 66570.

最低。

自此，无论是在公司法层面还是证券监管层面，双重股权结构的合法性在美国最终得以确立。尽管20世纪80年代后双重股权结构曾被很多学者看作防范敌意收购的手段，但在这方面双重股权结构着实效率极低。[28] 一方面，创设时无法预见成功创设后可能面临的收购风险；另一方面，市场中已经有更多高效的防范敌意收购手段获得越来越多的认可。[29] 与此同时，对冲基金、私募基金、风险投资者等机构投资人在20世纪90年代以后逐渐成为投资主力，其注重短期收益的倾向与许多新设公司想要依靠融资着眼于公司长期发展的想法有利益上的冲突。这使双重股权结构在企业并购之外，迸发出制度创设上更多的智慧。

二、美国类别股制度的现在：本土评价与发展

从美国类别股产生的背景而言，其在很大程度上来自于那些初创型科技企业的需求。一方面，高科技、高增长、高度管制的行业中的成功企业需要定期、多次的外部融资来进行内部扩张，并且要有更大的灵活性来进行战略收购和合并。[30] 另一方面，在传媒业[比如维亚康姆(Viacom)]以及互联网科技公司(如以谷歌为代表的硅谷公司)，要么资本结构可能是其战略规划的关键部分，要么创始人对此类行业的决策方向有着至关重要的作用。[31] 在这些公司的创始团队对于公司整体的经营路线、经营方针有显著影响的产业领域中，管理控制权与资本话语权的矛盾尤为突出，最终管理控制权与资本话语权之间的妥协就

---

〔28〕 57 Bus. Law. 1487, *Special Study On Market Structure, Listing Standards And Corporate Governance*，一份来自美国律师协会在就联邦证券法立法规制方面举办的特别研究小组得出的结论。

〔29〕 例如，1985年特拉华最高法院在Moran v. Household International Inc. 一案的判决中确定的毒丸制度，在此后不断进化为外翻型毒丸等等多种形式，并在实践中不断完善判例，对于“敌意收购”的限度要件逐渐清晰。

〔30〕 Douglas C. Ashton, *Revisting Dual-class Stock*, 68 St. John's L. Rev. 863, 876(1994).

〔31〕 蒋学跃：《公司双重股权结构问题研究》，载《证券法苑》2014年总第13卷。

是选择双重股权结构。在 Google 公司 2004 年以双重股权结构在 NASDAQ 上市之后,越来越多科技类公司效仿 Google 的做法采用双重股权架构,因此,如何再次平衡风险投资者和明星创始人之间的关系成了新时期双重股权制度的难题。

(一)双重股权合理性的进一步理由:对于"股东短视"的避免

"如果机会出现可能会导致我们牺牲短期业绩,但是切合股东的长期最佳利益,我们将抓住这些机会。我们将有坚强的决心做到这一点。我们会要求我们的股东采取长远的眼光。"〔32〕 Google 的创始人在"致投资者的信"中似乎在用这样的言语简短地阐明了其采用双重股权结构的原因。

在 Google 上市时,持有 A 级股票公众股东每股有一票投票权,而其执行主席埃里克·施密特(Eric Schmidt)、创始人拉里·佩奇(Larry Page)和谢尔盖·布林(Sergey Brin)则享有 B 级股票每股 10 票的投票权。这意味着,Google 的 3 位高管凭借 31.3% 的 B 股份持有数却共同拥有股东总投票权的 66.2%。〔33〕 尽管支持者认为,只要公司具有"出色的管理层,董事会的参与度和强有力的治理文化",这些数字对治理的影响就不大。〔34〕 但是市面上以私募股权基金为代表的各类机构投资者唱衰 Google 的声音却不绝于耳,美国退休教师养老基金会(TIAA - Cref)的高级副总裁 Peter Chapman 在谈论 Google 的 IPO 价格时就将 Google 的"创举"定义为是一种"缺陷百出的公司治理结构";股东积极主义的代表 Bob Monks 则以"愚蠢"来更加露骨地表明对于 Google 创设同股不同权结构的态度。〔35〕

---

〔32〕 Google 招股书,来自创始人的信,http://www. nasdaq. com/markets/ipos/filing. ashx? filingid = 2925622,Last viewed on December 12 2017。

〔33〕 See Elinor Mills, *Google to Defend Dual-Class Stock Structure*, CNET News (Apr. 12, 2006), http://news. cnet. com/Google - to - defend - Dual-class - stock - structure/2100 - 1030_3 - 6060691. html, Last viewed on December 14 2017.

〔34〕 James Kristie, *Dual- Stock: Governance at the Edge*, http://sites. udel. edu/wccg/files/2012/10/Dual-Shares - Q3 - 20121. pdf, Last viewed on December 14 2017.

〔35〕 Jason W. Howell, *The Dual Class Stock Structure in the United States: A New Dataset and An Examination of Firms who Leave the Structure*, available at https://getd. libs. uga. edu/pdfs/howell_jason_w_201005_phd. pdf, last viewed on April 30, 2018.

Google 在 IPO 时一度被市场被扣上“灾难性”“跨时代的”等字眼,但是如果回溯双重股权演进的道路,就会发现 Google 的双重股权结构并不是无根之木:在 20 世纪 80 年代后期,美国三大证券交易所对于客户的争夺激战正酣,华尔街商海也在敌意收购浪潮中风起云涌,许多外国企业基于美国在公司治理以及证券市场上市规则上更高的自由度而选择远渡重洋。优异企业资源的流失促使业界开始重视已经初露锋芒的那些创业型企业,而这些创业型企业有着一个共同的特点——发端于硅谷,而且采用了一种技术与资本相平衡的激励结构:以优先股为特征的类别股安排。早在 20 世纪 70 年代,“这些企业就开始提供激励措施,如慷慨地签署奖金,股票期权,高薪和有趣的项目,以吸引顶尖人才”。[36] 创业公司的创始人和员工通常会在公司中获得普通股(或购买普通股的期权),以换取他们的服务贡献,这也使得创业公司的表决权往往在极早时期就掌握在公司内部人士手中,这与早期初始控股股东通常为大中型金融机构的情况不同。究其原因,乃是硅谷企业林立,创业氛围深厚。但这些企业只拥有技术和想法,技术与想法的“落地”却遭遇资本上的瓶颈。为了筹集创业资金,创始人们不得不寻找机会对外进行融资。大多数投资于新企业的投资者除了直接在种子期就慷慨解囊的“天使投资人”,还有风险投资基金(VC),它们从投资者筹集资金并投资于早期阶段的公司;而在企业临近 IPO 时,更会有嗅觉灵敏的私募股权基金(PE)为了企业 IPO 之后攀升的股价纷至沓来。与公司内部人士的普通股不同,创业公司的风险投资者通常会收到可转换的优先股以换取现金投资。这种优先股为持有人提供了一定的管理权,以及在所投资的初创企业 IPO 成功后将该可转换优先股转换为指定数量的普通股的能力。他们的优先股通常也被授予清算优先权,即公司的 IPO 失败或盈利水平达不到投资人预期而在优先股转化为普通股之前就清算或出售,则持有人将在普通股股东分配剩余资金之前收到约定的清算优先权数额。[37] 这样的机制完美地诠释了外部投资人

---

〔36〕 Anna Lee Saxenian, *Regional Advantage: Culture and Competition in Silicon Valley and Route* 128, Harvard University Press, Cambridge, MA. (1994).

〔37〕 John F. Coyle and Gregg D. Polsky, *ACQUI - HIRING*, 63 Duke L. J. 281, 289(2013).

将如何对企业的经营状况进行反应：他们要么敛取更多的股票，以换取更多的投票权和控制权，以试图在企业的决策中"发声"；要么就对企业不良的经营状况撒手不管，直接抛售股票"退出"。〔38〕 在此背景下，要通过 IPO 转化为公众公司的 Google 有着两个挥之不去的忧虑：其一便是首次公开发行后的股权隐患。Google 的大部分员工以及管理层都享有 Google 的股份，对外进行融资意味着他们所持有的股票将被稀释，最终将导致他们对公司控制权缩水，甚至会有像 Bob Monks 一样激进的外部人士登堂入室管理层。这样的忧虑不无道理，在 Google 决定上市后不久，投资人伊钦（Carl Ichan）威胁撤换雅虎董事会一事就闹得满城风雨。〔39〕 其二就是 Google 面临外部股东的短视问题。Google 这样的高科技公司 IPO 前景大好，总是会吸引来许多风险投资人与私募股权基金经理，但是与把公司的长远发展放在首位的公司创始人团队不同，这些外部投资者往往只着眼于短期套利，并且在这之后就希望通过可转换股、回赎协议等方式让自己从投机之战中全身而退，所以他们只着眼于能让公司股价最大化的行动，而不考虑可能造成的风险和长期影响。这样，与公司内部人士作为控股股东对公司长期发展的偏重不同，外部人士股东则更注重短视利益。尽管按照长期以来的传统公司法观点，公司董事"追求公司最大化利益"与"追求股东最大化利益"的意图上大体相同，然而两者并不是完全统一的。举例来说，在敌意收购的场合，从长期来看，敌意收购者的行为可能有害公司价值，所以，一些董事为"追求公司利益"竭力阻拦以现金对价来收购公司的敌意收购者，但这却会使股东失去接受高价"退出"的机会而与"追求股东最

〔38〕 See Albert O. Hirschman, Exit, Voice, and Loyalty 4（1970）（这两种方式都能体现投资人对管理者的反应。"退出"会影响股价，并向管理层和股市表明投资者对公司决策和业绩的不满；"发声"将使股东发挥影响力并改变公司的行动方针，而后面这种用脚投票的方式也被称为"华尔街规则"）。

〔39〕 吴军：《浪潮之巅》，人民邮电出版社 2016 年版，第 347 页。2007 年有一个叫卡尔·伊钦（Carl Ichan）的投机家大幅购进雅虎股票，赌微软将收购雅虎。结果赌博失败，"炒股炒成董事"，进入董事会后这些人尽可能地想办法把损失的钱补回来，巴茨即在这样的情况下签署了自废武功的协议来换取现金和节省开支。

大化利益”的意图背离。[40] 另外，对于股东而言，更在意的是公司每年财务报告上能够体现盈利并派发红利，这导致董事们为了公司未来的盈利而在而在研发、营销等方面决定豪掷千金时，可能面临股东“用脚投票”的风险。在“有效市场假说”理论下，股东趋利避害的倾向暗含了这种股东短视问题，这种短视对公司有着负面影响。根据一项对于1986年至2005年期间6642家美国公共公司研究的结论，“金融市场花费相当长的时间才能将短视支出对财务造成的负面影响完全纳入公司估值”。[41] 而管理者如果短期迎合投资人，在公司报告中注重增加盈利能力，减少对研发和营销的开销，最终会把消极的长期反馈反映入公司估值，损害公司价值。

正是为了解决这样的矛盾，Google创始人为了公司的长远发展而采用了类别股结构，以此尽量将公司的控制权控制在公司内部人手中，力图避免外部人士控制话语权所引起的短视行为。而对于这种双重股权结构安排的反对者们也旗帜鲜明，认为“管理层和公众股东之间的投票权失衡，会使市场对管理层不当行为的监督根本性失灵”。[42]

Google在双重股权结构上的坚持暂时赢得了这场争论的胜利，而且在整个资本市场层面，对于采取特殊类别股权结构安排的公司的态度也越来越为理解，乃至主流证券交易所为了吸引优质公司上市纷纷放开对于以双重股权为代表的类别股公司的上市限制。例如1985年，只有10家采取类别股的公司得以在NYSE上市，但20年之后，NYSE却有近11.5%的上市公司采用双重股权结构。[43]

---

〔40〕 特拉华最高法院对于Unocal Corp. v. Mesa Petroleum Co. ,493 A. 2d 946(Del. 1985)的审理过程很好地诠释了这一点，Unocal公司用毒丸计划来反对Mesa对股东前重后轻的要约收购，却被敌意收购者Mesa告上法庭，认为Unocal的自我收购涉嫌谋取自身利益，有违董事对股东的忠实义务。

〔41〕 Lynne L. Dallas, *Short – Termism, the Financial Crisis, and Corporate Governance*, 37 Iowa J. Corp. L. 265,280(2012).

〔42〕 Tian Wen, *You Can't Sell Your Firm and Own It Too: Disallowing Dual-class Stock Companies from Listing on the Securities Exchanges*, 162 U. Pa. L. Rev. 1495,1493 – 1516(2014).

〔43〕 Jason W. Howell, *The Dual Class Stock Structure in the United States: A New Dataset and An Examination of Firms who Leave the Structure*, available at https://getd. libs. uga. edu/pdfs/howell_jason_w_201005_phd. pdf, last viewed on April 30,2018.

(二)多重股权结构的闪现:对董事会控制权归属的迷思

Google还仅仅是一个开始,2017年3月2日,创造了美国爆款聊天软件Snapchat的Snap公司正式在纽交所上市。与Google相比,它的上市更加极端地颠覆了类别股的规则。Google尽管将大量的投票权集中在了创始人手中,但公众投资人仍然拥有一定比例的投票权,但Snap公司却彻底消灭了公众股东的投票权,也即公众股东只有出钱的义务,没有投票的权利,一切决策都由创始人说了算。美国证券交易委员会投资者咨询委员会(IAC)2017年3月9日召开的季度会议争议集中在Snap三级资本结构上:创始人Evan Spiegel和Bobby Murphy拥有每股10票的C类股,IPO前投资者和其他内幕人士则持有每股1票的B类股,公众投资者所能够交易的A类股,完全没有投票权。〔44〕这一做法引发的争议不断。

1994年各大交易所实质上在对于双重股权结构的底线问题上达成一致之后,企业其实更多地会选择在事后发行更低投票权的股份,选择发行无表决权股的公司并不占多数。上一个引起大轰动的例子是1963年,三大交易所最低标准制定之前的Tropicana Lanes公司。Tropicana Lanes公司同时有两类普通股,并在公司章程中规定其中一类没有表决权。其无表决权股股东1963年将其上诉至密苏里州联邦地区法院,主张根据密苏里州州法,公司无权给一类股东以投票权而剥夺另一类股东的投票权,而初审法院则认为,根据密苏里州现行的公司法,并没有一定要给予股东一份投票权的强制性规定。〔45〕最后此案上诉至密苏里州最高法院,法官认为:"由于公司章程授权他们发行无投

〔44〕 See Snap Inc. *Reportedly to IPO with Unprecedented Non - voting Shares for Public*, https://corpgov. law. harvard. edu/2017/02/07/snap - inc - reportedly - to - ipo - with - unprecedented - non - voting - shares - for - public/, Last viewed on December 14 2017.

〔45〕 Mo. Const. art. XI, § 6. 密苏里州宪法规定,在任何公司的董事或经理人的所有选举中,每个股东有权投票总数等于他所持有的股份数量乘以所选董事或经理人数,并且可以将所有票数亲自或通过代理人投给一名候选人,或在两名或两名以上候选人之间分配此类选票;除非法律规定采用替代董事和管理人员的替代方法,否则不得以任何其他方式选举该董事或管理人员。但是法院主张这只针对采取累计投票权的董事会,不适用于本案。

票权普通股，并且公司是私人合同的产物，无表决权股东购买该类股票，就应当视为合意。”[46]密苏里州最高法院认为初审法院已正确裁定 Tropicana Lanes 发行该股票并不违反密苏里州的任何法律或公共政策。

Snap 被批评的原因之一就是完全剥夺股东表决权利。就股东选任董事的能力而言，究竟是不是能像密苏里州法院主张的那样，从公司合同理论的角度出发而简单排除，值得我们深思。美国特拉华州《公司法》第 141 条规定：“公司的商业与经营事务悉由董事会管理、掌控。”股东对公司注资，并雇佣职业的经营者来实现对于公司经营的期待，特拉华州的法院明确区分了股东参与经营决策的权利，却将他们通过投票决策董事会的权利抬高到神圣不可侵犯。公司法上规定了股东选任董事的权利，可见表决权是公众公司股东们除了“退出”之外，用“发声”来保护自己的根本保障。可以说选举董事会是在公司的所有权和控制权高度分离的背景下，股东最重要的权利。特拉华衡平法院的 Alan 法官指出，投票权对于“合法化”董事和经理对不属于他们的财产行使权力的理论至关重要。[47] 如果不能确保股东选任董事的权利，股东就无法在公司的管理层中平等发声。无法发声，股东就失去了一种追究管理责任的途径；而对低表决权股股东来说，如果选择退出，其股票的价值也会因为表决权的缺陷而相对缩水。为公司出资的股东理应有权监督公司管理者对自己的管理负责。[48]

就算是 20 世纪 50 年代 NYSE 对同股不同权的“赶尽杀绝”，作为例外低调上市的福特汽车公司也不过是拥有着低表决权组股票罢了。2007 年以后福特公司更是被一些风险投资人以及私募基金经理游说，要求停止其类别股制度，直言这种做法“完全剥夺了股东的话语权”。采取双重股权结构的公司用着股东的资本进行经营，而股东却对他们资本的用场没有任何发声的权利。从公司治理的传统理论来说，这样做无疑会损害股东的利益，加大委托代理人成本的问题。

---

〔46〕 Shapiro v. Tropicana Lanes, Inc. ,371 S. W. 2d 237(Mo. 1963).

〔47〕 Dov Solomon: *The Voice: The Minority Shareholder's Perspective*, 17 Nev. L. J. 739, 757(2017).

〔48〕 摘自一项主张让福特公司停止双重股权结构的倡议，该倡议遭到了董事会的反对的，但获得了 27% 的股东支持。

对于 Snap 的另一项批评出自对于管理层能力的疑虑,尽管像 Snap 一样的公司现在势头正猛,但是其管理层也不可能永远保持高效而矍铄。1990 年,维亚康姆(Viacom)创设双重股权结构,推动人是其控股股东,在当时娱乐圈叱咤风云的 Sumner Redstone,2016 年,93 岁的 Redstone 被 Viacom 的前 CEO 和一位长期董事告上法庭,主张他已经衰老得病,失去行为能力,却仍因双重股权结构掌握公司大量控制权,没法被弹劾。于是持有 Viacom 股权资本约 90% 的公众投资者却只能看着自己的利益白白损失。[49] 虽然最终双方达成和解协议,但这也并不能作为 Redstone 一手创设的公司治理结构仍然像 26 年前一样高效的证明。

所以,Snap 这种完全架空公众股东投票权的行为招致的批评之声不绝于耳也不无道理。首先,Snap 公司这一举动已经完全背离了 Google、Facebook 等科技公司保障创始人引导公司发展方向的初衷。甚至有评论认为像 Snap 公司这样完全剥夺公众投资者投票权的做法是完全没有必要的。[50] 从 20 世纪花样百出的反收购浪潮期间进入大众视野的委托代理成本增加问题被这样的股权结构进一步扩大了。现在大部分的公司(如 Facebook)除了发行类别股之外,还有分级董事会,在大部分的表决权已经集中于科技类公司创始人的当下,要废除现有董事会需要 80% 的股东投票率——近乎不可能。其次,就算是在科技公司中,创始人对于公司具有特殊的领导力量这一基本假设也有站不住脚的时候。虽然领导者在科技公司的特殊作用可能是在 IPO 阶段使用双重股权结构的一个良好理由,随着时间的推移,一个曾经成功的创始人可能在快速发展的技术或商业环境中面临个人限制,谁也不能保证 30 年后 Snap 的创始人还是不是最好的引路人。这将在无形中增加投资者的成本,[51] 这种观点并不能为使用永久双层结构提供一个

---

〔49〕 Lucian A. Bebchuk & Kobi Kastiel, The Untenable Case for Perpetual Dual-class Stock, 103 Va. L. Rev. 585, 597 (2017)。两位学者以此为例,主张对双重股权结构应有停止机制。

〔50〕 Steven M. Davidoff, *A Deeper Look at LinkedIn's Structure*, N. Y. Times Dealbook (May 12, 2011), http://dealbook.nytimes.com/2011/05/12/a-deeper-look-at-linkedins-structure.

〔51〕 Lucian A. Bebchuk & Kobi Kastiel, *The Untenable Case for Perpetual Dual-Class Stock*, 103 Va. L. Rev. 585, 597 (2017).

良好的基础。[52]

然而,公司章程中已经将这一切列明,最终是否接受,判断权还是在外部投资者手中。投资者是公司的主人,董事会控制公司经营,但是主人对公司的董事会主动雇佣的姿态被这种制度创设动摇了,让人疑惑公司和董事会的控制权归属究竟是谁。市场会对这样的双重股权结构作出反应。从市场的定价机制来看,除了机构投资者反映平平,公众投资者对于无投票权股显然也并不是太买账。

(三)双重股权结构博弈的再论:内部管理人士的超级控制权对投资者真的有害吗?

1998 年,纽约时报(New York Times Co.)发行有两类股票。B 股不到已发行股份的 1%,但有权选举公司 15 位董事中的 10 位。因此,持有公司 17.9% 流通股但接近 90% B 股的 Ochs - Sulzberger 家族拥有公司董事会的控制权。这种附加选举董事权利的高投票权股似乎在采双重股权结构的公司中特别常见。[53] 2006 年,摩根士丹利投资管理公司敦促纽约时报结束其双重股权结构,并在一份新闻稿中指出:"虽然它可能是旨在保护编辑的独立性和新闻专营权的完整性,但是双重股权结构的创设使得所有股东都缺乏责任感。"摩根士丹利在其努力最终失败之后,出售了其 7.2% 的股份。[54] 像大摩一样的机构投资者是美国创业公司市场中的一股强大影响力量,根据一项 2011 年的统计,美国的风险投资行业

---

〔52〕 除了文中所探讨的部分外,也有学者认为 Snap 引入新的一重无投票权股东,除了进一步巩固创始人等的控股地位外,更深层次的逻辑只能是政策规避上的考量。无投票权的公众股东在资本结构创设上就规避了委托投票权征集(proxy solicitation)的需求,毋宁多言与之搭配的证券法上的信息披露制度了。尽管 Snap 表示自愿向 A 类股股东提供与 B 类股股东得到的委托投票权征集公告相同的公告,但是在绝大多数的投票权由 C 类股股东掌握的情况下,B 类股股东是否能获得委托投票权征集公告其实也是个未知数。换言之,失去了投票权的股东事实上失去了参与公司管理决策的一切权力。参见张巍:《从 1 到 0:Snap 的 IPO 意味着什么?》,载搜狐网:http://www.sohu.com/a/149130939_667897,2018 年 1 月 27 日访问。

〔53〕 Lynne L. Dallas & Jordan M. Barry, *Long - term Shareholders and Time-phased Voting*, 40 Del. J. Corp. L. 541, 547(2016).

〔54〕 Shmuel Hauser & Beni Lauterbach, *The Value of Voting Rights to Majority Shareholders: Evidence from Dual-class Stock Unifications*, 17 Rev. Fin. Stud. 1167, 1183(2004).

所支持的公司们创造的价值占当年美国 GDP 总值的 21%。[55] 一般地,机构投资者们非常成熟,其提供的服务最大目的就是选取成绩最优的股票裨益客户。机构投资者公司股票的所有权可能推动公司改善治理机制,从而惠及掌握分散股权的股东。但是,有迹象表明,许多机构投资者开始将他们的投资转移出具有双重股权结构的公司。一项研究表明,机构投资者在使用双重股权结构的企业中持股数比同类企业低很多。[56]

公司在发展的过程中总会不断出现新的融资需求,但是通过股票进行大量融资就会损害管理层的控制权,稀释管理层的表决权,这对管理层对于公司的影响不可磨灭的行业影响很大。[57] 在传媒行业中,一份刊物的成功与其编辑团队的影响是密不可分的,稳定的编辑团队对于刊物风格的形成至关重要。Ochs-Sulzberger 家族在摩根士丹利的高压下仍然没有抛弃其双重股权结构,在后期也得到了正面的评价。这与管理人对于企业长期投入的个人学识、资源不无关系,甚至说纽约时报就是基于其个人编辑特质和风格的个人品牌也不为过。这些知识、经验、风格都是需要相当长的时间进行累积的,而双重股权结构保证了其对于掌握公司控制权的期待,Ochs-Sulzberger 家族的专用知识、技能和经验基于与公司长期紧密联结的关系而得以存续,也让他们更有动力为公司而自我精进。但显然从私募股权基金经理和风险投资人们的行动看,他们没有被这种说法说服。

公司治理的主要焦点之一是公司内部人士和外部投资者的力量均衡,例如如何防止公司内部控制人员因手握绝对话语权、甚至终身控制权而可能的管理不善或自我交易。但是,由于美国的上市公司是由大量广泛分散的股东所拥有的,没有单一股东来监督公司运营。传统的公司治理理念认为股东的角色是选举董事会,董事会履行监督职能,选择经营公司的高管

---

〔55〕 Steven E. Bochner & Amy L. *Simmerman Venture Capital Board Member's Survival Guide: Handling Conflicts Effectively While Wearing Two Hats*, 41 Del. J. Corp. L. 1, 2 (2016).

〔56〕 Shmuel Hauser & Beni Lauterbach, *The Value of Voting Rights to Majority Shareholders: Evidence from Dual-class Stock Unifications*, 17 Rev. Fin. Stud. 1167, 1183 (2004).

〔57〕 参见陈若英:《论双层股权结构的公司实践及制度配套——兼论我国的监管应对》,载《证券市场导报》2014 年 3 月号"市场动态"版。

(如首席执行官和首席财务官)。双重股权结构使得在董事会和股东的盈利方向产生了矛盾,甚至会在短期内对于公司的利润造成损害时,往往代表公司内部股东的创始人们仍能"四两拨千斤"按照他们认为对公司长期发展有利的方针经营,却也因此屡遭失去短期利益的机构投资者诟病。

但是创始者对于双重股权结构的坚持,让机构投资者不得不重新考量双重股权结构的现实益处。根据传统的公司治理理论,运用双重股权其实可能在提高公司的经营水平方面有积极作用,因为这能阻拦控股股东与公司产生过于紧密的经济联系所带来的一系列问题。一家公司的控股股东通常比其他外部股东的投资多元化要少得多,因为他们的所有个人回报都与公司发展环环相扣。因此,如果企业最开始控股股东是公司内部创始人,就可能会导致公司追求有益公司长期发展而短期利润并不显著的项目;而在初创公司创始人之外的VC、PE为了经济利益也希望持有大量股份,这却使它们同时也拥有大量能够左右公司方向的投票权,这种力量会与创始人的偏好发生冲突:非控股的外部投资人或者私募基金不会把大部分鸡蛋放在一个篮子里,自身承担的风险被摊薄;又没有对特定公司持有巨量股份,某一家公司的风险水平并不会对其影响过高。所以,他们对公司承担的风险漠不关心,只希望每家公司投资于预期价值最高的选项。[58] 而双层结构使公司控股股东能够放弃其部分经济利益,再投资于别处,同时不必牺牲对公司的控制权。这样做会使他们更加多元化,并帮助他们与其他公司外部股东的利益保持一致。最近的一项研究发现,在进行双重资本重组的公司中,很大一部分公司重新调整资本结构后,控股股东显著多元化了投资资产。[59] 从这个角度讲,双重股权结构给了投资者更多的自由度,不承担不必要的决策负担,也避免内部人士为控股所累,不得不陷入对自身经济利益考量的桎梏。这些公司更有可能在将来与投资多元化的

---

〔58〕 Ben Amoako - Adu, Vishaal Baulkaran & Brian F. Smith, *Executive Compensation in Firms with Concentrated Control: The Impact of Dual Class Structure and Family Management*, 17 J. CORP. FIN. 1580, 1592(2011).

〔59〕 Scott W. Bauguess, Myron B. Slovin & Marie E. Sushka, *Large Shareholder Diversification, Corporate Risk Taking, and the Benefits of Changing to Differential Voting Rights*, 36 J. Banking & Fin. 1244, 1247(2012).

外部机构投资者股东利益更趋同。

由此可见,在特定市场上的公司,其采用双重股权结构显示出公司管理者对于控制稀释的厌恶,但双重股权结构在这种情况下可能实现公司股东的帕累托最优。允许这些公司使用双重股权结构,能够使公司内部人得以进入资本市场充分投资而不牺牲企业所有权,同时也是一种对他们自身履行勤勉、忠慎经营决策的保障与奖励。在这种情形下,严格的监管措施反而可能会损害特定行业中企业的价值。[60]

三、美国类别股制度的内在逻辑与发展径路

(一)公司合同理论与公司章程自治属性

传统的公司治理理论认为公司是一个实体,董事和股东的关系是代理和委托的关系,董事经营公司为股东创造经济价值,因此导致了Berle 和 Mean 所提出的公司所有权与控制权分离的问题。[61] 但是这种分离究竟是一种对股东权利的保护还是侵害,学界观点不一。从公司治理的传统理论上,学者 Fama 和 Jensen 提供了与众人谈"所有权与控制权分离"色变的另一种思考路径,认为所有权与控制权分离,其实并不是加诸股东的伤害,而是公司运作更高效的方式。他们认为作为公司天然所有权人的公司创始人,在公司创立之初就肩负着三项职能:制定商业政策、监督企业代理及承担剩余风险。这些能够控制公司发展的事项由他们进行决策,并且在整个公司中贯彻下去。而在公司需要获取更多融资时,外部股东作为所有者出现,承担了剩余风险,作为选民选举董事会,在脱离业务决策和直接监督的步骤中分享所有权。由此可见,管理层和董事会共享公司控制权,而股东把自己的控制权通过选举活动委托给了董事进行代理,这也就产生了委托代理成本问

〔60〕 Douglas C. Ashton, *Revisting Dual-class Stock*, 68 St. John's L. Rev. 863, 876 (1994).

〔61〕 Adolf A. Berle, Jr. & Gardiner C. Means, *The Modern Corporation and Private Property* 5–19 (1932).

题。[62] 与直接控制公司财产的创始者、管理人不同，股东对公司财产的控制是一种体现在其选择公司经营者的权力上的间接控制。无论是特拉华衡平法院还是密苏里州最高法院都指出：公司的经营决策权属于董事会，董事会有权确立公司的长期经营战略，而无须出于多数股东对于短期利益的希求牺牲公司长期发展。

从这样的角度上仍然很难论证董事会采用短期内与股东利益相悖的决策路径的合理性和看似剥夺股东权利的双重股权结构的合理性。由此，公司合同束理论横空出世。公司合同束理论（nexus of contracts）改变了传统看法，因为合同束理论尊重自由个人主义的假设，即公司是一群合同关系的结合，比起强制性，合同束理论更多体现出自治属性。学界通说认为公司法同时包含强制性和任意性规范，[63] 在公司合同束理论下，当代公司的资本结构可以由当事人，即创始人、投资人，也即董事和股东等公司运作的参与人相互合意决定，并呈现为某类合同。合同规定了合同双方的关系，即双方各提供什么、得到什么，所以股东为公司提供运作的资金，而其回报（经济利益等）也会在合同中加以规定，董事运营公司只是履行合同义务的方式，而不是因为公司是为股东所有的实体。所以"追求公司利益最大化"也就不会再与"追求股东利益最大化"混同了。

从公司合同理论的角度来说，公司这个组织的本质就是一群合同的组合，向在其中的参与者明确各方各自以什么样的方式向公司提供要素，又能同时得到什么样的权利作为回报。经济学家 Milton Friedman 认为在市场经济出现之前，合作主要依靠强行规制，而后合作才发展为由自由选择达成。[64] 公众公司的兴起就是现代工业生产条

---

〔62〕 William W. Bratton & Michael L. Wachter: *The Case Against Shareholder Empowerment*, 158 U. Pa. L. Rev. 653, 662(2010).

〔63〕 参见施天涛：《公司法论》（第2版），法律出版社2006年版，第14～24页。蒋大兴认为，公司法具有自由因子和管制因子，在公司设立、运营、终止和责任方面均有体现，"无论如何自由主义，中国的公司法很难超越这种国家管制的立场。这也是准确理解和解释中国公司法立法构造的一个基本的理论前奏和文化前提"，转引自郭锐的《商事组织法中的强制性和任意性规范》。

〔64〕 参见［美］米尔顿·弗里德曼：《资本主义与自由》，张瑞玉译，商务印书馆1986年版，第14～17页。

件下个人自由选择的成果,这种组织形式展示了在大规模工业生产条件下的高效率。[65] 公司设立的根本目的是盈利,投资人投资的目的也是如此。为达成这个目的就需要一套精巧的合同系统协同公司各个要素的结合方式。股东、资本、管理层、话语权的关系都需要用制定者认可最为高效、对公司盈利最有利的途径确定下来,这最终呈现为公司章程。

公司章程可以看成是公司形成的众多合同之集大成者,而公司章程确定了以股东、董事、管理层为首的主体们在公司这个组织中的权利和义务。在这个视角下,当事人作为合同主体,完全可以自行改变合同的规定,公司法也就不具备什么强制性特征了,而应当完全尊重自治。按照这样的说法,在事后修改公司章程,如在事后通过资本重组的方式创设同股不同权的结构,即使对股东有害,也应当看作股东自己的选择,应当完全受到尊重。但在美国类别股的演进中,我们看到事实并非如此。

(二)投资者与创始人力量均衡的艺术:为什么允许 IPO 前存在双重股权结构?

上市公司股东将自己的权利交由管理层以期待实现投资的目的。类别股的引入使得股东对公司的控制权与现金流请求权产生背离。掌握绝大多数投票权的管理层在双重股权结构下往往会成为公司的控制权人,但是公司更多的现金流请求权却并不在他们身上。这就有可能造成管理层因为与公司紧密度疏远,在决策方面完全不规避风险,毕竟持有再多股票,外部股东也难以集齐足够的投票权弹劾"懒政"董事,因而导致委托代理人成本升高;但也有学说主张这是公司治理发展的成果,能使公司内部管理人对公司的所有权和要承受的风险都被分摊,避免外部股东和其自身采取短视行动,着眼于多样化投资以期公司得到更好发展。于是,法律、判例、自律性组织、社会,各方各面的协同合作,基于公司法这一赋权性、组织性规则,用以证券法为代表的强制性立法力量,自律组织的事前规制与司法判例不断对创始人与投资人力量的均衡作出改变。

---

〔65〕 郭锐:《商事组织法中的强制性和任意性规范——以董事会制度为例》,载《环球法律评论》2016 年第 2 期。

公司合同理论主要有三要义：其一，公司为各种社会关系的综合体，包括所有权与控制权；其二，公司应当是股东及其相关者意思自治的产物；其三，参与股东因其合意受约束。但是在实践中，最后一点只能通过资本多数决来实践，而不能样样都由股东全体同意，于是现代公司往往借由公司章程通过各方默认的合意来确立资本多数决的议事规则。而双重股权结构就是基于意思自治的理念发展了资本多数决：掌握最多资本的人，不一定就是投票权与控制权最强的人。这种做法只要创设的途径合理，其实并不一定对股东有害。

以双重股权结构的历史演进和现状为借镜，在公司成立之初，公司的创始人作为原始的所有权人，同时充当董事，直接负责公司的经营决策。最原始的非公众公司的合同只是在创始人之间，甚至是在家族成员之间决定相互的资本供应而已，就好像 IPO 之前的道奇、转变为双重股权之前的王氏实验等。伴随 IPO，非公众公司走向公众，其所有权的结果就及于社会上不特定的股东了。公司没有办法再与最原始的投资人订立人身附随性强的双边或多边合同，只能开始尝试以成文的格式合同将一些放之四海皆准的条款确定下来，省去重复订立的麻烦，也即公司章程。公司章程可以依照双方主动的意思，自由订立，其中载明的公司治理结构是双方主动选择的最小化已经发现的代理成本问题的方法。在这样一个静默的合同关系中，如果投资人投资给某家上市公司，就应当完全视同认可该公司根据证券法等规定已经披露的治理结构，接受章程中所反映的投资条件、表决方法、资本分配原则。从天使投资人到 VC、PE 等外部投资人进入，公司对资本和话语权的分配日趋复杂。这时的投资人接受双重股权，不见得是承认双重股权对公司经营能有什么积极作用，市场上每次就双重股权结构之存废，反对者的必然是风险投资人与基金经理们。但是制度创设就是一个相对均衡的过程，既然投资者想从公司身上攫取财富，他们就应当允许公司的内部运营者采用最匹配自己长期经营方针的策略，而不轻易干扰；投资人甚至应当鼓励公司内部人士利用好双重股权带给管理的人的红利，更有底气地去进行多样化投资、经营，去选择高风险的方案，像外部人士一样把鸡蛋分到不同的篮子里，这种做法与投资人们的利益趋向并不矛盾。

自治性的公司法和强制性的证券法的相互关系在这里就显得昭

然,IPO 前的投资者们接受了劣势的投票权,接受了可能对董事会失去选举权的代价,放弃了发声的权利。对于投资人这样主动的权利放弃,基于公司合同理论,公司法很难对此作出什么强制性保障股东权利的规定,投资者应当自负盈亏。于是也就出现了密苏里州 Tropicana 的判例:无表决权股股东请求对公司股东会的选举权利,却基于合同自治的思想而无计可施。反之,事后修订公司章程发行高表决权新股,已经持有劣投票权的股东的发言权就并不如此自由了,必然需要相对的保障来进行制度上力量的均衡,以防创始人一方独占话语权而对股东造成不必要的影响。从美国的制度保障上说,其一,特拉华公司法中源远流长的董事忠慎义务禁止了董事作出对股东不利的决策;其二,作为强制规则的证券法上的披露规则;其三,各大自律监管组织的底线规则必须统一,来确保资本市场对治理结构以及交易所本身作出有效的估值,防止公司合同理论下的公司自由成为创始人越俎代庖的理由。

(三)双重股权的土壤与公司章程自治的边界:为什么不承认上市后的双重股权?

公司合同理论基于自由主义个人主义的道德假设,也即假设股东作为理性人按照趋利避害的特性,会基于能够获得的公司治理信息而选择最适合自己的投资方式。[66] 外部投资人在还未被规制的上市后的双重股权创设途径下,自身陷于对现金流量请求权与投票权选择的窠臼,而股东行动的困境让他们大部分最终向管理层交出了控制权,虽然这在外观上是股东自己放弃了对公司管理的权利,但是这并不意味着股东们就应当任人鱼肉。当 Bebchuk 在研究有关投资者积极行动主义对美国上市公司影响的时候,他发现激进投资者介入公司管理对公司可能存在正面影响,而双重股权结构不但把股东的积极行动挡在门外,甚至对控制权的掌握还能给创始人自己带来免遭解雇风险之类的甜头。[67]

---

〔66〕 Nathan Oman, *Corporations and Autonomy Theories of Contract: A Critique of the New Lex Mercatoria*, 83 Denv. U. L. Rev. 101, 101 - 113 (2005).

〔67〕 2007 年以来机构投资者开始股东积极主义,也想要积极干预公司控制决策,于是投资人协会 CII (Council of Institutional Investors) 和 ISS (Institutional Shareholder Services) 都不断提出异议,详情可见 www.cii.org, www.issgovernance.com。

因此，双重股权结构不断被投资人接受的过程也是加诸创始人身上的镣铐越来越紧的过程，上市后创设同股不同权20世纪90年代就被禁止，任何在事后削弱投资人力量的行为，都不能被容忍。我们不难从公司合同理论的角度分析出发分析这样的变化，如果在事后以高股息等诱导股东交出投票权，股东给予对自身利益最全面的考量，近乎是“被强迫”着保有着低表决权的股票，这显然有违合同“自治”的原则，失去了创始人与投资人双方力量的均衡性。

对在事后修订公司章程上就资本分配的相关事项，学者们很早就有所研究。“在后续性条款中，如果有可能增加管理活动的代理成本，则该规定就应该是无效的，除非它们是在历次股东（大）会中，曾以绝对多数票连续通过，或者已征得那些持有异议的投资者同意。”“对于规则进行修订所依据的章程本身，就是公司成立之初所订立的章程的一部分。”[68]上市后的同股不同权发端于董事与股东们合意对公司章程的修改。但是这种修改在未被各大交易所的最低标准限制之前，完全有可能由内部管理人方出于自身利益最大化的考虑，利用原本各方在章程中业已确立的资本多数决这样的表决原则和双重股权这样的资本分配原则，强行通过一些对于只是间接控制公司的外部股东绝对不利的条款，如上市后再发行新的高表决权股转换要约，这使管理人完全占据主导地位，外部股东往往处于劣势，甚至无法顺畅表达意志。

2003年，特拉华最高法院审理的MM Cos. v. Liquid Audio, Inc.案对董事上市后限制股东能够选举的董事席位的行为加以规制。[69] 目

---

〔68〕 参见［美］弗兰克·伊斯特布鲁克、丹尼尔·费希尔：《公司法的经济结构》，张建伟、罗培新译，北京大学出版社2005年版，第37页。转引自吴建斌：《合意原则何以对决多数决——公司合同理论本土化迷思解析》，载《法学》2011年第2期。

〔69〕 MM Cos. v. Liquid Audio, Inc., 813 A. 2d 1118（Del. 2003）。股东MM公司一直期望能获得对Liquid Audio的控制权。该公司董事会的大部分成员反对此次收购，并希望与另一家公司合并。尽管两位MM方股东候选人在董事选举中获胜，但在他们希望通过股东提案的方式主张再在董事会增加4个席位时，Liquid方董事会先行一步修订了公司章程，把董事会成员增加到7个。特拉华衡平法院的初审法官认为增加两名新董事“不会以任何重大方式影响股东投票或股东选择”。MM随即上诉，特拉华最高法院的法官认为Liquid增设两名董事的主要目的是消除MM的2名被提名人对5人董事会的影响，如果新加入的1名或2名董事被告选择否决MM的提议，MM将无法取得多数决。

标公司董事被告违背大股东意志,擅自增设董事会席位的防御行为损害了公司以股东选举董事会这种方式来维持股东与董事会之间权力适当分配的重要作用。即便规则开明如美国公司法,违背多数股东意愿而不平等地限制股东控制管理公司的能力的行为也是被断然禁止的。

于是,在类别股的演进中,没有用“赋权性”的公司法对事后的同股不同权加以规制的可能性时,SEC 就选择在外部创设强制性的事前规则,即责成三大交易所出台普适性的最低规则来禁止这种事后的不公正,以此来重新均衡双方的权利义务。各地法院也通过判例来进一步升华公司法上的忠实义务等原则性的规定,平衡董事与股东双方的拉锯。

从美国类别股制度演进的路线,可以看到有两条不同的类别股制度创设道路:一是在公司上市后,通过对股东派发红利等方式进行资本重组,如王氏公司、通用、International Resorts 等;二是在首次公开募股时就在章程设定好双重股权结构,前有密苏里州的 Tropicana Lanes,而现今则是 Google 等科技类企业占主导。与前文讨论的上市后创设同股不同权结构的情况不同,像 Tropicana Lanes、Google、Snap 这样在 IPO 前就事先揭示自己类别股属性的公司能使资本市场适时地对其作出评估与反馈,而不会对股东造成事前不可预计的损害。所以无论股东给出溢价还是低价,购入还是沽出,企业都应当欣然接受。

可见,以任意性规范为主的公司法也会在发展中与一些强制性的规则结合,虽然大部分的规则可以在事后通过股东投票表决来改变,委托董事来执行,但是也有些规则是不能在事后修改的——如公司的资本结构。双重股权结构就在长期的演化中不再允许在事后创设,因为现有的管理层很可能利用采取机会主义的行动,将公司的表决权全数掌握在自己手中,而这从合同的角度讲,无疑是对自由意志理念的彻底背离。

四、结语

在历史上曾经存在的两种不同的类别股创设路径对传统的资本多

数决的背离程度并不相同。如果说在IPO时就采用双重股权结构，在市场拥有高度有效性的假说下，股东财富最大化的意图和管理人的管理意图矛盾会相对不这么尖锐。[70] 相反，如果采用在上市后重组资本结构的做法，股东的利益就很可能受到侵害。[71] 这也是为什么美国在20世纪80年代后期对于双重股权结构建设立法路径上，特别强调不允许事后发行高投票权股的原因。管理层往往在拥有较小股份的情况下，分摊了其融资风险，但是其又手握大部分的控制权，难免会有过河拆桥之虞。但是双重股权结构也并非全然对投资者没有益处，否则也无法在岁月洗刷下仍得以不断发展。如防止股东因为信息不对称而对公司管理方向产生误判；保护股东免遭敌意收购风险；避免在特定行业（如前文所述传媒、科技等行业）资本投资方面股东的机会主义，鼓励管理层等。[72]

NYSE、AMEX都在发表新的上市标准时，给予类别股很大的限定，关切股东权益，并且美国在《证券法》上对于创设类别股结构，予以了信息披露等限定；而在上市规则上，当公司定向发行新股的比例达到或者超过已发行的股份20%时，往往公司的其他资产就可能被收购，必须得到股东表决同意；而在各州《公司法》上，对于控股股东实施可能与公司整体股东利益有冲突的行为时，也有诸多规制的方式。三家交易所都能够接纳类别股制度的创设，除了其内部的竞争，必然也有投资者保护上的考量。

综上可见，双重股权结构不单单是企业的需求、投资人的需求，也会是交易所的需求。纵观美国类别股发展长河中创始人与投资人力量抗衡的艺术，交易所、投资者与创始人三者的共同需要才是推动双重股权结构的根基。如今，在亚洲市场上，香港证券交易所已经正式修改上市规则，同意

---

〔70〕 Jeffrey N. Gordon, *Ties that Bond: Dual Class Common Stock and the Problem of Shareholder Choice.*, 76 Calif. L. Rev. 3, 3 – 76(1988).

〔71〕 Lowenstein, *Shareholder Voting Rights: A Response to SEC Rule* 19c – 4 *and to Professor Gilson*, 89 Colum. L. Rev. 979, 1009(1989).

〔72〕 Jeffrey N. Gordon, *Ties that Bond: Dual Class Common Stock and the Problem of Shareholder Choice.*, 76 Calif. L. Rev. 3, 3 – 76(1988).

接受“同股不同权”公司上市。[73] 而在中国大陆,针对创新企业试点创新的工作也体现出对创新企业采用双重股权结构这一现象的重视。上交所6月正式发布试点创新企业股票或存托凭证上市交易相关配套业务规则,在境外采用双重股权结构的公司在境内通过CDR制度融资成为可能;同时,投资者权益保护也没有被偏废,试点创新企业有别于现有A股的“新情况”也激发出了监管的“新思路”。《关于开展创新企业境内发行股票或存托凭证试点的若干意见》中对于采用双重股权结构的公司就对其投资者保护水平有所要求,规定总体上应不低于境内法律的保护程度,同时也对信息披露做了相关要求,还明确了维持特别投票权的前提条件,特别投票权不随相关股份的转让而转让,且公司上市后不得通过各种方式提高特别投票权的比重等,[74] 与美国类别股制度长期发展确定下来的监管思路与最低标准有所相通。随着越来越多创新型企业的兴起和国际板(包括CDR市场的考虑)对于优秀上市资源的追捧,双重股权结构的确存在有市场的需求,且此等需求会越来越强烈。因此,本文对以双重股权结构为主的美国类别股法律制度进行了回顾分析,以期充分了解美国双重股权结构的历史背景与发展路径,在我国本土化的制度设计中,平衡好发行人、创始人、投资人与证券交易所的利益。

(编辑:武俊桥)

---

〔73〕 当初拒绝阿里巴巴上市的港交所此次允许三类公司开设双重股权结构:第一类是新上市的同股不同权企业,有关企业必须是“新经济股”(随着时代的发展“新经济”的概念可能会随之转变)。上市市值最低为100亿元,而且有10亿元收入;若市值达400亿元,则不设收入要求。第二类是放宽已在美英上市的同股不同权企业,来港作第二上市。市值要求是100亿元,同样只限新经济企业,今日或以前已在美、英上市的同股不同权企业,可沿用当地的同股不同权架构,不需遵行香港针对同股不同权所设的投资者保障,意味阿里及京东等可不作架构重组,直接在港作第二上市。今日以后始上市,而日后有意在港第二上市,则要符合香港对同股不同权的要求。第三类则是无收入的生物科技企业,但市值要求需达15亿港元以上,以及其研究阶段不能处于太前期,同时由基石投资者拥有的股份将不会计算为公众持股。参见搜狐新闻《不想错过下一个阿里。港交所宣布:将在主板接受同股不同权公司上市》,载http://www.sohu.com/a/210731535_439726,2017年12月16日访问。

〔74〕 赵一蕙:《沪深交易所CDR配套制度落地 监管创新“铺路”试点创新企业回归》,载《上海证券报》2018年6月19日版。

《证券法苑》(2018)
第二十五卷,第111~130页

证券侵权民事赔偿标准确立的内在机理与体系建构*

冯　果** 　张　阳***

摘要:证券侵权民事赔偿标准深刻地植根于证券市场运作的客观规律和侵权责任确立的基本规则,有着独特、丰富的内在机理和全面、系统的体系构成。一般而言,证券侵权民事赔偿标准包含责任认定、数额确定及责任分配三个要素,价值衡平的理念贯穿于各要素始终。赔偿标准的确立应秉持求同存异的原则,既在共性机理的基础上促进立法统合,也应对特殊情形进行差异化安排。同时,还应在细化法律规范、推进替代性机制及完善责任体系等方面加强系统衔接。

关键词:证券侵权　民事赔偿标准　价值衡平　求同存异　系统衔接

“无救济则无权利”,这一为英美国家所家喻户

---

* 本文系上海证券交易所联合研究计划课题“证券侵权民事赔偿标准研究”的阶段性成果。

** 武汉大学法学院教授、博士研究生导师,武汉大学资本市场法治研究中心主任。

*** 武汉大学法学院博士研究生,武汉大学资本市场法治研究中心助理研究员。

晓的法律格言充分揭示了救济对于权利实现所具有的特殊意义。作为资金融通、资源配置关键场域及信息、资金等要素集合交会之地,证券市场自诞生之日起便与贪婪、欺诈等相随而行。遏制证券欺诈,给予投资者充分而有效的法律保护,构建公平有序的市场环境是世界各国证券法的共同任务。随着我国金融创新和科技进步的发展,以虚假陈述、内幕交易和操纵市场为代表的证券侵权问题日益凸显。但既有的证券法规范以行政处罚和刑事制裁等公力惩处为主要手段,鲜有涉及对投资者受损利益具有直接补偿功效的民事赔偿规范,投资者难以通过民事诉讼获得有效救济。虽然 2003 年最高人民法院《关于审理证券市场因虚假陈述引发的民事赔偿案件的若干规定》及 2005 年《证券法》修订对民事赔偿有初步规定,一定程度上回应了市场关切,但这种局部的先行先试和粗糙的原则性规范并不能为实践问题提供根本性解决方案,制度缺陷依然明显:不仅缺少诱空型虚假陈述的情形规定,更没有涉及内幕交易和操纵市场的民事赔偿标准,而且制度的系统衔接也有待强化。虽然学界和实务界对证券侵权民事赔偿责任的反思一直没有停止,甚或相当热烈,但多属于针对某种侵权行为的探究,证券侵权民事赔偿标准的系统性论证付之阙如。在现代国家,权利救济总是与司法紧密相联,赔偿范围的厘定及赔偿标准的确立是民事救济最为基础的问题,证券市场及证券侵权的多样与复杂决定了证券侵权损害赔偿决非算法确定的技术性问题,而是涉及价值判断、利益衡平等基础性理论问题,需要我们从更加全面的视角去理解资本市场运作的一般机理,从而构建起合理的赔偿理论与规则体系。

基于此,本文拟从系统分析进路出发,剖释证券侵权民事赔偿标准的要素组成,探讨标准确立背后蕴含的各种价值如何平衡,分析标准的共通机理和特殊情形,以及从三个维度建构民事赔偿及相应制度的系统衔接,以期为证券侵权民事赔偿责任的落实和投资者权利救济提供理论基础和制度架构。

一、构成要素及价值衡平

专业性、结构复杂和动态变化是证券市场的典型特征,以此为基又增添了计算法则和利益权衡的证券侵权民事赔偿标准更是内容多样、结构繁复,若要对其有效厘清,首要之举应是选择合适的切入进路。现有研究多采用发现特定问题后用特定方法化解的分析型进路,[1]如此虽可因应特定时空下的具体问题,但此般静态的、针对性方法难以及时跟进市场态势,且离散化研究也无益于理论共识的提炼和规范制度的统合。正如美国 Ruhl 教授所言,"如果仅进行不断细化的离散分割,我们将无法掌控法律与社会的动态特性"。[2] 而系统分析进路(system analysis approach)则是适应证券侵权复杂情形的合理选择,其更为注重系统的结构要素、关联关系及运作功能,通过类别化方法将各部分置于系统整体中进行动态分析,[3]从而有助于从根本上把握系统的本质特征和构成要素,也便于更客观全面地平衡关涉其中的价值,进而为制度设计提供既持续稳定又富于灵活性的框架规范。

(一)构成要素:责任认定标准、数额确定标准和责任分配标准

从系统分析角度观之,证券侵权民事赔偿标准是一组彼此关联的概念整体,包括赔偿责任认定标准、赔偿数额确定标准和赔偿责任分配标准,贯穿于行为发生、责任涵摄、损失计算、主体归责、责任分配,从证券侵权行为发生到证券侵权责任认定,再到证券侵权责任承担这一证券侵权民事赔偿案件的全部流程。(1)赔偿责任认定标准,是指能够

---

〔1〕 目前研究主要集中于对特定对象的"精细化"讨论,围绕虚假陈述、内幕交易及操纵市场等违法行为进行分析,从宏观系统视角对证券侵权民事赔偿整体标准的探讨相对较少,即使少有的"系统论述"也多采取技术性处理:先整体铺陈后再将主要篇幅放于对子内容具体行为的分别探讨。

〔2〕 See J. B Ruhl, *The Fitness of Law: Using Complexity Theory to Describe the Evolution of Law and Society and Its Practical Meaning for Democracy*, Vanderbilt Law Review, Vol. 49(1996), p. 906.

〔3〕 Lynn M. LoPucki, *The System Approach to Law*, Cornell Law Review, Vol. 82(1997), p. 509.

据以认定某种类型的证券市场违法行为是否符合证券侵权责任规范要件的依据,包括客观认定标准和主观认定标准两类。对于具体的证券市场违法行为事实能否为该认定标准所涵摄,一般遵循从客观认定标准到主观认定标准的逻辑脉络。赔偿责任认定标准是证券侵权责任分析的逻辑起点,也是判断证券侵权行为是否承担侵权民事赔偿责任的概念基础。(2)赔偿数额确定标准,是指在认定侵权人应当对其行为承担赔偿责任的基础上,如何确定被侵权人的损失范围,进而通过何种计算方法对于被侵权人的损失范围予以限定和明确。赔偿数额确定标准是证券侵权民事赔偿标准的核心,损失范围的界定体现立法者的基本立场,而损失计算方法在成熟资本市场国家则是司法者发挥自由裁量权的主要场域。(3)赔偿责任分配标准,是指侵权人因其行为给被侵权人造成损失之后,应当依据何种归责原则对各个侵权人的行为进行追诉,以及如何确定不同证券侵权主体之间的赔偿责任的规范标准。赔偿责任分配标准主要解决证券侵权责任如何在赔偿义务人之间合理配置问题,对于赔偿责任分担的认定既是体现立法智慧、权衡各方利益关切之后的制度选择,也是回应被侵权人基本诉求、正当分配被侵权人所担责任的现实基础。上述赔偿责任认定标准、赔偿数额确定标准和赔偿责任分配标准三要素相互联系、环环相扣,以层层递进的自洽逻辑共同组成了证券侵权民事赔偿标准的闭环体系。

(二)价值衡平:直接性、适当性、平衡性、体系性与可行性的确立

闭环体系中的三要素虽然各自功能定位不同,但共同服务于证券侵权民事赔偿标准的确立及施行。能将分散的要素聚合并统领证券侵权民事赔偿标准的关键在于价值衡平理念贯穿始终的底线把控。价值是一种表征关系和偏好的范畴,在证券侵权民事赔偿标准中,有五组价值需要重点平衡。其一,投资者角度,要注意补偿投资者损失与防止民事责任成为投资者保险的平衡,损害赔偿应与违法行为具有“直接性”的关联。证券市场本身蕴含高风险的特质,投资者在进入市场时应对风险和收益的配比关系及风险负担归属有清晰认知,违法行为导致的投资者损失确应得到合理救济,但正常市场风险需由投资者买者自负。切不可使民事损害赔偿机制成为投资者投资的“保险”,使投资者产生“刚性获益”的畸形预期。其二,双方当事人角度,要平衡原告和被告的利益，确立“适当性”原则，使侵权人承担的民事赔偿责任与其侵权行为对投资者造成的损失程度相当。例如，证券特殊的集合竞价和匿名成交的交易机制使投资者取证相对困难，理论和实践中则多采纳因果关系推定对原告进行倾斜照顾，便利其诉讼救济，但同时还须对侵权赔偿上限和合理区间进行相应限制以平衡被告损益，避免任何不当损失均由被告承担。其三，诉讼秩序角度，既要保证投资者正当诉权，亦要避免滥诉发生。一般而言，较于侵权人，证券市场的普通投资者在信息、资金或经验等方面处于弱势的地位，由于技术能力不足、诉讼成本过高、诉讼结果的不确定性等因素影响，其往往缺乏诉讼动力。[4] 基于此，为保证其证券侵权赔偿的诉讼权利顺利行使，应在实体法和程序法方面对其予以特殊安排；但亦要以“平衡性”为原则导向，杜绝诉讼权利被投资者随意滥用，避免对波及的并无实际责任的被告产生过大影响，也减少司法资源的廉价占用。其四，不同责任形态角度，确保民事责任、行政责任和刑事责任各自定位明确、相互补充、轻重结合、层次递进。在确立证券侵权民事赔偿标准时，既不能忽视行政责任和刑事责任对被告惩处和市场秩序维护的功效，又要突出民事责任对投资者救济之损害填补的核心作用。[5]

上述四组价值的衡平是实质价值层面的考量，而证券侵权民事赔偿标准的第五组价值衡平则主要是从工具价值角度出发对“可行性”的关注。准确性（accuracy）和可用性（usability）是对可行性的基本注解。[6] 一方面，证券侵权民事赔偿涉及多方利益主体，且相关违法行为对证券市场秩序有重大影响。赔偿标准出现轻微差别，便可能对相关当事人利益分配和损失负担产生巨大影响，因此要保证计算的科学性、准确性。但另一方面，证券市场十分复杂，无论是非法所得计算，还

〔4〕 赵旭东：《内幕交易民事责任的价值平衡与规则互补——以美国为研究范本》，载《比较法研究》2014 年第 2 期。

〔5〕 冯果主编：《证券法》，武汉大学出版社 2014 年版，第 322 ~ 324 页；张旭：《民事责任、行政责任和刑事责任——三者关系的梳理与探究》，载《吉林大学社会科学学报》2012 年第 2 期。

〔6〕 Scottland M. Duncan, *Recalculating Loss in Securities Fraud*, Harvard Law Review, Vol. 3(2013), p. 276.

是赔偿请求人损失的计算，都涉及不同时点证券价格的确立，而证券价值的确定往往涉及复杂计算方法，这对投资者乃至法官来说都是一个挑战。再加上证券价格往往是各种因素综合作用的结果，要想排除其他因素的影响科学地计算出侵权行为对证券价格的影响，则更是难上加难。为了提高诉讼效率和法律的确定性，证券侵权民事赔偿标准还应具备易于确定、具有操作性的特征。随着我国证券市场的发展壮大，客观上证券侵权民事赔偿案件越来越多，在数量上呈现出快速增长的态势。受制于法院审理该类案件经验的多寡、不同区域间法治水平的差异、现行规范体系的不确定性等因素的影响，证券侵权民事赔偿标准须满足不同层级法院审理该类案件的实践需要，特别是对审理该类案件经验匮乏的地区法院更是如此。易于确定性原则是制定证券侵权民事赔偿标准所有原则中的首要考虑，将易于确定的损失计算方法与时点认定规则通过立法形式予以明确，将不仅回应证券市场日益发展所带来的相关案件增多的现实审判需求，也能够增强法律的确定性，为证券市场投资者提供更为充分的保护。

因此，构成要素和价值衡平为证券侵权民事赔偿标准的确立奠定了理论基石，前者从结构组成的角度界定了赔偿标准确立的基本范围，后者则从理念导向的层面明确了赔偿标准确立的衡量因素，对二者的有效厘清是我们深入探讨标准制度建构的必要前提。

二、共通机理与标准选择

证券侵权行为有虚假陈述、内幕交易、操纵市场等多种样态，且随着证券市场的发展还会不断交融衍化产生新的类型。如何透过纷杂复杂的形式表象来认识各类侵权行为的实质特征，从根本上把握各种侵权民事赔偿标准的共通机理，进而在制定立法或司法解释时明确相应的标准选择，并进行必要的统合就尤为重要。证券市场虽然以复杂化和专业化著称，但其在交易模式、组织架构及价格运动等方面仍存在相对明确的共通性规律，本部分将主要以侵权赔偿的要素构成为主线，探寻证券侵权民事赔偿标准的共性机理。

(一)责任认定的适用前提、损害结果类型及因果关系推定

作为侵权责任的下位概念,证券侵权赔偿责任的认定亦遵循四要件构成:违法行为、主观过错、损害事实及因果关系。但由于证券市场的特殊性,这种责任与传统侵权责任的演绎推导存在差异,其准确定性应是一种建构在侵权责任基础上的特殊法定责任。[7] 这种责任仍以一般侵权责任理论为分析起点,但应对部分具体构成要件进行适当变动,以因应证券市场的特殊问题。首先,责任认定的适用前提应主要是以集中撮合和匿名交易为特征的场内组织交易中发生的侵权行为,非公开的场外私募交易因其具有合约特性、参与主体适格要求及一对一交易模式等特征,若发生争议可进行违约责任或一般侵权责任的认定。其次,无论是专注于信息的虚假陈述、内幕交易,还是夹杂着信息和资金等市场力量的操纵市场,违法行为要件都要有"重大性"要求,[8] 只有违法行为符合一定重大性标准其才会对市场价格和交易量产生切实影响,进而对市场中的投资者产生经济利益的侵害。再次,损害结果应限于直接的财产损害,可期待利益损害等间接损害及精神损害不能归入赔偿范围。上述两类损失主观性较强,在实践中难以认定,且举证困难,一旦适用不当将会给侵权人带来巨额赔偿责任,使得其行为与损害不相当。最后,违法行为和损害事实的因果关系适用因果关系推定。因果关系一般有交易因果关系和损害因果关系、责任成立因果关系和责任范围因果关系等传统的民法二元划分,这种划分背后体现着严格的举证责任和缜密的侵权赔偿逻辑,但在证券侵权赔偿认定中其适用价值并不大。证券市场不仅人数众多、交易迅速、成交量大,且其以计算机网络技术为基础采用主机撮合的方式使违法行为与受害人并不直接接触,再加上市场"多因一果"的复杂关系和投资者相对较弱的客观

---

〔7〕 尤婧、顾文达:《虚假陈述民事赔偿责任中的损失认定与计算规则研究》,载《证券法苑》2017年总第23卷;冯果、李安安:《内幕交易的民事责任及其实现机制》,载《当代法学》2011年第5期;杨秋林:《试论操纵证券市场的民事责任研究》,载《证券法律评论》2017年卷。

〔8〕 虚假陈述和内幕交易以信息为基础,重大性已被立法明定;操纵市场行为虽然没有明确指明违法行为的重大性要求,但"操纵"即有干预、影响力大的本意,再结合《证券法》第77条对操纵市场违法行为的四类列举的着眼点都提及要对交易价格或证券交易量有影响,也可推定违法行为应有重大性要求。

事实,若将严格复杂的举证责任强加于投资者之上,则其成功求偿的可能性微乎其微。实际上,因果关系的认定进路在很大程度上是价值平衡后的技术选择,是对证券侵权行为负面评价与保护投资者需要的体现。适用因果关系推定和举证责任倒置的一体化因果关系认定恰恰是对投资者保护的集中程序性体现,有利于实现诉讼的实质公平。[9]

(二)数额确定的主要方法、范围限制及系统风险的排除

赔偿数额计算方法是落实证券侵权民事赔偿责任的关键,损失数额如何确定,直接关系到投资者的切身利益。目前,市场较公认的方法是净损差额修正法(expedient out of pocket measure),[10]也被称为市场调整型法(the market - adjusted method),[11]该法从净损差额法演变而来。净损差额是指原告实际交易时的市价(price)与标的物真实价值(value)之间的差额。由于证券真实价值较难准确观测,操作性较差。为确保投资者损失被合理评估,"合理期间"的概念随之被引入,其将证券违法行为发生后一段合理期所达到的平均价格作为计算基础,通过合理时间的设置缓和市场非理性行为,进而促使证券价格趋近"真实价值"。例如,美国 1995 年《私人证券诉讼改革法》第 101(b)条在《证券交易法》中增加的第 21D(e)条中规定的"信息披露后 90 日"、我国台湾地区"证券交易法"第 157 条规定的"信息公开后 10 日"等。如此,该法既有科学性基础,又能兼顾操作性便宜,可有效适用于虚假陈述、内幕交易和操纵市场等证券侵权民事损害赔偿数额的确定。当然,

[9] 例如,2003 年最高人民法院《关于审理证券市场因虚假陈述引发的民事赔偿案件的若干规定》未严格区分责任构成因果关系和责任范围因果关系,而是在借鉴域外欺诈市场理论和信赖推定原则的基础上确立了"因果关系推定"的规则,适应了证券市场的特殊情形。近年来,内幕交易和操纵市场采用因果关系推定也有学者进行系统论证,例如,杨峰:《美国、日本内幕交易民事责任因果关系比较研究》,载《环球法律评论》2006 年第 5 期;廖升:《操纵证券市场侵权责任之因果关系》,载《法学评论》2017 年第 1 期等。

[10] 还有毛损益法(gross income loss)、重买(cover measure)/重卖价格法(resale price measure)等。但毛损益法的适用前提需双方存在买卖契约关系,无法适用于"集合竞价"交易模式,不适用于上市公司;重买或重卖法适用情形单一,且有增大侵权人责任之嫌,有部分惩罚的性质,计算欠缺科学性、公平性。

[11] Scottland M. Duncan, *Recalculating Loss in Securities Fraud*, Harvard Law Review, Vol. 3(2013), pp. 262 - 264.

采用因果关系推定可能会使证券侵权赔偿数额存在过大的后果，基于价值衡平的考虑，也应对赔偿数额进行必要的范围限制。首先，从填补损害的角度来看，投资者主张的证券侵权损害赔偿不得超过其实际发生的损失；其次，对投资者填补损害的追求不应无节制地凌驾于惩戒违法者之上，适当地限缩违法者责任范围有利于减少失当威慑对证券市场运行机制造成的负面影响。以违法所得作为民事赔偿数额的上限确立基准是一种合理的选择，当违法者收益大于或等于投资者损失时，惩罚基准应是违法者收益。当违法者的收益小于投资者损失时，惩罚基准应是受害者损失。[12] 同时，可以根据被告过错、被告清偿能力、原告受害程度、损害后果等规定动态的上限设定标准，允许将赔偿数额提高到违法所得的一定倍数，以此协调各方利益的平衡。

应注意的是，证券市场是高度复杂和虚拟的市场，投资者损失是由多种因素综合作用的结果，除去违法者行为影响外，还主要掺杂着系统风险的因素，因此，侵权损害赔偿的计算应有效剔除系统风险[13]的“干预”。一般而言，系统风险可通过大盘指数和板块指数的数据变动情况加以判断。在考虑行业板块与整体市场对股价的影响时，应注意行业板块与上市公司股价关联度更高这一基本事实。不同行业有不同行业特征与运行周期，个股所处的行业板块波动情况更能反映其他因素对证券价格所造成的实际影响。将系统风险所致损失数额确定基点定位于更靠近行业板块指数的一侧，有利于估算出最接近客观损失的致损数额，在实践中也可减少参考标准的冗杂，便于司法操作。[14] 当然，证券侵权赔偿标准确立的结果只能相对准确，无法得出精准数值。

---

〔12〕 邢会强：《内幕交易惩罚性赔偿制度的构造原理与现实选择》，载《中国社会科学》2018 年第 4 期。

〔13〕 系统风险（systematic risk）不同于系统性风险（systemic risk）。前者指无法通过投资组合进行有效分散的风险，主要由市场外部因素引起，如政治经济周期、宏观政策调整，危害限于资本市场（主要是投资者）且不会影响金融体系运行；后者指整个系统出现失效或崩溃的风险，多由市场内部因素引起，如杠杆交易机制，其传染性强，存在溢出效应和连环效应（chain－like effect），对整个经济有重大负面影响。

〔14〕 甘培忠：《论证券虚假陈述民事赔偿中系统风险所致损失数额的认定》，载《甘肃社会科学》2014 年第 1 期；刘振：《关于证券市场系统风险所致损失数额的认定》，载《人民司法》2008 年第 11 期。

正如我国台湾地区曾世雄教授所言,“计算损失大小,归根结底是法律问题而非数学问题,虽然计算损害大小,应尽量与数学原则相符合,但是于特别情形下为顾忌其为社会科学并无绝对与数学原则一致之必要”。[15]

(三)责任分配的外部连带关系拟制和内部原因力程度的划分

证券侵权行为的发生往往关系复杂。赔偿义务人单一,所造成的损失由赔偿义务人全部责任财产承担无限责任的情况较少发生,大多数情形则是侵权行为人存在链条群,且呈现出复杂化、复数化的趋势。而责任分配关涉侵权赔偿标准的具体落实,是侵权赔偿后续有效执行的基础,因此,链条上不同主体对外是怎样的责任承担形式,对内又如何将责任在这些主体间进行划分就尤为重要。在传统“面对面”的证券交易中,由于契约上存在明确的买卖双方,使此种情况下交易对象实际可查,即使存在多数人侵权,也可计算每个侵权行为带来的损失,对外按份责任的承担具有可行性。但随着技术的发展,证券交易以集中竞价和匿名撮合机制为核心,交易通过电脑网络按时间先后和价格高低自动撮合,按份责任在此难以成行。此时,以连带责任为对外责任形式便十分重要,尤其是应加强法律拟制的“构建性连带责任”,[16]对部分关联侵权人进行整体侵权的拟制。如此规定的正当性基础在于对受损投资者利益的实质性保护。除对外承担连带责任外,还应对内进行侵权人之间的责任划分。根据《侵权责任法》第14条的规定,“连带责任人根据各自责任大小确定相应的赔偿数额;难以确定责任大小的,平均承担赔偿责任”。因而,内部责任划分应以原因力为纲,以投资者损害发生的违法行为为轴心,依照行为影响程度的大小确立相应的内部责任分配标准。

三、特殊所在与差异考量

标准的确立应尊重证券市场运作的客观规律,过度简化和盲目统合不仅无法有效化解问题,反而会产生新的制度风险。共性机理是赔

---

〔15〕 曾世雄:《损害赔偿法原理》,中国政法大学出版社2001年版,第169页。

〔16〕 张平华:《连带责任的弹性不足及其克服》,载《中国法学》2015年第5期。

偿标准建构的基础,但共性不能掩盖个性,证券侵权民事赔偿标准的系统内部仍有其特殊所在。如表1所示,证券侵权民事赔偿标准的差别分布可从三个角度进行认识:(1)从微观角度来看,每种类别的侵权行为仍有信息利好还是利空、投资者是机构还是普通自然人、赔偿计算是损失赔偿还是违法所得的差别;(2)从中观角度看,不同类别的侵权行为(虚假陈述、内幕交易及操纵市场)的违法行为特征、主观归责要件及分类计算要求仍有不同;(3)从宏观角度看,不同市场的证券侵权民事赔偿标准也有差异,除了在公开股票主板市场外,在新三板市场、债券市场乃至衍生品市场的适用都有不同要求和特殊规范。这些差别给证券侵权民事赔偿标准的统合带来了难度,但特殊之处乃市场的客观存在,不能对其忽视,盲目地统合立法并不可取,在不同位阶规范的协调下保持系统共性和特性共存,实现有序分离适用才是可行的选择。

表1　证券侵权民事赔偿标准的差别分布

微观角度:每种类别	中观角度:不同类别	宏观角度:不同市场
➢ 信息:利好/利空 ➢ 投资者:机构/个人 ➢ 赔偿:损失赔偿/违法所得	➢ 违法特征:欺诈/潜在 ➢ 主观归责:多元/单一 ➢ 计算方法:分类/统合	➢ 股票市场:主板/新三板 ➢ 证券市场:股票/债券 ➢ 金融市场:现货/衍生品

(一)微观上每种类别的差异:信息、投资者与赔偿

证券市场的信息有利好与利空之别,不同信息对每种类型的侵权赔偿有不同影响。以虚假陈述为例,根据信息属性,其有诱多型与诱空型之分,二者在赔偿对象和系统风险的剔除上存有差异。首先,前者的赔偿对象既包括在虚假陈述实施日至揭露日(或更正日)期间买入,并于揭露日(或更正日)以后卖出的证券的投资者,还包括在虚假陈述实施日至揭露日(或更正日)期间买入,并于揭露日(或更正日)至基准日期间持有证券的投资者。而后者则集中于在虚假陈述实施日前买入,并于虚假陈述实施日至揭露日(或更正日)期间卖出证券的投资者。[17] 其

〔17〕 樊健:《我国证券市场诱空型虚假陈述民事责任研究》,载郭锋主编:《证券法律评论(2017年卷)》,中国法制出版社2017年版,第264~280页。

次,在诱多型虚假陈述中,证券市场综合指数、行业板块指数及个股价格同时出现下跌,即可认定系统风险存在。毕竟,诱多型虚假陈述被揭露的这一事实属于利空消息,一旦其被公之于众,一般会引起股票价格下跌,与此同时证券市场的下跌亦构成股价下跌原因之一,因而须将其中因系统风险、行业因素影响等非虚假陈述因素剔除。但在诱空型虚假陈述中,信息披露义务人发布的诱空信息被揭露后(隐瞒或者迟延披露的利好消息被释放),一般会引起股票价格上涨,在个股呈现上涨之势时,市场综合指数、行业板块指数的上涨方可构成对股价上涨的助力之一。若此期间市场整体走强或行业普遍上涨,导致投资者实际损失小于投资者买入与卖出证券价格之差,需将证券市场整体走强所导致的证券价格上涨(系统风险)剔除。可见,诱多型与诱空型虚假陈述中系统风险的认定及计算是截然相反的。因此,在侵权损失赔偿标准确立时,应根据信息属性的差异来区别制定。

根据资金、经验和抗风险能力等因素,证券市场投资者一般有机构投资者和个人投资者之分,二者的内在差异也影响侵权赔偿标准的适用。虽然投资者保护的基本价值倾向并不排斥机构投资者,但机构投资者的技能、知识、经验、分析决策能力确实更为专业,应对其施加一定的特殊要求,如在因果关系推定时,其应有充分证据充分证明机构投资者是善意投资人(如恰当履行研究决策程序、提交相关投资研究报告等)时,才能适用因果关系成立的推定。[18] 当然这种注意义务的证明也不能过于严苛,一般而言,只要其在投资者决策时没有故意或重大过失即可,否则会促使机构投资者过于保守和谨慎,不利于实现投资者的目的。此外,从赔偿角度看,证券侵权民事损害赔偿虽然在大多数情形下要参照侵权人的违法所得,但二者计算方法存在实质不同。例如,投资者存在实际损失时,侵权人可能并无实际违法所得;侵权人期初持股时对卖出与买入证券的对应关系,剔除期初持股对违法多得的影响。违法所得的计算有其独立的计算方法(如先进先出、后进先出等),应与损害赔偿计算方法进行必要的区分,以免混淆。

---

〔18〕 贾纬:《证券侵权民事责任之完善》,载《法律适用》2014 年第 7 期。

(二)中观上不同类别的差异:违法特征、主观归责与计算方法

不同证券侵权行为违法特征也有显著差异,虚假陈述和操纵市场以"欺诈理论"为理论依据,内幕交易对市场的损害则更多的是基于"公平交易理论"的认知,侵权人使用非法的信息优势,侵害了交易对手依据平等决策基础和相同成败机会进行公平交易的合法权益。[19] 违法行为的致损机制不同,内幕交易人往往悄悄操作、"闷声发财",而其余两类则一般须有积极主动的欺诈行为来使市场投资者"上钩",进而影响证券价格或证券交易量。当然,虚假陈述和操纵市场也有不同,前者行为方式相对单一,以信息披露为核心载具,后者则行为多样,除传统的信息型操纵外,还有多种市场力量型操纵(如资金型操纵、指数型操纵)等手段,近几年又逐渐兴起高频交易和幌骗交易,复杂的情形使得立法对后者的责任定性及赔偿数额确定也更为困难。[20] 在违法行为外,三类证券侵权行为的主观归责要素也各有不同。虚假陈述根据主体的不同有无过错责任(发起人、发行人或上市公司)、过错责任(发行人、上市公司的控股股东、实际控制人、董、监、高)和过错推定责任(保荐人、承销商及会计师事务所、律师事务所等专业中介服务机构)。内幕交易则以过错责任为主观归责依据,对其规制的目的不在惩罚无辜的交易行为,而是禁止行为人有意识地不当使用信息而使自己或他人获得相对于交易对方的不公平的优势,[21] 这种过错包括故意和过失。而操纵市场行为认定的主观要件强调故意而非过失,从《证券法》规定中的语词"单独或通过合谋""操纵证券交易价格"等也能清晰地推出同样的结论。因此,三类行为主观归责原则适用的复杂程度按递减排序依次是虚假陈述>内幕交易>操纵市场。至于三类损失赔偿的计算方法,虽然均以净损差额修正法为基础,但在细化的分类和统合的程度上仍有不同。虚假陈述和

---

〔19〕 Bruce W. Klaw, *Why Now is the Time to Statutorily Ban Insider Trading under the Equality of Access Theory*, William & Mary Business Law Review, Vol. 7 (2016), pp. 333 – 334;王林清:《公平交易理论下内幕交易受害投资者司法救济》,载《中外法学》2017 年第 3 期。

〔20〕 Tom C. W. Lin, *The New Market Manipulation*, Emory Law Review, Vol. 66 (2017), pp. 1253 – 1314.

〔21〕 Neha Jain, *Significance of Mens Rea in Insider Trading*, Company Lawyer, Vol. 25 (2004), pp. 133 – 137.

内幕交易的侵权损害赔偿计算分为利多(诱多)信息与利空(诱空)信息两条进路;而操纵市场损害赔偿的计算方式并不需要细化分类,无须判断操纵行为人是拉抬还是压低证券价格,通过统合计算投资人在操作行为被扭曲期间以不实价格买入股票受到的损害与卖出股票受到的损害,将二者相加即为合计的损失。

(三)宏观上不同市场的差异:股票市场、证券市场与金融市场

目前,证券侵权民事损害赔偿标准的讨论多集中于股票市场,尤其诸多前提限定于主板市场,而对其他市场的涉及相对不足。实际上,不同市场各有特性,切不可以主板股市侵权损害赔偿规范来笼统地统摄其他市场。首先,证券侵权损害赔偿的确立要求市场价格对信息反应须"及时且有效",[22]根据有效市场之分类,这应发生在半强式有效市场中。无疑,在股权分置改革后,我国A股主板市场的流通量和股票交易量均大幅提升,已进入半强式有效市场,[23]市场价格对信息反应较为灵敏。然而,与主板不同,新三板市场的发展仍处于初始阶段,其有限做市商主导的交易机制仍面临流动性不足的困境,[24]由于股票供需缺乏充分的竞争,股票价格对信息的反应存在滞后、失真的问题。因此,不能完全遵循主板逻辑和公开发行逻辑,盲目地将主板市场证券侵权损害赔偿的因果关系推定照搬到新三板市场适用,新三板投资者若要寻求诉讼救济,还应进行必要的举证。当然,新三板市场以机构投资者为主,也具备相应举证能力。其次,除股票市场外,证券市场的另一关键组成部分是债券市场。但长期以来,囿于"重股轻债"的观念桎梏,证券侵权民事损

〔22〕 根据"有效市场"(efficient markets)的三类划分,弱式有效市场(weak form efficiency market)只能反映行为披露的所有历史信息,对并不能准确反映当前公开披露的信息。强式有效市场(strong form efficiency market)的证券价格则可反映所有与行为有关的信息,包括公开和未公开的信息,这显然不合实际。而半强式有效市场(semi-strong form efficiency market)的证券价格能及时反映行为人披露的所有公开信息,因此,只有在半强式有效市场上,证券价格才能对上市公司所公开披露的信息作出准确并及时的反应。参见Marc I. Steinberg, *Securities Regulation*, Matthew Bender & Company, Inc, 2009, pp. 451-460。

〔23〕 叶志强:《股权分置改革后我国证券市场有效性研究》,载《投资研究》2013年第5期。

〔24〕 祝惠春:《新三板5周岁:流动性仍是成长烦恼》,载《经济日报》2018年1月23日,第6版。

害赔偿标准被视为股票之专属，债券市场的规范建构颇受漠视，如《证券法》对内幕信息的规定，明显是对上市公司股票交易设置的。实际上，股票和债券差异显著：从产品属性看，债券风险主要是信用风险，其收益较为确定，股票风险则主要源于经营风险，其收益难以预估；从主体结构看，债券品种多样且主体结构复杂多元，股票品种则相对单一且主体结构简单；从定价机制看，债券定价与发债主体的偿债能力和市场利率水平紧密相关，而股票则更为看重企业盈利能力的变化和未来成长空间的大小。[25] 因此，出于体系化的考量，应针对债券市场的特殊性建立契合债券特性的相应侵权损害赔偿救济标准。值得注意的是，如同股票市场有多层次划分一样，债券市场内部也有分层，如目前的交易所市场和银行间市场等，交易的债券和投资者构成均有差异，因此，也应予以区分对待。最后，证券市场与期货市场的关联密切，二者同属于金融市场的组成。虽然从广义的证券概念和我国现行的《证券法》调整对象出发，目前衍生品市场也受到证券法的一定规范，[26] 但期货市场与证券市场仍存在根本区别：期货交易对象是合约，证券交易对象是财产权益凭证；期货不存在发行环节，证券则必须经过发行环节；期货市场是注重风险关联的衍生品市场，证券市场是以实物交割的现货市场。而且，二者对信息的利用不同，期货市场不存在信息披露的问题，其功能的发生正是以不同交易者的信息不对称和风险偏好差异为基础。[27] 因此，在证券侵权损害赔偿标准的细化规范中应对二者进行区分，尤其是根据现行规定和立法计划看，我国倾向于实行证券、期货分开立法的模式，可借《证券法》修订和《期货法》制定的契机，对证券和期货在侵权损害赔偿标准中的差异进行立法明定。同时，期货市场衍生自现货市场，与现货市场具有紧密关系，其以现货价格为基础，实践中常发生行为人会利用不同市场之间的价格关联，通过在某一市场的操纵来谋求在另一市场获利，实

---

〔25〕 张阳：《公司信用类债券信息披露制度的统合建构——以偿债能力为中心展开》，载《证券法苑》2017 年总第 21 卷。

〔26〕 《证券法》在 2005 年修订时将证券衍生品种纳入调整范围，在《证券法》第 2 条中提及“证券衍生品种的发行、交易的管理办法，由国务院依照本法原则规定”。

〔27〕 See Andrew Verstein, *Insider Trading in Commodities Markets*, Virginia Law Review, Vol. 102(2016), p. 491.

现操纵行为和操纵获利结果的分离。[28] 跨市场操纵存有隐蔽、而巨大的利益空间,侵权行为更为隐蔽,应结合不同市场的差异进行规制并逐步明确跨市场的证券违法行为侵权赔偿标准。

四、系统衔接的三个面向

任何特定制度的落地施行都离不开相关系统的配套衔接。证券侵权民事赔偿制度涉及面广泛,具体落实难度较大,如欲有效地实现其制度价值,尚需要从三个面向出发进行系统化地考量、协调与建构。首先,在共性基础和差异分析的基础上,证券民事侵权赔偿制度自身不同位阶的立法规范和司法解释该如何安排。其次,除了民事侵权赔偿责任可诉诸于传统的诉讼方式外,还有哪些替代性民事救济方式可供选择,各自的利弊和可行性如何,怎样协调彼此的关系。最后,再上升一个高度,从证券侵权民事责任、行政责任和刑事责任的体系认知出发,如何加强三种责任的有效衔接,以查缺补漏,既能实现有效惩处证券违法行为,又能最大限度地保护投资者合法利益。

(一)完善《证券法》等法规和司法解释对证券侵权民事赔偿的规定

证券法是证券市场基本法,是市场参与人从事各种证券发行、交易等行为的大纲,证券侵权损害赔偿标准关系到各方利益的衡平以及市场秩序的稳定,应在《证券法》中进行明确规定。《证券法》施行至今已近30年,虽然现行《证券法》对证券侵权民事赔偿问题有初步的规定,如第76条第3款规定"内幕交易行为给投资者造成损失的,行为人应当依法承担赔偿责任",第77条第2款规定"操纵证券市场行为给投资者造成损失的,行为人应当依法承担赔偿责任"等,但这些概括性条款过于原则、粗糙,欠缺可行性指引,无法为投资者提供诉讼救济的操作性纲领。应在充分考虑证券侵权民事赔偿的共性机理和特殊差异的基础上,在《证券法》修订中合理增加证券侵权赔偿的损害结果范围、因果关系推

---

〔28〕 Craig Pirrong, *Detecting Manipulation in Futures Markets: the Ferruzzi Soybean Epsiode*, https://www.bauer.uh.edu/spirrong/ferrpap4.pdf, visited on May 11, 2018.

定、主观归责原则和赔偿上限限制等关键性内容,以为下位阶的法规细化和司法解释的“续造”提供方向引导和底线约束。此外,目前证券侵权民事赔偿司法解释仅有虚假陈述的规定,尚有待完善,尤其要补充诱空型虚假陈述侵权赔偿的规定,至于内幕交易和操纵市场行为的民事赔偿司法解释亦应逐步到位,围绕侵权责任认定标准、赔偿数额确立标准和侵权责任分配标准这三个核心要素进行系统性建构。同时,新三板、债券市场以及期货市场的侵权损害赔偿的特殊性也应在相关立法中予以区别对待。除了实体法层面对侵权民事赔偿实质内容的调整完善外,相应程序法也要有所突破,尤其要构建适应证券民事救济的诉讼方式,证券侵权受害者较多、损害分散,为避免分散投资者因“集体行动问题”而陷入诉讼不经济的困境,我们可改革适用人数不确定的代表人诉讼,借鉴域外集团诉讼中的裁判适用的“退出制”(明示退出 + 默示加入),〔29〕首先默认所有相关主体为集团成员,使判决或裁定既能在全部受损投资者中具有间接扩张适用的效力,解决诉讼裁判适用效力范围过窄的问题,又能通过“通知和确认”机制(证券交易电子化程度高使之成为可能)使不愿受该约束的投资者有除外适用,保障当事人的单独诉讼权利,〔30〕进而促进权利实现的成本低廉化和救济效率化。

(二)推进先行赔付机制与证券侵权仲裁等替代性机制的实施

从实践经验看,先行赔付机制是解决证券市场民事赔偿诉讼难题的替代性举措,〔31〕其本质为先行赔付人与投资者之间达成的诉讼外和解协议。〔32〕先行赔付首要内容是“先行”,即在正常的司法确认之前实现损害赔偿,将漫长的责任认定和划分程序设置在相对较为容易和快捷的

---

〔29〕 据美国的统计显示,真正行使退出权的情况十分罕见,仅有不足1%的受损投资者行使退出权。Theodore Eisenberg& Geoffrey P. Miller, *The Role of Opt-outs And Objectors in Class Action Litigation: Theoretical and Empirical Issues*, Vanderbilt Law Review, Vol. 57(2004), p. 1549.

〔30〕 李激汉:《英美集团诉讼的特别司法规制——以证券欺诈诉讼为例》,法律出版社2017年版,第62页。

〔31〕 例如,2013年“万福生科虚假陈述案”是国内首个先行赔付案例,历时仅2个月,共支付投资者1.79亿元损失补偿,覆盖率高达99.56%,成为赔偿案例的标志性事件。

〔32〕 贺剑:《诉讼外和解的实体法基础——评最高人民法院指导案例2号》,载《法学》2013年第3期。

主体之间,[33]避免投资者陷入烦琐耗时的诉讼程序中,进而降低了私权救济的成本,提高了投资者获偿的效率,有助于证券市场实质正义的实现。由于先行赔付机制关系到涉案当事人的权益分配,其适用应在自律性管理基础上以相关法律的明定为根本保障。在我国,先行赔付机制与投资者保护基金制度最为契合,应在《证券法》《证券投资者保护基金管理办法》等法律法规中规定基金的资金来源及赔付机制(对象、范围、比例、程序),并明确赋予先行赔付人代位求偿权和债权优先权,以为该制度施行提供正当性依据。当然先行赔付机制并不能取代证券侵权民事诉讼,在立法安排时还应对二者进行必要协调。除诉讼路径外,近年来,证券侵权仲裁机制亦逐渐具备替代司法救济机制的功效。美国自1987年希尔逊/美国运通公司诉麦克马洪案起正式确立了证券侵权纠纷的可仲裁性。[34] 自治、可预期、以契约为基础的仲裁解决纠纷方式,符合投资者利益实现和保障的宗旨,且较于传统司法诉讼有以下替代性优势:(1)对严格诉请规则的舍弃,证券仲裁不适用于诉讼规则上烦琐的诉辩要件,仲裁请求只需说明特定事实和请求即可;(2)不适用严格的证据规则,仲裁庭查证规则具有灵活性和效率性,保证了证券纠纷的快速高效解决;(3)仲裁可直接适用行业惯例或公平原则,能有效弥补法律滞后性的弊端,对证券侵权赔偿作出更客观实际的裁决。[35] 基于证券市场法律关系的复杂性,为保证证券侵权仲裁有统一、科学的仲裁规则,可在现有主流的、以地域为基准的仲裁机构设立体制之上建立行业仲裁,[36]确保仲裁专业性。同时,公正性是仲裁的生命,我们还应从证券侵权仲裁管理机制、组织架构及仲裁规则等方面来确保其中立性的基本定位。需注意的是,证券侵权仲裁是投资人的一项选择,须妥善处理其与司法诉讼的关系,加强与市场自治相容性的契合,不

---

〔33〕 段丙华:《先行赔付证券投资者的法律逻辑及其制度实现》,载《证券市场导报》2017年第8期。

〔34〕 Shearson/American Express v. McMahon,482 U. S. 220(1987).

〔35〕 王克玉:《确立与完善我国证券侵权仲裁机制的路径分析》,载《法学论坛》2015年第2期。

〔36〕 实际上,早在2007年我国内地首家金融仲裁院便在上海落户,北京、深圳、武汉、成都也都建立了金融仲裁机构,在其仲裁规则中大都明确涵盖金融纠纷,但实际收案审理的证券侵权案件却微乎其微。

能强迫投资者适用仲裁。

(三)加强证券侵权民事责任、行政责任与刑事责任的有效衔接

在证券侵权民事责任外还有行政责任和刑事责任,民事责任意在填补投资者损害,行政和刑事责任则重在惩戒违法行为人和遏制市场不当行为,三者相互补充、紧密联结,共同构成证券违法行为的责任体系,致力于维护证券市场的稳定有序。而通过检视《证券法》法律责任的条文分布可知,目前立法结构上三种法律责任类型配比存在严重失衡的问题,[37]现行制度对证券侵权违法行为的责任集中于行政责任和刑事责任的制裁,民事法律责任未得到足够重视,投资者受到的损害无法获得充分的补偿。因此,应丰富完善民事责任标准,增强民事责任的可操作性。但亦要认识到仅在条文数量上增加民事责任的占比并不能保证责任的实质落实,还应确保民事责任在证券侵权违法责任中处于基础性地位,证券违法行为一般会同时侵犯多重法益,面临多个法律责任的承担,从而产生责任竞合。在平衡各种责任时,确保民事赔偿责任的优先性,优先的关键在于执行优先,优先于行政罚款和刑事罚金。(1)在行政、刑事已经裁决但未执行时,可通过建立"暂缓入库"制度(明确暂缓的合理期限、款项由谁保管等),将行政罚款和刑事罚金交由有关机关代为保管并专项存储,当责任主体民事赔偿不足时,因同一事由预先罚没的款项优先用于民事赔偿,剩余部分再上缴国库,从而保证证券民事赔偿责任的顺利实现。(2)在行政罚款或刑事罚金已经执行完毕时,可借助确立"财政回拨制度",使受损投资者有权请求国库或财产刑、罚金的收取者返还财产以实现其债权。[38] 从系统论角度出发,不同责任形式有各自责任限度内的功能,只有通盘考虑将各种责任聚合,才能有效实现立法目的。这就要求我们明确三类责任的定位,加强不同责任的配合与衔接,从而形成一个包括事前、事中、事后,轻重缓急,层次递进"有梯度",

〔37〕《证券法》第11章专章规定了法律责任,共48个条文,其中40余个涉及行政责任,刑事责任则通过第231条"违法本法规定,构成犯罪的,依法追究刑事责任"予以转引,民事责任则仅有第190条、191条、210条、214条四个条文有所涉及。

〔38〕陈洁:《证券民事赔偿责任优先原则的实现机制》,载《证券市场导报》2017年第6期。

涵盖全面的法律调整体系,实现对违法行为的全面防控。[39] 如此责任体系的建立,不仅有助于彰显民事责任的独立性和优先性,避免行政责任和刑事责任对其产生侵蚀,也有助于实质性惩处证券违法行为,推动证券市场平稳健康发展。

五、结语

证券侵权民事赔偿标准的确立不能狭隘地理解为计算法则的技术处理,也不能片面地局限于对单一类型侵权的针对性"修补",其必须在遵循侵权责任一般机理的基础之上,深刻地反映证券市场特殊的客观规律。从系统的体系建构视域出发,证券侵权民事赔偿标准是一组彼此关联、逻辑自洽的概念整体,由责任认定标准、赔偿数额标准和责任分配标准三要素组成,价值衡平的理念贯穿标准始终。由于证券侵权形式复杂多样,标准的确立应秉持求同存异的基本原则,既在共通机理的基础上促进相关立法的统合,也应对特殊情形进行差别化安排。此外,制度价值的有效实现尚要进行三个维度的系统化统筹,包括完善证券民事赔偿标准自身的立法和司法解释的规定、推进先行赔付机制和证券侵权仲裁等替代性机制的实施以及加强证券侵权民事责任、行政责任、刑事责任的有效衔接。唯有正视证券侵权民事赔偿标准这一制度短板,并采取系统性的举措,证券市场的源泉——投资者的利益才能得到实质性保护,证券市场其他制度的施行才有根本保证,证券市场才能在不断的创新变革中实现稳定前行的愿景。

(编辑:谢贵春)

---

〔39〕 同前注〔4〕。

《证券法苑》(2018)
第二十五卷,第131~164页

股东表决权滥用的认定

曹兴权*

摘要:限制表决权滥用理念是正当的,但本身应受理性限制。应坚持权利指向、事务类型、规范类型、诚信义务主体等维度相区分的逻辑,在司法实践中保持适当谦抑性。坚持产权保护优先于公平性判断的理性思维。涉及组织事务的不宜以结果不公平为由认定构成滥用,涉及交易事务的应适用不正当关联交易管制规则。在公平性判断时,宜适用为债权人或股东提供特别保护的公司法具体规则;应关注控股股东与公司管理者之间义务的差异,理性地解释标准性规范。

关键词:股东表决权滥用　资本多数决　控股股东诚信义务　公司决议效力股东保护

一、问题与思路

股东表决权滥用日益成为公司法司法审判中的一个热点问题。截至2018年4月23日,以“股东表决权滥用”及“滥用股东表决权”为关键词,在

* 西南政法大学教授。

北大法宝中检索的结果分别为32例和4例。这些案例的争议多集中于股东会或者股东大会决议的效力，涉及出资瑕疵时限制或者开除股东、股权转让、修改公司章程、公司分红、增资等内部组织类事务，也涉及公司担保、关联交易、投资等对外交易类事务。在这些案例中，法院的立场都显性或者隐性地运用了表决权滥用原理。诸如，在最高人民法（2013）民二终字第43号判决书中，终审法院认为，“在渡假村公司股东会进行上述表决过程中，中冶公司作为该公司的股东投了赞成票，系正当行使其依法享有表决权的行为，该表决行为并不构成对其他股东权利及利益的侵害”。“争议问题涉及股东会表决程序及结果是否符合公司法及公司章程的规定，无论其合法性如何认定，亦都是公司董事会行使职权的行为，其责任归于董事会，而不应作为判定股东在表决中是否滥用了股东权利的依据。”按照该裁判思路，只要依法行使就不构成对其他股东权利及利益的侵害，就不存在表决权的滥用。但是依然有一系列问题：何谓依法？何谓不当？如何理解该不当与《公司法》第20条关于股东不得滥用公司人格和独立责任的抽象规定？如何理解该不当与《公司法》第21条关于不得滥用关联关系之间的关系？

股东表决权滥用的认定关涉股东会决议效力的判断。[1] 关于股东会决议无效，能否直接将《公司法》第20条作为裁判依据？可否将权利不得滥用的民法原则作为裁判依据？股东表决权滥用的认定是在公司法司法解释很多规定的理解适用中不可回避的问题。最高人民法院《关于适用〈中华人民共和国公司法〉若干问题的规定（三）》（以下简称《公司法司法解释（三）》）第16条、第17条引入了股东出资非严重瑕疵时股东会决议限制甚至排除股权的规则。这些制度对于维护公司资本真实、惩罚股东严重损害公司利益的行为、维护股东间的信任与公司秩序以及实现公司的个性化自治而言是必要的。[2] 而有疑问的是，在公司章程未对法律后果作明确规定时，公司股东会有权就限制股东权利的事宜进行表决吗？此时，股东在一起开会并作出决议，是不是股东会的决议？或者说，难道没有由股东会作出此类决议之外的其他

〔1〕 钱玉林：《滥用多数决的股东大会决议》，载《扬州大学学报》2007年第1期。

〔2〕 李建伟：《有限责任公司的股东除名制度研究》，载《法学评论》2015年第2期。

合理路径吗？该司法解释立场可能与郑百文案有某种关联性。在该案中，虽然2001年11月8日郑州市中级人民法院确认了该公司2001年度第一次临时股东大会作出《关于股东采取默示同意和明示反对的意思表达方式的决议》《关于授权董事会办理股东股份变动手续的决议》有效，并且判令郑百文及其董事会于判决生效后按照上述决议完成股份过户手续，但是中登公司发出了公司是否有权处分股东股权的疑问。抛开默示同意和明示反对的表决规则的效力争议外，这其中涉及的实质争议在于：公司是否有权通过股东大会决议的方式来处分属于股东个人财产的股权？虽然整个重整方案无视该问题，但疑问是存在的。[3] 最高人民法院《关于适用〈中华人民共和国公司法〉若干问题的规定（四）》（以下简称《公司法司法解释（四）》）第9条、第15条也如此。第9条引入了股东滥用表决权作出限制或者排除知情权决议瑕疵规则。问题在于，作出该类决议时存在控股股东表决滥用吗？此种认定的请求权基础是什么？是《公司法》第20条吗？在司法解释已经明显地表达肯定立场的情况下，可否基于表决权滥用认定逻辑作出其他解释？第15条引入了违反法律规定滥用股东权利导致公司不分配利润时的其他股东救济规则。问题在于，如何认定滥用股东权利？该股权滥用是否包括股东表决权滥用？[4]

我国公司法学界对表决权的行使与滥用已有深入研究。其中，包括直接以股东表决权滥用为主题的研究，如有学者认为，禁止股东表决权滥用可从诚信义务理论、权利不得滥用理论进行解读。[5] 有学者认为，在公司资金充裕时以低于净资产的价格增资扩股时，可根据权利不得滥用的原则，结合商业判断，认为此种决议行为中存在资本多数决滥用，适用《公司法》第20条进行司法介入。[6] 有学者认为，应当合理划

---

〔3〕 徐彦武：《郑百文重组方案三疑》，载搜狐网：http://business.sohu.com/88/44/article13634488.shtml，2018年4月23日访问。

〔4〕 诸如，控股股东在未召开股东会的情况下制作股东会决议的，认定该决议不存在的基础是股权滥用还是表决权滥用？山东省高级人民法院民二庭《关于审理公司纠纷案件若干问题的解答》认为属于滥用资本多数决的行为。值得思考的是，决议根本不存在的场合是否存在滥用表决权的空间。

〔5〕 刘俊海：《股份有限公司股东权利的保护》，法律出版社2004年版，第511～528页。

〔6〕 范黎红：《大股东利用资本多数决进行增资扩股的司法介入》，载《法学》2009年第3期。

分股东会权利与股东权利,以便对资本多数决原则进行有效规制。[7] 有学者主张,我国应借鉴英国《2006年公司法》确立的防御性条款制度,以通过限制控制股东滥用资本多数决和强化章程自治来保护特定股东。[8] 比较而言,在股权滥用、股东表决权排除、控股股东诚信义务、资本多数决等论题中间接涉及股东表决权限制的研究相对较多。学界通说认为,应当让控股股东承担诚信义务,以避免资本多数决的滥用;[9] 应当建立股东表决权排除规则,以保护小股东。[10] 有学者在介绍英美法系公司法特别是英国、美国、澳大利亚公司法关于股东表决权限制的理论与实务基础上,提出了我国的借鉴立场。[11] 有学者对股权滥用进行了归类,认为包括"转移利润型股权滥用"与"转嫁成本型股权滥用"两种类型,具体包括包括发行欺诈、不当关联交易利益转移、配股中股权滥用、利润分配中股权滥用等具体情况。[12] 还有学者专门从股东会决议效力瑕疵的角度讨论了股东表决权滥用。[13]

这些研究对于认定与限制表决权滥用提出了理论范式、思维路径和操作指引。但是,我们必须看到,股东表决权滥用的认定是相当困难的。"目前,英美法系还没发展出一个义务判断标准的普遍适用的总原则。"在司法实务中,法院只能够根据案件具体情况来考察。[14] 因此,要求我国法院给出关于表决权滥用的清晰审查标准是不现实的。况且,规则的解释与适用还必须考察特定时代的政策立场。在强化股东权利保护的当下,我们是不是可以将之前那些本来可不认定为表决

〔7〕 杨靖、裴悦君:《论公司资本多数决原则的规制——以合理划分与行使股东权利为视角》,载《法律适用》2012年第1期。

〔8〕 王建文:《论我国引入公司章程防御性条款的制度构造》,载《中国法学》2017年第5期。

〔9〕 朱慈蕴:《资本多数决原则与控制股东的诚信义务》,载《法学研究》2004年第4期;冯果、艾传涛:《控制股东诚信义务及民事责任制度研究》,载王保树主编:《商事法论集》(第6卷),法律出版社2002年版。

〔10〕 肖海军、危兆宾:《公司表决权例外排除制度研究》,载《法律评论》2006年第3期。

〔11〕 黄辉:《现代公司法比较研究:国际经验与中国》,清华大学出版社2011年版,第244~256页。

〔12〕 段亚林:《论大股东股权滥用及实例》,经济管理出版社2001年版。

〔13〕 钱玉林:《滥用多数决的股东大会决议》,载《扬州大学学报》2007年第1期。

〔14〕 黄辉:《现代公司法比较研究:国际经验与中国的启示》,清华大学出版社2011年版,第244~256页。

权滥用的行为在当下认定为构成呢?[15]所以,有必要根据公司法及私法的基本原理,对该问题展开系统的理论回应,以便给法院适用相关规则提供关于理念和思路的具体指引。

二、股东表决权滥用司法判判例的初步实证

(一)实证方案的设计

1. 案例范围

股东表决权滥用限制一般针对控股股东。该议题可以控股股东诚信义务、控股股东不得滥用股权、控股股东不得滥用表决权或者资本多数决原则等形式表现出来。因此,在中国裁判文书网、北大法宝中,可以“股东表决权滥用”“滥用股东表决权”,“资本多数决滥用”“滥用资本多数决”,“股东投票权滥用”“滥用股东投票权”共3组6个关键词进行检索。此外,检索的时间截至2018年4月23日。

为了便于展开讨论,下文将在检索结果中随机抽取20个左右案例,对需要讨论的各个要素进行深入探讨。

2. 调查要素

为了全面地了解司法实践中股东表决权滥用规则的运行情况,本文的实证分析将集中在以下四组要素:

(1)是否涉及对股东个人权利的处置,是显性涉及还是隐性涉及。

按照公司制度的一般原理,股东会或者股东大会仅仅能够表决属于公司的事务,而不能够处置属于股东个人的财产权或者财产权中的某种权能。只有那些不属于此类权利处分的事宜,股东会或者股东大会才有可能进行有效决议。至于哪些事项能够纳入股东会或股东大会进行表决,涉及对《公司法》第37条的理解。

---

〔15〕《公司法司法解释(四)》关于知情权保护的解释就表达出该政策倾向。根据最高人民法院发布该解释的新闻发布会公布的信息,之所以认定免除或者排除股东表决权的协议或者章程规定不受法院支持,原因不仅在于该权利属于固有权、基本权利的基础判断,也是基于强化中小股东保护的政策立场。

(2)不得随意处分股东个人权利原理是显性还是隐性运用。

由于法院的推理思维较为多元,是否运用股东个人财产权保护原理进行裁决的样态可能很多。本文将这些样态区分为显性与隐性两种。在显性模式中,法院直接运用“不得处分特定股东个人权利”以及类似的术语来进行推理;在隐性模式中,法院虽然不直接使用“涉及股东个人的权利、不得处置该权利”等内容,但间接地表达了此种意思,隐含了因侵害股东个人权利而导致无效的意思。

(3)组织类事务与交易类事务。

从《公司法》第37条所列的股东会职权看,这些事项可分为组织类和非组织的交易类两种。组织类事项,涉及公司章程的修改、公司内部制度的制定与修改、公司注册资本的增加与减少、公司的分立与合并等;交易类事务,涉及公司的投资与担保、公司增资中的交易、公司融资中的交易、资产处置、关联交易以及其他交易等。

(4)作为裁判依据的法条选择。

法院作出裁判时引用的法条,是《公司法》规范还是《公司法》之外其他法律、行政法规规范?如果是《公司法》规范,引用的是具体规则还是抽象原则。从理论逻辑考察,《公司法》第20条、第21条属于抽象性规范,这些规定仅涉及合理行为的抽象标准,在适用中需要法院根据具体情况并结合特定时代的价值判断进行解释。

(二)司法判例实证的基本情况及初步评析

1. 案例数量

股东表决权滥用在司法实践中有多种表达形式。但无论以哪一种关键词进行检索,所得相关案例均较少,总共在30例左右(见表1)。

然而,这并不意味着各种显性或隐性涉及股东表决权滥用的案件很少。因为几乎所有股东会决议无效的争议都涉及表决权滥用问题。澳大利亚公司法学界对股东滥用表决权的情形归纳为四类:控股股东通过决议,实现盗用公司财产或商业机会的目标;控股股东通过不作为而滥用自己的控股权,如作出对损害公司利益的董事或者股东不发动诉讼的决议;控股股东利用股东会决议主动免除未善意行使权利董事的法律责任;控股股东修改章程损害其他股东利益。这四类均表现为股东会决议效力的争议。[16]

表1　检索案例的数量

检索关键词	中国裁判文书网	北大法宝
股东表决权滥用	0	32
滥用股东表决权	4	4
资本多数决滥用	0	4
滥用资本多数决	30	1
股东投票权滥用	0	0
滥用股东投票权	0	0

2. 筛选样本案例数量以及具体情况

本文从股东表决权案例中析出24则(见表2)。这24则案例的审判机关涵盖基层法院、中级法院、高级法院和最高人民法院,涉及的事项包括公司章程变更、公司内部授权、利润分配等内部事项决策,也涉及对担保、投资、关联交易等外部交易的内部授权;涉及对《公司法》第16条、第25条、第30条等具体规则的运用,也涉及公平、自由等民法基本原则及《公司法》第20条等抽象规定的运用。

表2　案例样本具体情况表[17]

序号	案例号	争议事项	显性产权模式	隐性产权模式	组织类事务	交易类事务	公平的结果判断	公平的程序判断	抽象标准依据	具体规则依据
1	(2012)南市民二终字第510号	导致公司出现僵局的经营管理事务决议中是否存在滥用表决权				√		√	√ 公平	

[16] 黄辉:《现代公司法比较研究:国际经验及其对中国的启示》,清华大学出版社2009年版,第254页。

[17] 下画线的“构成”是指,法院根据此种裁判思路认定构成表决权的滥用。

续表

序号	案例号	争议事项	显性产权模式	隐性产权模式	组织类事务	交易类事务	公平的结果判断	公平的程序判断	抽象标准依据	具体规则依据
2	(2015)厦民终字第3441号	股东除名决议的效力	√						√自由	√司法解释
3	(2016)湘民申1612号	修改章程关于董事候选人名额的决议是否因滥用表决权无效	√构成侵权						√自由	
4	(2017)浙02民终351号	决议是否因开元公司滥用资本多数决规则侵害公司和少数股东利益无效			√内部授权			√	√自由	
5	(2017)粤01民终490号	滥用资本多数决是否导致决议无效			√变更法定代表人			√	√诚信	
6	(2016)浙07民终2331号	以股权置换公司的财产的决议、公司向银行融资贷款需要公司股东配合签字履行股东义务的决议是否因滥用股权而无效				√	√关联交易不公平		√公平	√《公司法》第35条

续表

序号	案例号	争议事项	显性产权模式	隐性产权模式	组织类事务	交易类事务	公平的结果判断	公平的程序判断	抽象标准依据	具体规则依据
7	(2017)京02民终9213号	公司决议是否因滥用资本多数决、损害了李玉亮法定权利而无效		√ 构成侵权					√ 自由	
8	(2015)鄂宜昌中民二终字第00460号	涉及某对外交易的决议是够因该项决议是否存在大股东滥用多数资本决损害小股东、公司利益的情况				√	√		√ 公平	
9	(2015)东中法民二终字第152号	利润分配决议、经营管理决议因导致僵局的无效				√		√	√	
10	(2017)最高法民终392号	公司盈余分配纠纷是否存在滥用表决权的情况、是否无效			√			√	√ 自由	
11	(2014)渝五中法民终字第05499号	股东会变更公司盖章使用办法的决议是否有效			√			√	√ 自由	
12	(2017)辽01民终68号	剥夺股东股权的决议是否有效	√ 构成						√ 自由	

续表

序号	案例号	争议事项	显性产权模式	隐性产权模式	组织类事务	交易类事务	公平的结果判断	公平的程序判断	抽象标准依据	具体规则依据
13	（2016）粤01民终1567号	章程修正股东会决议效力纠纷			√ 变更董事长				√ 自由	
14	（2014）京一中民（商）终字第9092号	临时股东会决议是否因股东滥用资本多数原则而无效	√ 构成						√ 自由	
15	（2011）浙嘉商终字第185号	股东会决议是否因滥用股权而无效		√ 构成					√ 自由	
16	（2015）渝二中法民终字第01866号	以未出资为由解除其股东资格的决议的效力	√ 构成						√ 自由	
17	（2014）金义商初字第3997号	增资扩股股东会决定的效力是否因控股股东滥用表决权而有瑕疵				√	√			√ 《公司法》第30条
18	（2013）甬东商初字第1429号	强迫股东将所有股权转让的股东会决议的效力	√ 构成						√ 自由	√ 司法解释
19	（2013）西民二初字第1246号	表决不回避是否构成表决权滥用				√		√		√ 《公司法》第16条

续表

序号	案例号	争议事项	显性产权模式	隐性产权模式	组织类事务	交易类事务	公平的结果判断	公平的程序判断	抽象标准依据	具体规则依据
20	(2015)桂民四终字第36号	因出资问题解除股东资格的公司决议的效力	√ 反面认可构成						√ 自由	√ 司法解释
21	海南高院(2014)琼民终三字第1号	非法变更股东出资额和持股比例的公司决议效力	√ 构成						√ 自由	
22	(2016)最高法民申334号	侵犯股东修改公司章程决策权、优先认购权的决议的效力	√ 构成						√ 自由	√ 《公司法》第30条
23	2010苏商外终字第0015号	利润不进行分配、也不转增股本的决议的效力			√ 利润分配			√	√ 自由	
24	(2013)最高院民二终字第43号	公司经营决策的股东会决议的效力				√		√	√ 自由	√ 《公司法》第20条

3. 产权保护思维与公平判断思维的分布情况

表2中的24个样本案例中，涉及表决处分股东个人财产权的案件共11例，不涉及产权保护而直接进行公平性判断的案件13例。我们可以将两者的裁判思维分别归于产权保护类与公平判断类。

在产权保护裁判思维的案件中，决议处分股东个人权益的内容涉及对整个股权的处分，也涉及股权中知情权、优先认股权、董事提名权等具体权能的处分。在裁判中，如果未经股东个人同意，无论是修改公司章程，还是作出具体决议，只要通过决议处分了股东的这些权益，法院一般认定构成股东表决权的滥用。在总共11例中,有10例被认定构成滥用,仅1例是例外。该例外涉及股东出资瑕疵时限制股东权利决议的效力,即(2015)厦民终字第3441号。

因《公司法司法解释(三)》第16条、第17条引入了公司可以通过股东会决议来限制出资瑕疵股东权利的规则,法院一般认可此种股东会决议的效力,即使公司章程未有规定也是如此。此种解释立场值得商榷。限制或者剥夺股东股权的途径,要么是经过股东的同意,要么是由法律直接规定情形,而股东的同意要么在公司设立时的章程中表达,要么在争议事件发生后的个别意思表示中表达。也就是说,在尚未有法律如此规定、章程也未曾规定限制股东权利的场合,没有法律、行政法规等文件授权公司可以通过决议来表达限制甚至剥夺股东权利的意愿。其实,股东章程有规定即可的思维已经表达了股东可自愿受限的基本路径。而《公司法》关于股东出资瑕疵时其他股东可以追究违约责任的规定也彰显了股东追究违约责任的救济路径。所以,在现行法律框架下,不应当将限制或者剥夺出资瑕疵股东权利的事项认定为股东会职权事宜。

4. 产权思维运用显性模式与隐性模式的分布情况

在上述11例涉及产权的公司股东会决议效力瑕疵纠纷中,法院以股东个人财产权需要保护的思维进行裁判的路径也有区别。在彰显该思维时,有的案件中是直接地、显性地运用,有的案件是间接地、隐性地运用。其中,前者9例,后者2例。隐性适用的2例包括(2017)京02民终9213号判决书和(2011)浙嘉商终字第185号判决书。前者涉及公司滥用资本多数决、损害了李玉亮法定权利是否导致决议无效,在该案中,法院是从股东会或者股东是否享有表决处分他人权利的自由的角度论证的。在后者中,法院也是基于股东会是否享有表决自由的角度去论证涉及他人财产权利处分决议的效力。其实,如果从民事权利不得在未征得权利人同意的情况下由他人处分的角度论证,推论过程将更清晰。也就是说,法院完全可以直接地表达出产权保护思维,将股东个人财产的处分排除在股东表决事项之外。

5. 组织类事务与交易类事务的分布情况

在公平性判断裁判思维的13例股东会决议效力瑕疵纠纷案件中,

涉及组织类决议事项的6例，涉及公司对外交易类决议事项的7例。6例组织类决议案件无一例被法院认定构成表决权滥用；在7例涉及交易类决议纠纷案中，被法院认定构成不公平交易的仅2例，分别涉及资产置换股权的关联交易、[18]公司对股东提供担保的关联交易[19]的公平性判断。

从司法立场看，对于组织类事务的表决，法院对表决权滥用构成的认定相当谨慎；在交易类事务的决议中，涉及关联交易公平判断时，法院倾向于认定构成不公平，从而限制表决权滥用，而在其他交易中对表决权滥用的限制则相当保守。

6. 裁判依据的选择

在运用公平思维判断股东表决权滥用限制的裁判中，法院的裁判依据既有具体规则（规则性规范），又有抽象原则（标准性规范）。其中，在总共13例样本中，运用规则性规范的案例有8例，运用标准性规范的案例有11例，这其中包括同时运用两类规范进行裁判的情况6例。

在8例运用具体规则的案件中，包括运用《公司法司法解释（三）》股东出资瑕疵规则的2例，涉及《公司法》第16条、第35条、第20条等具体规范。在11例运用标准性规范案件中，运用自由原则的有8例、诚信原则的有1例、公平原则的有2例。表决权的运用属于股东财产权的运用，是公司资本民主的基本表现，因此股东有权自主行使表决权。但是，为了抑制不合理不平等现象，也需要对该自由进行必要限制。在（2016）浙07民终2331号案和（2015）鄂宜昌中民二终字第00460号案中，法院处理关联交易有关股东会的决议纠纷时，即运用交易公平原则对是否滥用表决权进行审查。在（2017）粤01民终490号案中，法院运用诚信原则对是否存在表决权滥用进行审查。

对《公司法》第20条的运用，在某种程度上是对抽象标准的运用，因为该条仅仅规定不得滥用股东权利、不得滥用股东人格等抽象原则。（2013）最高院民二终字第43号案的情况可归属此类。

---

〔18〕（2016）浙07民终2331号。

〔19〕（2015）鄂宜昌中民二终字第00460号。

7. 公平性判断的程序思维与结果思维

在上述13例进行公平性判断的案件中,从结果进行判断的共3例,均涉及交易类事务的决议。在这3个案例中,2个属于关联交易的判断,1个属于一般对外交易的判断。其他所有案件均是从程序方面进行判断的,只要股东享有表决权,程序要求即得到满足。鉴于股东表决权的财产权属性,在判断是否构成滥用时,最好避免采用结果判断逻辑。

(三)司法判例实证的初步启示

从上述实证分析中,可以初步得到关于股东表决权滥用认定的以下启示:

第一,股东表决权滥用的争议都出现在股东会决议效力瑕疵特别是无效的争议中。争议的焦点在于,是否存在导致决议无效的表决权滥用情形。

第二,在认定表决权滥用的构成时,法院在产权保护与公平维护之间的立场完全不同。出于对产权的有效保护,涉及对股东个人财产权处分的股东决议一般被认定为无效;而在不涉及产权保护的需要进行公平性判断的场合,法院的立场相当保守。产权保护裁判思维中,法院的立场有时明显,有时也"羞羞答答",并且在产权保护思维中,出于对股东出资瑕疵的负面评价,法院一般按照司法解释立场支持股东决议,认为在决议处分股东财产权时不构成表决权的滥用。这涉及对《公司法》第37条的理解适用:股东会职权的边界在哪里?是不是仅仅关注股东会与董事会的关系?

第三,在进行公平性判断时,法院在表决权滥用的限制上总体态度较为谨慎,支持比例不高,并且主要从程序的角度进行考察,很少从结果角度进行判断。并且,在组织类事务和交易类事务之间,法院的立场也有明显差异。在前者,法院一般根据抽象性的标准规范进行裁判,这些规范涉及《民法总则》的基本原则,也涉及股权平等、不得滥用股权的公司法原则。法院一般不愿意支持表决权滥用的主张。在后者,法院的裁判依据包括具体规则与抽象标准,这些具体规则主要是公司法的具体规定;认定构成表决权滥用主要发生在关联交易的场合,并且《公司法》对这些事项有专门的具体规定。

第四,法院的通常立场是,在没有法律明确限制表决权的场合,一般不得限制表决权的滥用。即使存在《公司法》第20条的原则规定,也不得适用。从自由的维度得到此种结论是常见的推论模式。该自由思维又区分为两种。其一,表决权是股东权利,股东有权自由行使,这是股东正常行为。其二,从公司经营自由中推导。表决权的行使涉及公司经营,公司享有自由的经营决策权,对决议应尊重,不应干涉公司自由,因而理应尊重表决权行使的自由。

三、股东表决权滥用限制理念限制适用的理论证成

(一)表决权滥用应受限制

股东不得滥用表决权的结论,可以从法哲学关于权利相对性的一般原理、[20]民法学权利不得滥用的一般原理推导出来,也可以从公司运行的基本逻辑推导出来。股权是一种独立的民事财产权利,股东当然有权自由行使和处分自己享有的该权利。权利不得滥用是民法的基本原则,[21]该原则当然适用于股东享有的股权。[22] 就此而言,股东行使自己股权的自由当然应受到一定的限制,股东的表决权也如此。[23]

公司是由股东成立的,但公司在成立后即独立于股东是公司制度运行的基础。股东对公司的法律控制必须借助于股权,特别是借助于股权中的表决权来实现。股东通过股东会的运行,借助于表决权将自己的意志转化为公司的意志。股东会的决策遵循资本多数决的原则,掌握有多数表决权的股东可以实质地影响甚至控制公司。基于表决权的持有以及资本多数决机制,公司的控股股东几乎可以将公司作为自己的工具,作为股东投资有限责任之前提的公司独立要件事实上无法得到满足,公司背后的其他股东、债权人则可以因此遭受损失。[24]

---

〔20〕 刘作翔:《权利相对性理论及其争论——以法国若斯兰的“权利滥用”理论为引据》,载《清华法学》2013年第6期;钱玉林:《禁止权利滥用的法理分析》,载《现代法学》2002年第1期;汪渊智:《论禁止权利滥用原则》,载《法学研究》1995年第5期。

〔21〕 徐国栋:《民法基本原则解释》,中国政法大学出版社2004年版,第90页。

〔22〕 刘俊海:《论公司并购中的小股东权利保护》,载《法律适用》2012年第5期。

〔23〕 朱慈蕴:《资本多数决原则与控制股东的诚信义务》,载《法学研究》2004年第4期。

〔24〕 王建文:《论我国引入公司章程防御性条款的制度构造》,载《中国法学》2017年第5期。

限制股东表决权滥用的目的在于,在维护公司资本民主的基础上,实现必要的股东实质平等,确保股东间差别待遇仅建立在基于股份种类和数量的差别之上,而不是其他任何因素之上。[25] 布莱恩·R.柴芬斯认为,“根据资本多数决原则,尽管每张股票都提供相同的权利和义务可能是公司组织原则的重要假设,立法者通过使用促进平等待遇的规范可以获得理想的政策结果,但是股份之间的平等其本身不应该是目的,股东之间的实质平等才是最终目的”。[26] 因此,从尊重公司独立性、限制资本多数决可能带来的不利角度看,有必要关注股东滥用股权特别是表决权的问题,甚至采取有效措施限制股东股权特别是表决权以防止滥用的发生。

股权及其表决权的适当限制是公司法的一个重要任务。我国《公司法》第20条规定有一般性原则。该条第1款规定,“公司股东应当遵守法律、行政法规和公司章程,依法行使股东权利,不得滥用股东权利损害公司或者其他股东的利益;不得滥用公司法人独立地位和股东有限责任损害公司债权人的利益”。该条第2款、第3款分别规定了滥用股权的法律后果,即“给公司或者其他股东造成损失的,应当依法承担赔偿责任”;“滥用公司法人独立地位和股东有限责任,逃避债务,严重损害公司债权人利益的,应当对公司债务承担连带责任”。第22条规定,滥用股权进行表决的,还可能导致相关决议无效或者被撤销。其他条款还规定了公司决议形成的特别程序以及特别内容要求,如第16条涉及的担保时的表决权排除规则、第35条及第91条涉及的不得抽逃出资规则、第166条涉及的利润分配限制规则,等等。

(二)表决权滥用限制规则适用的谦抑性

虽然可以从多个角度推导出表决权滥用的限制理念,《公司法》第20条、第22条也对限制表决权滥用做了一般性规定,但是表决权滥用限制规则的适用应当具有明显的谦抑性。

1.股权投资行为的商业属性

股权是一种独立的民事权利,民事权利的自由本质意味着股东有权

---

〔25〕 朱慈蕴:《资本多数决原则与控制股东的诚信义务》,载《法学研究》2004年第4期。

〔26〕 [加]布莱恩·R.柴芬斯:《公司法:理论、结构与运作》,林华伟、魏旻译,法律出版社2001年版,第505页。

自由行使该权利，权利不得滥用原则对股权行使的限制仅仅存在于例外的场合。[27] 投票权是股权中的一项重要权能，在本质上是一种私有财产权利，股东可以基于自我利益而行使，即使这样做会损害到公司其他股东的利益。因此，只有在那些极端背离公司制度运行原理和目的的场合才有必要适用，而不得将权利不得滥用原则对股权、表决权的限制扩张到一般场合。即使股东行使股权、表决权可能给社会带来某种不利，也必须关注股权投资本身的商业属性。因为，股东如何行使表决权是一种市场决策、商业决策行为，任何商业主体都享有在法律没有明文限制或者禁止的情况下作出商业决策的自由。无论是立法者还是法官对股权、表决权的限制，无疑都是在替市场主体进行专业判断。[28] 要尊重专业判断，就应限制表决权滥用限制的适用。况且，股东行使股权特别是行使表决权的商业决策本身与公序良俗的关联性少，[29] 决策结果几乎与公序良俗无涉。因此，表决权滥用限制理念的适用必须保持高度的谦抑性。

2. 资本多数决风险的可容忍性

表决权滥用是由资本多数决机制引发的。股东会决策中的资本多数决机制导致股东之间利益的冲突，中小股东的利益受制于控股股东。当控股股东的利益诉求过于强烈时，中小股东的利益可能遭受不利。借助于对公司平台的控制，控股股东的股权行使行为特别是表决权行使行为也可能损害公司债权人的利益。但是，无论是中小股东投资于公司的行为，还是债权人与公司发生交往的行为（非自愿债权人除外），都属于市场行为。所有的市场交易在本质上都存在风险，任何市场主体在交易中都应当容忍一定程度的风险。就此而言，法律强制介入的价值在于，在那些风险大到不能为一般市场主体容忍的场合，为有关交易主体提供风险防范的外力帮助。[30] 资本多数决带来的风险，并非全

---

〔27〕 肖海军、危兆宾：《公司表决权例外排除制度研究》，载《法律评论》2006 年第 3 期。

〔28〕 胡旭东：《我国公司法的司法发展机制研究》，中国社会科学院研究生院博士学位论文，2012 年。

〔29〕 肖海军、危兆宾：《公司表决权例外排除制度研究》，载《法律评论》2006 年第 3 期。

〔30〕 [美]E. 博登海默：《法理学：法律哲学与法律方法》，邓正来译，中国政法大学出版社 2004 年版，第 391 页。

部属于市场主体不能容忍的风险。[31] 因此,股东表决权的滥用或者资本多数决的滥用有事实与法律之分,并非所有事实上的滥用都构成法律上的滥用。

3. 其他风险防范机制的功能性替代

相关主体享有的其他风险防范机会可在很大程度上排除表决权滥用的认定。之所以不是所有控股股东的表决权行使均构成表决权滥用,是因为其他股东与债权人本身享有主动防范风险的其他可能。比如,在公司增资扩股时,因为所有股东均享有优先认购权,公司基于控股股东多数决而形成的增资方案对所有股东来说是公平的,此刻不宜认定构成表决权的滥用。在公司作出不分红决议时,也不宜以控股股东不当反对为理由而认定此决议因滥用表决权而无效。因为,赋予公司其他股东享有公平退出权,在公司设立时也有预防此风险的契约机制。在日本,股份回购请求权、累积投票权制度以及董事监事接任请求权制度,都被认为是匡正多数决原则的制度安排。[32]

即使可以认定构成法律意义上的表决权滥用,由于存在多种事后救济机制,并非一概要否定相关决议的效力,如果其他救济路径对股东影响最小,也可以在政策上不将导致这种情形的表决界定为表决权的滥用。比如,股东会做出不当分红决议时,因此获利的股东有义务退还相关分红,并非一定要否定分红决议的效力;允许股东采取交易行为从公司不当获得回报的,可能被认定为抽逃出资,抽逃出资影响的是债权人利益,但由于债权人可因此而请求撤销,因此不宜否定决议以及相关交易的效力。[33] 此刻,也没有必要认定存在表决权的滥用。

---

〔31〕 杨靖、裴悦君:《论公司资本多数决原则的规制——以合理划分与行使股东权利为视角》,载《法律适用》2012 年第 1 期。

〔32〕 吴建斌:《最新日本公司法》,中国人民大学出版社 2003 年版,第 138 页。

〔33〕 刘燕:《重构"禁止抽逃出资"规则的公司法理基础》,载《中国法学》2015 年第 4 期。

四、表决权滥用认定的制度路径之一：基于《公司法》第 37 条的解读

(一)股东大会职权的类型

1. 股东大会职权边界的两重性

理论上对股东会职权的讨论，主要涉及股东会与董事会二者的定位以及职权的划分。关于定位，涉及股东会中心主义与董事会中心主义的选择。[34] 从法律适用的角度考察，我国《公司法》坚持的股东会中心主义模式不得通过司法解释的方式予以强制变通。关于职权的立法划分，涉及《公司法》第 37 条及第 46 条规定的理解。《公司法》第 37 条关于股东会职权的最后 1 项为“公司章程规定的其他职权”，第 46 条关于董事会职权的最后 1 项为“公司章程规定的其他职权”。根据这两项规定，董事会的职权来源于股东会通过章程的授权。当然，公司章程是否可以将第 37 条所列的股东会所有职权或者某一项职权通过章程的方式授予给董事会行使，则需要分情况具体分析。这其中，可以按照维持股东合理预期或者保护股东合理预期的原则处理。[35] 当股东同意投资于公司时，就意味着与其他股东、与公司缔约，并有权期待该公司按其投入资本时的状态全面、实际地履行该契约并获取利益。法律应当保护股东关于权利配置基础架构的合理预期。[36] 这就是股东会职权的第一重边界。如何设置该重边界，是公司法理论和实务上的热点问题。

---

〔34〕 罗培新：《股东会与董事会权力构造论：以合同为进路的分析》，载《政治与法律》2016 年第 2 期；邓峰：《中国法上董事会的角色、职能及思想渊源：实证法的考察》，载《中国法学》2013 年第 3 期；钱玉林：《股东大会中心主义与董事会中心主义——公司权力结构的变迁及其评价》，载《学术交流》2002 年第 1 期；汪青松、赵万一：《股份公司内部权利配置的结构性变革——以股东“同质化”假定到“异质化”现实的演进为视角》，载《现代法学》2011 年第 3 期。

〔35〕 曹兴权、黄超颖：《股东会授权董事会的底线：权利配置基础结构维持原则》，载《财经法学》2017 年第 3 期。

〔36〕 蒋大兴：《公司法的展开与评判：方法、判例、制度》，法律出版社 2001 年版，第 766 页。

其实,股东会职权的边界还涉及股东会职权与股东个人财产权的关系,即股东会能否就涉及公司的所有事项进行表决。按照公司法原理,股东会有权就公司公共事务进行决策,但无权处理属于股东的个人财产,除非股东对此表示完全同意。对此,我们可以从《公司法》第37条所列股东会职权的内容中得到此种结论。不过,对于该种职权边界问题,理论上似乎有所忽略。上述郑百文公司重组争议中,舆论关注默示同意规则而忽略股东会是否能够处理股权问题的现象也印证了此种判断。《公司法司法解释(三)》第16条、第17条的出台可能与此种忽略之间存在某种联系。关于上市公司章程引入反收购条款的效力争议在很多场合也可能与此有关:属于股东个人财产的股权何以被限制?

2. 股东会决议事项的分类

根据《公司法》第37条,股东会决议的事项包括:(1)决定公司的经营方针和投资计划;(2)选举和更换非由职工代表担任的董事、监事,决定有关董事、监事的报酬事项;(3)审议批准董事会的报告;(4)审议批准监事会或者监事的报告;(5)审议批准公司的年度财务预算方案、决算方案;(6)审议批准公司的利润分配方案和弥补亏损方案;(7)对公司增加或者减少注册资本作出决议;(8)对发行公司债券作出决议;(9)对公司合并、分立、解散、清算或者变更公司形式作出决议;(10)修改公司章程;(11)公司章程规定的其他职权。根据《公司法》第16条、第148条、第121条,股东会还必须对关联担保、涉及董事高级管理人员的关联交易、上市公司超过一定数额的投资担保等大额交易进行表决。

从理论逻辑上考察,股东会决策事项包括公司重要文件的制定、公司基本人格要素的变动、公司重要人士的任免、公司重要经营决策、公司重大对外交易事项。公司法兼具组织法和行为法特征。〔37〕公司法中的规范,既有涉及组织治理的规范,也有涉及特定主体交易的规范。上述这些事项可归属为组织类与交易类两类。这种分类也可从《公司法》第21条与第20条的联动关系中得到某种印证。关于股东不得滥用股东权利损害公司或者其他股东的利益、不得滥用公司法人独立地位和股东有限责任损害公司债权人的利益之抽象规定涉及的事项,很难区分到底是

〔37〕 施天涛:《公司法论》,法律出版社2006年版,第13页。

组织性事项还是交易性事项。但是,第 21 条关于控股股东、实际控制人、董事、监事、高级管理人员不得滥用关联关系损害公司利益的规定,几乎指向交易性事务。也就是说,这些主体与公司发生的交易,即使经由了股东会的批准,也不一定能够完全得到支持,还需要对这些经由股东会批准的交易进行正当性、合理性或者公平性判断。

在《公司法》第 37 条所列事项中,债券融资方案在本质上属于交易决策事务;其他事务几乎属于组织治理事务,是基于组织运行基本原理而存在的必要事务。《公司法》第 16 条涉及的担保决议、第 121 条涉及的重要资产交易与担保决议,都属于交易性事务。

(二)产权保护思维 vs 公平维护思维

权利保护有产权路径与救济路径两种。[38] 前者主要基于权利人处分意志的表达,强调对权利人处分自己权利自由的尊重。后者针对实现尊重权利人处分自由可能导致社会不利的现实,主要从权利被损害后的救济角度进行保护。借鉴该理论的思维逻辑,我们将表决权滥用的认定区分为产权保护与公平维护两种思维。

产权保护思维,聚焦于考察股东会是否有权对此事项进行表决。如果属于股东会有权决议的事项,那么才存在继续判断此种表决权行使是否合理的可能。根据《公司法》第 37 条的规定,股东会有权决策的事项包括:决定公司的经营方针和投资计划;选举和更换非由职工代表担任的董事、监事,决定有关董事、监事的报酬事项;审议批准董事会、监事会或者监事的报告;审议批准公司的各种财务报告与方案,包括预算方案、决算方案、利润分配方案和弥补亏损方案;决定公司重要的融资方案,包括股权融资方案、债券融资方案;决定公司人格重大变化事项,包括注册资本的增减,公司合并、分立、解散、清算或者变更公司形式,以及修改公司章程。这些事项涵盖了公司运行过程中规则制定、人事任免、人格变动、整体经营战略决策、重大交易决策等方面。这些事务有两个显著特征:第一,均属于公司的公共事务,均是公司有权处置的事务;第二,属于公司的重大事务。

这两个特征与判断公司股东会决策权范围密切相关。公司的公共

〔38〕 柳经纬:《从权利救济看我国法律体系的缺陷》,载《比较法研究》2014 年第 5 期。

事务，与那些不属于股东个人权利的事务相关；公司的重大事务，就是那些公司公共事务中涉及公司人格、公司经营管理重大决策的事务。基于产权保护原则，凡属于股东个人的权利，除非股东同意，公司不得通过决议的方式进行处置。公司人格独立的要求，涉及公司人格区分于股东人格而独立存在的内涵，也涉及股东人格区分于公司人格而独立存在的内涵。[39] 正如《合伙企业法》所规定的，合伙企业的债权人不得随意向合伙人主张债权，合伙人的债权人也不得向合伙企业主张债权。[40] 因此，股东会通过决议处分股东个人财产的，除非经股东一致同意，该股东会形成的决议将因当然的表决权滥用而无效。

股东会决策重大事务所内涵的是股东会与董事会职权的区分逻辑。根据股东会为公司最高权力机关、[41] 股东会可决定董事会职权范围的原理[42] 和规定，[43] 在判断表决权滥用的问题上，不如股东会处分股东个人权利的认定那么绝对和严格。当然，如果公司章程对董事会职权的设定是基于对特殊股东保护的特别安排，那么股东会表决了公司章程规定由董事会决议的事项则可以视为侵犯了受特别保护的股东个人权益，可以认定构成表决权的滥用。

所谓公平思维，即确定股东会有权就这些事项进行决策的场合，再针对股东会表决结果是否公平的问题进行判断。如果表决结果显著不公平，可能导致对公司、股东、债权人不利的，由于此种结果是基于资本多数决形成，控股股东行使表决权导致此种结果的发生，可以探讨控股股东是否滥用表决权。

产权思维与公平性判断思维的意义在于区分判断的顺序和逻辑。首先，我们要考察股东会决议的事项是否属于股东会职权、是否属于处

〔39〕 公司财产分割的含义，既包括公司财产独立于股东，也包括股东财产独立于公司。参见李清池：《商事组织的法律构造——经济功能的分析》，载《中国社会科学》2006年第4期。

〔40〕 《合伙企业法》第41条。

〔41〕 《公司法》第36条、第98条。

〔42〕 邓峰：《中国法上董事会的角色、职能及思想渊源：实证法的考察》，载《中国法学》2013年第3期。

〔43〕 《公司法》第37条第1款规定了有限公司股东会的11项职权；根据《公司法》第99条的规定，股份公司股东大会也行使这些职权。

分股东个别性权利或者基于特别保护某类股东规则而设定的特别权利。如果答案是否定的,再适用公平性判断思维。产权思维,几乎属于绝对性判断思维;公平性思维,属于相对性判断思维。再看《公司法司法解释(三)》第16~17条,若从产权保护思维的角度去考察,或许我们可以得到不同的结论。在公司设立时有这些除名或者权利限制规则的,基于股东自愿授权,公司当然可以作出此种决议。在公司章程中不存在此种授权的,基于产权保护的绝对性,公司作出此种决议应当无效。对此,也不能根据国外公司法有此规则的事实自动得到司法解释的相关立场。的确,德国公司法规定了公司开除投资人的规则。[44] 但是,国外如此并不等于我国一定要选择。在解释适用相关规则时,必须严格尊重法律的既有规定,不能混淆立法论的立场与解释论的立场。

产权思维与公平思维的分野,在判断公司章程修订中是否存在表决权滥用时特别有价值。在澳大利亚公司法理论中,控股股东通过特别决议修改公司法、不当损害其他股东利益时,将适用限制表决权滥用的衡平限制原则。在公司法对股东特定权利不得通过章程修订进行改变或者取消有特别规定时,直接适用公司法的具体规则。显然,这是产权保护的思维。在公司法未作具体规定时,如果该决议存在欺诈小股东的情形,则可认定存在不当。关于欺诈、不当,如果公司设立时即存在此种条款,当然不构成,这是典型的产权思维。在公司成立之后修订章程引入的不当与欺诈,可以从交易思维去考察。如果股东在加入时无法预见到此种修改,那么,引入此种条款的公司决议中就存在欺诈和不当,就存在表决权滥用。[45]

(三)组织类事务 vs 交易类事务

对于组织治理性事务,由于法律赋予了股东股权,股东享有表决权,基于权利自由原则,股东当然有权自由行使自己的表决权。同时,资本多数决是公司制度存在和组织运行必要逻辑,而现行法律对组织性事务的决议尚未规定表决权限制。因此,在组织性事务中,不宜根据《公司

---

〔44〕 吴越:《私有有限公司的百年论战与世纪重构》,法律出版社2005年版,第357页。

〔45〕 黄辉:《现代公司法比较研究:国际经验及其对中国的启示》,清华大学出版社2009年版,第254页。

法》第20条第1款的一般性规定适用表决权滥用限制逻辑,对表决权滥用进行认定并且对相关主体施加不利法律后果。[46]

交易性事务的表决则完全不同。一方面,控股股东滥用股权或者表决权损害公司、股东、债权人利益的情况几乎发生在关联交易场合。另一方面,《公司法》不仅在第21条对不当关联交易限制作出了一般性规定,而且在第16条、第35条、第121条针对特殊关联交易设置了特别限制规则。从这些规定可以看出立法者在关联交易中限制表决权滥用的政策立场。可以预见,围绕第21条构建具体的关联交易控制规则、股权滥用控制规则、表决权滥用控制规则,是未来公司法理论和实践中最为重要的课题之一。就此而言,第21条的实际意义将远远大于第20条;甚至可以认为,中国公司文化的培育应当倚重第21条而非第20条。公司法的修订应当高度重视第21条抽象规范如何具体化的问题。

在澳大利亚公司法理论中,限制股东表决权滥用的衡平原则主要在4个场合适用。[47] 这些场合,主要涉及交易型事务的决议。控股股东通过决议将公司财产与商业机会归属自己、对自己损害公司利益的行为作出不起诉决定,就是典型的关联交易决策问题。至于控股股东利用决议批准董事行为从而免除董事违反善意行使权利的信义义务责任时的适用,则可以从组织类事务的角度考察,直接运用法律的强制性规定原理,类推关联交易予以处理。当然,股东代表诉讼机制在很大程度上具有功能替代的效果。如何认定在作出决议不当修改公司章程过程中的表决权滥用,则可以主要从组织类事务决策的角度考察。当然,即便如此,也难以判断何种情况正当及何种情况非正当。不过,这可以转到产权保护思维进行判断。

---

〔46〕 在(2008)沪二中民三(商)终字第238号民事调解书一案就涉及该问题,即是否可以直接适用《公司法》第20条第2款的规定进行裁决。

〔47〕 黄辉:《现代公司法比较研究:国际经验及其对中国的启示》,清华大学出版社2009年版,第250~252页。

五、表决权滥用认定的制度路径之二:基于《公司法》第20条的解读

(一)《公司法》第20条的规范类型

规则性规范与标准性规范的分类,是涉及法律不完备理论范式对法律规范的一种重要的分析框架,涉及规范的抽象性与具体性。标准性规范相对抽象,立法者通过抽象性的、原则性的规范设置行为标准,构建具体行为规则的任务则交给法律适用者如司法机关或者行政机关,意在授予法律适用者以较大的自由裁量权。具体性规范则属于规则性规范,立法者通过具体规则为行为者设置了相对具体的、完备的行为规范,法律适用者必须尊重立法者事先创设的这些规范,几乎不享有自由裁量权。

股权及其表决权的适当限制是公司法的一个重要任务。我国《公司法》第20条对此有一般性原则规定。第20条的适用,在很多场合需要首先考察其他法条的具体规定。因此,《公司法》第20条属于标准性规范。

(二)《公司法》第20条的适用思维

1.穷尽适用具体规则的原则

第1款是最抽象的规定,针对公司中股东与股东之间的关系、股东与债权人的实质性关系,对股东提出三项要求:第一,股东"应当遵守法律、行政法规和公司章程,依法行使股东权利";第二,股东"不得滥用股东权利损害公司或者其他股东的利益";第三,股东"不得滥用公司法人独立地位和股东有限责任损害公司债权人的利益"。这三项要求中,第1项为后两项的总括性正面规定;第2项与第3项分别为股东在处理股东与股东、股东与债权人之间关系时的消极性要求。其中,无论股东与股东之间的关系还是股东与债权人之间关系,都必须借助于公司平台,因此股东必须处理好其与公司之间的关系,不得侵犯公司的利益。因此,股东若滥用权利损害公司的利益,可能同时侵犯股东和债权人的利益。

但是,基于标准性规范的特征,在对违反第20条导致股东会决议无

效的认定中,在适用第 20 条之前,须考察其他条款对公司决议形成的特别程序以及特别内容的具体要求,如第 16 条涉及的担保时的表决权排出规则、第 35 条及第 91 条涉及的不得抽逃出资规则、第 166 条涉及的利润分配限制规则。

2. 关于《公司法》第 20 条各款的适用

这里还存在与之相关的三个问题:一是股东若滥用权利损害公司时,受到影响的债权人如何进行救济?或者说,股东若滥用权利损害公司造成对债权人影响,是否存在程度上的轻重之分以及是否有必要按照程度之轻重分别规定不同的救济措施?二是股东若滥用权利时可否存在不损害公司利益而直接损害股东利益的情况?三是股东若滥用权利时可否存在不损害公司利益而直接损害债权人利益的情况?

第一个问题涉及对《公司法》第 20 条第 3 款内涵以及该款与第 21 条之间关系的理解。其一,第 20 条第 3 款是针对第 1 款中的"不得滥用公司法人独立地位和股东有限责任损害公司债权人的利益",属于该消极规定的后果性内容。从逻辑上讲,股东滥用权利侵犯债权人利益存在多种路径,或者单独侵犯债权人,或者借助于公司运行机理去侵犯债权人。显然,按照第 20 条第 3 款关于"滥用公司法人独立地位和股东有限责任"的规定,该款直接针对借助公司平台实施侵犯的情况。因此,法人人格否认的原理和规则,在股东借助公司平台损害债权人利益的场合才被适用。也正是基于此种机理,法人人格否认制度适用的关键在于,考察股东如何不尊重公司人格独立性,以至于认为公司人格与股东人格发生混同。此即所谓公司人格形骸化。〔48〕 资本显著不足而让股东承担连带责任的机理,显然与之不同。就此而言,资本显著不足而适用连带责任的,无法借助于该款"滥用公司法人独立地位和股东有限责任"的规定,从公司制度运行原理进行推导,而是寻找其他法律依据,按民法基本原理进行推导。"或许,美国的法律在英国法律认可的揭开公司面纱的基本类别上所做增量,最显著之处是出资不足。"这种差异,可能与推理逻辑有关。"英国的法律通过不当交易的成文法原理而不是通过揭开公

〔48〕 刘惠明:《日本公司法上的法人人格否认法理及其应用》,载《环球法律评论》2004 年第 1 期。

司面纱来解决该问题。”[49]这需要从公司独立人格的基本要素,如财产要素、意思表示要素、机构要素、业务要素等方面进行考察。其二,股东借助于公司平台损害债权人利益的,有程度轻重的不同。第20条第3款关于连带责任的情形,应当是侵犯债权人利益严重的情形。因此,对股东有限责任的否定是迫不得已才进行的。在那些并非迫不得已的场合,需要借助于不当关联关系的控制机理来保护债权人。这涉及《公司法》第21条的适用。当然,控股股东、实际控制人滥用关联交易情节恶劣、后果严重的,也可因此认定股东滥用权利、滥用表决权的程度严重,可以转而适用法人人格否认、否定股东有限责任。

第二个问题涉及对《公司法》第20条第2款内涵以及该款与第21条之间关系的理解。其一,“公司股东滥用股东权利给公司或者其他股东造成损失的”,公司利益受损与股东利益受损,是二选一的选择关系。这意味着,造成此种情况的股东行为不一定通过公司平台发生;即使通过公司平台发生,鉴于股权权能的多元性,也不一定对公司产生影响。股东滥权行为不通过公司平台发生时,此种滥权认定的依据可能并非来自《公司法》,而是其他法律,诸如《民法总则》。这也是《公司法》第20条第1款所言“遵守法律、行政法规”而非遵守“本法”的原因。此种背景性解读意味着,前文关于股东会表决不属于自己职权范围事务、处分股东个人财产权利的行为当然构成股权滥用的论证是成立的。其二,“公司股东滥用股东权利给公司或者其他股东造成损失的”,也可以发生在不当关联交易的场合。事实上,这些损害大量发生。不当关联交易,指向交易的公平性。在表决权滥用的场合,实质是股东会对该交易进行了决策。不得滥用股权之一般性规定,以及对不当关联交易管制的特别规定意味着,对股东会所作交易性决策涉及关联交易时,应当进行公平性审查,并由此确定是否存在为法律无法容忍的表决权滥用情形。

第三个问题涉及《公司法》与其他法律之间关系的理解。是否存在股东以一般社会主体的身份,不借助于公司平台、公司制度运行机理去

〔49〕［英］保罗·戴维斯、莎拉·沃辛顿:《现代公司法原理》,罗培新等译,法律出版社2016年版,第220页。

单独侵犯债权人的情况呢?这是可能的。不过这并不是《公司法》所要解决的问题。此点不同于资本显著不足导致法人人格否认的问题。因为,虽然推导出资本显著不足导致否定股东有限责任的思维逻辑,不是有限责任背后股东必须确保公司保持独立的关于公司人格独立性的公司法原理,而是其他法律原理,但是这也是基于公司制度的运行而发生的。这些其他原理多是权利不得滥用、诚实信用、公序良俗等民事一般法中的抽象性原则。抽象性原则作为裁判依据,存在于特别例外的场合。因此,不宜在法律没有明文规定时随意适用表决权不得滥用的理念进行裁判。

3. 股权滥用与股东表决权滥用的区别

诉讼中,当事人常常混用股权滥用与表决权滥用,出现因为股权滥用所以表决权滥用的论断。此种混用对表决权滥用构成的理性认定是有害的。

股权包含多种权能,诸如处分权、收益权、管理监督权、救济权等。作为独立的民事财产权利,股东当然享有自由处分股权(转让、赠与)的权利,当然也必须考虑《公司法》《证券法》对自由处分权的特定限制。作为一种投资性权利,股东享受获得回报的权利,主要是利润分配权以及与之相关的增资时的优先认购权。为保障自己投资收益权,股东享有内容多样的管理监督权,包括知情权、表决权以及表决权行使有关的程序性权利、质询权。当股东利益受直接侵害或者公司利益被侵害导致自己利益受到间接侵犯时,股东还享有一系列的救济权。当然,还存在其他一些权利,诸如有限责任公司的股东依据《公司法》第71条而享有的优先认购权。

《公司法》对这些权能的行使设置了详细的规则,股东在行使这些具体权利时当然应遵守这些具体规定,并遵守《公司法》第20条关于股东权利行使的底线规定、《民法总则》关于民事权利行使的底线规定。这些具体规定与底线规定,构成判断股东是否滥用股权的依据。比如,有限责任公司股东享有查账权,但如果查账的目的不正当,则可能构成滥用;股东为保护公司利益在特别的场合可以发动代表诉讼,但诉讼的发动和进行需要遵循特别规则,这些特别规则的目的在于防止股东滥用;股东有权在公司股东会上向公司的董事、监事、高级管理人员提出质询,但公司章程对这些质询权的运用有规定时,行使该权利的股东就应遵循这些规定,否则构成滥用。

股权中任何一个权能的滥用都可认定为股权滥用。但是,能否从股权滥用的结论中自然地推导出表决权的滥用呢?显然不能。一方面,部分和整体的逻辑关系原理使然。另一方面,表决权权能的本质与运行的客观规律使然。表决权在股东会决策时存在,属于股东参与公司治理中最为关键的权利。表决权的行使属于股东投资市场行为中的市场决策范畴,如果没有法律或者公司内部约定的明文限制,股东有权就属于公司股东会决策范围内的事项进行自由表决,只有在那些针对不属于股东会决策事项、交易性事项进行决策时,才适宜进行是否存在滥用的审查。在某些场合,即使股东之间进行了磋商并且作出了决议,也不一定是在行使股权中的表决权权能。在判断是否合理时,不能够从股权滥用的逻辑去展开推论。比如,《公司法》第 71 条所规定的对外转让股权时其他股东的同意权,并非股东会表决权意义上的同意权,一人一票的规则也不是所谓股东会的表决机制。股东既不同意转让又不同意自己收购但限制其他股东向外转让的,救济的依据也不是表决权滥用的原理而是从民事权利滥用的一般民法原理。

(三)股东诚信义务的慎重适用

从股东诚信义务的角度论证表决权滥用,是理论论证的常用范式。在德国,联邦帝国法院通过判决确认了股东对公司负有忠诚的义务,并且进而确认大股东对小股东负有忠诚的义务,甚至确认小股东对大股东也负担该义务。[50] “尽管公司股东不需要像公司董事一样为了其他人的利益而善意行为,但是他们也应当为了正当的公司目的而行使权利。”[51]关于控股股东表决权行使的正当性标准,美国公司法理论通常用股东诚信义务来进行论证。但是,能否从第 20 条推导出我国公司中

---

〔50〕 [德]托马斯·莱塞尔、吕迪格·法伊尔:《德国资合公司法》,高旭军等译,法律出版社 2005 年版,第 114 页。

〔51〕 黄辉:《现代公司法比较研究:国际经验与中国》,清华大学出版社 2011 年版,第 248 页。

的大股东对公司、股东和债权人的一般诚信义务,尚有争议。[52] 即使从中推导出控股股东诚信义务,也需要关注该理论对于考察股东表决权滥用认定的局限。

1.股东诚信义务与管理人员信义义务的区别

我们可以从公司法商业判断的理论谈起。有关商业判断原则的理论,主要针对董事、高级管理人员的勤勉义务,目的在于为他们的自由决策、大胆决策提供安全港保护。当然,适用商业判断原则对这些关键人员提供保护的前提是,这些人员在这些事务中与公司之间不发生利益冲突关系,且其适用必须限制在判断是否履行注意或者勤勉义务的场合。如果存在利益冲突,则转入忠实义务的判断范围。

股东投资于公司而获得股权,是典型的商行为。股东在行使股权特别表决权而参与公司治理时,其判断当然遵从商业逻辑,我们也应当尊重股东作出决策时所依赖的商业逻辑。就此而言,我们也应当尊重股东的商业判断,公司法上的商业判断原则也应当适用于股东表决权正当性的判断。对于增资扩股协议的司法介入问题,要注意禁止权利滥用原则与适用商业判断规则之间的平衡。[53]

问题在于,同样适用商业判断,股东行使表决权时与董事、监事、高级管理人员行使职权时所遵循的前提是否一致?即是否均须遵守不得有利益冲突的基本要件?该问题引发的另外一个衍生问题是,股东诚信义务与董事信义义务之间的差异性在哪里?

不同股东投资于某个特定的公司,肯定会存在共同的目标、强烈的合作意图。但是,这并不意味着所有股东的利益诉求都是一致的。股东之间的异质性客观存在的,并且影响公司制度的设计和运作。资本多数决的决策机制本身正是回应此种客观现实的典型表现。股东会表决时,股东之间的利益可能发生冲突;依据公司意思形成机制,公司利益与股东利益也可能发生冲突。这种冲突是无法避免的。在利益冲突的情况下,能否要求股东履行忠实义务,在行使表决权时遵循公司利益优先、公

---

〔52〕 胡旭东:《我国公司法的司法发展机制研究》,中国社会科学院研究生院博士论文,2012年。

〔53〕 范黎红:《大股东滥用资本多数决进行增资扩股的司法介入》,载《法学》2009年第3期。

司利益最大化的原则呢？因为忠实义务要求义务主体在此刻优先考虑对方利益、抑制自己的利益。如果答案是肯定的，那么后果将是荒谬的。并不是所有对小股东不利的行为都可以被称为滥用表决权。同时具备以下三种条件的，不属于滥用资本多数决：(1)给少数股东造成的利益损害确实为实现全体股东利益所必需。(2)控股股东与少数股东均因此利益受损，而且利益受损程度与持股比例成正比。(3)在实现股东会决议目的的诸种可选择手段中，选取了少数股东利益受损程度最低的一种手段。〔54〕

诚然，我们或许在某种程度上可能推导出股东对公司、其他股东和债权人负担有诚信义务，因为在资本多数决下控股股东事实上以自己行为决定公司、其他股东、债权人的命运，而诚信义务即发生在一个主体的行为可以决定他人命运的场合。股东诚信义务是限制表决权滥用的通常理论。滥用股东权的行为是对股东诚信义务及禁止滥用权利原则的违反，这些原则在性质上属于强行法规范，违反这些原则所形成的决议无效。〔55〕 但是，我们应当保持应有的谨慎。一方面，当法律基于特定政策未对该特别义务做出明文规定时，我们能否在法律适用中从应然走向实然本身存在问题。《公司法》第20条第1款属于一般性规定，还是可以推导出股东诚信义务的规定，也存在多种不同理解。另一方面，即使能够推导出股东的诚信义务，我们也应当关注诚信义务要求之于公司管理者与股东之间的差异。股东对公司的控制以及并且由此导致的对其他股东、债权人的控制，与公司管理人员对公司的控制之间本身有显著的差异。其根源在于公司人格的独立性。股东对公司的控制必须借助于公司平台而产生，如果根本不顾及公司内部表意机制和管理机制，那么另当别论。但在一般场合，公司内部表意机制和管理机制是股东控制发生实际效果的中介。管理者对于公司来说则不同，管理者本身就是公司人员，不存在中介机制。况且，股东在管理公司中对于公司的利益诉求是公司法的立法目的，而董事、监事、高级管理人员在管理公司中对公

---

〔54〕 钱玉林：《滥用多数决的股东大会决议》，载《扬州大学学报》2007年第1期。

〔55〕 钱玉林：《股东大会决议瑕疵研究》，法律出版社2005年版，第254页。

司的利益不仅不是公司法的立法目的,[56]反而是公司法的限制对象。[57]“在一定范围内可以为了自我利益而行使控制权,而不需要绝对服从公司或小股东的利益。”从这个意义上讲,控股股东诚信义务与董事信义义务完全不同。英联邦国家一般不认为控股股东对小股东普遍地负担有信义义务,甚至拒绝使用控股股东信义义务的提法。[58]因此,在法律上认定股东表决权滥用的构成时,不能简单地使用信义义务原理与法则来处理股东商业判断问题。

2. 控股股东会诚信义务认定的困难

无论在哪个国家,法官都面临如何认定控股股东诚信义务以及在表决权行使中违反诚信义务或者衡平原则的难题。违反控股股东违反义务的特征是不当损害公司及小股东利益,但判断构成相当困难。

在德国,股东的诚信义务包括禁止损害企业利益、考虑其他股东的利益、严肃认真行使股东权利及其影响力。但该义务的具体要求必须根据具体案件的情况来确定。它首先要求使用均衡原则考虑各方的利益,但法院又必须注意不能过分干预、限制公司的自由决策权。[59]问题是,如何利用均衡原则,如何在干预与自由之间设定合理的边界。在日本,如果坚持股东平等原则会损害公司利益时,将允许适当例外;但学者同时认为,不能离开股东利益来谈公司利益,也不能够进而认为公司自身利益优先于股东利益。[60]问题在于,如何在股东利益与公司利益之间建立一个理性的平衡点。

英美法系也没发展出一个普遍适用的义务判断标准原则,而是取决于每个案件的具体情况。在英国著名案件 Clemens v. Clemens Bros. Ltd. 中,法院认为,“不能够完全任意行使他的控股权,但是困难在于如何找到一个指导原则。显然,像‘要为公司整体利益而善意’,‘不能欺

---

〔56〕 参见《公司法》第 1 条,公司法保护公司、股东、债权人三种主体的利益。

〔57〕 参见《公司法》第 6 章“公司董事、监事、高级管理人员的资格与义务”。

〔58〕 黄辉:《现代公司法比较研究:国际经验与中国》,清华大学出版社 2011 年版,第 246 ~ 247 页。

〔59〕 [德]托马斯·莱塞尔、吕迪格·法伊尔:《德国资合公司法》,高旭军等译,法律出版社 2005 年版,第 115 页。

〔60〕 [日]前田庸:《公司法入门》,王作全译,北京大学出版社 2012 年版,第 70 页。

诈小股东'和'欺压性'等表述都无助于建立这样一个原则。我认为,试图找到这样一个原则的努力是不明智的,因为每个具体案件的情况相差太大"。美国特拉华州法院也认为,难以事前确定控股股东的诚信义务,这需要根据具体案件分析。但是在具体分析中,很难确定"正当意图"和"合理的商业理由"。[61]

在我国,法院也面临相同的难题。股东表决损害其他股东的利益,并不一定构成权利滥用。在表决权行使场合,并不是所有的侵害后果均被法律反对,只有那些不当的权益侵害行为发生时,才有必要用法律强制矫正。所以,如何确认当与不当是关键。当我们将表决权作为股东财产权来对待时,当我们将公司法对股东表决权的限制规定作为限制财产权自由行使的例外来考虑时,法院将在抽象适用股权滥用、股东诚信义务规则限制股东表决权滥用的问题上保持谨慎立场。

六、结语

无论是从权利不得滥用的私法思维,从公平、守法、不得违背公序良俗的民法原则,还是从《公司法》第 20 条规定的不得滥用股权的原则性规定,我们都可以推导出必须限制表决权滥用的结论。但是,从培育股权文化、促进公司制度发展的角度看,当下我们或许更需要对限制表决权滥用的理念和制度进行必要的限制。事实意义上的表决权滥用或者资本多数决滥用,不等于法律意义上的滥用。任何法律制度的背后都有特定的社会政策选择,股权限制、表决权限制的问题也是如此。如果过度地强调表决权滥用的限制,或许到了某个时刻我们会主张中小股东也存在滥用表决权的可能。但从公司制度的基本规律看,如果坚持认为有必要限制中小股东表决权的滥用,那么社会效果可能是荒谬的。"当少数股东有关公司的合法期望和与其他股东的关系被破坏时,他们可以得到救济。"[62]

---

〔61〕 黄辉:《现代公司法比较研究:国际经验与中国》,清华大学出版社 2011 年版,第 248 页。

〔62〕 [加]布莱恩・R. 柴芬斯:《公司法:理论、结构与运作》,林华伟、魏旻译,法律出版社 2001 年版,第 167 页。

《公司法》第20条的文字表达了立法者对股东权利滥用、股东表决权滥用的抑制理念;公司中的利益主体根据该一般规定可以诉请司法介入以获得保护。但是,将这种权利滥用限制的理念与限制表决权限制的理念转化为实践都相当困难。虽然授权法官可以给受到公司不公正侵害的申请人以救济,但这个开放式条文没有规定何为不公正的侵害行为、何为适当的救济。虽然"《英国公司法》第459条使法院有权赋予公司股东据以联合的条款和想法以法律效力而不是重写",但是"法院不得随意将源自它的公平概念的权利和义务强加于各方之间的协议和想法之中"。虽然这种限制适用的理念可能获得支持,但是如何适用依然是一道高坎。[63]

理念很重要,但过于虚幻的理念可能没有太多的实际价值。所以,更为关键的是总结出如何认定表决权滥用的思路逻辑和判断要素。本文认为,应当坚持解释论与立法论区分的立场,避免混淆滥用的应然状态与实然状态,避免混淆事实上的滥用与法律上的滥用,避免混淆股东诚信义务与公司管理者信义义务。为强调产权保护理念,维护公司内部权利配置的基础结构与股东的合理期待,应将不得以股东会决议侵犯股东个体权利、不得以股东会决议降低《公司法》以及现有公司章程对中小股东的保护水准,作为判断表决权滥用的重要因素。如何对决议事项在组织治理与交易上进行区分,并且以此为基础建立不同的审查立场,如何理性适用其他具体规则以减少《公司法》第20条关于股东不得滥用权利抽象规定的适用空间,也是在未来亟待解决的问题。本文认为,限制股东表决权滥用或者股权滥用,在很多场合需要运用公司法之外的其他制度或者理论。在坚持解释论与立法论必须区分的前提下,我们需要抽象的司法政策,但更需要结合公司法及其他民商法制度与理论在个案裁判中进行精细化论证。当然,我们也期待公司法文本的精细化回应。

(编辑:姜沅伯)

---

〔63〕[加]布莱恩·R.柴芬斯:《公司法:理论、结构与运作》,林华伟、魏旻译,法律出版社2001年版,第353页。

《证券法苑》(2018)
第二十五卷,第165~185页

关于借用证券账户行为的问题分析与监管思考*

陈 剑 王志明 蒋迅锋**

摘要:借用证券账户行为在证券市场中普遍存在,且借用模式不断翻新,变相规避了账户实名制的要求,减损了穿透式监管的行政效能,不利于宏观风险监测,在微观层面也不利于事前信息披露、事中市场监控及事后稽查执法。而在现有的法律和规则框架下,由于种种因素存在,监管机构尚难以对该类行为进行有效规制。针对

---

* 本文系深圳经济特区金融学会2017年度研究课题(课题编号2017A003)的研究成果。另外,针对证券账户名实不符的现象,法律条文和文献资料存在"利用他人账户""出租出借账户""提供账户给他人"等多种表述,而本文采用"借用账户"的表述,主要原因在于:一是本文探讨的范围限于行为人经证券账户名义人同意而使用其账户的情形,"利用他人账户"的表述客观上包括了未经账户名义人同意而使用其账户的情形;相较之下,"借用"一词暗含账户名义人与实际使用人达成合意之意,更切合本文主旨。二是现实中,正是存在"借用账户"的需求,才产生"出借账户"的现象,出借账户的行为具有被动性和附属性,而采用"借用账户行为"的表述更能直观揭示账户名实不符现象的本质。

** 三位作者现均供职于中国证监会深圳监管局。本文仅代表作者个人观点,与所任职单位无关。

这一问题,境内银行账户及境外证券账户的监管思路可资借鉴。本文在此基础上提出了现阶段及中长期实施的政策建议。

关键词:证券账户实名制　借用证券账户　证券法修订　证券监管

金融账户实名制是我国金融监管的重要基础性制度,而证券账户实名制作为金融账户实名制的重要组成部分,是落实国务院《关于进一步促进资本市场健康发展的若干意见》(国发〔2014〕17 号)关于完善市场基础制度建设要求的重要举措,对规范市场交易秩序、监测防范金融风险、打击证券违法犯罪活动具有重要作用和积极意义。

1999 年施行的《证券法》第 138 条首次对证券账户实名制作出了规定,要求"客户开立账户,必须持有证明中国公民身份或者中国法人资格的合法证件"。2005 年修订的《证券法》进一步明确法人不得非法利用他人证券账户从事证券交易,也不得出借自己或者他人的证券账户。此后,证监会部门规章和规范性文件也对投资者出借证券账户的行为进行了规制。但一直以来,投资者通过借用证券账户变相规避账户实名制的现象非常普遍,这不仅对穿透式监管造成巨大阻碍,直接减损依托于账户实名制的上市公司权益披露制度、一致行动人持股披露制度及投资者适当性制度等监管机制的效能,而且加剧了资本市场信息的不对称性,难以精准监测、评估、应对风险的累积和传导,容易给金融市场稳定留下风险隐患。

一、借用证券账户基本情况

我们梳理了中国证监会深圳监管局近三年查办的案件,发现涉案当事人借用他人账户从事证券违法犯罪活动的情形极为常见。从案件数量上看,在涉及使用证券账户在二级市场交易的 69 件案件中,存在借用证券账户情况的案件有 57 件,占比高达 82.60%;从借用账户数量上看,涉案591个账户中借用账户有467个,占比高达79.02%。[1]

从各类案件的涉案账户看,除了从业人员买卖股票类案件中涉案账户均为借用账户外,借用账户在涉案账户中占比最高的为操纵市场类、利用未公开信息交易类案件,占比分别为89.50%、83.72%,均超过80%;内幕交易与超比例增减持两类案件占比基本持平,均在50%左右。从借用账户的绝对数量来看,操纵市场类、内幕交易类违法案件中借用账户的绝对数及其占比都是最高的,操纵市场类案324个,占比69.68%;内幕交易类案74个,占比15.91%。可见,涉案当事人借用账户从事证券市场违法犯罪活动的情形主要集中在操纵市场类、内幕交易类违法案件,二者占比高达85.59%。具体情况如表1所示:

表1 借用账户基本情况及占比分析(2014年至今)[2]

案件类型	案件数量	涉案账户数	借用账户数	借用账户在涉案账户中占比
操纵市场	10	362	324	89.50%
利用未公开信息交易	6	43	36	83.72%
内幕交易	31	140	75	54.29%
超比例增减持	6	30	15	50%
从业人员买卖股票	4	16	16	100%
合计	57	591	467	79.02%

进一步梳理发现,借用账户的模式可以分为以下几种情形:其一为"空账户出借"模式,即证券账户虽然在出借人名下,但账户的资金完全由借用人提供,账户资金的使用、收益或亏损也完全由借用人决定、享有或承担。其二为"委托管理"模式,即账户出借人委托借用人管理其账

[1] 统计范围为2014年1月1日至2017年6月12日启动初步调查和正式立案程序并实际开展调查工作的案件;为避免重复,初步调查案件转为正式立案的,仅统计正式立案的案件。

[2] 表中"涉案账户数"的统计包括会稽查局案件交办函中的账户,以及在调查过程中发现的嫌疑账户;"从业人员买卖股票"的统计仅包括涉案当事人使用证券账户买卖股票的情形,通过一级市场直接或间接持有上市公司股份而无须涉及证券账户的案件不列入统计范围。

户,账户资金由出借人提供,借用人收取管理费或分享一定的投资收益。这两种情形在执法实践中均有大量例证。其三为"账户出借+配资"模式,即账户名义人将自有证券账户出借给资金中介或者配资方,并按一定比例给其配资,后者再将账户出借给其他资金中介或者融资方,融资方再操作账户实施市场操纵行为。该模式由账户出借与资金借贷叠加而成,由于账户出借只需提供证券账户及交易密码,银行账户的交易密码仍由账户出借人保管,账户出借人可以最大限度地保障其资金安全,因此,这一模式一经出现便快速蔓延,在民间借贷活跃的江浙、福建等地区甚至已呈现出"产业链"发展的趋势。其四为"借用结构化产品账户"模式,即通过结构化产品的设计,优先级资金来源主要为银行理财,按照协议约定利率收取固定收益;劣后方为协议约定的产品决策人,并对优先级投资者的固定收益承担差额补足责任;实践中,账户借用人安排其亲戚朋友或其他第三人作为结构化产品的劣后方,进而实现对相关产品的实际控制。在69件涉及二级市场交易的样本案件中,有7个案件涉及共30只结构化产品而所有这些结构化产品的劣后方与实际控制人均非同一人,亦即这些产品的证券账户均属于借用账户。

再者,针对借用账户行为的法律后果的问题,我们参考了证监会法律部(诚信办)对2016年行政处罚的分析结果。[3] 诚信数据库显示,2016年证监会共行政处罚241件,其中涉及借用他人账户从事违法犯罪活动的95件,而该95件案件中,有92件案件(包括内幕交易案51件、操纵市场案29件、超比例增减持案6件、从业人员借用他人账户持有或买卖股票案6件)虽然对证券账户借用人作出了处罚,但相关处罚事项针对的是其操纵市场或内幕交易等违法行为,并未对借用证券账户这一行为本身作为违法行为予以认定并处罚;仅有3件因法人借用他人账户

---

〔3〕 资料来源于中国证监会法律部(诚信办):《关于行政处罚案件中利用他人账户从事违法交易情况的分析报告》,载中国证监会《证券法制通讯》2017年第5期。另外,该文将6件从业人员借用他人账户持有买卖股票案归入"直接对借用他人账户的行为进行行政处罚"的类别,似有失妥当,因为该类型案件中从业人员借用他人账户只是其持有或买卖股票的手段,其使用自己名下的账户持有或买卖股票并不会改变其行为性质,因此,对其的处罚是针对其作为特殊身份的人员持有或买卖股票行为,而非借用他人账户行为本身。

买卖股票而受到行政处罚。

二、借用证券账户行为对监管效能的减损

证券账户实名制作为市场基础性制度建设的组成部分，是实现资本市场“穿透式”监管的路径依赖，也是信息披露、市场监控、稽查执法等事前、事中、事后监管机制的重要依托。而借用证券账户行为将对现有的监管机制造成冲击，直接或间接地减损证券监管效能，乃至影响金融系统的稳定。

（一）宏观风险监测层面

资金流动及杠杆情况是证券市场波动的主要原因之一，引导资金平稳进出股市，保持合理的杠杆比例是维护市场稳定、防范系统性风险的关键抓手。而借用证券账户行为，尤其是“账户出借 + 配资”与“借用结构化产品账户”模式，使监管部门难以对相关账户的实际投资者实现“穿透式”监管，无法精准监测由于账户资金的不透明与配资业务叠加或通过结构化产品层层套嵌而累积、传导的风险，不利于系统性风险的监测预警和评估处置。

在案件样本基础上，我们进一步对“账户出借 + 配资”与“借用结构化产品账户”模式进行分析。从资金规模及杠杆比例看，案件样本的30只结构化产品总体规模68.88亿元，其中源于银行理财的资金约44.6亿元，相应的劣后级资金18.95亿元，平均杠杆比例为2.35倍。账户借用人还可以通过结构化产品的多层嵌套或“账户出借 + 配资”模式，达到成倍加杠杆的目的。在高杠杆比例的背景下，资金流动对股票二级市场的助涨助跌效应非常明显，尤其是在市场剧烈震荡时，容易发生连锁反应，引发极端行情，极大影响证券市场稳定。而且，从资金期限上看，结构化产品优先级资金以银行理财的短期资金为主，但结构化产品约定的资金锁定期大都在1年以上，面临较严重的期限错配，一旦出现突发性风险，将导致风险外溢，易发生系统性金融风险。

（二）微观审慎监管层面

1. 造成权益信息披露不实

从“事前”监管的角度看，权益信息披露作为资本市场信息披露规则体系内容之一，是规范市场主体行为、帮助投资者决策的重要制度安排。而借用证券账户行为使上市公司及非上市公众公司的权益变动变得更为隐秘，信息的不对称性更为突出，投资者无从知悉真实的股份变动情况而作出错误的投资决策。尤其是在上市公司收购过程中，一致行动人往往通过借用证券账户掩盖其真实的持股信息，规避证券法律法规的持股披露规则，对被收购上市公司造成“突袭”，在损害投资者知情权的同时，也对被收购上市公司的正常经营管理活动造成干扰。

2. 给市场监控带来“盲区”

从“事中”监管的角度看，沪深交易所承担着对二级市场证券交易的实时监控职能，对涉嫌内幕交易、操纵市场等违法违规行为，证券买卖时间、数量、方式受到相关限制的交易行为，以及可能影响证券交易价格或交易量的异常交易行为等进行重点监控。这种实时监控是建立在“看穿”证券账户的基础之上的，即以每一个投资者名下的证券账户为基本单元，对账户的交易行为进行“大数据”分析。而借用证券账户行为无异于给证券账户披上面纱，掩盖账户背后的资金流动和杠杆情况。交易决策人和违法行为人可以通过借用账户将其交易行为进行分拆，在不同的账户实施交易，从而降低其交易行为的异常性，达到规避“大数据”筛查的目的，给交易所的实时监控带来“盲区”，使交易所无法准确、及时地对相关违法违规行为和潜在的风险因素进行识别、评估和处置。

3. 给稽查执法增加困难

从“事后”监管的角度看，借用账户行为使账户实际控制人居于“幕后”，相关违法行为更为隐秘，大大增加监管部门发现和查办案件的难度。与日常监管相比，稽查执法涉及的对象更为广泛，并不局限于证券经营机构或上市公司等监管对象。尽管《证券法》第183条明确规定，证券监管部门在实施检查或调查程序时，被检查、调查的单位和个人应当配合，如实提供有关文件和资料，不得拒绝、阻碍和隐瞒，但现实中，当被检查、调查的单位和个人为非上市公司或自然人投资者等非监管对象时，拒绝配合的情况比比皆是，而被调查对象却无须承担相应的责任，调查部门也难以采取有效措施督促其配合调查。尤其在操纵市场类违法案件中,约90%的涉案账户为借用账户,涉案账户往往几经转手才到实际控制人(操盘方)手中,而账户名义人和操作方也往往无其他关联,资金中介是两者之间的唯一联系,在现有的调查权限与调查手段下,如果账户名义人或资金中介拒绝配合,监管部门往往面临无法发现账户实际控制人或者发现后亦难以调查的窘境。

另外,在证明账户的控制关系问题上,由于账户名义持有人与实际使用人的分离,每一个案件几乎都要收集整理涉案账户的名义持有人、银行资金流水及其他相关资料。即便如此,在资金关系和社会关系等关联不明显,而相关当事人有意躲避、不配合调查的情况下,稽查人员往往仍难以确定账户的控制关系。这也意味着此前银行资金流水、社会关系等信息的查询和搜集等工作付诸东流,既增加了稽查案件的工作量,也耗费了大量的稽查资源。[4]

三、对借用证券账户行为的问题分析

如前所述,尽管借用证券账户行为会产生上述种种弊端,但截至目前,尚无针对自然人借用账户行为本身而进行处罚的案例。究其原因,主要有以下几个方面:

(一)现有法律法规未明确自然人投资者出借或借用证券账户的法律责任

我国现有的法律和行政法规虽然确立了证券账户实名制度,但均没有对自然人投资者出借或借用证券账户做出禁止性规定。在法律层面,1999年施行的《证券法》第138条首次对账户开立环节提出了实名制的要求。2005年修订的《证券法》第80条进一步在账户使用环节明确"禁止法人非法利用他人账户从事证券交易;禁止法人出借自己或者他人的

〔4〕 以深圳局近三年的调查工作为例,涉案账户591个中借用账户有467个。仅从查询银行资金流水的工作量来看,依照目前的稽查实践,每一个证券账户的三方存管银行账户至少需要追查三道资金,如果证券账户实名制得以严格落实,则至少可以减少1400多个银行账户的查询工作。

证券账户”。从条文释义看,该条针对的是当时一些法人企业为了逃避监管、非法利用他人账户炒作股票而出借自己或者他人证券账户的违法违规现象。[5] 同时,《证券法》第 208 条对法人违法上述规定的情形规定了相应罚则。但对于自然人投资者出借和借用证券账户的情形,相关立法背景材料和正式公布实施的法律条文均未涉及。2014 年《证券法》再次修订时也延续了这一状况。在行政法规层面,2008 年出台的《证券公司监督管理条例》第 28 条明确了证券公司在账户开立环节对投资者姓名或名称的审查义务,并强调证券公司不得将客户的证券账户提供给他人使用,但同样未涉及自然人账户名实不符的情形应如何处理。

在部门规章和规范性文件层面,《证券登记结算管理办法》(2009 年修订)第 22 条规定:“投资者不得将本人的证券账户提供给他人使用”。证监会于 2015 年 7 月发布的《关于清理整顿违法从事证券业务活动的意见》第 5 条进一步强调:“任何机构和个人不得出借自己的证券账户,不得借用他人证券账户买卖证券。”这些规定明确禁止包括自然人在内的投资者出借或借用证券账户,但在《证券法》及《证券公司监督管理条例》等上位法未明确禁止的情况下,这些关于自然人投资者不得出借和借用账户的规定只能作为一种管理性规范或原则性的倡导,不会有也不应有相应的处罚规则。

(二)行业规范关于限制借用账户行为的规定难以落实

在行业规范中,《上海证券交易所交易规则》第 6.5 条第 4 款、《深圳证券交易所交易规则》第 6.8 条第 4 款均规定,对于情节严重的异常交易行为,交易所可以视情况采取“限制相关证券账户交易”措施。但该交易规则针对的是证券账户的异常交易行为,并未规定对出借或借用账户行为也可限制其交易,且在监管实践中沪深证券交易所实施该项自律监管措施的案例也是非常之少。

中国证券登记结算有限责任公司(以下简称“中登公司”)2014 年修订的《证券账户管理规则》第 50 条规定:“证券公司应当定期检查证券

---

[5] 第 80 条的条文释义指出,“目前在实际中,一些法人企业主要是国有企业和上市公司,为逃避监管,非法利用他人账户炒作股票,出借自己或者他人的证券账户,扰乱了证券交易秩序,给国家和股东的利益造成损害”。参见李飞主编:《中华人民共和国证券法(修订)释义》,法律出版社 2005 年版,第 119 ~ 120 页。

账户使用情况，发现不合格账户的应当按本公司有关规定及时规范；对不能及时规范的，应当按本公司有关规定在其柜面系统采取限制使用措施并向本公司报送。本公司有权对不合格账户采取单独管理、限制使用措施。”该规则第49条对不合格账户的情形进行了列举，其中第2款规定，“违规使用他人账户或使用虚假身份开立的账户”为不合格账户。与上述法律法规规定的实名制侧重于账户开立环节不同，该规则对账户的使用环节也进行了规范。换言之，如果出现借用他人账户的情形，证券公司或中登公司可以采取限制使用的措施。

然而，基于以下方面的原因，该项规定几乎难以得到落实：一方面，就中登公司而言，其承担职能在于为证券交易提供集中登记、存管与结算服务，对证券账户使用情况的规范更多地依赖于证券公司数据的汇总和报告；另一方面，上述规则对于证券公司没有落实或疏于落实定期检查的情形并无相应的责任追究和处置措施，为追求自身利益的最大化，证券公司既不愿减少建立在账户基础之上的经纪和资管等业务的收益，也不愿耗费人力物力去核实大量证券账户的实际使用情况。事实上，证券公司尽管知悉大量证券账户存在名实不符的状况，但基本上都采取放任不管、听之任之的态度；更有甚者，部分从业人员甚至参与借用账户的行为。在一起操纵案中，证券公司从业人员利用其职务便利，搜集、借用大量第三人的证券账户，并将这些账户提供给操盘方，直接为操纵市场的违法行为提供帮助。

（三）反洗钱监管在监控账户资金流动、识别账户实际控制人和受益人等方面的优势未能在证券监管中得到有效发挥

《反洗钱法》明确要求包括证券经营机构在内的金融机构建立客户身份识别制度、大额交易和可疑交易报告制度。这些制度在遏制洗钱犯罪及相关犯罪活动的同时，还可以为查清证券账户交易资金的来源和去向、识别证券账户实际控制人或受益人提供帮助。

就银行业而言，客户身份识别制度在《反洗钱法》的基础上，通过《金融机构客户身份识别和客户身份资料及交易记录保存管理办法》（人民银行、银监会、证监会、保监会令〔2007〕第2号，以下简称“2号文”）等规则得以细化，要求金融机构除了在建立业务关系时应核实客户身份外，还应在业务关系持续期间，关注客户及其日常经营、金融交易及信息更新等情况。人民银行最新出台的《关于加强反洗钱客户身份识别有关工作的通知》(银发〔2017〕235号)进一步强调针对非自然人客户,应当采取合理措施了解其业务性质与股权或者控制权结构,了解相关的受益所有人信息。

与银行业务相比,证券业务交易相对复杂。在客户账户上,涉及证券账户、资金账户、信用账户,资金账户还可对应多个第三方存管银行账户;客户交易既包括账户开立、银证转账、股票交易等诸多环节,也可能涉及转托管、委托交易、非交易过户等情况。证监会于2010年出台了《证券期货业反洗钱工作实施办法》,但其内容大都属于原则性规定。实践中,证券公司对客户的身份识别主要侧重的是对客户身份的形式审查,满足于客户身份材料的表面合规性,未能从实质上识别证券账户的实际控制人及受益人。而且,随着证券业非现场模式的发展,除了一般的证券买卖、银证转账等交易外,证券账户开立、变更存管银行账户及留存联系方式业务均可通过自助方式完成,证券公司与客户面对面接触机会越来越少,识别客户的难度加大。

此外,证监会与人民银行反洗钱部门的监管协作和信息共享机制还不够成熟、顺畅,存在上下游信息隔离的问题,即证监会只掌握证券账户交易信息,不掌握上游资金划转情况;反洗钱部门掌握大额异常资金划转情况,但不了解证券账户交易信息。在一起短线操纵案的查办中,我们发现当事人改变了以往案件中银行账户之间相互转账的做法,专门设置一个证券账户作为资金周转平台,资金转入证券账户后并不进行股票交易,而是通过银证转出后转给其他涉案银行账户。这种银行资金划转与证券交易信息的隔离,既对反洗钱资金流动的监控造成冲击,也增加了监测、发现和查办证券违法犯罪活动的难度。

(四)通过民事或刑事责任规制自然人借用证券账户行为存在困难

1. 民事领域

从理论和实践的角度看,出借或借用证券账户行为的民事责任主要与侵权关系和合同关系相关。

(1)侵权关系

根据《证券法》第69条、76条和第77条的规定,证券账户借用人因其虚假陈述、操纵市场、内幕交易等违法行为而承担对投资者的损害赔偿责任；问题在于，账户出借人是否因其提供账户的行为也应承担赔偿责任？从法理上看，对于账户出借人与借用人存在意思联络的情形，相关违法行为属于《侵权责任法》第8条规定的“共同实施侵权行为”，出借人应当承担连带赔偿责任；对于账户出借人与借用人无意思联络的情形，因提供账户行为本身并不足以造成损害，相关违法行为属于《侵权责任法》第12条规定的“二人以上分别实施侵权行为造成同一损害”，应当根据出借人的责任大小，确定其应承担的赔偿责任。

但在目前的司法实践中，操纵市场、内幕交易等证券违法行为民事赔偿鲜有案例，而且普遍存在投资者“难胜诉”的问题，更不用说对出借人提供账户的行为进行民事追偿。在虚假陈述类案件中，由于存在最高人民法院《关于审理证券市场因虚假陈述引发的民事赔偿案件的若干规定》（法释〔2003〕2号），民事赔偿的状况稍有改观，但也主要集中于财务造假、欺诈发行等违法行为涉及使用证券账户的超比例增减股份类案件则几乎没有民事赔偿的案例。

（2）合同关系

出借或借用证券账户行为是否影响合同效力，各地法院的意见并不相同。部分法院认为《证券法》及相关规定中不得出借证券账户的规定仅为管理性规定而不影响合同效力，〔6〕在这种情形下，民事的制约方式自始无从发生。即便法院认定借用证券账户的行为违反了《证券法》及《证券登记结算管理办法》等强制性规定而全部或部分无效的情形，〔7〕账户出借人与借用人之间仅需承担合同无效的责任。而在操纵市场、内幕交易等证券违法行为中，借用证券账户仅系一种手段，并不需要专门

---

〔6〕 例如，浙江省宁波市中级人民法院《张嫦芬与斯英君合同纠纷上诉案民事判决书》（2016）浙02民终2798号。也有法院认为《证券法》对法人出借账户或利用他人账户从事证券交易作出了禁止性规定，但未涉及自然人；虽然《证券登记结算管理办法》第22条规定“投资者不得将本人的证券账户提供给他人使用”，但该办法并不属于法律或行政法规，即其法律位阶无权就合同效力进行立法评判，详见浙江省金华市中级人民法院《王恺锐、王竞雄与洪松鹤合同纠纷民事判决书》（2016）浙07民终368号。

〔7〕 例如，广东省深圳市中级人民法院《陈峰与史兆武等合同纠纷上诉案民事判决书》（2016）粤03民终18639号、衢州市柯城区人民法院《毛建新诉郑玉田委托理财合同纠纷案民事判决书》（2016）浙0802民初1953号等。

就此订立合同;且即便存在相关合同,合同的无效需要在相关纠纷出现并诉诸法院后由法院判定,而在此之前,借用账户行为的目的基本已经达成;再者,如果相关纠纷没有发生或者虽有纠纷却没有诉诸法院,则合同的无效无从确认,亦不影响借用账户目的的达成。

综上,根据目前的司法实践,尚难以通过民事责任对出借或借用证券账户的行为进行有效规制。

2. 刑事领域

刑法具有谦抑性,出借或借用证券账户行为,虽然会破坏证券市场交易秩序,对现有监管造成冲击,但其社会危害性尚未严重到需要采用刑法的法律调整方法。基于罪刑法定原则,针对出借或借用证券账户行为本身不可能进行刑事追诉。问题在于,在账户借用人违法的情形下,账户出借人为违法行为的实施提供了必要的工具——证券账户,是否可以通过"共同犯罪"将其纳入规制范围。

共同犯罪的构成要求各行为人之间存在意思联络,即在主观上具有共同的故意。而现实情况中,证券账户出借人对于账户的后续使用绝大多数都采取放任不管、不闻不问的态度,对于借用人的违法行为并不知情,难以被认定为帮助犯。至于"片面共犯"的理论,虽然不要求出借人知悉借用人使用证券账户的情况和目的,但该理论目前争议较大,在审判实践中极少为法院所采用。当然,如果账户借用人与出借人存在犯意联络,在符合共同犯罪其他构成要件的条件下,则应依法根据各自的行为定罪量刑,严厉打击。

四、境内银行账户监管实践的借鉴

与证券账户相比,国内对银行账户的监管相对比较成熟,而银行账户和证券账户均属于金融账户的重要组成部分,银行账户实名制的监管经验无疑可以为证券账户的监管提供有益的借鉴。

银行账户实名制肇始于2000年4月实施的《个人存款账户实名制规定》(国务院令第285号),该规定第6条要求个人在金融机构开立个人存款账户时,应当出示本人身份证件,使用实名。此后,《人民币银行结算账户管理办法》《人民币银行结算账户管理系统业务处理办法》《反洗钱法》等法律规范的出台，对所有存款账户、结算账户都提出了实名制的要求。

值得注意的是，《人民币银行结算账户管理办法》第65条明确规定，“存款人不得出租、出借银行结算账户”，〔8〕“非经营性的存款人违反上述行为的给予警告并处以1000元罚款，经营性的存款人违反上述行为的给予警告并处以5000元以上3万元以下罚款”。并且，针对出借或借用银行账户的情形，最高人民法院《关于出借银行账户的当事人是否承担民事责任问题的批复》（法［经］复〔1991〕5号）规定：“出借银行账户是违反金融管理法规的违法行为。人民法院除应当依法收缴出借账户的非法所得并可以按照有关规定处以罚款外，还应区别不同情况追究出借人相应的民事责任。”该批复直接规定了出借银行账户行为的性质和相应的罚则对落实银行账户实名制具有重要意义。此处“相应的民事责任”具体为何，该批复虽然没有明确，但在司法审判实践中，法院往往根据这一批复的规定，要求银行账户的出借人在其账户收付的金额范围内承担连带赔偿责任或补充赔偿责任。〔9〕

此外，在信息技术层面，根据中国人民银行《关于进一步加强银行卡风险管理的通知》（银发〔2016〕170号）的规定，各商业银行基于银行卡与支付机构、商业机构建立关联业务时，应严格采用多因素身份认证方式，直接鉴别客户身份并获得客户授权。其中，身份鉴别应采取以下组合方式之一：数字证书组合交易密码、动态口令密码组合交易密码或至少组合两种动态认证因素（如动态验证码、基于客户行为的动态应答等），并采用语音、短信等至少两种不同通信渠道。而且，针对个人办理

---

〔8〕 所谓“人民币银行结算账户”，是指银行为存款人开立的办理资金收付结算的人民币活期存款账户，按存款人分为单位银行结算账户和个人银行结算账户，单位银行结算账户按用途分为基本存款账户、一般存款账户、专用存款账户、临时存款账户。与结算账户相对的概念是个人储蓄账户、单位定期存款账户等不具有结算功能的账户。

〔9〕 详见赵西雷、杨伟丽：《出借账户受到牵连　承担连带清偿责任》，载《人民法院报》2010年9月29日，第3版。其他案例，如江西省高安市人民法院《郑某某诉黄某等民间借贷纠纷案民事判决书》（2017）赣0983民初1736号、安徽省蚌埠市中级人民法院《周军等诉王晓霓等民间借贷纠纷案民事判决书》（2017）皖03民终590号等。

网银、手机银行等业务,除了必须"临柜"办理外,还要求预留其手机号码,并对该手机号码进行现场交互认证——由此将姓名、身份证号码、银行账户号和手机号码四项标识构成了一个银行账户的实名信息,并在网上交易时强制要求手机随机码二次验证的方式进行验证后,才能完成支付或转账交易,从而增强对客户身份的识别能力。

可以看到,与银行账户的监管实践相比,证券账户的监管在账户开立、登录交易及事后追责方面均存在不同。其一,在账户开立方面,银行账户的开立必须临柜办理,且需要姓名、身份证号码、银行账户号和手机号码四项标识交互验证;而证券账户开立无须临柜,可通过网上远程开户,且对开户营业部的选择没有任何限制。其二,在账户交易方面,银行账户每一次转账交易均需采用多因素认证方式确定客户的身份,例如在通过手机银行进行转账时,除了交易密码外,还需结合动态密码才能实现转账交易;而证券账户登录交易,只需交易密码即可,认证方式较为单一。其三,在事后责任追究方面,银行账户相关部门规章不仅对借用银行账户作出禁止,还设置了相应的罚则;而且最高法院以批复的形式对出借银行账户行为作出了明确定性和量罚,各级法院在审判实践中也基本认为,银行账户出借人应当在其账户收付金额的范围内承担连带或补充责任,因此,在法律责任形态上,除了行政责任外,民事责任的规制方式也基本形成。而证券账户相关部门规则虽然也明确禁止借用证券账户行为,但并无相应的罚则,在司法审判实践中也无相应的司法解释或批复可供援引。

五、境外证券账户监管实践的参考

借用证券账户行为在境外证券市场中也经常发生,但针对这一问题专门出台法律规范的情况并不常见。境外实践中,最初一般是从反洗钱的角度关注到账户非实名交易的问题,进而在证券领域不断探索和完善证券账户的管理和调查措施。

(一)国际规范层面

巴塞尔委员会于1988年发布的《关于防止犯罪分子利用银行系统洗钱的原则声明》首次明确将"了解你的客户"原则(know your customer,KYC)作为银行部门反洗钱的基本原则而提出。实际上,该原则最早可追溯至美国1970年《银行保密法》(The Bank Secrecy Act of 1970,BSA),法案虽然没有明文承认"了解你的客户"原则,但其要求银行在与客户建立关系时,需识别客户身份、定期检查账户的交易等内容为国际规范与各国实践所借鉴和完善并逐渐超越了银行监管的范畴,成为整个金融系统的一项基本原则。例如,反洗钱金融特别工作组(Financial Action Task Force,FATF)〔10〕发布的《四十条建议》(1996年拟订,2003年修订)即将"了解你的客户"原则的义务扩展至所有金融机构,要求金融机构在建立业务关系以及整个业务关系持续过程中,应实施客户身份尽职调查措施(customer due diligence,CDD);同时,不仅要求金融机构按照尽职调查程序确定客户的身份,还需运用合理手段核验受益人的身份,对于法人和实体,还需了解该客户的所有权及控制权结构。在证券领域,国际证监会组织(International Organization of Securities Commissions,IOSCO)于2005年发布的《证券业客户身份和收益所有权确认原则》除继续细化客户身份识别要求外,还根据证券业的特点,提出富有针对性的建议,如证券机构应得到充分的信息来核实证券账户的实际控制人,应对代理账户特别留意并针对代理账户制定专门的客户尽职调查政策等。

(二)国家和地区实践层面

1. 美国

如前所述,美国《银行保密法》最早从反洗钱的角度发展出"了解你的客户"原则。在此基础上,美国国会相继通过的《洗钱防治法》《爱国者法》等法案,以及证监会(Securities and Exchange Commission,SEC)和证券交易所根据法律授权制定的相关规则、指引,要求证券机构必须建立客户识别程序(customer identification procedure,CIP),以实现对客户身份的了解;而在无法确认客户身份时,必须考虑注销交易账户、中止或限制交易或者提交可疑交易报告(suspicious activity report ,SAR);同

---

〔10〕 该组织是国际社会专门致力于控制洗钱的国际组织,成立于1989年的西方七国首脑会议,创始国包括西方七国(G7)和欧洲联盟欧洲委员会的15个国家,是目前世界上最具影响力的国际反洗钱和反恐融资领域最具权威性的国际组织之一。我国于2011年成为该工作组的正式成员。

时,在相关案件的正式调查程序中,赋予了SEC执法部广泛的调查权限,即可以通过签发传票(subpoena)强制证人到指定地点作证或提供有关文件,如果当事人无正当理由不按照传票要求作证或提供文件,可能被处以一年以下监禁,单处或并处1000美元以下的罚款。

2. 韩国

1993年,韩国以总统令形式颁布"关于实施金融实名制交易及加强保密措施的紧急财政命令"。根据该命令,凡与金融机构进行的所有金融交易均应使用实名,从而将银行、证券、保险等账户统一进行规范。此后不久,该总统令的主要内容通过《金融实名交易及保密法》(1997年出台,2008年修订)转为正式法律条文。该法律的一个显著特点在于其强化了金融机构在落实金融实名制上的义务。该法律第3条规定,金融机构应与实名客户进行交易,并应根据行政条例规定的程序和方法核实客户身份。在法律责任方面,第7条规定,金融机构官员或职员如违反第3条,应处以3000万韩元以下罚款;同时,根据第8条的规定,如果金融机构的代理人因执行金融机构事务而违反第7条,除了该代理人应处以一定金额的罚款外,金融机构若未尽其注意义务或不具有合理理由,亦应根据同一条款予以处罚。

3. 我国香港地区

我国香港地区承继了英美法系中关于了解客户原则的做法。具体而言,《证券及期货事务监察委员会持牌人或注册人操守准则》第5.1条"认识你的客户"规定,持牌人或注册人应采取一切合理步骤,以确立其每位客户的真实身份;第5.4条规定,就一项交易而言,持牌人或注册人应基于合理的原因信纳该项交易指示的来源及受益人,否则不应采取任何行动以执行交易。根据《打击洗钱及恐怖分子资金筹集指引》第4条的规定,金融机构在开始建立业务关系、执行非经常交易(如交易金额达到一定数额以上)之前以及存在特定怀疑时,应当实施客户尽职审查措施,以识别和核实客户身份、实益拥有人身份及看似代表客户行事的人身份。同时,《证券及期货条例》为保证证监会执法调查的有效进行,还将若干妨碍调查的行为界定为犯罪,给予刑事处罚:如无合理辩解而拒不服从调查人员的要求故意在重大事项上做出虚假或误导的回答等。对该类行为的处罚最高可达罚款100万港元及7年监禁。

4. 我国台湾地区

台湾地区的"洗钱防制法"及相关反洗钱规定中关于识别客户身份的要求与美国、我国香港地区大体类似,不再赘述。值得注意的是,台湾"证券交易法"第 22 条之二第 3 项规定:"第一项之人(即董事、监察人等)持有之股票,包括其配偶、未成年子女及利用他人名义持有者。"[11]且该法第 28 条之二再次规定了上述人员"利用他人名义持有股票"的情形,但纵观"证券交易法"全文,并未对上述人员利用他人名义持有上市公司股份的行为专设罚则。可见,我国台湾地区"证券交易法"并未完全禁止借用他人证券账户的行为。同时,我国台湾地区"金融监督管理委员会"也关注到借用账户对规范证券交易秩序的潜在威胁并于 2007 年发布"为防范证券人头户成为犯罪工具,证券商应落实人头户管理之规定"。根据该"规定",证券商应加强落实有关开户手续、征信作业和受托买卖等作业相关管理措施,并告知账户提供者其可能涉及的法律责任,以防范证券人头户成为犯罪工具;如果证券商及其从业人员利用或提供人头户从事不法交易,则应依证券交易相关规定从重议处。至于账户提供者具体应承担何种法律责任,并未在法律规范中明文规定,而由"金管会"及其他有关机构根据其具体行为而定性处罚。

六、借用证券账户监管的制度完善建议

(一)现阶段,多措并举,加强对借用证券账户行为的监管

1. 以反洗钱客户身份识别制度为抓手,提升对证券账户的识别能力

目前,证券行业在履行反洗钱义务、开展客户身份识别等方面与银

---

[11] 在我国台湾地区"司法"实践中,如果公司董事、监察人等利用配偶、未成年子女或他人名义持有股票并从事内幕交易、操纵市场等行为,实际上属于利用"人头户"而从事违法犯罪行为,行为人应受行政或刑事处罚,但被利用的配偶等人应承担何种责任,应视其是否知情而定。实务中存在公司董事长利用子女名义买入股票,构成内幕交易罪,但其子女因不知情而无罪的案例。参见赖英照:《股市游戏规则——最新证券交易法解析》,赖英照出版 2011 年再版,第 116~119 页。另外,我国台湾地区学界及实务中所指的"人头户"系指该账户非由账户名义人使用,盈亏亦与账户名义人无关的账户,与本文所指的"借用账户"并无实质差别。

行业还存在一定差距，加上人民银行反洗钱部门与证券监管部门之间的相互协作、信息共享等还不够成熟、顺畅，银行资金划转与证券交易信息存在隔离，反洗钱监管在监测资金流动、识别账户实际控制和受益人等方面的优势还未能在证券监管领域充分发挥出来。有鉴于此，谨提出以下建议：一是借鉴银行账户开立、留存手机号变更等业务均需临柜办理的做法，建议取消或限制非现场开立证券账户的模式并强化客户留存信息，尤其是留存联系手机号码的管理，通过在业务关系建立和维持过程增加客户临柜办理的业务类别，从而增加对账户所有人面对面接触、核实其身份信息的机会，提升对证券账户的识别能力。二是进一步加强和完善与人民银行反洗钱中心的监管协作和信息共享机制。一方面，充分考虑到证券行业的交易和资金流动特点，与反洗钱监管部门联合研究、制定专门适用于证券领域的大额交易和可疑交易报告的监测指标；另一方面，打破相互之间信息隔离的状态，建立监管联动机制，实现信息共享、数据互联，形成有效监管合力，用足、用好反洗钱资金监控、识别账户上的监管优势。

2. 通过典型案例的查办，推动证券账户实名制的执行

在现有的制度框架内，虽然《证券法》未明确禁止自然人投资者出借其证券账户，但并不意味着所有借用账户的行为都不具有违法性，其仍有可能触发其他法律规范。建议以典型案例的查办为抓手，加大对借用账户行为的执法力度。具体而言，一是针对自然人通过出借证券账户而获取利益的行为（如前述中通过“账户出借 + 配资”模式获取利益），其开立、出借账户的行为具有一定的“经营”属性，而非满足其证券投资需求，滥用了证券市场的基础制度资源，应责令其依法纠正，没收违法所得，并对借用人和出借人同时处以一定数额的罚款；二是针对账户出借人明知出借账户将用于违法犯罪活动而提供证券账户，或者知道或应当知道其出借的账户用于违法犯罪活动而不加制止的，账户出借人与借用人属于共同违法行为人或共同犯罪行为人除追究借用人内幕交易、操纵市场等违法犯罪行为的责任外，还应根据账户出借人在违法犯罪行为中所发挥的作用、扮演的角色等情况依法追究其法律责任。

3. 利用信息技术手段减少借用证券账户行为的发生

随着网络技术的发展，证券交易呈现出交易终端和交易地点动态化

的趋势,以前对交易终端的信息采集要求已难以实现对证券账户的精准识别。建议强化技术手段减少借用证券账户行为的发生:一是在手机卡号已经普通实施实名制的背景下,可以借鉴银行账户网上交易需要开户预留手机进行短信验证的做法,在证券交易登录时,需要开户预留手机号验证登录者身份;二是结合信息技术的革新和证券交易业态的发展,针对性地制定和完善证券账户交易终端信息采集的标准,实现对交易设备、交易地点的精确锁定,有效提升对证券账户的识别及事后查验核实能力。

4. 建立证监会与交易所和中登公司的监管协作通报机制,加强行业自律监管

针对借用账户行为在证券违法犯罪案件中非常普遍,而中登公司和交易所虽已订立行业规范,但存在关于限制借用证券账户行为的规定难以实施的问题,建议建立证监会与交易所和中登公司的监管协作通报机制,完善行政监管与行业自律的衔接和协调,加强行业自律监管:一是由证监会稽查局定期汇总稽查总队、深沪专员办和各派出机构在案件调查中发现的证券账户出借人及借用人名单,并将该名单向沪深证券交易所和中登公司通报,由沪深证券交易所对通报名单中的证券账户在案件调查期间内采取限制交易的措施,由中登公司对相关证券账户的出借人和借用人在案件调查期间内采取限制其开立新的证券账户的措施。二是在案件行政处罚完成后,由证监会稽查局将涉案证券账户出借人名单向沪深证券交易所和中登公司通报,在一定期限内由其在系统中对相关证券账户作出标识,要求证券公司加强日常检查和监控。

(二)从中长期看,完善政策法规,增强证券账户实名制的制度保障

1. 修订《证券法》,强化自然人投资者作为证券账户名义人事先书面报告和事后配合调查的义务

从境外实践的经验来看,针对证券账户非实名交易的问题,无论是国际规范还是相关国家/地区的实践均未直接禁止;而且,证券账户作为一种投资工具,自然人投资者也存在亲友之间委托理财或账户借用的合理需求,如果简单地采用"一刀切"的方式,完全禁止借用账户行为,现阶段可能在现实中难以有效落实,反而有损法律的权威性。再者,考虑到自然人投资者将其证券账户交与其亲友使用或管理后,其作为账户名

义人仍具有妥善保管账户的义务，应尽合理的注意防止其账户被用于违法犯罪活动，因此，建议在修订《证券法》时，原则上禁止自然人投资者将其证券账户提供给他人使用，除非其事先将有关账户借用的具体情况，如账户借用的期限和方式，借用期间账户的实际使用人、受益人等情况，向证券公司开户营业部提交书面报告；如未提交书面报告而将账户提供给他人使用的，证券公司应当视情况采取提醒和督促其限期履行报告义务、限制资金账户转账或限制证券账户交易等措施。

同时，我们注意到境外实践虽然没有直接禁止自然人投资者使用他人证券账户，但却在案件调查程序中赋予了证券执法部门强有力的调查权限；相较之下，我国现行《证券法》尽管明确规定被调查对象具有配合义务，但现实中账户名义人拒绝配合的现象相当普通，且目前难以通过其他手段有效敦促其配合调查，因此，建议借助修订《证券法》的契机，强化自然人投资者作为证券账户名义人配合调查的义务，对于没有合理原因而拒绝配合调查或故意在重大事项上做出虚假性陈述或误导性回答的，可视情况采取记入诚信档案、在一定期间内限制其开立和使用证券账户以及单处或并处一定金额罚款等措施。

2. 强化证券公司的会员责任

证券账户系投资者在证券公司开立，证券交易指令的委托也离不开证券公司，其作为交易所的会员，对证券市场交易秩序的维护责无旁贷。且从境外监管的实践看，无论国际规范还是国家地区的立法均强化了证券公司在规范账户使用、识别账户实际使用人及受益人身份的义务。针对证券公司在账户使用环节存在管理不到位的问题，建议借鉴境外经验，强化证券公司的会员责任：一是在《证券期货投资者适当性管理办法》已经公布实施的背景下，证券公司应当充分认识到证券账户的规范使用和管理是落实投资者适当性内部管理制度的基础和前提，针对账户使用环节中使用主体具有不确定性的特点，按照《证券账户管理规则》第 50 条关于“定期检查证券账户使用情况”的要求，针对性地制定定期检查方案及相关的内部控制，将检查频率、方式、标准等内容制度化，尤其是针对从业人员参与借用他人账户行为的问题，应当设计、执行事前防范、事中监控及事后惩戒的相关机制；二是完善《证券公司分类监管的规定》，将证券公司落实证券账户规范使用和管理的情况纳入评价指标。

证券公司如发现出借或借用证券账户的情形,应提醒和督促账户名义人提交关于账户借用情况的书面报告,进而依照《证券期货投资者适当性管理办法》关于“全面了解投资者情况”的要求,识别账户实际使用人及受益人的身份,视情况采取相应的措施,并定期向中登公司及属地证监局报告。

(编辑:彭鲁军)

《证券法苑》(2018)
第二十五卷,第 186 ~206 页

证券公司客户管理责任若干问题的法律思考

陈 岚* 朱 维** 李 烁***

摘要:证券公司履行客户管理责任,既基于其金融中介机构的属性,又由于其与客户之间存在不同于一般民商事关系的法律关系,同时也是证券公司履行社会责任的重要内容。近年来,管理主导、管控方式以及管控覆盖面等方面出现新的变化,但实践中依然存在一些亟待解决的问题。对此,宜在证券法层面建立客户管理责任的安全港规则,在证券公司内部建立统一的客户与服务管理体系。同时,证券公司需强化管理责任,从多个角度入手积极应对资管新规的影响。

关键词:证券公司 客户管理 资管通道业务 管理责任

2016 年以来,证券公司客户管理责任在立法和实践两个方面均取得了较大突破。沪深交易所探索建立了"以监管会员为中心"的交易行为监管模

* 光大证券股份有限公司合规总监,法学博士。

** 光大证券股份有限公司法律合规部员工。

*** 光大证券股份有限公司法律合规部员工。

式，针对会员接受投资者委托代其买卖证券等行为，按照会员制的运行机制，让证券公司加入到共同维护市场交易秩序的队伍中来，切实担负起管理客户交易行为的义务，督促证券公司管好客户，要求事前了解客户、事中监控交易、事后报告异常。2017年证监会发布实施的《证券期货投资者适当性管理办法》、《证券公司和证券投资基金管理公司合规管理办法》和近期的《证券公司经纪业务管理办法（征求意见稿）》均对证券公司客户管理责任提出明确要求。结合证券发行领域已建立施行的保荐机构“先行赔付制度”和后续督导责任，可以说，在证券公司经纪业务、投行业务、资产管理等主业经营和反洗钱领域，规范证券公司客户管理责任的规章制度、自律规则基本全面建立。发端于反洗钱的客户管理责任，其“溢出效应”在我国证券市场表现较为明显。相较先行者美国，其仅形成了雏形，我们则要丰满许多。[1]

证券公司对此种客户管理责任的制度设计存有多重顾虑和困惑——券商的角色、定位在哪里，对经营模式会有什么影响，在规则执行过程中不理解甚或抵触情绪时有体现。本文拟对证券公司客户管理责任相关法律问题做一探讨。

一、证券公司履行客户管理责任的理论基础探究

（一）证券公司金融中介的法律属性

金融中介机构是专门从事将资金在需求者与供给者之间进行融通的媒介实体。金融是国之重器，是国民经济的血脉。金融中介是金融市场活动的重要主体，其安全稳定运行，不仅关系到投资者的切身利益，更关系到整个经济体系的稳定。金融是特许经营行业，金融中介机构作为特殊的公众性、社会性很强的持牌企业，是现代经济的核心和资源配置的枢纽。其行业特性，要求证券公司在维护资本市场秩序方面对社会承担更多的责任。

---

〔1〕 参见张彬：《境外证券经纪商客户管理责任的制度与实践》，载《证券法苑》2017年总第23卷。

(二)证券公司与客户的法律关系不同于一般民事商事关系

证券市场的突出特点是公众化参与、公众化交易,具有明显的无纸化交易、匿名交易对手方以及集中撮合的特质,使其法律关系与一般民事商事关系不同。比如,证券交易无纸化使证券权益的确认、归属、变动、流转和实现等方面,无法直接适用针对一般动产或者不动产的物权有关过户公示等规则。再如由证券登记结算机构和期货交易所充当中央对手方角色,交易参与方依据结算规则清算交收引发的责任更替,与我国《合同法》有关合同权利义务转移的法定要件不同,因此无法用普通债权债务的概括转移来解释。[2] 此外在融资类业务中,在高度流动的条件下,传统担保法律制度在担保标的物的范围、担保的设定和行使等方面,表现出和一般的物权关系不一样的地方。[3] 在交易方面,我国交易所实行账户直接持有、一级托管,是一户一码制度,交易所可以直接面对市场投资者。国际市场的交易监督形式更多的是直接监督会员,采取的是账户间接持有、多级托管模式,市场监测体系建立在会员之上,监管和运营的架构以会员为基础。我国交易所与券商及客户之间,相较境外交易所的单一特点,是双线管理、多头关系。

正是由于法律关系的复杂性、市场参与主体的多样性,尤其散户占比较高的市场主体结构,出于对中小投资者合法权益的有效保护,除了监管机构之外也需要作为承销商、经纪商以及资产管理人身份的证券公司参与证券市场投融资双方行为的规范与管理,促进市场形成符合预期的稳定秩序。为此,对在金融活动中占据优势地位的金融中介课以法定的维护市场义务,符合证券市场复杂性特点。对应到法律规则的设计,管理性强制规范在证券市场平等民主事体的商事活动规则中占有一定比重,券商有必要将管理性强制规范转化为平等民事主体间的合同条款,将法定义务转化为约定义务,且不能

---

〔2〕《证券法》第155条规定:"证券登记结算机构是为证券交易提供集中登记、存管与结算服务,不以营利为目的的法人。"另外,按照《期货交易管理条例》第10条的规定,期货交易所组织并监督交易、结算和交割,为期货交易提供集中履约担保。因此,在期货市场中,由期货交易所充当中央对双方的角色。

〔3〕肖钢:《证券法的法理与逻辑——在第四届"上证法治论坛"上的演讲》,载《证券法苑》2014年总第10卷。

让渡。

（三）证券公司客户管理责任是履行社会责任的重要内容

2002年10月，国际金融公司和荷兰银行等9家银行在伦敦主持召开会议讨论项目融资中的环境和社会问题，会后由荷兰银行、巴克莱银行、西德意志州立银行和花旗银行在国际金融公司环境和社会政策基础上共同起草了一套针对项目融资中有关环境与社会风险的指南。这项指南要求金融中介机构在向一个项目投资时，要对该项目可能对环境和社会的影响进行综合评估，并且利用金融杠杆促进该项目在环境保护以及周围社会和谐发展方面发挥积极作用。这就是赤道原则，是金融可持续发展的原则之一，也是国际金融机构践行企业社会责任的具体行动之一。〔4〕

学者引用、阐释赤道原则作为金融中介承担社会责任的理论基础。这一原则原本发端于金融机构融资项目的自然生态环境保护问题，随着金融对社会诸多领域影响力的加深，该原则的适用范围逐步扩展到对金融生态乃至经济生态环境的保护。其中，客户的管理和客户合法权益的维护是金融生态有序运行的重要环节。金融发展已从行业维度提升到国策维度，金融安全是国家安全的重要组成部分，金融制度是经济社会发展中重要的基础性制度。在此情势下，金融中介机构更应当考虑如何承担社会责任，成为一个负责任的、良好的经济主体。

（四）强化证券公司客户管理责任的趋势明显

经初步统计，近年来监管机构、自律组织陆续制定相关规章制度、交易规则，强化证券公司的客户管理责任，逐步加强证券公司对客户管理的主体地位，并且这种趋势全面向证券公司经纪、资管、投行等各个业务领域延伸覆盖（见表1）。

---

〔4〕 参见朱慈蕴：《论金融中介机构的社会责任——从应对和防范危机的长效机制出发》，载《清华法学》2010年第1期。

表1　证券公司客户管理责任主要法律法规和自律规则

	经纪业务	资管业务	投行业务
法律	《证券法》第141条、第147条		《证券法》第11条、26条、31条等
行政法规	《证券公司监督管理条例》第37条等		
部门规章	《证券期货业反洗钱工作实施办法》 《证券经纪业务管理办法（征求意见稿）》第11～23条等 《证券期货投资者适当性管理办法》 《证券公司和证券投资基金管理公司合规管理办法》第6条 《非居民金融账户涉税信息尽职调查管理办法》等	《证券期货业反洗钱工作实施办法》 《关于规范金融机构资产管理业务的指导意见》第6、8条等 《证券期货投资者适当性管理办法》 《证券公司和证券投资基金管理公司合规管理办法》第6条 《非居民金融账户涉税信息尽职调查管理办法》等	《证券期货业反洗钱工作实施办法》 《证券期货投资者适当性管理办法》 《证券发行上市保荐业务管理办法》 《保荐人尽职调查工作准则》 《首次公开发行股票并上市管理办法》第5条等 《公开发行证券的公司信息披露内容与格式准则第1号——招股说明书》，第18条明确保荐人应承诺先行赔付
自律规则	《上海证券交易所会员客户证券交易行为管理实施细则》 深圳证券交易所《会员客户交易行为管理指引》 《上海证券交易所关于加强重点监控账户管理工作的通知》、《深圳证券交易所关于加强重点监控账户管理工作的通知》等		

其中，以《证券经纪业务管理办法（征求意见稿）》（以下简称《新规》）为例，其对券商经纪业务客户管理责任提出了更为详尽的具体要

求,进一步明确了强化证券公司保证主体适格义务和对投资者资质、交易行为管理的监管思路。

《新规》意见稿进一步强化了机构了解投资者、履行账户实名制管理的义务,增设了大户核查要求,对无法核实投资者(证券和资金资产合计超过50万元的个人)真实身份或重要信息的,应当拒绝为投资者提供相关服务;增设了证券公司对客户交易指令的审核责任,如发现投资者的委托指令违反规定或者可能严重影响正常交易秩序的,应当提醒投资者修改或拒绝接受委托;强化了交易席位与交易单位管理,证券公司出租交易单元的,应当按照规定报告证券交易所并纳入公司经纪业务统一管理,履行相应管理职责。

一方面,《新规》对推动证券公司建立以客户为单位的核查机制有积极作用,公司核查核算要从"账户"转变到"客户",应当设计完善集中渠道,如客户数据中心,核查一人多业务、多账户的资金资产情况。另一方面,从目前现实情况考虑,《新规》的上述要求在操作性方面还有进一步调整空间。比如,要求实现产品的穿透核查就存在实际上的操作困难,产品客户并非券商客户,其信息属于产品管理人管理的数据,一般不会提供给主经纪商,券商核查缺少必要的手段,需要通过《新规》明确产品管理人的配合义务。再者,在客户交易指令生成阶段,如何审核,对交易目的、主观意图如何判断,是否产生交易效率问题,需要在规定中有较为明确的判断标准并进一步论证测试。第三,目前客户租用券商交易单元,由于采用托管行结算模式,客户的交易情况、清算数据、交收工作均由托管银行与客户直接对接完成。证券公司无法查看到客户交易单元的交易情况,难以实现对客户的交易管理及监控工作,后续需要在现有的结算模式下,通过客户申报,公司获得授权主动核查等方式以对租用交易单位的客户进行管理。第四,对客户异常交易行为管理,可在目前两家交易所相关自律规则的基础上,在部门规章层面如《新规》中明确证券公司管理的法律依据,以提升法律位阶和管理效力。

二、证券公司客户管理责任的发展变化和存在的主要问题

（一）客户管理责任实践的新趋势

1. 从交易所主导向证券公司主动管理转变

这涉及会员角色定位和营利模式调整，对客户及其行为的管理主体由市场组织者向中介机构延伸，证券公司开始直接承担客户管理责任。证券交易所作为证券市场的组织者，直接面对上市公司、市场投资者、证券公司及相关服务机构，客观上要求证券交易所承担其对上市市场主体的一线监管责任，《证券法》也赋予了交易所制定上市、交易规则，开展实时监控，提交异常交易报告等职责。例如，在监控中，交易所通过对行情、交易、证券及资金进行监控，发现异常情况，通过证券公司核查反馈进行处理，交易所起主导作用，证券公司更多的是被动的协同配合。然而，这种被动管理无法在源头有效进行风险防范，尤其在市场大幅波动期间，容易出现诸如"谁的客户、谁的账户、谁的指令、谁的资金"都无法核查清楚的情况。证券公司为客户提供服务，与客户关系相对紧密，直接掌握客户具体的开户资料、身份信息、资金流水以及委托、交易记录，因此，相关监管规定及监管趋势要求证券公司对客户承担更主动与直接的管理责任。〔5〕在实践中，深交所与上交所已于日前同步发布《关于加强重点监控账户管理工作的通知》（以下简称《通知》），明确要求推进建立"以监管会员为中心"的交易行为监管模式，充分发挥会员在客户交易行为管理方面的重要作用。〔6〕

2. 从分散识别到集中管控的转变

长期以来，市场主体与证券公司的业务关系，均以证券公司业务类型与账户类型进行划分，证券公司的客户包括融资主体与投资主体，对客户管理的分类也是基于投行、投资、经纪、资管等不同业务类别与其开

---

〔5〕 参见《证券期货投资者适当性管理办法》、《证券公司和证券投资基金管理公司合规管理办法》及《证券公司经纪业务管理办法》（征求意见稿）相关规定。

〔6〕 参见《关于加强重点监控账户管理工作的通知》（深证会〔2018〕156 号）、《关于加强重点监控账户管理工作的通知》（上证发〔2018〕24 号）。

立的相应的证券账户与资金账户分别开展。其结果是，同一客户在同一证券公司开展不同业务或者开立不同类型证券账户时，对其进行主体适格性、参与适当性、行为合规性、资金合法性等要素进行判断时，会因为由证券公司内部多个单位分别进行识别，缺乏统筹，既容易产生重复工作又可能存在合规风险漏洞。因此，相关监管部门已经开始着手，推动客户管理体系由以业务或账户为核心转变为以客户为核心的模式。如证券经纪业务有关大户核查、反洗钱以客户为单位管理客户身份和交易信息以及风险等级划分，以及非居民金融账户涉税信息尽调有关客户账户资产加总计算等要求。

3. 从前端管控到全流程覆盖的转变

客户适当性与开户实名制一直是客户管理的重点工作，证券公司长期以来也将“把好准入关”作为主要工作。然而，随着维护金融秩序稳定工作日益重要，对客户管理重心已经从“准入”向“行为”及“行为结果”转变。新近发布实施的《证券公司和证券投资基金管理公司合规管理办法》明确将持续督促客户规范证券发行行为，动态监控客户交易活动，及时报告、依法处置重大异常行为，不得为客户违规从事证券发行、交易活动提供便利作为证券公司合规管理的基本要点之一。对融资主体的管理涵盖发行承销、持续督导及受托管理等多个环节，对投资主体的管理也延伸到了交易行为的监控及重大异常行为的识别与处置。同时，对于不符合相关管理要求的客户，有明确的予以拒绝的法定义务。多项规定推动证券公司实现从单一注重提供通道服务向服务与管理客户同时并重的转变。[7]

（二）目前客户行为管理中亟待解决的问题

如前所述，强化证券公司对其客户所开展的市场行为进行管理是趋势所在，然而证券公司本身从其市场主体身份定位、客户管理权利来源以及现有市场规则的设计上看，对于客户行为管理仍然存在一些问题需要解决。

1. 证券公司对客户管理的身份定位尚不适应

一直以来，证券公司作为业务服务与金融产品提供者，为整个证券

---

〔7〕 参见《证券期货投资者适当性管理办法》第27条、33条。

市场的发展发挥了重要的作用,同时也经历了由“乱”到“治”的过程。经过清理整顿,解决了长期积累的主要问题,其中包括挪用客户资产、造成巨大资金缺口等。[8] 因此,加强客户利益保护,防范公司与客户之间的利益冲突,是搭建客户资金三方存管体系、健全证券公司内控制度、建立客户实名制管理、规范证券买卖委托禁止行为的价值取向。另外,虽然经过多年的发展,证券公司经纪业务收入占比逐渐下降,但证券公司的业务基础始终建立在客户资产规模之上。因此,证券公司在实践中更多的是依据与客户签订业务协议,以更好地为客户服务为出发点,即以客户为核心作为业务发展的目标。比如,遇到客户投诉纠纷,对于资产规模较大的客户,证券公司往往会倾向让步以留住客户。

2. 对客户行为管理的要求与证券公司权利来源尚不匹配

单纯从法律关系上看,不管是证券经纪还是资产管理,其基础均是来源于客户的委托,通过委托的授权,得产生证券公司代理客户交易、受托管理客户资产的权利。这种权利源自双方的意思表示,即意定的结果,明确地赋予权利。而客户行为管理更多体现出一种准法定义务,例如,上海证券交易所《关于加强重点监控账户管理工作的通知》第4条有关加强对重点监控账户名单客户管理措施规定,“对可能严重影响正常交易秩序的异常交易行为或者涉嫌违法违规的交易行为,会员应当根据委托代理协议,拒绝接受其委托或终止与其的证券交易委托代理关系,并及时以临时报告的形式向本所报告”。由于两者的不匹配,虽然《通知》从文件性质上为交易所自律规则,但如果没有上位法支撑,上述义务纳入委托代理协议中,证券公司大有因为履行自律管理义务而被客户追究民事责任之虞。

3. 对加强客户管理规则可操作性仍需完善

目前,对客户异常交易行为的监控是证券公司对客户行为管理的主要工作之一。上海证券交易所《会员客户证券交易行为管理实施细则》与《证券异常交易实时监控细则》均列示了客户异常交易的情形,并明确要求证券公司应当建立、完善有效的证券交易和资金监控系统,并制定相关的管理制度,结合公司客户具体情况,在监控系统中设置相关预

〔8〕 参见周正庆、李飞、桂敏杰主编:《新证券法条文解析》,人民法院出版社2006年版。

警指标,关注相关情形,以及时发现、制止可能存在的异常交易行为。[9] 然而,虽然上述细则所列示的异常交易行为种类很多,但预警区间及量化标准并不明确,以致证券公司按照规定理解纳入监控系统的预警指标后,出现发生证券公司预警的而交易所未预警的情形,监控精准度有待提高。因此,若考虑到数据敏感,交易所不宜公开预警标准,则可以参考"黑箱"模式,建立模拟系统导入市场行情,引导客户就其投资策略,尤其是既定策略上线检测,以避免实操中频发触发异常交易预警指标的情况发生。

三、完善证券公司客户管理责任的制度设计与实践建议

(一)建议建立客户管理责任的安全港规则

证券公司对客户管理责任最大的困惑,就是担心按照监管要求履行了相应法定义务,而被客户要求承担一定的侵权责任。无论从法律角度,还是合同角度,券商均有可能为了避免监管处罚而提交核查报告或异常交易报告等客户信息,此后又由于侵犯客户的法定权利或约定权利,承担对客户的民事赔偿责任。[10] 在现行有关客户管理责任的规章制度中,均没有设定明确的证券公司安全港规则,以免除证券公司因信息报告行为所要承担的法律责任。

安全港规则适用领域非常广泛,如美国《统一有限合伙法》对有限合伙人设定该规则,即有限合伙人的行为如果可被认定为有限合伙法明确列举的行为类型,则不视为参与合伙事务的控制,因而不构成对其有限责任的否定,不需要承担与普通合伙人同样的责任。[11] 又如,美国与欧盟在对于网络服务商在一定条件下适用该规则,即在履行有限的法定

---

〔9〕 参见上海证券交易所《会员客户证券交易行为管理实施细则(2015 年修订)》第 20 条、《证券异常交易实时监控细则(2015 年修订)》第 8 条。

〔10〕 张彬:《境外证券经纪商客户管理责任的制度与实践》,载《证券法苑》2017 年总第 23 卷。

〔11〕 粘怡佳:《美国有限合伙法上"安全港规则"——以有限责任界定为中心》,载《科技与法律》2015 年第 2 期。

义务之后,将获得"安全港"的庇护,不会因为第三方的侵权行为承担损害赔偿责任。[12] 再如,美国证监会对于预测性信息披露设定该规则,即只要预测性信息是善意做出且具有合理的基础,即使没有产生预期的结果,发行人也可以免于承担法律责任。[13] 总体而言,所谓安全港规则,实质上是在某种条件下,基于法定而对行为人产生某种侵权或违约责任豁免的效果,安全港规则特点在于:一是明确特定条件,即由规定明确规定适用范围及构成要件,从而防止权利滥用;二是豁免范围,即由规定明确在那些范围的责任可以豁免,并明确是否存在主观过错。回到证券公司客户管理责任方面,证券公司与其客户通过签订相关业务协议而确定双方权利义务,一般而言,这种法律关系是建立在提供相应服务基础上的,对客户交易行为管理的强化,可能会影响到客户的相关利益,如因客户交易过程中频繁触发交易所异常交易行为指标,而由证券公司对其交易权限进行适当限制,有可能影响客户交易之机会,甚至造成其损失。因此如果从法律上不对此问题予以解决,证券公司在实践中难以有效履行客户管理义务,在面对高净值客户和大客户流失风险时,可能会采取变通手法,使管理责任不能切实落地。建议在《证券法》修订中,在将证券公司客户管理作为基本义务予以设立时,也明确制定相应的安全港规则。

(二)建议建立统一的证券公司客户管理与服务管理体系

首先,设立客户服务与管理统筹机构,充分发挥该机构的统筹管理职责,公司内部各业务主管单位及执行单位各司其职,在客户开户、交易、销售产品及相关服务等各环节提供优质服务的同时,按照统一原则及各自业务的特殊标准持续做好客户适当性管理工作,实现适当性管理要求在证券公司内部各单位及所有从业人员的全覆盖。证券公司在推介金融产品时,应当坚持投资人利益优先原则,履行适当性义务,注重根据金融消费者的风险承受能力销售不同风险等级的产品,把合适的产品推介给合适的金融消费者,以避免金融消费者因其专业性上的欠缺导致

---

〔12〕 崔国斌:《网络服务商共同侵权制度之重塑》,载《法学研究》2013 年第 4 期。

〔13〕 张楠、郭逢兵:《新股发行中的安全港规则》,载《云南社会主义学院学报》2014 年第 1 期。

不必要的损失。对券商课以此种义务,可以防止其为追求自身利益,将不适格的金融消费者不当地引入资本市场,罔顾金融消费者权益而从中牟利。

其次,证券公司需建立统一的客户信息管理数据库,明确分类标准与分库规则,形成以客户为中心的账户管理体系。在完善客户市场行为数据的收集、分析及动态监控机制的基础上,建立统一的客户重大异常行为的发现、报告、处置机制,以持续督促客户规范证券发行与交易行为,实现对客户行为有针对性地分类与精准管理体系。

最后,证券公司需完善客户权益保护机制,以客户为核心,就客户提出的业务需求,按照各类业务有关客户权益保护的要求进行分类宣传、教育和普及。建立与完善利益冲突防范机制,有效识别业务开展过程中,证券公司与客户,以及客户之间的利益冲突,公平对待客户,防范损害客户合法权益行为的发生。通过“统一原则、集中实施、统筹配合”的信息公示与回访体系,既要发现问题,又要保证客户体验。健全客户投诉处理机制,及时预防与发现风险,并建立核查异常与督促整改的处理机制。

四、客户管理责任下资产管理通道业务的审视

资产管理通道业务是证券公司履行客户管理职责中一项较为特别的业务安排。通道业务中,证券公司作为管理人,不承担主动管理责任,亦不承担投资风险,通常按照客户即委托人的投资指令开展业务,担当资金流向委托方指定资产的“通道”功能。表面上看,通道业务应是客户管理的“安全港”,事实恰恰相反——相比于主动管理业务,管理人让渡管理职责后,委托人或投资顾问在一定程度上取代了受托人的法律地位,造成法律关系异化,权责难以划分,不少争议纠纷甚至上升至司法层面。但目前司法实践并未给证券公司提供清晰的指引,证券公司的客户管理职责界限并不明朗。如今,资管业务相关新规已经出台,进一步强化了对管理人的约束,司法实践的态度也可能随之发生变化,有望形成较为统一的裁判思路,对作为管理人的证券公司有直接影响。

(一)资管通道业务在司法视野下的管理责任

目前,有关通道业务的司法案例并不多见,尚未形成统一的裁判思路与观点。经过有效筛选和排除,我们主要通过"中国裁判文书网"搜集了12例典型案例。第一类是违约之诉,多数为委托人主张管理人未尽勤勉尽责义务,要求返还信托本金及收益、赔偿损失,或者是管理人起诉,追究委托人或第三人的违约责任,如要求委托人立即接受信托财产,或支付转让收益权款项,并涉及反诉。第二类是侵权之诉,管理人诉请合伙人承担侵权责任,典型案例为"基金子公司第一案"——"万家共赢案"。[14] 第三类是无效之诉,在投资标的出现逾期违约后,在担保方也未履行担保责任的情况下,委托人为实现权利救济,主张通道业务协议因违反监管规则或以合法形式掩盖非法目的而无效,甚至整个交易无效,以此要求管理人返还本金利息。[15] 第四类是不当得利之诉,第三人要求委托人和管理人承担连带责任,搜集到相关案例仅1例。[16]

经梳理分析,"通道业务合同是否有效,能否作为管理人责任承担认定的依据""管理人的义务和职责如何界定,民事责任如何承担"是通道纠纷的主要争议焦点。围绕争议焦点,我们对裁判规则进行了类型化分析和研究。

1. 合同效力之争

(1)司法观点

关于通道业务的合同效力,认为合同无效的理由主要是两点:一是认为通道业务合同违反金融监管强制性规定;二是认为该合同系以合法形式掩盖非法目的。诚然,通道业务诞生之初即是为了监管套利,突破监管规则障碍,具有"脱法"嫌疑。但从目前搜集的案例来看,司法观点一致认为,通道业务合同系委托人与受托人之间的权利义务安排,只要不违反法律、行政法规的强制性规定,当属意思自治范畴。地方性法规、行政规章不得作为依据。而且,规避金融强制监管不损害国家或集体或第三人利益或社会公共利益的,不宜认定为以合法形式掩盖非法目的。

〔14〕 参见上海市第二中级人民法院(2010)沪二中民六(商)终字第228号民事判决书。

〔15〕 参见江西省高级人民法院(2015)赣民二初字第31号民事判决书。

〔16〕 参见杭州市西湖区人民法院(2008)杭西民一初字第1740号民事判决书(一审)、杭州市中级人民法院(2010)浙杭民终字第644号民事判决书(二审)。

因此,司法实践对于通道业务合同基本秉持合同有效的观点。

(2)综合分析

我们认为,通道业务合同的有效性,是私法自治与国家强制之间张力互相拉锯的结果。通道业务合同效力问题,实际上包含了三个问题:①通道业务违背监管规则是否导致合同无效;②通道业务让渡管理人职责是否导致合同无效;③通道业务是否违反公共利益导致合同无效。

对于第一个问题,虽然通道业务存在规避监管之嫌,但资管新规出台之前,金融监管部门并未明令禁止通道业务,委托人只能依据违背规避投资范围、杠杆约束等间接的监管规则主张合同以合法形式掩盖非法目的。但只有当事人的实质目的违反法律、行政法规规范目的,或者该行为具有外部性而影响到他人利益、公共利益时,司法才会介入管制,认定合同无效。目前来看,通道业务合同并不符合上述条件。

这背后深层次的逻辑在于司法机关与监管部门、行业自律机构功能分配不同。监管部门、行业自律机构侧重于应时而变,主动管理,具有事前性、灵活性和修正性的特点;而司法机关偏向于有限介入,给予私法自治足够的生长空间,更强调被动性、稳定性、可预期性。因此,司法机关在面对层级较低且稳定性不足的监管规则时,往往不会作过于宽泛的解释。

对于第二个问题,由于资产管理人职责大多系管理性强制性规范,违反管理性强制性规范,一般仅涉及违约问题,不涉及无效问题。当然,让渡管理人职责只能降低管理人的注意义务标准和减少管理人的责任范围,不能免除管理人的核心义务,构成"消极信托",否则将影响合同效力评价。

对于第三个问题,违规通道业务本身就是为了规避国家金融监管政策,进而肯定影响到了国家金融管理秩序,但尚未达到违反公共利益的程度。因此,以"违反公共利益"为由否认合同效力的尚显基础单薄。但是否"违反公共利益"实际上是社会学解释问题,因此通道业务规模、经济形势、公共政策等因素的变化都将给司法态度带来影响。

2. 管理人承担民事责任之辨

(1)司法观点

司法视野中,如纠纷仅发生在委托人与管理人之间,则合同约定的免责条款具有法律约束力,但不能对抗第三人;如管理人违反合同约定义务,则委托人有权以侵权或违约为由要求管理人承担民事责任。但是,一旦投资损失由委托人或投资顾问造成,三方就开始互相推诿,司法观点对此也莫衷一是、众说纷纭,主要有以下三种观点:

第一种司法观点认为,通道业务中,委托人并不是基于对管理人能力的信任而向其委托财产,一般也不实际进行管理和处分,不符合《信托法》的相关规定,通道业务法律关系应定性为委托关系而非信托关系。故根据《合同法》第400条的规定,受托人仅就第三人的选任及其对第三人的指示承担责任。

例如,华南国际经济贸易仲裁委员会在审理的一起通道业务纠纷中认为,经委托人同意和安排,管理人将资产管理的职责转委托给C公司,在C公司交易员因失误瞬间造成巨额亏损时,管理人未发出任何交易指示,因此根据《合同法》第400条的规定,管理人不承担任何责任。[17]

第二种司法观点认为,即使是通道业务,委托人与管理人的关系仍符合信托关系的要件,应被认定为信托关系。根据《信托法》第30条的规定,受托人依法将信托事务委托给他人代理的,应当对他人处理信托事务的行为承担责任。即管理人应对委托人或投资顾问的行为"埋单"。

如前文提及的"不当得利之诉"中,根据信托合同约定,作为通道方的管理人,应将委托人的1200万元用于缴付认缴的目标公司出资额,成为大股东,并根据委托人的指令指派高某(委托人法定代表人)担任目标公司的董事兼总经理。但之后高某将目标公司账户资金全部抽逃转回委托人。管理人以其仅根据委托人的指令委派董事、并不参与具体的实际经营管理为由抗辩。但该案一审判决认为,管理人与委托人之间存在的内部关系,不能对抗目标公司外部债权人;管理人并未亲自履行信托事务,而是将信托事务交给了信托委托人处理。管理人知道或应当知道其行为违法而不表示反对的,应与委托人互负连带责任。

第三种司法观点,在同样认定为信托关系的情况下,刻意回避《信托法》第30条,而是纯粹根据合同约定义务来判断管理人是否承担责任。

例如,"安信信托"案中,光大银行太原分行以其实际控制的公司的

---

〔17〕 深圳国际仲裁院:《华南国仲金融仲裁典型案例精选(一):资管业务"通道方"的责任之争》,载http://www.sccietac.org/web/news/detail/1588.html,2018年5月30日访问。

名义，委托安信信托资金 8000 万元，向新陵公司发放贷款，用于公路建设项目。但实际信托资金用于公路建设仅为 5350 元，剩余资金被挪用。委托人即起诉法院，主张管理人管理信托存在严重失职。〔18〕法院最终认为，从本案的资金流向和账户实际控制情况来看，新陵公司的账户开设在太原光大银行，被挪用的资金是通过开设在太原光大银行的系列账户进行资金流转。结合太原光大银行实际控制了上述账户，法院认定导致账户资金被挪用是太原光大银行实际控制了上述系列账户所致，而非安信信托监管不力。且安信信托已按照信托文件以及《贷款合同》的约定，对信托资金以及项目的进展履行了监管职责，故安信信托对此不应担责。〔19〕持该司法观点的案例共有 4 例，较为主流。

(2)综合分析

通过以上分析发现，司法机关总体持有宽容态度，认为合同是解释民事责任的首要文本，管理人所承担的义务和职责边界以合同约定为限。但在不同法律关系的认定下，管理人所承担的客户管理责任大相径庭，信托关系下的管理责任一般要远强于委托关系下的管理责任。但目前，无论是立法层面，还是司法层面，资管产品的定性都是较为模糊的。我们倾向认为，信托计划、公募基金、私募基金属于信托关系，而银行理财、券商资管计划等认定为委托关系，详见表 2。

表 2　各类资管业务法律关系属性分析

监管部门	资管业务	上位法	信托关系	委托关系
银监会	信托计划	《信托法》	√	
	银行理财	《商业银行法》		√
证监会	公募基金	《信托法》《基金法》等	√	
	券商资管	《证券法》		√
	基金资管	《基金法》	√	
	期货资管	《期货交易管理条例》	√	
	私募基金	《基金法》	√	
保监会	保险资管	《保险资金运用管理办法》		√

〔18〕参见上海市第二中级人民法院(2010)沪二中民六(商)终字第 228 号民事判决书。

〔19〕参见上海市第二中级人民法院(2010)沪二中民六(商)终字第 228 号民事判决书。

更为重要的是,我们认为,司法裁判在关注合同约定以外,应将视线延伸投向法定义务。因为合同约定义务有时并不完整,且《信托法》《基金法》中规定的法定义务不能通过约定让渡排除。具体如下:

①投资者适当性义务。尽管是通道业务,委托人大多为金融机构,但依然要对客户、投资标地进行适当性评估和匹配,并充分揭示投资标的的风险内容。

②直接发送投资指令义务。现实操作中,不少管理人转委托投资顾问发送投资指令。但我们认为,发送投资指令是资产管理的核心载体,该义务应系管理人勤勉尽责的"底线义务"。《证券期货经营机构私募资产管理业务运作管理暂行规定》等相关监管规范亦对此作了明确要求。一旦转委托,管理人就沦为彻底的"通道",有构成"消极信托"的嫌疑。

③资金监管义务。主要包括财产隔离和动态管理两方面。一方面,应对信托财产或委托财产单独建账进行管理,以与管理人固有财产进行区分。另一方面,应动态监管资金流向,尽到专业金融机构的注意义务,并根据相关规定进行信息披露,以便于委托人及时了解资产运行现状。

④清算分配义务。清算分配是受益人获取利益的必经流程,因此管理人应当根据合同约定确定收益分配方案,及时、准确完成清算工作,向受益人分配收益。

如若违反上述义务,管理人应同样承担法律责任。特别是,在当前我国通道业务管理人大多无视谨慎投资义务的背景下,司法机关更应通过裁判引导和促进管理人重视法定义务,依法规范经营。

3. 资管新规可能给司法裁判带来的影响

"当事人的意思自由只是在国家设定的高低不同的栅栏中流动,私法自治的领域,事实上自始充满了各种国家强制。"[20] 近期,国家强制又添重要砝码,中国人民银行、银保监会、证监会、外汇局四部门联合发布《关于规范金融机构资产管理业务的指导意见》(以下简称《指导意

〔20〕 苏永钦:《私法自治中的国家强制》,中国法制出版社2005年版,第24页。

见》),首次在纸面上明令"禁止通道业务",[21]引发社会关注。资管新规将给司法裁判带来怎样的影响值得研究。

(1)法院向监管机构看齐,穿透式认定合同效力

一般来说,法院重视合同自由,尊重意思自治,可能在监管机构看来是违规的,而法院却倾向于认可合同的效力。但近期下发的《最高人民法院关于进一步加强金融审判工作的若干意见》体现了较大的态度转变,其第1条指出,"对以金融创新为名掩盖金融风险、规避金融监管、进行制度套利的金融违规行为,要以其实际构成的法律关系确定其效力和权利义务"。因此,在四部门联合发文逐步遏制通道的监管背景下,考虑到通道业务风险的外溢性和传导性,进而影响金融稳定,不排除法院会向监管机构看齐,通过社会学解释法适用《合同法》的"违反公共利益"条款认定合同无效。

(2)将资管产品统一认定为信托关系

《指导意见》的一个更早的草案中规定,资管产品的法律规范基础是信托法,但在此次发布中已将其删去。但无论如何,此次《指导意见》意味着资管产品将尝试统一监管规则。因此,有学者认为,不管该规范将来以什么样的面目出台,各类资管产品应该适用统一的法律规则,统一认定为信托关系。主要理由是:第一,资管产品属于"出表业务",这意味着,资管业务的财产具有独立性,这符合信托财产的定义。第二,《指导意见》强调,要强力打破刚性兑付的"陋习",与信托关系本质上属于一种权益性投资关系的特性是一致的。第三,各金融机构的监管部门出台的监管规范尽管存在细微差异,但这些法律构造的本质都属于信托关系。如果仅承认信托公司的信托产品可以适用信托法,而其他资管产品不适用信托法,就无法对本质上类似的投资者提供信托法所能提供的强大的救济,这是不公平的。[22]

(3)进一步明确管理人职责,民事责任审查趋严

此次《指导意见》明确了管理人的管理职责,并指出若金融机构未

---

〔21〕 此次《指导意见》主要禁止的是监管套利通道业务,有一定正当需求的通道业务不在此列。而且,基于务实考虑,允许一层嵌套。

〔22〕 赵廉慧:《非信托资管产品出现民事纠纷能否适用信托法?——简评所谓"五部委资管新规"》,载微信公众号"InlawweTrust":https://mp.weixin.qq.com/s/Dz6iW5BRNcwBvWRCYHniXw,2018年6月20日访问。

按照诚实信用、勤勉尽责原则切实履行受托管理职责,造成投资者损失的,应当依法向投资者承担赔偿责任。从司法实践角度来说,金融监管部门的规范性文件可以作为确定管理人法定义务的重要参考。若认定为信托关系,管理人的民事责任将面临更加严格的司法审查,管理人不仅应按照信托法确立的标准履行管理义务,而且应对他人处理信托事务的行为承担责任。

(二)资管通道业务在监管视野下的管理责任

除《指导意见》之外,近期,证监会以"通道有风险,通道不免责"为主题,从不同角度总结了通道业务的具体特征和类型,并在通报两起案例的基础上,对通道业务管理人的责任进行了详细分析,形成了《机构监管情况通报》(以下简称《通报》),[23]具有很强的指导意义。尤其是在资管通道业务客户关系比较复杂,客户管理责任并不直接表现的背景下,该《通报》为管理人提供了明确的法律风险指引,对司法实践也带来重要的参考意义。

1. 明确通道业务判断标准,为确立诉讼主体提供基础

通道业务虽由来已久,但并非严谨的法律概念,没有统一定义。《通报》总结了通道业务的四大特征,有助于司法实践更好地判断案件是否涉及通道业务,更好地把握诉讼主体资格。若构成通道业务,考虑到管理人按照委托人的投资指令开展业务,即便第三人与委托人没有合同关系,亦可能将委托人视为受托人之一,应申请或应职权追加委托人成为共同被告。

2. 明确管理人四大义务,为识别审查抗辩权提供依据

此次《通报》明确了通道业务管理人应承担"保证主体适格义务""合同约定义务""诚信履行合同附随义务""法定义务或者规定义务"四大义务,并关注到司法实践认为,"与普通投资者相比,专业投资机构在风险管理上更具优势",应尽到更高的审慎注意义务。《通报》还重点强调了管理人的法定义务或监管义务。可以说,管理人是否勤勉尽责,上述"四大义务"及法定义务加"更高的审慎注意义务标准"也将成为司法实践重要的判断依据。

---

〔23〕 中国证监会证券基金机构监管部:《机构监管通报》2017 年第 11 期。

3. 明确管理人三大责任,为归责原则提供标准

《通报》围绕管理人的“民事责任”“行政责任”“刑事责任”展开了具体分析,并提出民事责任多采用严格责任原则,行政责任多采用过错责任原则,管理人存在故意过错的,也应作为委托人或投资顾问的共犯或者从犯承担刑事责任,为司法实践提供了重要的参考意见。

(三)证券公司在资管新规趋势下的现实选择

1. 贯彻落实资管新规,以此避免合同无效

实务工作中,一方面,应审慎辨别监管套利的通道业务和有正当需求的通道业务,对新开展的通道义务进行合规性评估,逐步回归资产管理行业本源;另一方面,应切实履行资管新规对管理人职责的要求。除了份额登记、估值核算、违约追索等义务可以转委托外,结合《指导意见》与《通报》,管理人其他职责均属于不能让渡的法定义务。

2. 合同安排应细致明确,以此避免实操障碍

目前,司法实践主要考察管理人合同约定义务是否履行到位,因此约定具体完备的合同条款,有助于缩小法官“自由裁量”范围,建立明确的合同履行预期。我们建议:(1)“投资执行流程”中可针对不同的投资品种,制作投资指令作为定向资产管理合同的附件。(2)“原状返还、分配条款”中,可从财产类型着手,详细设定各方当事人办理原状返还的所应履行的步骤、义务,并重点关注特殊法律问题,比如股权投资应关注公司法、公司章程等。(3)“免责条款”一般约定委托人自担投资风险,负责违约追索。但根据《合同法》第403条的规定,“委托人行使受托人对第三人的权利”的前置条件是“受托人应当向委托人披露第三人”,因此为了避免后续的违约追索争议,在约定“免责条款”的同时,受托人应在合同中披露第三人。(4)“风险揭示书”中应针对资管产品的特定风险进行充分揭示。(5)针对含有嵌套的通道业务,应审查上下游多份合同版本,防止嵌套引发的权责不明、收益分配无法衔接的法律风险。

3. 明晰投资顾问职责,以此避免权责不清

对于投资顾问主导的通道业务,首先,管理人应在与委托人签订的合同里,明确管理人只要完成投资顾问的指令即为充分履行管理义务;其次,应向委托人披露投资顾问的投资业绩、资本规模等信息,并向委托人充分揭示风险;最后,管理人可与投资顾问签订合同,约定管理人与投

资顾问的权责分工、权利义务,并明确因投资顾问原因造成的损失,管理人有权向其追偿。

4. 重点关注法定义务,以此避免履职不当

据我们了解,通道业务管理人都较为关注合同约定义务,但法定义务因未落实在纸面上,往往重视不足。在民事责任司法审查趋严的背景下,法定义务值得关注。在资管产品募集环节,应严格把控通道业务委托人适当性和客户准入标准,并尽到谨慎注意义务,避免法律文本用印等问题导致"合同诈骗"等刑事违法事件,从而触发民事责任;在运作环节,应严格执行交易指令,把握操作风险,如资金划转、资金头寸的监控、信息披露的及时性等;在清算环节,应逐步向净值化管理转型,并及时分配收益。

此外,在业务开展过程中,管理人应妥善保存能证明依法依约履行职责的文件、数据,并注意保留委托人实际主导资产管理的证据,以避免承担举证不能的不利后果。

(编辑:谢贵春)

《证券法苑》(2018)
第二十五卷,第207~235页

比例原则视角下大额持股披露规则的解释论

赵子毅*

摘要:对于单一投资者或一致行动人违反披露规则超比例收购上市公司股份但未公告的行为,《证券法》和《上市公司收购管理办法》设置了不同类型的法律后果,力图在收购过程中平衡投资者和目标公司之间的利益。运用私法上的比例原则对大额持股披露规则进行解释,可使违规增持行为与相应的法律后果适当匹配,在实现法律规范意旨的同时避免过度干预。对意图取得上市公司控制权的违规增持者,可以通过行为保全制度限制其违规增持股份的表决权。

关键词:大额持股　信息披露　比例原则　行政责任　表决权限制

一、问题的提出

我国《证券法》第86条规定,通过证券交易所的证券交易,投资者持有或者通过协议、其他安排

---

* 中国人民大学法学院硕士研究生。

与他人共同持有一个上市公司已发行的股份达到5%,或在已达5%后,其所持该上市公司已发行的股份比例每增加或者减少5%时,应当在该事实发生之日起3日内,向国务院证券监督管理机构、证券交易所作出书面报告,通知该上市公司,并予公告。该规则被称为"大额持股披露规则",亦被称为"慢走规则"。然而,现实中存在相当数量的投资者违反大额持股披露规则,在特定时段内超比例收购上市公司股份而未履行通知和公告义务(以下简称"违规增持")。在2013年1月至2017年9月中国证监会做出的504项行政处罚决定中,处罚依据为《证券法》第86条的决定共55项,占比11%。其中,违规增持的案例共19项,占比34.5%。[1] 各地证监局亦查处多起同类违法行为。[2] 考虑到证券监管部门对部分违规增持行为未作出行政处罚,而是依据《上市公司信息披露管理办法》第59条和第75条,采取非处罚型行政监管措施,[3] 市场中实际存在的违规增持案例数量应多于此。

《证券法》第86条将违规增持的主体分为"单一投资者"(包括自然人和法人)和"一致行动人";其中,违规增持的单一投资者主要是收购人自己或委托他人通过一个或多个证券账户大量买入目标公司股份但未公告持股数量。但由于沪、深证券交易所均已建立股票账户实名制及异常交易监控和反应机制,单一投资者违规增持很容易被交易所发现,严重者会被限制交易,[4] 绝大多数违规增持是由一致行动人实

〔1〕 数据来源:中国证券监督管理委员会网站:http://www.csrc.gov.cn/pub/zjhpublic/,2017年10月14日访问。

〔2〕 参见湖北证监局行政处罚决定书〔2017〕4号、深圳证监局行政处罚决定书〔2016〕5号、安徽证监局行政处罚决定书〔2016〕2号等。

〔3〕 参见深圳证券交易所关于对江苏宏达新材料股份有限公司控股股东及实际控制人给予公开谴责处分的公告、深圳证券交易所关于对上海圣熙投资发展有限公司给予公开谴责处分的公告等。另根据《证券时报》记者的不完全统计,在2014年6月至2016年6月,A股市场发生的17例违规收购上市公司股份案例中,以行政处罚方式处理的仅为5例,占比29.4%。参见黄豪、张骞爻:《违规举牌乱象频出,如何规范成为难题》,载《证券时报》2016年6月29日,第A05版;另见翟宣任、肖宁卉、郑艳:《"违规举牌"的法律后果研究——基于*ST新梅案的思考》,载《金融理论探索》2017年第2期。

〔4〕 参见《上海证券交易所证券异常交易实时监控细则》(上证发〔2015〕57号)第7条、第8条;《深圳证券交易所限制交易实施细则》(深证会〔2015〕428号)第3条。

施的。[5] 根据证监会2014年修订的《上市公司收购管理办法》第83条的定义,“一致行动是指投资者通过协议或其他安排,与其他投资者共同扩大其所能够支配的某个上市公司股份表决权数量的行为或者事实。在上市公司的收购及相关股份权益变动活动中有一致行动情形的投资者,互为一致行动人”。简而言之,多数自然人或法人投资者如在收购同一上市公司有表决权股份时采取了一致的行为,无论该行为公开还是隐秘,这些投资者即为法律意义上的一致行动人。实践中,通常存在一名主导者,负责组织制定并实施收购计划,并在多方主体正式缔结一致行动关系后作为一致行动人的统一代表。一致行动人违规增持通常表现为两种形式:其一是为了更加“精准”地实现收购目的,一致行动人在前期分头收购,同时严控收购比例以防违规或被目标公司察觉,而后挑选恰当时机表明一致行动关系,以联合体的身份共同取得目标公司相当比例股份;其二是以信托基金或者资管计划等理财产品的形式进行大额收购。后者涉及不断变化及创新的机构投资者委托资产管理业务领域和金融市场的穿透式监管问题,并非本文讨论的重点。[6] 相较于单一投资者的违规增持行为,一致行动隐蔽性更强,成本更低,造成危害更大。

综上,本文所讨论的投资者违规增持,是指投资者违反《证券法》和《上市公司收购管理办法》关于大额持股信息披露的规定,同时逃避实名制、账户监控等技术性监管规则,在公开市场以现金方式买入上市公司股票,在单独或者合并计算持股比例时超过法定限制但未公告的行为。针对该问题,现有讨论多立足于正在进行的证券法修订工作,主张通过完善立法的方式予以规制。[7] 具体方案包括细化规定披露主

---

〔5〕 在上述19例遭受行政处罚的违规收购案例中,仅有1例是完全由单一投资者实施的。

〔6〕 关于私募基金等证券市场特殊主体的信息披露义务的讨论,参见张子学:《完善我国大额持股披露制度的若干问题》,载《证券法苑》2011年总第5卷;张子学:《证券市场信息披露执法三题》,载《证券法苑》2012年总第7卷。关于金融市场“穿透式”监管的讨论,参见袁达松、刘华春:《论穿透式金融监管》,载《证券法律评论》2017年卷;叶林、吴烨:《金融市场的“穿透式”监管论纲》,载《法学》2017年第12期。

〔7〕 参见孙秀振:《股市“举牌”披露机制应进一步完善》,载《中国证券报》2016年7月13日;黄豪、张骞爻:《违规举牌乱象频出,如何规范成为难题》,载《证券时报》2016年6月29日;曹中铭:《违规举牌顽疾该根治了》,载《经济参考报》2016年7月12日。

体及其义务,[8]加大行政处罚力度,[9]采取刑罚手段制裁违法行为等。[10] 但对于我国现行法业已构建的规制体系,理论界并未给予足够关注。面对当前针对违规增持行为的诉讼,各地法院深感棘手,多采取调解与和解的方式处理,并未作出有效判决。[11] 本文以比例原则为视角,从解释论角度,通过考察我国大额持股披露规则的来源和演变,检视现行法对违规增持行为的规范体系,特别是有关限制表决权的规定,为解决司法实践中存在的现实困难提出可供借鉴的方案。

二、我国大额持股披露规则的规范意旨

(一)规则的引入

违规增持问题的产生源于大额持股披露规则的建立。最早关于上市公司收购中对持股数量应依照规定比例持续披露的立法是美国1968年《威廉姆斯法案》。[12] 该法案在《1934年证券交易法》中增加了第13条d项的规定,要求任何人取得公开发行股份公司超过5%的股权证券(equity security),应当于10日内向联邦证券交易委员会(Securities and Exchange Commission, SEC)、该公司及证券交易所报告。同法第14条d项规定,任何人公开收购公开发行股份公司5%股权证券时,至迟应于寄送购买要约时向联邦证券管理委员会申报,并通

---

〔8〕 参见张子学:《证券市场信息披露执法三题》,载《证券法苑》2012年总第7卷。

〔9〕 参见李振涛:《我国上市公司大额持股变动的法律责任探析》,载《法律适用》2016年第1期。

〔10〕 参见陈洁:《违规大规模增减持股票行为的定性及惩处机制的完善》,载《法学》2016年第9期。

〔11〕 关于违规增持案件处理的司法困境,参见丁冬、陈冲:《证券市场违规增持的司法规制:角色、策略与难题》,载《证券法苑》2017年总第19卷。

〔12〕 在此之前,英国于1959年在英格兰银行行长的建议下设立了一个不同城市团体委员会,制定了一个有关“要约收购”建议行为规则的简明“法典”。参见Queensbury Rules for Bids,193 Econ. 440 (1959),转引自[美]路易斯·罗思、乔尔·赛里格曼:《美国证券监管法基础》,张路等译,法律出版社2008年版,第445页。但该“法典”并非议会的正式立法。

知目标公司及证券交易所。[13] 通说观点认为,大额持股披露制度的主要目的是填补收购要约(尤其是现金要约)情形下对于目标公司股东和投资者保护的空白。[14] 为实现这个目标,法案意图确保目标公司的公众股东在面对以现金形式收购他们股票的投资者时,不会被要求在没有充分了解收购方资格和意图等相关资料之前作出回应。[15] 结合英美法系以判例制度建构的商业判断规则在公司收购领域的重要作用,[16] 国会之所以要求投资者向目标公司和证券交易委员会披露信息,是为了给目标公司现任管理层履职和阐述的机会,而非帮助目标公司管理层阻止收购。法案的制定者无意干涉投资者的收购行为,而是"尽最大限度的努力和注意",意图在目标公司及其管理人员和收购者之间达到一种平衡,而避免偏向任何一方。[17] 美国《1934 年证券交易法》规定的违反大额持股披露制度的法律责任包括责令披露、民事罚款、行政禁令和刑事制裁。然而,SEC 在实际执行该条款时"以严厉姿态查处 13d 披露违规实属罕见",[18] 通常仅处以数额有限的罚款。[19] 虽然美国法院曾以判决的方式对违反 13d 披露要求的投资者的表决权

---

〔13〕 See 78m(d)(2);17 CFR 240.13d(1974).

〔14〕 See Karen A. Winn, *The Williams Act and Preemption of Second Generation State Takeover Legislation*, 65 Wash. U. L. Q. 292 (1987). Also see Chang – Do Gong, *The Williams Act Amendments – Controlling Shareholders and Tender Offers*, 2 *FEDERAL SECURITIES ExCHANGE ACT OF* 1934 §7A.01, at 7A – 4 to 7A – 5 (A. A. Sommer, Jr. ed., 2002).

〔15〕 RONDEAU v. MOSINEE PAPER CORP., 422 U.S. 49 (1975).

〔16〕 参见常健、张强:《商业判断规则:发展趋势、适用限制及完善——以有限责任公司股利分配为视角》,载《法商研究》2013 年第 3 期。

〔17〕 See S. Rep. No. 550, 90th Cong., 1st Sess., 3 (1967); H. R. Rep. No. 1711, 90th Cong., 2d Sess., 4 (1968). See also Electronic Specialty Co. v. International Controls Corp., 409 F.2d 937, 947 (2d Cir. 1969).

〔18〕 Stephen Bainbridge, *Mergers and Acquisition*, *Foundation Press*, 3rd Revised edition, 2012.

〔19〕 例如,纽约对冲基金 Perry 于 2004 年收购美国最大的通用药生产商 Mylan 的股票时违反了 13d 规则,仅被 SEC 罚款 15 万美元,而 Perry 总计购入的 Mylan 股票价值却高达近 5 亿美元。再如美国运动产品生产商 Exceed 的首席执行官 Shuipan Lin 收购本公司股份 20% 未申报,且在意图将公司私有化时亦未按照规定修正 13d 披露,最终仅被 SEC 罚款 3 万美元。参见张巍:《资本的规则》,中国法制出版社 2017 年版,第 282 ~ 284 页、324 页。

进行过限制,[20]但联邦最高法院表达了更为保守的态度,其认为限制表决权是一种衡平法上的救济措施,只有当被告违反13d的规定给原告及其股东造成了无法弥补的伤害(irreparable harm)时才可以被适用。[21] 该制度在美国确立后即被广泛借鉴,各国根据本国证券市场的发展状况和法律传统对这一制度在不同方面进行了修正和调整,但其核心的规范意旨仍是通过强制信息披露,解决收购者与目标公司中小股东之间信息不对称的问题,保证目标公司股东的知情权,使中小股东获得平等对待。[22] 此外,各国选择采用相似的大额持股披露规则的另一个重要目的则是增强公众对国家证券市场功能与秩序的期待与认同,完善国内资本市场规则,吸引外国投资者,促进资本流通和经济发展。[23]

我国于1993年正式引入大额持股披露规则。根据国务院颁布的《股票发行与交易管理暂行条例》(以下简称《条例》)第47条规定:"任何法人直接或者间接持有一个上市公司发行在外的普通股达到5%时,应当自该事实发生之日起3个工作日内,向该公司、证券交易场所和证监会作出书面报告并公告。但是,因公司发行在外的普通股总量减少,致使法人持有该公司5%以上发行在外的普通股的,在合理期限内不受上述限制。任何法人持有一个上市公司5%以上的发行在外的普通股后,其持有该种股票的增减变化每达到该种股票发行在外总频的2%时,应当自该事实发生之日起3个工作日内,向该公司、证券交易场所和证监会作出书面报告并公告。法人在依照前两款规定作出报告并公告之日起2个工作日内和作出报告前,不得再行直接或者间接买入或者卖出该种股票。"与《威廉姆斯法案》相似,该条的目的也是保证公众投资者能在充分掌握相关信息的基础上及时作出投资判断,避免大股东利用其在公司中的特殊地位或资金优势而形成事实上的消

〔20〕 Gaf Corp. v. Milstein, 453 F. 2d 709 (2d Cir. 1971).

〔21〕 同注〔15〕。

〔22〕 参见王化成、陈晋平:《上市公司收购的信息披露——披露哲学、监管思路和制度缺陷》,载《管理世界》2002年第11期。

〔23〕 参见庄玉友:《日本金融商品交易法信息披露制度研究》,人民出版社2010年版,第144页。

息垄断和对股票市价的操纵。[24]《条例》试图在保护中小股东利益和促使公司并购健康发展之间需求利益的平衡:一方面,大股东应当充分披露;另一方面,对收购的严格限制会显著提高收购成本,使投资者失去投资动力,不利于市场机制发挥其合理配置社会资源的作用。结合社会主义市场经济体制建设之初我国资本市场的发展情况,《条例》的制定者选择了比美国更为严格的规制手段:规定更低的需申报持股比例和更短的公告期限,同时禁止在公告前继续股票交易。

在《条例》颁布仅5个多月后,深圳宝安集团及其关联方在上海股票交易市场上大量购入上海延中公司股票,在一周内增持11.44%,并据此要求延中公司改选董事会,讨论公司新的发展规划,查阅公司会计账簿。此即所谓的"宝延事件"。经过中国证监会、上海市证券管理办公室和上海证券交易所的联合调查,中国证监会出具最终处理意见:限期禁止宝安上海公司继续买入上海延中的股票,将宝安上海公司的关联方短线交易所得利润收归上海延中,并给予宝安上海公司警告和行政罚款。此后,宝安集团与上海延中达成和解,宝安放弃其持有股份的部分表决权,暂缓对董事会的改选,不干预公司日常经营,且减持股票须经上海延中的同意。[25]"宝延事件"在当时引发了理论界和实务界的广泛讨论,促使人们对利用股权收购作为融资手段和获取企业控制权的工具进行再认识,也引发了公众对"敌意收购"和证券监管理念及制度的再思考。[26]

我国1998年《证券法》以国务院颁布的行政法规为基础,总结此前证券市场运行的经验,借鉴美国《1934年证券交易法》、德国1994年《有价证券交易法》、我国香港地区1992年《公司收购、合并及股份购回守则》等证券立法的经验,对股票、公司债券和国务院依法认定的其他证券的发行和交易做出了全面规定。[27] 该法第79条规定:"通过证

---

〔24〕 高西庆:《上市公司收购中的若干法律问题》,载《证券市场导报》1993年第5期。

〔25〕 参见韩杰:《宝延事件一月记事》,载《证券市场导报》1993年第5期。

〔26〕 同注〔24〕;石镜泉:《宝延事件的三个联想》,载《证券市场导报》1993年第5期。

〔27〕 参见乔晓阳:《全国人大法律委员会关于〈中华人民共和国证券法(草案修改稿)〉审议结果的报告》,载《中华人民共和国全国人民代表大会常务委员会公报》1998年第6期。

券交易所的证券交易,投资者持有一个上市公司已发行的股份的5%时,应当在该事实发生之日起3日内,向国务院证券监督管理机构、证券交易所作出书面报告,通知该上市公司,并予以公告;在上述规定的期限内,不得再行买卖该上市公司的股票。投资者持有一个上市公司已发行的股份的5%后,通过证券交易所的证券交易,其所持该上市公司已发行的股份比例每增加或者减少5%,应当依照前款规定进行报告和公告。在报告期限内和作出报告、公告后2日内,不得再行买卖该上市公司的股票。”与《条例》相比,1998年《证券法》放宽了大额持股信息披露的比例限制,降低了投资者在公开市场进行现金收购的成本,在客观上能够起到防止股价短期剧烈波动的效果。[28] 2002年,证监会发布《上市公司股东持股变动信息披露管理办法》,引入了“一致行动人”这一概念,全面细化了大额持股披露规则。在全面总结和整理上述规范的基础之上,2005年修订的《证券法》及2006年颁布的《上市公司收购管理办法》最终确立了我国上市公司股份收购的书面报告和公告规则。

(二)披露规则中的价值衡量

违规增持行为涉及投资者、目标公司和公众投资者三方主体,造成的危害也是多方面的。一方面,收购行为改变了上市公司股权结构,倘若外部投资者“秘密”且迅速地取得目标公司相当数量有表决权股份后,通过撤换原管理层等方式干预公司经营管理,则可能损害该公司高管的切身利益,也可能对该公司的业绩和发展造成不利影响。另一方面,投资者在公开市场大规模增持目标公司股份的行为可能导致股价的暴涨暴跌,在信息披露不及时亦不充分的情况下,会损害其他公众投资者的利益,亦会在一定程度上扰乱我国证券市场的整体秩序。针对上述危害,现行《证券法》第86条的规范意旨应当包括以下两个方面。

第一,规定收购上市公司股份达特定比例时需要公告,通过投资者及时、全面、充分地信息披露,目标公司和公众得以知悉收购行为,了解收购目的,及时采取应对措施,以避免目标公司控制权易手或因股价波动遭遇损失,同时防止内幕交易等违法行为的发生。1998年《证券法》

---

〔28〕 参见吴滨:《我国证券立法的若干重大问题分析》,载《中外法学》1997年第4期。

将大额持股的公告比例由2%提升至5%，应是考虑到披露比例限制过严导致在二级市场公开现金收购的成本过高。随着我国证券交易技术（包括通讯、传播及市场分析系统等）迅速发展，收购行为逐渐增多，对在公开市场的收购行为施加过于严格的限制会不当阻碍收购进程，打破投资者与目标公司之间的利益平衡。但也有观点认为，1998年《证券法》制定时市场低迷，减少披露、停牌要求可以鼓励并购活动，促进市场活跃度。如今，情况已经发生了变化，过于宽松的大额持股披露规则将损害市场其他投资者特别是中小投资者的利益，导致市场突袭收购频发，大股东随意减持现象不断，扰乱市场正常秩序。考虑域外立法情况和我国股权分散型上市公司逐渐增多的现实，需要缩短大股东披露减持信息的间隔时间，降低对披露比例的要求。〔29〕收购比例和公告期限反映了国家对证券市场的监管态度，考虑到我国上市公司股权分散程度不高，控制股东持股比例较高，同时散户数量众多的现实情况，〔30〕立法者需要在维护市场自由和保护中小投资者利益之间谨慎权衡，不可偏废。

第二，规定禁止交易期，延缓收购进程，保证投资者和目标公司的管理层有充足时间在信息充分的情况下做出判断和决策，同时避免持续大额的增持或减持行为带来的股价暴涨或暴跌。虽然我国多数上市公司的大股东持股比例较高，甚至在形式上或实质上形成控股局面，低于一定比例的股权变化本身不一定会导致上市公司控制权的转移，也并不意味着将来一定会因发生控制权的转移，但其在一定程度上暗示着进一步收购股份从而发生控制权转移的可能性。这种可能性会对目标公司所发行股票的供求关系造成影响，也会影响各方投资者对目标公司资产价值的预判，因此，有必要及时提醒公众注意股权结构和股份

〔29〕 参见本报两会报道组：《高西庆：市场力量推动法律进步，大额持股披露待完善》，《上海证券报》2017年3月15日。

〔30〕 参见李拥军：《中国上市公司股权结构变革》，载《中国钢铁业》2014年第9期；《中国结算2016年度报告》，第26页，载 http://www. chinaclear. cn/zdjs/editor_file/20171222105314179. pdf，2018年3月1日访问。

价格的变化,使其对可能发生的收购产生合理预期。[31] 值得注意的是,超比例增持或减持后长达5天的禁止交易期无疑会对上市公司收购的进程产生严重的阻碍,加之我国证券公司可以采取主动停牌的方式使股票交易彻底停止,对收购者更为苛刻。因此,国家在制定和执行相关法律法规时,应考虑收购者与目标公司的利益平衡。

三、比例原则在违规增持法律后果中的解释力

比例原则的思想源自19世纪普鲁士警察法,[32] 德国行政法学家奥托·麦耶(Otto Mayer)在其所著《德国行政法》中对该原则进行了系统阐述。[33] 第二次世界大战后,比例原则被德国宪法吸收,后被欧洲人权法院采纳,最终成为一项正式的公法原则为世界各国所肯认,在立法、司法和行政裁量等领域发挥着重要作用。[34] 虽然比例原则是衡量公权力之运用所欲实现的目的与其后果之间的基本准则,但作为对社会行为中目的理性的全面概括和进行利益衡量的基本方法,其作用领域并不仅仅局限于宪法和行政法等公法领域。[35]

(一)比例原则的可适用性

比例原则要求国家行为在外部效果上必须符合比例,划定了国家权力作用于公民生活的界限与范围,尤其是在关涉基本权利的事项上,比例原则对公权力的限制更为具体和严格。法律权利体现了公民的尊严和自由,国家公权不得随意入侵。只有在具备足够充分且正当的理

〔31〕 参见郑彧:《上市公司收购法律制度的商法解读》,载《环球法律评论》2013年第5期。

〔32〕 See Cohen-Eliya, Moshe and Porat, Iddo, *American Balancing and German Proportionality: The Historical Origins* (September 23, 2008), 8 (2) I - Con: *International Journal of Constitutional Law* 263 (2010). Available at SSRN: https://ssrn.com/abstract=1272763 or http://dx.doi.org/10.2139/ssrn.1272763.

〔33〕 参见[德]奥托·迈耶:《德国行政法》,刘飞译,商务印书馆2002年版,第41页。

〔34〕 参见[以色列]摩西·科恩-埃利亚、易多波·拉特:《比例原则与正当理由文化》,刘权译,载《南京大学法律评论》2012年秋季卷。

〔35〕 纪海龙:《比例原则在私法中的普适性及其例证》,载《政法论坛》2016年第3期。

由，例如为实现更高价值或维护公共利益时，才能够遵照法定程序对公民权利进行必要限制。比例原则即为对此种限制的限制。[36] 传统观点认为，与公法相对之私法以主体平等和意思自治为基本原则，其内部似乎并无公权力的活动空间，因此比例原则无法适用于私法领域。[37] 然而，现代社会中公法与私法已非泾渭分明。在资本市场领域，众多投资者和上市公司参与其中，频繁进行交易，既需遵照传统的民商法规则，又需依赖国家监管，这也使证券法同时具备私法底色和公法特征。[38] 国家在通过立法、司法和执法等方式，运用公权力对资本市场进行管制时，必须遵循比例原则，不能过度干预。倘若国家管制并未遵照比例原则，对资本市场的干预超出了必要限度，则不仅违反了证券法保护投资者的合法权益，维护社会经济秩序和社会公共利益的立法目的，也构成对宪法价值秩序的违反。[39] 另外，我国《证券法》及其配套法规针对违规增持行为设置了多种类型的法律后果，即存在"复数制度"，需依据该法第 86 条的规范意旨进行解释，使不同行为模式与相关法律后果妥当对应，避免失之偏颇。[40] 比例原则要求要求国家在制定或实施某一规制手段时必须考虑其与规范目的之间的关系，选择最恰当的手段以实现正当目的。[41] 因此，适用比例原则解释违规增持法律后果，既可以防止公权力对私人权利的过度限制，又可以确定实现《证券法》第 86 条规范目的的最佳方案，具有充分的正当性。

（二）比例原则的适用前提

传统观点认为，广义的比例原则包括适当性原则（Geeignethei）、必要性原则（Erforderlichkeit）和狭义比例原则（Verhältnismäβigkeit im engeren Sinne）。适当性原则，又称为妥当性原则，是指公权力行为的

---

〔36〕 Vgl. Benedikt Buchner, *Informationelle Selbstbestimmung im Privatrecht*, Verlag Mohr Siebeck 2006, S. 1, 55，转引自郑晓剑：《比例原则在民法上的适用及展开》，载《中国法学》2016 年第 2 期。

〔37〕 参见于飞：《基本权利与民事权利的区分及宪法对民法的影响》，载《法学研究》2008 年第 5 期。

〔38〕 参见李东方主编：《证券法学》，中国政法大学出版社 2012 年版，第 22 页。

〔39〕 郑晓剑：《比例原则在民法上的适用及展开》，载《中国法学》2016 年第 2 期。

〔40〕 参见梁上上：《制度利益衡量的逻辑》，载《中国法学》2012 年第 4 期。

〔41〕 张翔：《财产权的社会义务》，载《中国社会科学》2012 年第 9 期。

手段必须具有适当性,能够促进所追求的目的的实现;必要性原则,又称为最小损害原则,它要求公权力行为者所运用的手段是必要的,手段造成的损害应当最小;均衡性原则,又称为狭义比例原则,它要求公权力行为的手段所增进的公共利益与其所造成的损害成比例。〔42〕 有学者提出,在上述三项子原则之外,适用比例原则必须具备一个重要前提:采取特定手段乃是为实现某一正当目的。倘若不存在任何正当目的,或名义上存在某一正当目的但实际上是为实现另一非正当目的,亦或虽存在真实且正当的目的但不明确(笼统地讲是为"社会公共利益"),即使对公民权利实行最轻微的限制也是不被允许的。〔43〕 只有立法、司法或执法所为之目的明确且正当,才能避免私人权利受到侵害,进而能够追求实质正义。考虑到我国现行法针对违规增持行为设定了多种类型的法律后果,应当寻找某一客观标准,进一步区分行为类型,才能明确规范目的,有效运用现有规制手段"对症下药"。目前多数观点认为,应当区分投资者违规增持行为的目的,分别采取对应的规制手段。〔44〕

考察比较法上有关违规增持的法律规则,多数国家亦将投资者违规增持的行为本身和违规取得的股东权利加以区分,通过探究投资者的收购目的来确定违规增持行为的法律责任。之所以区分交易目的,是因为美国设立大额持股披露规则主要是为解决 20 世纪 50 年代末到 60 年代初非常普遍的在公开市场以现金要约的形式敌意收购上市公司的现象。〔45〕 投资者大多以取得目标公司控制权为目的,同时利用数量众多的小股东无法及时充分地获取信息的困境,迫使其在股价暴跌

〔42〕 See Eberhard Grabitz, *Der Grundsatz der Verhältnis-mäßigkeit in der Rechtsprechung des Bundesverfassungsgerichts*, in: AöR 98, 570(1973),转引自刘权:《目的正当性与比例原则的重构》,载《中国法学》2014 年第 4 期。

〔43〕 参见刘权:《目的正当性与比例原则的重构》,载《中国法学》2014 年第 4 期。

〔44〕 参见李振涛:《我国上市公司大额持股变动的法律责任探析》,载《法律适用》2016 年第 1 期;吴飞飞:《违规举牌相关争点回应与规制路径探寻》,载《证券市场导报》2017 年第 9 期;陈洁:《违规大规模增减持股票行为的定性及惩处机制的完善》,载《法学》2016 年第 9 期;姚蔚薇:《违反证券交易大额持股披露及慢走规则的民事责任探析》,载《证券法苑》2017 年总第 21 卷。

〔45〕 Ronald J. Colombo, *Effectuating Disclosure under the Williams Act*, 60 *Cath. U. L. Rev.* 316(2011).

时抛售股票,通过损害公众投资者利益的方式以较低成本完成收购。值得注意的是,为解决该问题出台的《威廉姆斯法案》虽然没有对“收购”和“收购要约”进行定义,但法案制定者在此处选择了“有意义的沉默。”[46]其后的判例亦表明法院支持将“是否以取得上市公司控制权为目的”作为确定违反 13d 规则应承担何种责任的判断标准。[47] 此外,《韩国资本市场法》中“是否有影响发行人的经营权为目的”[48]、《法国商法典》中“应当申明其(指投资者)在将来 6 个月内意图追求的目标”“是否打算取得对公司的控制权”[49]等规定,均采用了与《威廉姆斯法案》相同的判断标准。我国 2002 年《上市公司收购管理办法》曾以“是否获得控制权”为标准定义收购行为,[50]2009 年证监会《关于上市公司收购有关界定情况的函》亦认为从上市公司收购制度的立法框架和条文内容来看,上市公司收购,是指为了获得或者巩固对上市公司的控制权的行为。[51] 证监会 2014 年修订的《公开发行证券的公司信息披露内容与格式准则第 15 号——权益变动报告书》第 20 条规定:增加其在上市公司中拥有权益的股份的信息披露义务人,应当披露其持股目的,并披露其是否有意在未来 12 个月内继续增加其在上市公司中拥有权益的股份。以“增持者是否意图取得上市公司控制权”为标

〔46〕 事实上,对“上市公司的收购”作出准确的立法定义是困难的。参见[美]路易斯·罗思、乔尔·赛里格曼:《美国证券监管法基础》,张路译,法律出版社 2008 年版,第 451 页。基于证券交易的动态性,同时为保证法律必要的灵活性,对“收购”和“收购要约”进行定义甚至是“不适当也不必要”的。参见 Sec. Ex Act Rel. 12,676,10 SEC Dock. 143,145(1976)。

〔47〕 See Wellman v. Dickinson, 475 F. Supp. 783 (S. D. N. Y. 1979); S - G Sec., Inc. v. Fuqua Inv. Co., 466F. Supp. 1114(D. Mass. 1978),多数意见认为“上市公司收购”的目的包括取得上市公司的实际控制权。

〔48〕 参见《韩国资本市场法》,董新义译,知识产权出版社 2011 年版,第 116 ~ 117 页。

〔49〕 参见《法国商法典》(上册),罗结珍译,北京大学出版社 2015 年版,第 407 页。

〔50〕 《上市公司收购管理办法》(2002 年)第 2 条:本办法所称上市公司收购,是指收购人通过在证券交易所的股份转让活动持有一个上市公司的股份达到一定比例、通过证券交易所股份转让活动以外的其他合法途径控制一个上市公司的股份达到一定程度,导致其获得或者可能获得对该公司的实际控制权的行为。参见郑彧:《我国证券市场信息披露制度的法律分析——以法律规范文义解释为基础的研究》,载《证券法苑》2014 年总第 13 卷。

〔51〕 中国证监会《关于上市公司收购有关界定情况的函》,上市部函〔2009〕171 号。

准对违规增持行为做出进一步的类型区分，能够更加有效地实现《证券法》第 86 条的规范目的，令违规收购者尽可能快速而全面地履行通知与公告义务，同时明确违规增持者需要“改正”的内容。具体而言，如果投资者仅仅以低进高出，牟取利润为目的违规增持，就应当在责令其公告信息的同时根据“任何人不得因自己的违法行为而获利”[52]原则对其处以行政罚款，并允许受损害者提起民事诉讼，主张损害赔偿。在判断其是否改正完毕时，应重点关注其是否弥补了其他投资者遭受的损失。如果投资者意图取得上市公司的控制权，就应当立即对其违规取得的股东权利予以限制，使其目的落空。在判断其是否改正完毕时，应重点关注其是否仍有可能通过不合法的方式取得目标公司的控制权。

（三）必要性原则与交易效力判断

实践中，部分目标公司以决议的形式否认违规增持行为的效力，或向法院诉请认定该行为无效。[53] 考虑到对违规增持行为的效力认定与其后果直接相关，可以运用比例原则中的手段必要性原则对此先行检验。

从文义来看，《证券法》第 86 条采用了“应当”的表述，其与“禁止”“不得”“不能”等规范表述方式在效力上存在差别。从体系来看，《证券法》并未对违规增持的行为效力作出规定，亦无其他行政法规对该事项作出规定。相反，《证券法》第 120 条第 1 款规定，不得任意改变遵循法定交易规则所进行的交易之结果。从目的来看，《证券法》第 86 条无意否认证券交易本身的效力。在上海兴盛实业发展（集团）有限公司诉王斌忠证券欺诈责任纠纷案中，[54]法院认为证券交易通常意义上的买卖行为存在显著区别。一般的买卖行为发生于特定的交易主体之间，而证券交易是在证券交易所以集中竞价、自动撮合的方式进行的，其交易的频率高、数量大、涉及的交易者众多，遵循固定的交易程

---

〔52〕 Philo Riggs v. Elmer E. Palmer, 115 N. Y. 506(22 N. E. 188, 1889).

〔53〕 参见广东省深圳市福田区人民法院（2016）粤 0304 民初 7145 号民事判决书、广东省深圳市人民法院（2016）粤 03 民终 13834 号民事判决书、上海市第一中级人民法院（2015）沪一中民六（商）初字第 133 号民事判决书等。

〔54〕 参见上海市第一中级人民法院（2015）沪一中民六（商）初字第 133 号民事判决书。

序，且交易对手间无法一一对应。任意改变此种交易的结果不仅在操作上存在客观的技术障碍，还会影响到众多投资者的既得利益，危害交易安全。因此，即使证券投资者在交易过程中存在违规行为，只要其系根据依法制定的交易规则进行的交易，交易结果仍不得改变。

此外，《民法总则》第153条第2款与《合同法》第52条第4项均规定违反社会公共利益（公序良俗）的合同（法律行为）无效。通说认为，法律所称的"公共秩序"或"公共利益"需要具备公众性、全体性、道德性和伦理性，同时应当考虑国家政策、民族精神和文化传统。[55] 通过前文分析可知，违规增持行为主要涉及投资者、目标公司及其管理层和其他公众投资者三方主体。就目标公司而言，其所发行的股票在公开市场被买卖属于正常现象，即使投资者以取得公司控制权为目的违规增持该公司股份，导致公司的经营管理受到不利影响甚至控制权旁落，也仅仅会影响到该公司及其管理层，不具备"公众性"，难以被认定为"损害社会公共利益"。就公众投资者而言，某一投资者在二级市场短时间买卖大额股份会导致股价虚高或走低，使其遭受投资差额损失、佣金损失、印花税损失及利息损失等财产损失。考虑到股票交易本身的投机性，原则上应当要求投资者自行承担股价下跌的风险。即使《证券法》第86条规定投资者应当履行大额持股的公告义务，也不能将由于其拒不公告导致其他投资者经济损失与侵害营业自由、家庭伦理、人格尊严等典型的侵害社会公共利益的行为相等同。质言之，违规收购行为所侵害的公众投资者的财产性利益亦难以被认定为"社会公共利益"。

综上，如果认定违规增持上市公司股份的行为无效，不仅违背了法律条文的字面含义，亦无助于实现大额持股信息披露的规范目的，甚至会扰乱证券市场交易秩序。采用此种手段对于目的的实现不具有必要性，不符合比例原则的要求，因此应当承认收购行为有效。

（四）合目的性原则与违规增持的行政责任

比较法上关于违规增持的责任种类多样，主要包括罚款、强制整改

---

〔55〕 参见史尚宽：《民法总论》，中国政法大学出版社2000年版，第334~335页；王利明：《合同法研究》（第1卷），中国人民大学出版社2011年版，第659~662页。

和刑事制裁。例如,美国《1934年证券交易法》第21条规定的法律责任包括责令披露、民事罚款、刑事制裁和行政禁令;我国香港地区2003年发布的《证券及期货条例》第328条规定,无正当理由未按时履行披露义务即属犯罪,应被处以罚款及监禁;德国《有价证券交易法》第21条和第39条规定,对故意或过失的违规增持行为可处以100万欧元以下的罚金,所得股份丧失表决权;日本《金融商品交易法》第172条之7和第197条之2规定持股达一定比例未报、虚报、瞒报法定事项的披露义务人将会面临罚款,严重者将被处以5年以下有期徒刑或500万日元以下罚金,或两者并处;我国台湾地区"证券交易法"第175条对违规增持行为科处新台币24万元以上240万元以下罚款,第175条则规定了2年以下有期徒刑、拘役或者并科新台币180万元以下罚金的刑事制裁。

我国现行法未规定违规增持行为的刑事责任,仅规定了行政责任和表决权限制。其中,违规增持行为导致的行政责任包括行政处罚和非处罚类监管措施。就行政处罚而言,证券监管部门依据《证券法》第193条、第204条和第213条对违规增持行为处以警告或罚款,同时责令改正违法行为。对于及时纠正违法行为,主动减少损害的行为人,证监会在核实考量之后援引《行政处罚法》第27条第1款对其从轻或者减轻行政处罚。[56] 就非处罚类监管措施而言,2014年《上市公司收购管理办法》第75条规定,上市公司的收购及相关股份权益变动活动中的信息披露义务人,未按规定履行报告、公告以及其他相关义务的,由中国证监会责令改正,采取监管谈话、出具警示函、责令暂停或者停止收购等监管措施。有学者将上述措施分为"申诫类"和"限制行为类"。[57] 由是观之,我国现行法虽仅规定了违规增持的行政责任,但具体措施与比较法例类似。运用比例原则中合目的性原则对上述行政责任进行检验可以发现,其尚未完全符合比例原则的要求。

---

〔56〕《行政处罚法》第27条第1款:"当事人有下列情形之一的,应当依法从轻或者减轻行政处罚:(一)主动消除或者减轻违法行为危害后果的;(二)受他人胁迫有违法行为的;(三)配合行政机关查处违法行为有立功表现的;(四)其他依法从轻或者减轻行政处罚的。"

〔57〕参见张红:《证券监管措施:挑战与应对》,载《政法论坛》2015年第4期。

一方面,行政处罚依据不一,力度不足,效率不高,难以有效制裁违规增持行为。首先,证券监管部门对违法依据和样态相同的投资者并未依据相同标准进行处罚。[58] 从文义上看,《证券法》第 86 条规定的报告和公告义务直接对应同法第 213 条“收购人未按照本法规定履行上市公司收购的公告、发出收购要约等义务”,且违法主体为“收购人”,而第 193 条规定的违法主体是“发行人、上市公司或者其他信息披露义务人”。相较于后者,前者在文义上与第 86 条更为契合。另外,第 213 条规定了对表决权的限制,其作为规制违规增持的典型手段,显然是《证券法》第 86 条对应的法律后果。因此,在对违规增持行为作出行政处罚时,应当统一适用第 213 条而非第 193 条。其次,在我国未将违规增持行为入罪的背景下,《证券法》对单纯违规增持的行为仅规定了警告和 10 万元以上 30 万元以下罚款,相对于标的额数千万元甚至数亿元的股权交易而言不成比例,[59] 相比德国、日本和我国台湾地区,行政处罚的力度不足。证券监管部门之所以将违规增持视为一般的信息披露违法行为,从而依据《证券法》第 193 条进行处罚,应是考虑到其与第 213 条竞合,经过衡量后选择从重处罚。[60] 虽然在实践中,投资者除不履行通知公告义务外,还通常会在禁售期内进行交易,甚至从事短线交易、内幕交易等更为严重的违法行为,证券监管部门经过全面取证后一并处罚,能够处以投资者高额罚款,甚至剥夺其违法所得,[61] 但当投资者仅实施违规增持行为时,能够给予的处罚是非常轻微的。[62] 最后,考察中国证监会 2014 年至 2016 年针对违规增持作出的 47 例行政处罚可以发现,初次违法与处罚间隔时间在 1 年以内的仅有 27 例,占比 57.4%,超过 2 年的有 7 例,超过 3 年的有 6 例,超过 4 年的有 1 例,平均处罚时间为 1.45 年。[63] 现代心理学研究表明,制裁

---

〔58〕 参见中国证监会〔2012〕6 号、〔2013〕7 号、〔2015〕64 号和〔2017〕29 号行政处罚决定书。

〔59〕 参见姚瑶:《公司收购中违反大额持股申报义务的法律责任——基于“上海新梅案”的分析例证》,载《河北法学》2017 年第 2 期。

〔60〕 同注〔9〕。

〔61〕 参见中国证监会〔2015〕64 号、〔2016〕25 号行政处罚决定书。

〔62〕 参见中国证监会〔2014〕26 号、〔2016〕39 号、〔2017〕27 号行政处罚决定书。

〔63〕 数据来源:中国证券监督管理委员会网站信息公开板块:http://www.csrc.gov.cn/pub/zjhpublic/,2017 年 10 月 14 日访问。

的效率与效果直接相关。违法者实施违法行为至接受制裁间隔的时间越短,制裁产生的威慑功能越强。[64] 以我国《行政处罚法》第29条第1款规定的一般处罚时效2年作为参照,证监会对于违规收购上市公司股份的行为查处与惩罚的效率有待提高。此外,过长的执法周期使《证券法》第213条规定的"责令改正"在短时间、高频率、大规模的证券交易面前失去意义,投资者早在证券监管部门作出行政决定前即已完成收购目的,甚至已将持股比例恢复到原有水平。综上,《证券法》规定的行政处罚措施和实际执法情况不完全符合比例原则中的合目的性原则。

另一方面,非处罚类监管措施法律性质不明,缺乏可操作性和正当性。首先,我国行政法学者借鉴德国公法学家奥托·迈耶的理论,引入"行政行为"这一核心概念,同时受德国概念法学的影响,致力于行政行为的型式化,将行政行为划分为行政处分、行政契约(行政合同)、事实行为等类别。[65] 证券法领域的非处罚类监管措施如监管谈话、出具警示函等,均是在《行政处罚法》出台后,其他行政行为的专门规范法出台前出现的,这就导致在我国针对各种类型化的行政行为分别立法进行法律约束的框架之下,诸多具体的证券监管措施难以归入某一既有的行政行为类型。[66] 因此,上述监管措施在实施程序、申辩机制、救济措施乃至文书格式上缺乏统一而明确的标准,执法者亦难以考察这些措施对违法者的威慑力度和监管效果。其次,我国现行法和相关证券管理法规并未规定"责令改正"的对象、方式和认定已经改正的判断依据,实践中亦未形成可供遵循的惯例。[67] 上文通过区分违规增持者的交易目的来确定责令改正的主要内容,其可操作性尚待实践检验。

---

〔64〕 参见柴发邦:《体制改革与完善诉讼制度》,中国人民公安大学出版社1991年版,第83页。

〔65〕 参见林明锵:《论型式化之行政行为与未型式化之行政行为》,载《当代公法理论》,月旦出版公司1993年版。

〔66〕 同前注。

〔67〕 2008年证监会对施永雷和郁瑞芬违规买卖股票行为行政处罚时曾论及在禁止交易窗口期买卖上市公司股票行为的法律定性,但未论及责令改正如何执行。桂敏杰等主编:《证券行政处罚案例判解》,法律出版社2009年版,第228页,转引自李振涛:《我国上市公司大额持股变动的法律责任探析》,载《法律适用》2016年第1期。

最后,非经目标公司及利益相关者申请,直接由证券监管部门责令暂停或者停止收购,实质上是允许监管部门代替市场主体进行商业判断,运用行政权力干预市场,不符合比例原则中的必要性原则,亦不利于实现《证券法》第86条的规范目的。综上,《上市公司收购管理办法》规定的非处罚类监管措施也不能完全符合比例原则中的合目的性原则。

我国现行法虽然对违规收购行为课以行政责任,但其存在诸多问题,不利于实现大额持股信息披露规则的规范意旨。根据比例原则的要求,在不改变现行法规定的情况下,证券监管部门应当统一执法标准,提高执法效率,规范执法程序,及时公布处理结果,并加强与司法机关的配合,共同规制违规增持行为。

四、狭义比例原则与表决权限制

除行政责任外,美国、德国和法国采取限制或剥夺表决权的方式对以控制上市公司为目的的违规增持行为予以制裁。我国《证券法》第213条亦规定:"收购人未按照本法规定履行上市公司收购的公告、发出收购要约等义务的,责令改正……在改正前,收购人对其收购或者通过协议、其他安排与他人共同收购的股份不得行使表决权……"另外,《上市公司收购管理办法》第75条规定:"上市公司的收购及相关股份权益变动活动中的信息披露义务人,未按照规定履行报告、公告以及其他相关义务的,由中国证监会责令改正,在改正前,相关信息披露义务人不得对其持有或者实际支配的股份行使表决权。"限制表决权有利于实现大额持股披露规则的规范意旨,对于意欲争夺上市公司控制权而违规增持的投资者而言,此种限制实乃必要手段。现行法并未规定限制表决权的具体方式,实践中亦无惯习做法,运用狭义的比例原则解释表决权限制规则,能够避免过度限制,同时有利于实现法律的规范目的。狭义的比例原则也称"法益衡量原则""相当性原则",被视为比例原则的精髓。它要求即使所采取的手段是达成目的所必要的,也不能造成超过目的的实现之价值的侵害。换句话说,狭义的比例原则要求所采取的手段与所追求的目的比例相称,禁止"小题大做",亦不可"大题小做"。[68] 狭义的比例原则集中体现了比例原则的价值面向,与民法中的利益衡量理论存在相似之处。[69] 与利益衡量论不同的是,狭义的比例原则并不仅仅适用于多种利益彼此冲突之时,也并不必须要确认各项价值或利益的优先顺位,其关注点在于采用某种特定手段之于目的实现是否不成比例。简而言之,狭义的比例原则在实质上确立了利益衡量的具体内容和进行利益衡量时所应参考的具体标准。

(一)限制表决权的正当性

根据伯利和米恩斯的产权结构理论,公司制度演化为经营企业的常规形态,公司以其特有的向心力将财富吸入规模不断扩大的集合体,与此同时,将控制权归入少数人手中。[70] 伴随着公司规模的扩大和经济力量的集中,投资者数量增加,公司股权愈发分散,但通常存在持有关键数量股票的控制股东。[71] 股权的分散导致股东对公司所有权的地位发生变化,股东愈发无能力通过自己的努力来影响股票所代表的财产,附属在所有权上的精神价值业已同所有权分离。所有权开始变得只具有象征意义,而"与之挂钩的权力、责任以及实物,则正在让渡给一个手中握有控制权的独立的集团。"[72] 所有权与控制权的分离使得所有者与经营者的利益产生冲突,詹森和麦克林将其概括为公司内部的代理问题。[73] 奥利弗·哈特进一步指出,代理理论是建立在完全合同的基础之上的,它将在最大可能的程度上明确规定未来所有状态下所有各方的责任。[74] 但现实中并不存在此类理想的完全合同:首先,世界是复杂且不可预测的,人类理性有限,不可能对未来可能发生

---

〔68〕 参见姜昕:《比例原则释义学结构构建及反思》,载《法律科学》2008 年第 5 期。

〔69〕 参见梁上上:《利益的层次结构与利益衡量的展开——兼评加藤一郎的利益衡量论》,载《法学研究》2002 年第 1 期。

〔70〕 [美]阿道夫·A. 伯利、加德纳·C. 米恩斯:《现代公司与私有财产》,甘华鸣、罗锐韧、蔡如海译,商务印书馆 2005 年版,第 21 页。

〔71〕 同前注,第 58 页。

〔72〕 同注〔70〕,第 78 页。

〔73〕 See Michael C. Jensen, William H. Meckling, *Theory of the Firm: Managerial Behavior, Agency Costs and Ownership Structure*, Journal of Financial Economics, October, 1976, V. 3, No. 4, p. 310.

〔74〕 [美]奥利弗·哈特:《企业、合同与财务结构》,费方域译,格致出版社 2016 年版,第 21 页。

的各种问题都提前作出安排;其次,即使各方能够预测某种特定情形并有协商意向,也难以最终达成协议,因为各方难以具体描述各种情况和行为,且无过往经验可供参考;最后,即使各方能够针对未来的情形进行协商,他们也难以在未预料之纠纷产生的时候为外部权威(如法院)提供一个能够强制执行的计划。一般来说,期限越长,标的越复杂,合同的不完全程度越高。根据代理理论,公司的所有者和管理者之间的代理合同可被视作长期合同的一种,且合同的标的物是最为复杂的"人的服务"。为应对未来可能出现但事先无法约定的情况,尽可能降低重新谈判的成本,最佳选择是直接将剩余控制权配置给不完全合同的一方当事人。所谓剩余控制权,是指没有事先预测并详尽描述过的可能情况出现时配置相关当事人权利和义务的决定权。剩余控制权可以被视为一种风险决策权,盖因其为一种在不确定条件下做出决定以分配此种不确定风险的权力。由于公司股东享有的剩余财产索取权劣后于债权人和员工等其他利益相关者,公司长期经营过程中的不确定风险最终由股东承受,根据效率最大化原则,将剩余控制权配置给作为风险承担者的股东,最有利于激励其控制风险。[75]

上市公司股东的剩余控制权隐藏在董事与董事会控制公司的形式之下,"正如休眠中的火山一样,只要条件具备,随时都有爆发的可能。这可以通过股东手中的表决权表现出来"。[76] 在"一股一票"和"资本多数决"的原则之下,表决权是股东控制公司的重要工具。因此,针对上市公司控制权的争夺,实质上是对表决权的争夺。在收购者以取得上市公司控制权为目的超比例收购上市公司股份而拒不公告时,对其购得股份的表决权进行限制,令其收购目的落空,可以有效地令其按照法律规定,及时且充分地履行公告义务,实现《证券法》第 86 条的规范意旨。

---

〔75〕 See Oliver Hart, *Firms, Contracts, and Financial Structure: Clarendon Lectures in Economics*, Oxford: Oxford University Press, 1995, pp. 186 – 209;苗壮:《美国的公司治理:理论与实务》,2007 年 12 月 27 日在中国人民大学法学院经济法前沿论坛的演讲,载 http://www.lawtime.cn/info/gongsi/gongsizhili/2010120878833.html,2017 年 10 月 20 日访问。

〔76〕 梁上上:《论股东表决权——以公司控制权争夺为中心展开》,法律出版社 2005 年版,第 30 页。

(二)限制表决权的方式

表决权是股东贯彻自由意志,行使所有者权利的重要方式,系股东的固有权利,对表决权的限制或剥夺只能由有权机关依据法律的规定,遵照法定的程序进行。根据法律规定和经验观察,限制股东表决权方式包括公司决议、行政命令和法院裁判三类。

1. 公司决议

此处的"公司决议"包括股东大会决议和董事会决议两种。上市公司通过股东大会或董事会决议的方式限制违规增持者的表决权看似体现了公司自治原则,但此种方式存在明显弊端,无法实现《证券法》第 86 条的规范意旨。

首先,目标公司无法通过股东大会决议限制违规收购者的表决权。《公司法》第 99 条和第 37 条规定的股东大会职权不包括限制股东的表决权,加之公司章程原则上不能限制股东的固有权利,[77]通过股东大会限制违规收购者的表决权并无法律依据。从逻辑上看,法律并未禁止违规增持者出席股东大会,如果其表决权需要公司原股东在会上通过决议进行限制,一个难以解释的问题是:对限制违规增持者表决权的议案,违规者是否享有表决权?如果回答是肯定的,则其必然投反对票,且在其持股比例达到一定数额时该议案可能无法获得通过。即使大会通过了限制违规收购方所持股份表决权的提案,如果认为违规收购方的表决权受限应以股东大会做出有效的决议为前提,则在公司股东大会尚未通过此项决议时,违规方的表决权不受限制,这显然与《证券法》第 213 条之规定相抵触。如果回答是否定的,则违规增持者的表决权自始受限,与公司是否做出决议无关。此外,股东大会召集成本很高,即使通过决议限制了违规增持者的表决权,其亦可联合或动员上市公司其他股东召开临时股东大会做出新决议以推翻原决议,恢复所持的表决权。总之,目标公司通过股东大会决议限制违规收购者的表决权在实定法和逻辑上均存在障碍,亦会激化股东之间的矛盾,甚至导致公司僵局。

---

〔77〕 参见赵旭东主编:《公司法学》,高等教育出版社 2016 年版,第 242 页;施天涛:《公司法论》,法律出版社 2014 年版,第 262 ~263 页。

其次,目标公司的董事会无权限制违规收购者的表决权。从法律规则的角度看,《公司法》并未授权董事会在认定股东行为违法的基础上决定限制其表决权。从产权结构的角度看,现代公司中的股东是公司的所有者,董事作为公司的管理者,仅是股东的代理人,股东通过行使表决权决定董事的任免。董事应当执行股东会的决议,而无权限制股东行使表决权。从效率优化的角度看,外部投资者收购上市公司股份,甚至取得目标公司控制权,对于公司股东而言并非有害无益。倘若收购者积极行使股东权利,努力改善该上市公司的经营状况,则可以从整体上提升公司效益和股东福利,形成多赢局面。[78] 但积极股东撤换原管理层或对原管理层采取其他种类的监督措施必然会损害原管理层的切身利益,如果允许董事会限制股东的表决权,不仅无法发挥积极股东的正面作用,甚至为董事会牟取私利提供了机会,在价值衡量上有失公允。

2. 行政制裁

有观点认为,“法院的司法裁判虽不以证监会的行政处罚认定为法定前置程序,但在实践中都是行政处罚认定作出在前”,加之“我国没有统一集中的金融法院,各地法院裁判能力不一,而此种案件牵涉《公司法》《证券法》《侵权责任法》等多部门法,比较复杂”。“如果在法律属性上将限制表决权作为一种民事责任,而民事诉讼的时间较长,在此期间极易产生双头董事会的公司僵局。”因此,应当运用行政手段限制表决权。[79] 上述观点虽然有《上市公司收购管理办法》第75条作为依据,但仅仅运用行政手段难以有效应对实践中数量众多的违规增持行为,不符合比例原则的要求。首先,根据上文的分析,证监会的执法效率不高,很难在发现违规增持行为后迅速处理。加之我国上市公司数量众多,[80] 仅靠证监会负责此类禁令的签发,工作任务繁重,执法

---

〔78〕 Paul Rose & Bernard S. Sharfman, *Shareholder Activism as a Corrective Mechanism in Corporate Governance*, 2014 BYU L. Rev. 1015 (2014), pp. 1037 – 1038.

〔79〕 同注〔59〕。

〔80〕 根据中国证监会的统计,2017年9月末我国境内上市公司数(A、B股)为3399家。参见证监会2017年11月6日发布的统计数据,索引号4000895X,载 http://www.csrc.gov.cn/pub/zjhpublic/G00306204/zqscyb/201711/t20171106_326539.htm,2018年2月25日访问。

成本过高。其次,如果投资者或上市公司对证监会作出或者不作出限制表决权的禁令有异议,应当给予其救济途径,即允许其申请行政复议或向人民法院提起诉讼。如果异议人选择向人民法院起诉,则会进入行政诉讼程序,同样会面临"裁判能力不一","诉讼时间较长"等问题。最后,是否应当限制违规增持者表决权的争议通常发生在公司决议作出之时。[81] 以实践中多发的一致行动人违规增持为例,其先期收购行为十分隐秘,目标公司难以及时发现或辨认,只有在一致行动人表明一致行动关系,已经或将要控制上市公司之时,投资者与目标公司及其利益相关者的冲突才最为尖锐。因此,违规增持者的表决权是否以及何时应当受到限制,就成为决定公司决议是否有效的关键要素。将此类与公司决议有关的问题全部交由证监会决定,在专业性和正当性方面均需补强。

3. 法院判决

我国司法实践中尚未出现以判决方式限制违规增持者表决权的案例。虽然有法院认为判断收购者是否存在证券违法行为属于司法机关的职权范围,[82] 但各地法院对此类案件通常会以调解方式结案或驳回原告限制违规增持者表决权的诉请。首先,此类纠纷属于证券虚假陈述案件,遭受损失的投资者在起诉违规增持者时会考虑自身利益和举证难度,通常仅要求被告赔偿投资者本人遭受的直接经济损失,而不会诉请法院对违规收购行为予以制裁。[83] 受限于民事诉讼的辩论原则,法院不能对当事人诉讼请求之外的事项作出裁判。[84] 其次,即使目标公司或其利益相关者要求法院限制违规者的表决权,法院也会依据审判机关和行政机关的分权原则而驳回原告诉请。在上海兴盛实业发展

---

[81] 例如,2016年成都路桥公司董事会在召开股东大会讨论董事换届事宜前表决通过了《关于股东李勤所持有公司股票不得行使表决权的议案》,限制了公司第一大股东李勤的表决权。参见唐强:《李勤单刀赴会成都路桥,会前一个半小时表决权被否》,载《证券时报》2016年3月14日,第A09版。

[82] 参见前引广东省深圳市福田区人民法院(2016)粤0304民初7145号民事判决书。

[83] 参见上海市第一中级人民法院(2015)沪一中民六(商)初字第133号民事判决书、山东省济南市中级人民法院(2014)济商重初字第3号民事判决书、上海市高级人民法院(2015)沪高民五(商)终字第13号民事判决书等。

[84] 参见姜伟、肖建国主编:《民事诉讼法》,中国人民大学出版社2015年版,第51页。

(集团)有限公司诉王斌忠证券欺诈责任纠纷案中,[85]法院认为:"虽然《上市公司收购管理办法》第75条要求违规收购行为人在改正违法行为前,不得行使所持股份的表决权,但责令违法者改正事项的确定属于证监会的行政职权范围,应由其依法作出行政处罚,而行为人是否全面履行改正义务亦应由证监会予以审查认定。对于因违反公告义务,侵害投资者知情权及交易选择权的责任主体,其应对遭受损失的投资者承担民事侵权损害赔偿责任。现原告并未主张财产性权益损失,而是以此为由要求限制被告行使股东权利及对股票的处分权,该主张缺乏相应的法律依据。"最后,由于《证券法》第213条对表决权限制的规定过于笼统,各地法院对于此类案件态度谨慎,力图避免直接以判决的方式限制违规增持者的表决权。

(三)限制表决权的有效手段

针对违规增持问题,通过行为保全的方式,由法官根据双方提供的证据来确定是否限制以及如何限制违规增持者的表决权,可以令法官在明确《证券法》第84条的规范意旨的基础上审慎衡量各方利益,从而做出正确裁断,符合狭义的比例原则的要求。

实务中已经出现通过行为保全的方式限制表决权的案例。2015年7月15日,西藏旅游公司股东胡波与胡彪签署一致行动人声明,通过多笔成交方式购入西藏旅游1228万股,占公司总股本的6.49%。但二人在持股比例达到股本总数的5%时未向上市公司及证券监管部门报告并停止交易,而是继续增持直至达到其股份总数的9.59%。[86]随后,西藏旅游公司的另一股东国风集团向拉萨中院提起诉讼,请求法院判令胡氏兄弟超比例购买西藏旅游股票的行为无效。2015年10月,拉萨中院做出行为保全裁定,禁止被告于本案判决生效前行使或通过第三方行使其享有的西藏旅游公司的股权,包括投票权、提案权、参加股东大会的权利、召集和主持股东大会的权利等。[87] 2016年6月,原告国风集团与西藏旅游及被告胡波、胡彪经过拉萨中院的调解达成

[85] 上海市第一中级人民法院(2015)沪一中民六(商)初字第66号民事判决书。

[86] 参见张宪光:《胡氏兄弟违规举牌西藏旅游遭通报》,载《财会信报》2015年10月19日。

[87] 参见西藏自治区拉萨市中级人民法院(2015)拉民二初字第36-2号民事裁定书。

协议,其并未取得西藏旅游公司的控制权,[88]法院基于调解协议解除了保全。[89] 相较于前述上海新梅与开南账户组的股权之争,此案历时短,诉讼成本低,取得了较为良好的效果。[90]

在尊重我国现行法对违规增持行为的规范体系的前提之下,通过行为保全限制表决权,完善其同行政措施的配合和衔接,是解决违规增持问题的可取之策。《证券法》第86条要求大额持股者及时披露持股信息和交易目的,使投资者和目标公司的管理者能够及时应对。将外部投资者是否意图取得目标公司的控制权这一问题交由现时控制公司的董事会和掌握公司剩余控制权的股东来判断最为准确,因此应当允许董事会或公司股东向法院提出申请并举证证明投资者的违规行为及其收购目的。如果投资者在增持过程中发布了《权益变动报告书》,则其上记载的收购目的可作为解释收购者真实意图的重要证据。法院审查后,如果认定投资者以取得上市公司控制权为目的,即应依据《民事诉讼法》第101条之规定,裁定限制违规增持者的表决权。此外,法院在进行审查时,可借鉴德国法经验,区分投资者主观意图。如果投资者故意不履行通知和公告义务,法院可在裁定中列明判断依据,从严把握"改正"标准:只有当投资者履行披露义务,完全纠正自己的违法行为后,才可能解除限制。投资者是否存在主观故意可以通过交易次数、交易频率、交易比例、声明一致行动的时间与公司召开股东会和董事会的时间等客观要素予以判断,对已被证券监管部门进行处罚或适用非处罚类监管措施但仍不改正的投资者,即可直接认定其存在故意。若投资者仅存在过失,则可从宽把握"改正"标准,令其履行通知公告义务即可。如果法院审查认定投资者非以取得上市公司控制权为目的,但

〔88〕 参见唐强:《西藏旅游股权争夺战落幕,胡氏兄弟被"招安"》,载《证券时报》2016年6月15日版。

〔89〕 参见西藏自治区拉萨市中级人民法院(2015)拉民二初字第36-4号民事裁定书。

〔90〕 上海新梅案自上海新梅置业股份有限公司2015年2月25日起诉起至2016年10月21日公司撤回起诉历经20个月。其间,上海新梅公司的股东上海兴盛实业发展(集团)有限公司也向开南账户组的实际控制人王斌忠提起诉讼,后被上海一中院驳回,原告支付案件受理费约92万元。参见上海新梅置业股份有限公司董事会2015年3月7日和2016年10月21日公布的公司涉及诉讼公告(证券代码:600732;证券简称:上海新梅;公告编号:临2015-010、临2016-090)。

故意不履行公告义务，则可裁定驳回申请，并列明投资者的违规情节，证券监管部门应及时处罚。若投资者仅具有过失，可以裁定驳回，由证券监管部门进行处罚或采取非处罚类监管措施。

德国《有价证券交易法》和《法国商法典》分别规定了6个月和2年的表决权限制期，但从市场效率和公司治理的角度看，对投资者的限制过于严格会导致诸多弊端，亦不符合比例原则的要求。相较于目标公司的管理层和控股股东，在公开市场进行收购的外部投资者并无针对公司的信息优势，要求他们披露自己的持股数量和交易目的会为其他投资者提供“搭便车”的机会。考虑到资本市场的投资决定通常是基于对市场的分析和个性化的投资经验做出的，如果对于大额持股的信息披露的要求过于严格，就会极大增加现金收购的成本，降低优秀投资人发掘市场信息的动力，最终导致资本市场整体信息的匮乏和市场效率的降低。[91] 另外，如果外部投资者的表决权能够被轻易限制或限制时间过长，就会令外部投资者难以扮演“积极股东”的角色，削弱并购对于目标公司管理层懈怠和专权的抑制作用，不利于激励现有管理层改善表现，最终对公司全体股东造成不利影响。考虑到大额持股本身的成本和我国对大额股份流动性的法定限制，应当妥当把握对表决权的限制条件和期限。

需要注意的是，法院在以行为保全的方式限制违规增持者的表决权时应严格遵循法律规定，不得一并限制投资者的其他股东权利。在上述西藏旅游案中，拉萨中院不仅限制了胡氏兄弟的表决权，也一并限制了其提案权和参加股东大会的权利，但这两项权利仅以具备股东身份为前提，而与持股比例、所持股份是否具有表决权均无关联，司法机关对其进行限制缺乏正当性。此外，投资者未超出《证券法》第86条规定比例部分股份的取得是合法的，其表决权不应当受到限制。拉萨中院认为违规增持者“现有的股东权利是全部股份累计而产生的权利，特别是投票权、提案权、召集和主持股东大会的权利均以股份累计持有达到一定比例为条件，参加股东大会行使股东权利时仍是以股份

[91] See Lucian A. Bebchuk & Robert J. Jr. Jackson, *The Law and Economics of Blockholder Disclosure*, 2 Harv. Bus. L. Rev. (2012), pp. 43 – 44.

累计持有量来计算表决权。因此,胡波、胡彪持有的5%上下的两部分股份具有紧密的联系,保全胡波、胡彪禁止行使全部股东权利符合行为保全的立法目的",[92]不符合《证券法》第213条的规范意旨。

为平衡投资者与目标公司的利益,应允许投资者在其表决权受到限制后依据《民事诉讼法》第108条之规定向法院申请复议,或在其及时履行公告义务后依据证券监管部门的认定或自行提供证据向法院申请撤销,法院进行形式审查后,应当依据最高人民法院《关于适用〈中华人民共和国民事诉讼法〉的解释》第166条第4项之规定撤销保全裁定。

五、结论

我国《证券法》和《上市公司收购管理办法》借鉴比较法经验,用行政责任和表决权限制来规制违反大额持股披露规则的收购行为。如庞德所言,法律的生命在于实施,因此,迫切需要对怎样使大量立法与司法解释有效的问题进行认真的科学研究。[93] 在将超比例持股未申报这一行为同法律后果相匹配的过程中,可以适用比例原则,首先明确违规者目的,在目的区分的基础之上选择能够实现《证券法》第86条规范意旨且不超过必要限度的具体手段,避免利益失衡。对不以取得上市公司控制权为目的的违规增持行为,可以通过行政手段令违规投资者及时履行通知公告义务,无须一律限制收购者的表决权。对以控制上市公司为目的的违规增持行为,则可通过行政手段,并允许目标公司及其利益相关者通过向法院申请行为保全,对投资者违规购得股份的表决权予以限制。诚然,规制大额持股的披露制度和"慢走规则"同证券市场的监管理念密切相关,现行法的规定亦非一成不变,甚至可资检讨,但在尊重现行法规定的前提之下,探索使法律得以适用的路径方为

---

〔92〕 参见西藏自治区拉萨市中级人民法院(2015)拉民二初字第36-3号民事裁定书。

〔93〕 See Roscoe Pound, *The Scope and Purpose of Sociological Jurisprudence*, Harvard Law Review, Vol. 25, No. 6, 1912, pp. 512-513.

务实之策。人民法院与证券监管部门相互配合，可以提高效率，降低成本，有效阻断行为人的不正当目的，是解决大额持股信息披露问题的可行方案。

（编辑：丛怀挺）

【市场观察】

《证券法苑》(2018)
第二十五卷,第236~260页

公司信用基础的理论争辩与谬误澄清*

薛　波**

摘要:公司应当以何为信?我国公司法学研究对这一问题的争辩经历了零星质疑期、集中批判期和冷静思考期三个时期。尽管公司信用基础的理论争辩客观上有助于推动公司法理论研究迈向成熟和深入,但整个论争过程却存在诸多偏谬。资本信用和资产信用并非非此即彼的对立关系,二者功能迥异又密切关联。从资本信用到资产信用只是对公司信用转型趋势的一种形象化的描述,以资产信用的优越性进而彻底否定资本信用是一种不合逻辑、背离现实的武断评判模式。

关键词:资本信用　资产信用　理论争辩　谬误澄清

公司信用基础问题在公司法学研究中属于历

* 本文系国家社科基金项目"双创背景下商事登记制度改革研究"(编号:17CFX029)和教育部青年基金项目"大数据驱动下的法治系统工程创新路径研究"(编号:17YJC820019)的阶段性成果。

** 中南大学法学院讲师,法学博士。

久而弥新的焦点话题,相关资料可谓汗牛充栋,[1]理论上的争讨和热议并不表明这一问题已在学界取得基本的共识。尤其自我国2013年年底公司资本缴纳制度由有限制的认缴制改为完全认缴制以来,以"资产信用"代替"资本信用"的论调又一度甚嚣尘上。[2] 当前,公司法进一步结构性改革的呼声渐隆,[3]学界在这一公司法基础理论问题上还存在诸多偏谬。本文试图在分析信用和公司信用内涵的基础之上,继而系统梳理公司信用基础理论的论争过程,以澄清笼罩在公司信用基础理论上空的种种谬误。

一、信用与公司信用的内涵解读

(一)信用词源考

"信用"一词(英文称 Credit,德文称 Clanben,法文称 Foi,拉丁文称

---

〔1〕 代表性的文献有江平:《现代企业的核心是资本企业》,载《中国法学》1997年第6期;赵旭东:《从资本信用到资产信用》,载《法学研究》2003年第5期;傅穹:《公司资本信用悖论》,载《法制与社会发展》2003年第5期;冯果:《论公司资本三原则理论的时代局限》,载《中国法学》2001年第3期;刘燕:《对我国企业注册资本制度的思考》,载《中外法学》1997年第3期;陈甦:《资本信用与资产信用的学说分析及规范分野》,载《环球法律评论》2015年第1期;朱慈蕴:《公司资本理念与债权人利益保护》,载《政法论坛》2005年第3期;王坤:《公司信用重释》,载《政法论坛》2015年第3期;薄燕娜:《公司立法理念的选择——以中西法律传统比较为视角》,载《比较法研究》2006年第3期;孙乃玮:《公司信用基础的再探讨》,载《河北法学》2009年第9期;王立东、夏蕾:《试论公司资本三原则的中国命运》,载《社会科学战线》2009年第11期。

〔2〕 代表性的文献有李建伟:《公司资本制度的新发展》,中国政法大学出版社2016年版,第78~80页;陈景善:《资本制度现代化与理念的冲突——社会需求与公司法理念博弈》,中国政法大学出版社2014年版,第1页;卢宁:《刍议公司资本形成制度的改革与发展—以"认缴制"的定性为起点》,载《法学论坛》2017年第3期;薛波:《论公司资本制度改革后债权人利益之保护》,载《时代法学》2015年第2期;刘广:《从公司信用体系建设——基于新公司法资本制度的改革》,载《湖北警官学院学报》2015年第3期。

〔3〕 2017年12月15日在上海召开的第六届上证法治论坛上,中国商法学研究会会长赵旭东教授就呼吁公司法修改早日列入全国人大立法计划,并提出了十个方面的修改意见。已故的中国商法学研究会前会长、清华大学法学院教授王保树教授也认为,我国2013年公司资本缴纳制度改革并不具有结构性突破,应尽早启动公司法的结构性改革。参见王保树:《公司法的全面改革不能着眼于堵漏洞、补窟窿》,载《环球法律评论》2014年第1期;王保树:《公司法与证券法修改应联动进行》,载《清华金融评论》2014年第11期。

Fide)可谓源远流长。在中国古代,信用的含义有二:一为以诚信用人,如《左转·宣公十二年》记载:“其君能下人,必能信用其民矣。”二为遵守承诺。如《论语》曰:“人而无信,不知其可也。”〔4〕除此之外,“信用”一词还有更宽泛的含义。《中国大百科全书》将信用定义为:“信用即借贷活动,是以偿还为条件的价值运动的特殊形式。”《辞海》对信用内涵的解释有三:一为信任使用;二为遵守诺言实践成约,以取得别人对他的信任;三为以偿还为条件的价值运动的特殊形式,多产生于货币借贷和商品交易的赊销和预付之中,主要包括国家信用、银行信用、商业信用和消费信用。〔5〕 在法学上,“信用”(credit)一词最早可溯源至古罗马时代。〔6〕 其含义为信任、信义、诚实,表示“相信他人会给自己以保护或某种保障”。它既可以涉及从属关系,也可以涉及平等关系。〔7〕在古代德国,信用常常在交易活动中被提及,人们以“In treu”(诚实)+“Glauben”(信用)的组合,确保契约义务的履行。〔8〕 美国《布莱克法律辞典》将信用定义为:“出借人对他人借钱以分期付款方式购买货物的偿付能力和可靠性的积极判断。”〔9〕长期以来,我国民商法学界对信用的理解亦众所纷纭、莫衷一是。例如,王利明教授认为,信用是一种经济评价,与个人的经济能力密切关联;〔10〕杨立新教授从民事主体的角度,将信用理解为民事主体所拥有的经济能力的一种社会性评价;〔11〕张俊浩教授则直接将信用和信誉等同,认为信用是一般人对于当事人自我经济评价的信赖性。〔12〕

〔4〕 参见钱穆:《论语新解》,生活·读书·新知三联书店 2012 年版,第 43 页。

〔5〕 参见夏征农:《辞海》,上海辞书出版社 1989 年版,第 280 页。

〔6〕 古罗马时期,富有的商人在城镇的广场上摆放一条长凳,借贷交易的雏形就此展开,对于信用的含义,最初理解为使“某人相信”的含义,双方彼此信任,就构成了借贷交易的基础。当放贷人错误的判断借贷人的偿债能力,以致收不回借出的款项时,自己放在广场上的长凳—他的从业标记—就被后人打破。参见傅穹:《重思公司资本制原理》,法律出版社 2004 年版,第 84 页。

〔7〕 参见吴汉东:《论信用权》,载《法学》2001 年第 1 期。

〔8〕 参见徐国栋:《民法基本原则研究》,法律出版社 1999 年版,第 47 页。

〔9〕 *Black's Law Dictionary*, West Publishing Co., 1979, p. 331.

〔10〕 参见王利明主编:《民法·侵权行为法》,中国人民大学出版社 1991 年版,第 158 页。

〔11〕 参见杨立新:《人身权法》,中国检察出版社 1996 年版,第 158 页。

〔12〕 参见张俊浩:《民法学原理》,中国政法大学出版社 1991 年版,第 158 页。

综合上述伦理学、经济学、法学角度对“信用”一词内涵的解释,笔者认为,信用作为一种特定的经济交易行为的产物,本质是一种建立在信任基础之上的债权债务关系的反映,是债权人对债务人经济能力和道德品质的信心和认可。民商法上的“信用”一词,可解释为民商事主体所应具备的债务偿还能力以及这种能力在社会上获得的信赖和评价,具体包括经济状况、生产能力、履约能力和诚实守信态度等各方面。民商事信用具有如下特征:(1)主体的广泛性。凡民商事主体,无论自然人、法人、合伙、个人独资企业、承包经营户、国家,皆有信用。(2)内涵的特定性。信用之核心为民商事主体自身所具备的债务偿还能力。在债权人—债务人所形成的法律关系链条之中,债权人之所以相信债务人并愿意把商品或金钱借贷给债务人,主要乃是基于对债务人偿还能力(信用能力)的相信和信任。(3)效用的双重性。信用在客观上表现为一种对特定民商事主体践约和守信能力多层次的社会评价。[13]这种社会评价主要建立在对特定民商事主体经济信赖(债权债务的偿还能力)的基础之上,具有褒义和贬义双重效应。

(二)公司信用及其类型

在公司法领域,对公司信用基础的理解和判断,同样是一个历史悠久的话题,并随着公司形态的演进不断发展和深化。公司形态经历了“人合公司”向“资合公司”的发展演化,对公司信用能力的判断亦在这一历程中渐趋变化和转型。由于“人合公司”中债务人(公司)承担的是无限责任,债权人与公司交易时,较为注重债务人的个人信用;与之相反,“资合公司”中债务人承担的是有限责任,债权人和公司交易时更为看重公司的财产信用。从人合公司向资合公司的渐次发展,对公司信用能力的判断、调查以及债权风险的防范提出了全新的挑战。当以股份公司为代表的“资合公司”成为经济活动中的主角时,公司债权人对其信用的观察和判断依据,早已不是“人合公司”中的个人信用,公司自身的资信状况至关重要。然而,对于“资合公司”中的“资”这一字义的理解,却存在巨大分歧。有观点认为,所谓“资合”中的资系指

---

〔13〕 参见冯果:《从封闭走向公开——关于商事信用的若干理论思考》,载《吉林大学社会科学学报》2003 年第 1 期。

“资本”,股东的出资构成公司的信用基础,股份公司是资本的联合;[14]亦有观点指出,“资合”中的“资”指的是“资产”,只有资产才构成公司信用的基础和保障。

1. 资本信用及其表现

所谓资本信用,指以公司的注册资本作为评价公司信用水平和偿债能力主要指标的信用类型。资本信用具体体现在以法定资本制与资本三原则为核心的制度要求上,包括以下方面:(1)严格的最低资本额要求。例如,我国1993年《公司法》第23条规定,生产经营和商品批发公司的最低资本额为50万元人民币,商业零售公司为30万元人民币,科技开发、咨询、服务类的公司为10万元人民币。依循注册资本信用的逻辑,注册资本数额越大,公司的信用能力越强、水平就越高,公司债权人利益的实现就有了凭据和保障。(2)严格限制出资形式。例如,1993年《公司法》第24条规定,股东(发起人)的出资仅限于现金、土地使用权、实物、工业产权和非专利技术五种类型,其中无形资产出资比例不能超过20%。对于信用、劳务、股权和债权等财产和权利不允许作为出资财产。(3)出资缴纳制度安排之限制。全体股东(发起人)一次性认缴全部注册资本额,并在各自认缴的份额内一次性缴纳完毕,不允许分期缴纳。(4)股份折价发行之禁止。依据资本信用的要求,股份发行价格可以高于票面价格或等于票面价格,但不得低于票面价格,若发行价格低于票面价格,则实收资本额少于注册资本额,如此有违资本充实原则。(5)严格限制公司减资。例如,1993年《公司法》第186条规定,公司减资应当对公司资产及时清理并公示,在法定的时间内向债权人通知和公告,债务人可以针对债权人的要求及时清偿债务或另行为债权人提供担保。(6)严格限制转投资和对外担保。例如,1993年《公司法》第60条第3款规定,董事、经理不得以公司资产为本公司股东或其他个人债务提供担保,公司担保等于减损公司的责任财产,间接损害债权人利益。(7)不允许股份(股权)回购。如果允许公司回购自己的股份(股权),利用公司的原始资本对外支付,实际上等于减少了公司的注册资本,与资本维持理念相悖。我国1993年公司资本制度

〔14〕 参见石少侠主编:《公司法教程》,中国政法大学出版社1999年版,第86页。

的制度立法是资本信用观运用的典型范例,从资本的形成、维持和资本的退出环节,通过一系列强制性的法律规范来监控资本运动的全链条和全过程,彰显公司的信用能力和水平。

2. 资产信用及其特征

所谓资产信用,指以公司实际拥有的全部财产(有形和无形)作为评价公司信用水平和偿债能力指标的信用类型。与传统民法物权客体仅限于有体物(动产和不动产)不同,〔15〕公司资产具有非常丰富的内涵和外延。在财产形态上,资产包括流动资产(如货币、债权)、长期投资、固定资产(如土地、房屋)、无形资产和递延资产等;在财产来源上,资产主要由股东的出资(公司资本)、对外负债、资产收益和经营收益等构成。〔16〕与传统民事财产相较,公司资产具有如下方面的特征:(1)资产来源的广泛性。除股东(发起人)出资之外,公司发行的债券,向银行的贷款,同业拆借、公司负债均构成公司资产。这些来源广泛的资产代表了公司运营中的各种法律关系,如股权法律关系、债权法律关系、物权法律关系、侵权法律关系,等等。(2)资产目的的唯一性。股东(发起人)一旦将自己的财产(出资)投入到公司,这些脱离股东(发起人)意志的财产就变成了公司独立的财产,未经合法程序,股东不得随意抽回或分配,只能服从于营利这一特定的目的。(3)资产状态的流动性。这是公司资产最直观的特征。公司作为一种有效的投资工具,通过将分散的资本重新聚集和组合,形成资本的规模效应,股东(发起人)一旦将个人财产变为公司的资产,公司资产就从来没有停止运动过,公司的营业活动和公司资产的运动始终如影随形。(4)资产功能的独立性。股东(发起人)一旦出资完毕,出资就变为公司的财产并与公司形成股权关系。公司财产具有了法律上的独立性,独立的公司财产是公司独立人格的保证。无论公司资产的变更、增加或减少,公司始终要以其全部的财产对债权人承担无限责任,而股东仅以其出资额为限承担有限责任。

---

〔15〕 参见王泽鉴:《民法总则》,北京大学出版社2009年版,第196页。

〔16〕 参见赵旭东主编:《公司法学》,高等教育出版社2012年版,第198页。

二、公司信用基础理论争辩之述评

既然公司的信用基础包括资本信用和资产信用两种类型,那么公司债权人到底应当以何为信用?这一问题可谓"绵亘"在我国公司法学理论研究过程中的重大"悬疑"问题,商法学界对这一问题历经了长期、激烈的争辩。

(一)资本信用与资产信用的理论争辩

依据笔者的观察和总结,资本信用和资产信用的论争主要经历了三个发展阶段:

1.零星质疑期

较早对资本信用提出直接质疑的是刘燕教授,她从注册资本和所有者权益[17]的关系角度分析后认为,注册资本仅仅约束公司的股本和实收资本,并不涉及其他所有者权益项目。法人最终承担责任的是所有者权益(净资产 = 全部资产 - 全部负债)而非注册资本。注册资本只不过反映了企业成立之初的净资产规模和数额,随着公司经营过程中资产的增减和浮动,企业的债务清偿能力不断变化。最终注册资本只不过是一个账面数字,它只是表明股东已按其出资额履行了其对公司债务的责任。[18] 所谓注册资本信用,是公司承担民事责任的最后一道防线亦不过是一个美丽的童话。[19] 刘燕教授已精辟的指明了注册资本和所有者权益在承担债务责任和能力上的差别,并对注册资本的信用担保功能提出了质疑,只是其尚未直指资本信用和资产信用之争的理论命题。几乎在同一时期,江平教授也敏锐地观察到:"现代企业的核心是以资本为信用的企业,因此资本信用是资本企业的灵魂。"[20] "从公司的发展史来看,公司以什么作为其信用是公司类型的主要划

---

〔17〕 "所有者权益"又称"净资产",属于会计学用语,由实收资本、法定公积金和盈余公积金三部分构成。

〔18〕 参见刘燕:《对我国企业注册资本制度的思考》,载《中外法学》1997 年第 3 期。

〔19〕 参见刘燕:《对我国企业注册资本制度的思考》,载《中外法学》1997 年第 3 期。

〔20〕 江平:《现代企业的核心是资本企业》,载《中国法学》1997 年第 6 期。

分标准，以资本为信用的公司正是现代发展起来的现代公司最本质的特征。"〔21〕江平教授进一步认为，现代企业的资本信用应当包括三方面的内容：(1)公司注册资本的信用；(2)公司的信用，即公司的全部资产信用；(3)信用的破产，即公司本身的破产。〔22〕按照江平教授的理解，公司的信用应当包括资本信用、资产信用和破产信用三个方面。很显然，江平教授从公司信用类型区分的角度全面阐述了资本信用的内涵和外延，他是从更宏观的角度对资本信用做了总体性的判断。

2. 集中批判期

在之后中国公司法发展的理论和实践中，针对我国1993年公司立法规定的过高的注册资本额度，〔23〕以及在公司资本制度的设计过程中，严守法定资本制和资本三原则理论的弊端，学界进行了长期、激烈的质疑和批评。注册资本仅仅是一个账面数字，在公司存续一段时期之后，公司资本实际上已成为纯粹的计算上之数额。〔24〕公司资本对公司债权人而言是虚幻的和没有实际意义的，有学者将公司资本称为债权人的"总担保"，这种说法是不确切的。〔25〕公司以资本为信本身就是一个伪命题。〔26〕公司资本信用是一个悖论或者错误的解读……公司静态不变的注册资本并不能决定公司的履约能力，公司的净资产及其预期获利能力才是公司履约和践约的根本保障。〔27〕诸如此类的否定性意见不胜枚举。建立在对资本信用批评和否弃的基础之上。学界对公司应当以何为信这一关涉公司资本制度的基础性命题又进行了详细的分析和阐释。其中，对资本信用批评最力者当属冯果教授，他在《论公司资本三原则理论的时代局限》一文中指出，在市场经济交易条件

〔21〕 江平：《现代企业的核心是资本企业》，载《中国法学》1997年第6期。

〔22〕 江平：《现代企业的核心是资本企业》，载《中国法学》1997年第6期。

〔23〕 1993年《公司法》第23条规定，以生产经营和商品批发为主的公司，其注册资本的最低限额为人民币50万元；以商品零售为主的公司注册资本的最低限额为人民币30万元；其他科技开发、咨询、服务性的公司注册资本的最低限额为人民币10万元；第27条规定，股份有限公司的注册资本最低限额为人民币1000万元。

〔24〕 参见柳经纬主编：《商法》，厦门大学出版社2002年版，第174页。

〔25〕 参见徐燕：《公司法原理》，法律出版社1997年版，第310页。

〔26〕 参见傅穹：《公司资本信用悖论》，载《法制与社会发展》2003年第5期。

〔27〕 参见冯果、尚彩云：《我国公司资本制度的反思与重构》，载《中南财经政法大学学报》2003年第6期。

下,交易相对方对公司信用能力的判断需要新的标准,资本信用不可取,应当有更优的手段来彰显公司信用能力,为与公司进行交易的第三人提供公司信用指标。[28] 冯果教授认为资本三原则已经不能适应现实的需要。在公司发展早期,公司资本尚可以用股份数×票面金额的简单方式确定,但随着授权资本制的广泛应用,可赎回股和可转换债券的产生以及无额面股的出现,公司资本已经很难确定,债权人的信赖基础也不再局限于公司资本。[29] 冯果教授已经提出了公司债权人保护信用基础的转型问题,只是其未再做进一步的分析和论证。赵旭东教授可谓是资产信用理论的集大成者和系统论者。[30] 他在2003年《法学研究》发表的《从资本信用到资产信用》的宏文中,立足于对资本信用弊端和缺陷的批评基础之上,提出公司债权人保护的信用基础在于公司资产而非资本,应当以“资产信用”彻底取代“资本信用”来构筑中国的公司资本制度体系的构想。在资产信用的指导之下,中国公司资本制度体系应当对以下方面进行彻底的革新和改造:(1)改革法定资本制度为授权或者折中资本制;(2)改革最低资本额制度;(3)股东出资形式的强制性规定也应当宽缓化;(4)与公司信用基础牵连的公司与股东的行为规则也必将发生变化,如资本维持原则应当宽缓化,转投资比例和担保的限制应当取消,股东的退出机制的建立亦是顺理成章;(5)资产信用下,维护公司资产的稳定和安全具有重大意义,最核心的问题是应当采用何种办法来监控公司资产的流向;此外,公司的财务会计制度、公司资产信息的作用也极为突出。公司信用基础的转型不是对公司制度局部的填充或修补,而是关涉到整个公司立法、司法和理论的战略性调整和改革。[31]

及此之后,学界响应者众。在具体分析1993年和2005年公司资

---

〔28〕 参见冯果:《论公司资本三原则理论的时代局限》,载《中国法学》2001年第3期。

〔29〕 参见冯果:《论公司资本三原则理论的时代局限》,载《中国法学》2001年第3期。

〔30〕 赵旭东教授的《从资本信用到资产信用》一文是该领域的扛鼎之作,之后学界关于公司信用基础的论文、专著大多都是在该文基础上的进一步深化和展开。截至2017年10月28日,中国期刊全文数据库(CNKI)显示该文引证率高达763次,其影响力可见一斑。

〔31〕 参见赵旭东:《从资本信用到资产信用》,载《法学研究》2003年第5期。

本制度的立法弊端的时候,均一致建立在对资产信用"推崇"甚至"膜拜"的基础上来定性我国公司资本制度改革。例如,2005 年公司资本缴纳制度由完全的实缴制改为有限制的认缴制,并大幅度降低了公司的最低注册资本限额。[32] 有学者认为,我国公司资本制度从资本信用向资产信用理念转型已经初步显现。[33] 2013 年年底彻底取消法定资本最低限额,将资本缴纳制度由有限制的认缴制改为完全认缴制,相应的验资程序也被取消,亦有论者指出,我国公司资本制度从理念到制度已经发生了根本转型。[34] 立法实践在公司信用的判断标准上,已经接受了以资产信用彻底替代资本信用功效和作用的观点。似乎经由学者的讨论和实务界的锤炼和认可,从资本信用向资产信用的论调在学界已然盖棺定论,资产信用理论在公司法学界已经成为一个"无须证明的理论神话"。

3. 冷静思考期

当然,在以"资产信用"取代"资本信用"的论调占据压倒性优势的浪潮之中,亦不乏零星冷静反思的声音,并且这种声音随着我国公司法学理论和实务的发展正呈逐步增强的趋势。例如,朱慈蕴教授就指出,一方面公司资本确实未起到保护债权人利益的功能,但是她同时亦强调,公司在设立之初对注册资本真实情况披露的重要性。[35] 冯果教授的观点在近期出现了明显的修正和转向,他在最新修订的《公司法》一书中明确指出,事实上,公司的资本和资产之间的关系并非绝对割裂而是相互联系的,资本确定和资本维持的目的就是通过资本的确定和防止公司资本的侵蚀,维护公司资产的完整性。资本维持原则也正是通过对公司资产完整性的维持,尽可能保持公司账面资本和实际资本的一致,将二者割裂甚至完全对立起来的观点是片面的,彻底否定公司资

〔32〕 2005 年《公司法》大幅度降低了公司的最低注册资本额度规定,有限责任公司最低注册资本为人民币 3 万元,一人有限责任公司的注册资本为人民币 10 万元,股份有限公司的注册资本为人民币 100 万元。

〔33〕 参见赵旭东主编:《公司法学》,高等教育出版社 2012 年版,第 202 页。

〔34〕 参见邹海林:《我国司法实务应对公司注册资本制度改革的路径选择》,载《法律适用》2014 年第 5 期。

〔35〕 参见朱慈蕴:《公司资本理念与债权人利益保护》,载《政法论坛》2005 年第 3 期。

本的担保功能的主张也是有害的。〔36〕 实际上,如果说公司资本不可信,那么公司的资产更难以监控。在绝大多数国家,公司的资本仍然是公司赖以生存和正常运营的物质基础和生存保障,亦是彰显公司信用能力和水平的重要标志。〔37〕

(二)简短的评价

从历史的维度审视和评价这场跨越近20年的理论争论,值得肯定的是:

1. 资本信用和资产信用的论争值得尊重

商法学界在公司信用基础理论问题的找寻和辨识上投入了巨大的智识和精力。〔38〕 虽然在讨论的深度和广度上,还仍然未超越英国、美国等公司法发达国家,讨论的范围也主要集中在资本信用和资产信用的内涵、功能、区别、效用及对公司制度体系的影响等方面。但是,抛开资本信用和资产信用之争的成效、功过不议,它确实反映了我国商法学界一段难能可贵的集体思考和学术论争的印记。商法学界在资本信用和资产信用的论争中所表现出来的学术争鸣的热情、深度思考能力以及反省的态度,值得我们继承和尊重。

2. 资本信用和资产信用论争是我国公司法学理论趋于成熟的表现

一门科学趋于成熟的核心标志就在于否开始反思和建构其范畴体系。〔39〕 资本信用和资产信用的理论论争对于推动公司法—尤其是公司资本制度—基础理论研究的深入贡献卓著。它表明我国公司法学研究已经开始从过去简单的对域外理论直接“移植”和“复制”的拿来主义阶段,逐步过渡发展到关注中国的公司立法、省思中国公司法的原理、范畴和体系阶段。中国的商法学界已经不再局限于对既有现象的解释和对实际问题解决的摸索,学者们已经越来越多的从构建公司法的整个理论体系和制度体系角度来理解和把握公司信用基础问题,这无疑属于“跨越式”“裂变式”的进步和革新。

---

〔36〕 参见冯果:《公司法》(第3版),武汉大学出版社2017年版,第146页注释部分。

〔37〕 参见冯果:《公司法》(第3版),武汉大学出版社2017年版,第146页注释部分。

〔38〕 也许只有物权法领域的物权行为理论以及股权和法人财产权的性质之争可与之相提并论。

〔39〕 参见张文显:《法哲学范畴研究》,中国政法大学出版社2001年版,第9页。

3. 资本信用和资产信用论争为后续公司资本制度改革奠定了理念支撑和指导

恰如哈耶克所言，正是理念的转变和人类意志的力量，才塑造了今天的世界。[40] 理念变迁往往是制度改革的前奏和向导，制度改革往往是理念变迁所引致的必然结果。我国 2005 年公司资本制度改革将完全的实缴制改为有限制的认缴制，降低了法定资本最低限额。2013 年又彻底取消了法定最低资本限额，同时实行完全认缴制，对注册资本额以及认缴资本的数额、缴纳期限、方式等事项，法律完全不再强加约束和管制。随着公司资本事项约束的“宽缓化”，公司信用维护与债权人风险防范成为亟须解决的疑题，[41] 后续出台了《企业信息公示暂行条例》(2014 年 8 月 7 日)强化了以企业信息公示为核心的企业信用机制建设，《企业信息公示暂行条例》的核心目标就是要转变监管理念、创新监管方式，[42] 将对企业信用的监控和规制从事前预防转向事中、事后规制，同时强化对企业动态资产信息的监控和管制。正是资本信用到资产信用的转型这一理念变迁，才为后续我国公司资本制度的一系列改革奠定了坚实的理念支撑和指导。

三、公司信用基础的认识谬误及因由透视

(一) 公司信用基础的认识谬误

当然，值得进一步检讨和反思的是，在这场规模浩大、热闹喧嚣的

---

〔40〕 *The Collected Works of F. A. Hayek*, Vol. II, The Chicago University Press, 2007, p. 66.

〔41〕 这方面的典型案例为 2015 年 5 月上海市普陀区人民法院判决的首个认缴出资案。某投资公司的注册资本为 2000 万元，实缴资本 400 万元，实行完全认缴制后，该公司将注册资本增加到 10 亿元，实缴资本不变，认缴期限为 10 年。后该投资公司与一国际贸易公司签订标的近 8000 万元的合同，在债务到期时又骤然减资到 400 万元，债权人在该公司不支付首笔 2000 万元债务的情况下，将该公司及新、老股东告上法庭，要求其偿还到期债务。对于这种策略性减资危及债权人利益的实务案例，已引起商法学界高度重视，组织了多次研讨会。参见上海市普陀区政法综治网：http://www.shjcw.gov.cn/node2/putuo/node1422/node1423/u1ai794935.html, 2017 年 6 月 28 日访问。

〔42〕 参见《企业信息公示暂行条例》第 1 条、第 2 条、第 6 条、第 9 条、第 10 条。

争论之中,商法学界关于资本信用和资产信用论争的观点和看法,有相当一部分还仅仅停留在批评、质疑、否定的解构阶段。在一些基本概念的理解和掌握上,也不够准确,系统而深刻的理论建构及细致缜密的分析论证亦不多见,[43]甚至部分观点还带有鲜明的"革命式""运动式"的思维倾向。据笔者的观察和总结,资本信用和资产信用的理论争辩至少存在以下五个方面的误区:

1. 对资本信用批判有余反思不足

学界对资本信用的分析主要集中在其制度体系上,即通过对法定资本制、最低资本额、出资形式、转投资和对外担保、公司减资规范、股权(份)回购规范等的检讨和批判,继而彻底否定资本信用的效用。但是,对我国公司资本制度体系存在弊病的历史成因缺少深刻而细致的体悟和观察,尤其未能是对资本信用产生的历史诱因做系统地梳理和挖掘,从而使得相关问题的讨论浮游表面、难窥要领。

2. 割裂资本信用和资产信用之关系

如何看待资本信用和资产信用二者之关系,资本信用和资产信用是否如上述论争所言,完全是壁垒森严、水火不相容的关系?抑或是彼此勾连又相互独立的关系?在相当长的一段时期内,主流学说仅仅片面地立足于资产信用的优越性而彻底否定资本信用的价值,忽视了对资本信用和资产信用关系进一步的探究。

3. 对资本信用向资产信用转型定位模糊

公司信用缘何要从资本信用向资产信用转型?如果说资本信用不牢靠,那为何早先公司理论、立法和司法,资本信用一直都被奉为是公司信用基础的不二法则,支撑资本信用得以存在并持续张扬的基础和动力源是什么?学界在资本信用向资产信用转型的趋势定位上含混模糊。

[43] 即便是讨论该问题最重要的文献《从资本信用到资产信用》一文,近期亦有学者指出,该文在诸多会计学常识的叙述上并不准确,股份、股本、资本的概念也常出现混淆,其资产信用的内涵和外延也不够清晰。详见吴建斌:《中日公司资本制度逻辑悖论及其破解》,载渠涛主编:《中日民商法研究》(第14卷),法律出版社2015年版,第265页。

4. 对注册资本的认识止于概念化解释

学者在分析注册资本时，往往习惯性将注册资本描述成一个人为拟制的法定数额，并以“抽象的”“历史的”“静态的”这样的描述性词汇概括注册资本的特征，继而否定其对于公司资信水平的判断和维持以及债权人保障的功能。至于注册资本在公司法上的重要意义和现实效用，往往语焉不详甚至常常被忽视。

5. 对资产信用及其本质的认识存在偏谬

如果资产信用的本质是净资产信用，[44]缘何无论是实行法定资本制、授权资本制抑或声明资本制的国家，一定的数额的注册资本、实缴资本以及资本维持要求仍然是公司法不可逾越的准则和底线？资产信用到底是来源于抽象的理论阐释还是实践观察？学界在阐释资本信用和资产信用的关系以及描述资产信用的本质时，对这一问题亦未做深入、细致的究问。

(二) 认识偏谬的因由透视

考诸学界在公司信用基础问题上出现的认识偏谬的因由，主要有三个方面：

1. 历史原因

谈及公司信用基础认识偏谬的历史根源，恐怕与我国民商法学研究史和研究方法密切相关。长期以来，我国民商法学基本原理、基本范畴、基本制度、研究方法均沿袭苏联民商法学理论，苏联民商法学理论和研究方法对我国民商法学的至深影响，也许只有深谙中国民商法演进史的少数老一辈学者才能深刻的体悟到。[45] 我国民商法学在研究方法上多自觉(或不自觉)的承袭了阶级分析方法，这种研究方法将民商法制度置于生产力和生产关系的矛盾运动中，考察立法者的阶级属

〔44〕 这是目前学界一种比较流行的观点。持此论者将公司的资产分为自有资产和借贷资产，借贷资产虽然形式上暂属于公司所有，但债务一旦清偿，公司资产即相应的减少。真正归公司所有的是其中的自有资产，净资产正是公司自有资产的价值，也是资产信用的基础。参见赵旭东主编：《公司法学》，高等教育出版社 2012 年版，第 199 页。

〔45〕 如佟柔、谢怀栻、江平、梁慧星、寇志新等老一辈民商法学家。

性及其对阶级斗争的实际作用,以确定法律的历史形态和本质。[46] 注重法律的定性分析,定量分析很少,适合作为批判的武器。[47] 但是,它使民商法学研究和讨论充斥着大量法律政治学研究的内容。[48] 学界关于资本信用和资产信用的争论,就或多或少受到了上述阶级分析方法和思维的潜在影响,以致在认识论论层面出现了诸多明显的谬误和武断结论。

2. 理论原因

在资本信用和资产信用的理论争辩之中,深究学界在诸多关键问题上表现出的明显的“武断思维模式”之根源,除前述阶级分析研究方法的潜在影响之外,主要还在于理论研究的薄弱和不成熟。商法学界在对资本信用的本质、价值、体系以及实际功效尚未做清晰、审慎厘定之前提下,在对资产信用的缘起及其本质还需要进一步判定的情况之下,便以“乱打棍子”的方式,贸然否定资本信用转而张扬资产信用的优越性,而不问否定资本信用的理论依据是否坚实充分。直到近期,才有学者尝试对资本信用和资产信用的学说意义及其规范分野问题做较为深入的反思和研究。[49] 可以说,学术视野的褊狭和知识结构的缺陷是导致相关争论出现偏移和谬误的理论原因。

3. 现实原因

受我国公司立法管制主义立法哲学的影响。法典背后有强大的思想运动,[50]公司法秉持什么样的哲学立场决定了公司法的精神气质,也间接影响到公司法的内容安排和制度设计。我国公司立法长期厉行管制主义的立法哲学,虽然公司资本制度历经 2005 年和 2013 年两次大规模的修订,但目前实行的仍然是法定资本制,与法定资本制密切关联的资本三原则依然是公司资本制度的支柱和核心。[51] 对此,学界曾

---

〔46〕 参见孙宪忠:《论民商法的研究方法》,载《法律科学》2001 年第 5 期。

〔47〕 参见孙宪忠:《论民商法的研究方法》,载《法律科学》2001 年第 5 期。

〔48〕 参见柳经纬:《当代中国民法学的理论转型》,中国法制出版社 2011 年版,第 140 页。

〔49〕 参见陈甦:《资本信用与资产信用的学说分析及规范分野》,载《环球法律评论》2015 年第 1 期。

〔50〕 [美]劳伦斯·M. 弗里德曼:《法律制度——从社会科学角度观察》,李琼英、林欣译,中国政法大学出版社 2004 年版,第 241 页。

〔51〕 参见王保树:《公司法与证券法修改应联动进行》,载《清华金融评论》2014 年第 11 期。

展开了长期、激烈的批判和反思。强化公司法中的自由主义成为公司法修改的理论呼唤和现实要求。[52] 在这样的现实背景之下，弱化资本信用并将公司债权人的保护借由信息公示等市场化机制运作实现，可谓契合了当前公司法自由主义立法哲学的时代呼唤。从资本信用向资产信用转型亦可谓是我国公司立法哲学转向的要求和具体体现。

总之，囿于特定的历史背景、学术视野、知识结构、研究方法等诸多方面原因的影响和制约，使资本信用和资产信用的理论争辩至今依然留存下了诸多偏颇和谬误，尚待后续进一步的辨识和澄清。

四、公司信用基础认识谬误的澄清

究竟该如何定位资本信用和资产信用之关系？在2013年年底我国公司资本缴纳制度历经“颠覆性”[53]改革之后，是否如学者所言，我国公司的信用基础已完全从资本信用走向资产信用？笔者认为，这样的论断恐怕还尚待商榷。公司资本缴纳制度改革并非对资本信用的彻底否定，亦非要全面以资产信用的取代资本信用，[54] 无论是资本信用抑或资产信用，均是观察公司资信能力的重要指标。对二者之关系应持如下观点：

（一）资本信用神话的确立和张扬具有深刻的诱因

正如弗里德里希·冯·萨维尼（Friedrich Karl von Savigny）所言，法律作为一种历史上特定的现象，如同诗歌、语言、宗教一样，深深地扎根于民族的生活和历史之中。[55] 不是某个特定的立法者的理性塑造

〔52〕 参见施天涛：《公司法的自由主义及其法律政策——兼论我国〈公司法〉的修改》，载《环球法律评论》2005年第1期。

〔53〕 甘培忠教授、施天涛教授、冯果教授、雷兴虎教授在评价2013年公司资本缴纳制度改革时，均不约而同使用了“颠覆性”这一用语。

〔54〕 笔者早先也认为应当彻底从资本信用过渡到资产信用，但在后续研究中修正了这一观点。详见薛波：《公司资本公示二元格局的困境及破解》，载《学习与实践》2016年第7期；薛波、雷兴虎：《公司资本公示二元格局破解思路再考量》，载《证券法苑》2016年总第18卷。

〔55〕 参见陈爱娥：《萨维尼：历史法学派与近代法学方法论的创始者》，载《清华法学》2003年第2期。

了法律,而是由贯穿整个历史的“民族精神”(Volksgeiste)的“内在的潜移默化的力量”(inneren stillwirkender Krafte)使之得以有机地培育成长。[56] 从资本信用的确立—张扬—质疑—破灭这一全链条过程中,我们应当深刻洞悉形塑资本信用神话的历史、现实和理论诱因:(1)从历史背景上观察,前已述及,自20世纪80~90年代以来,在历经30多年法律虚无主义岁月和在苏联阶级分析研究方法的长期影响下,我国民商法学者对国外既有的理论学说,抱有天然的盲从甚至崇拜倾向,其中被奉为至善的公司资本制度得到学者的青睐。我国公司立法长时间的缺位,使学者对传统公司资本制度多有精细的揣摩和循规的诠释,而缺少理性的分析及创新思考,[57] 资本信用就是在这种历史背景下得到了迅速推崇和张扬。(2)就现实层面而言。长期以来,我国一直是一个政策社会,主要依靠政策治理国家。[58] 20世纪80年代中期,国务院为清理整顿公司乱设现象,将公司资本制度作为调控市场主体准入的重要方式和手段。针对不同类型的公司设定了不同的最低资本额,并借由一系列强制性的法律规范来限制和约束公司的经营行为,保障公司资产能时刻与注册资本额保持相当水准,以便于交易第三人及时、准确了解公司的资本状况,决定交易的范围和条件。后来的公司法理论和实践,不知不觉地强化着公司资本信用的神话。(3)从基本原理分析,债权人保护历来都是公司法律制度设计的“主旋律”,[59] 尽管股东承担有限责任为债权人提供了明确的受偿范围,使股东和公司债权人之间的风险分配变得容易,[60] 并具有分散投资风险、降低监督成本、促进投资多元等诸种优势,[61] 但是,有限责任亦存在“道德风险”(moral

---

〔56〕 参见[德]K. 茨威格特、H. 克茨:《比较法总论》,潘汉典、米健、高鸿钧、贺卫方译,法律出版社2003年版,第212页。

〔57〕 参见赵旭东:《从资本信用到资产信用》,载《法学研究》2003年第5期。

〔58〕 参见蔡定剑、刘丹:《从政策社会到法治社会——兼论政策对法治建设的消极影响》,载《中外法学》1999年第2期。

〔59〕 参见朱慈蕴:《公司资本理念与债权人利益保护》,载《政法论坛》2005年第3期。

〔60〕 Ferrn, Eillis, *Company Law and Corporate Finance*, Oxford University Press, 1991, p. 20.

〔61〕 Easterbrook, Frank H. and Fischel, Daniel R, *The Economic Structure of Corporate Law*, Harvard University Presss, 1991, pp. 41 – 42.

hazard)的问题。[62] 股东获取了风险活动的所有收益,却无须承担所有的成本,其中部分成本转嫁给债权人承担。这样的风险转移问题,犹如公司或股东用借来的钱进行一场赌博一样。[63] 因此,公司资本制度长期被看作平衡股东和债权人的风险负担、实现风险内部化的最有效方式之一。

受上述三重因素的影响和制约,使资本信用的神话得以在我国迅速确立并张扬,并最终演变成为理论、立法和司法实务毋庸置疑的"铁律"和"信条"。因此,当我们谈论资本信用及其向资产信用转型问题时,我们应当充分认识到形塑资本信用神话的历史、现实和理论诱因,对资本信用理论的评判应当理性、客观。

(二)资本信用和资产信用是功能迥异又密切关联的两种信用类型

前已述及,以资产信用观优于资本信用观,进而得出在公司资本制度的具体设计过程中应彻底的否弃资本信用而树立资产信用观,这种"非此即彼"的价值评判模式本身就值得反思和检讨。资本信用和资产信用均是观察公司信用能力两种不同类型的指标,二者功能迥异却又密切关联,在公司法上各自具有特殊的功效和意义。

1. 公司信用既有资本信用也有资产信用

如果将资产信用等同于"净资产信用",那么"注册资本信用"和"资产信用"并无实质性的区别。[64] 资本信用的核心体现之一是资本维持原则,该原则要求公司实际运营中,至少保持与注册资本相一致的净资产,其最终的落脚点仍然是"净资产"。但是,需要说明的是,净资产只是代表公司资产信用的一个方面而非全部。在公司资产小于负债的情况之下,如果公司的现金流量充足,仍然表明公司具有偿债能力。[65] 国际上对于破产界限的判断标准,由资产负债标准转变为现金

---

〔62〕 Easterbrook, Frank H. and Fischel, *Daniel R*, *The Economic Structure of Corporate Law*, Harvard University Presss, 1991, pp. 41 - 42.

〔63〕 Kanda, Hideki, *Debttholders and Equityholders*, 21 The Journal of Legal Studies 431, 1992, pp. 433 - 434.

〔64〕 参见王艳华:《反思公司债权人保护制度》,法律出版社2008年版,第101页。

〔65〕 参见王艳华:《反思公司债权人保护制度》,法律出版社2008年版,第101页。

流量标准,表明净资产并不是判断公司是否具备偿债能力的唯一标准。[66] 可以说,资本信用和资产信用之间是互融甚至是互通的。

2. 公司设立之初资本信用的意义不容忽视

众所周知,现代公司的典型形态是资合公司。公司在设立之初,均需要投入一定的资本。公司成立之初若与外部第三人发生交易,待交易的第三人首先查询的是公司的注册资本和实缴资本信息,此时资本信用(严格说是注册资本信用)在公司法上仍然具有十分重要的现实意义。值得注意的是,我国 2013 年年底公司资本制度实行完全认缴制之后,鉴于股东认缴出资后实缴出资期限已属于股东自治事项,立法不再强制要求公司通过工商行政系统公示其实缴资本信息。对于与公司交易的第三人而言,只能通过企业信息公示系统查询目标公司的实缴资本信息,这无疑弱化了资本信用的担保功能。但是,出资缴纳期限自治并不意味着股东可以约定过长的出资期限或者不出资。[67] 当公司已经资不抵债时,股东不得以出资期限未届期为抗辩事由拒绝缴纳出资,此时应适用加速到期规则。[68] 资本信用在现行公司法上的功能虽然有一定程度的弱化,但仍具实际意义。

---

〔66〕 Amour, John , *Share Capital and Creditor Protection: Efficient Rules for a Modern Law*, 63:3 Modern Law Review 355, 2000, pp. 371 – 372.

〔67〕 参见赵旭东:《资本制度变革下的资本法律责任——公司法修改的理性解读》,载《法学研究》2014 年第 5 期;蒋大兴:《"合同法"的拘束:资本认缴制的责任约束—股东私人出资承诺之公开履行》,载《现代法学》2015 年第 5 期;罗培新:《论资本制度变革背景下股东出资法律制度之完善》,载《法学评论》2016 年第 4 期;王建文:《再论股东未届期出资义务的履行》,载《法学》2017 年第 9 期。

〔68〕 参见北京市高级人民法院(2016)京执复 106 号执行裁定书;江苏省南京市中级人民法院(2016)苏 01 民终 7556 号民事判决书;浙江省杭州市上城区(2016)浙 0102 民初 1545 号民事判决书;北京市第三中级人民法院(2016)京 03 民终 9248 号民事判决书;广东省广州市越秀区人民法院(2013)穗越法民四初字第 90 号民事判决书;河南省郑州市中级人民法院(2017)豫 01 民终 8101 号民事判决书;河北省保定市中级人民法院(2017)冀 06 号民终 1269 号民事判决书;福建省厦门市中级人民法院(2016)闽 02 民终 5328 号民事判决书;山东省德州市中级人民法院(2016)鲁 14 民终 2475 号民事判决书;四川省自贡市中级人民法院(2016)川 03 民终 169 号民事判决书;上海市普陀区(2014)普民二(商)初字第 5182 号民事判决书;陕西省西安市中级人民法院(2017)陕 01 民终 4664 号民事判决书;上海市第二中级人民法院(2017)沪 02 民终 3653 号民事判决书;江苏省南京市中级人民法院(2016)苏 01 民终 7556 号民事判决书。

3. 公司运营中资产信用的效用更为突出

在公司成立之后，随着公司对外负债的发生，公司的资产规模、现金流量、公司负债、利息偿还率(interest cover)等均在不同程度上影响着公司的信用能力和信用水平，[69]此时，公司债权人保护更关注的是公司即时的资产结构和财务状况，公司的资产总额和资产的结构及其变现和支付的能力对公司信用能力的判断至关重要。[70] 公司资产实际上成为公司对外承担财产责任的担保和基础，资产信用的效用更为突出。

4. 资本信用对资产信用的维护起着“门槛”作用

正如学者所言，有限责任公司和股份有限公司的财产是公司从事经营活动的物质基础，是公司债权人的担保，而公司注册资本则是确保其财产的基础。[71] 我国公司法上的减资规范即为典型示例，根据《公司法》第 43 条第 2 款的规定，股东会做出减少公司注册资本的决议时，必须经代表 2/3 以上表决权的股东通过，《公司法》第 177 条规定公司减少注册资本必须编制资产负债表和财产清单，应当对债权人履行通知义务，并应当在 30 日内在报纸上公告。债权人在接到通知的 30 日内或未接到通知自公告之日起 45 日内，有权要求公司清偿债务或提供担保。立法对公司减资程序做出如此要言不烦、细密周详的规定，其核心的目的之一就是要防止公司资产的不当减少和流失，消除公司资产减少至注册资本额以下时可能带来的“负外部性”，通过赋予债权人的清偿权和担保权以维护债权人利益。[72] 注册资本在事实上对公司资产信用的维护和保障起到了“门槛”的作用。

(三)从资本信用到资产信用是对公司信用转型趋势的一种形象化描述

公司既不可能仅以抽象的注册资本额作为其信用能力的判断指标，亦不可能仅以动态的运营资产作为其信用能力的唯一判断凭据，资

---

〔69〕 参见[英]保罗·戴维斯:《英国公司法精要》，樊云慧译，法律出版社 2007 年版，第 99 页。

〔70〕 参见赵旭东主编:《公司法学》，高等教育出版社 2012 年版，第 199 页。

〔71〕 参见王保树、崔勤之:《中国公司法》，中国工人出版社 1995 年版，第 299 页。

〔72〕 参见薛波:《论公司法改革中商法思维的引入和运用》，载《北方法学》2017 年第 1 期。

本信用和资产信用二者均不可偏废。应当揭示,从资本信用到资产信用这一命题的提出有着较深刻的历史诱因和时代烙印。我国 1993 年公司立法厉行管制主义的哲学立场,在公司资本制度的设计上,严格恪守法定资本制和资本三原则的刚性约束要求,规定了较高的最低资本额和注册资本额,亦通过严格的限制股东(发起人)的出资形式、限制公司转投资和对外担保、股份折价发行之禁止、不允许股权(份)回购、严格的减资程序和利润分配规则设计等一系列方式来防止公司资本的不当减少和流失,维持公司的信用能力和信用水平,进而保障债权人利益之实现。实践证明,借由静态的注册资本额以及严守资本维持原则以强化公司债权人利益之保护,法律效果甚微。2005 年公司法修订虽然体现出明显的自由主义倾向。例如,对资本缴纳制度进行了有限度的松绑,降低了法定资本最低限额,放宽了有限责任公司与发起设立股份公司的出资期限和出资方式,对股份发行、转投资和担保、股权(份)回购等内容和程序的限制也有所放松,等等。[73] 但由于当时修法时间仓促,难免带有阶段性、中度修改的痕迹。[74] 近年来,大陆法系国家根据经济发展全球化和一体化的需要,强化公司法的适应性品格,纷纷修改严苛的法定资本制而转向折中、授权甚至声明资本制。[75] 资本维持原则也被认为是不以降低交易成本为目标,更多的反映的是一种家长式的做法利用法律规范公司的事务。[76] 其对债权人利益之保护亦早被实践证明是一个经不起推敲的“伪命题”。面对我国公司立法长期厉行管制主义哲学立场做法的弊端,学界展开了深刻的检讨和反思。通过对资本信用和资产信用的功能比较后发现,真正对运营中公司债权人起实质性保护作用的是公司的资产而非资本。实际上,如果从公司信用转型的历史背景和现实原因层面做系统性分析,即可清晰地窥

〔73〕 参见蒋大兴:《公司法的观念与解释——法律哲学·碎片思想》(卷一),法律出版社 2009 年版,第 34 ~ 43 页。

〔74〕 参见刘俊海:《改革开放 30 年来中国公司立法的回顾与前瞻》,载《法学论坛》2008 年第 3 期。

〔75〕 参见黄辉:《现代公司法比较研究——国际经验及对中国的启示》,清华大学出版社 2012 年版,第 123 页。

〔76〕 参见赵旭东主编:《公司法学》,高等教育出版社 2012 年版,第 98 页。

见,从资本信用向资产信用转型只是对公司信用基础转型趋势的一种形象化的概括和描述,转型的方向和结果也只是更加突出了资产信用的优势和效用,而并非是要彻底以资产信用取代资本信用。学界诸多学者在理解资本信用和资产信用二者关系之时,往往忽略了这一命题提出的历史背景和现实需求,便武断地以资本信用彻底否定资产信用,从而造成了诸多认识上的误区,已对立法、司法实践产生了深远的负面影响。当前,迫切需要及时予以纠正和澄清。

(四)注册资本在现行公司法上仍然具有重要的现实效用

尽管2013年我国公司资本缴纳制度改革之后,废除了法定资本最低额限制,将公司注册资本额、认缴额、实缴额及缴纳方式、缴纳期限等事项已交由股东(发起人)自治,股东(发起人)在公司注册资本事项上的自治空间得到空前扩张和拓展,注册资本似乎已完全脱离了行政管制的轨道,[77]属于股东(发起人)和公司章程自治的领地。注册资本的效用在现行公司法上虽有所削弱,但并未被彻底废除。注册资本仍然是衡量公司信用能力和信用水平十分重要的指标之一。

1. 股东(发起人)投入公司的资本唯有通过"注册登记"这一法律程序,才能从经济学意义上的"资本"转化为法律意义上的"注册资本"。公司股东(发起人)通过章程约定的资本额也唯有通过"注册登记"这一法律程序,最终才能获得公示、公信的法律效果。反言之,如果注册资本完全属于股东(发起人)和公司章程的自治事项,那么股东(发起人)在公司设立之初,按照章程约定的资本额(股份数)认缴出资后,公司即可成立,可为何股东(发起人)自主约定的资本额还要通过"注册登记"这一法定程序?唯一正当的解释只能是:通过"注册登记"这一法定程序,使注册资本从一个由公司章程内部约定的抽象数字转而获得了公司法上的外部意义。

2. 这种外部意义就在于,股东(发起人)虽然可以通过公司章程约定注册资本额、认缴额、实缴额及缴纳期限、缴纳方式等事项,但公司资本额(股份数)通过"注册登记"方式最终向外部公示,等于以国家公权

---

〔77〕 参见邹海林:《我国司法实务应对公司注册资本制度改革的路径选择》,载《法律适用》2014年第5期。

力信用为公司注册资本的真实性、合法性做了“二次背书”。工商登记机关对公司报送的注册资本信息负有形式上的审查义务，违反该义务则要承担相应的行政法上的责任。凡经工商登记机关审查公示的注册资本信息，除非有确凿的证据证明属于虚假陈述以外，均推定为正确事项并具有法律上的公信力。与公司进行交易的第三人，正是基于注册资本公示最终所产生的公信力，才愿意与公司进行交易。注册资本为与公司正在（潜在）交易的第三人提供了判断公司信用能力的指标。

3. 依据经济学的解释，信息作为一种经济物品，其生产、分析、传递、获得均需付出一定的信息成本。〔78〕唯有当潜在的买者和卖者之间存在一种正确、可靠、无阻力的信息流时，市场才能最好的运行，〔79〕而注册资本公示正好达到了这样的作用和效果。通过公示建立起来的信息传递渠道，为交易第三人提供了安全、可靠、简明的信息获取方法，减少了信息搜寻、查找、分析和筛选的成本。交易第三人可以通过登记簿的阅览、誊本、抄本和复印件的交付和取得登记机关的证明等途径，获得待交易公司的注册资本等信息，了解其信用状况，作为其从事交易活动决策的参照和依据。〔80〕显然，无论是实行资本信用还是资产信用，亦无论是否严格恪守法定资本制和资本维持原则的强制性要求，注册资本对于公司信用能力和水平的判断在现行公司法上仍然具有十分重要的现实效用。

（五）以资本信用取代资产信用的依据源于公司运作实践而非抽象理论解释

持资产信用的学者对现实的观察能力更胜于对法理的阐释能力，他们敏锐地把握到了公司信用能力转型的时代脉搏和发展趋势，并在理论层面对这一转向过程予以及时的回应，这种对实践的判断、吸收、

---

〔78〕 参见［美］阿克伦德·赫伯特：《经济理论与方法史》，杨玉生等译，中国人民大学出版社2001年版，第477页。

〔79〕 参见［美］阿克伦德·赫伯特：《经济理论与方法史》，杨玉生等译，中国人民大学出版社2001年版，第477页。

〔80〕 参见郭富青：《论商事登记制度的若干法律问题——兼论我国商事登记的改革与完善》，载《甘肃政法学院学报》2002年第6期。

把握的能力值得肯定。具言之:(1)当今正处在一个信息互通、万物互联的时代,信息咨询和财务市场的发达,市场主体在判断交易相对人的信用能力和水平时,完全可以借助于专业的律师事务所、注册会计师事务所、审计事务所等第三方机构专业人员的帮助,以获取公司的财务报告、资产调查报告和资产评估报告。专业人员依据专业手段和专业方式,使得对公司信用水平的判断不再简单局限于公司静态的、抽象的、历史的注册资本额。(2)前文多次提及并已被理论和实务所证实,公司运营中的资产规模时刻处于变化之中,公司注册资本额和运营资产不一致亦是常态。在特定场域和特定背景之下,与公司进行交易的第三人,并非仅仅以静态的、抽象的注册资本数额判断公司的信用能力,与公司交易的相对人必须时刻关注公司的资产规模、资产负债率、资产的可变现性和可转移性程度等的变化情况,才有可能为其债权的实现提供切实、可靠的基础和保障。(3)众所周知,在现代市场经济发展过程中,公司良好的信用记录,完备的经营管理系统,合理的权利和权力配置、卓越的科技创新能力等,都是资产信用的有机构成部分,这些基于公司人格特质所形成的信用价值,并非资本信用所能包含和概括。[81] 由此观之,资产信用在公司运作实践中早已存在并且被广泛运用,只是我们缺乏一种从纷繁复杂的实践现象中概括、提炼的哲学思维和理论抽象,缺乏"一言以蔽之"的意识和能力。[82] 资产信用的兴盛完全是商法实践运作发展的结果和产物,正是由于资本信用观和实践之间出现了日益紧张甚至撕裂的局面,难以满足公司债权人信用保障的现实需要,资产信用观才得以应运而生并迅速得以张扬。以资本信用取代资产信用的依据源于公司运作实践而非抽象的理论解释。

---

〔81〕 参见陈甦:《资本信用与资产信用的学说分析及规范分野》,载《环球法律评论》2015年第1期。

〔82〕 参见邱本:《如何提炼法理?》,载《法制与社会发展》2018年第1期。

五、结语

正如19世纪德国历史法学派巨擘弗里德里希·冯·萨维尼(Friedrich Karl von Savigny)和尤里乌斯·冯·基希曼(Julius von Kirchmann)之间要不要制定德国民法典,[83]以及20世纪80年代初以来我国物权立法是否要采纳德国物权行为理论的学术论争一样,[84]我国商法学界关于资产信用和资产信用的理论争辩,深深地影响了我国公司立法和司法实践。时至今日,我们应当如何评说这段学术争鸣史,如何定位其历史功过,还尚待后续进一步的反思和总结。本文关于资本信用和资产信用的"拨乱反正"只是一次初步的探索和尝试,也仅仅对二者关系做了粗线条式的描摹和勾勒,后续还有大量缜密和细致化的工作尚待学界共襄协力,深入探究。

(编辑:谢贵春)

---

〔83〕 有关论争的过程详见[德]霍尔斯特·海因里希·雅克布斯:《十九世纪德国民法科学和立法》,王娜译,法律出版社2003年版,第52~58页。

〔84〕 有关论争过程详见柳经纬主编:《共和国六十年法学争论实录——民商法卷》,厦门大学出版社2004年版,第159~181页。

《证券法苑》(2018)
第二十五卷,第261~281页

证券市场投资者间不公平竞争的竞争法透析*

宁立志** 肖 函***

摘要:投资者竞争是证券市场竞争的灵魂。我国证券市场竞争机制的缺失或扭曲严重制约了市场基本功能。我国证券市场长期存在市场参与主体之间的不公平竞争现象。投资者之间的不公平竞争是典型样本,此类不公平竞争的产生与市场本身的缺陷以及政府的监管不到位有关,有些则是监管本身所导致。我国证券市场的健康发展不能离开政府的监管,政府对证券市场的监管应以建立和维护其竞争机制的长期制度化和有效运行为基本方式和政策目标。

关键词:证券市场 个人投资者 机构投资者 竞争机制 监管理念

竞争法是规制市场竞争的法律,但是具体而言,“市场竞争”包括哪些市场的竞争?其范围如何界定?从竞争法的实践和理论来看,目前竞争法语

---

* 本文系2011计划司法文明协同创新中心研究成果。

** 武汉大学法学院教授、博士生导师。

*** 武汉大学法学院2015级博士研究生。

境下市场竞争中的“市场”多指商品市场。资本市场,这一与传统商品市场相比竞争更广泛、更普遍、更复杂的要素市场却鲜少进入研究者的视野。[1] 实际上,纵观世界范围内资本市场的发展历程,市场化与国家干预(监管)作为影响市场的两种力量在资本市场的健康稳定发展中都不可或缺,市场化与政府监管有机结合才能构建良好的市场秩序,[2]可见资本市场的基本特性与竞争法的基本理念是高度契合、一脉相承的。不同于传统商品市场中经营者之间的单向竞争,资本市场中的一个交易行为可能同时涉及中介机构之间、融资者之间、投资者之间以及融资者和投资者之间的多向度竞争关系,这正是整个资本市场的竞争机制得以发挥作用的原动力,而资本市场任何功能的实现都必须以竞争机制的有效运行为前提。从竞争法的视角考察,概括而言,当前我国以证券市场为典型代表的资本市场中各种失灵现象产生的主要原因是竞争机制的扭曲。具体而言,则涉及投资者、融资者以及中介机构之间竞争的不公平问题。本文以投资者之间的不公平竞争问题切入,尝试对整个证券市场的不公平竞争问题进行初步研究,虽仅管中窥豹,仍期抛砖引玉。

一、法学对竞争的价值判断和竞争法对证券市场的适用

(一)从经济学的竞争到法学的竞争:竞争的价值判断

“竞争”一词在生物学、社会学、经济学、法学上均具有相通而又各

[1] 我国当前与市场竞争有关的最重要的两部法律《反不正当竞争法》和《反垄断法》均把调整对象界定为“经营者”之间以产品和服务为基础的市场竞争行为,而考察国外相关立法,如美国的《谢尔曼法》《克莱顿法》《联邦贸易委员会法》,德国的《反不正当竞争法》《反限制竞争法》,日本的《关于禁止垄断和确保公正交易的法律》等虽然没像我国直接限定为“经营者”之间的竞争而是从更一般的市场主体之间的竞争出发,但是从条文的实质内容看,也基本将竞争发生的市场界定为商品市场。同时从文献检索的结果分析来看,能够进入竞争法学者理论研究视野的“市场竞争”也多为商品市场的竞争,笔者查阅中国知网、万方、读秀等文献数据库,鲜有从竞争法视角研究资本市场的法学文献。

[2] 典型的如美国1929年股灾爆发前后,政府对资本市场监管态度的转变及之后美国资本市场的繁荣。

异的内涵。相较而言,法学研究视野下的竞争与经济学中的竞争联系最紧密,内涵与外延的重合度最高,具有某种同源性。但是,从经济学到法学,对竞争的关注视角有一个明显的转变就是对竞争的价值考量。经济学对竞争的分析,基本出发点是"价值无涉",更注重以一种客观的眼光来研究竞争的要素、竞争力的来源、竞争的效果、竞争策略和竞争的分类等问题。[3] 而法学对竞争的研究则是以既定的价值判断——竞争是公平的还是不公平的、是正当的还是不正当的、是合法的还是非法的——作为基本的出发点。法律对市场主体的竞争行为和整个市场的竞争状态采取"不中立但是公正"的立场,不仅要从微观层面保证竞争参与者个体竞争利益的实现,还要从竞争的状态、秩序和社会影响等宏观层面保护市场竞争机制和社会整体利益不被市场主体极端谋求私利而采取的不正当、不公平之竞争行为所侵害。因此,竞争法研究的"竞争"往往是经过否定性价值判断之后被认为是"坏的""有害的""不正当的"竞争,目的在于为政府介入市场以及以何种方式和程度介入市场以维护竞争秩序、确保竞争公平提供必要性、科学性、合法性支持。

(二)从商品市场的竞争到要素市场的竞争:竞争法对证券市场的适用

上述有关竞争法对市场竞争价值判断的分析,有助于我们从竞争法的视角聚焦于证券市场投资者之间竞争关系。商品市场交易的对象是凝结着资本、技术、劳动力等要素的商品,并且遵循的是从生产、销售到消费的单向流通方式。具有相同或类似使用价值的商品经过经营者之间的竞争流转到消费者手中,然后这件产品就被"消费了",基本不会逆流通重返市场。对经营者来说,主要的竞争目标就是要使消费者在同类商品或服务中选择自己,因此经营者之间的竞争本质是其商品使用价值之间的竞争,故而竞争法肯定"以质取胜"的公平竞争而否定那些不择手段(如窃取商业秘密、误导性宣传)、强取豪夺、食人而肥的不公平竞争。而证券市场投资者之间的竞争,则在于对证券所承载的

---

〔3〕 解树江:《中国的资本市场:基于竞争理论的分析》,中国财政经济出版社2005年版,第113页。

资本之价值及其变化的综合判断能力。比如,股票交易市场中某一只股票某一时刻的价格,是所有参与买进或卖出的投资者之间在资金实力、信息获取、投资理念、知识结构和风险意识等各方面综合较量的结果。表面上看,这样的多向度竞争关系与商品市场中经营者在"出卖商品"这一单向过程中的竞争要纷繁复杂很多,而类似虚假宣传、强买强卖、弄虚作假、商业欺诈等传统典型的破坏公平竞争的不正当竞争行为的认定也似乎难以适用于证券市场。笔者认为,商品市场发展的历史和发展程度均超过资本市场,商品市场中的各种不正当竞争行为对社会和个体的影响也非常直接,所以最先引起人们的关注,竞争法应时而生,因此其基本的理论体系和制度构建带有明显的商品市场痕迹,直接套用到证券市场显然有"强买强卖"之嫌。但是倘若我们回到法学对竞争研究的起点,回到法学对竞争的价值判断这一预设前提,便会发现,当对竞争展开价值判断的时候,竞争法便产生了。竞争法也必然以对竞争的价值判断为前提,在完全放任自由的市场中,有竞争的地方,就有反竞争的存在,就存在竞争的正当性、公平性问题。如上文所述,竞争法是回答政府为何要干预市场竞争以及如何干预市场竞争等问题的法律,那么在证券市场同样存在亟须回答的类似问题。竞争是市场经济的活力之源,亦是证券市场的活力之源。这一点在国外的证券法立法实践中早已得到体现。譬如,美国《1933 年证券法》和《1934 年证券交易法》在制定之初就将促进市场竞争确立为立法原则。其中,《1933 年证券法》第 2(a)条规定"美国证券交易委员会'除要考虑保护投资者之外,还应考虑该行动是否将有利于提高效率、促进竞争和资本形成'",《1934 年证券交易法》第 6(b)(8)条规定"证券交易所规则不应对竞争施加任何不必要或者不适当的负担"。美国历史上的每一次股灾无不伴随着资本市场竞争规则和投资者权益保护制度的全面升级和改版,《1933 年证券法》《1934 年证券交易法》如此,《2002 年年上市公司会计改革与投资者保护法》(以下称为《萨班斯法》)与《2010 年华尔街改革与消费者保护法》亦如此。法治改革贯穿于美国资本市场的全过程,全面推进资本市场法治建设也应成为我国资本市场改革与发展的主旋律。而我国全面推进资本市场法治建设,也不应忽视证券市场竞争规则的构建与完善。

二、证券市场投资者间不公平竞争认定标准的维度分析

（一）竞争法价值判断的一般标准

谈到对竞争的价值判断，随之而来的是判断的标准问题；具体到竞争法而言，是指如何设定不正当竞争的行为标准以及是否存在统一的标准来判断哪些竞争行为会受到法律否定性评价的问题。从现有的国内外和国际竞争立法来看，各国判定竞争是否正当、是否公平的基本标准存在价值趋同性，即维护竞争的公平、保护健康的市场竞争机制，但是又没有具体统一的标准。例如，《巴黎公约》中将不正当竞争行为界定为在工商业活动中违反诚实商业惯例的行为，而将“诚实商业惯例”概念留给成员国自己界定。因此出现了比利时和卢森堡的“诚实商业惯例”标准、西班牙和瑞士的“诚实信用原则”、意大利的“职业正当性”原则、德国和波兰的“善良风俗”、美国的“诚实和公平交易原则”和“市场道德”，[4] 而我国则是以竞争原则的方式使用了多个措辞对竞争行为的标准进行描述，即“自愿、平等、公平、诚实信用的原则”，但是其核心是竞争行为的公平性标准。

为何判定“坏”的竞争标准如此高度相似却又难以完全统一？笔者以为，这是法律对政府介入市场竞争的支持和市场竞争自由的保护两种价值取向共同作用的必然结果。法律赋予政府判断竞争价值的权力时，预设了“对某种行为具有某种倾向性的立场和态度”的主观性前提，但是竞争法另一重要作用在于规定政府干预的方式和目的，约束政府对竞争的盲目性、随意性干预，因此必须要给主观性价值判断设置尽

---

〔4〕 WIPO, *Protection Against Unfair Competition*, Geneva 1994, p. 23. 转引自孔祥俊：《反不正当竞争法的司法创新和发展——为〈反不正当竞争法〉施行20周年而作》（上），载《知识产权》2013年第11期。

可能具体明确的客观性标准。[5] 故而类似“公平”和“诚实信用”这类价值表达词汇的具体内涵其实是一国社会、经济、道德和伦理观念的综合反映,且衡量标准也会与时俱进。[6]

(二)证券市场投资者间不公平竞争判定的基本维度

竞争法价值判断一般标准的具体内涵呈现出某种具体性和动态化,但这并不意味着法律对竞争的价值判断是飘忽不定、不可捉摸的,因为市场经济的一般规律是自由和竞争,在市场经济体制的大前提下,完全可以从市场竞争的一般规律出发结合某一具体市场类型的特点完成对该市场中竞争行为的价值判断。结合上文所述,对证券市场中各主体之间竞争行为的判断要注重确立客观标准,从客观上考察某种竞争行为是否有益于或者有害于证券市场的资金融通、资本定价、风险分散等基本功能的发挥。[7] 具体到这一市场中投资者之间的竞争,除了整体的市场功能标准之外,更为直接的标准是判断投资者在某种竞争性交易中所获取的收益或损失是否存在非正常报酬,[8]其实这一标准与证券市场的功能实现是一脉相承的。倘若部分投资者总是可以通过

---

〔5〕 例如,我国《反不正当竞争法》第2条在对“不正当竞争”进行界定时,开宗明义地指出“经营者在生产经营活动中,应当遵循自愿、平等、公平、诚信的原则,遵守法律和商业道德”,但随后便具体限定“本法所称的不正当竞争行为,是指经营者在生产经营活动中,违反本法规定,扰乱市场竞争秩序,损害其他经营者或者消费者的合法权益的行为”强调有客观的危害性;而不是直接承接前文表述为“本法所称的不正当竞争行为是指经营者违反自愿、平等、公平、诚信原则的行为”。这充分体现了法律认定正当性标准的客观性。

〔6〕 “与时俱进”的典型是竞争法对“垄断”的规制。从美国《谢尔曼法》颁布实施的一个多世纪以来,世界范围内的反垄断法对“垄断”的界定基本上经历了从“垄断状态”到“垄断行为”的演变。

〔7〕 参见刘俊海:《打造投资者友好型证券法推动资本市场治理现代化》,载《法学论坛》2015年第4期。

〔8〕 这是笔者根据经济学上的“有效市场假说”理论转换而来的标准。1965年,美国学者尤金·法玛首次提出了“efficient market”的概念,即有效市场是这样一个市场,在这个市场中,存在着大量理性的、追求利益最大化的投资者,他们积极参与竞争,每个人都试图预测单个股票未来的市场价格,每个人都能轻易获得当前的重要信息。在此基础上,1970年,尤金·法玛正式提出“有效市场假说”理论,认为在一个充分信息交流和信息竞争的社会里,一个特定的信息能够在股票市场上迅速地被投资者知晓,同时如果在一个证券市场中价格完全反映了所有可以获得的信息,那么就称这样的市场为有效市场。

特殊的方式获得超出市场风险调整后的平均报酬率，而另一部分投资者则长期遭受超出市场正常风险调整之外的损失，说明证券市场的竞争机制被限制或扭曲，长期如此，整个市场的资本定价和价格发现功能亦遭破坏。此外，考虑到我国现阶段证券市场的基本制度和竞争秩序基本上是由政府基于某些特殊的政策目标而设计出来，要特别重视其不稳定性和弱预期性在不同投资者之间造成的制度供给（更多的是行政指令）不公平问题。综上所述，对证券市场投资者间不公平竞争的判定，笔者认为可以从三个基本维度来把握。

第一，市场竞争中应供所有投资者利用的外在公共资源被部分投资者把持。该维度反映的是完全放任自由的市场失灵问题——竞争总是自由的，但是竞争并不总是公平的。因此，政府需要介入以保障竞争的公平，而这里的公共资源并不是“先天”就具有公共属性，往往是被法律“后天”强制认证的。证券市场中最重要的公共资源莫过于信息，因为信息会影响证券的价格，是启动市场交易行为的直接动力。从竞争个体的角度，独占性享有某些公共信息以打败竞争对手可以达到个体竞争收益的最大化，符合经济理性，但是法律会对此进行否定性评价，因为这会让其他投资者感到“不公平”。

第二，投资者的内生竞争力受到某些外在抑制。这一维度反映的主要是政府介入竞争在某方面超过了一定的限度，由“市场失灵”的极端走向“政府失灵”的极端。即便在竞争法的价值判断之下，政府具有持某种倾向性立场介入市场竞争的合法性，但是在某些方面也要保持中立。证券市场是典型的资本市场，进入该市场中的投资者在竞争力构成要素的某些方面（如资金实力、投资经验、专业知识等）可能存在巨大的差异而导致先天“不公平”的存在，但是这种不公平完全是市场生态的客观构成要素，不能因此对投资者的行为进行过度“矫正”，如限制资金实力雄厚的投资者的正常交易行为。证券市场竞争机制本身是能够容纳投资者之间的先天性差异的。

第三,在既定的市场环境中投资者必然会面临的规制性不公平。〔9〕 这一维度着重体现的是当前我国证券市场的投资者长期以来在"市场经济的初级阶段,市场体制不完善"的背景下承受的制度性不公平竞争问题,与第二维度的内容既相互交叉、渗透,同时又有自身的鲜明特点。这涉及诸如交易规则的制定等一些市场基本面的问题。〔10〕长期以来,特别是在《证券法》颁布实施之前,我国证券市场在第一维度的层面上存在大量的不公平竞争问题,虽然至今此类问题依然存在并且会是证券市场的监管永恒关注的重要问题,但是笔者认为,就现阶段而言,从现实可行性和需求紧迫性角度,解决第三维度的规制性不公平问题,相较于第一维度和第二维度存在的问题而言,显得更为重要。

三、我国证券市场投资者之间的竞争现状考察

(一)证券市场投资者的分类和我国证券市场投资者的特点

证券市场的开放性和包容性导致参与市场竞争的投资者呈现多元化发展的特点。对投资者进行分类研究的意义在于把投资者群体按照某些标准类型化,对其在证券市场中市场地位、交易行为、风险识别、风险承受能力等方面的趋同性进行归纳分析,抽象某一类投资者区别于其他投资者的一般性特点,对证券市场各方面的制度设计提供重要的指导。资本市场越是发达的国家,其投资者分类的制度建设也越是完善,体现在其投资者分类制度放到整个市场当中都具有一定的普适性,而非针对个别产品或市场设计。〔11〕

如表1所示,当前我国证券市场投资者结构的典型特点是,从账户开立数量来看个人投资者特别是中小投资者占绝对多数,而从所持股

〔9〕《中国证监会有关负责人答新华社记者问:把稳定市场、修复市场和建设市场有机结合起来》,载证监会网站:http://www.csrc.gov.cn/pub/newsite/zjhxwfb/xwdd/201509/t20150906_283624.html,2018年7月10日访问。

〔10〕该问题主旨宏大,理论深奥,受本文篇幅所限,笔者在此仅作初步分析。

〔11〕朱小川:《发达市场金融商品合格投资者制度述评》,载《证券市场导报》2010年第9期。

票市值看个人投资者又仅占23.7%。我国证券市场投资者的这一特点在竞争法上具有重要的指示性意义,即要防止机构投资者利用其市场优势地位实施不公平竞争行为。[12]

表1　2016年年末各类投资者持股情况

	持股市值（亿元）	占比（%）	持股账户数（万户）	占比（%）
自然人投资者	56661.70	23.70	3740.53	99.79
其中:10万元以下	3628.12	1.52	2152.33	57.42
10万~100万元	16058.11	6.72	1333.54	35.58
100万~300万元	10023.92	4.19	181.38	4.84
300万~1000万元	9087.50	3.80	56.90	1.52
1000万元以上	17864.06	7.47	16.38	0.44
一般法人	143428.58	60.00	3.47	0.09
沪股通	1711.23	0.72	0.0001	0.00
专业机构	37257.27	15.58	4.26	0.11
其中:投资基金	7201.30	3.01	0.24	0.01

数据来源:《上海证券交易所统计年鉴2017卷》。

(二)我国证券市场投资者间不公平竞争的具体表现

根据前文分析确立的判定投资者不公平竞争的三个维度,可以把我国证券市场中不公平的竞争现状归类为三方面:第一,在机构投资者与个人投资者之间的不公平竞争,主要体现为机构投资者把持市场竞争的公共资源获取超常报酬,损害个人投资者利益;第二,机构投资者与机构投资者之间的不公平竞争,主要体现为不同类型的机构投资者因其内生性竞争力的相对强大而招致政府的行政干预;第三,机构投资者和个人投资者均饱受规制性不公平之苦。以下分而述之。

---

〔12〕 我国特有的投资者结构让这一问题显得异常突出,相比而言美国证券市场的个人投资者很少自己直接投资,而是通过证券投资基金等专业的机构投资者进行间接投资,因此美国证券市场约95%的投资者是机构。

1. 机构投资者与个人投资者之间的不公平竞争

在个人投资者面前，机构投资者无论是在资金规模、专业知识还是风险控制等方面都具有“与生俱来”的竞争优势，但是却没有“原罪”——法律不会仅仅因为机构投资者具有更强的竞争力就要干预它与个人投资者之间的市场竞争。正如在商品市场的竞争中，法律不会仅仅因为经营者具有市场支配地位就认定该经营者与其他经营者之间的竞争是不正当的，只有当经营者出现“滥用”这种市场支配地位损害其他经营者合法权益的时候，法律才会介入对其做出否定性评价。竞争法在证券市场存在类似适用的原理，机构投资者的先天性竞争优势不仅不会遭遇竞争法的否定性评价，而且还需要大力发展机构投资者数量和规模来优化市场结构。但是，中国证券市场的机构投资者拥有的却绝非资金和专业的优势，在对企业了解方面其掌握的信息程度对其他投资者形成了不对称的关系。〔13〕 机构投资者在信息获取方面具有个人投资者无可比拟的优势，并且机构投资者将这种“优势”运用得淋漓尽致，特别是在2005年《证券法》修订之前，证券市场上充斥着大量的证券欺诈和内幕交易行为，机构大户大肆通过违法违规的方式榨取散户的财富，证券市场被认为是一个“赌场”且还是不规范的“赌场”。〔14〕

在理想的证券市场秩序下，类似于市场信息这样承载着全体投资者交易预期的公共竞争资源，一般不存在某些投资者比另一些投资者更具获取优势的现象，这是保证竞争公平的基本前提。虽然在现实市场中不可能达到完全理想的状态，但是在成熟的资本市场，对破坏证券市场竞争中基本的信息公平获取权的行为也会采取全方位的法律规制，以最大

〔13〕 李新平等：《“大小非”与中国股票市场中的公平交易问题研究》，载《金融理论与实践》2009年第6期。

〔14〕 参见吴敬琏：《十年纠纷话股市》，上海远东出版社2001年版，前言“我对证券市场的看法”，2001年3月8日《中国经济时报》将《我对证券市场的看法》全文刊载。其中“中国的股市很像一个赌场，而且很不规范。赌场里面也有规矩，比如你不能看别人的牌，而我们这里呢，有些人可以看别人的牌，可以作弊，可以搞诈骗，做庄、炒作、操纵股价这种活动可以说是登峰造极”的评论被认为是对中国股市的经典批判。

限度地保证投资者之间的公平竞争。〔15〕 令人遗憾的是，我国当前在证券市场中保护投资者获取信息公平权方面仍然存在诸多不足，实践中较为普遍地存在机构投资者通过违法违规行为获得信息优势的现象。这些机构投资者凭借信息优势，能够在政策发布前提早进入或撤出市场，从而提前获利或规避风险。故而，我国有学者直言，每一次宏观政策过后，机构投资者成为真正的获利者。〔16〕 而因信息不对称处于劣势地位的个人投资者，不得不为市场风险埋单。为规避风险，个人投资者往往会根据二级信息进行操作，由此导致过度投机行为的出现。机构投资者通过实施违法违规行为而形成的信息优势地位如果不能得到有效抑制，便会导致机构投资者与个人投资者之间极度不公平竞争的格局，这对保护中小投资者利益、遏制过度投机都是不利的。

2. 机构投资者之间的不公平竞争

笔者认为，在竞争法的视角下研究证券市场投资者之间的竞争状况，不仅需要关注机构投资者对个人投资者的不公平竞争行为，更要重点关注机构投资者之间的不公平竞争行为。因为个人投资者弱势地位非常明显，其遭遇的不公平竞争不仅被相关法律重点关注，更是上升到由刑法直接介入的程度，已经远远超出一般竞争法的理论辐射范围，反而是我国机构投资者之间存在的各种不公平竞争问题被忽视。一般而言，在成熟的证券市场，机构投资者之间的竞争会呈现出相互依赖和彼此制衡的“强强对决”状态，也最接近证券市场理想的自由公平竞争状

〔15〕 例如，美国从《1934 年证券交易法》正式提出禁止内幕交易开始，对内幕交易法律规制不断完善，1961 年的 Cady，Roberts & Co. 案中确立了“披露或戒绝交易”归责原则到 1983 年 Driks 案的“信义义务理论”，再到 1997 年 O' Hagan 案的“信息私用理论”，归责理论不断更新完善，同时成文法律也步步为营对内幕交易进行围追堵截，从《1934 年证券交易法》到《1984 年内幕交易制裁法》和《1988 年内幕交易与证券欺诈执行法》，再到《2000 年公平披露法规》，直至 2002 年 6 月国会通过的“乱世重典”：《萨班斯法》，该法将内幕交易犯罪的监禁期由 10 年提高到 20 年，对自然人内幕交易的罚金由 100 万美元提高到 500 万美元，对法人的罚金 250 万美元提高到 2500 万美元，《萨班斯法》还专门在《美国法典》中增加了第 1514 节，规定了对受到迫害的证券欺诈举报人的民事救济措施。根据该节，胜诉的受害人有权得到恢复他/她身心健康必需的所有救济。

〔16〕 解树江：《中国的资本市场：基于竞争理论的分析》，中国财政经济出版社 2005 年版，第 152 页。

态，并不需要政府过多干预。同时机构投资者之间的良性竞争产生的市场互补和功能整合效应，是维护证券市场竞争机制稳定运行的强大市场性力量。但是在我国，事实却与此产生了一些偏差，如同商品市场普遍存在经营者间不公平竞争现象一样，在证券市场中同样存在机构投资者不公平竞争的状况。而且，鉴于证券市场的特殊性，相较于一般经营者的不公平竞争，机构投资者间的不公平竞争状况甚至是有过之而无不及。

与成熟市场国家的投资者相比，我国的机构投资者不仅在数量、规模方面有差距，而且在结构与质量上也存在较大差距，〔17〕这种结构的差距是我国证券市场机构投资者之间不公平竞争的静态反应。美国证券市场95%以上的投资者都是机构投资者，〔18〕证券市场的竞争主要体现在机构之间的博弈。而在我国，从持股账户数量上看与我国证券市场机构投资者占比不到1%，与美国形成了鲜明对比。目前我国证券市场中的机构投资者主要分为一般法人及专业机构，其中专业机构包括券商自营、投资基金、社保基金、保险资金、资产管理及QFII（合格境外投资者）。这里的一般法人主要是以国企为主体的上市公司和其他在金融业居重要地位的国有企业，这类投资者的A股持股账户数量占全体机构投资者的45%，超过其他所有机构投资者数量之和，而其持股市值的在总市值中占比更是高达60%，〔19〕因此我国证券市场中真正意义上的专业机构投资者无论是在个体质量还是总体数量上都难以企及发达证券市场投资者的市场地位和市场结构。在我国证券市场的机构投资者中，具有国资背景的机构投资者占据较高的市场份额。虽然较高的市场份额不能成为执法者进行反不正当竞争的当然依据，但至少应当引起监管部门的警觉。毕竟，机构投资者的市场地位不完全取决于其自身的市场表现，还受到不同时期政策侧重点的影响。况且实践中具有国资背景的机构投资者在市场竞争中往往会占据较大的政策红利，客观上导致机构

〔17〕 杜仕林：《机构投资者市场准入制度的法理思考》，载李昌麒主编：《经济法论坛》（第3卷），群众出版社2005年版，第299页、301页。

〔18〕 李文莉：《证券发行注册制改革：法理基础与实现路径》，载《法商研究》2014年第5期。

〔19〕 《上海证券交易所统计年鉴2017卷》，上海远东出版社2017年版，第625页。

投资者间的不公平竞争。

竞争的基本规则是优胜劣汰，竞争的基本驱动力则是市场主体的自利动机。证券市场中投资者之间的竞争是为了最大化获取竞争收益，机构投资者的产生只能是为了更好地达到这种目的而不是任何其他目的（如要为其他人的利益负责）。这是证券交易各种规则和制度据以制定的前提性假设，而且各国资本市场发展的实践也证明这一假设是成立的。当然，鉴于证券市场的特殊性，机构投资者的行为有时会受到监管部门的干预。基于稳定金融秩序和防范金融风险的考虑，监管部门的适当干预是必要的，无论发达国家还是发展中国家对此均已达成共识。尤其是在市场出现较大波动甚至爆发系统性风险的情况下，政府干预市场的正当性和必要性笔者并不否认。然而，就市场化角度而言，监管部门对机构投资者之行为进行干预时，应当考虑机构投资者间公平竞争问题。在发达的证券市场，机构投资者之间的竞争是维持市场活力、促进公平交易的重要市场要素，对竞争秩序的构建和维护发挥着重要作用。相关政策的出台及相关监管行为的实施，须正视机构投资者间的公平竞争问题。换言之，政府应当更加积极和专业地作为，干预的具体方式和程序必须合法、合理，游离于合法与合理的区间之外实施干预行为，将直接导致机构投资者之间的不公平竞争。

3. 规制性因素在投资者间引发的不公平竞争

“规制性因素”是证监会相关负责人在2015年9月7日答记者问时采用的表述，[20]并把股指期货和程序化交易描述为“助涨助跌的规制性因素”。笔者认为，所谓规制性因素可以直观理解为政府的市场规制行为。除了股灾等系统性风险发生时的宏观调控外，政府对证券市场的影响力主要通过“规制”的方式实现，与“调控”主要依靠发布行政命令相比，“规制”体现出制度化设计、全局性规划和稳妥性推进等特点，因此规制性因素对证券市场主体的影响更为普遍和深切。在我国的证券市场中，规制应当尽量科学化、合理化，避免呈现出短期化、波动性和不可预期性等状况，应让投资者感到市场基本面的公平性。交易制度从规则源头上看是证券市场的基础，然而从实证角度来看，我国证券市场的交

〔20〕 同前注〔9〕。

易规则的稳定性有待加强。由于交易规则的频繁变更而导致投资者机会成本的提高,实际就是因规制因素而引发的投资者间的不公平竞争。

四、证券市场投资者之间竞争不公平的原因分析

经济学意义上的公平竞争是指市场主体之间展开的公开、平等、公正的竞争,比较切合民商法中个体之间的平等理念,追求“同等情况同等对待”的形式公平、个体公平,而竞争法对竞争公平与否的考察要在此基础上向实质公平、整体公平再进一步,不仅追求“同等情况同等对待”,更强调“不同情况不同对待”。在比较完善的市场体制下,竞争法的适用空间主要在市场竞争过度自由对公平造成损害的情形,而我国的证券市场常常出现市场和政府“双失灵”的情况,这是导致我国证券市场竞争不公平最常见的现实原因。

个人投资者与机构投资者之间的不公平竞争现象映射的其实是如何在投资者个体竞争力差异巨大的客观情况下保证市场竞争中实质公平的问题。发达证券市场的发展经验表明,在信息公开的前提下投资者适当性制度的引入能够更有效地保护中小投资者。[21] 投资者适当性制度的基本理念是要对投资者“不同情况不同对待”,实际上是对投资者进行分层,把竞争限定在某一范围内的投资者之间以体现竞争的实质公平。我国证券市场在信息公开和投资者适当性管理两方面都存在较大不足。信息披露制度构建是我国证券市场发展需要解决的基础性问题,于此而言,从信息公开角度解释投资者之间不公平竞争,并无太强的针对性。投资者适当性管理制度的不完善与投资者之间的不公平竞争具有直接关系,我国证券市场没有形成真正的投资者适当性管理理念,常常把“投资者适当性”与“投资者资格”混淆。投资者适当性管理是为了投资者的利益考虑而赋予市场中介机构的一项义务,目的是让中介机构以自己的专业判断帮助投资者规避市场风险,强调的是“帮投资者选择

〔21〕 叶旺春:《我国投资者适当性制度构想》,载《中国金融》2015 年第 5 期。

适合自己的产品”,而投资者资格则代表某种业务或产品类型的准入门槛,强调的是“符合条件的人才有资格投资”,一个是市场中介机构的义务,另一个是市场准入门槛,二者有本质的区别。我国目前所谓的投资者适当性制度主要是针对不同的产品类型设定不同的准入门槛,并且没有建立基于适当性的统一的产品和投资者都分类标准,基本上是针对具体产品,设定具体的准入门槛。这不仅没有弥补市场缺陷,也不利于矫正投资者之间的不公平竞争。

机构投资者之间不公平竞争问题的实质是政府在证券市场的竞争中从中立的监管者、裁判者异化为怀有利益诉求的竞争参与者。机构投资者中,政府与以国有企业为主体的一般法人具有相当的利益相关性,占据着机构投资者的绝大多数。虽然国企改革实行政企分开已经很多年了,但是政府与国有企业之间的联系总是剪不断、理还乱,客观上影响了竞争的公平性。此外在发展机构投资者的方式上,发达国家往往通过着力于建立和完善公平竞争市场化的金融生态环境,来促进机构投资者的发展,[22]而我国的机构投资者往往扮演者政府政策目的实施载体的角色。机构投资者的身份中没有了核心的“投资者”角色,加重了工具化的“机构”角色,导致机构投资者常常不能“优胜”——根据市场条件自主地去争取竞争利益的最大化,也不会“劣汰”——在竞争失败中遭到淘汰而退出市场。

市场规制性因素造成的投资者之间不公平竞争问题则反映出政府对市场的不恰当或过度干预。市场经济是法治经济、竞争经济,因此市场秩序的核心是要“遵守规则的竞争”,而证券市场中投资者之间的竞争更是证券市场的灵魂。[23] 政府的角色是要在尊重这一基本市场规律的前提下,针对市场本身不确定性的缺陷,为市场注入更多的“稳定性”,让竞争者能够在具有可期待性的制度框架内开展竞争,用“规制”而不用“管制”来描述政府介入市场的行为正是因为规制包含着依规而制、依法而治的内涵。

---

〔22〕 参见黄鹏、费建:《资本市场动机、机构投资者与信息透明度》,载《苏州大学学报》(哲学社会科学版) 2015 年第 2 期。

〔23〕 同前注〔3〕,解树江等书,第 113 页。

五、构建以法治为基础的证券市场公平竞争秩序

(一)解决我国证券市场投资者不正当竞争问题的基本原则

完全放任的市场化环境并不能确保公平竞争能够得到保护。政府在其中应当发挥保护公平竞争的作用,尤其是我国政府在这一点上更具优势。但是,权力往往呈现出扩张的态势,我国政府在保护公平竞争的同时也存在在此领域的过度扩张。“基于自由竞争的市场经济存在一个重大的风险,即任何一种社会价值,如果它不能存活于市场,就很可能被忽视,当其产生社会代价时,出于对社会分配不公的担忧,或其他生态或经济政策上的理由,国家就有可能修正性地对竞争进行干预”。[24] 解决这一问题,既要防止政府管制对证券市场竞争机制的不当影响、限制甚至扭曲,又要确保在市场自由竞争失灵的情形下,政府的干预方式和内容能够有效弥补市场缺陷,以此为基本原则。

1. 吸收借鉴刑法的谦抑原则,克制干预泛化倾向

刑法的谦抑原则近年来已被部分经济法学者关注并引入到经济法理论的研究当中,用于阐述政府干预与市场机制的关系。谦抑原则又称必要性原则,指立法机关只有在该规范确属必不可少——没有可以代替刑罚的其他适当方法存在的条件下,才能将某种违反法秩序的行为设定成犯罪行为。[25] 刑法的谦抑性表明,相对民事、行政等法律规范,刑法具有补充性,相对于民事责任和行政责任,刑罚具有“最后手段性”的特点。对于市场资源配置和市场机制的运行来讲,政府的干预应该具有“最后手段性”,而不可过度积极主动地频繁启动。

---

〔24〕 [瑞士]凯勒哈斯:《从华盛顿、布鲁塞尔、伯尔尼到北京:竞争法规范和功能比较》,杨华隆、伍欣译,中国政法大学出版社2013年版,第2页。

〔25〕 参见刘大洪、段宏磊:《谦抑性视野中经济法理论体系的重构》,载《法商研究》2014年第6期。

市场在资源配置中应起决定性作用,[26]这一论断具体到证券市场的竞争秩序而言,就是要认识到统一开放、竞争有序的市场秩序只能产生于市场起决定性作用的运行体系之中,即要明确"市场优于政府"。政府对我国证券市场乃至整体金融管制的认识面临重构。当自由的竞争状态和秩序存在严重违反实质公平的情形时,以一种克制和谦逊的方式将干预嵌套到市场失灵的边界当中,这是国家干预存在的前提。克服频繁适用"立竿见影"的行政指令的冲动,最大限度维护竞争机制在市场力量的互动中运行,使其作为一个补充性和最后手段性的机制而存在,而不轻易使用国家干预。

2. 坚持竞争法作为证券市场竞争问题规制的主要法律依据

目前,我国的竞争法体系以商品市场中的竞争状况为基础构建,从具体的规则内容看,其调整范围还没有具体阐述以资本为代表的要素市场。但是在现实运作过程中,证券市场和商品市场一样,存在买方和卖方的对应关系、以资本为纽带的投资者之间的竞争,以及由此产生的不正当竞争问题和监管部门对竞争的介入,因此竞争法规制理念在证券市场中同样应该得到适用,对证券市场不正当竞争行为的规制不能脱离竞争法而自成体系,或纳入证券法体系单独规制。一方面,证券法作为商法的典型代表,其在"效率为重,兼顾公平"基本价值理念指导下,对解决投资者间的不公平竞争问题缺乏"自成体系"的足够适用空间;另一方面,产生于商品经济市场背景下的传统竞争法,在当今资本市场对社会经济的全方位渗透已成不可逆转之势的情况下,其调整范围应当与时俱进地进行拓展,将调整范围由商品市场扩展到法律关系与利益构成更为复杂的要素市场,对竞争法的发展来说机遇与挑战并存。至于如何纳入,可以采取从法律理念到制度设计的渐进方式。将各类要素市场中的竞争现象和竞争问题进行梳理整合,因此以竞争法视角对我国资本市场的竞争状况进行全面的分析就成为至关重要的基础性工作。从这个意义上讲,本文的研究是整个系统性工程的起点。

---

〔26〕 党的十八届三中全会通过的《中共中央关于全面深化改革若干重大问题的决定》明确提出"建设统一开放、竞争有序的市场体系,是使市场在资源配置中起决定性作用的基础"。

3. 将“程序正当”原则作为证券市场竞争行为规制的首要原则

程序正当原则对证券市场竞争行为的规制不仅是不可或缺的,笔者认为,更应该是规制证券市场竞争行为的首要原则。一项缺乏市场主体有序参与、充分讨论、完整表达利益诉求的过程而制定出的规则,往往会顾此失彼,导致规则朝令夕改,基于制度的可期待利益难以得到保护。而程序正当原则强调的是在结果或者目的之外,程序或手段具有独立的价值意义,申言之,有两层含义:其一是不能为达目的不择手段,也不能为求结果正义而践踏程序的正义;其二是程序或手段的正当性是保证结果或目的正义性的最佳方式。程序正当原则对我国证券市场的监管应该具有强烈的警醒意义,该原则之目的一方面在于限制监管部门之权力与行为,另一方面在于保障证券市场参与主体之权利。国内外实践已经证明,程序正当原则已成为维护证券市场领域有效监管与权利保障之间动态平衡的机制。相对于商品市场或其他要素市场,证券市场中各要素和各主体之间的耦合性和连带性更为突出,常常“牵一发而动全身”。证券市场竞争规则与制度的改变涉及的投资者数量和资金量都非常庞大。〔27〕政府理应对市场抱以敬畏之心来公平看待广大投资者的竞争利益,任何规制的出台,都应秉持程序正当原则,更加审慎稳妥地推进,全面听取各利益相关主体的意见。〔28〕

(二)解决我国证券市场投资者不正当竞争问题的具体措施

第一,尊重并保护投资者竞争力来源中的内在构成要素,不轻易对投资者的内生竞争能力进行外在干涉。由于证券市场的开放性,投资者在资金实力、投资经验、专业知识等竞争力的内在构成方面可能存在巨大的差异,但是证券市场的信息流开放性机制能够包容和内化投资者竞争力来源中彼此迥异的先天性要素。这一基本的竞争机制理应得到市场认可和法律保护,此乃对政府介入市场竞争之程度的基本限定。即便

〔27〕 根据中国证券登记结算有限责任公司数据,截至2018年6月,我国证券市场期末各类投资者数量14061.43万户(链接地址 http://www.chinaclear.cn/zdjs/tjyb1/center_tjbg.shtml,2018年7月4日访问)。根据Wind资讯统计,2015年6月12日A股市值达到峰值78万亿元。

〔28〕 鉴于程序正当性原则对我国证券市场竞争关系规制的重要性以及本文篇幅的限制,笔者将另以专文探讨。

政府具有竞争法上的持有某种立场介入市场竞争的合法性，但是在某些方面也要保持中立。不能因为某些投资者在资金实力、投资经验、专业知识上存在优势，便对其在资本市场中的正当性需求进行行政性限制或“矫正”，毕竟证券市场竞争机制的本身是能够容纳投资者之间的先天性差异的。

第二，改善机构投资者结构与质量的同时大量发展专业机构投资者。在证券市场成熟发达的国家，机构投资者起到了良好的“市场稳定器”的作用。[29] 但是，这种作用的实现并不意味着让机构投资者身负稳定市场的使命而进入市场。恰恰是因为通过构建公平有序的竞争秩序，让机构投资者充分发挥其“唯利是图”的本性，让同样拥有雄厚的资金实力、专业的投资眼光、丰富的投资经验的巨头之间进行全面的竞争来充分显现市场的机会与风险，对冲市场上存在的信息扭曲等中小投资者无力抗衡的不公平因素，在机构投资者进行自利行为的同时，客观上达到一种稳定市场秩序，保护中小投资者公平竞争权利的效果，这完全是一种多赢的市场模式。而我国的中小投资者和机构大户同时遭受不公平待遇正是因为机构投资者的作用被异化，过多地承载了非市场化因素，真正独立自主的专业机构投资者甚为稀缺，因此没有形成优胜劣汰的竞争秩序，机构与机构之间不能产生互相掣肘的联动效应。

第三，切实落实“投资者适当性”原则来保护中小投资者。当前中小投资者保护问题已经获得了充分的重视，甚至上升到了“保护中小投资者就是保护证券市场”的新高度。[30] 但是在笔者看来，这只是在强调保护投资者的重要性，却没有认真回答如何有效保护的问题。因此，当下所谓的投资者保护之措施也无非是教育广大投资者“一定要牢固树立风险意识，审慎决策，理性投资，自担风险，量力而行”，或设置一个投资准入门槛，进行“父爱主义”的限制，有因噎废食之虞。从竞争法的视角来理解中小投资者保护问题，就是要还原其“市场竞争主体”的重要身

---

〔29〕 刘国胜：《我国资本市场结构下“转板”制度构建》，知识产权出版社 2013 年版，第 151 页。

〔30〕 参见前证监会主席肖钢在《人民日报》发表署名文章“保护中小投资者就是保护资本市场”，载中国证券业协会网站：http://www.sac.net.cn/hyfw/hydt/201310/t20131016_70458.html，2018 年 7 月 4 日访问。

份,积极维护其公平参与竞争的权利。在"不同情况不同对待"的矫正公平理念下,建立真正的投资者适当性管理制度,而不是投资者准入门槛。同时要重视市场化的规制思路,中小投资者所处的竞争环境是否透明、公开、公正,往往取决于机构投资者之间的博弈,因此这与机构投资者之间不公平竞争问题的解决是相辅相成的。

第四,逐步消除政府制度供给的不公平,实现依法规制的"新常态"并提升其有效性。经济的增长必须注重制度的建设,这是已被制度经济学论证的基本观点。就我国证券市场而言,制度供给的不稳定性甚至是不公平性,在客观上导致了投资者之间不公平竞争的结果。为此,立法部门及监管部门在制度供给上应提高其有效性。针对证券市场而言,则应将针对性、前瞻性、综合性、严密性、权威性和及时性作为证券市场制度供给有效性的判别标准,[31]实现制度供给的有效性不仅要提升证券市场监管主体的专业素养,更重要的是要严格贯彻程序正当原则,不能闭门造车。与此同时,笔者亦认为制度供给的制度范畴不应仅仅被局限于政府主导下的制度安排,那些随着市场交易演化而形成的哈耶克意义上的"自由扩展的秩序"的制度安排同样可以归为证券市场金融制度供给。

六、结语

正如本文开头所言,与传统商品市场相比,证券市场的竞争具有多向性、复杂性。影响投资者之间竞争的因素并不仅仅产生在投资者之间,有的甚至不是产生在投资者之间。中国的证券市场,散户感觉被机构大户榨取,机构感觉被政策压制,不管什么类型的投资者都可能或已遭遇公平竞争权被剥夺的情况,这是一种体制性缺陷造成的结果。中国的证券市场自20世纪90年代初创建以来,走的就是一条与世界主流证券市场迥乎不同的道路。处于核心位置的是股市的融资职能,即以尽可能低廉的成本将民众的储蓄导入国有企业,而包括投资者的公平竞争以

〔31〕 参见郝旭光:《中国证券市场监管有效性研究》,载《中国工业经济》2011年第6期。

及与其密切相关的信息披露等问题都一度被放在次要位置,投资者之间的竞争问题只是我国证券市场竞争状况的冰山一角。本文限于篇幅仅作粗浅论述,相关问题的深入研究还需要结合证券市场中其他市场主体彼此或之间的竞争关系来全面把握,期望竞争法学界有识之士关注我国资本市场的竞争状况,对相关问题作出更为深入的研究。

(编辑:谢贵春)

《证券法苑》(2018)
第二十五卷,第282~310页

我国董事监督义务的制度构建:中国问题与美国经验

王真真*

摘要:近些年来,我国公司经营问题频发,监事会并没有起到有效的监督作用,《公司法》设置的监督机制失灵。董事监督义务在美国特拉华州有其发达史,并在实践中运用良好,对我国制度构建有所启示。《公司法》有必要明确董事对经理层的监督义务,性质属于注意义务,具体内部包括要求董事会负责建立监督制度并监督公司经营行为,确立违反监督义务董事的责任承担机制,以降低股东派生诉讼难度激活董事注意义务条款、整合监事会制度进行制度协调。

关键词:董事监督义务　注意义务　制度构建　制度协调

一、问题的引出

2017年7月26日,《时代报》报道,中国联通集团、中国联通北京分公司因构成"利用虚假的或者

---

* 清华大学法学院民商法学博士研究生。

使人误解的价格手段，诱骗消费者或者其他经营者与其进行交易”等价格违法行为，被北京市发改委予以警告并罚款合计 65 万元。[1] 公司因违法行为而遭受处罚的，中国联通并非国内首家，被处的罚金也并不算多，但公司遭受的损失却是事实，而且这些损失最终还是由联通的众多股东来承担。公司违法行为影响最大的应当是 2008 年的河北三鹿奶粉事件，因在奶粉中违法添加有毒物质三聚氰胺，导致婴儿中毒，比遭受处罚更严重的后果是，三鹿集团因此于 2009 年正式宣告破产，这家成立于上个世纪的公司最终走向了尽头，公司董事长被判处无期徒刑、其他高管分别获得不等的刑期。[2] 无独有偶，时隔 3 年，与三鹿集团所在的河北省接邻的河南省的双汇集团被曝光在火腿肠中添加瘦肉精，农业部、质监局等对此展开调查，[3] 据媒体报道，该事件导致双汇股票跌停，当日市值蒸发 103 亿元，股东遭受的损失可见一斑。[4] 2014 年，上海福喜食品公司使用过期食品继续作为原料进行生产和销售，法院判处罚金 120 万元，并对高管判处刑事责任。[5] 金融行业里，2013 年光大证券因交易系统问题错误地下了订单，管理层为弥补损失进行了对冲交易，但是没有进行相关的信息披露，被证监会认定为内幕交易，光大证券被罚 5 亿多元，多名高管被处以刑事责任及证券市场禁入的行政责任。[6] 2016 年，百度将其贴吧出卖，后遭到公司举报发布虚假广告，涉嫌违反《广告法》《医疗广告管理办法》，由此百度公司面临着网信办的约谈，百度可能因此遭受处罚。[7]

公司因为法行为遭受了处罚，损失的是股东投入到公司的钱，而现

---

〔1〕 沈忠民：《因价格违法行为中国联通被罚 65 万元》，载《时代报》2017 年 7 月 26 日，A2 版。

〔2〕 吴恒：《三鹿奶粉事件责任人今何在?》，载澎湃新闻：https://www.thepaper.cn/newsDetail_forward_1259370，2017 年 8 月 1 日访问。

〔3〕 《双汇“瘦肉精”事件始末》，载新浪网：http://qcyn.sina.com.cn/news/shwx/2011/0811/14384248245.html，2017 年 8 月 1 日访问。

〔4〕 董碧辉：《瘦肉精，让谁损失了?》，载《钱江晚报》2011 年 3 月 29 日。

〔5〕 周琳、黄安琪：《上海福喜案四大焦点：一审共有 10 人获刑》，载北方网：http://news.enorth.com.cn/system/2016/02/02/030792157.shtml，2017 年 8 月 1 日访问。

〔6〕 《光大证券因乌龙指被处罚没 5 亿，4 人市场禁入》，载新浪财经：http://finance.sina.com.cn/stock/jsy/20130830/155416619704.shtml，2017 年 8 月 1 日访问。

〔7〕 参见张巍：《资本的规则》，中国法制出版社 2017 年版，第 291 页。

代大型公司中实行两权分离,[8]股东自己并不亲自经营公司,公司的经营权掌握在董事会、经理等管理层手中。两权分离这种现象引起了经济学家的关注,由于偷懒和投机,管理层作为代理人可能会损害被代理人的利益,[9]为了防止这种利益冲突和懈怠,公司法赋予管理层信义义务,又可具体分为忠实义务与注意义务,前者是指公司中的管理者应当将公司利益置于自己利益之上,后者指管理者应当尽适当之注意以免损害公司利益。[10] 那么当公司违法,公司的股东又可以寻求怎样的救济途径呢?公司的董事们对公司的违法行为是否尽到了足够的监督?假如违法行为是由公司其他雇员从事的,董事是否应当对员工的行为负责?从媒体的报道仅仅可以看到管理者受到的是最严厉的刑事处罚,而股东是否提起了诉讼不得而知。在我国公司法体系下股东提起诉讼要求董事承担监督不力的责任是否可行?有人或许会认为,我国公司中法定监督机关是监事会,并且实践中监事会也发挥着作用,没有必要设置董事的监督义务。[11] 然而相反的观点认为,监事会没有起到真正的监督作用,董事的监督在监督力度、监督方式等方面不同于监事会,强调董事的监督义务有着重要意义,[12]本文赞同后一种观点。董事监督义务包括建立监督制度和对公司经理行为的监督,当董事因失职而没有建立完善的内部管理与控制制度,或者因不负责任而缺乏对下属的领导与监督时,应当对下属的行为承担责任。董事监督义务在美国特拉华州有其发达史,并在司法实践中有着良好的阐释,来自美国特拉华州的相关判例或许能够带来相关问题的启示。

---

〔8〕 See Adolf Berle & Gardiner Means, Modern Corporation and Private Property, The Macmillan Company(1933), p. 5.

〔9〕 See Michael C. Jensen, *A Theory of the Firm: Governance, Residual Claims and Organizational Forms*, Journal of Financial Economics, Vol. 3, No. 4, pp. 305 – 360.

〔10〕 参见施天涛:《公司法论》,法律出版社 2014 年版,第 393 页。

〔11〕 参见冉光圭、方巧玲:《中国公司的监事会真的无效吗?》,载《经济学家》2015 年第 1 期;罗礼平:《监事会与独立董事:并存还是合一?——中国上市公司内部监督机制的冲突与完善研究》,载《比较法研究》2009 年第 3 期。

〔12〕 龚辉峰、茅宁:《咨询董事、监督董事与董事会治理有效性》,载《管理科学学报》2014 年第 1 期。

二、美国董事监督义务之发展脉络

在美国,公司法相关事项由各个州自行制定,在这其中,特拉华州公司法以对公司管理者最为宽容而闻名,导致大量公司在此注册,有人甚至称美国现代公司法就是指特拉华州公司法。[13] 而董事监督义务的确立与发展也恰好发生在特拉华州,该州法院作出的几个标志性判决对董事监督义务的性质以及标准进行了界定,这部分将对此一一进行考察。

(一)董事监督义务的源起:一种被动的行为监督

最早股东起诉董事违反监督义务的是 Graham 案件,[14] 该公司是一家生产电子设备的公司,由于公司规模大、雇员多,不同部分分工负责不同的产品生产与销售。1959 年该公司因为涉及与其他公司一起联合定价以及串通投标而涉嫌违反反垄断法被起诉。该公司的部门经理 Singleton 从报道中得知这一消息后,进行了调查,但是没有任何发现。后来公司的一些员工被陪审团传唤,公司法务部进行调查,才发现员工的违法行为。随后公司股东 Graham 等人代表公司提起诉讼,认为董事没有对雇员从事违反托拉斯法的行为进行监督,并且也没有建立任何监督系统以及时发现和处理公司内部的违法行为,最终导致公司受到处罚,董事应当对此承担责任。

股东的指控直接指向董事的不作为,在法律上,董事因其重大过失而没有积极履行其监督和管理公司的义务,需要对公司的损失承担责任,即使董事们没有察觉到公司雇员在从事违法行为,但是他们本应当建立一种监控制度,使其能够及时察觉到并阻止不法行为。Wolcott 法官认为,董事是否需要对因没有履行监督职能而承担公司的损失,这需要具体分析。如果董事盲目地信赖一个明显不值得信任的雇员,而不去积极履行自己作为董事应当尽的义务,不愿意或者因过失而没有发

---

〔13〕 张巍:《资本的规则》,中国法制出版社 2017 年版,第 195 页。

〔14〕 188 A. 2d 125(Del. 1963).

现雇员明显的违法行为存在的警示,其需要对此承担责任。Graham 案确立了这样一个标准:如果没有合理的危险信号表明公司正在发生的违法行为可能被察觉,董事并没有义务去建立一套内部信息报告与监控制度,并且不因此而承担责任。

本案发生在 20 世纪 60 年代,较早地将董事是否应当对下属的行为承担责任这一问题摆在了法官面前,这个时期的背景是电器行业发生严重的价格垄断行为,公司从事大量的违反竞争法律制度的行为,公司高管也因此承担刑事责任。[15] 而特拉华州最高法院对此的回答是,董事如果对于下属的行为不知情,不仅不需要对下属的行为承担责任,而且也不负有积极的作为义务,即去建立一套公司内部报告制度去侦查出不存在的行为。这里就将董事的监督义务仅仅理解为一种被动的义务,对董事来说,这种监督并不需要其主动去发现什么,只有当下属的行为主动呈现到其面前时,其才有采取行动的义务,法院的这种理解显然将董事监督义务的内容仅仅限定在了被动行动的范围。该案判决所确立的规则此后一直存续,直到三十年之后特拉华衡平法院在另一起案件中对其进行了扩大解释。[16]

(二)董事监督义务含义的扩大:建立监督体系与监督行为

Graham 案对董事监督义务过于狭窄的判断给了特拉华衡平法院在 Caremark 案件中进一步阐释董事监督义务的机会,[17] 该案发生在医疗领域,Caremark 公司主要生产医疗产品,并为病人提供医疗护理和服务。其雇员在推销的过程中,与医疗机构以及医生签订合一系列的合同,由这些机构或者个人向患者推荐 Caremark 公司的产品和服务,该公司给予其一定的回扣。之后 Caremark 公司遭受美国卫生部和司法部的调查,后来联邦、政府主管机构也开始对该公司进行调查。随后该公司自身展开调查,以确定公司的行为是否违反法律。然而在 1994

---

〔15〕 朱锦清:《公司法学》(下),清华大学出版社 2017 年版,第 73 页。

〔16〕 例如,在 1995 年的 In re BAXTER INTERNATIONAL, INC. SHAREHOLDERS LITIGATION 案件中,特拉华衡平法院认为,董事有权去相信其下属的诚实以及忠诚,除非有合理的怀疑。法院认为,董事并不因为没有阻止雇员的不法行为而承担责任,除非董事忽略了雇员不法行为存在的明显信号。

〔17〕 698 A. 2d 659(Del. 1996).

年,公司遭受明尼苏达州、俄亥俄州等联邦大陪审团提起的诉讼。该公司股东提起派生诉讼,认为董事没有尽到对公司员工的监督职责,导致公司违反联邦和州的健康服务提供者相关的法律,董事违反其对于公司的信义义务,因此要对公司遭受的损失承担责任。1995 年,提起诉讼的股东提出和解要求,经过协商,双方达成了包括 Caremark 公司加强内部控制、确保公司遵守法律等 7 项内容的和解协议。

或许是受到 Graham 案的启发,原告股东声称,董事本应当知道违法行为的存在并且如果其知道违法行为,就有义务纠正公司行为,并挽回公司的损失。而主审法官 Allen 则援引 Graham 案的判决,即在缺乏合理的怀疑事由时,董事并没有义务去建立和运行一个公司的间谍系统去找出一个他们没有理由相信会存在的不法行为。然而与审理 Graham 案的法官不同的是,Allen 并没有就此打住,而是继续发挥,“我认为一个董事的责任包括善意地确保公司的信息和报告系统的存在,并且在理论上,没有这样做的董事在某些情况下可能要对公司的违法行为遭受的损失承担责任”。[18] 为了回应原告的诉求,法院对董事在监督义务中如何违反信义义务进行了界定,原告必须证明:第一,董事明知或者应知违法行为正在发生;第二,董事没有诚信地采取措施去阻止或者补救这种情形;第三,该种不尽职的行为导致公司的损失。最后,Allen 总结认为,在其看来,只有董事会缺乏持续的或者系统性的监督,这种重大过失导致的公司信息和报告制度的缺乏,才是违反诚信义务,这是承担责任的一个必要条件。该判决一出,在之后的案件中被反复引用,该案确立的标准也在之后的案件中被遵循。[19]

应当说,特拉华衡平法院对董事监督义务的阐释是妥当的,而且在尊重特拉华最高法院的判决的基础之上,又对其进行了扩张性的解释以适应社会不同发展阶段的需求。首先,董事作为公司的领导者,应当从整体上监督和控制整个公司的运营,而董事会会议的形式使董事并不能对公司事务事必躬亲,因此其必须要建立一套完整的内部制度,保

〔18〕 Ibid.

〔19〕 例如,2003 年的 Guttman v. Huang 案件中,审理此案的 Strine 认为,监督责任要求证明董事没有诚信地履行其职责从而违反忠实义务,即要证明董事明知其没有履行其职能的事实。

证公司的正常运转。其次,董事不能对已经发生的不当行为视而不见或者选择性忽略,这里强调的是对下属行为的监督。因此董事的监督义务既包括对下属的不当行为负责,也包括对公司内部监督制度的完善与有效运行负责。值得注意的是,在本案中,法院认为董事负有的监督义务属于注意义务的内容,这就意味着监督义务是一种过失责任,说明董事并没有尽到一个理性人在处理自己事务时应当履行的注意。

(三)董事监督义务的确认:忠实义务项下的监督义务

虽然在 Caremark 案中特拉华衡平法院确立了董事监督义务的标准,但是特拉华最高法院却一直没有对此进行评判,直到 2006 年的 Stone 案,[20] 由于该公司员工的疏忽,导致公司违反联邦银行秘密法案,被处罚 4000 万美元及承担民事赔偿责任。该公司股东随即提起代表诉讼,起诉 8 位现任董事以及 7 位前任董事要求其对公司的损失承担赔偿责任。

主审此案的 Holland 法官重申了 Caremark 案确立的标准,即董事完全没有建立任何报告或者信息控制系统,或者虽然建立这种系统,但是故意不去监督其实施,从而导致其不能有效知悉公司面临的风险与问题。值得注意的是,在之前的案件中,法院认为董事违反监督义务是从属于其注意义务的,而在该案中,法官则将其定性为忠实义务的内容。

除此之外,在 2009 年的花旗银行案件中,因公司在次级债券市场的风险行为,导致公司在金融危机中遭受重大损失,股东起诉董事违反风险管理义务。[21] 风险管理是指商事组织对其战略目标与风险种类、程度作出匹配决策的过程。由于金融理论的推动,企业风险管理的演变得到了关注。[22] 而从广义上来说,董事疏于风险管理,实际上也是监督义务的一种,公司从事的投资行为都是带有风险的,经济学原理表明收益往往与风险成正比,然而过度的风险承受行为则可能会使公司遭受损失,董事作为战略管理者与决策者,需要履行风险管理义务。

---

〔20〕 911 A. 2d 362(Del. 2006).

〔21〕 964 A. 2d 106(Del. 2009).

〔22〕 See Stephen Bainbridge, *Caremark and Enterprise Risk Management*, 34 The Journal of Corporation Law. 967, 969(2009).

2013年，一家在美国上市的中国公司Agritech，对公司利润、生产状况等进行了虚假陈述，公司虽设有审计委员会，却并没有开过会，股东提起派生诉讼，认为董事会疏于管理，违反诚信责任，法院最终认定其违反了Caremark标准的第二种情况，判决董事应当承担责任。[23]

从上述特拉华州法院对董事监督义务相关的判决中可以看出，董事违反监督义务，需要法院考量董事是否本应对公司发生的不当行为有察觉的可能性。换言之，董事是否有合理的原因去相信公司发生了不法的行为？根据Anne Tucher Nees教授的总结，具体可以考量的因素有4个：行为的潜在损害、董事作出应对的时间、不当行为的特定来源、不当行为发生的频率以及董事获取相关信息的可能性。

1. 该行为对公司的潜在损害程度。监督义务之违反，一个很重要的方面就是使公司发生了实在的损害，虽然事后去评估这种损害可能会有事后诸葛亮的嫌疑，从而有损董事会在经营决策上的权威，但是评估这种不当行为给公司带来的潜在损害，是判断董事是否尽职的因素之一，不当行为给公司的潜在损害越大，紧迫性越强，则董事承担责任的可能性也就越大。

2. 董事作出反应的时间。这是董事主观善意与否的一个侧影，董事一旦知悉不当行为的存在，其是积极作出应对还是消极不作为，反映出董事对公司事务的态度，反应越是消极、迟缓，则主观恶意的可能性更大，相反若董事积极作为并及时制止不当行为的继续，则相对来说恶意就小。

3. 不当行为如何被察觉。这种因素是一个过程导向的事实，可以由此评估董事信息的来源。[24] 例如，在有的案例中，经过调查发现，公司从事的不当行为已经被媒体大量报道，而董事会如果对此完全不知情的话，那么其以不知情为由进行抗辩是值得怀疑的。

4. 事件发生的频率。当董事会经常收到不当行为正在发生的情况的时候，董事被认为恶意的可能性会增大。

---

〔23〕 C. A. No. 7163 - VCL.

〔24〕 Anne Tucher Nees, *Who Is the Boss? Unmasking Oversight Liability within the Corporate Power Puzzle*, 35 Delaware Journal of Corporate Law, 199, 242 (2010).

5. 董事获取相关信息的可能性。这种情况下,并不是要考量董事有没有获取相关信息,而是要认定董事基于其所处的位置,是否应当对相关情况有所了解,如果董事获取相关信息的可能性越大,则其就越有可能是故意不作为,承担责任的风险也因此而增大。

通过对美国董事监督义务的梳理可以看出,对于董事是否应当具有监督职能这一问题的答案是肯定的。问题在于这种监督义务的内容是什么,美国的判例告诉我们,这种监督不仅仅是监督下属的行为,也包括建立监督制度和监督体系。但仍然存有疑问的是,这种监督义务是哪一种义务?因为在传统的公司法理论与实践中,只存在忠实义务与注意义务,那么董事的监督义务究其实质是属于哪种义务呢?特拉华最高法院虽然对衡平法院的判决予以支持,但是却又将监督义务定性为忠实义务,这与衡平法院的界定是不同的。

三、董事监督义务的性质认定

(一)监督义务性质之争论

在 Caremark 案中,法院明显是将监督义务定位于注意义务的内容的。Allen 法官认为,董事有义务建立一个有效的合规制度,是注意义务的确实要求。[25] 然而,在 Stone 案中,Strine 法官明确地将违反监督义务定位于忠实义务,这样做的结果导致股东要求董事承担违反监督义务的责任就必须按照违反忠实义务的标准来证明。由于 Van Gorkom 案[26]的影响,董事注意义务并非天然地就适用于董事。而忠实义务的标准要求证明董事存在恶意,且该种责任不得通过章程事先免除。

除了上述两种不同认识之外,还有第三种观点,即董事的监督义务

〔25〕 Stephen Bainbridge, Star Lopez, Benjamin Oklan, *The Convergence of Good Faith and Oversight*, 55 UCLA Law Review 559, 580(2008).

〔26〕 Smith v. Gorkom. 488 A. 2d 858. 该案中,法院认定董事违反注意义务,从而要面临巨额的损害赔偿。这导致特拉华州修改公司法,允许公司章程免除董事因违反注意义务而导致的责任。

从属于诚信义务(good faith)，这种观点实际上是将诚信义务定位于独立于忠实义务和注意义务的第三种义务。这种观点肇始于著名的迪士尼案，[27]该案中，董事会聘任了 Ovitz 作为其总经理，在任职后不久便离职，公司因此支付了巨额的赔偿金，股东将董事及经理告上法庭，认为其违反信义义务以及浪费公司财产，要对由此造成的损失承担责任。然而特拉华衡平法院经过审理发现，董事的过错最多构成注意义务的违反，但这是被公司的章程免责条款保护的，因此并没有违反诚信义务。案件上诉到特拉华最高法院，Chandler 法官阐明了诚信义务的内涵，即受托人违反诚信责任的三种方式：第一，受托人为了特定的目的行事而非为了公司的利益；第二，受托人故意违反法律；第三，受托人在明知应当作为的情况下故意不作为，即明知自己不履行义务。[28] 然而后来在 Stone 案中，法院又将诚信义务归为忠实义务的内容。因此实际上来说，监督义务性质的争论其实是忠实义务与注意义务二者之间的区分。

(二)监督义务性质之厘定

为什么要对监督义务做忠实义务与注意义务的区分？一方面，从忠实义务的类型上看，监督义务定性为忠实义务在逻辑上无法自洽；另一方面，两种不同的性质认定实际上也影响着监督义务实现的可能性。

实际上可以认为，监督义务也是由信义义务所衍生出来的具体内容，而信义义务则是监督义务的抽象化与概括化。有学者甚至认为，董事对公司和股东只负有一种义务即信义义务，忠实义务、注意义务作为衍生概念，其本身就有某些相同之处。诚信义务也不例外，在 Griffith 教授看来，诚信义务的提出甚至仅仅是特拉华法院为了应对公司问题频发的现象所作出的一种强调，而并非是因为诚信义务本身有什么特别之处，当公司丑闻爆发，法院会强调诚信义务，然而当这些问题逐渐减轻，诚信义务则会淡出，并不会成为一个与忠实义务和注意义务相并

[27] In re Walt Disney Company Derivative Litigation, 906 A. 2d 27(2006).

[28] Hillary Sale, *Monitoring Caremark Good Faith*, 32 Delaware Journal of Corporate Law, 719, 730(2007).

列的义务。[29] 而之所以会出现上述争论其实还是由于对忠实义务与注意义务的内涵认识不同。如果认为忠实义务的内容仅仅是防止利益冲突和自我交易,那么董事监督义务确实无法被认为是忠实义务,但是如果认为董事忠实义务不仅仅是利益冲突的话,那么监督义务是否有可能被包含进来呢?比如,董事会对公司的违法行为是明知的,公司从事的行为经过董事会的同意,那么这个时候表现为守法义务,可以认为其对股东和公司有不忠诚的行为,因为违法行为给公司带来的损害是可预期的,董事因其行为而使公司陷入旋涡,其性质虽不是利益冲突,但也是直接损害公司利益,归入忠实义务更为合适。我国《公司法》第149条所指的主要就是这种情形,该条规定:"董事、监事、高级管理人员执行职务时违反法律、行政法规或者公司章程的规定给公司造成损失的,应当承担赔偿责任。"守法义务不仅是公司管理者决策时的行为准则,也是每个人的行为指南,对于董事来说并没有什么特殊性,所以,无论是守法义务还是防止利益冲突的义务都不足以涵盖监督义务。

倘若董事会对公司的违法行为并不知情,但是其作为董事的身份使得其本应当尽可能获取公司的经营信息,建立一套信息搜集与报告制度,及时察觉并阻止下属的不当行为,假如董事会并没有建立完善的内部控制制度、审计制度,或者虽然建立这种制度,但是因为重大过失而没有察觉到应当被发现的违法行为,那么,这种行为更符合注意义务的要求。注意义务的要求是董事尽可能地运用其专业和技能为股东和公司的利益而积极作为,[30] 而监督义务中,无论是董事故意地不去建立完善的内控制度与风险防范制度,还是董事因重大过失而没有及时察觉其下属的违法行为,都是董事消极的不作为,这与忠实义务中董事因积极作为而损害公司利益的行为有所不同,因此并不能归为同一类。这也是注意义务与忠实义务的区别之所在,正因为忠实义务有其缺陷,不能完全涵盖信义义务的全部内涵,所以受托人不仅负有避免利益冲突的义务,而且负有以一定的技能和勤勉去为委托人的利益而行事的

---

〔29〕 Sean Griffith, *Good Faith Business Judgement: A Theory of Rhetoric in Corporate Law Jurisprudence*, Duke Law Journal, Vol. 55, No. 1 (Oct., 2005), pp. 1 - 73.

〔30〕 Julian Velasco, *A Defense of the Corporate Law Duty of Care*, 40 Journal of Corporate Law, 647, 649 (2015).

义务。

另外,忠实义务与注意义务二者在构成要件上有诸多不同,将监督义务置于不同的义务项下不仅会导致法院判断董事是否构成违反义务时的考量不同,也会使股东起诉时承担不同的证明标准,并且最终影响的是监督义务条款被真正激活的可能性。忠实义务基本是程序性的审查,首先确定董事有无利益关联,如有则看这种行为的过程是否是公平的,通常需要由原告股东来证明这种决策是不公平的,这对于并不经营公司的股东来说是有一定难度的,相关交易信息的获得、董事主观上的故意,都需要其证明,因此败诉的可能性非常大。而注意义务则不同,要求股东证明董事的主观标准是重大过失,以及消极的不作为,对于股东来说证明责任是减轻了,从而使承担监督义务的条件更有可能被满足。尽管在美国特拉华州最高法院判决董事因违反注意义务承担责任后,美国特拉华州议会后来修改了成文公司法(Delaware General Corporation Law),该法第102(b)(7)条规定,除了违反忠实义务和董事恶意行为等情况以外,公司章程可以免除或者限制董事的个人赔偿责任,[31]唯有董事监督义务是个例外,董事虽然可以向经理大量授权,但是一定要保有对经理层的监督职责,这也就意味着,监督义务是不能被豁免的,[32]所以,将监督义务定性为注意义务既降低了股东的证明责任,又使这种义务如忠实义务一样不能被免除,因此是更为妥当的做法。

从立法论上来看,美国律师协会制定的示范商事公司法(Model Business Corporation Act,MBCA)中对董事监督义务的描述是:董事会成员或者专业委员会成员在行使监督职能获取充分信息时,应当以一个理性人在类似情形下的标准去充分履行其注意义务(duties with the care)。[33] 这与注意义务的描述是一致的,据此,MBCA 的规定倾向于

〔31〕 See Delaware General Corporation Law(2017). §102(b)(7).

〔32〕 例如,在英国,虽然董事可以将特定的管理职责委托给管理层并且可以合理地相信管理层的诚实和能力,但是这并不免除其对这些职责履行所负有的监督义务。See Barings plc. (No.5)(2000)BCLC 523. 转引自葛伟军:《英国2006年公司法》(第3版),法律出版社2017年版,第149页。

〔33〕 See ABA. § 8.30(b). Model Business Corporation Act(2010).

认定董事监督义务是注意义务的内容。

也许会有人认为,公司受到损害的情况下总能找到直接的责任人承担相应的责任,公司的损害能够从直接责任人那里得到填补,何须多此一举要求董事对此承担监督责任?这种观点实际上没有认识到监督义务相对于直接侵权人责任的独立性,二者实际上起到的是不同的作用。从本质上说,监督义务与忠实义务一样,都是对董事权力滥用的一种私法上的制裁,公司集中管理能够带来效率上的优势,以适应商事交易的瞬息万变之特征。[34] 董事的权力与责任是一致的,拥有权力也意味着要承担因权力行使不当而带来的责任。在美国的董事会中心主义模式下,监督义务是平衡董事会权力过大的一种工具,通过强调董事的监督义务督促董事为股东的利益而行事,防止董事们的消极不作为。可以认为,董事会实际上是公司经营的最高领导机关(但是在我国,法律规定股东会是最高权力机关,并且享有一些与董事会之间无法划分清楚的权力),对于下属"乱政",领导对于自身的失察是要承担领导责任的。"监督"(oversight)一词的英文含义是照管、负责,[35] 这也意味着董事监督义务的违反是一种非直接的责任,因为直接的损害后果是由董事会下属的行为导致的,董事在这里并没有积极的作为去促成结果的发生,但是其作为公司的最高领导,有义务建立制度确保公司的政策以及制度得到下属的落实,在发现不当行为或者有疑问时,应当有义务展开调查,这既是作为公司领导所享有的权力,又是其对股东及公司所负的义务,这种私法上的制裁类似于公法上对领导或者官员行政责任的追究,这种责任不同于侵权者对于损害的填补责任。[36]

---

〔34〕 Reinier Kraakman, John Armour, *The Anatomy of Corporate Law*, Oxford University Press, 2009, pp. 12 - 14.

〔35〕 参见[美]达尔吉什主编:《韦氏高阶美语英汉双解词典》,外语教学与研究出版社2006年版,第1377页。

〔36〕 相关的分析参见邓峰:《领导责任的法律分析——基于董事注意义务的视角》,载《中国社会科学》2006年第3期。

四、构建我国董事监督义务制度的必要性及障碍

任何一种制度都有其存在和发展的背景，同样的制度在不同的国家可能会有不同的结果，这要求我们在进行法律移植时应当注意与本国问题的结合，否则会出现南橘北枳的现象，监督义务在美国的发展脉络表明公司问题频发，董事会中心主义模式下，管理层的权力越来越大，不受监督的权力往往会给公司和股东造成损害，因此强调董事会对经理层的监督就显得非常重要。那么在我国，究竟有无借鉴美国董事监督义务的必要呢？笔者认为，基于现实中公司财务造假、违法行为频发的现象、监事会监督虚化以及完善董事义务体系的考虑，确有必要强调董事的监督义务之重要性。

（一）构建我国董事监督义务制度的必要性

1. 现实基础：公司运营问题频发

除在本文开始所举案例之外，上市公司中财务造假、欺诈等行为经常发生，给中小股东造成损失。2013 年万福生科涉嫌 3 年内累计虚增收入 7.4 亿元、虚增营业利润 1.8 亿元以及虚增净利润 1.6 亿元等重大违法行为，然如此严重的行为仅受到证监会 30 万元的罚款，董事、高管也仅仅面临的是 25 万 ~ 30 万元不等的罚款，而万福生科的股票依然在交易所上市交易。[37] 在对股东承担责任上，除了平安证券承担保荐人责任外，然而，并未听说董事对股东的赔偿责任，假设董事会对财务造假知情并且同意，那么应当承担对公司不忠的责任，[38] 假若董事会以不知情为由抗辩，此时董事会能否逃脱责任的关键就在于其是否负有对下属的监督责任，如果法律上认可其监督的责任，那么只要有股东起诉并且达到证明责任的标准，董事承担个人责任毫无疑问。差不

[37] 黄思学：《万福生科造假案》，载新浪财经：http://finance.sina.com.cn/focus/wfskzja/，2017 年 8 月 7 日访问。

[38] 按照《公司法》第 149 条的规定，董事、监事、高管在执行职务时违反法律、行政法规或者公司章程的规定，给公司造成损失的，应当承担赔偿责任。上市公司公司财务造假，当然是违法行为，而且是严重违反《证券法》的行为。

多同一时间段发生的还有南纺股份、新中基公司财务造假。[39] 这些问题说明在我国,公司造假等违法行为并不仅仅是个例,而是一个需要治理的现实问题,公司造假无异于为获得短期利益而消耗资本市场信用的饮鸩止渴行为,最终投资者对资本市场失去信心,公司何处去筹集所需资金?不以董事监督义务震慑董事违法行为,公司违法行为几时休?有人可能会问,公司问题频繁发生是否足以推出需要董事会履行监督义务?确实,问题频繁发生只能直接说明现有的监事会监督不理想,最有可能得出的结论是应当继续强化监事会的监督,而不是转而寻求董事会履行监督义务,否则将有可能出现科斯所说的以一种制度取代另一种制度所带来的成本。[40] 本文的回应是,首先,下文第 2 点将会说明监事会监督不力的问题。其次强调董事会履行监督义务并不是以一种新制度取代旧制度,而是从公司机关分立的角度出发,充分发挥公司内部权力机关之间相互制约的作用,以董事会的监督约束经理人,以对董事违反监督义务的追究来激励董事积极履行义务,这也能够解决经济学家提出的谁来监督监督者的问题。[41]

2. 监事会监督不力

与大陆法系国家中的德国、日本公司立法类似,我国从 1993 年《公司法》开始,公司中一直保留着监事会,并将其作为公司法定必设的监督机关。然而,监事会却并没有见其监督功能之发挥,根据学者的总结,监事会在我国如此完败的现状在于其地位低下、资源匮乏、职工监

〔39〕《新中基连续六年财务造假》,载和讯网:http://news.hexun.com/2014-07-10/166478604.html,2017 年 8 月 7 日访问;《南纺股份造假背后:挥之不去的审计潜规则》,载人民网:http://finance.people.com.cn/stock/n/2014/0610/c67815-25127364.html,2017 年 8 月 7 日访问。

〔40〕参见[美]罗纳德·H. 科斯:《社会成本问题》,载[美]罗纳德·H. 科斯等《财产权利与制度变迁——产权学派与新制度学派译文集》,刘守英等译,上海三联书店 2014 年版,第 39 页。

〔41〕经济学家在经济学中提出的代理成本问题是,组织中设计监督机制去监督代理人,会产生的问题是,如何解决谁来监督监督者的问题,经济学家给出的答案是使监督者与所有者的利益一致,于是就有了管理者的股权激励制度。参见[美]威廉姆森:《资本主义经济制度:论企业签约与市场签约》,段毅才、王伟译,商务印书馆 2002 年版,第 414~416 页。其实,通过诉讼来追究监督者违反监督义务的责任也是一个有效的方法。

事徒具其形、缺乏适当的考核和激励机制、与独立董事关系不清、受制于高管/控股股东。[42] 如此虚弱的监事会根本不可能指望其监督公司事务的执行。

3. 董事会激励与约束机制无法实现

在我国引入独立董事制度之后,董事并不仅仅是监事会的监督对象,董事会的功能中有了监督因素,[43] 由董事组成的董事会也监督经理和公司运营。[44] 然而单纯地要求董事有监督的职能似乎并没有解决问题,就像在公司董事会中强行加入了独立董事,小股东的权利依然无法得到保护一样,缺乏激励与约束机制,设立再多的监督机构也无法达到理想的效果。我国上市公司监管机构在加强董事会的监督职能的同时,却没有规定违反该义务所应承担的责任,不要求董事赔偿股东因监督不力而导致的公司损失,董事仍然没有动力去监督公司运营从而成为一个合格的守门人。

4. 董事勤勉义务内涵不明确

传统上董事负有的义务包括忠实义务与注意义务。然考察我国《公司法》相关规定,涉及这两项义务的条文仅有两条,其中第 147 条对忠实义务和勤勉义务[45] 做了宣示性的规定,并没有任何实际可操作的意义。第 148 条规定了董事、高管禁止从事的行为,一共 7 项,从第 8

〔42〕 参见郭雳:《中国式监事会:安于何处,去向何方?》,载《比较法研究》2016 年第 2 期。

〔43〕 根据中国证监会 2016 年修订颁布的《上市公司章程指引》第 98 条第 1 项的规定,董事应当谨慎、认真、勤勉地行使公司赋予的权利,以保证公司的商业行为符合国家法律、行政法规等。参见《上市公司章程指引(2016 年修订)》,证监〔2016〕23 号。公司董事会对公司内部控制制度的建立健全、有效实施及其检查监督负责,董事会及其全体成员应保证内部控制相关信息披露内容的真实、准确、完整。参见《上海证券交易所上市公司内部控制指引》。

〔44〕 参见郭雳:《中国式监事会:安于何处,去向何方?》,载《比较法研究》2016 年第 2 期。

〔45〕 我国《公司法》规定的勤勉义务在实质上与注意义务是相同的,都强调董事要付出一定的努力去促成公司的利益,在此意义上,本文将二者等同使用。

项兜底规定来看,该条内容规定的是忠实义务。[46] 至于注意义务的内容,我国公司法既没有进行一般性的规定也没有进行具体化的列举。按照学理上的标准,注意义务应当是以一个理性人在同样位置上应当做出的判断作为一般标准。[47] 那么在立法没有明确董事勤勉义务的具体内涵的情况下,若司法实践中遇此案例,法院如何裁判?根据笔者在中国裁判文书网公布案例的检索,判决涉及《公司法》第 147 条的案例有 199 个,与董事会有关的只有 34 个,而通过进一步筛选发现与勤勉义务有关的案件则仅有 4 个,[48] 由此可见,该条董事勤勉义务条款被激活的次数少之又少,这与我国公司运营问题频发形成了鲜明的对比。但即使是在为数不多的判决董事承担责任的判决中,法院对于董事勤勉义务的定性也仅仅是一个理性人标准,并没有说明勤勉义务的

〔46〕《公司法》第 147 条第 1 款规定:"董事、监事、高级管理人员应当遵守法律、行政法规和公司章程,对公司负有忠实义务和勤勉义务。"第 148 条第 1 款规定:"董事、高级管理人员不得有下列行为:(一)挪用公司资金;(二)将公司资金以其个人名义或者以其他个人名义开立账户存储;(三)违反公司章程的规定,未经股东会、股东大会或者董事会同意,将公司资金借贷给他人或者以公司财产为他人提供担保;(四)违反公司章程的规定或者未经股东会、股东大会同意,与本公司订立合同或者进行交易;(五)未经股东会或者股东大会同意,利用职务便利为自己或者他人谋取属于公司的商业机会,自营或者为他人经营与所任职公司同类的业务;(六)接受他人与公司的佣金归为己有;(七)擅自披露公司秘密;(八)违反对公司忠实义务的其他行为。"根据法律解释原理,同一项下的内容从性质上来说应当是一致的,第 8 项既然已忠实义务作为概括条款与前七项并列,则在性质上应都属于违反忠实义务的内容。

〔47〕See Carsten Gerner – Beuerle and Edmund – Philip Schuster, *The Evolving Structure of Directors' Duties in Europe*, European Business Organization Law Review, p. 202, 15 (2014). and also see Rosemay Teele Langford&Ian Ramsay & Michelle Welsh, *The Origins of Company Directors' Statutory Duty of Care*, 37 Sydney Law Review, p. 492, 489(2015).

〔48〕该 4 个案例分别是:王朝阳与中地不动产评估有限公司等损害公司利益责任纠纷,北京市高级人民法院(2016)京民终 210 号判决书,法院判决原告胜诉,董事未尽到勤勉义务;杭州艾可个人护理用品有限公司与张欣损害公司利益责任纠纷,杭州市下城区人民法院(2015)杭下商外初字第 00109 号判决书,判决结果是被告董事败诉,对公司承担赔偿责任;田贵生、魏驰、周天润与刁建、第三人四川国水阻燃无纺织制品有限公司损害公司利益责任纠纷,四川省简阳市人民法院(2014)简阳民初字第 1190 号判决书,法院判决董事违反勤勉义务,对公司承担赔偿责任;甘肃成纪生药业有限公司与陈溯损害公司利益责任纠纷,甘肃省天水市中级人民法院(2014)天民二终字第 48 号判决书,法院认定被告尽到合理的勤勉义务,不应承担赔偿责任。

具体内容，这也导致判决书中关于这一块的内容缺乏说理。[49] 如此概括化的条款，并不能为相关的纠纷提供有说服力的依据，由于我国法院长期以来依赖大量的司法解释，勤勉义务具体内涵的缺失必然会导致法院在适用该条款时的理解不一致，实践中发生的为数不多的案例已经证明了这一点。比如，2009 年判决的北京妙鼎矿泉水有限公司诉王东春损害公司利益案中，该公司经理王东春在经营过程中因产品质量不合格被质监部门罚款，并且因经理原因导致公司账款无法追回、财产流失，公司起诉经理要求赔偿，法院对勤勉义务的解释是以违反法律、行政法规以及公司章程为前提，并且将商业风险带来的损失排除在勤勉义务的范围之外的做法与美国法院尊重商业判断的做法颇为类似，[50] 对勤勉义务的狭义解释是不妥当的，勤勉义务是对董事及高管本身努力程度的规定，防止其不作为，如果董事以及高管没有积极作为或者行为没有违反法律，那么法院是否会认为这属于商业风险呢？类似的案例发生在同年的上海市闵行区，值得注意的是，该法院判决中并没有认为违反勤勉义务需要以违法或者违反章程规定为前提。[51]

上述案件表明，一方面，涉及董事监督义务的案件不多，其中原因值得深思；另一方面，为数不多的案例对勤勉义务的理解不尽一致，这说明我国董事勤勉义务的内容规定实际上是落后于实践的，并不能为勤勉义务纠纷提供明确的裁判规则。通过立法将董事监督义务明确化，将丰富董事勤勉义务的内容，使董事监督义务成为明确的裁判依据，而不仅仅是理论上的探讨。

有学者认为，之所以涉及董事监督义务的案件数量并不多也可能

---

〔49〕 这种说理实际上借鉴了普通法系关于注意义务的表述，尤其是 MBCA 相关条款和 Graham 判决中的法院观点。

〔50〕 “公司高级管理人员应当遵守法律、行政法规和公司章程，对公司负有忠实义务和勤勉义务，诚信地履行对公司的职责，尽到普通人在类似的情况和地位下谨慎的合理注意义务，为实现公司最大利益努力工作，不得侵占公司的财产；高级管理人员执行公司职务时违反法律、行政法规和公司章程，给公司造成损失的，应当承担赔偿责任。同时，损失不是由于高级管理人员的故意或过失造成，而是由商业风险或其他外界因素所致的，则不能认为高级管理人员违反勤勉义务。”参见北京市门头沟区人民法院(2009)门民初字第 4 号民事判决书。

〔51〕 参见上海市闵行区人民法院(2009)闵民初字第 1724 号民事判决书。

是因为该问题在实践中并不那么突出。对此本文认为,实践中的问题可能要比想象中的要更严重。理由在于,第一,根据有学者对上市公司董事违反勤勉义务案件进行的研究发现,证监会实际上是该规则的创立者和执行者。由于公司法无法提供明确的指导,所以,证监会在关于证券市场虚假陈述、内幕交易、披露不实等义务的违反上,对董事的监督义务处罚非常严,采用过错推定的原则,且案件数量非常多,从2004年到2018年,案件达到130多件。[52] 证监会的处罚仅仅是行政责任,但是却很少有股东去提起派生诉讼进一步追究董事的民事责任,应当说是与诉讼制度有关的,主要是目前股东派生诉讼对于上市公司股东持股1%的要求以及按标的收费的制度,实际上给股东造成了较重的负担,股东缺乏提起诉讼的激励。第二,根据笔者统计封闭公司提起诉勤勉义务诉讼的概率占到了忠实义务诉讼的20%左右,而相比之下,上市公司的诉讼裁判在中国裁判文书网是暂时为零的状态,也可以作为一种佐证。[53]

(二)构建我国董事监督义务需要解决的问题

1. 如何协调与监事会监督职能的关系

有观点基于路径依赖理论,[54] 认为从1993年至今,《公司法》历经几次修改,监事会都得以保留,并且在2006年的修订中增加了监事会的职权,可以预见的是,基于路径依赖,我国《公司法》取消监事会的可能性不大。但是也有观点认为,我国已经在上市公司中建立了独立董事制度,应当废除监事会,以董事会监督全面取代监事会监督。那么在这种情况下强调董事的监督义务,其与监事会的监督职能是否存在重

---

〔52〕 该研究来自清华大学法学院沈朝晖老师开设的证券法专题研究课程上的讲授。关于中国证监会的行政处罚案件,参见 http://www.csrc.gov.cn/pub/zjhpublic/index.htm? channel=3300/3313,2018年6月21日访问。

〔53〕 参见王真真所撰《董事勤勉义务司法裁量的问题、成因与反思——基于29份司法判决的分析》一文。

〔54〕 路径依赖理论认为,各国公司法之所以没有走向趋同是因为各国公司治理体系中的规则已经形成了一个具有内在秩序并相对稳定的体系,而路径依赖制约着公司法的进化。参见邓峰:《中国公司治理的路径依赖》,载《中外法学》2008年第1期;周天舒:《中国公司治理法律规则发展模式的再探讨:一个路径依赖的视角》,载《中国法学》2013年第4期。

复？董事监督义务的制度化需要这二者之间有一个清晰的关系。

2. 股东派生诉讼制度不完善

作为对公司行为运行机制偏离的纠正，股东派生诉讼制度于2005年进入我国《公司法》。本以为股东派生诉讼数量会因此大增，但实际上事与愿违，不仅数量非常少，而且与当初引进该制度的目的发生了偏离。根据黄辉教授的实证研究，首先，从2005年到2010年，股东派生诉讼的案件总数是60个，平均每年12个，股东派生诉讼的数量并没有大幅增加，其次只有一个案件是针对股份公司，其余都是有限公司，这与股东派生诉讼本来是用来解决证券市场公司治理和投资者保护的目的大相径庭。[55] 我国现有派生诉讼制度集中在《公司法》第151条，股份公司中要求原告持股1%以上，希望以此保证原告的代表性以防止滥诉，但这同时也会导致提起派生诉讼非常困难的结果。[56] 诉讼制度是激活董事义务条款的重要途径，如果没有成功的诉讼作为保障，法律赋予股东再多权利或者科以董事再多义务也都是如镜中之月般无法企及。

五、我国董事监督义务的制度设计与协调

（一）明确监督义务属于注意义务

董事监督义务的违反本质上还是由于董事没有对公司尽到合理的注意与关怀，由此导致下属的"乱政"现象，所以我国在明确董事监督义务规则的同时，可以将其作为董事注意义务的内容，强调董事应当尽到的勤勉、努力以及充分获取信息、建立完善的信息传递与内部控制制度并监督其运行。

---

〔55〕 黄辉教授的研究认为，针对股份公司的派生诉讼之所以不多，主要是两个原因：第一，原告资格限定过于严苛，如持股连续持股180天以及持股1%以上的要求；第二，成本过高，赔偿直接归公司而费用却由股东预先支付。参见黄辉：《中国股东派生诉讼制度：实证研究及完善建议》，载《人大法律评论》2014年第1辑。

〔56〕 例如，在二重派生诉讼中，很难找到对原告持股要求的法理依据。参见沈贵明：《二重派生诉讼适格原告要件的构建》，载《法制与社会发展》2015年第2期。

(二)我国董事监督义务制的具体构建

前已述及,董事监督义务包括监督制度的建立,以及监督经理人的行为,这是两个内容不同的义务,前者是后者的前提。

1. 董事会负责建立监督制度。由于我国并没有明确董事监督义务的内容,所以董事会究竟应当建立什么样的监督制度在《公司法》中也没有明确的提及,大型公司尤其是上市公司中,内部职能部门众多,以在美国上市的阿里巴巴为例,其部门分为技术、财务、平台治理、云计算、市场、客户、文化娱乐等,[57]董事会不可能事无巨细一把抓,比较合适的做法是建立一套制度来管理整个集团。那么董事会应当建立哪些制度来管理公司呢?董事监督的一个很重要特征是其监督职能中蕴含着管理职能,因此,其履行监督义务在某种程度上也是在履行管理者的经营管理义务。比如,关于公司的财务会计制度,《公司法》没有明确谁负责该制度的建立,证监会《上市公司章程指引》(以下简称《指引》)第149条和《公司法》第163条都规定公司应当制定本公司的财务会计制度,公司的财务会计制度是反映公司经营状况的重要信息,虽然此处法律没有明确建立会计制度的主体,但应当认为董事会来负责比较合适,财务会计制度董事会对公司经营进行监督的重要工具,所以董事会负责建立财务会计制度既是一种对公司的经营管理行为又是建立监督制度的行为。审计制度同样也是如此,《指引》第157条明确规定,公司内部审计制度应当经董事会批准后实施。[58] 另外,在上市公司中还可以设立审计、提名、考核等专门委员会,对董事会负责并履行着董事会的部分职能。[59]《上海证券交易所上市公司内部控制指引》中对上市公司内部控制的含义以及内容作了界定,并明确董事会应当对公司内控制度的建立及实施检查负责。同时,根据上海证券交易所的规定,内控制度应当在公司层面、下属部门以及公司业务环节层面作出安排,[60]这样公司内部控制制度实际上包括了对各个经营环节的控制与制度,如印章使用管理制度、担保管理制度、资产管理制度等,以及

---

[57] 参见http://www.alibabagroup.com/cn/ir/governance_8,2017年10月30日访问。

[58] 参见《上市公司章程指引》第157条。

[59] 参见《上市公司治理准则》第52条。

[60] 参见《上海证券交易所上市公司内部控制指引》第5条。

针对不同行业可以设立符合自身特点的制度。最后,最重要的是,应当明确没有建立这些制度以及虽然建立这些制度但是形同虚设时董事会应当承担的责任。

综上,建立监督制度实际上包括财务会计、审计制度、公司内部控制制度,这些规定实际上分散于效力层级不同,适用范围各异的规范性文件当中,《公司法》虽然不可能对所有这些细节性规则作统一规定,但是至少应当以概括性条款表明,董事会应当结合公司实际情况建立相应的财务会计、制度、审计制度、内部控制制度,以保证公司内部的信息能够有效地传达给董事会,否则将被认定为没有履行监督义务。

2. 董事会监督公司运营行为。建立监督制度可以被认为是一种静态的监督,一旦董事会建立相应制度的行为完成,只要公司内部制度处于完备状态,股东就不能再以此为由要求董事承担责任,但是公司虽有制度,董事可能并没有真正去利用该制度去监督经理人的行为,当公司经营发生问题时,董事对此视而不见或者没有对发现的问题展开调查从而使得损害发生,这种情况下董事应当对其不作为承担责任。现代公司人数众多,大型公司甚至有上万名员工,要求董事会对每个人的行为进行“人盯人”式的监督是不可能和不现实的,因此要求董事对普通员工的行为承担责任是不现实的,前述美国的案例中法院虽然认为董事负有监督义务,但是并没有认定董事监督的对象是否包括普通雇员,从可操作性来看应当是不包括的。那么董事会监督的对象应当包括哪些具体的人以及具体的行为呢?怎样才算尽到了对这些对象的监督?公司是采取科层制结构的组织,董事会下有高级经理,再往下有部门经理、车间主任、区域负责人等,董事会的监督对象应当限于高级经理层面,包括总经理、副总经理、财务负责人以及其他直接隶属于董事会的各部门负责人,这些人员是公司日常事务的执行者,负责将董事会的命令以及政策贯彻落实到公司,董事会作为其直接的领导者,应当对这些人的行为负责,或者当董事对经理呈交的报告有疑问,应当询问了解详情,而不是简单的批准或者盲目地相信其报告。当经理人员的不妥当行为发生时,董事会一旦有相关线索,就应当对此展开调查,对此,美国法上的特别委员会制度可以借鉴。比如,美国就在公司私有化以及面临诉讼时临时建立特别委员会以及诉讼委员会来应对,当公司要进行私有化时,董事会若成立由独立董事组成的特别委员会来判断收购人给公司股东的对价是否公允,如果特别委员会认定价格公允,那么董事会的出售决策就是合理的,从而在股东起诉时可以免予承担责任。类似地,如果在对公司事项进行调查时,董事会可以采取类似的做法,当董事会面对问题采取了类似的积极对策时,可以认定为董事已经在积极地履行其对经理行为进行监督的义务了。

(三)违反监督义务的责任构成要件

1. 责任主体定位。董事监督义务的担责主体毫无疑问是董事,包括独立董事与内部董事。独立董事被寄予保护小股东和监督执行董事以及公司经理层的厚望,对下属的不当行为有察觉并阻止的义务。但是独立董事与内部董事之间的责任应当有所区分,独立董事多为外部董事,对公司经营管理可能不如内部董事熟悉,一般来说其只要能够提供证据证明自己积极履行董事职能,不知道或者不应当知道经理人从事的行为。比如,经理人瞒着外部董事从事违法行为,并且自身在发现问题之后采取了积极措施,即可证明其已经尽到勤勉与注意义务,因此,只有在重大过失的情形下要求独立董事承担责任才是比较合适的做法。但是我国目前实践中的做法对独立董事的处罚有些过于严苛,并不区分董事是否已经履行勤勉义务,一旦公司出现问题,独立董事都要被处罚,[61]这种做法是有害的,而且被处罚的罚金也并没有交给投资者而是直接交给证监会,并不能起到保护投资者的作用。需要说明的是,本文虽然提倡董事承担监督义务,但统一不区分过错地惩罚无过错的董事,将有可能造成权力与责任的失衡。造成这种状况的原因在于,我国立法中对董事的勤勉义务规定的太过原则,只要出现了违法行为就处罚独立董事,并没有将董事是否以及如何履行勤勉义务的情形纳入考虑,这与美国的状况刚好相反,即使是在著名的 Smith v. Van

〔61〕 参见证监会〔2017〕2 号行政处罚决定书,该案中,公司总经理瞒着独立董事使公司从事股权代持行为,但是在信息披露中并未如实披露,证监会认定董事没有履行勤勉义务,对所有董事予以处罚,其中有独立董事提出抗辩,认为股权代持事项并没有经过董事会表决,独立董事不可能知道,并且在发现该行为时及时督促公司向有关部门报告,但证监会依然维持了处罚。

Gorkom 案中，虽然法院最后认定董事违反注意义务，但是最终赞成票与反对票只有一票之差，这至少说明在美国要求董事承担注意义务时是非常谨慎的，这需要对案件的事实进行仔细的认定，并且需要立法对董事勤勉义务内涵作出详尽的说明。

而对于其他内部董事呢？是否负有监督义务？本文的答案是肯定的。股东由于理性冷漠等原因无法直接监督其代理人的行为，董事会作为一个解决代理成本的机制被公司法确立，类似于公司的中枢，而董事成员则是这个中枢的构成，现代大型股份公司董事会并不负责公司的日常经营，授权经理层是通常的做法，董事会管理职能被经理层分解，其让与的权力当然需要监督。[62] 那么，内部董事之间承担的责任性质是连带责任吗？这个要区分情形，如果公司是公司总经理的行为导致的损害，那么应当认为所有内部董事对其行为负责，因为总经理负责公司全部业务，所有董事对总经理都有监督的义务。另外一种情形是，损害行为是由负责某一项具体业务的高级管理者承担的，公司内部可能有所分工，其他执行董事可能各自负责公司的某一方面的业务，对其所主管的业务下属负有监督义务是理所应当的，而作为公司董事，对于其他业务执行董事的行为也应负有监督义务，因此若某一部门出现问题，负责其他部门的执行董事并不因此要承担责任，因为董事会内部的分工已经表明了负责的主体，其他执行董事并不过问该业务，要其承担责任没有依据，只需要负责该业务的执行董事承担责任即可，独立董事则根据具体情形考察是否尽到勤勉义务。在日本以及韩国，这种责任被称为董事之间的相互监督义务，以此督促其他董事积极履行监督职责。[63]

2. 主观构成要件

公司法上的信义义务条款是将侵权法上的规则法定化到公司、股东与董事这三者之间，因此信义义务责任构成要件上与侵权法的要件有几分相似。侵权法上过失是指，没有尽到一个理性人在相同情形下

---

〔62〕 参见葛伟军：《英国公司法要义》，法律出版社 2014 年版，第 6 页。

〔63〕 参见［日］近藤光男：《最新日本公司法》，梁爽译，法律出版社 2016 年版，第 246 ~ 247 页。

应当尽到的注意,[64]公司法根据自身的特征对侵权法的规则进行了改造,对于违反忠实义务的行为,要求董事是故意,而且也只能是故意,因为并不存在董事因为过失而对公司有不忠的行为。对于违反监督义务的行为呢?通常来看可能是因为没有尽到合理的注意,如充分的了解、获取信息、草率等过失而没有及时察觉到下属的不当行为,但是在董事怠于建立公司内部的信息传递与控制系统时,其主观过错是否还是过失呢?本文认为,这个时候的主观恶性要大于前一种情况,但是从追责的角度来看,证明存在过失要比证明故意容易,因此对于违反监督义务的主观方面,认定为过失是合适的。如前所述,内部董事与外部董事在信息获取以及公司经营方面有众多不同,在责任认定时主观方面也应当进行区分,对于内部董事应当适用一般过失标准,而对于外部董事则可以适用重大过失标准。

3. 客观行为要件。如前所述,董事监督义务包括建立监督制度与监督高级经理行为。那么,董事违反义务的客观表现应当是没有建立完善的内部控制制度、财务会计制度以及审计制度;还包括对经理的不当行为的漠视,在发现问题时不及时组织以及发现线索时不展开积极的调查。

4. 损害结果要件。公司受有损害是前提条件之一,但是这种损害不仅仅是物质上的损害,也包括对公司的商誉以及形象的损害。比如,在有的情形下,公司从事违法行为获得的利益可能比被处罚的罚金要高,从物质上看公司还增加了收入,但从事违法行为是有损公司形象的,也不利于股东的长远利益。也有一种情况是,董事会及时发现了经理的违法行为并成功阻止了损害后果发生,这个时候董事并没有违反监督义务;相反,其是在积极履行监督义务。有问题的是,虽然董事会发现了不妥当的行为并阻止了行为的继续,但是损害已经不可避免地发生了,这个时候董事是否要承担责任呢?在认定时应当综合考虑董事对此作出反应的时间是否及时,该行为给公司造成损害的程度,反应越及时、损害较小,则董事主观上的过错就越小,作出赔偿的可能性也

---

〔64〕 See Kenneth Abraham, *The Forms and Functions of Tort Law*, 5th edition, Foundation Press, 2017, p. 62.

就越小。

（四）构建我国董事监督义务的制度协调

1. 厘清与监事会的关系。我国《公司法》第53条规定了监事会对公司事务的监督职权，包括检查公司财务、提出罢免建议、对损害公司利益行为的纠正要求。我国监事会在结构上类似于德国的组织架构，但又有所不同。之前的观念是认为德国的监事会由于拥有任命董事会成员的权力，所以能够行使有效的监督，但最近的一项研究发现，德国的监事会存在着内部由大股东控制，由于共同决策制的要求，还有外部的员工参与，加上强大的银行债权人也在监事会中占有一席之地[65]但不管存在由谁控制，一旦作为公司的机关就应当为公司的利益而行事，如果过于偏袒控制者，将会遭致责任承担。在股权结构分散的美国，同样存在着控制，只不过不是大股东控制，而是管理层控制，同样如果董事会纵容管理层的不当行为，要承担监督不力的责任。中国的问题则又较为突出，虽然也有万科这样股权分散的公司，但大部分公司的股权结构相对来说比较集中，存在一个控制股东，既可能控制监事会，也有可能控制董事会。被控制的没有实权的监事会根本没有动力以及实力去监督管理层，那么就造成管理层的权力很大。从这一点来看，在我国强调究竟是采用监事会监督还是董事会监督模式根本没有意义，因为都有可能被大股东控制而不能进行有效监督。

监督制度要得到有效的实施，最根本的在于要使监督机关对其监督义务承担相应的责任，对于公司来说，监督经理层是董事会的义务，没有履行或者履行不适当董事对此要承担个人责任。有人可能会问，既然如此那为什么不强调监事会的监督义务呢？本文认为，强调董事的监督义务更为有效，原因在于：第一，我国大型公司中董事会已经不再是单纯的管理机关与决策机关，也是监督机关，对经理层的监督是其职责所在。第二，董事会是公司经营管理机关，在监督范围、获取所需信息的充分性、监督力度上都比外部的监事会要强，由董事会来监督经

---

〔65〕 See Kathrin Johansen & Laser & Saskia Laser & Doris Neuberger & Ettore Andreami, *Inside or Outside Control of Banks? Evidence from the Composition of Supervisory Boards*, European Journal of Law and Economic(2017)43:31 – 58, p. 31.

理层也更为有效。[66] 第三,我国监事会的职权目前仍存在于纸面上,实际上不能有效履行职权,让其承担责任是勉为其难。我国监事会的模式不同于德国的监事会制度,德国的监事会实际上是董事会的领导者,监事会产生董事会,而我国监事会在理论上则是与董事会平行的机关,这种情况更类似于日本的制度。那么,在强调董事监督义务时,监事会的位置应当置于何处?是否还有必要再继续保留监事会?本文认为,可以做的是,整合监事会与董事会下属的审计委员会功能。审计委员会是确保公司内部审计独立的重要保障,也是董事会进行监督的重要机制之一,整合监事会的财务检查功能,可以强化董事会在财务方面的监督。

那么如何整合监事会与董事会?有人提出转变监事会监督方式,如由对立监督转向合作监督、增加监事会与董事会之间的良性互动、使董事会与监事会承担连带责任等,[67] 但对于没有实际权力的监事会来说,要求其与董事会承担连带责任的做法是不合适的,有些强人所难。本文认为,《公司法》不应当再坚持保留监事会制度,实践已经证明这种监事会制度并没有起到良好的监督效果,反倒是近些年来独立董事更多地站出来为公司的利益说话,[68] 监事会则经常处于默默无闻的状态。日本在2014年修改《公司法》时,就强化董事会监督机能方面做了诸多努力,包括未设置独立董事上市公司的董事会说明义务以及增加审计委员会设计公司,足见审计功能在公司监督中的地位,同时赋予监事会选人独立审计人的决定权,以增强审计监督作用。[69] 日本公司

---

〔66〕 根据管理学的研究,董事会通过与管理层的交往与沟通,其长期的观察更能把握CEO的行动、能力等一些软信息,而这些信息对于董事会来说是非常重要的,其掌握的信息越充分,监督职能就越能更好地发挥。监事会则存在着明显的信息不对称。参见孙光国、郭睿:《CFO内部董事有助于董事会履行监督职能吗?》,载《会计研究》2015年第11期;龚辉锋、茅宁:《咨询董事、监督董事与董事会治理有效性》,载《管理科学学报》2014年第2期。

〔67〕 参见赵大伟:《监事会监督方式变革论》,载《当代法学》2017年第2期。

〔68〕 例如,在2016年沸沸扬扬的万科股权之争中,独立董事华生针对董事会以及股东大会的意见发表了一系列声明,使本就扑朔迷离的案情展现在公众面前。参见《华生详解万科董事会:我为什么不支持大股东意见》,载 http://news.cnstock.com/news,yw-201606-3824777.htm,2017年8月1日访问。

〔69〕 参见吴建斌编译:《日本公司法》,法律出版社2017年版,编译者前言第5页。

法同时保留了监事会与董事会委员会的双重监督,但实际上日本公司如此复杂的监督制度设计,其效用并没有实证考察支持,反倒是这种叠加的结构显得非常臃肿,因此不足为我国所取。我国应当将监事会并入审计委员会,强调审计委员会从内部审计发挥监督作用,并且确保在聘用外部审计机构时决定的独立与客观,否则将对此承担责任。理由在于,我国监事会的职权主要是在检查财务方面,监事会一般不会主动对董事会的做法提出异议,与其将监事会像花瓶一样摆在那里,不如将其并入董事会以充分发挥董事会对经理层的监督作用。

有人可能会问,尽管监事会的职能很弱,但是放在那里至少表明公司治理结构是完善的,取消监事会的话,谁来监督董事会?本文认为,公司治理结构并不是只有这种"三权分立"的模式,美国公司法中就没有监事会制度,对董事的监督主要是依靠责任追究以及诉讼制度。通过义务设定以及责任追究的方式形成对董事权力的制约,一旦股东坐实了董事违反其义务,董事面临的赔偿压力会约束其不当行为,这种方式要比要求一个没有实权的监事会来监督要更为有效。

2. 降低股东提起派生诉讼的难度。强调董事监督义务的最终目的还是希望通过诉讼的威慑来督促董事积极监督下属,如果义务被违反而起诉的成本与难度很高,小股东可能会望而却步,搭便车的理性冷漠使得这种情况加剧。[70] 有学者建议,原告起诉的资格要求可以降低一些,比如持股比例的要求,因为上市公司涉及资金巨大,持股1%已经是一个很高的要求了,在我国诉讼的案件受理费是由原告预交,而且股东派生诉讼案件是作为财产案件审理,相对于小股东来说,预交这么一笔费用是不小的压力,因此,可以考虑将股东派生诉讼案件作为非财产案件,按件收费,律师费用上则可以采用风险代理的形式,只有在案件胜诉或者股东收到实质性利益的情况下,律师可以按照预先约定的比例收取费用。[71] 股东派生诉讼难度的降低客观上有利于该类诉讼的提起,通过派生诉讼激活"休眠"的董事监督义务,从而督促董事积极

---

〔70〕 See Hui Huang, *The Statutory Derivative Action in China*: *Critical Analysis and Recommendations for Reform*, 4 Berkeley Business Law Journal. 227(2007), p. 248.

〔71〕 参见黄辉:《中国股东派生诉讼制度:实证研究及完善建议》,载《人大法律评论》2014年第1辑。

履行作为监督者的权力与义务,并且也有利于通过事后责任的追究使得监督义务制度得到落实。

六、结语

公司制度与早期意大利的家庭合伙以及后来的海上商业冒险活动密切相关,这就注定了公司的经营是充满风险的行为,作为现代企业的管理者,董事以及高级管理者的行为对公司的命运影响至深。明确董事监督义务的内涵以及责任性质、主体、责任承担方式等问题,有助于督促董事勤勉尽责,也使公司内部追责体系更加完善,从而通过责任追究制度激活董事注意义务条款,使公司内部监督机制有效运作。

(编辑:武俊桥)

《证券法苑》(2018)
第二十五卷,第311~327页

禁止财务资助的制度逻辑和规则重构

——以降低代理成本为视角

王几高*

摘要:禁止财务资助制度在20世纪90年代引入我国,目前有关立法呈现出规则和标准不一致、缺乏独立性和灵活度、立法技巧不足、立法层级较低、违规成本较低等弊端,已不适应公司法现代化的要求。传统的资产维持、保护债权人及小股东利益、遏制杠杆收购以及防范市场操纵等理由已无法对禁止财务资助的制度变迁提供有力解释,其正当性的充分解释应是如何使财务资助交易中股东之间、股东与经营者之间、股东与其他利益相关者之间的代理成本降至最低。我国禁止财务资助需要在降低代理成本的逻辑框架内进行规则重构,依照公司类型、公司控制权、交易动机以及交易杠杆等不同特征进行差异化管理、科学配置附条件豁免模式并加强事后惩处机制。

关键词:财务资助　立法不足　代理成本　差异化管理

* 华东政法大学经济法学博士研究生。

一、我国对禁止财务资助的引入及现行规定

财务资助(financial assistance),是指公司对他人取得或将取得本公司股份的交易行为,以直接或间接方式提供诸如赠予、借款、担保、免除义务等具有财务属性的帮助。公司禁止财务资助制度创设于英国,《1928年英国公司法》第16条以成文法形式首次规定禁止公司提供财务资助。[1] 此后,澳大利亚、新西兰、中国香港地区、新加坡、马来西亚等主要英美法系国家和地区都先后移植并发展了该制度。由于英国政府的极力要求,[2]1976年欧盟公司法第2号指令中引入了禁止财务资助制度。为履行该指令要求,自20世纪80年代以来,欧盟成员国相继在国内立法中针对公众公司提供财务资助行为做出了禁止性规定。在日本、韩国和我国台湾地区等大陆法系国家和地区(欧盟成员国除外),目前公司法律中未引入禁止财务资助制度。

我国对该制度的正式引入是20世纪90年代初,针对境内公司到

---

〔1〕 英国《1928年公司法》第16条规定:

(1)除下文另有规定外,公司为了对任何购买(pirchase)或者将要购买其股份的人或为了与此相关的,无论是直接的还是间接的且无论是通过贷款、保证或提供担保或者其他方式提供财务支持,都是非法的。本条规定并不禁止下列情形:(a)当提供借款是公司的正常业务的一部分时,且该借款是公司按照它的正常业务程序进行的;(b)公司依据任何已经生效的任何计划,为将要为公司员工之利益而持有公司股份的信托受托人购买或认购该公司的付讫股份提供资金,这里的公司员工包括了有薪酬职务的董事或高级人员;(c)公司为善意雇佣的员工提供借款,为了让这些人能够购买或认购公司的付讫股份,这些股份将被他们以收益所有权方式予以持有。

(2)第(1)款中的但书(c)不会使公司向身为公司董事的人提供贷款成为合法的。

(3)按照本条第(1)款中的但书(b)至(c)之授权而做出的任何待偿贷款的累计金额应该作为一项独立科目显示在资产负债表中。

(4)如果公司违法了本条规定,公司被处以不超过100英镑的罚金,并且公司的知悉且故意授权或批准该违法行为的每位董事、管理人员、秘书以及其他高级人员应该被处以相关处罚。

〔2〕 [挪威]马德斯·安登斯、[英]弗兰克·伍尔德里奇:《欧洲比较公司法》,汪丽丽等译,法律出版社2014年版,第37页。

香港上市的跨境证券融资合作中所出现的境内股份有限公司规范意见与香港1991年公司条例之间的规则差异性，内地于1991年制定了三个规范性文件以此来消弭两者之间的主要差异。这些规范性文件包括了《到香港上市公司章程必备条款》，该章程必备条款借鉴了香港公司条例的内容，就到香港上市公司提供财务资助的行为进行了禁止性规定。随后，我国在各类监管规则中都零星地做出禁止财务资助的规定。

我国现行公司法并未直接规定公司是否可以提供财务资助，唯一部分涉及的是第148条规定的公司董事和高级管理人员不得擅自将公司资金借贷给他人或者以公司财产为他人提供担保，但是该条是对公司提供借贷和担保的一般性限制，也并非针对财务资助的特殊限制。同时，针对境外上市公司、境内上市公司、非上市公众公司以及一些特殊企业组织，我国法律法规存在一些特别规定。

对于境外上市公司，根据《到香港上市公司章程必备条款》和《到境外上市公司章程必备条款》，原则上禁止提供财务资助，但是规定了6种特殊豁免情形。

对于境内上市公司，根据1997年颁布的《上市公司章程指引》，上市公司或其子公司不得对购买或者拟购买公司股份的人提供任何资助。但是，根据2006年修订的章程指引，上市公司在不违反法律、法规的前提下可以根据需要增加或修改章程指引规定的必备内容。换言之，上市公司章程指引由强制性规范变成了缺省性规范。[3] 此外，境内上市公司还存在几种特殊规定：一是在股票发行过程中，发行人及相关人员不得直接或通过其利益相关方对参与认购的投资者提供财务资助或者补偿。[4] 二是在公司收购过程中，被收购公司不得提供财务资助。2002年《上市公司收购管理办法》首次规定，“被收购公司不得向收购人提供任何形式的财务资助”。2006年《上市公司收购管理办法》对相关条款进行了调整，尽管与2002年管理办法中相关条款表述不一致——前者规定的禁止对象是“被收购公司”，后者规定的禁止对象是“被收购公司董事会”——但是结合第52条规定协议方式收购中被收

---

〔3〕 但从目前实际情况来看，未发现有上市公司对章程中财务资助条款另做其他规定。

〔4〕《证券发行与承销管理办法》第17条。

购公司的禁止性行为以及中国证监会要求各地方监管局加强对收购人“是否存在上市公司向收购人提供财务资助的嫌疑”[5]予以重点关注,可以看出最新立法和监管导向应是与2002年规定保持一致的,即禁止提供财务资助。三是员工股权激励过程中,上市公司不得为激励对象提供贷款以及其他任何形式的财务资助(包括为其贷款提供担保)。[6]

对于一些特殊企业组织,法规做出了特别要求。一是对于国有企业、国有控股和混合所有制企业开展员工持股试点时,试点企业不得向员工无偿赠与股份或提供垫资、担保、借贷等财务资助。[7] 二是对于保险公司,原中国保监会[8]要求在其章程明确规定不得为董监高人员购买本公司股份提供借款、担保等形式的财务资助。

二、我国禁止财务资助的现行立法之不足

(一)规则碎片化,缺少统一性和独立性

现有禁止财务资助制度散落在各类监管通知和部门规章中,基本上都是碎片化规则,缺乏规则的一致性。例如,针对境外上市公司的章程必备条款中规定公司及其子公司都不得提供财务资助,但上市公司为员工持股计划提供财务资助是被特别豁免的。但在针对境内上市公司的相关规则中,禁止财务资助的规制范围不完全包括子公司,上市公司也不得为股权激励对象提供任何形式财务资助。再如,财务资助的具体形式不一致,针对境外上市公司的章程必备条款中规定了馈赠、担保、补偿、解除或者放弃权利、提供贷款或者签订由公司先行履行义务

[5] 《关于发布〈上市公司的收购及相关股份权益变动活动监管工作规程〉的通知》。

[6] 《上市公司股权激励管理办法》第21条。

[7] 《关于国有控股混合所有制企业开展员工持股试点的意见》。

[8] 2018年3月,十三届全国人大一次会议审议批准了国务院机构改革方案,将中国银行业监督管理委员会和中国保险监督管理委员会的职责整合,组建中国银行保险监督管理委员会;将中国保险监督管理委员会拟订保险业重要法律法规草案和审慎监管基本制度的职责划入中国人民银行,不再保留中国保险监督管理委员会。

的协议等,在《上市公司章程指引》中规定了赠与、垫资、担保、补偿或贷款等,在《保险公司章程指引》中规定的主要形式有提供借款、担保等,在《上市公司股权激励管理办法》则表述为提供贷款以及其他任何形式的财务资助,使实践中对"财务资助"具体的定义和形式难以准确确认。

除针对香港上市公司和境外上市公司的章程必备条款中将禁止财务资助制度作为一项独立制度规则外,其他涉及财务资助的立法规则都是附属于其他规则之下。具体来说,在《上市公司证券发行管理办法》中,相关规则作为一项罚则条款出现;在《证券发行与承销管理办法》中,禁止财务资助规则所在第 17 条规定了各种发行人和承销商的禁止性行为,其共同特点是确保发行过程的公平、公正;在《上市公司收购管理办法》中,禁止财务资助规则是从被收购公司的董监高人员的忠实义务和勤勉义务延展开来;在《上市公司股权激励管理办法》中,禁止财务资助则是从股权激励对象的参与资金来源的合规性方面延展开来。无论是附属于哪类规则之下,整体而言,禁止财务资助规则并未单独成为一项规范制度。

(二)规则单薄僵化,缺乏体系性和灵活性

境外国家和地区的禁止财务资助制度都经历了一个漫长和复杂的发展过程。以英国为例,禁止财务资助在 1928 年公司法中初创时仅有 1 条 2 款,内容上对公众公司及私人公司一律禁止提供财务资助, 1985 年公司法修改为 8 条 33 款,内容上新增财务资助形式、无条件豁免、"主要目的"豁免及针对私人公司的"洗白"程序豁免,再到 2006 年公司法中 7 条 28 款,内容上完全废止了对私人公司的禁止性规定,整个变化过程在结构上体现出"简单—复杂—精简"的特点,在立法导向上体现出"严格禁止—限制性管理—放松管制"的特点。在欧盟、澳大利亚、中国香港地区和新加坡等国家和地区的公司法中,禁止财务资助制度演化过程也有类似特征。

相比较而言,目前我国禁止财务资助制度整体上还停留在 90 年前英国禁止财务资助制度初创时的立法水平。在现有立法中,《到香港上市公司章程必备条款》《到境外上市公司章程必备条款》中规定的禁止财务资助制度参照了香港公司条例的有关规定,整个制度规则体系相对完备,但是其余的部门规章和监管要求中对禁止财务资助制度的规则都是极其简单和僵化的,基本上都只有一条原则性禁止条款,对"财务资助"的界定和范围基本没有规定,也没有提供特定情形下的豁免条款。相比较而言,国内禁止财务资助制度规则的内容显得过于单薄,由于内容单薄不成体系,只能采取僵化的完全禁止性规定,而不是类似当前欧盟、澳大利亚等国家和地区中采取的在符合一定条件、遵循一定审批及披露程序后可以提供财务资助的这种更为灵活、富有弹性的规范模式。

(三)立法技巧不足,禁止范围易混淆

我国现有法规中有关条款内容没有体现出禁止财务资助行为的核心构成要件。财务资助是一项具有"财务"或"资金"属性的商业行为,其行为本身具有中立性,法律所要规制的是对"取得公司股份的交易行为"进行财务资助,而不是规制某个商业主体进行财务资助,例如尽管对某购买人提供财务资助但是其目的不是帮助其购买公司股份,则不应属于禁止财务资助制度所试图规范的范畴。换言之,在"财务资助"和"取得公司股份的交易行为"之间必须存在一种目的性联结。例如,英国2006年公司法对于目的性进行了这样的规定,即"当他人正在或计划取得公众公司的股份时,该公司或其子公司在取得发生之前或之时为取得之目的而直接或间接地提供财务资助"。其他各国规定也都明显地体现出了这种核心要素。

反观我国相关规定,《上市公司章程指引》中规定"不得……对购买或拟购买公司股份的人提供任何资助"、《证券发行与承销管理办法》中规定"不得直接或通过利益相关方对参与认购的投资者提供财务资助"、《上市公司收购管理办法》中规定"不得利用公司资源向收购人提供任何形式的财务资助"等,在这些规定中"财务资助"的对象是"取得公司股份的人"而不是"取得公司股份的交易行为"。尽管两种规范条款所规制的情形范畴会在相当大部分中予以重叠,一些交易行为都会被两种规范条款所规制,但是由于现有的条款无法直接地体现出禁止财务资助制度的核心构成要求,一方面,容易造成一些不属于禁止财务资助制度所试图禁止的良性交易行为由于可能涉及股份取得方作为交易一方而变得无法施展;另一方面,使那些属于被禁止财务资助制度试图禁止的不良交易行为由于在一定的嵌套结构遮掩下未明显涉及股份取得方而得以逃离禁令的规制。同时,由于我国属于成文法而非判例法国家,不管是行政执法部门还是司法机关对于法律条款的依赖性很大,所以严谨和精准的立法条款就显得更为必要。

(四)立法层级较低,违规成本较低

现有规则的发文主体主要是国有资产监督管理委员会、财政部、中国证监会、原中国保监会,禁止财务资助规则基本上都是在部门规章中进行规定,立法层级比较低,使违反相关规定的法律后果及惩罚措施也相对较轻。例如,在投资者参与认购新股时,如果上市公司和保荐机构、承销商违反规定向其提供财务资助的,中国证监会可以责令改正;情节严重的,中国证监会可以处以警告、罚款。同时,对于违反相关规定进行的提供财务资助的交易行为,并不必然是无效的。由于前述针对财务资助的禁止性或限制性规定都是部门规章所规定的,根据《合同法》第52条的规定,违反"法律、行政法规的强制性规定"的合同为无效合同。因此,如果上市公司是通过合同形式对他人提供财务资助的话,合同并不会因为上市公司违反了禁止财务资助规定而无效。

因此,由于提供财务资助的合同一般情况下不会由于违反禁止财务资助规定而必然无效,同时,上市公司及其相关人员违反禁令的行为仅仅会受到行政处罚,较低的违法成本难以给上市公司及其高级管理人员带来威慑效果。

三、禁止财务资助的法理依据及其反思

在传统观点中,有学者认为禁止财务资助是资本维持原则的衍生,意在对公司购买其自身股份予以限制,阻止公司不恰当地将资本返还至股东;[9]詹森斯委员会则认为,如果一个人不能从本身资源中提供必要资金去购买公司控制权,公司将只获得一个虚幻对价……如果这

[9] Kenyon - Slade, *Mergers and Takeovers in the US and UK: Law and Practice*, Oxford University Press, 2004, p. 530.

种投机交易失败了,对债权人和小股东而言,仅有的一丝慰藉只是公司董事要承担过失责任;〔10〕有学者基于财务资助肇始于"一战"后出现的"杠杆收购"雏形的历史认为,禁令是为了对杠杆收购的核心——使用目标公司资产作为债务融资的担保或最终还款来源——形成阻碍;还有观点认为,由于财务资助可能被公司管理层用来人为地虚增二级市场需求,从而推动股票价格上涨,因此,禁止财务资助可以有效保护目标公司股票的价格机制,防范市场操纵行为。〔11〕

这些传统观点在不同程度上提供了各自的逻辑论证,但是都无法对禁止财务资助制度的具体微观规则和制度变迁过程进行强有力的解释。例如,禁令的限制范围远远超过了资本维持原则所试图去规范的范围,对于一些完全没有对公司资产造成减损的交易(如提供贷款)也在禁止范围,对于这些交易被禁止的合理性,资本维持原则无法提供有利的解释,因为"涉及财务资助的交易事实上没有减少公司的股份资本"。〔12〕

在现代企业理论中,企业的出现被认为是"一系列合约被一个合约替代""生产要素通过合约同意在一定限度内听从企业家的指挥",〔13〕企业本质是一个由不同契约所构建的契约结构或"契约束"。同时,由于人的有限理性和事前的信息不对称性、事后的信息不对称性引起的强弱不等的不可观察性和不可证实性、语言文字的限制性、市场一方是异质且存在足够多的偏好合作类型,使公司契约是一种不完备契约,〔14〕并由此产生了三种代理成本问题:第一类代理成本问题是指

---

〔10〕 Jenkins Committee, *Report of the Company Law Committee*, available at https://www.takeovers.gov.au/content/Resources/other_resources/downloads/jenkins_committee_v2.pdf, last visit on July 23, 2018.

〔11〕 Javier Tortuero, *The impact of Spanish Financial Assistance Regulations on Leveraged Buyouts*, J. I. B. L. R., 2007.

〔12〕 The Company Law Review Steering Group, *Modern Company Law: Company Formation and Capital Maintenance*, available at http://webarchive.nationalarchives.gov.uk/20121101191814/http://www.bis.gov.uk/files/file23277.pdf, last visit on July 23, 2018.

〔13〕 [美]罗纳德·H.科斯:《企业的性质》,姚海鑫译,商务印书馆2006年版,第26页。

〔14〕 [美]艾伦·斯瓦茨:《法律契约理论与不完全契约》,载[瑞典]拉斯·沃因等编:《契约经济学》,李风圣译,经济科学出版社1999年版,第103页。

因所有权与控制权分离所导致的公司所有者与其雇用经营人员之间的利益冲突;第二类代理成本问题是指因"资本多数制表决"原则所导致的公司大股东或控股股东与中小股东之间的利益冲突;第三类代理成本问题是指因"有限责任"制导致的公司本身或其股东与其利害关系人(主要是债权人)之间的利益冲突。公司法的重要功能就是通过促进公司利益相关者的协作、降低利益相关者的减损价值和遏制利益相关者的机会主义来回应这三类代理成本,"公司法的核心在于解决代理问题"。[15] 禁止财务资助制度尽管是一种保护机制,但它有时候会使那些增加公司价值的、有益于公司利益相关者的良好交易被拒之千里。[16] 财务资助法律制度的功能价值应从"遏制"演变为"遴选",即阻止具有资产剥夺性质的财务资助,准许经济有效的财务资助得以进行。

首先,从第一类代理成本的角度出发,对于私人公司,绝大部分的主要股东既有意愿又有精力参与日常经营,股东身份和管理层身份在很大程度上合二为一,这种经济结构和组织范式使管理层只会强烈偏好于那些有益于增加公司价值的财务资助。对于公众公司,股东人数众多且分散化导致了两个新情况:第一,由于股东无法直接管理,使得公司的剩余控制权(控制公司各项商业事务的法律权威)被授予给董事会和管理层;第二,对经营层的监督成为一种"公共物品",每个股东希望其他股东进行监督而自己"搭便车",最终没有或几乎没有监督。[17] 对于财务资助交易,公众公司的董事和管理层并不具有天然偏好,一般在两种情况下才符合其个人效用最大化:一种是财务资助有益于增加公司价值和盈利水平,由于管理层的正常经济回报和公司经营绩效水平直接相挂钩,那么,管理层也欢迎这类财务资助;另一种是财

〔15〕 [美]莱纳·克拉克曼、[美]亨利·汉斯曼:《公司法剖析:比较与功能的视角》,罗培新译,法律出版社2012年版,第2~5页。

〔16〕 Eilis Ferran, *Corporate Transactions and Financial Assistance: Shifting Policy Perceptions but Static Law*, Cambridge Law Journal, Vol. 63, Issue 1(March 2004), pp. 225-243.

〔17〕 [美]奥利弗·哈特:《企业、合同与财务结构》,费方域译,上海人民出版社2006年版,第159~160页。

务资助不会提升公司价值但是管理层本人可能从中获益，例如，在向管理层的个人挚友或家族成员提供财务资助时，尽管该资助行为不会增加公司价值，但是由于这些财务资助对象与管理层有着密切的社会关系和情感联结，从中会为管理层带来较多社会性的回报和私益。

其次，从第二类代理成本角度出发，私人公司有着较少的股东人数而且彼此之间相互熟悉和信任，在成为公司股东之前，往往已经有过其他经济合作或个人生活关系，公司日常运营也都建立在相互信任的基础之上，因此第二类代理成本较小。对于公众公司而言，作为代理人的控股股东有动机去充分利用控制权使得私益最大化，而作为委托人的小股东对控股股东的监督则普遍具有“搭便车”心理。[18] 此外，由于公众公司缺少人合性特征，股东之间不存在其他社会关系，所以第二类代理问题比较突出。在提供财务资助中，如果在控股股东本身希望与第三方建立合作关系、取得获利颇丰的商业合作机会时，该三方正计划购买本公司股份，控股股东将会为了获取这些商业机会而愿意帮助第三方购买本公司的股份，或者第三方实际上是由股东实际控制的，控股股东希望以低融资成本进一步增加对公司的持股比例等，而公司向第三方提供财务资助所产生的成本却是由公司全体股东实际承担的，使控股股东仅仅承担部分成本却享受全部收益，所以控股股东对促成这种财务资助行为有着极大的动力。[19]

最后，从第三类代理成本角度出发，这类成本的根源在于公司股东仅以出资额为限对公司债权人承担有限责任，这在一定程度上刺激了股东做出次优的投资决策。如果是以向他人提供贷款的形式提供财务资助，由于对外借款不会直接影响公司的股份资本，因此它并不必然损害公司的净资产，公司的股份资本、资本偿还准备金、股份溢价账户不会发生变化，只是公司资产科目下的某一类资产被替换为另一类资产，

---

〔18〕 芦峰：《基于公司内外部治理结合的中小股东权益保护研究》，合肥工业大学出版社2015年版，第15～16页。

〔19〕 Lucian Arye Bebchukl, *Stock Pyramids, Cross – Ownership, and Dual Class Equity: The Creating and Agency Costs of Separating Control From Cash Flow Right*, NBER Working Paper, 1999，转引自曹富国：《少数股东保护与公司治理》，社会科学文献出版社2006年版，第71页。

即原来金额为×的"现金"变成了同等金额的"其他应收款—借款"。[20] 在公司经营良好、正常展业且不存在无法偿付到期债务时,尽管现金类资产被置换成了其他类型资产,但是只要提供贷款的交易对价是公允合理且提供充分担保措施的话,这笔"财务资助"并不会损害到公司资产和价值,它也不会比由于其他原因而提供贷款或任何其他交易对公司产生更多的损害。[21] 在这种情况下,公司所做出的这种财务资助行为并不必然会损害公司债权人利益,对债权人利益产生不利影响的是那些直接损害公司偿还能力的财务资助行为,会减弱目标公司的对外偿付能力。由此可见,当财务资助行为发生在公司具有高杠杆率财务结构、偿债能力严重不足或者可能损害目标公司偿还能力时,会出现比较严重的第三类代理成本问题。

四、我国财务资助差异化管理的多重维度

(一)维度一:公司类型

根据我国现有公司法律体系,公司类型可以划分为有限责任公司、上市公司、非上市公众公司和非上市非公众公司(俗称"两非"),[22] 它们与英美法系国家的私人公司/闭锁公司和公众公司有着如何的映射关系呢?整体而言,我国现有的有限责任公司和"两非"公司与英国的有限责任私人公司、澳大利亚的股份限制责任私人公司相类似,而上市公司和非上市公众公司则与英国的有限责任公众公司、澳大利亚的股份限制责任公众公司相类似。正如前文所阐述的,对于私人公司而言,在财务资助中出现第一类、第二类代理成本问题的可能性较小,而第三

[20] Simon Mercouris, The Prohibition on Financial Assistance: The Case for A Commercially Pragmatic Interpretation, Company Lawyer, Vol. 35, Issue 11(2004).

[21] Maisie Ooi, *The Financial Assistance Prohibition: Changing Legislative and Judicial Landscape*, Singapore Journal of Legal Studies, Vol. 2009, Issue 1(2009), pp. 135 – 160.

[22] 我国《公司法》第2条规定的两类公司类型为有限责任公司和股份有限公司。为便于下文概念比较,这里将股份有限公司的三种类型与有限责任公司并列。

类代理成本问题是存在的。对于公众公司而言,财务资助中普遍存在着第一类、第二类和第三类代理成本问题,这意味着我国各公司类型在财务资助规制的严厉度上也应需做相应差异化管理。

1. 对于有限责任公司和非上市非公众公司,考虑到其第一类、第二类代理成本问题比较小,因此原则上允许公司提供财务资助,将其决策权由公司章程进行规定,但是由于其存在第三类代理成本问题,法律需要明确规定提供财务资助不得损害公司的对外偿付能力。

2. 对于上市公司和非上市公众公司,除了第三类代理成本问题外,还普遍存在着第一、二类代理成本问题。以上市公司为例,截至 2017 年 12 月 31 日,在沪深交易所共 3500 多家上市公司中,第一大股东持股比例 20% 以下的占比为 18.30%,第一大股东持股 20% ~60% 的占比为76.35%,第一大股东持股 60% 以上(含)的占比为 5.35%;第一大股东持股 20% ~60% 的 Z 值〔23〕平均值约为 7.44,第一大股东持股 60% 以上(含)的 Z 值平均值约为 32。不难发现,我国上市公司中"一股独大"的现象非常明显,且大股东对公司控制程度很高,根据莫克、史莱夫和维斯尼的假设,〔24〕当前我国上市公司中第二类代理问题在第一类、第二类代理问题中占据主导,即大股东掠夺中小股东利益的"掏空效应"更为突出。所以在规制力度上要更严格,原则上禁止它们提供财务资助,除非符合特定情形或遵循一定法定程序。

(二)维度二:公司控制权

对于上市公司和非上市公众公司,是否取得公司控制权的不同股份购买类型所带来的代理成本是不同的。

首先,对于不以取得公司控制权的一般股份购买(包括员工激励和员工持股计划),由于购买方在取得公司股份之后仅仅成为公司的普通股东,不具有对公司股东(大)会和董事会的重大影响力,更无法

---

〔23〕 Z 值(第一大股东与第二大股东持股份额之比)用来衡量第一大股东控制程度或股权制衡度,该数值越大,表明第一大股东对公司的控制程度越高。

〔24〕 莫克、史莱夫和维斯尼通过对《财富》500 强公司的实证分析发现,随着股权结构的不断变化,代理问题呈现交替转化特征:(1)在股权结构分散时,第一类代理问题占主导;(2)在股权集中度较高时,第二类代理成本问题占主导;(3)在股权高度集中时,第一类代理成本问题再次占主导。

对公司日常经营和重大决策予以控制。因此,其股份购买行为本身不会使公司代理成本问题比之前有所加剧。

在这类一般购买交易中,员工激励和员工持股计划需要特别关注。目前,参与资金匮乏已经成为我国推行员工持股计划的最大障碍,其法律根源在于现行立法采取了与发达国家鼓励公司对员工持股计划提供财务资助截然相反的立法导向。现有的绝对禁止政策并不可取,一则股权激励和员工持股计划对实现股权社会化和经济民主、鼓励专用性人力资本投资意义重大;二则实践已充分证明公司以及公司股东愿意采取财务资助方式来推动员工持股计划,[25]但是考虑到我国员工激励和员工持股计划中高级人员占比较高的特点,这种杠杆型操作容易放大高级人员与公司股东之间的利益冲突,因此需要规制上更为严格。

其次,对于以取得公司控制权为目的的收购行为(含管理层收购),在收购完成后收购方将对公司股东(大)会和董事会产生重大影响力,并取得经营控制权。如果收购资金来自外部融资,收购方在完成收购之后需要将外部性的高负债进行杠杆内化,一般会采取大量现金分红和频繁关联交易以尽快获取现金资产。大比例现金分红将削弱公司内源性融资能力、增加财务风险,关联交易可能使公司资产流失、股份价值减少,加重第二类代理成本问题。此外,第三类代理成本问题会比收购前更为严重。由于融资资金一般都期限较短,短期内偿付巨大还款资金的压力将在实质上被转嫁至被收购公司,大大限制了公司可用现金,股东没有足够资金进行项目投资(投资不足),同时还会迫使公司将绝大部分资产都出售出去,并以股利分配方式支付给控股股东(清算性股利分配)。

(三)维度三:交易动机

即便是在上市公司收购行为中,不同的交易动机所产生的代理成本也会有很大差异。进行公司收购总是有着各种动机和原因,其中一

---

〔25〕目前一些上市公司以每年净利润作为基数提取一定比例奖励基金作为员工持股计划资产,例如宝能新源设立了"员工持股计划奖励金",每年按照上一年度净利润的10%提取奖励金,分别作为第1~10期员工持股计划的资金.这种方式在经济实质上也是利用了上市公司的资金资源向员工持股计划取得公司股票进行财务资助,同上市公司直接向员工持股计划提供财务资助没有本质区别。

些是完全合理的商业性的或社会性的,有一些则令人怀疑。

在我国市场中,前者主要包括以提升主业竞争力为目标的提升市场地位型动机,常见于同行业的横向及纵向收购,如南北车合并、长电科技收购星科金朋;以获得新的利润增长点而进行经营转型或产业升级为目标的多元化经营型动机,如郑煤机收购博世旗下起动机和发电机业务;以适应国家战略规划和产业政策为目标的适应政策型动机,如宝钢股份吸收合并武钢股份。对于这些交易动机,收购双方本身是为了改善公司经营、提升公司整体的长期价值而不是为了某一方利益相关者的私利,因此代理成本比较小。

在良性交易动机之外还存在一些不良的交易动机,其中最为突出就是资本投机型动机,即以热点、爆点题材为诱饵,频繁交易上市公司"壳资源",配合虚假宣传甚至市场操纵等非法手段来引导和推高股价,获得公司控制权争夺中产生的股票溢价后进行套现盈利。在这类纯粹以资本投机为目的的收购行为中,收购方寻求的是短期内股价暴涨套利,不是为了改善上市公司经营和提升其长期价值,所以控股股东和中小股东之间的代理问题尤为严重。还存在一些利益输送型动机,其目的主要是通过协议收购这一合法外衣,调节被收购股权的高溢价,实现向原控股股东或实际控制人利益输送,其代理成本问题更是不言而喻。此外,其他不良交易动机还包括了"养壳""保壳"实施内幕交易、进行概念炒作、配合股东减持等违法违规行为。[26]

(四)维度四:交易杠杆

近年来,A股市场上市公司收购日益普遍和活跃,在发挥企业价值发现、引导资源合理配置方面起到了积极作用,其中杠杆收购方式也被频繁使用。从统计数据表明,2015年至2017年三年间发生的上市公司收购中,涉及外部融资的占比超过40%,较为典型的是借助银行并购贷款的龙薇传媒收购万家文化,借助股权质押融资的西藏锋泓对宝光股份的控制权争夺,以及借助保险资金以及资管计划多层嵌套的宝能系对万科的控制权争夺。其中很多负面性案例引发了市场的广泛关

〔26〕 参见《2017年沪市并购重组及监管情况的答记者问》,载http://chuansong.me/n/2161222751121,2018年7月16日访问。

注和争议，除了给资本市场带来极大系统性风险隐患之外，甚至还涉及险资违规运用、内幕交易、市场操纵、信息披露不充分等违法违规行为。这些问题的本源都是脱实向虚、空转套利、杠杆无度等金融乱象在上市公司收购领域的折射。

因此，我们在强调杠杆收购所带来的提高被收购公司经营业绩、增加生产水平值等正面价值的同时，[27]也务必正视高杠杆融资收购产生的负面作用。目前，整个国家宏观经济中的政府、企业和家庭部门都在积极去杠杆、稳杠杆，对于上市公司提供财务资助的法律规则也应充分服务于经济调控的客观需要。

对收购行为进行财务资助的形式具有多样性，包括赠予财产、为其外部融资提供保证或抵押、免除其已有债务、直接向其提供低息贷款等。但是，并非所有财务资助形式都会导致扩大杠杆的效果，例如赠与、免除所负债务，尽管会为收购方购买股份“铺平”道路，但是由于对于收购方来说不属于债务性融资，所以，需要考虑的是赠与和免除债务的合理性，而不是高杠杆衍生出来的各种风险。此外，杠杆本身成为问题主要源于杠杆率过高引发的各种风险，如果外部融资（包括借款形式的财务资助）在整个收购资金中占比很小，那么这种低杠杆不会引发系统性风险和其他道德风险。所以，在收购中提供财务资助是否会加重代理成本问题还取决于杠杆比率水平。

五、结语

现行禁止财务资助制度基本上是散落在各个部门规章和监管通知中的碎片化规则，而且各种规则的内容和标准不一致，因此需要统一规范，避免出现不合理的规则差异甚至规则冲突。目前相关规定根据是否为境外上市公司、境内上市公司、国有企业、特殊金融企业和一般公司而适用不同规定。这种差别化不是立法者在事前依照不同公司特点

---

〔27〕 D. Cumming, *Private Equity, Leveraged Buyouts and Governance*, Journal of Corporate Finance, Vol. 13, Issue 4(2007), pp. 439 – 460.

合理设计的结果,恰恰相反,其反映的是财务资助相关规定的逻辑混乱和不同监管部门的各自为政。因此,需要在同一种法理逻辑的框架内进行具有统一逻辑性的规则重构。

首先,法律应该明确规定:(1)提供财务资助不得减少公司净资产,或减少净资本时该资助资金是从公司可分配利润中提供的;(2)财务资助是善意的且符合公司最佳利益;(3)财务资助不得损害公司对外偿付能力,以此减少财务资助中可能出现的第三类代理成本。

其次,针对财务资助中的第一类、第二类代理成本,需要结合公司类型、是否涉及公司控制权、交易动机和交易杠杆情况进行差异化管理。对于有限责任公司和非上市非公众公司,原则上允许公司提供财务资助,具体内部决策流程由公司章程自行规定。

对于上市公司和非上市公众公司,如果该股份购买行为不涉及到公司控制权争夺,可以采取新加坡、中国香港地区和新西兰的"资本比例模式",即在本次财务资助以及其他已提供但未偿付财务资助的累计总额不超过公司付讫资本及储备金之和一定比例的情况下,可以由公司董事会依照公司章程规定的特别决议方式予以批准。其中,如果涉及对员工持股计划或股权激励进行财务资助的,所涉董事予以回避表决,以避免产生利益冲突。

如果该股份购买行为涉及控制权争夺,需要加强规制力度。一是在公司内部审批流程上更加严格,需要经过股东大会特别决议方式进行审批,如果是协议转让方式的,所涉股东予以回避表决。二是需要结合交易动机和杠杆情况进行差异化规制,由于证券交易所具有监管上市公司收购重组的职能,可以赋予交易所对上市公司提供财务资助进行正当性审查的权利。对于那些服务于实体经济发展、为了提升上市公司业务竞争力和长期价值的以及不涉及高杠杆融资性质的良性收购行为,可以提供财务资助;对于那些纯粹进行资本运作和投机套利、实施内幕交易和市场操纵、进行题材炒作、配合股东减持和具有高杠杆融资性质的不当收购行为,禁止提供财务资助。三是赋予上市公司中小股东一定的异议权,即只有在规定期限内没有公司股东向法院申请取消公司有关财务资助决议或提出申请后法院仍旧批准了该决议之后,公司股东大会所批准的财务资助决议才能正式执行。

最后,要求批准财务资助的董事做出偿付能力声明,要求其阐明:(1)资助具体形式和内容;(2)被资助人基本信息;(3)提供财务资助符合公司最佳利益且其交易对价公允合理;(4)基于合理理由判断,在提供财务资助的12个月内公司不会出现无力偿付其到期债务的情形。同时,对在非法财务资助中负有过错的董事,将因其违反信义义务而承担公司在该交易中的所有损失。通过董事做出偿付能力声明的信义义务并强化违法处罚责任,可以有效减少财务资助过程中的代理成本。

由于代理关系本身具有对称性,因此,绝对禁止或放任自由都会在消除一种代理成本的同时,增加其反面的代理成本。因而,法律需要建立一种弹性的、能够平衡各方利益及偏好的灵活机制,建立一种契约自治和法律管制相结合的治理路径,运用法定标准和审批程序等管控措施来降低在财务资助行为中"委托人"可能遭受"代理人"机会主义的伤害,从而提高整体经济效率。

(编辑:何昕、韩励豪)

【优秀硕士论文选登】

《证券法苑》(2018)
第二十五卷,第328~370页

股东优先购买权纠纷之司法裁判研究*

张佳杰**

摘要:股权转让愈加频繁,由此触发的纠纷也日渐增多、愈显复杂。尤其是涉及股东优先购买权的纠纷,在学理及司法实务中均引发持续热议。最高人民法院《关于适用〈中华人民共和国公司法〉若干问题的规定(四)》虽然在一定程度上弥补了《公司法》的不足,但若干条文仍引发诸多争议。且迄今为止,大多数相关研究都停留在理论层面,鲜有研究从具体裁判入手,结合实践中的适用情况,对制度本身显露的不足进行探讨。本文通过提炼案例争议焦点,结合学理及司法解释进行分析,进而提出完善建议。

关键词:股东优先购买权　同等条件　合同效力　救济体系

---

* 本文以作者硕士学位论文修改而成。

** 华东政法大学2018届法律硕士,现为浙江省平湖市烟草专卖局法务管理员。

一、股东优先购买权理论阐述

(一)股东优先购买权的含义与特点

优先购买权是民法中优先权的一种,具体指特定主体在出卖人出卖标的物时,享有在同等条件下,优先于他人购买该标的物的权利。[1]股东优先购买权作为优先购买权理论在公司法领域中的体现,具体指转让股东对外转让股权时,其他股东在同等条件的基础上,拥有优于股东外第三人获取该股权的权利。从转让股东的角度来看,该权利是对其在当事人选择上的限制,而并非对其进行股权转让的限制;从其他股东的角度来看,该权利产生的前提是发生转让股东将公司股权转让给第三人的事实。作为一项兼具身份权与财产权双重性质的权利,股东优先购买权在保障其他股东获得转让股权的同时也为转让股东取得该股权转让利益提供了保障,同时又兼顾了商事交易对效率的追求,在促进公司平稳持续运行中起到了举足轻重的作用。

(二)股东优先购买权规则的立法目的与价值追求

每一个法律条文的设置都包含了立法者的理念,就如每一项制度的设立都蕴藏着其独有的立法目的与价值追求。相较于股份有限公司,有限责任公司具有较强的封闭性,其股份并不能上市交易。从制度本身来看,股东优先购买权的设立也确实对股权对外转让造成了一定程度的影响。因此,在股权转让时,如何在转让股东、第三人、其他股东间找一个利益相对平衡点也成了设立该制度的立法目的之一。为了更深入地理解股东优先购买权,笔者将从以下三方面详细阐述其价值追求。

1. 社会学价值[2]——维护有限责任公司的人合性

相较于股份有限公司的资合性,有限责任公司最本质、最突出的特点是其具有很强的人合性,具体表现在以下几方面:在构成主体上,有

---

〔1〕 参见丁春艳:《论私法中的优先购买权》,载《北大法律评论》2005年第1期。

〔2〕 参见胡大武、张莹:《有限责任公司股东优先购买权的理论基础》,载《西南民族大学学报》(人文社科版)2007年第8期。

限责任公司的股东人数相对较少,且股东之间在生活中往往是亲朋好友的关系,彼此之间的信赖程度更高。在公司运营方面,鉴于股东之间所具有的特殊人身关系,因此有限责任公司的具体运作情况常常与股东之间的信任程度密切相关,而股份有限公司的常规运营更多的是依靠资本的结合。在经营模式方面,有限责任公司的股东既是出资者,又是公司的经营者,而股份有限公司的经营模式与上述模式大相径庭,具有所有权与经营权相分离的特点,其股东并不实际参与公司的日常经营。因此,出于对有限责任公司自身特征的考虑,股东优先购买权得以设置,旨在更好地维护其人合性,保持公司结构的稳定。〔3〕纵观司法实践中的大量案例,在涉及股东优先购买权的纠纷中,诸多法官也都认可以上观点,其在分析案件争议焦点时均会谈及股东优先购买权的价值追求——维护公司人合性,具体情况见表1。〔4〕

表1　点明股东优先购买权价值追求的司法裁判

序号	案件名称	案号	法官说理归纳
1	赵雪红案	(2014)徐商终字第0326号	保障公司人合性,为优先购买权的其中一项立法本意,这使老股东能够结合自身情况和实际需要决定以下内容: ➢ 是否接受第三人进入公司; ➢ 是否自行退出公司……
2	段伟强案	(2015)吉中民三终字第137号	股东优先购买权的立法目的是在最大程度上保障公司股东之间的人合关系,包括以下两方面: ➢ 老股东之间的人合关系; ➢ 新加入的第三人与老股东之间的人合关系
3	陈东案	(2017)湘01民终624号	股东优先购买权的目的在于维护有限责任公司的人合性
4	何鑫案	(2016)云0427民初260号	《公司法》对于股权对外转让事宜进行了明确规定,旨在达到确保公司封闭性的目的

〔3〕 参见施天涛:《公司法论》(第3版),法律出版社2014年版,第278页。

〔4〕 表1中案例均来自无讼案例数据库。

续表

序号	案件名称	案号	法官说理归纳
5	周小平案	(2017)湘06民初1094号	股东优先购买权的设立使公司原有股东能够通过行使该权利实现对公司的控制权,这既是对公司人合性的保障,也是对原有股东所做努力的认可
6	山西必高汽车案	(2014)并民终字第427号	立法者出于维护公司人合性的考虑,设定了股东优先购买权

2. 经济学价值〔5〕——符合效率价值的追求

股东优先购买权的设立虽然在一定程度上增加了第三人购买股权的难度,但其在保障原有股东利益的同时维护了经济效益,能够满足公司对于效率的不懈追求,具体表现为交易费用的减少。科斯教授将交易费用定义为运用市场价格机制的成本,主要涵盖两方面:第一,获取市场信息的成本;第二,交易相对人在谈判、进行讨价还价及履行合同时的成本。〔6〕相对于将股权转让给第三人而言,股权对内转让所花费的时间和费用更少,效率更高,因此股东优先购买权的设立在这一层面实现了公司运营的效率价值。具体而言,其他股东相较于股东外第三人对于公司股权的基本信息情况更为了解,这就意味着其在获取市场信息的过程中可以节约更多的时间与精力,也就使其获取市场信息的成本相对于第三人而言更为低廉。且相对于股权对外转让,将股权转让给公司内部股东的交易手续更为简单,只需在条件成熟时完成股权转让即可,这在很大程度上节省了谈判费用及履约费用。

3. 法律价值〔7〕——稳定公司秩序

除了以上两点理由外,立法者通过设立股东优先购买权实现稳定公司秩序的目的。上文已述,有限责任公司的股东具有出资者和经营者的

---

〔5〕参见胡大武、张莹:《有限责任公司股东优先购买权的理论基础》,载《西南民族大学学报》(人文社科版)2007年第8期。

〔6〕参加黄家明、方卫东:《交易费用理论:从科斯到威廉姆森》,载《合肥工业大学学报》(社会科学版)2000年第1期。

〔7〕参见胡大武、张莹:《有限责任公司股东优先购买权的理论基础》,载《西南民族大学学报》(人文社科版)2007年第8期。

双重身份,对于公司的经营决策、具体管理方法等都拥有一定的话语权。在股权对外转让时,若没有优先购买权对第三人加入公司进行阻挡,则不仅会破坏公司的人合性,更有可能因截然不同的经营理念,使第三人与原有股东在经营决策或者管理理念等方面产生较大分歧,这在一定程度上会破坏公司原有的经营理念,从而增加公司的经营风险。更有甚者,若原有股东一直对第三人抱有不满的态度,消极配合甚至不配合第三人,这会极大地影响公司正常的运营秩序及管理局面,公司可能因此陷入僵局,走向濒临破产的深渊。综上,股东优先购买权的设立在内部关系的稳定中起到了举足轻重的作用,不仅有利于稳定公司正常的运营秩序,而且有益于公司的整体及长远发展。

(三)股东优先购买权之法条梳理

随着《公司法》的历次修改,有关股东优先购买权的规定也在不断变化,详细变化情况如表2所示。

表2　股东优先购买权在各版《公司法》中的规定与改变

《公司法》的沿革	所在条文数	措辞是否改变	内容是否改变
《公司法》(1993年)	第35条(共3款)	属于初始措辞	属于初始内容
《公司法》(1999年)	第35条(共3款)	未改变	未改变
《公司法》(2004年)	第35条(共3款)	未改变	未改变
《公司法》(2005年)	第72~73条(共4款)	1. 出资→股权 2. 必须→应当	1. 转让股东需履行的同意程序发生变化(全体股东→其他股东) 2. 增加书面征求同意条款 3. 增加两个以上的公司股东欲行使优先购买权的情形 4. 增加了第四款内容,使公司章程能够对该权利进行例外规定
《公司法》(2013年)	第71~72条(共4款)	同上	同上

现行《公司法》中涉及股东优先购买权的规定主要集中于第71条、72条,但这两条均为原则性规定,内容较为笼统,导致司法实践中的裁判标准难以统一。具体而言,现行《公司法》中涉及同等条件的内容出现在第71条第3款中,该条款规定了其他股东行权时的必备条件,即必须在"同等条件"的基础上行使权利,但并未涉及同等条件所涵盖的详细内容,由此给法官在认定该问题时造成了一定困难。此外,行使期限在法律上的缺失也使司法实践中出现了各不相同的裁判。无论是在学界还是司法实践中,最受争议的问题当属股东优先购买权遭受损害时股权转让合同的效力应该如何认定。最高人民法院《关于适用〈中华人民共和国公司法〉若干问题的规定(四)》(以下简称《公司法司法解释(四)》)对于上述若干问题的解决具有重大意义(见表3)。

表3 《公司法司法解释(四)》与《公司法》中关于股东优先购买权规定的对比

《公司法司法解释(四)》	对应《公司法》条文	转变与规范
第16条	无	增加了关于"继承"的规定
第17条	第71条	增加了"二次通知"; 股权转让通知的方式有所扩大
第18条	第71条	对"同等条件"的内容予以具体规定
第19条	无	"行使期限"得以确定
第20条	无	增加了关于"反悔权"的规定
第21条	无	明确了股东优先购买权的对抗效力
第22条	第72条	对原条款进行具体化规定

总体而言,《公司法司法解释(四)》存在诸多亮点,在《公司法》的基础上明确了许多内容,弥补了原先法律规定的不足,使法官在诸多问题的判定中能够有充足的依据。具体而言,该司法解释第17条设置了"二次通知",并将股权转让通知的方式由原先的书面通知扩大到书面或者其他能够确认收悉的合理方式,使通知变得更为灵活。同时,第18条通过将"同等条件"具体化使法官在司法裁判中有了较为明确的方向。第19条详细规定了权利的行使期限,这对于防范其他股东怠于行使或不

行使自身权利起到了积极作用。此外,该司法解释规定了救济体系:其通过在第20条设置"反悔权"与第21条赋予股东优先购买权对抗第三人的效力,分别对转让股东及其他股东进行权利救济。在本文第二章、第三章、第四章,笔者将结合具体行使规则等内容对上述内容进行全面分析。由表3可知,股东优先购买权从《公司法》到《公司法司法解释(四)》的转变和规范凸显了该制度背后隐藏的立法逻辑,尽管该制度本身在涉及三方当事人的利益方面起到了一定的兼顾作用,但在具体的利益保护中,更倾向于对转让股东及其他股东的保护,相对而言,第三人的利益保护在其中并未得到明显的凸显与青睐,这也在一定程度上体现了制度本身对维护公司人合性的追求。

二、股东优先购买权行使条件及其司法实务现状

(一)股东优先购买权纠纷的总体案例情况

笔者以"无讼案例"检索系统提供的数据为基础,以"股东优先购买权、优先购买权"为关键词,在案由中先后选择"民事""与公司、证券、保险、票据等有关的民事纠纷""与公司有关的纠纷",并在子栏目中选择"股权转让纠纷",搜索共计215条判决记录。为最大限度地保证相关案例的全面性,笔者又以"公司法第七十一条、第七十二条"为关键词进行检索,得到234条记录。通过交叉对比、去重、剔除,最终得到215条判决记录。笔者主要以年份、地域分布、审级为类别对股东优先购买权在司法实践中的总体案例情况进行以下分析。

随着市场经济的迅猛发展,有限责任公司股东优先购买权纠纷在近几年呈现出日益增长的趋势。笔者将判决书中的判决日期作为标准,对近几年股东优先购买权纠纷作关于年份的统计。根据图1的分布情况可知:股东优先购买权纠纷自2013年后迅速增加,集中发生在2014~2017年,其中2016年涉案数最多。关于涉案数在2013年后迅猛增加的原因,笔者认为包括以下两方面:其一,裁判文书的公开程度。具体而言,为了提高法官的司法水平,防止自由裁量权的滥用,裁判文书自2013年后逐渐被全面公开。如此一来,各案件的裁判文书能够在互联网上被

查询到。因此,在2013年后,笔者能够检索到的涉案纠纷数在一定程度上也会大幅增加。其二,《公司法》的修改。具体而言,《公司法》(2013年)第23条[8]改变了《公司法》(2005年)第23条[9]关于实缴制的规定,将有限责任公司注册资本由实缴制改为认缴制。该条内容的修改使有限责任公司的设立门槛较之前大大变低,公司数量急剧增加,与其相关的各类纠纷也就日益增多。又因股东优先购买权是该类公司所特有的一种法定权利,与其相关的纠纷亦日渐增多,这也就很好地印证了图1内容。

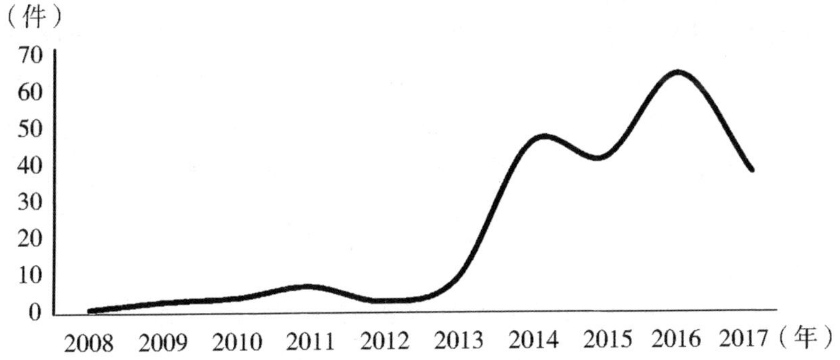

图1　股东优先购买权纠纷年份分布图

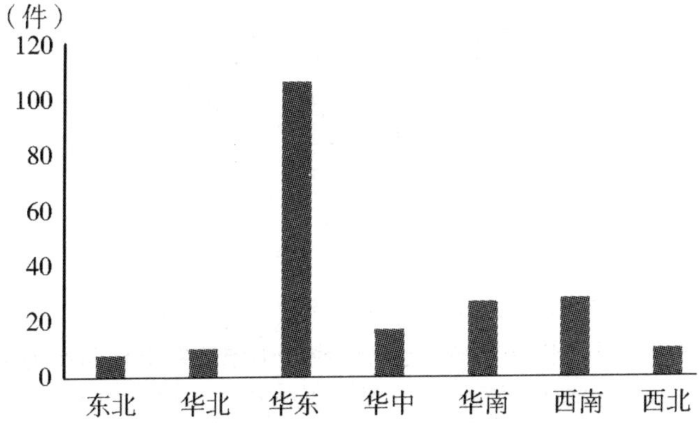

图2　股东优先购买权纠纷地域分布图

---

[8] 《公司法》(2013年)第23条:"设立有限责任公司,应当具备下列条件:……(二)有符合公司章程规定的全体股东认缴的出资额……"

[9] 《公司法》(2005年)第23条:"设立有限责任公司,应当具备下列条件:……(二)股东出资达到法定资本最低限额……"

以地域分布为标准，笔者将股东优先购买权各案受理法院所在地进行统计后发现，华东地区涉案数最多，共计104件，占总体样本量的48.4%，原因在于华东地区在全国相对于其他地区而言经济更为发达，商事纠纷相对较多（见图2）。其中，华东地区的案件主要集中于上海市、浙江省、江苏省，占地区总数的81.7%（见表4）。鉴于股东优先购买权纠纷在司法实践的具体处理中的复杂性，上述三省市分别出台过相关处理意见，[10]旨在为解决该纠纷中的疑难问题提供一剂良方。针对其中争议最大的疑难问题——股权转让合同的效力问题，江西省作为华东地区中该类纠纷相对频发的地区，也曾就该问题出台过《关于审理公司纠纷案件若干问题的指导意见》。纵观全国，在上述4个省市中发生的涉及股东优先购买权纠纷的案件不只在华东地区占绝对比例，在全国也是占据较大比例。然而，上述提及的法院在若干问题的认定中存在截然不同的思维，因此，其出台的各意见也就具有相应的研究价值，笔者将结合具体行使规则在下文中予以详细展开。

表4　股东优先购买权纠纷在华东地区的具体分布

华东地区具体省市	股东优先购买权案例数	案例总数（件）	占比（%）
上海市	21	104	20.2
江苏省	32	104	30.8
浙江省	32	104	30.8
安徽省	3	104	2.9
福建省	3	104	2.9
江西省	8	104	7.7
山东省	5	104	4.8

〔10〕 上海市高级人民法院于2008年3月25日颁布的《关于审理涉及有限责任公司股东优先购买权案件若干问题》中专门对股东优先购买权问题作了相关规定；浙江省高级人民法院在《民事审判第二庭关于商事审判若干疑难问题解答》的问题7中对于股东优先购买权的合同效力问题作出相关规定；江苏省高级人民法院于2003年6月3日颁布的《江苏省高级人民法院关于审理适用公司法案件若干问题的意见（试行）》中也对股东优先购买权的适用问题进行了规定。

根据表5中的审级分布内容可知，该类纠纷案件存在较高的上诉率，即60%的涉案当事人对于一审法院作出的判决并不认同，并向其上级法院提出上诉。可见在该类案件中，维护及兼顾各涉案当事人的权益对于法官来说并不轻松，各法官在具体问题的认定中须斟酌再三，从中也能凸显股东优先购买权案件在司法实践中的复杂程度。其中，在二审案件中，改判案件并不在少数。即使各法官在具体问题的认定中反复推敲，但根据数据库提供的数据可知，上下级法院在具体判决中仍存在不一致的裁判思维，笔者将在下文中结合相同及类似案件的不同判决进行详细分析。

表5 股东优先购买权纠纷审级分布情况

审级	股东优先购买权案例数	案例总数（件）	占比（%）
一审	85	215	39.5
二审	129	215	60
再审	1	215	0.47

（二）具体行使规则及其司法实务现状分析

在研究股东优先购买权的具体行使规则及其在司法实务中的现状时，笔者通过详细的筛选，将上述样本量中的部分案例予以剔除，以期得到更为精确的结果。具体剔除原因如下：其一，案件本质上与股东优先购买权纠纷无涉，其实质上由其他原因所引起，法官在说理部分亦未提及有关优先购买权的具体事宜，如（2017）粤01民终16487号、（2012）闵民二（商）初字第2123号等；其二，涉案当事人针对相同的案件事实、以同一理由分别起诉或上诉从而形成多份判决书，如（2016）云03民终365号和（2016）云03民终376号等案件；其三，为方便阅读，同时为避免重复计算，笔者将二审驳回上诉、维持原判，并且说理相同的案例予以保留，而将其原审案例列为剔除对象，如（2014）崇商初字第1108号、（2014）乌中民二初字第179号等。经过以上筛选、去重，笔者最终从原始样本量中得到162个有效案例，并将从中选取对应案例对股东优先购买权的具体行使规则进行分析。

1. 主体要求——具有股东资格

(1)有关"股东资格"的司法裁判

股东优先购买权具有人身属性,主要体现在对身份的依附上,即股东优先购买权的取得以行为人具有股东资格为基础,笔者以上述样本量为基础,经过仔细筛选共获得以下9个案例(见表6),发现法官在进行裁判时明确指出了当事人在行使股东优先购买权时须满足主体要求。

表6 点明股东身份的司法裁判

案件序号	案号	法官说理归纳
1	(2017)川民终501号	基于股东这一特定身份,股东优先购买权得以产生
2	(2011)山民初字第1838号	股东的优先购买权是一项由股东身份而派生出来的法定权利
3	(2014)三亚民二终字第236号	自从王威不再是海方公司的股东后,其原本具有的优先购买权也随之丧失
4	(2012)辰民二初字第42号	具备股东身份→优先购买权得以成立;发生股权对外转让事实,该权利得以行使
5	(2014)大民三终字第641号	在未登记为云起公司股东时,位某称其享有股东优先权,不符合法律规定
6	(2015)宿中商终字第00458号	优先购买权的行使主体仅限于股东
7	(2014)三中民终字第07976号	陈鑫亭的股东优先权随着股东资格的失去而丧失
8	(2013)内商终字第74号	该权利的享有以当事人具有股东身份为基础,在法律规定下只能由股东享有
9	(2016)浙01民终3024号	戴林涛、傅水永在一审判决时已不再是核芯公司的股东,故周亮以涉案协议侵害其优先购买权为由主张不履行合同义务的请求,本院不予支持

股东优先购买权的主体要求与该制度设立的初衷是完全契合的,正如表6第七个案例的裁判原文所述:"股东优先购买权的本质在于保护

有限责任公司的人合性”,[11]而具有股东资格作为享有优先购买权的主体要件正是为了阻止第三人进入公司,体现了对公司人合性的保护,这在上述第二个案例的裁判说理原文中也可体现。当公司股东丧失其原有的股东资格时,将其纳入对于维护公司的人合性并没有帮助,其当然也就没有资格去行使上述权利,自然更谈不上权利的侵害。但结合司法裁判可以发现,实践中除了其他股东外,第三人主张优先购买权遭受侵害的案例也不在少数,比如在季婷婷案[12]中,韩美公司的转让股东韩品煜将其34%的股权转让给第三人季婷婷时并未按法定程序征得其他股东过半数同意,季婷婷以此为由主张权利,南京市中院在最终判决中明确表明:即使在上述情形下,能够主张优先购买权的主体只能是公司其他股东,季婷婷作为第三人,并无权利提出抗辩。此外,也存在转让股东主张权利的情形,比如在先锋钢铁案[13]中,先锋钢铁公司在协议中明确表明其愿意将珠海裕嘉公司35%的股权转让给霍斯维尔公司,但实际股权在对外转让中并未取得其他股东的同意,故先锋钢铁公司后来以上述行为侵害了其他股东的优先购买权为由请求确认协议无效。珠海市中级人民法院在最终判决中驳回了先锋钢铁公司的上诉,其裁判思维也印证了笔者上述观点,即法律规定股东优先购买权是公司其他股东拥有的权利,因此转让股东先锋钢铁公司的上述诉请,没有法律依据,不能得到法院的支持。

(2)主体条件要素重申

根据法律规定及司法实践,股东优先购买权系基于股东资格而产生这一点毋庸置疑。但《公司法》第71条第2款[14]未明确其主体范围,导致学界对于该问题一直未形成一致的看法,主要观点如下:一种观点认为其他股东应包括除转让股东外的所有股东,涵盖同意股权转让的股

---

〔11〕 王树成与王素岩股权转让纠纷案[(2014)三中民终字第07976号]。

〔12〕 季婷婷与韩品煜股权转让纠纷案[(2015)宁商终字第750号]。

〔13〕 先锋钢铁公司与霍斯维尔公司等股权转让纠纷案[(2012)珠中法民四终字第12号]。

〔14〕 《公司法》第71条第2款规定:“股东向股东以外的人转让股权,应当经其他股东过半数同意。股东应就其股权转让事项书面通知其他股东征求同意,其他股东自接到书面通知之日起满三十日未答复的,视为同意转让。其他股东半数以上不同意转让的,不同意的股东应当购买该转让的股权;不购买的,视为同意转让。”

东及不同意转让的股东两大类,原因如下:其一,上文已提及,法律并未明确规定将该主体的范围限于异议股东;其二,“出于维护公司人合性的需要”。[15] 另一种观点则认为“其他股东”仅指不同意股权转让的股东,否则相当于对已同意转让的股东反复无常的行为表示认可,违反了民法中的诚实信用原则,不利于交易的稳定与安全。[16] 在对样本案例进行仔细筛查后,笔者发现在已收集到的案例中并没有出现其他股东在同意股权对外转让后又主张行使优先购买权的情形,因此,《公司法司法解释(四)》也就没有再对该问题作出相应的补充解释。

2. 前提要求——转让股东履行通知义务

行使股东优先购买权不仅是一个单纯的行为,更是一个具体的过程。在该过程中,转让股东的通知为前置程序,处在整个过程的发端,使得优先权人能够了解具体转让事宜,为不可或缺的环节。然而,现行《公司法》对通知并未作出详尽规定,而司法实践中与此有关的纠纷并不在少数。因此,对于通知义务进行解读实属必要。笔者通过梳理案例,归纳司法实践中法院的裁判观点,并结合《公司法司法解释(四)》的规定,对通知义务予以详细释明。

(1)有关“通知”的司法裁判

因《公司法》与《公司法司法解释(四)》对于通知的具体内容并未作出明确规定,根据表7及表8总结的案例可以发现,涉案主体与各法院在通知内容的解读上存在显著差别。实践中转让股东在履行通知义务时,主要存在上表总结的五种情况:①仅告知股权转让意图;②在通知中未明确转让对象;③通知中虽包含转让对象,但未将对方的相关信息及合同主要内容予以告知;④通知中包含具体的转让对象、转让股权的价格与数量;⑤通知中涵盖转让对象及诸如履行时间、方式等在内的主要转让条件。根据表8可知,多数法官的裁判思维与上海市高级人民法院

〔15〕 赵箭冰、俞琳琼:《有限责任公司章程设计的奥妙》,法律出版社2013年版,第138页。

〔16〕 参见钱卫清:《公司诉讼——公司司法救济方式新论》,人民法院出版社2004年版,第179页。

发布的处理意见[17]中的做法较为一致,认为转让股东发出的通知内容主要涉及第三人的相关情况及主要转让条件。而在通知形式的认定上,法官在裁判中对于登报通知、邮寄通知、电报通知等多种形式均予以肯定。值得一提的是,通过股东会决议进行通知的方式主要规定于旧《公司法》[18]中,该内容现已被新《公司法》删除,结合司法裁判,在武汉市中院以往的裁判思维中可以找到依据:“股东向股东以外的第三人转让股权,应当经其他股东过半数同意。可见股东向股东以外的第三人转让股权时不需要履行股东会决议程序,只需要股东就其股权转让事项通知其他股东,并征求意见。这样规定的目的除保障股东优先购买权外,重点还是保护股权的交易自由,避免因股东会无法召开或即使召开而无法形成决议给股权转让制造障碍。”[19]由此可见,通知义务在实践中的认定也十分复杂。那么究竟应该如何解读通知义务,笔者将在下文具体展开。

表7　有关通知方式的司法裁判

通知方式	案件序号	案号	法官说理归纳
口头通知	1	(2017)苏01民终5071号	通过口头方式进行披露不符合《公司法》的要求
登报通知 邮寄通知	2	(2010)浙商终字第27号	楼某某起初通过邮寄方式将函件寄给方某某等股东,后又通过登报方式将函件内容刊登在株洲日报上

[17] 上海市高级人民法院民二庭《关于审理涉及有限责任公司股东优先购买权案件若干问题的意见》(沪高法民二〔2008〕1号)第2条规定:“股东依照《公司法》第72条第2款的规定,向股东以外的人转让股权,就股权转让事项征求其他股东同意的书面通知,应当包括拟受让人的有关情况、拟转让股权的数量、价格及履行方式等主要转让条件。通知中主要转让条件不明确,无法通过合同解释和补充方法予以明确的,视为未发出过书面通知。不同意对外转让股权的股东,应当在合理期限内向出让股东购买该部分股权。购买条件与行使优先购买权相同。”

[18] 旧《公司法》第38条规定:“股东会行使下列职权:……(十)对股东向股东以外的人转让出资决议……”

[19] 冯振荣与福建融都实业集团有限公司等股权转让纠纷案[(2013)鄂武汉中民商终字第01495号]。

续表

通知方式	案件序号	案号	法官说理归纳
登报通知 邮寄通知	3	(2012)苏商外终字第0004号	张某通过邮寄及刊登报纸的方式将股权转让事宜予以通知,应视其已按照规定履行了通知义务
电报通知	4	(2014)连商终字第0042号	陈金凤以电报通知公司其他股东行使优先购买权
短信通知	5	(2015)沪一中民四(商)终字第1673号	刘菊婷以其与×××间的短信记录证明×××知晓并同意涉案股权转让事宜
股东会决议通知	6	(2014)深福法民二初字第6923号	股东会作出葳尔公司将股权转让给盛瞰公司的股东会决议
	7	(2017)桂0305民初2491号	容兴公司召开股东会,对原告向桂荣公司的股权转让事宜进行表决
	8	(2015)鼓商初字第2114号	孙某某将股权进行转让的行为取得了股东会的同意
	9	(2013)泰高商初字第259号	股东会决议同意马平璋将股权转让给陈卫东

表8　有关通知内容的司法裁判

通知内容的类型	案件序号	案号	法官说理归纳
股权转让意图	1	(2015)中法民二终字第652号	黄某仅在通知书中表明转让意图,未反映与第三人有实际签订合同;潘某通知回复接受其条件与价款,欲行使优先购买权; ↓ 法院认为上述通知并不构成要约与承诺,不支持潘某主张
未披露转让对象	2	(2015)洞民初字第1423号	任书卓未明确披露第三人情况,有碍其他股东及时行权

续表

通知内容的类型	案件序号	案号	法官说理归纳
仅告知转让对象，无转让对象的相关情况及合同主要内容	3	（2017）吉0192民初931号	法院判定未按法定程序履行通知义务
	4	（2014）宁商终字第00957号	转让股东未将第三人的详细情况、履行方式等内容予以告知，应视为未完全履行通知义务
转让对象、标的、数量、价格	5	（2010）浙商终字第27号	刊登于株洲日报上的通知内容（标的、数量、价格）与合同法规定的要约内容相符，是一个明确的要约行为
	6	（2013）澄商初字第1350号	通知书中包含了转让对象、标的、价款、数量，但并未明确履行方式、付款时间，应视为未履行通知义务
转让对象、主要转让条件	7	（2015）临民一初字第634号	章某某未尽到充分通知义务，将股权转让具体事宜（包括付款时间、方式、是否附加其他条件等）通知马某等其他股东
	8	（2015）泉民初字第708号	王某向蔡某发出通知书→蔡某回复要求明确股权转让款支付形式→王某又回复了支付形式与期限、违约责任、股权过户期限、税费承担等内容→法院认为王某已作出明确、完整的通知
	9	（2016）沪0115民初80598号	该函件内容与法不悖，包含了转让对象、股权价格与数量、原告答复期间等
	10	（2014）沪二中民四（商）终字第1566号	涉案通知中应涵盖诸如受让方的相关信息、股权的价款与数量、合同如何履行等主要条件
	11	（2017）浙03民终238号	黄某未能证明其曾将第三人名称、涉案股权的价格与数量、具体履行方式及时间等主要条件予以通知，侵犯了优先购买权
	12	（2014）宁商终字第610号	通知书中已明确转让对象、股权价格及付款方式

(2)通知义务释义

《公司法》对于通知内容并未作出明确规定,仅通过“股权转让事项”六个字予以简单概括。纵观司法实践,笔者将上述五种情况归纳总结为以下两种情形:第一,转让股东向公司其他股东通知其股权转让意向;第二,转让股东在与第三人协商后,将协议主要内容予以告知。在《公司法司法解释(四)》(征求意见稿)第25条〔20〕中,股权转让事项被具体化。具体而言,该意见稿明确指出了转让事项中须涵盖的六个具体要件。根据上表归纳的案例来看,法官在司法实践中的裁判思维也与意见稿中的规定较为一致。但法院上述裁判思维存在一定弊端,其可能会使优先权人在潜意识中强化其优势地位,导致优先权人在转让股东通知稍有欠缺时就诉诸法院,增加了法院的负担。而最终出台的《公司法司法解释(四)》第17条〔21〕并未采取征求意见稿中的观点,通过“二次通知”的规定为转让股东设置了双重通知义务,具体如下:首先,转让股东应向其他股东告知其股权对外转让的事宜,征求其他股东的同意;其次,在股东同意转让后,转让股东需进行第二次通知,将同等条件予以告知后,由其他股东决定是否行使权利。上述规定虽与司法实践中的做法有些出入,但更符合股权对外转让的逻辑,也为实践中通知的灵活性留下了空间。据此,笔者赞成司法实践中转让股东仅通知股权转让意向性内容的做法,只要转让股东在第二次通知中将同等条件的内容予以告知,即视为履行了通知义务。

关于通知方式,《公司法司法解释(四)》进一步完善了《公司法》中的内容。在商事交易中,效率往往为各方交易主体所看重的关键因素。

〔20〕《关于适用〈中华人民共和国公司法〉若干问题的规定(四)》(征求意见稿)第25条规定:“有限责任公司的股东向股东以外的人转让股权,书面通知其他股东,通知中已经包括受让人的姓名或者名称、转让股权的类型、数量、价格、履行期限及方式等股权转让合同主要内容的,其他股东在收到通知后,应当在公司章程规定的行使期间内主张优先购买;公司章程没有规定或者规定不明的,按照下列情形确定……”

〔21〕《公司法司法解释(四)》第17条规定:“有限责任公司的股东向股东以外的人转让股权,应就其股权转让事项以书面或者其他能够确认收悉的合理方式通知其他股东征求同意。其他股东半数以上不同意转让,不同意的股东不购买的,人民法院应当认定视为同意转让。经股东同意转让的股权,其他股东主张转让股东应当向其以书面或者其他能够确认收悉的合理方式通知转让股权的同等条件的,人民法院应当予以支持……”

换言之，在正常情况下，无论是转让股东还是第三人都希望其他股东能够在第一时间知悉股权转让的详细事宜，从而能够使交易主体对后续各类安排及早作出应对性举措，因此，该司法解释不再对通知方式以“书面”苛求，而将“其他能够确认收悉的合理方式”也纳进了通知方式的范围，如“微博私信、微信语音留言”〔22〕等。如此一来，即使转让股东通过非书面形式进行通知，但只要其符合法定通知方式，并且具有通知效果，均应认定转让股东已按照法律规定的方式履行了前置义务，这在刘永良案〔23〕中也得到了很好的体现。在该案中，转让股东刘沛同等人在对外转让股权时已按照法律规定向刘永良进行通知，但根据邮寄部门的送达记录单来看，记录单上仅显示“本人收”，却没有刘永良本人签字认可的记录。而刘沛同等人并不能提供相应证据证明刘永良已收到该通知，也不能证明该书面通知确实已送达至刘永良本人。因为股权对外转让时的通知义务是一种严格的义务，所以在没有充分证据证实刘永良本人确实收到通知书的情况下，并不能认定刘永良收到了通知书。

3. 时间要求——在行使期限内行权

(1)有关“行使期限”的司法裁判

现行《公司法》第71条〔24〕仅对同意权的行使期限作出了规定，却未对股东优先购买权的行使期限作出明确规定。在《公司法司法解释(四)》正式出台之前，这种法律缺漏也助长了不同意购买的股东迟迟不行使优先购买权的现象，极易导致权利在司法实践中的滥用及恶意行使。笔者经过整理，发现司法实践中法官对于行使期限的认定主要存在“15日”“20日”“30日”“2个月”“合理期限”这五种观点(详见表9)。

---

〔22〕 刘俊海:《公司自治与司法干预的平衡艺术:〈公司法解释四〉的创新、缺憾与再解释》,载《法学杂志》2017年第12期。

〔23〕 刘永良、刘沛同股权转让纠纷案[(2015)济商终字第775号]。

〔24〕 《公司法》第71条规定:“……其他股东自接到书面通知之日起满三十日未答复的,视为同意转让。其他股东半数以上不同意转让的,不同意的股东应当购买该转让的股权;不购买的,视为同意转让。”

表9 有关"行使期限"的司法裁判

行使期限	案件序号	案号	法官说理归纳
15日	1	(2016)浙0103民初5529号	结合本案的具体情况,本院酌情确定优先购买权的行使期限为15日
20日	2	(2014)沪二中民四(商)终字第1566号	一审法院认为,比照特殊程序中优先购买权的行使期限(20日),可以要求原告在确权生效后20日内行使该权利
30日	3	(2015)天民初字第05077号	法院认为,比照其他股东同意权的行使期限(30日),可以要求原告在确权生效后30内行使该权利
2个月	4	(2015)粤高法民二终字第1070号	法院判定蔡某某于判决生效之日起2个月内行权
合理期限	5	(2015)吉中民三终字第137号	优先权人应在合理期限内积极行权,从而保证交易安全,保持经济稳定

在法律未作出明确规定下,法官对于行使期限的认定存在不同的裁判思维。在表9第三个案例中,法官在认定股东优先购买权的行使期限时参照了《公司法》对于同意权的规定。笔者认为,虽然同意权与优先购买权在该制度中紧密相连,但因其互不干涉、价值不同,将二者混为一谈实属不当。在第五个案例中,法官并未对行使期限作出明确阐释,仅通过"合理期限"四字予以简单概括,与上海市法院曾出台的处理意见[25]中规定一致。虽然"合理期限"的规定看似语焉不详,会给司法实践带来具体操作上的困难。但笔者认为,由于司法实践的复杂性,"合理期限"的规定能够赋予法官自由裁量权,为其在个案的具体判决中留出空间,因此对于法院关于"合理期限"的裁判思维应予以肯定,这也体现了对公平的价值追求,能够在一定程度上维护交易安全,促进经济秩序稳定发展。

---

〔25〕 上海市高级人民法院民二庭《关于审理涉及有限责任公司股东优先购买权案件若干问题的意见》(沪高法民二〔2008〕1号)第2条第2款规定:"不同意对外转让股权的股东,应当在合理期限内向出让股东购买该部分股权。购买条件与行使优先购买权相同。"

(2)行使期限之法律确认

"股东优先购买权是一种有时效性的权利",[26]因此在纷繁复杂的股东优先购买权纠纷中,对行使期限的确认实属必要,原因如下:其一,有利于促使其他股东及时、积极地行使该权利,在一定程度上能够防止权利的滥用;其二,对转让股东与第三人的合法权益予以保护,从而维护交易安全,使财产流通能够在正常的秩序中进行。《公司法司法解释(四)》的正式出台对于该问题的解决提供了一剂良方,在第19条[27]中对行使期限作出了详细规定。首先,通过章程的意思自治赋予公司股东对行使期限的自主决策权;其次,当章程未规定或规定不明时,以通知为准;最后,当通知未作出明确规定或通知规定短于30日时,以30日为标准。纵观域外立法,法国将行使期限定为3个月。[28] 相对来说,笔者认为我国30日的规定具有价值,能够较好地平衡利益当事人之间的关系,一方面,避免了因行使期限过长而对转让股东的权益带来损害,毕竟资本市场瞬息万变,行使期限过长会将转让股东置于一种不稳定的状态下,甚至可能会令其错过最佳转让时间;另一方面,也能防止因期限过短而给优先权人带来损失,这一点在以往的案件[29]中也有所体现,法官就转让股东在通知中规定的2日行使期限不予认可,其裁判思维背后的价值取向与现行法律规定相一致。因此,对于行使期限的确认具有重大意义,充分发挥了其作为利益矫正器在平衡转让股东与其他股东关系中的作用。综上,"30日"的规定具有价值,但正如上文所述,考虑到股东优先购买权案件的复杂性,也应当给法官在个别案件的裁判中留出自由裁量的空间。因此,笔者认为若法官在综合案件各方面情况考虑后,认为30日的行使期限不能妥善解决问题,则可运用上表中第五个案例中提及的"合理期限"来进行裁判。

---

[26] 于华江:《有限责任公司股东优先购买权问题研究》,载《政法论坛》2003年第4期。

[27] 《公司法司法解释(四)》第19条规定:"有限责任公司的股东主张优先购买转让股权的,应当在收到通知后,在公司章程规定的行使期间内提出购买请求。公司章程没有规定行使期间或者规定不明确的,以通知确定的期间为准,通知确定的期间短于三十日或者未明确行使期间的,行使期间为三十日。"

[28] 参见《法国商法典》,金邦贵译,中国法制出版社2000年版,第106页。

[29] 海南华亭嘉园实业有限公司与济南美术总厂等股权转让纠纷案[(2013)济商终字第702号]。

4. 实质要求——符合“同等条件”

同等条件作为股东优先购买权的精髓所在,在该制度中居于核心地位,能够在兼顾利益当事人的权益方面起到一定作用。[30] 在同等条件的限制下,一方面,转让股东仅受到交易对象选择的限制,其利益并不会遭受减损;另一方面,其他股东仅能在股权转让时获得优先顺位,但并不能因此获取优惠。然而,《公司法》并未对同等条件作出具体规定,由此引起的优先购买权纠纷在实践中屡见不鲜,其模糊规定给司法实践的具体操作留下了空白。《公司法司法解释(四)》第18条[31]虽然对《公司法》的模糊规定予以补充,但仅将数量、价格、支付方式及期限纳入考虑范围,其他因素被一“等”字所囊括,并不能为实践中的具体操作提供解决方案。笔者从样本案例中筛选出与“同等条件”相关的案件,并从法官裁判思维出发对同等条件在实践中折射出的问题予以归纳得至表10,最终通过分析为同等条件具体内容的完善提供建议。

(1)有关“同等条件”的司法裁判及其分析

表10 “同等条件”的司法裁判

司法实践中的难点	案件序号	案号/案件名称	法官说理归纳	对应学界学说
同等条件的认定标准	1	(2011)山民初字第1838号	法院将转让股东与第三人签订的《产权交易合同》的全部内容认定为同等条件	绝对同等说
同等条件涵盖的内容	2	(2012)沪二中民四(商)终字第16号	同等条件为合同中约定的主要转让条件,如第三人所做的投资承诺;双方约定的未来合作;债务承担……	—
	3	(2017)吉24民终1480号	判断是否符合同等价格需要考虑多方面因素,如双方利益等特殊关系;两者业务合作;第三人作出承担债务的承诺……	—

〔30〕 参见陈彦晶:《有限责任公司股权转让限制制度研究》,法律出版社2016年版,第84页。

〔31〕 《公司法司法解释(四)》第18条规定:“人民法院在判断是否符合公司法第七十一条第三款及本规定所称的‘同等条件’时,应当考虑转让股权的数量、价格、支付方式及期限等因素。”

续表

司法实践中的难点	案件序号	案号/案件名称	法官说理归纳	对应学界学说
同等条件涵盖的内容	4	(2016)浙0103民初5529号	股权转让的条件不仅仅包含股权转让的价格、付款方式、付款期限，还包括对目标公司的对外负债向债权人承担连带清偿责任	—
	5	(2017)湘01民终624号	陈某在行使该权后，并没有对迪沃公司的其他要求退股的股东做出安排，不符合同等条件	—
	6	(2013)浙杭商终字第1849号	除股权转让价格外，同等条件还应包含违约条款、付款期限……	—
	7	(2013)济商终字第702号	价格条件及支付方式同为同等条件的内容	—
其他股东能否对部分股权主张优先购买权	8	(2014)宁商终字第610号	主张行使优先购买权的股权应以出让人确定的同等条件受让股权，否则视为放弃该权利	否定说
	9	(2016)浙01民终5128号	双方约定转让公司51%的股权，现环益公司欲就部分股权行使该权利，不符合同等条件	否定说
特殊关系能否对抗优先购买权	10	厦门德新案〔32〕	股东林某与第三人张某基于亲戚关系签订的合同中对于价款约定偏低，但优先权人黄某仍可以该合同价格受让股权	—
如何应对转让股东与第三人恶意串通来规避"同等条件"的行为	11	(2011)沪一中民四(商)终字第883号	2006年协议书→受让全部股权价格为1440万元； 2007年→95%股权以95万元转让； ↓ 法院判定姚某并不是以"同等条件"受让股权	—

〔32〕"厦门德新案"，参见何春晓、张超：《公司负责人低价转让股权导致股东不满 法院：股东享有同价优先购买权》，载《人民法院报》2013年12月14日，第3版。

根据表10统计的案例,法官在司法实践中对于同等条件的认定因现行立法不足并未采取统一标准。其中在表10第一个案例中,法院在判决中明确表明:在认定同等条件所涵盖的具体内容时,应当以转让方与第三人所签订的股权转让协议为标准。而在第二个至第七个案例中,法院未明确指出这一点。究其原因,主要是由于法律的模糊性规定,使得法官在判断同等条件的具体内容时没有充分的依据作支撑,因此各法官运用自由裁量权,将现行法律规定之外的其他因素,如第三人所做的投资承诺、双方约定的未来合作、债务承担等纳入同等条件的考虑范围。对此,笔者认为对同等条件的认定不能简单地一概而论,而应当从下文所述几方面具体分析。

(2)同等条件内容之认定与完善

关于认定标准,从表10整理的法院观点来看,同等条件在司法实践中认定各异,其在学理界也一直未形成统一观点,主要争议集中于购买条件必须保持全部一致的绝对同等说、实质条件保持一致的相对同等说[33]以及价格条件与价款支付条件相同即可的"折中说"。笔者认为,在确定认定标准时应区分基本交易模式与复杂交易模式。前者是实践中最为日常的交易模式,即转让股东与股东外第三人通过签订《股权转让协议》转让公司股权,协议中仅规定了基础条款,除此之外并无特别规定,表10中第六个案例的交易模式即为普通交易模式,此时应采取绝对同等说,这对于各方主体来说都相对公平;而后者较为复杂,表10中第二个至第五个案例中的交易模式均属于此。具体而言,双方除了基础条款外,往往还约定了诸如"承诺增资扩股、承诺推动公司公开发行并上市"[34]的内容,又或是约定了诸如第五个案例中提及的"对其他要求退股的股东做出安排"等有助于双方达成商业交易的内容,在此种交易模式下,若以绝对同等条件作为行使优先购买权的前提条件对于优先权人而言过于严苛,此时应结合实际情况,对上述附加内容进行具体分析。

关于具体内容,优先购买权纠纷在司法实践中的复杂程度决定了同

〔33〕 参见许尚豪、单明:《优先购买权制度研究》,中国法制出版社2006年版,第331页。

〔34〕 刘俊海:《公司自治与司法干预的平衡艺术:〈公司法解释四〉的创新、缺憾与再解释》,载《法学杂志》2017年第12期。

等条件的具体内容不应仅仅停留在法条所规定的“股权的数量、价格、支付方式及期限”,[35]而应将其他可能影响股权交易的因素也予以考虑,特别是在认定“价格”时应结合实际情况具体分析,总体思路如下:第一,在价格条款的认定中,应当确定是否存在其他足以影响股权转让价格的因素,如转让股东与第三人因存在某种特殊人身关系而将股权价格定得较为优惠。在表10第十个案例中,转让股东与第三人基于亲戚关系而将价格约定偏低,法官在裁判中认为优先权人黄某仍可按照该约定价格购买股权,具有一定合理性,符合法律经济学。但该说理是否具有法理基础,也值得探讨。有学者认为,“在法律经济学意义上,股权转让的‘同等条件’却不能以人身关系为基础。因为,股权转让必须是一种市场化的公允交易,即可以通过市场博弈来达成的交易”。[36] 在这种情形下,特殊关系尽管不能对抗优先购买权的行使,但笔者认为,若其他股东在不提供任何补偿利益的情况下就能以该低价受让股权,会使利益天平严重偏向优先权人,对转让股东来说显失公平。因此,笔者认为可在原有价格的基础上,上调一定比例作为补偿的差价,并将两者相加的结果作为同等价格条件。笔者上述观点与表10中第三个案例中法官的裁判思维较为一致,其认为在判定是否符合同等价格时应将利益关系等特殊人身关系纳入考虑范围。第二,在转让股东与第三人在基本条款外约定了诸如职工的安置、高管的聘用、增资扩股[37]等从给付义务时,应该如何认定同等条件。此种情形下,可借鉴《德国民法典》中的相关规定。具体而言,若股东在签约时将从给付义务作为主要考虑因素,则优先权人若想行使股东优先购买权就必须履行或以相应对价作为代替条件;只有当从给付义务无法通过金钱衡量或难以通过其他变通的方式代替,但又确实对转让股东获取对价造成实质性影响时,为维护转让股东的利

[35] 《公司法司法解释(四)》第18条规定:“人民法院在判断是否符合公司法第七十一条第三款及本规定所称的‘同等条件’时,应当考虑转让股权的数量、价格、支付方式及期限等因素。”

[36] 罗培新:《抑制股权转让代理成本的法律构造》,载《中国社会科学》2013年第7期。

[37] 参见刘俊海:《公司自治与司法干预的平衡艺术:〈公司法解释四〉的创新、缺憾与再解释》,载《法学杂志》2017年第12期。

益，才可认定不符合同等条件的要求，从而排除优先购买权的使用。[38] 第三，在实务操作中可借鉴上海市法院[39]的做法，将转让股东与第三人约定的关乎公司重大利益的条款作为同等条件的具体内容。

关于其他股东能否部分行使股东优先购买权的问题在学界备受争议，主要分为"肯定说""否定说"两大类别。《公司法司法解释（四）》在认定同等条件时包括了转让数量，即从侧面支持了后者观点。在司法实践中，法院对上述问题也持否定态度，裁判理由主要是出于对"同等条件"的考虑。从优先购买权制度本身出发，其设立虽然对转让股东的转让行为有所影响，但并不损害转让股东相对自由的转让权利。[40] 在利益保护中，该制度是在一定程度上保护了优先权人的利益，然而在转让股东与优先权人之间，法律并未作出优先保护谁的规定。况且有限责任公司的股权转让没有公开的交易市场，若允许部分行使，原确定的受让第三人可能会因剩余股权比例不符合预期要求而放弃购买，则转让股东极有可能面临因找不到其他受让第三人而无法退出公司的局面，这在一方面侵害了转让股东的利益，使股权转让的原有价值得不到实现；另一方面也会使公司陷入僵局，不利于公司的整体发展。因此，优先购买权的部分行使原则上应被禁止，但从股权的性质角度出发，股权作为财产权，属于可分物，法律允许对其进行分割与部分转让，因此当公司章程对此另有规定时，该规则也应受意思自治原则的约束。

实践中不乏转让股东滥用同等条件的现象，通过与第三人恶意串通，虚抬价格，从而达到阻碍优先权人行使优先购买权的目的，表10中的第十一个案例就属于这种情况。关于如何应对该问题，笔者认为，在有相应证据能够证明转让股东有以上滥用同等条件的行为时，应赋予其他股东相应异议权，由法院以公司净资产为基础指定相应中介机构对转让股权进行价格评估。同时，为了预防优先权人滥用异议权，应当由其

---

〔38〕 参见《德国民法典》（第4版），陈卫佐译，法律出版社2015年版，第165页。

〔39〕 上海市高级人民法院民二庭《关于审理涉及有限责任公司股东优先购买权案件若干问题的意见》（沪高法民二〔2008〕1号）第3条："其他股东主张优先购买权的同等条件，是指出让股东与股东以外的第三人之间合同确定的主要转让条件。出让股东与受让人约定的投资、业务合作、债务承担等条件，应认定为主要条件。"

〔40〕 参见古锡麟、李洪堂：《股权转让若干审判实务问题》，载《法律适用》2007年第3期。

预缴评估费。当然，提前令第三人提供担保也可在一定程度上预防该类纠纷的发生，尤其是当股权价格很高时，“可就部分转让款提供现金担保并辅以有资质的第三方机构所出具的担保函、信用额度等资信证明”[41]。除此之外，发挥公司章程的自治作用亦可减少类似纠纷发生的概率，具体而言，股东可以在公司章程中对股权价格的计算方式进行商定，制定相应计算标准，作为日后股权对外转让时股价确定的参考。

三、优先购买权遭损害时股权转让合同的效力

（一）司法实务现状及其分析

股东优先购买权遭受损害时股权转让协议的效力认定问题可以说是股东优先购买权制度中“最令人困惑和最具争议的尖锐问题”。[42]《公司法》对于该问题未予规定，司法实践中裁判不一，同案不同判的情况不在少数。笔者通过整理样本案例中涉及合同效力的案例，梳理司法实践中法院的裁判理由，得到表11：

表11　合同效力的司法裁判

合同效力	案件序号	案号	法官说理归纳
无效	1	（2012）辰民二初字第42号	（转让方）宋某某没有向其他股东告知其对外转让股权的情况→合同无效
	2	（2017）浙03民终239号	（转让方）黄友珍未能证明其在对外转让股权时已书面通知其他股东并征求意见，且（其他股东）林上江的签名系代签→侵犯了优先购买权→根据《合同法》第52条第5项规定，应属无效

〔41〕魏玮：《论现有股东优先购买权诉讼模式的局限及其完善——以〈公司法〉第72条第3款的制度目的为视角》，载《法律适用》2012年第4期。

〔42〕赵旭东：《股东优先购买权的性质和效力》，载《当代法学》2013年第5期。

续表

合同效力	案件序号	案号	法官说理归纳
无效	3	(2016)云0427民初260号	(转让方)何育民未履行通知义务→违反公司章程中“必须经其他股东过半数同意”的规定→使(其他股东)何鑫的优先购买权被剥夺→合同无效
	4	(2014)修民二初字第96号	(转让方)新龙公司没有履行书面通知并征求意见的义务→优先购买权遭受损害→违反《公司法》强制性规定→合同无效
	5	(2014)兵八民二终字第61号	(转让方)市政养护处→违反《公司法》的规定→侵害了(其他股东)王春玲的优先购买权→合同无效
效力待定	6	(2015)天民初字第05077号	(转让方)送变电公司未能证明其曾书面征求(其他股东)恩瑞集团的意见→侵害其优先购买权→在其未放弃权利的情形中→合同不发生效力
	7	(2015)鄂民二终字第00042号	《公司法》:其他股东享有优先购买权→只有当其他股东放弃该权利并同意股权转让时,合同才生效→未履行通知义务→效力待定
	8	(2014)沪二中民四(商)终字第1566号	合同只有在其他股东放弃行使该权利时才生效
可撤销	9	(2014)南市民二终字第379号	(转让方)陈莹未经过其他股东过半数同意→侵害了(其他股东)秦勇的优先购买权→该合同可撤销
	10	(2016)粤19民终4676号	在股权对外转让中,转让方未征求其他股东同意或侵害优先购买权的行为,对其他股东的利益造成了损害,但并未侵害社会公共利益,因此在其他股东未主张撤销权的情形中,不能认定涉案协议无效
	11	(2016)浙0108民初891号	当转让方已经向第三人履行义务时,优先权人明知有损其权利,只能申请法院撤销涉案合同
	12	(2009)昆民五终字第1号	未经过半数股东同意→合同可撤销

续表

合同效力	案件序号	案号	法官说理归纳
可撤销	13	(2014)徐商终字第0326号	(转让方)李某对外转让股权侵犯了(其他股东)赵某的优先购买权→根据《合同法》第58条,合同应恢复至缔约前的原状
原则上有效	14	(2015)宁商终字第733号	(转让方)徐爱民向(第三人)杨小兰转让股权时,虽未履行相应义务,但杨小兰已行使股东权利,参与实际经营两年多→合同有效
	15	(2014)开商初字第00354号	《公司法》相关规定属于管理性规定→(转让方)严亚飞未履行同意程序不属于《合同法》第52条中致使合同无效的情形
	16	(2017)苏01民终5071号	股东未按公司法中的程序对外转让股权→与转让协议的效力无涉→17日协议不违反法律、行政法规的强制性规定→合同有效
	17	(2014)杭淳商初字第457号	➢ 肯定合同效力不悖于立法目的; ➢ 合同的效力≠股权变动的效力; ➢ 侵犯股东优先购买权的行为无损害国家和社会公共利益,优先权人仍可主张权利; ➢ 转让方未征得同意对外转让股权,股权存在瑕疵≠合同无效
	18	(2016)浙0103民初5529号	转让方与受让方在真实意思支配下签订合同,其内容不违反法律及行政法规的强制性规定,不能因未征得其他股东同意就判定无效
	19	(2015)吉中民三终字第137号	(转让方)段伟刚未履行书面通知义务→违反《公司法》规定→但不存在《合同法》关于合同无效的五种情形→合同有效
	20	(2013)粤高法民二终字第34号	《公司法》第71条→限制性规定,而非强制性规定

续表

合同效力	案件序号	案号	法官说理归纳
有效,但履行不能	21	(2011)沪一中民四(商)终字第883号	协议系转让方与第三人的真实意思表示,符合《合同法》的规定→有效→当其他股东行使权利时→合同无法继续履行
	22	(2017)鲁02民终305号	协议具有独立性→优先权人行权并不会对该协议的效力造成影响,但会影响协议的履行
	23	(2013)澄商初字第1350号	因(其他股东)顾生勤行权而导致合同目的不能实现,(第三人)周玲可向转让方主张赔偿责任

由表11可知,股权转让合同效力认定问题在司法实践中主要存在以下观点:

第一,无效说。基于法律的强制性规定,转让股东在未依《公司法》第71条的规定对外转让股权时,侵犯了其他股东的权益,应当认定股权转让合同无效。纵观司法实践,多数法官在判定合同无效时几乎都采取了上述理由。

第二,效力待定说。该说认为股权与普通财产权并不相同,尤其是当股权转让发生在有限责任公司中时,转让股东对自己欲转让的公司股权并不当然的享有绝对的处分权。具体而言,转让股东对外转让股权会受到其他股东一定程度的限制,若其他股东没有达到过半数同意或行使股东优先购买权,股权转让合同效力待定。〔43〕该观点在江苏省高级人民法院曾经出台的意见〔44〕中得到了印证。

第三,可撤销说。该说认为若有限责任公司股东对外转让股权侵害

〔43〕 参见古锡麟、李洪堂:《股权转让若干审判实务问题》,载《法律适用》2007年第3期。

〔44〕 江苏省高级人民法院《关于审理适用公司法案件若干问题的意见(试行)》第62条规定:"有限责任公司股东向公司以外的人转让股权,未履行《公司法》第三十五条规定的规定同意手续的,应认定合同未生效。诉讼中,人民法院可以要求当事人在一定期限内征求其他股东的意见,期限届满后其他股东不作相反意思表示的,视为同意转让,可以认定合同有效。该期限内有其他股东表示以同等条件购买股权的,应认定合同无效,受让人只能要求出让人赔偿损失。"

其他股东的优先购买权时，股权转让合同应定性为可撤销合同，享有法定权利的股东此时可以向仲裁机构或者法院请求撤销该合同。[45] 合同最终是否有效完全取决于其他股东权利的行使与否。在司法实践中，江西省高级人民法院、[46]山东省高级人民法院[47]也认为可撤销说不失为一条合理的规制路径。

第四，有效说。该说认为只要合同是缔约当事人在其自由意志支配下签订，合同内容能反映双方当事人的真实意愿，且其内容不违背法律及行政法规的强制性规定，即使其他股东行使权利，该合同的效力也不会因此受到影响，在成立时就具有法律效力。该说在司法实践中也得到了相关司法机关的认可。[48]

（二）股权转让合同效力的规范分析

1. 无效说的规范分析

在司法实践中，出于保障交易安全、维护交易秩序的考量，对于无效合同的认定应当持谨慎态度。有部分学者认为，判断合同是否无效主要有以下三种依据：其一，以法律和行政法规的规范为依据；其二，以法律和行政法规的强制性规范为依据；其三，以强制性规定中的效力性规范为依据。[49] 从我

〔45〕 参见刘俊海：《论有限责任公司股权转让合同的效力》，载《暨南学报》（哲学社会科学版）2012年第12期。

〔46〕 江西省高级人民法院《关于审理公司纠纷案件若干问题的指导意见》（赣高法〔2008〕4号）第36条规定："股东未按照《公司法》第七十二条第二款的规定征得其他股东过半数同意而向非股东转让股权的，公司或其他股东可以申请人民法院撤销股权转让合同。公司章程对此另有规定的，从其规定。"

〔47〕 山东省高级人民法院《关于审理公司纠纷案件若干问题的意见（试行）》（鲁高法发〔2007〕3号）第45条规定："股东未按照《公司法》第七十二条第一款的规定征得其他股东过半数同意而向非股东转让股权的，其他股东可以申请人民法院撤销股权转让合同。"

〔48〕 上海市高级人民法院《关于审理涉及有限责任公司股东优先购买权案件若干问题》第11条规定："其他股东要求行使优先购买权或因不同意对外转让而购买拟转让股权，其购买权成立的，转让股东与第三人签订的股权转让合同应视为履行不能，转让股东或第三人可以依据股权转让合同行使除继续履行合同以外的其他权利。"

〔49〕 参见王利明：《论无效合同的判断标准》，载《法律适用》2012年第7期。

国《合同法》第52条[50]对无效合同所处情形已作出的列举式规定来看,上述判定标准也与之相契合。司法实践中,大多数股权转让合同因转让股东未履行通知义务,擅自将股权转让于他人而被判定无效。但《公司法》并未规定合同的生效须以其他股东同意及放弃行使权利为条件,故转让股东违反程序性规定对外转让股权的行为,不属于上述法条规定的情形。再结合《公司法》第71条第4款,[51]"公司章程可以对股东之间的股权转让以及股东向股东以外的人转让股权作出与《公司法》不同的规定"。[52] 换言之,股东可以结合公司的实际经营状况,充分发挥公司章程的自治作用。由此可见,涉及优先购买权的条款属于典型的任意性规定,而非强制性规定。这在表11第20个案例的判决中也有所体现,该法官以此为由驳回了上诉人黄飞林的上诉。至于该条款设立背后的意义,可以从以下角度分析:毕竟该类公司规模相对较小,其股东人数相对来说也较少,且其成立大多又是基于特殊人身关系,上述规定在一定程度上考虑了具有封闭性的该类公司的实际需求,允许其通过章程对公司管理、日常经营进行一定程度的自治。除此之外,从经济与效率角度出发看待该问题,认定合同无效并不利于社会资源的优化配置。因此,法院在司法裁判中以"转让股东未履行通知义务→在未征得其他股东同意及放弃优先购买权的情况下→擅自转让股权→违反了法律的强制性规定"的裁判思维来认定合同无效,显然是站不住脚的。

2. 效力待定说的规范分析

司法实践中,部分法官采取了"合同效力因公司其他股东未放弃行使权利而待定"的裁判思维来认定合同效力,但又未阐明具体的法律依据。我国《合同法》中涉及该效力状态的规定主要体现在第47条、[53]第

[50] 《合同法》第52条规定:"有下列情形之一的,合同无效:(一)一方以欺诈、胁迫的手段订立合同,损害国家利益;(二)恶意串通,损害国家、集体或者第三人利益;(三)以合法形式掩盖非法目的;(四)损害社会公共利益;(五)违反法律、行政法规的强制性规定。"

[51] 《公司法》第71条第4款规定:"公司章程对股权转让另有规定的,从其规定。"

[52] 参见赵海怡主编:《公司法学》,武汉大学出版社2017年版,第122页。

[53] 《公司法》第47条规定:"限制民事行为能力人订立的合同,经法定代理人追认后,该合同有效,但纯获利益的合同或者与其年龄、智力、精神健康状况相适应而订立的合同,不必经法定代理人追认……"

48 条〔54〕及第 51 条。〔55〕但转让股东未履行相应程序擅自对外转让股权的行为，不能直接将其归入上述任何一种情况。且由于前两项规定的立法目的主要是为了保护交易相对方的利益，与股东优先购买权的立法目的大相径庭，因此完全没有类推适用的可能性。有学者认为，股东处分自己的股权与无权处分有相似之处；〔56〕可以将未征得其他股东同意而转让股权的行为归入效力待定的行为范畴，〔57〕由此可见，支持该学说的学者主要是类推适用了有关无权处分的规定，其他股东最终的决定则构成对上述擅自转让股权行为的追认。笔者认为类推适用无权处分存在重大逻辑缺陷：第一，《合同法》第 51 条对于因无权处分而导致合同效力待定的规定与本文所探讨的情况并不一致。首先，在对象上，转让股东并非无处分权人，股东优先购买权制度的设立固然给转让股东处分股权的行为带来了一定程度的限制，但该处分上的瑕疵仅限于转让股东在交易对象的选择上有所限制，并不等同于无权处分，这在表 11 第 15 个案例的法官说理中也可体现，其认为：涉案股权属于转让股东严亚飞所有，其有自由处分的权利。除此之外，最高人民法院在以往裁判〔58〕中也持相同观点；其次，在处分行为上，转让股东对外转让股权的行为并不属于“处分他人财产”的行为。第二，就算是无权处分的合同，其效力也不能一概而论，这在最高院以往出台的司法解释〔59〕中也可以体现。综上，法官在司法实践中认定合同效力待定的裁判思维也存在漏洞。

---

〔54〕《合同法》第 48 条规定：“行为人没有代理权、超越代理权或者代理权终止后以被代理人名义订立的合同，未经被代理人追认，对被代理人不发生效力，由行为人承担责任……”

〔55〕《合同法》第 51 条规定：“无处分权的人处分他人财产，经权利人追认或者无处分权的人订立合同后取得处分权的，该合同有效。”

〔56〕参见刘阅春：《出资转让之成立与生效》，载《法学》2004 年第 3 期。

〔57〕参见赵万一、吴民许：《论有限责任公司出资转让的条件》，载《法学论坛》2004 年第 5 期。

〔58〕北京新奥特公司诉华融公司股权转让纠纷案[(2003)民二终字第 143 号]。裁判原文：“电子公司依法行使优先权，并不能证明华融公司对其持有的股权不享有完全的、排他的权利。”

〔59〕最高人民法院《关于审理买卖合同纠纷案件适用法律问题的解释》第 3 条规定：“当事人一方以出卖人在缔约时对标的物没有所有权或者处分权为由主张合同无效的，人民法院不予支持。”

3. 可撤销说的规范分析

根据表11可知,法官在裁判时认定合同可撤销的案例也不在少数,但大多数法官并未在裁判理由中明确点明所适用的法律条文,更多的是从利益衡量的角度来进行判定。笔者不认同可撤销说,理由如下:第一,适用可撤销说并无实体法上的依据。具体而言,可撤销合同规定于《合同法》第54条,[60]从意思表示来看,该条通过给予意思表示存在瑕疵的当事人撤销合同的权利从而使合同内容消灭,而转让股东未履行通知义务,在未征得其他股东同意的情形下对外转让股权而签订的合同,并不存在上述的意思瑕疵;从可撤销主体来看,法律规定的可撤销人为签订合同双方的当事人,而优先权人作为合同外第三人,主体不适格。纵观司法实践,三亚市中院在方凯君案[61]中的裁判思维印证了上述观点,具体而言,在该案中,张泰豪、徐公勇签订了《股权转让协议》,而方凯君、王威并非该协议的当事人,因此不享有撤销权,其以受到欺诈为由要求撤销签订的合同,没有法律依据。除此之外,涉及撤销权的规定还有债权人可撤销权,规定于《合同法》第75条,[62]但股东优先购买权的行使主体与上述主体存在明显差异,无适用可能性。且从性质的角度出发考虑该问题,学界有关债权人可撤销权的性质主要存在以下几派观点:其一,形成权说;其二,请求返还债权说;其三,折中说。但究其本质,上述学说都表明权利人可通过行使撤销权使法律状态回归到原始状态,而优先权人请求法院撤销合同从而使合同效力归于无效并非只想要恢复原状,其更多的是想通过行使优先购买权获取股权,因此在股东优先购买权的问题中,并不能类推适用债权人可撤销权的有关规定。第二,目的不一。法律允许当事人在特定情形下撤销合同是充分尊重当事人意思自治的表现,而优先权人的终极目标是撤销转让股东

---

〔60〕《合同法》第54条规定:"下列合同,当事人一方有权请求人民法院或者仲裁机构变更或者撤销:(一)因重大误解订立的;(二)在订立合同时显失公平的。一方以欺诈、胁迫的手段或者乘人之危,使对方在违背真实意思的情况下订立的合同,受损害方有权请求人民法院或者仲裁机构变更或者撤销。"

〔61〕方凯君等与徐公勇等股权转让纠纷案[(2014)三亚民二终字第236号]。

〔62〕《合同法》第75条规定:"撤销权自债权人知道或者应当知道撤销事由之日起一年内行使。自债务人的行为发生之日起五年内没有行使撤销权的,该撤销权消灭。"

对外转让股权的行为，从而防止因外部第三人的进入而对公司人合性造成影响，而非仅仅撤销合同。因此，通过可撤销说解决该问题实属不当。

4. 有效说的规范分析

结合司法实践中法院的裁判理由对上述学说进行一一评析后可知，无效说、效力待定说、可撤销说在实质上所表达的主旨是一致的，即股权转让合同的生效建立在其他股东放弃行使优先购买权的基础上，若不满足这一前提要求，合同最终会因损害其他股东优先购买权而被确认为无效或者可撤销。从本质上而言，三种学说都更侧重于对其他股东利益的保护。然而通过分析发现，三种学说的立论基础明显存在重大漏洞，难以形成合乎逻辑的推论。而认定股权转让合同的效力在本质上属于合同法的范畴，应当运用合同法的基本原理和相关规定进行判断。[63] 若合同本身不存在诸如上文中列举的恶意串通、意思表示不自由、不真实等情形，合同内容不存在法律上的瑕疵，则合同效力就不会因其他股东行使股东优先购买权而受影响，自成立时便生效。表 11 第十九个案例中的裁判思维印证了上述观点，其明确指出，双方当事人签订的《股权转让合同》应遵循《公司法》相关规定，但当《公司法》未作出特别规定时，合同本身也应受到《合同法》的调整。具体而言，在该案中，尽管转让方段伟刚在对外转让股权时未遵循《公司法》第 71 条中的程序性规定——履行相应通知义务，但《公司法》本身并未对此种条件下股权转让合同的效力问题作出规定，因此，探究其效力应从《合同法》中涉及合同效力的相关基础性规定入手。正如法官在最终判决中所述，涉案协议触及双方当事人的权利义务，但并未出现导致合同无效的几种情形，在段伟强的利益遭到侵害时，其拥有向转让方主张赔偿的权利，但其请求法院判定协议无效的诉请不能得到支持。除此之外，合同效力与合同履行分别属于不同的范畴，应正确区分原因行为与处分行为。正如“债权让与行为往往都有原因行为作基础”，[64] 股权转让合同与股权转让行为处于两

〔63〕 参见曹兴权：《股东优先购买权对股权转让合同效力的影响》，载《国家检察官学院学报》2010 年第 5 期。

〔64〕 张谷：《论债权让与契约与债务人保护原则》，载《中外法学》2003 年第 1 期。

层行为结构下。具体而言,在该结构中,股权转让合同仅在转让股东与第三人之间产生约束力,使转让股东受到股权转让义务的约束,但作为原因行为的合同本身并不会损害到其他股东的优先购买权;而真正对其他股东权利造成影响的是转让股东所负履行合同义务之行为,这也是真正产生股权转让效力的行为,因此需要否定的是上述处分行为。从表11第17个案例的判决来看,该法官也认同笔者上述思维。换言之,无论转让股东是否履行通知义务并征得其他股东的同意,不会对合同本身效力造成影响,应认定为有效合同。

且根据司法实践及相关理论,有效说能够弥补其他三种学说的缺陷,在不损害优先权人利益的同时又能彰显出股东优先购买权制度的价值,具体如下:其一,从法理上进行分析,不轻易否定股权转让合同的效力是尊重双方自由意志的表现,与民法私法自治的理念相契合。其二,从股东优先购买权制度安排的合理性分析,肯定合同效力符合其制度目的。具体来说,《公司法》通过设置股东优先购买权对公司股权对外转让造成了一定程度的影响,其最终会在处分行为层面上产生股权对外转让不能,第三人无法通过股权受让成为公司股东的后果,这能防止因第三人的进入而破坏公司原有的信任基础及和谐关系,从而达到维护公司人合性的立法目的。换言之,既然其他股东受让股权的愿望已经实现,公司的人合性也未遭到任何破坏,就不需要再去阻却股权转让合同的效力,否则只会产生更多的负面制度成本。其三,从利益衡量角度分析,有效说的优势体现于在不损害优先权人利益的同时在一定程度上实现对第三人权益的保护。一方面,肯定合同的效力并不会导致其他股东优先购买的愿望落空,其他股东在法律规定的期间内依然可以行使自己的权利;另一方面,在其他三种学说中,否定合同效力导致的结果为第三人只能通过追究转让股东的缔约过失责任来获得赔偿,而在合同自成立便生效的情形中,第三人若因其他股东行使优先购买权而丧失受让股权的机会,可通过追究转让股东的违约责任来获得救济。两种不同的责任救济方式不管是在归责要件还是在追责力度上都不可相提并论,对第三人的保护有着实质性的区别,通过追究违约责任显然能够更大程度地保护第三人的利益。综上,本文认为,相较于以上其他三种学说,肯定股权转让合同的效力既有助于优先购买权的实现,又能使第三人的利益得到更高程度的维护,殊值肯定和采纳。[65]

四、股东优先购买权救济体系之完善——兼论《公司法司法解释(四)》

(一)对优先权人的救济

1. 赋予股东优先购买权对抗第三人的效力

在司法实践中,损害股东优先购买权的行为频频发生,其中包括转让股东与第三人恶意串通的情形,当然也可能存在第三人善意的情况,如转让股东通过伪造签名等方式制造出其他股东已放弃优先购买权的假象,使第三人在不知情的情况下与之签订了相关协议。在第三人受让股权后,如何实现对优先权人的救济就显得尤为重要。结合司法裁判可以发现,有些法官在该问题上更倾向于对善意第三人的保护,具体裁判情况见表12。

表12　涉及善意取得的司法裁判

案件序号	案号	法官说理归纳
1	(2014)大民三终字第641号	本案(第三人)王岩无过错,对转让股权构成善意取得
2	(2016)内0102民初464号	经工商局变更登记,呼某等人已成为政联公司的股东,优先权人不同意转让股权并不会对善意第三人呼某的受让权造成影响,该股权转让行为有效
3	(2015)大民三终字第00226号	本案股权对外转让中,(第三人)绿嘉依公司符合《物权法》第106条的规定,构成善意取得
4	(2015)宁商终字第733号	(第三人)杨小兰基于善意取得涉案股权

〔65〕 赵旭东:《股东优先购买权的性质和效力》,载《当代法学》2013年第5期。

除了上述司法裁判外,山东省高院在相关意见〔66〕中也持相同态度,如此一来,优先权人通过受让股权来防止第三人进入公司的愿望就会落空。因此也有一些法官的判决思路不同于上述观点,在判决中肯定股东优先购买权的对抗效力,具体裁判详见表13。

表13 涉及对抗效力的司法裁判

案件序号	案号	法官说理归纳
1	(2014)沪二中民四(商)终字第1566号	(其他股东)中静公司在规定期限内依法行权时,即使(第三人)水利公司已完成工商登记,但该登记不能与法律对抗
2	(2014)徐商终字第0326号	原审法院认为,当优先购买权与交易安全发生冲突时,前者作为已公示过的法定权利,其绝对的对抗效力决定了对该权利的保护优先于对交易安全的保护
3〔67〕	(2015)浙杭商终第1247号	原审法院认为,赋予该权利对抗效力能实现停止侵权行为的法律后果

笔者以样本案例为基础,通过表12及表13共梳理出7个相关案例,其中57%的案例中法官认为第三人可善意取得涉案股权,43%的案例中法官认为股东优先购买权具有对抗效力,能够帮助其他股东实现权利救济。《公司法司法解释(四)》第21条〔68〕的规定与表13中的裁判观点较为一致,通过赋予优先购买权在一定期间内对抗第三人的效力,排除善意取得的适用,为其他股东实现救济提供了法律依据。但该权利

〔66〕《山东省高级人民法院民二庭商事审判若干实务问题解答》第21条规定:"……(2)如果公司已经办理登记的,其他股东可以转让方和受让方为被告,起诉要求否认受让方股东资格,并行使优先购买权。但受让人善意取得的除外。"

〔67〕浙江康桥汽车工贸集团股份有限公司与马斌雄等股权转让纠纷案[(2015)浙杭商终第1247号]。

〔68〕《公司法司法解释(四)》第21条规定:"有限责任公司的股东向股东以外的人转让股权,未就其股权转让事项征求其他股东意见,或者以欺诈、恶意串通等手段,损害其他股东优先购买权,其他股东主张按照同等条件购买该转让股权的,人民法院应当予以支持,但其他股东自知道或者应当知道行使优先购买权的同等条件之日起三十日内没有主张,或者自股权变更登记之日起超过一年的除外。"

究竟是否具有对抗效力的问题并未因为司法解释的出台而尘埃落定，其在学界中仍存在很大争议。持肯定态度的学者认为，我国现行民法及商法规范中的优先购买权，都具有对抗第三人的外部效力。[69] 相反，否定者则认为优先购买权仅具有债权效力，权利人可以据此请求转让人进行财产转移，但权利本身并不具有对抗第三人的外部效力，结合最高人民法院《关于审理房屋租赁合同案件具体应用法律若干问题的解释》[70] 的内容可知，其规定支持了上述否定者的观点，上海市高级人民法院在相关司法意见[71] 中也比照了前述法律文件之规定，否定了该权利具有的对抗效力。

笔者认为，对该问题的探讨应从立法目的与利益衡量角度进行分析。其一，股东优先购买权制度的立法目的在于保护有限责任公司的人合性，因此有必要赋予股东优先购买权以对抗第三人的效力。从反面来讲，若否定其对抗效力，就相当于将优先权人与第三人置于同等顺位，那么当第三人在受让股权并完成变更登记后，优先权人就将完全处于弱势地位，其股东优先购买权的债权效力并不能对抗已经登记过的物权效力，此种情形下，优先权人将无法通过行使优先购买权来达到阻挡第三人进入公司的目的，这势必对公司人合性造成破坏，与该制度的立法目的背道而驰。其二，从利益衡量角度分析，否定股东优先购买权对抗第三人的效力会使公司其他股东将被迫与毫不熟悉的第三人一同参与公司管理，经营期间难免会存在因意见分歧或者经营理念的不一致而产生的矛盾，但长此以往，势必对公司的经营造成不良影响，公司可能因此陷入僵局，更有甚者，走向解散，这无论对于

---

〔69〕 参见李永军：《论优先购买权的性质和效力》，载《中国政法大学学报》2014 年第 6 期。

〔70〕 最高人民法院《关于审理城镇房屋租赁合同纠纷案件具体应用法律若干问题的解释》第 21 条规定："出租人出卖租赁房屋未在合理期限内通知承租人或者存在其他侵害承租人优先购买权情形，承租人请求出租人承担赔偿责任的，人民法院应予支持。"

〔71〕 上海市高级人民法院民二庭《关于审理涉及有限责任公司股东优先购买权案件若干问题的意见》（沪高法民二〔2008〕1 号）第 5 条规定："股权转让之后，已经办理公司股东名册变更或者公司登记机关变更登记手续，其他股东起诉要求行使优先购买权的，人民法院不予支持。"

优先权人还是第三人来说都是极其不利的。因此,应肯定股东优先购买权的对抗效力,其在衡量各方利益的同时能够最大限度地填补在未来有可能出现的损失。

但"法律不保护躺在权利上睡觉的人",《公司法司法解释(四)》在肯定股东优先购买权对抗效力的同时,也为之设定了一定的时间限制,在超过一定期限后其他股东的利益将不再得到保护。[72]

2. 特殊情形下的救济途径

《公司法》第71条[73]为公司章程留出了自治空间,从法条原文来看,其允许公司通过章程对股东优先购买权进行排除或限制。但公司章程的自治作用在特殊情况下会对股东权益造成损害,具体而言,有限责任公司在存续期间对于修改章程的程序与其设立时签署章程的程序存在显著差别。前者只需按照资本多数决原则,即经代表2/3以上表决权的股东通过就可完成章程修改;而后者必须达到全体股东协商一致的条件,才能完成章程签署。因此,司法实践中经常会出现大股东滥用其资本优势,借章程修改达到排除或限制小股东行使股东优先购买权的目的,严重损害了小股东的权益。在这种情形下,对小股东进行权利救济就显得十分必要。虽然笔者也认同公司章程的自治作用,但笔者认为,在修改章程中若有股东对于排除或过度限制优先购买权的规定存有异议,并有证据证明大股东滥用权利时,应赋予该异议股东优先购买权,原因如下:资本多数决的方式存在缺陷,无法照顾到每一位股东的情绪,其对在决议中存有异议的小股东的保护力度本就较弱,在被"有心人"利用之下就更可能带来实质的不公。且出于有限责任公司对人合性的追求,在权利保护存在缺陷的情况下赋予异议股东优先购买权符合优先购买权制度的立法本意。

(二)对转让股东的救济

司法实践中,经常会出现这样的情形:转让股东基于某种特殊人身关系或特殊的经营战略目标欲将公司股权转让给他人,这种情形下若其

---

〔72〕《公司法司法解释(四)》第21条规定:"……但其他股东自知道或者应当知道行使优先购买权的同等条件之日起三十日内没有主张,或者自股权变更登记之日起超过一年的除外。"

〔73〕《公司法》第71条第4款规定:"公司章程对股权转让另有规定的,从其规定。"

他股东主张行使优先购买权往往与转让股东的初衷相悖,此时转让股东往往会撤销对外转让的意思表示。在类似情况引发的纠纷中,是否应该赋予转让股东"反悔权"〔74〕引起各界争议。在司法实践中存在不同看法,详细内容见表14。

表14　涉及反悔权的司法裁判

观点	案件序号	案号	案件发生时间节点
支持"反悔权"	1	(2013)徐民二(商)初字第1581号	《公司法司法解释(四)》出台前
	2	(2014)济商初字第63号	《公司法司法解释(四)》出台前
	3	(2009)沪一中民三(商)终字第1027号	《公司法司法解释(四)》出台前
	4	(2017)吉0192民初931号	《公司法司法解释(四)》出台后
反对"反悔权"	5	(2010)浙商终字第27号	《公司法司法解释(四)》出台前

由表14可知,对于转让股东在对外转让股权时是否具有反悔权也是司法实践中的争议焦点之一。笔者以样本案例为基础,共得到5则有关反悔权的案例,其中在《公司法司法解释(四)》出台前,75%的裁判均支持赋予转让股东反悔权,只有25%的裁判持对立观点。具体而言,在上表第一个案例(宋××案)中,法官仅在判决中认可转让股东的反悔权,但未说明具体原因。在第二个案例(贾涛案)与第三个案例(上海星宁案)两案中,法官均以民事活动中的平等自愿原则为理据,支持反悔权的存在,尊重当事人在股权对外转让时的意思自治。在第五个案例(方樟荣案)中,法官主要从违反诚信原则的角度出发,否定赋予转让股东反

〔74〕 本文所称"反悔权",是指当其他股东对拟转让股权主张行使优先购买权时,转让股东是否可以撤销其转让意思,终止对外转让股权的行为。学者观点见蒋大兴:《股东优先购买权行使中被忽略的价格形成机制》,载《法学》2012年第6期。

悔权。最终出台的《公司法司法解释(四)》第20条〔75〕对于该问题进行了明确规定,为转让股东拥有反悔权提供了法律依据,但也引起了各类争议。有学者认为赋予反悔权人为增加了代理成本。〔76〕亦有学者从股东优先购买权系形成权的角度出发,对赋予反悔权持否定态度。〔77〕本文不对该权利的性质进行探讨,仅从反悔权设置的合理性角度对该问题进行分析。首先,从人合性角度来看,反悔权的行使并不会破坏公司的人合性,公司的治理机制也并未因此受到任何影响。〔78〕其次,从契约自由角度来看,允许转让股东行使反悔权彰显了对自由意志的保障,符合民法中的自愿原则。再次,赋予转让股东反悔权并不会对其他股东行使优先购买权造成限制,当转让股东再次对外转让股权时,优先权人仍可主张该权利。除此之外,有学者认为在分析转让股东是否应具有反悔权作为其救济途径时,还应将公司的商业实践利益纳入考虑范围。〔79〕当转让股东将股权对外转让事宜通知给其他股东后,其他股东需要在市场调研的基础上尽快对转让价格等条件做出理性判断,为行使优先购买权奠定坚实的基础。因此,有观点认为需要综合考虑权利的成本,毕竟赋予转让股东反悔权会使其他股东的前期努力付诸东流。回归到具体实践中可以发现,在很多交易场合,相对人都为之付出了交易成本,但最终由于各种原因还是未能达成交易,因此笔者认为前期成本并不能作为需要衡量的重点因素,转让股东并不能因此就被剥夺反悔权。最后,从权益维护来看,转让股东行使反悔权往往是建立在维护其利益的基础上,其在权衡后决定撤回对外转让的意思能在一定程度上避免权益损失,因此赋予其反悔权具有合理性。但为了避免转让

---

〔75〕《公司法司法解释(四)》第20条规定:"有限责任公司的转让股东,在其他股东主张优先购买后又不同意转让股权的,对其他股东优先购买的主张,人民法院不予支持,但公司章程另有规定或者全体股东另有约定的除外。其他股东主张转让股东赔偿其损失合理的,人民法院应当予以支持。"

〔76〕参见罗培新:《抑制股权转让代理成本的法律构造》,载《中国社会科学》2013年第7期。

〔77〕参见胡晓静:《论股东优先购买权的效力》,载《环球法律评论》2015年第4期。

〔78〕参见蒋大兴:《股东优先购买权行使中被忽略的价格形成机制》,载《法学》2012年第6期。

〔79〕参见杜军:《公司法第七十二条蕴含的商业逻辑及其展开》,载《人民司法》2013年第11期。

股东滥用反悔权，对该权利的行使设置一定程度的限制就显得尤为必要，如当转让股东利用法律的该项规定反复多次“反悔”而阻碍其他股东行使优先购买权，影响到公司的正常经营秩序时，应否定该反悔权的效力，使其他股东能够在同等条件下行使优先购买权，从而取得该转让股权。

（三）以救济体系为视角探究股东优先购买权的商业逻辑

综上所述，股东优先购买权的救济体系主要体现在两方面：第一，通过赋予股东优先购买权对抗第三人的效力来实现对优先权人的救济；第二，通过赋予转让股东反悔权来实现对转让股东的救济。前者的规定凸显了该权利具有的物权效力，体现了对公司老股东既有利益的维护。后者的规定则显示了对转让股东权益的维护。上文已述，有学者基于诚实信用原则否定反悔权的存在。然而，“商法中的诚实信用原则不应作为一个简单机械的道德教条来对待”。〔80〕从商事角度出发考虑该问题，即转让股东作为商事主体，其股权转让与否的策略选择不能想当然地为诚实信用原则所限制，毕竟该原则的具体应用主要体现在纠正因非公平信息失衡带来的不当结果的相关案件中。且在《公司法司法解释（四）》对反悔权进行明确规定之后，各商事主体就应做好承担相应风险的准备，具体表现在以下两方面：对于转让股东而言，其行使反悔权后须承担一定后果，即对第三人负有相应的赔偿责任；而对于其他股东与第三人而言，其应意识到由于反悔权的行使而存在的不能按照预期受让股权的风险。在上述风险之下，转让股东与第三人往往会自动调整策略从而更好地推进商事交易的进行。如为了避免转让股东随意反悔，双方可在股权转让协议中约定高额违约条款，这样一来，第三人在未获得股权时也能获得与股权价格相对应的经济赔偿，而转让股东亦会在“反悔”一事上变得更加谨慎，此商业逻辑并不违背诚实信用原则。〔81〕尽管第三人可以从中获得相应赔偿，但是相较于转让股东及优先权人，股东优先购买权对于第三人的保护力度总体上来说仍较弱，从中也折射出该制度的立

〔80〕 杜军：《公司法第七十二条蕴含的商业逻辑及其展开》，载《人民司法》2013年第11期。

〔81〕 参见杜军：《公司法第七十二条蕴含的商业逻辑及其展开》，载《人民司法》2013年第11期。

法逻辑——维护有限责任公司的人合性,为上文中阐述的具体行使规则奠定了牢固基础。

五、结语

本文在大量案例基础上对股东优先购买权的司法实务现状进行总体概括,并对股东优先购买权的具体行使规则在司法实践中的问题予以总结,同时通过《公司法司法解释(四)》中的相关规定对通知义务、行使期限、同等条件进行详细解读,弥补了目前学界大多数人将研究重点放在股东优先购买权的性质上,而缺少对其行使程序进行理论论证的缺陷。对于性质的解读固然重要,但程序规则才是实务应用的切实依据。在行使规则外,本文针对实践中争议最大的合同效力问题进行分析,在总结各法院对该问题不同看法的基础上,从法理角度、股东优先购买权制度的目的角度、利益衡量角度出发,肯定了有效说的观点。并通过阅读司法裁判中所有涉及股权善意取得、股东优先购买权具有对抗第三人效力的案例,结合《公司法司法解释(四)》对该问题进行分析,从立法目的、利益衡量两个角度肯定该司法解释第21条的规定。此外,本文以《公司法司法解释(四)》的出台时间为时间节点,分析涉及"反悔权"的所有案例,从立法目的、商业实践利益、权益维护这三个角度肯定该权利的正当性。以救济体系为视角,探究股东优先购买权背后的商业逻辑,并最终回归到该制度的立法逻辑——股东优先购买权的设置维护了公司的人合性。

总体而言,《公司法司法解释(四)》用将近1/4的条款对于股东优先购买权的规定进行补充,也从侧面体现出了股东优先购买权纠纷在司法实践中的复杂程度。本文以司法裁判为基础,通过发现股东优先购买权在司法实践中存在的问题,结合现有理论及规定进行论证分析,以期为该制度的完善献出自己的绵薄之力。

(编辑:邹露)

《证券法苑》(2018)
第二十五卷,第371~400页

伪造签名的股权转让纠纷裁判实证研究*

江妙龄**

摘要:学界对股权变动模式一直存在争议,实践中股权转让纠纷层出不穷,其中由股东签名被伪造引起的占相当比例。此类案件一般牵涉主体众多、利益纠葛复杂、当事人诉讼请求复合型强,审理难度较大,涉及隐名出资、冒名出资、股权回购等特殊情形时,情况更加复杂。本文采用实证研究方法,通过对筛选出的121个案例进行定性定量分析,检视司法实践中的适用困惑及现行立法缺漏,以期对此类纠纷的具体裁判规则构建进行有益探索。

关键词:伪造签名　股权转让　无权代理　实证研究

我国立法并未正面定义股权或股东,唯一明文规定的股权登记对抗规则过于简陋,远不足以应对实践中纷繁多样的股权转让纠纷。典型表现之一

---

* 本文以作者硕士学位论文修改而成。

** 中国政法大学民商经济法学院2018届民商法学硕士研究生,现任职于广州铁路运输中级人民法院。

便是由伪造签名引起的股权转让纠纷案件面临着较大的法律适用困境,假冒原股东签名的股权转让协议效力、变更登记效力、第三人的利益保护、原股东的救济手段、相关人员的法律责任等在法律上均呈空白状态。民法中的无权处分、善意取得和无权代理等制度似乎提供了现成方案,但股权有别于物权、商事登记有别于物权登记、在与公司有关的纠纷中应注重运用团体法思维等商事特征决定了裁判者不能简单地采取"拿来主义"。即便在民法学界内部,也仍未就伪造签名引起的不动产登记不实是否适用善意取得等问题达成一致意见,能否参照适用于股权就更值得怀疑。在这种背景下,不同地区、不同级别法院处理伪造签名类股权转让纠纷时判决结果大相径庭也在意料之中了。

基于上述司法乱象,笔者对伪造签名转让他人股权的效力进行了关注,并认为对其中的法律关系、权利归属、责任承担等进行梳理十分必要。伪造签名的股权转让协议、股东会决议效力如何?经由工商部门审查、登记且公示的变更登记效力又如何?原股东的真实权利与后手的信赖利益怎样权衡?原股东无可归责时第三人即时取得股权是否正当?除伪造签名人外,对股权被成功"盗卖"存在过错的公司法定代表人、董事、高级管理人员或者实际控制人应否承担责任?如此种种均应予以明确,否则正常的股权流转机制必将遭到极大破坏。

一、伪造签名案型的基本考察

(一)现状概述

在北大法宝数据库中,截至 2017 年 12 月 31 日的"股权转让纠纷"案由判决书共计 27966 份,在结果中以"伪造"为关键词进行检索共得到 1656 条记录(占比 5.9%),[1] 以"假冒"等同义语为关键词进行检

[1] 具体检索结果如下:以"伪造""签名"为关键词搜索共 1611 条记录,以"伪造""签字"为关键词搜索共 1656 条记录,以"伪造""签章"为关键词搜索共 136 条记录,考虑到均含有关键词"伪造",故统计时取最高值。

索共得到957条记录(占比3.4%),[2]共计2613条记录(占比9.3%)。为参照起见,以"善意取得"为关键词进一步检索,共得到354条记录(占比1.3%),在学界热烈讨论股权善意取得、最高人民法院《关于适用〈中华人民共和国公司法〉若干问题的规定(三)》(以下简称《公司法解释(三)》)也对此作出专门规定的背景下,司法实践中更为高发的伪造签名案件显然并未得到足够重视。之前北京市朝阳区法官曾对该院2006年至2008年(2005年《公司法》第二次修订后的3年期间)受理的股权转让案件进行过调查,其中以假冒股东签名主张股权转让协议无效的案件占比高达30%,[3]这与前述统计结果有一定的差距。本文猜测,很大程度上是由被统计法院地处经济发达的一线城市所致,但至少能在一定程度上与本文相呼应,让我们对伪造签名类股权转让纠纷的大量存在有比较直观的感受。

(二)背后成因

1. 股权变动模式特殊

股权变动模式究竟如何在我国学界颇具争议,学者们提出诸如纯粹意思主义、债权形式主义、修正意思主义等观点,[4]至今仍未达成一致意见。从立法层面来看,仅在零散的条文中规定了应载明股东的文件、办理股东登记的法律效果以及请求确认股东身份时应承担的证明责任等,[5]其中《公司法》第32条第3款用寥寥数语确立起股东登记对抗规则。实践中,隐名出资、冒名出资、股权回购等现象普遍存在,实际出资人、冒名登记行为人、已退还股本金的公司往往认为自己才是真正的股东,因此也是伪造签名转让股权的主要行为人。在股东资格尚

---

[2] 具体检索结果如下:以"假冒"为关键词搜索共260条记录,以"冒用"为关键词搜索共231条记录,以"冒充"为关键词搜索共123条记录,以"冒名"为关键词搜索共122条记录,以"冒签"为关键词搜索共84条记录,以"仿冒"为关键词搜索共65条记录,以"模仿"为关键词搜索共57条记录,以"伪签"为关键词搜索共11条记录,以"盗卖"为关键词搜索共4条记录。

[3] 参见巴晶炎:《审理股权转让案件相关问题的调查——涉及工商登记中交叉问题的研究》,载《法律适用》2009年第4期。

[4] 参见李建伟:《有限责任公司股权变动模式研究——以公司受通知与认可的程序建构为中心》,载《暨南学报》(哲学社会科学版)2012年第12期;张双根:《股权善意取得之质疑——基于解释论的分析》,载《法学家》2016年第1期。

[5] 主要参见《公司法》第21条、31条、32条;《公司法司法解释(三)》第1条、23条。

存争议的情况下,协议的效力如何?相对人可否取得股权?股权被再次转让时后手可否取得股权?这些方面均易产生纠纷。

2. 公司介入难以中立

《公司法》第32条第3款规定股东登记的申请义务主体是“公司”,《公司登记管理条例》第26条、34条规定变更登记由“公司”申请,实践中工商部门也只接受由公司发起的变更登记申请。这与不动产登记由当事人双方共同申请或特殊情形下单方申请有很大不同,[6]由公司掌握是否发起、何时发起登记的主动权,意味着已达成合意的股权买卖双方无法绕过公司自行办理变更登记手续,这种被动状态使得双方都有可能遭受失去股权的不利后果。更重要的是,公司作为法律拟制主体,其负担的登记申请义务必然落实到具体的个人身上,譬如法定代表人需在变更登记申请书上签字,但其可能兼具公司股东抑或股东指定代表的身份,公司股权变更与其个人利益休戚相关,因而可能不处于中立地位,不可避免地会带有某种现实性的利益偏好。[7] 股权作为一项具有财产性权益、可自由流转的权利,应有别于注册资本、法定代表人、经营范围等其他公司事项的登记,立法将二者一体对待,忽视公司在申请办理股权变更登记过程中的特殊权利义务,是造成伪造签名转让他人股权现象猖獗的重要原因。

3. 工商部门主采形式审查

《行政许可法》第12条将“企业或者其他组织的设立等”纳入了行政许可范围,第31条、34条、56条确立了以形式审查为主、实质审查为辅的折中审查模式,《公司登记管理条例》第2条、53条以及《企业信息公示暂行条例》第11条都对此进行了重申,公司对“申请文件、材料”或“公示信息”的真实性负责,工商部门仅在“需要核实”时进行核查,但何时“需要核实”难以把握。公司自设立起便时刻处于准备变更登记的状态,要求工商部门对公司提交的大量申请材料一一核实,难以保证行政效率。而且即便足够审慎,工商部门的工作人员在核查时更多地也是凭借个人经验,毕竟在缺乏

---

〔6〕 参见《不动产登记暂行条例》(国务院令第656号)第14条。

〔7〕 参见张双根:《股权善意取得之质疑——基于解释论的分析》,载《法学家》2016年第1期。

专业培训和特殊技能的情况下,要求其能够辨别签字真伪并不现实。因此,尽管《企业信息公示暂行条例》施行意味着征信体系开始建立,但短时间内并不能保证公示信息的准确性,虚假登记的现象比比皆是。

4. 违法成本过低

从民事角度来看,除《公司法解释(三)》第27条第2款规定了股权多重转让情形下有过错的董高或实际控制人应承担相应责任外,并未有其他情形下公司违反登记申请义务时是否担责的相关规定,对应实际配合办理登记事宜的法定代表人等具体人员的民事责任更是欠缺。从行政角度来看,尽管《公司法》第198条和第211条、《公司登记管理条例》第64条和第68条、《企业信息公示暂行条例》第17条均规定了公司提供虚假材料、未依照规定或逾期办理登记等情形下的行政责任,[8]但这种事后监管手段并无足够的威慑力,由公司以自有资产缴纳罚款为个别伪造签名人不法行为买单也难称合理。从刑事角度来看,虽然侵占或"盗卖"股权的事情屡有发生,但目前仅能搜索到2份相关的规范性文件,效力层级较低且日期较早,法工委发函〔2005〕105号规定非法侵吞、占有股份的按非法侵犯他人财产的犯罪处理,[9]公安部经侦局在工作意见中答复利用职务便利非法占有股东股权的行为按职务侵占罪处理,[10]但学界对此批评居多,而实践中公安部门对此类案件多做不予立案处理。

二、纠纷在司法中的呈现

本文选取了近十年司法实践中由伪造签名引起的股权转让纠纷案

〔8〕 前两者规定的罚款、撤销登记或吊销营业执照以及后者规定的列入经营异常名录、严重违法企业名单等均是针对公司设置,只后者多了一项针对法定代表人、负责人的行为禁令。

〔9〕 参见《全国人大常委会法制工作委员会对关于公司人员利用职务上的便利采取欺骗等手段非法占有股东股权的行为如何定性处理的批复的意见》(法工委发函〔2005〕105号)。

〔10〕 参见《公安部经侦局关于对非法占有他人股权是否构成职务侵占罪问题的工作意见》(2005年6月24日)。

进行统计,分析法院审理此类案件时在法律适用方面存在的问题。

(一)样本选取

案例来源于北大法宝数据库,在“股权转让纠纷”案由分类下搜索审结日期从2008年1月1日至2017年12月31日的判决书,以“伪造签名”作为关键词进一步定位,然后过滤掉虚假诉讼、一二审判决结果一致、系列案件中法院作出多份类似判决等案例,最后共得到121条有效记录。

需说明的是,选取样本中公司类型均为有限责任公司。这是由于上市公司的股票在证券市场流通且多不记名,“盗卖”多是通过偷窥、推测、窃取等手段获得投资者账户密码之后进入投资者账户发出股票卖出指令的方式实现,很少像有限责任公司那样,发生股东被假冒签名从而变更股权登记的情况,因此不在本文讨论范围。

(二)数据统计

1. 案件整体情况

(1)时间分布

案件数量在2008~2013年波动并不大,但自2014年起激增,并且连续3年一直保持高位,每年诉至法院的纠纷大概是之前高发年度的两三倍,主要原因便在于2013年年底《公司法》修订后,股东只需认缴出资即可设立公司,而设立时对出资方式、比例和期限等约定的随意性也预示着日后矛盾的多发,无法重新达成合意时控股股东、法定代表人等往往伪造签名申请变更登记,径自将股权比例或股东结构按其愿望进行调整。值得说明的是,2017年案件数量陡然减少,仅为4件,但考虑到本文以生效判决文书编号为准进行年度划分,而股权转让纠纷的审理周期一般均较长,因此该年度的数据参考性不大(见表1)。

表1　各年份的案件数量

单位:件

年份	《公司法》第三次修订前						《公司法》第三次修订后			
	2008	2009	2010	2011	2012	2013	2014	2015	2016	2017
数量	4	10	3	6	6	11	29	25	23	4

(2)地区分布

纠纷的地域分布与经济发展水平明显相关,东部地区的案件总量为84件(占比69.4%),中部和西部地区的案件数量基本持平,分别为18

件(占比14.9%)和19件(占比15.7%)。在121件案例中,占比最高的五个省份或直辖市分别为浙江、北京、江苏、山东和河南,共计71件(占比58.7%),其中前四地均为东部发达地区(见表2)。

表2　各地区的案件数量

单位:件

地区	东部地区					中部地区		西北地区		
	浙江	北京	江苏	山东	其他	河南	其他	四川	重庆	其他
数量	23	17	11	10	23	10	8	7	5	7

(3)伪造签名人分布

伪造签名人多为公司内部人员。对121个案例中伪造签名人的身份情况进行分类统计(见表3),发现有11件案例中的伪造签名人为公司外部人员(占比9.1%),32件案例中的伪造签名人无法查明(占比26.4%),78件案例中的伪造签名人是股东、法定代表人、高管、经办人等公司内部人员(占比64.5%)。这表明,伪造签名人能够成功将原股东的股权据为己有或"盗卖"给他人,最主要的原因便是大股东或高管利用职务之便谋取私利或者出于管理疏忽导致他人钻了空子。

表3　伪造签名人的身份情况[11]

身份情况	内部人员									外部人员		无法查明
	其他股东[12]	实际控制人	法定代表人	董事长/执行董事/总经理	印章保管员	经办人	实际出资人[13]	冒名登记行为人	总计	受让方	总计	
案件数量(件)	25	12	3	6	1	2	23	6	78	11	11	32

〔11〕 部分案例中伪造签名人同时具有股东、实际控制人、法定代表人、董事长等多重身份,统计时计入前一分类的后面不再重复。

〔12〕 本文认为,冒名出资情形下的股权实际归属于冒名登记行为人,因此将冒名登记行为人也视为内部人员,但考虑到其特殊性,将其单列出来。

〔13〕 之所以将实际出资人也划分为公司内部人员,是因为在筛选出的实际出资人伪造签名案例中,实际出资人均为不完全隐名,其往往亲自参与甚至把控公司经营管理,公司或其他股东对此知晓。也正因为如此,实际出资人才能顺利伪造股权转让协议、股东会决议等文件并完成股权变更登记。

续表

身份情况	内部人员									外部人员		无法查明
	其他股东	实际控制人	法定代表人	董事长/执行董事/总经理	印章保管员	经办人	实际出资人	冒名登记行为人	总计	受让方	总计	
所占比例(%)	20.6	9.9	2.5	5.0	0.8	1.7	19.0	5.0	64.5	9.1	9.1	26.4

(4)相对人分布

在121个案例中,有93件伪造签名人将原股东的股权直接转让给了第三人(占比76.9%),28件案例中伪造签名人将原股东的股权转让给了自己(占比23.1%)。

在第三人为直接受让人的93件案例中(见表4),以第三人是否内部人员及是否知道签名系伪造为标准作进一步划分,发现无论是内部人员还是外部人员,直接受让股权的第三人多数明知其受让的股权系通过伪造签名而来(占比65.6%),区别只在于内部人员作为受让人时不存在不知情的情况,外部人员作为受让人时不知情或无法认定其是否知情的较少(占比34.4%)。

表4 第三人为直接受让人时的主观状态〔14〕

	内部人员			外部人员			
	知情	不知情	总计	知情	不知情	无法认定	总计
案件数量(件)	24	0	24	37	14	18	69
所占比例(%)	25.8	0	25.8	39.8	15.0	19.4	74.2

2. 审理程序的情况

(1)多数案件进入二审或再审

在121个案例中,50件经一审即判决生效(占比41.3%),59件经上

〔14〕 这里的主观状态仅指第三人实际上是否知道冒名人伪造签名,对其是否应知以及是因重大过失还是一般过失不知暂不作细分。

诉或抗诉进入二审程序(占比48.8%),12件经申请进入再审程序(占比9.9%)。也就是说,过半数案件的当事人对一审判决表示不服(合计占比58.7%)。其中,经二审改判的有14件,经再审改判的有2件,改判率较低(合计占比13.2%)(见表5)。

表5　上诉率/改判率

	一审结案	二审结案			再审结案				
		维持原判	撤销原判	合计	二审、再审均维持	二审撤诉、再审维持	二审维持、再审改判	二审改判、再审维持	合计
案件数量(件)	50	45	14	59	6	1	2	3	12
所占比例(%)	41.3	37.2	11.6	48.8	5.0	0.8	1.6	2.5	9.9

(2)约半数需进行司法鉴定

在121个案例中,56件经由当事人申请或法院决定启动了对笔迹的鉴定程序(占比46.3%),其余65件签名的伪造由当事人自认或均无异议而免于鉴定(占比53.7%)。

3. 判决结果的情况

(1)对股权转让协议效力定性不一

以法院认定的伪造签名股权转让协议效力为标准进行划分,仅有17件案例中伪造签名股权转让协议因原股东追认而被认定有效(占比13.8%),另有15件案例中法院驳回了原股东确认股权转让协议无效的诉讼请求(占比12.2%),其余案例中法院或判协议尚未成立、或判协议因原股东未追认而无效、或以非原股东真实意思表示而直接判定协议无效(合计占比74.0%)。[15]

虽然司法实践对伪造签名股权转让协议的效力基本持否定意见,但法院的裁判思路明显不统一,尽管均认同假冒签名的协议并非原股东的真实意思表示,但对这种意思表示不真实导致协议不成立、无效还是效力待定仍存在分歧。部分案例中法院以非原股东真实意思表示为由直接判定协议无效(占比33.3%,见表6),实际暗含了对协议成立的肯定,但回避了对无效事由的说明,难以分辨其究竟是根据无权处分未获追认、无权代理未获追认还是违反强制性规定而判定协议无效。概言之,在成立基础上判断协议效力的判决占大多数(占比91.9%),这为下文的进一步讨论提供了实证支持。

表6　伪造签名的股权转让协议效力[16]

协议效力	不成立	直接认定无效	无权处分			无权代理			驳回诉讼请求
			因原股东追认而有效	因原股东未追认而无效	总计	因原股东追认而有效	因原股东未追认而无效	总计	
案件数量(件)	10	41	7	12	19	10	28	38	15
所占比例(%)	8.1	33.3	5.7	9.8	15.5	8.1	22.8	30.9	12.2

〔15〕 表6案例总数为123件,超过样本总数121件,系有1件案例中的法院既认为伪造签名的股权转让协议因非原股东真实意思表示而"不具备合法成立要件",又认为因违反了自愿、等价有偿、诚实信用的民事活动原则而"不具有法律效力"并判定协议无效,显然将合同不成立与无效混作一谈。参见河南省鹤壁市中级人民法院(2013)鹤民二终字第68号民事判决书,法宝引证码:CLI. C. 1962853;另有1件案例伪造签名的协议不止一份,案涉股权既有伪造签名人已受让的股权,又有其他股东的股权,因此法院判定部分有效、部分无效,参见福建省福州市中级人民法院(2014)榕民终字第2397号,法宝引证码CLI. C. 4056361。

〔16〕 因不同案件中当事人的诉讼请求存在差异,并非均含有"确认股权转让协议无效"项,有的表现为请求确认或返还股权、确认或恢复股东资格等,但均绕不开对股权转让协议效力的认定,故表1中的股权转让协议效力部分系于生效判决内容中认定,部分系于"本院认为"等说理部分中认定,"驳回诉讼请求"分类项下仅含法院既未在判决部分亦未在说理部分对股权转让协议定性、直接驳回原股东确认无效请求的案例,这实际上暗含了法院对协议效力的认可。

(2)基本将决议效力与协议效力等同

在121件案例中,37件案例中的法院同时确认了股东会决议的效力,其中26件股东会决议因股东签名系伪造被认定为无效(占比70.3%,见表7),与上述股权转让协议的无效比例基本保持一致(占比74.0%),论证时法院多将股东会决议与股权转让协议同等对待,以非原股东真实意思表示,或意思表示违反强制性规定,或已经原股东追认为由认定其效力。需说明的是,被确认为无效的26份股东会决议中有2份并未与股权转让协议效力保持一致,[17]原因在于法院判定协议不成立,但当时我国尚未有决议不成立的规定,因此判定决议无效。

表7 伪造签名的股东会决议效力

	无效			有效	驳回诉讼请求
	协议不成立	协议无效	合计		
案件数量(件)	2	24	26	4	7
所占比例(%)	5.4	64.9	70.3	10.8	18.9

(3)普遍认可后续受让人善意取得股权

在121个案例中,股权被再次转让、存在后续受让人的共34件,其中15件原股东的诉讼请求不涉及股权归属,另外19件法院均对后续受让人是否善意取得涉案股权进行了判断,其中4件因后续受让人明知被登记人无处分权、7件因后续受让人尚未支付股权转让款、6件因后续受让人既明知被登记人无处分权又尚未支付股权转让款均不构成善意取得,仅2件因无证据证明后续受让人知道或者应当知道被登记人无处分权而构成善意取得。也就是说,法院普遍认可虚假登记情形下的股权善

〔17〕 该两案分别为卓志成与潘力瑜、冯庆钊股权转让纠纷案,参见广东省珠海市香洲区人民法院(2014)珠香法湾民二初字第875号民事判决书,法宝引证码CLI. C. 34553919;台士华等诉李雯景股权转让纠纷案,参见重庆市第一中级人民法院(2015)渝一中法民初字第00983号民事判决书,法宝引证码CLI. C. 8804813。

意取得，[18]只要后续受让人满足善意、支付合理对价等要件，股权即归其所有。

（三）案件特点

1. 利益冲突多元

在股权被通过伪造签名的方式转让时，原股东基于股权享有的对外对内关系都被强迫性地转由他人承受，而通过行政途径直接恢复股权登记往往又难以实现，故而在提起民事诉讼时会尽可能地针对受让方、公司甚至法定代表人、董事等同时提出多项诉讼请求，既主张伪造其签名的股权转让协议无效，又主张相关的股东会决议无效，既要求受让方承担合同法上的赔偿责任，又要求伪造签名人承担侵权法上的责任，有时还会要求董事等高管承担公司法上的赔偿责任，使法律关系更加错综复杂，案件敏感度通常较高。

2. 事实认定困难

签名是否真实仅是事实认定方面的难点之一，即便已确认签名非原股东所为，是否存在事先授权，授权是书面还是口头、概括还是特别，是否存在事后追认，追认是明示还是默示、部分还是全部，相对人是否知情、何时知情，原股东资格是否属实，有无隐名出资或冒名出资，股权转让价格是否合理，有无阴阳合同或抽屉协议，股权转让款是否已实际支付，如此种种均需查明。困难之处在于，越是规模不大、内部治理失当、管理制度不健全的有限责任公司，特别是夫妻公司、家族企业等股东之间具有特殊人身关系的公司，越是容易发生伪造签名的股权转让纠纷，书证、物证的匮乏迫使法官不得不更多地倚靠证人证言或经验法则等进行事实认定，难度颇大。

3. 裁判依据模糊

如前所述，一般的股权转让纠纷尚且存在法律依据不明的问题，更何况伪造签名案型的股权转让纠纷还面临着如何定性非本人签署的协议效力、非自愿进行的变更登记效力以及如何确定协议无效时的责任承

---

〔18〕 此系崔海龙、俞成林与无锡市荣耀置业有限公司、燕飞等四人以及孙建源等五人股权转让纠纷上诉案所带来的影响，参见最高人民法院（2006）民二终字第1号民事判决书，法宝引证码 CLI. C. 2454398。

担主体与责任承担方式等问题。我国民商法几乎未有针对伪造签名行为的具体规定，纵有部分规章、意见、决定、批复或通知对此有所涉及，其效力级别也不足以构成裁判依据，实践中裁判者无所适从，最终出现各行其是的局面。

4. 鉴定多周期长

正如前面统计显示，近半数伪造签名案型的审理需启动鉴定程序，虽然司法鉴定的时间不计入审理期限，但无疑会延长法院的审理周期，当事人对鉴定结论有异议申请重新鉴定时，结案时间将进一步拖长。股权转让纠纷案件的复杂性还体现在取证方面，当事人申请法院调取证据或证人出庭的比例明显高于其他商事纠纷。此外，原股东通常对伪造签名的股权转让协议并不认可，即便事后追认，也会对协议中约定的过低转让价格提出异议。存在阴阳合同时，还可能是伪造签名人主张价格畸高，此时还需要启动资产评估程序。伪造签名案型大多由合议庭按照普通程序进行审理，约60%的案件会进入二审或再审程序，这些都意味着此类纠纷的审理程序会格外冗长复杂。

5. 民、行、刑交叉

伪造签名转让他人股权的操作虽然简单，但签名的伪造贯穿股权转让协议、股东会决议、登记申请书等整套流程文件，以伪造签名这个“点”为中心辐射出多重法律关系。当事人为避免讼累，多会在一次诉讼中提出涉及不同诉由的多项诉讼请求，其中的恢复股权登记请求便涉及如何处理民事裁判与行政工作的协调问题。基于司法权与行政权相分离的原则，法院至多只能判令公司或工商登记簿上载明的主体协助办理股权的恢复登记，而无法直接在民事判决中要求工商部门作出具体行政行为，有时即便法院已经作出确认股东资格或股权归属的生效判决，若公司不配合提供变更登记申请书、经修正的章程等材料，如何强制执行判决也是一个棘手问题。此外，法院还可能面临“罪”与“非罪”的判断与释明问题，侵占或“盗卖”股权是否构成犯罪、构成盗窃罪还是合同诈骗罪目前均有较大争议。[19]

---

〔19〕 参见张明楷：《论盗窃财产性利益》，载《中外法学》2016年第6期。

(四)凸显问题

1. 司法立场不统一

从判决结果统计可以看出,司法实践中法官对伪造签名的股权转让协议持不同态度,或采无权处分说,将股权类比为物权、工商登记类比为不动产登记进行处理;或采无权代理说,类推适用狭义无权代理或表见代理制度认定伪造签名的协议效力或决议效力;或采合同不成立说,通过否认合意的存在,从根源上否认法律行为的成立;或采无效说,以意思表示不真实、恶意串通或违反强制性规定等理由拒绝协议发生法律效力,法律适用的混乱程度可见一斑。

2. 对公司利益保护不足

多数裁判者仍囿于普通的民事审判思维,将股权转让纠纷视为出让方与受让方等个体之间的私事,严重忽视了公司的团体利益。假冒股东签名侵占或"盗卖"股权的只是某个或某些人,尽管这些不法行为人多为公司内部人员,利用了职务便利才能得逞,但这并不等于应将公司也视作侵害股权的主体。从某种程度上讲,公司也是利益受损的主体之一。违背股东本人意愿的股权转让,不仅侵犯了股东个人私益,而且破坏了公司的人合基础,使强调封闭性的有限责任公司被动地失去了存在和发展的信赖前提。若原股东明知股权被非法转让后仍长期未提出有效主张、公司在新的股权结构基础上已稳定运营多年或股权被再次转让给后手时,注重保护公司利益就显得尤为重要。一味偏重股东真实权利、恢复股权原始结构并不能真正起到平息当事人之间纷争的作用,反而可能激化股东间矛盾、加速公司灭亡。

三、审判视角下的适用难点探析

(一)协议成立的判断

从前面实证分析来看,仍有少部分法院认为伪造签名的股权转让协议根本尚未成立,因此有必要先对此基础问题予以明晰。

通说认为,法律行为的成立一般是指法律行为客观存在,当事人意思表示一致即可。但这里的意思表示并非必须由双方当事人亲自作出,至少在代理制度中,直接与相对人达成合意的是代理人,但法律行为已成立,至于是否对被代理人发生效力,则需要根据是否有代理权、是否构成表见代理来判断。从事实判断层面来看,只要民事主体之间存在意欲产生一定法律效果的意思表示合致,就应承认法律行为的成立,其是否生效、效力范围如何则属于价值判断问题。伪造签名的股权转让协议中也存在合意,只是合意由伪造签名人与相对人达成,仅以意思表示非原股东作出即否认协议成立并不合理,由原股东本人决定是否受到非本人作出的意思表示约束,更契合意思自治原则。因此,伪造签名的股权转让协议并不因签名系伪造而不成立,对其效力的讨论应建立在已成立的基础之上。

(二)伪造签名对协议效力的影响

伪造签名对协议效力的影响,首先应从区分"代签"与"冒签"开始,经过授权的"代签"并不属于伪造签名,只有未获授权的"代签"和"冒签"才属于伪造签名。

1. 区分"代签"与"冒签"

二者分别对应不同的行为,前者属于"以他人名义实施法律行为",后者属于"用他人名义实施法律行为"。[20] "以他人名义"是为代理,自当适用代理相关规定;"用他人名义"是为冒名,处于法律明文规定之外,司法中面临法律适用困境。

《民法总则》第 162 条使用了"以被代理人名义"的表达,可见代理以显名为原则,仅从文义上解释无法将"代签"涵盖进来。但德国民法学者已经突破显名原则重构代理概念,弗卢梅认为某种情形是否属于代理,仅取决于"是否可以从代理人的表示中得出法律行为应属于被代理人",而不以"代理人必须表明自己和被代理人不是同一人"为必要。[21] 同样地,日本民法中也有"署名代理"制度,指代理人不显示自己的名字

---

〔20〕 "用他人名义实施法律行为"并非传统民法理论自有概念,主要为德国民法学者研究代理制度时使用,我国学者对此尚未统一,除"冒名行为"外,尚有"冒用他人名义行为""冒名顶替行为"等称谓。

〔21〕 参见[德]维尔纳·弗卢梅:《法律行为论》,迟颖译,法律出版社 2013 年版,第 928 页。

而直接以本人的名义与第三人实施法律行为,[22]只要可以理解是为本人而为,也直接约束本人。[23] 强调对代理人意愿的解释,将"代签"纳入代理调整范围,显然更能适应现实生活。

在伪造签名签署的协议中,真正签名人与被载明当事人并不一致。如果相对人对这种"名""实"不符知情,那么其清楚知晓存在两个不同主体,真正签名人实际上是代被载明当事人而为,即"代签",尽管未获授权;如果相对人不知情,那么在其眼中只存在一个主体,误认真正签名人即为被载明当事人,此时发生冒充行为,即"冒签",既未获授权又存心欺诈。

2. 相对人知情时构成无权代理

无论签名人是否主动对外显示代理关系,若相对人并未误认真正签名人与被载明当事人为同一人,那么未经授权的"代签"自然适用无权代理规则。

特殊的是当相对人是伪造签名人自己时,是否仍可视为无权代理。从伪造签名人将原股东载明为另一方主体来看,伪造签名人的意愿仍应解释为使法律效果归属于原股东,其不可能签署一份权利义务均指向同一主体的协议,此时其具有双重身份,既作为相对人,又作为原股东的代理人,尽管这种代理是无权代理,并且同时发生了无权代理和自己代理。在更极端的情形下,譬如伪造签名人还具有相对人的代理人身份时,还会同时发生无权代理和双方代理。根据《民法总则》第168条的规定,自己代理和双方代理并非绝对无效,经被代理人同意或追认仍对其产生约束力,与无权代理的法律后果并无太大区别。因此,当相对人就是伪造签名人时,按照无权代理处理并无不妥,若原股东事后追认,那么应视为对无权代理、自己代理或双方代理进行概括性追认,若原股东事后拒绝追认,那么伪造其签名的协议当然对其不产生效力。

---

〔22〕 参见[日]山本敬三:《民法讲义·Ⅰ.总则》,解亘译,北京大学出版社2012年版,第279页。

〔23〕《日本民法典》第99条规定:(1)代理人于其权限内明示为本人而进行的意思表示,直接对本人发生效力。(2)前款规定,准用于第三人对代理人所进行的意思表示。第100条规定:代理人未明示为本人而进行的意思表示,视为为自己所为,但是,相对人已知或可得知其为本人时,准用前条第1款的规定。

3. 相对人不知情时构成冒名处分

相对人误认真正签名人与被载明当事人为同一人时,"冒签"协议转让他人股权构成冒名处分,上位概念是冒名行为。根据前面统计,实践中冒名股权转让纠纷约占30%,但由于目前尚无针对冒名处分行为的明文规定,在伪造签名案型中此类纠纷的审理工作最为棘手,接下来将重点讨论。

(三)冒名处分股权的法律适用路径

讨论冒名处分行为的法律适用问题之前,有必要先界定其法律范畴归属,即该行为究竟成立于相对人与被冒名人还是冒名人之间。[24]

1. 法律主体的确定

德国学者比较一致的看法是以冒名人和相对人的意愿为准。拉伦茨认为,只要相对人仅愿与被冒名人缔约,无论"冒名人纯粹地为了令被冒名人能成为合同当事人"还是"冒名人自己享有合同当事人之地位",合同缔结在被冒名人与相对人之间。[25] 在冒名处分行为中,虽然相对人缔约的目的是获得房屋所有权等权利,但其之所以作出缔约决定,完全是基于对登记簿载明主体信息的信赖,其主观上只想让真实权利人成为合同的约束对象。冒名人往往也希望由被冒名人承担交付标的物等合同义务,而由自己获取转让对价,客观上也确实发生了被冒名人的所有权等转移至相对人名下的结果,从这个角度来看,被冒名人被动履行了合同,其应获得的对价被冒名人"窃取"了。据此,无论是相对人还是冒名人均意在为被冒名人缔约,冒名处分行为成立于被冒名人与相对人之间。

2. 无权处分的类推障碍

承接上文逻辑,《合同法》第51条本无适用的余地,因为无权处分合同的主体是无处分权人与相对人。但仅从物权变动层面上来讲,如果实际上的无权处分人并非债权行为的主体,那就仍有必要讨论此处的无权处分是否满足善意取得的适用前提,本文认为冒名处分无法适用善意

〔24〕 参见戴永盛:《论不动产冒名处分的法律适用》,载《法学》2014年第7期。

〔25〕 参见[德]卡尔·拉伦茨:《德国民法通论》,王晓晔等译,法律出版社2003年版,第843~844页。

取得。

(1)无权处分说自身存在缺陷

第一，并非所有的无权处分均能触发善意取得。主张适用无权处分说的学者试图通过各种解释方法将“冒名处分”涵盖在《物权法》第106条规定的“无权处分”中，但显然对不动产善意取得的适用前提有所误解，支持第三人善意取得不动产的从来不是“无权处分”，而是“登记错误”，是法律为维护不动产登记簿公信力而牺牲真实权利人利益的结果，由于相对人基于登记簿的合理信赖并未受到损害，冒名处分不满足善意取得的适用前提。

第二，身份信赖不属于登记公信力的保护范围。虽然相对人对冒名人的身份产生了信赖，但其从未对登记簿产生错误认识，不动产登记机构能够对其审核并公示的权利事项是否真实进行控制，对登记时间后、权利事项外的信息则爱莫能助，任意扩大登记簿公信力的保护范围不仅是对真实权利人利益的不当牺牲，也将加重登记机构的审核义务与赔偿责任，冒名情形下的身份信赖不应借此施予保护。〔26〕

第三，欠缺原因行为。根据《合同法》第51条，无权处分合同效力待定，法释〔2012〕8号第3条却对其效力进行了肯定，〔27〕也是目前学界的主流观点，即处分权的欠缺不影响合同效力，但除此之外，并不存在其他无效事由。然而在冒名处分行为中，欠缺这样一个原因行为，冒名人与相对人均从未意欲使冒名人成为合同的一方主体。从前面统计可以看出，将冒名股权转让协议定性为无权处分合同的案例，仍将其视为效力待定合同，而且无一例外针对的是原股东作为一方主体的协议。这或许可以解释为，实践中法院并未对协议主体产生分歧，只是后来定性时出现了偏差。

(2)股权善意取得缺乏正当性基础

如果说主张冒名处分不动产类推适用无权处分尚可归因于善意取得制度的强大保护功能，那么当冒名处分的对象变成股权时，这条路似

〔26〕 参见程啸：《不动产登记簿的权利事项错误与不动产善意取得》，载《法学家》2017年第2期。

〔27〕 参见最高人民法院《关于审理买卖合同纠纷案件适用法律问题的解释》（法释〔2012〕8号）第3条。

乎更难走得通。

首先,股东登记对抗规则与股权善意取得相龃龉。姑且不论《公司法解释(三)》第26条、28条规定隐名出资、多重转让情形下的股权善意取得是否妥当,首先需要解决的问题是:登记对抗主义下的股权登记为何具有与登记生效主义下的不动产登记簿同样的公信力?工商登记主采形式审查,产生消极而非积极的推定力,能够让被登记者对未登记者进行否定,却无法支持善意第三人对股权的获得。因为按照严格的逻辑推理,《公司法》第32条第3款的唯一等价逆否命题应该是:可对抗第三人的股权必定经过登记或变更登记,而不可反面解释为"经登记或变更登记的股权一定具有对抗效力",[28]工商登记并不能提供善意取得的权利外观基础。

再者,现有配套规定不足以保障工商登记的可信赖度。一方面,信息公示制度不完善。根据《公司法》第32条和《公司登记管理条例》第9条、34条规定,股权变更等信息不属于必须登记事项。尽管《企业信息公示暂行条例》规定股权变更信息应包括在年度报告中并及时公示,但在形式审查下依靠举报核查或者随机摇号抽查并不足以激励公司如实公示,列入经营异常名录、严重违法企业名单等行政监管手段力度也十分有限。[29] 此外,股权变更公示与登记、实际变动之间的时间差也会削弱公示信息的准确度。另一方面,缺乏救济程序。不动产登记制度专门规定了更正登记、异议登记等措施,股权登记制度却未提供类似的救济程序,当股权登记因虚假材料存在错误时,当事人往往只能通过诉讼维权,而这期间股权或已几经易手,再要恢复至真实权利人名下几无可能。

3. 无权代理的类推可行性

冒名人多为公司内部人员,而根据委托—代理理论,股东与管理层、大股东与中小股东之间本来就存在代理关系,将股权的冒名处分置于代理框架下分析应是可能路径。

---

〔28〕 参见吴勇敏、张桂龙:《论股权多重转让中善意取得规则的修正适用》,载《浙江大学学报》(人文社会科学版)2017年第4期。

〔29〕 主要参见《企业信息公示暂行条例》第9条、10条、13条、14条、15条、16条、17条。

(1)委托—代理理论的有力支持

委托—代理理论是目前公司治理研究中的主流分析框架,其中心任务是研究在利益相冲突和信息不对称的环境下委托人如何设计最优契约激励代理人。[30] 两层代理冲突的典型表现之一便是经理人、控股股东利用职务之便,假冒股东、小股东签名将其股权"盗卖"。在代理关系中,代理人对被代理人负有诚信义务,在公司法理论中,董事以及依据资本多数决原则对公司施加影响的控制股东也对公司和中小股东负有诚信义务。[31] 具体到股权转让中,管理层或控股股东违反诚信义务时自然应当承担相应的过错责任,《公司法解释(三)》第28条第2款规定即为例证。但由于《公司法》及相关司法解释均未对冒名处分他人股权情形进行规定,权益被侵害的原股东只能退而求助于"权利不得滥用"条款或代理理论。

(2)冒名与代理的相似性

二者均存在三方主体,而且合同均成立在被冒名人(被代理人)与相对人之间,直接与相对人达成合意的均非被冒名人(被代理人)本人,相对人对此均可能知道或不知道。最大的区别在于,冒名人直接以被冒名人名义缔约,冒名人与被冒名人的身份区分是不存在的,而无论直接代理还是间接代理,[32] 相对人均未产生过身份错认。冒名股权转让协议虽成立于原股东与相对人之间,但股权转让的合意并非由二者达成,冒名股权转让协议本不能对其进行约束,而在强调缔约自由的民法领域,只有通过代理才可让一个并未发出意思表示的人直接受他人订立的合同的约束。[33] 因此,尽管冒名与代理的结构有所不同,但二者均需解决同样的法律问题,即一个并未作出意思表示的主体是否受他人合意的约束。

类推适用无权代理时,原股东既有追认的自由,也有不追认的自由。

---

〔30〕 参见刘有贵、蒋年云:《委托代理理论述评》,载《学术界》2006年第1期。

〔31〕 参见甘培忠:《公司控制权的正当行使》,法律出版社2006年版,第177页。

〔32〕 即便是在间接代理中,相对人也无主体身份的认知错误,相对人认为合同的另一方主体是代理人,而实际上代理人也确实是合同的另一方主体,除非相对人主动选择被代理人成为合同的另一方主体,在这里代理人刻意地隐匿了被代理人的存在,但这种隐匿对法律效果的承担并不重要。

〔33〕 参见金印:《冒名处分他人不动产的私法效力》,载《法商研究》2014年第5期。

追认时冒名股权转让协议直接在原股东与相对人之间生效，即便相对人对冒名明知甚至与冒名人串通，原股东的追认也弥补了这种效力瑕疵，原股东可向相对人主张股权转让协议中约定的收取股权转让款等权利，而冒名人与相对人不得主张合同无效；不追认时，冒名股权转让协议对原股东不生效力，除非构成表见代理。

（四）协议无效对登记效力的影响

由于伪造签名违背了原股东本人的意愿，且约定的转让价款往往偏低或者尚未实际支付，原股东对协议进行追认的并不多。根据前面统计，按无权处分或无权代理处理的57件案例中，仅17件获原股东追认（占比29.8%）。若原股东事后不予追认，伪造签名的股权转让协议将对其不产生效力，此时若股权已被再次转让，将面临是否支持原股东恢复登记诉讼请求的问题。

1.后手不可善意取得

在伪造签名案型中，如果相对人将已登记在其名下的股权再次转让，普遍的司法立场是并不否认善意取得的适用可能，只要后手满足善意、合理价格、已变更登记等要件便可保有股权，原股东不得主张返还，又一次验证了司法实务对善意取得的“制度性偏爱”。但《公司法解释（三）》并未规定隐名出资、多重转让之外的情形可参照适用善意取得规则，此种做法值得商榷。正如前面所分析，股权善意取得并不具有正当性基础，即便后手得主张保有股权，其合理根据也应是股东登记对抗规则。

2.回归登记对抗规则

《民法总则》第65条规定法人登记信息不实时不得对抗善意相对人，但这里的善意相对人从文义上解释应指法人的相对人，是否包括股东的相对人仍存有疑问。考虑到《民法总则》第65条系针对法人登记事项的一般规定，而《公司法》第32条第3款系针对公司股东登记事项的特殊规定，若贸然扩大股东登记的对抗范围，公司将更怠于办理登记，第三人的调查义务也将加重。但这并不意味着未经登记时对一切第三人均不得对抗,至少可对抗违背诚实信用原则的“背信恶意者”,[34]而且鉴于现阶段登记制度的不完善,若不加限制地贯彻对抗主义,将难以有效遏制虚假交易的横行。在不改变现行立法的前提下,司法中比较稳妥的做法应该是回归登记对抗规则,根据商事登记制度的改革进度,对第三人注意义务从严到松地把握,逐步实现登记对抗规则的一体化适用。

(五)三类特殊情形的讨论

在正常情形下,载于登记簿者即为真正的股东。但在某些特殊情形下,登记簿记载与实际情况并不一致,此时伪造签名人很可能是真正的股东或实际出资人,或为了让股权“物归原主”,或自认为有权将股权对外转让,直接越过被登记人进行变更登记。

1.隐名出资情形

根据前面统计,实际出资人伪造签名转让股权的案例占比约为20%,而实际出资人是否具有股东资格成为判断协议效力的先决问题。根据《公司法解释(三)》第25条规定,实际出资人显名需提供与股权对外转让同等程度的证据,但不加区分地一律要求“经其他股东半数以上同意”有“一刀切”之嫌。至少在实际出资人同时亦为公司其他股东的极端情形下,名义股东自始没有与其他股东达成出资合意,其他股东并未接纳名义股东一同作为公司所有者,只是出于私人原因或避法目的单纯地借名,真正行使股东权利、履行股东义务的是实际出资人,而非名义股东。

在明确实际出资人的股东资格之后,便可按照前述思路对其伪造签名转让股权的行为进行处理。一般来说,实际出资人假冒名义股东签名的股权转让协议适用无权代理规则,经名义股东追认则有效,未经名义股东追认的则无效。但在单纯借名情形下,[35]实际出资人系真正的股

---

〔34〕 日本不动产登记采形式审查,难以排除不正当第三人,因此立法对第三人作出两项例外规定,即“以欺诈或胁迫妨碍登记申请的第三人”(日本《不动产登记法》第4条)和“有为他人进行登记申请之义务者”(日本《不动产登记法》第4条)。参见参见吴勇敏、张桂龙:《论股权多重转让中善意取得规则的修正适用》,载《浙江大学学报》(人文社会科学版)2017年第4期。

〔35〕 譬如,东方贸易株式会社与韩锦途等股权转让合同纠纷上诉案,参见江苏省高级人民法院(2015)苏商外终字第00026号民事判决书,法宝引证码CLI.C.8709476。

权归属者，若相对人知情，那么双方意思表示达成一致；若相对人不知情，那么尽管相对人的意愿是与名义股东缔约，但这种意愿是建立在信赖工商登记属实的基础之上，本质上仍是希望与真正的股权归属者缔约，相对人系自有权处分人手中获得股权，至于实际出资人伪造名义股东签名变更登记的行为，交由工商部门通过罚款等行政手段处理更为妥当。

2. 冒名出资情形

《公司法解释(三)》第29条仅规定了冒名登记行为人"应当承担相应责任"，但从后半段表述来看，被冒名登记人对内不承担补足出资责任、对外不承担赔偿责任，显然不具有股东资格。股东资格的获取不仅是一种出资从而形成与公司的合同群关系，而且要公司接纳其为公司的成员。[36] 冒名登记行为人作为真正的股权归属者，假冒被冒名登记人签署的股权转让协议，无论相对人是否知情，均属有效成立，被冒名登记人无权主张协议无效或恢复股权登记，[37] 至于侵犯被冒名登记人的姓名权等纠纷则可另案解决。

3. 股权回购情形

从近年的裁判观点来看，有限责任公司的股权回购不仅限于《公司法》第74条规定的三种情形，出于短期融资、保护投资人或经股东会决议使股东退出公司等目的进行的股权回购均获司法认可。实践中很多有限责任公司与股东达成退股协议后并未及时办理减资手续或安排其他股东受让，仍保持股权登记在原股东名下的状态，待寻找到合适受让方时再通过伪造原股东签名的方式进行工商变更登记。若原股东退股时不存在抽逃出资情形，则退股协议在原股东领取退股金时已实际履行完毕，应认可公司对自己股权的持有资格，原股东无权主张之后公司与

---

〔36〕 参见叶林：《公司股东出资义务研究》，载《河南社会科学》2008年第4期。

〔37〕 譬如，涂某某等与许某某1等股权纠纷再审案，参见最高人民法院(2011)民提字第78号民事判决书，法宝引证码CLI. C. 8614761。

相对人之间达成的股权转让协议无效或要求恢复股权登记。[38] 若构成抽逃出资,则退股协议因违反强制性规定而无效,股权仍归属原股东,适用无权代理规则即可。

四、具体裁判规则的构建

(一)确定登记是否属实

司法实践中,不少案件的法官回避了对登记属实与否的查明问题,直接以伪造签名非原股东真实意思表示为由,或判协议不成立,或判协议无效。如此单凭伪造签名即否定协议效力的裁判思路,既无助于查清案件事实,也将使公司股权结构长期处于不稳定状态,更会徒增行政及司法资源的浪费,实不足取。基于此,股权被伪造签名转让之前的工商登记是否属实对确定协议主体、判断协议效力至关重要,甚至可以说是正确适用法律解决纠纷的先决条件。当然,这并不是要求法官在审理伪造签名的股权转让纠纷时均先核实工商登记是否属实,而是仅在案涉当事人对登记真实性存有异议时,法官才需对伪造签名转让股权前的股权归属进行判定。

(二)判断有无事先同意或事后追认

1. 认可"署名代理"

若签名人事先已获得原股东授权,那么应适用有权代理规则使股权转让协议直接约束原股东;若签名人事先并未获得授权,但原股东事后进行了追认,那么无论是明示追认还是推定追认,股权转让协议

[38] 譬如,李永有与胡高良股权转让纠纷案,参见安徽省黄山市中级人民法院(2015)黄中法民二终字第00055号民事判决书,法宝引证码CLI. C. 15939819;广东恒昌建设集团有限公司等与徐丽君股权转让纠纷上诉案,参见广东省佛山市中级人民法院(2014)佛中法民二终字第400号民事判决书,法宝引证码CLI. C. 6744958;徐雪尔诉嵊泗县合力印刷包装有限公司等股东权纠纷案,参见浙江省舟山市中级人民法院(2009)浙舟商再终字第1号民事判决书,法宝引证码CLI. C. 169547;王修华与安徽同兴环保工程股份有限公司(二审中名称变更为同兴环保科技股份有限公司)等股权转让纠纷上诉案,参见安徽省马鞍山市中级人民法院(2017)皖05民终2号民事判决书,法宝引证码CLI. C. 8914132。

也直接对原股东生效，这既是对原股东利益的保护，也是对相对人利益的保护。已有案例显示原股东在明知其股权被非法转让后以实际行为表示认可，后又以签名非本人所署为由主张协议无效，[39]亦有案例显示原股东对伪造签名的股权转让协议明确表示追认后，非善意相对人又以其与原股东从未形成股权转让合意为由主张协议从未成立，[40]明显有违诚信原则。肯定原股东的追认权，使伪造签名股权转让协议的效力瑕疵得到弥补，既能让原股东实现对使用其名义实施法律行为的利用，又能通过赋予善意相对人撤销权保障其自由缔约的权利。

2. 谨慎对待公司惯例

伪造签名人往往是公司内部人员，与原股东同处于一个封闭公司之中，并非互不相识、仅偶然缔结法律关系，而是相互信赖、经常性缔结法律关系。除公司章程外，公司在经营过程中可能还形成了其他已被接受但尚未落实到纸面的自治惯例，这种惯例也应对公司内部相关人员产生约束力。若查明已发生过多起代理署名的股权转让先例，且原股东对此一向表示认可，则原股东仅以签名系伪造为由主张某次股权转让协议协议无效不应得到支持，除非原股东能确切证明该次股权转让违背其本人意愿。[41] 需说明的是，若代理署名的先例与股权转让等直接关涉原股东私益的事宜无关，而只是为了办理变更登记公司名称、地址、注册资本等关涉全体股东利益的事宜，那么，并不能据此认定在股权转让方面也存在代理署名惯例，任何直接引起股权变更的法律行为必须或由原股东亲自实施，或经由原股东明确授权，或虽无明确授权但有足够证据证明原股东已事先同意或事后追认。

---

〔39〕 譬如，王忠林与黑龙江东辉投资集团有限公司、蔡霞、黑龙江林霞房地产开发有限公司股权转让纠纷案，参见黑龙江高级人民法院(2015)黑高商终字第111号民事判决书，法宝引证码CLI. C. 15773241。

〔40〕 譬如，李建成与张玉强股权转让纠纷上诉案，参见浙江省宁波市中级人民法院(2016)浙02民终4178号民事判决书，法宝引证码CLI. C. 8902062。

〔41〕 譬如，黄煜超与桂林市新镒房地产开发有限责任公司等股权转让纠纷上诉案，参见广西壮族自治区桂林市中级人民法院(2012)桂市民二终字第116号民事判决书，法宝引证码CLI. C. 1057632。

（三）无追认时考察可否类比表见代理

若相对人为不知情的第三人，那么类推适用无权代理规则时，还需额外考虑是否存在类推适用表见代理的可能性。意即可否使冒名股权转让协议直接约束被冒名人？从实体法角度来看，应考察相对人是否构成“善意”；从程序法角度来看，应考察相对人是否能够举证证明冒名人存在身份外观。

1. 从严把握“善意”标准

《民法总则》第172条、《合同法》第49条针对表见代理均采用了“相对人有理由相信”的表述，但何谓“有理由相信”并不明确，《合同法》第50条针对无权代表则采用了“除相对人知道或者应当知道”的表述，比较两条规范的结构和连续性，表见代理中的第三人善意也应适用相同标准。[42] 换言之，第三人非明知且非因过失而不知时方得适用表见代理。

在某些极端情况下，公司内部人员伪造身份证、利用长相相似或提供虚假授权委托书博得受让方信赖。譬如，家族企业中某股东将身份证、私章等交由同胞兄弟或姐妹保管使用，而该兄弟或姐妹假冒签名将股权“盗卖”，此时受让方难谓存在过失，而原股东则具有一定的可归责性。我国通说认为，表见代理中应以被代理人的可归责性为构成要件之一，盗用情形原则上不成立表见代理，[43] 现行仍然有效的法释〔1998〕7号第5条规定即为例证，[44] 但《民法总则》对此并无相关规定，[45] 因此只能将其涵盖进相对人“善意”的要件中进行判断。

考虑到冒名处分毕竟不同于无权代理，并无必要特别维持存在身份

---

〔42〕 参见石一峰：《再论冒名处分不动产的私法适用——类推适用的视角》，载《现代法学》2017年第3期。

〔43〕 参见孙鹏：《表见代理构成要件新论——以被代理人的过错问题为中心》，载《云南大学学报》（法学版）2004年第1期；叶金强：《表见代理构成中的本人归责性要件——方法论角度的再思考》，载《法律科学》（西北政法大学学报）2010年第5期；王利明：《民法总则研究》，中国人民法学出版社2012年版，第689～690页。

〔44〕 参见最高人民法院《关于在审理经济纠纷案件中涉及经济犯罪嫌疑若干问题的规定》（法释〔1998〕7号）第5条。

〔45〕 《民法典总则专家建议稿（法学会征求意见稿）》第172条到该草案的最终提交稿第170条再到全国人大法工委的《民法总则（草案）》（一至三审稿）第152条、167条、176条全都一致性地规定“假冒他人的名义”实施民事法律行为不适用表见代理。

外观时的可信度，因此这里的“善意”标准较于表见代理应更加严格，即除相对人“非明知且非因过失而不知”外，尚需原股东“有明显过错”。

2. 合理配置举证责任

(1)相对人就身份外观举证

相对人的身份外观举证责任内含两个方面：自证非明知且非因过失不知和证明原股东有明显过错。这两个方面并不是截然分开的，往往交叉在一起。身份外观的识别需置于具体的交易环境中，原股东参与公司治理的程度、与伪造签名人的关系、证章的保管方式、相貌特征等因素均应考虑。至于原股东的明显过错方面，同样强烈地依赖于对个别事实的考察，具体可从造成身份外观的原因、原股东对伪造签名人行为的控制能力和原股东是否曾做出引起身份外观风险的行为等角度进行。需注意的是，单纯提供机会并不足以认定原股东存在重大过错，除非其明显地违反了注意义务，譬如，曾将身份证、私章交于公司办理业务并不构成过失，但办理完毕后长时间未收回、身为公司负责人却对印章使用的混乱状况不闻不问则显然存在过错。

(2)原股东就不构成善意举证

若相对人已举证证明存在身份外观，原股东则应就相对人不构成善意或自己不存在明显过错举证，否则将受到依表见代理规则生效的协议约束。从这个角度看，原股东的举证责任与相对人的举证责任呈相反方向，其只需证明相对人已进行的举证存在不足或不可采信即可。

(四)协议无效时视情况判断股权归属

1. 原则上支持恢复登记

原股东事后未进行追认时，若股权未被再次转让，相对人应配合将股权恢复登记至原股东名下；若股权已被再次转让，那么应根据后手是否善意判断股权归属，后手无法证明已尽到调查义务时，应推定其不构成善意，原则上仍应配合恢复登记。但当股权价值波动较大，将其恢复至真实权利人名下明显不公或毫无意义时，应尤为注重保护公司整体利益，综合考虑原股东意愿、公司经营状况等因素，采取赔偿损失等其他责任承担方式或许更有助益。

2. 对后手施加有限的调查义务

如前所述，相对人将股权再次转让时，后手保有股权的合理依据应为股东登记对抗主义,但鉴于现阶段工商登记的可信赖度不高,若不对后手的主观状态进行限制,原股东的利益将受到极大损害。因此司法可暂对后手施加证明尽到有限调查义务的责任,逐步过渡到对后手的善意推定,再过渡到对恶意背信者的排除,以适度缓和原股东与后手之间的利益冲突。至于何谓有限,则应在个案中进行具体判断,一般至少应尽到工商查询、核验交易对方身份证或营业执照、公司内部惯常询问等基本核实义务,至于工商登记是否正确、对方证照是否伪造、答复是否真实则不在其负责核查的范围内,因为这超出对商事活动中一般理性人的要求。

(五)对公司利益的特殊考虑

1. 追认权的行使方式和期限

(1)追认权的行使方式

除明示方式外,《民法总则》第171条和《合同法》第48条还规定了"未作表示的"可视为拒绝追认,即消极的默示追认。《民法通则》第66条第1款、3款曾规定本人"知道而不作否认表示的"视为同意,学理上称为容忍代理,《民法总则》出台后删除了类似规定。但在股权转让纠纷的伪造签名案型中,或许仍有推定缄默为同意的必要。原股东明知其股权被非法转让仍长期不作否认表示,可能给相对人、公司造成其不会再拒绝追认的印象,此时允许原股东拒绝追认,显然将极大损害相对人、公司的利益,也与诚实信用、禁反言原则相违背。此外,还存在积极的默示追认,即可从被代理人的言辞或行动中推定的追认,现行有效的法释〔2009〕5号第12条规定表明我国并不排斥推定追认。[46] 司法实践中,常见的推定追认行为有以下几种:原股东已接受伪造签名人转交的股权转让价款;原股东依据伪造签名的股权转让协议向相对人主张收取股权转让价款的权利;原股东在之后载有相对人作为股东等内容的文件材料中亲笔签名。

〔46〕 根据最高人民法院《关于适用〈中华人民共和国合同法〉若干问题的解释(二)》(法释〔2009〕5号)第12条的规定,在无权代理人情形下,被代理人已经开始履行合同义务的,视为对合同的追认。

(2)追认权的行使期限

法律本无必要对原股东的追认权设定期限,因为原股东追认是最理想的结果,但不对原股东的追认权设定期限,也意味着原股东得随时拒绝追认,协议及相应的股权变动将长期处于效力待定的状态,除非原股东明知股权被非法转让仍不作否认表示。不少案例中,原股东是在股权已被冒名转让十数年甚至更久之后才提起诉讼,此时公司的人合基础早已不同往日,且已在新的人合基础上正常运营,因原股东拒绝追认就判定协议无效并恢复股权登记显然将对公司利益造成极大损害,甚至可能发生公司因股东之间矛盾而陷入僵局的情况。原股东应履行合理注意义务,确保各项证明其股东资格的文件记录保持一致,其对股权的维护力度明显不足时,法律应更偏重保护公司利益。本文认为,类比撤销权等形成权,原股东的追认权行使期限设为"自知道或者应当知道之日起一年内"应属合理,但超过一年未作否认表示的视为同意。

2. 协议无效时的民事责任

(1)责任承担方式

不少案例中原股东同时提出了确认股东资格、变更股权登记的请求,法院也多在确认伪造签名的股权转让协议无效后对原股东的该类请求予以支持,也就是说法院首选"返还财产"作为相对人的责任承担方式。本文对此难以赞同,且不说此时的股权价值可能已增值数倍或者不值一文,贸然进行股权变更登记,很可能破坏公司已有的人合基础与经营状态,"折价补偿或赔偿损失"或许更为合理。简单比照一般的财产转让规则处理股权转让纠纷并不妥当,若股权被违法转让的时间过长,在判定股权转让协议无效之后,应慎重选择返还财产的责任承担方式,至于多长时间算长、恢复股权是否合适则难以预判,需要法官根据具体案情,综合考量时间、价值、人合性、主观状态等因素进行融贯性的思考。

(2)控股股东、实际控制人、董高的责任

控股股东、实际控制人、董高的疏忽或纵容是导致股权被侵占或"盗卖"的重要原因,但立法对其登记义务和法律责任方面的规定显然不足,这在某种程度上加剧了虚假登记乱象。在目前搜集到的案例中,因为于法无据,尚未有判令董高或实际控制人承担赔偿责任的。但本文认为,既然《公司法解释(三)》第28条第2款规定已对股权多重转让情形下怠于办理变更登记的董高或实际控制人的直接赔偿责任作出规定,那么举轻以明重,对股东股权被侵占或“盗卖”明显存在过错的董高或实际控制人自然也应向原股东进行赔偿。

(编辑:姜沅伯)

《证券法苑》(2018)
第二十五卷,第401~468页

捍卫联邦强制披露制度:观察证券法颁布之前的招股说明书

[美]布伦特·J.霍顿*著　肖梦涵**译

摘要:1933年的美国证券法规定了联邦强制披露制度。然而,一些学者依旧质疑联邦强制披露制度的必要性。本文通过分析证券法出台前各企业披露的招股说明书,提出了两点看法:(1)证券法出台之前的信息公开是不充分的;(2)质疑者需要正确理解联邦强制披露制度所要求的披露内容。作者首先解释了证券法的披露要求,接着阐明了质疑者的主要论点;然后分析了这些招股说明书,并得出结论:在证券法颁布之前,招股说明书提供的信息披露通常是不充分的。

关键词:强制披露　招股说明书　财务报表　资本结构　投票权

---

* 福特汉姆大学加贝利商学院法律与道德副教授,纽约大学法学院公司法法律硕士,锡拉丘兹大学法学院法学博士。感谢我的同事Elizabeth Cosenza提出的有益建议,以及感谢芝加哥大学2016年全国商业法学者大会的所有与会者,也非常感谢福德汉姆大学为我提供的巨大支持。

** 北京大学法学院2017级法本法硕(电子商务法方向)。

引　言

《1933 年证券法》(以下简称《证券法》)[1]建立了联邦强制披露制度[2]用于规制面向公众发行的证券,以响应国会的调查结果:

(1)在 1929 年股市暴跌前的几年里,企业发行人未能向投资者提供必要的信息以证明他们所提供证券的价值(或者更直白地说他们的证券是否毫无价值);[3](2)如果企业发行人提供了足够的信息,投资者就可以避免投资无价值的证券[4](估值约 250 亿美元)。

然而,一些法学学者对国会提出的"公司未能为投资者提供信息"的调查结果提出了质疑,这些学者被称为"怀疑论者",而那些接受国会调查结果的学者,被称为"传统学者"。其中一位著名的怀疑论者是弗吉尼亚法学院前院长 Paul G. Mahoney[5]教授。在 Mahoney 教授

---

〔1〕 Securities Act of 1933, Pub. L. No. 73 – 22, 48 Stat. 74[codified as amended at 15 U. S. C. § § 77a – aa(2012)].

〔2〕 本文第一部分详细解释了证券法的披露要求。首先,需要注意该法要求公司以招股说明书来披露证券信息,同上 §77e。此外,该法还要求招股说明书包含二十七类信息,其中包括发行人姓名;企业所在州;发行人主要业务机构所在地;董事、承购人和股东的姓名和地址;证券明细表;商业特征;资本;未清算期权;股本;长期债务;发行目的;发行人向其董事及高管支付的报酬;估值净收益;提供给公众的证券价格;提供给承购人的佣金和折扣;过去的销售净收益;发起人的报酬;非常规经营活动获得的资产收购和卖方信息;融资成本;任何一类股票持股超过百分之十的股东的利益;法律顾问的姓名;非在一般经营活动中达成的重大合同;管理合同,特殊奖金或利润分配;资产负债表;损益表;以及用于其他项目的资金投入,同上 §77aa(1) – (27)。

〔3〕 H. R. Rep . No. 85, 2(1933)[hereinafter House Report], reprinted in 2 Legislative History of the Securities Act of 1933 and Securities Exchange Act of 1934, item 18, at 2 (J. S. Ellenberger & Ellen P. Mahar comps. , 1973)[hereinafter Legislative History]("这种大量无价值证券的波动是有可能的,因为……[a]或者没有试图将投资者的注意力放在估计任何证券价值的基础上"); S. Rep . No. 47, 2(1933)[hereinafter Senate Report], reprinted in Legislatve History, item 17, at 2. ("该法案的必要性是因为美国公众将几十亿美元投资于几乎毫无价值的证券……这都是拜那些不完整的/粗心的或虚假的陈述所赐。")。

〔4〕 House Report,如上注〔3〕,第 2 页。

〔5〕 Paul G. Mahoney, Wasting a Crisis: Why Securities Regulation Fails, Chicago, Vniversitg of Chicago Press, 2105, p. 3.

2015年的著作《浪费危机：证券监管失败的原因》一书中，他认为法案颁布前披露不充分的观点"明显错误"。[6] 其他著名的怀疑论者包括George Stigler，[7] George Benston[8]和Roberta Romano。[9]

本文将怀疑论者的理论，即公司发行人向投资者提供了足够的信息（披露不足的说法是错误的），与1910年至1920年前后的主要来源证据作比较[10]，特别是来自美国铝业公司[11]（ALCOA），可口可乐公司[12]（可口可乐），联合雪茄商店联合雪茄公司[13]（联合雪茄）等知名公司以及许多小型企业[14]在法案发行前的25份招股说明

[6] 同注[5]，第3页。

[7] George J. Stigler, *Public Regulation of the Securities Markets*, 37 J. B. 117, 120 (1964)（呼吁披露不足是"传统信仰和个人偏见的混乱集合"）。

[8] George J. Benston, *The Value of the SEC' s Accounting Disclosure Requirements*, 44 Acct. Rev. 515, 1517 (1969)（称"证券法出台前的披露不充分是民间传说"）。

[9] Roberta Romano, *Empowering Investors: Amarket Approach to Securities Regulation*, 107 Yale L. J. 2359, 2373 (1998) [hereinafter Romano, Empowering Investors]（指出"没有什么实际证据表明法案出台前的披露不足"）。参见 Roberta Romano, *Metapolitics and Corporate Law Reform*, 36 Stan. L. Rev. 923, 1004 (1984) (hereinafter Romano, Metapolitics)（"所有信息必须在证券法颁布之前自愿披露"）；Roberta Romano, *The Need for Competition in International Securities Regulation*, 2 Theoretical Inq. L., 387, 466-67 (2001) [hereinafter Romano, Need For Competition]（声称法案前的披露是适当的）。

[10] 本文的研究方法主要依赖于对基础来源文件的考察，特别是对法案颁布前的25份招股说明书的考察。笔者能够找到的唯一一篇类似文章回顾了联合公司的单一招股说明书。请参阅 *Note, High Finance in the Thirties: New Deal Legislation*, 37 Colum. L. Rev. 1137, 1170 (1937)。文章详细比较了"1929年的披露与1937年的披露情况……当即表示对于公司的股东来说，更多的'合理的投资判断所必需的事实'需要被呈现。"[引用 William O. Douglas & George E. Bates, *The Federal Securities Act of* 1933, 43 Yale L. J. 171, 188-98 (1933)]。

[11] 美国铝业公司招股说明书（1925年）[以下简称美国铝业1925年招股说明书]（存档于作者处）；美国铝业公司，招股说明书（1927年）[以下简称美国铝业1927年招股说明书]（存档于作者处）。

[12] 可口可乐公司招股说明书（1919年）[以下简称可口可乐招股说明书]（存档于作者处）。附录B列出完整的可口可乐招股说明书。

[13] 联合雪茄商店联合雪茄公司招股说明书（1927年）[以下联合雪茄招股说明书]（存档于作者处）。

[14] 见附录A（上市招股说明书）。

书。[15] 审查这些前招股说明书的结果与怀疑论者的说法相反,[16] 公司发行人普遍未能提供财务报表、资本结构和投票权信息和有关高管与承购人报酬的信息,以及有关风险因素的信息。[17]

笔者由此提出了一个论点,分为两部分:(1)与怀疑论者的断言相反,法案颁布前的披露是不充分的;因此,(2)任何试图修改联邦授权的披露制度的行为都应该通过正确理解披露的内容来解决(尤其当这种修改会削弱披露制度时)。[18] 为了论证这一论点,文章第一部分首先解释了 1933 年《证券法》的披露要求。第二部分质疑了怀疑论者关于法案颁布前披露较为充分的论点。然而,这个论辩显然可以通过审查主要来源文件来进行。因此,第三部分和第四部分转向讨论关于法案发行前招股说明书的审查。第三部分讨论法案发行前事前招募说明书的收集方法,第四部分特别提出了与怀疑论者的理论相反的观察结

〔15〕 在证券法出台之前,招股说明书主要是一份三到四页提供发售证券的营销文件。参见 Twentieth Century Fund, The Security Markets 566 - 568, 567 n. 1(1935)。书中解释说:前几年的招股说明书首先要包含公众购买邀请函……往往是明显被用于引起公众兴趣……这些通告的内容包括相对充分的披露、对投资者的夸张而毫无根据的承诺、基于气候条件的诗化鼓吹……以及重大遗漏和完全错误陈述。同上,第 566 ~ 567 页。随着"证券法"的通过,招股说明书不再是主要的营销文件;它成为必须伴随所有非豁免服务的披露文件。见 15 U. S. C. § 77e(2012)(要求在发行前提交注册声明,并且其后的所有产品均要通过招股说明书进行,其中基本涵盖了包含在注册声明中的信息);同上,§ 77j("[一份]招股说明书……应包含注册声明中所包含的信息,但不必包括本节第 77aa 节附录 A 第 28 ~ 32 段所述文件标题……")。

〔16〕 虽然我提出了大量的证据质疑怀疑论者的理论,但我绝不质疑怀疑论者对国会调查结果称为"胡说"的重要性。参见 Stephen B. Burbank, *Aggregation on the Couch: The Strategic Uses of Ambiguity and Hypocrisy*, 106 Colum. L. Rev. 1924, 1942 (2006) ["[通常是]法规的发现和目的声明……符合'胡说'的定义,因为它们对其真实内容显然漠不关心。"(引用 On Bullsh * t. Princeton. Princetor Unrversty Press, 2005)]。这种怀疑态度对于防止政府权力延伸至关重要,特别是在经济监管方面。

〔17〕 见下文第四部分。

〔18〕 Joel Seligman 提出了类似的观点, *The History Need for a Mandatory Disclosure System*, 9 J. Corp. L. 1, 57(1983)("[我]建议证监会和国会研究一下对这个制度的修改是否是有必要的,期间应该考虑到之所以创设这一制度的重要原因")。

果,即伴随公开发行证券的信息披露往往不能提供最基本的信息。[19]

该论辩并不纯粹是学术的。正如第五部分所讨论的,《2017 年金融监管改革法案》[20]扩大了允许参与私募的投资者数量(因此不同于证券法对公开发行所要求的强制披露义务)。[21] 在国会扩大无须强制披露投资者的数量之前,应该首先确定这种变化将导致证券法案通过之前主要披露问题重演的可能性:财务报表缺失;未解释公司的资本结构和投票权;未披露投资者、董事和承购人的报酬;以及未能披露风险因素。[22]

一、证券法披露:导论

1973 年至 1976 年曾担任证券交易委员会(SEC)专员的 A. A. Sommer, Jr. 曾经将证券法称为"臭鸡蛋法",因为根据证券法,"完全可以向公众出售臭鸡蛋,只要你清楚地表明他们已经烂了,或许可以告诉他们为什么以及如何变得烂了"。[23] 这就是说,证券法并不是阻止发

---

〔19〕 为了帮助读者理解这些调查结果,我附了两个附录。附录 A 概述了所有被考察招股说明书的图表形式。该图表包括每份招股说明书的背景信息,包括其发布年份,注册公司的状态,交易所(如果有),行业和股票类型。它还包括每份招股说明书是否包含资产负债表和损益表,关于资本结构和投票权的信息,董事及其报酬,高级职员及其报酬,承销商及其报酬和风险因素。该图表还包含一个包含每个文档来源的列表。附录 B 是可口可乐 1919 年发行普通股的完整招股说明书。选择包含可口可乐完整的招股说明书是因为其具有历史意义,并且因为交易场所是纽约证券交易所。

〔20〕 The Financial CHOICE Act of 2017, H. R. 10, 115th Cong. § 860(a)(2)(2017).

〔21〕 见下文第五部分。

〔22〕 Seligman, 前注〔18〕, 第 57 页(认为法案颁布前的披露问题不是历史遗留问题)。

〔23〕 A. A. Sommer, Jr., Comm'r, SEC, Annual Reports: More than Pretty Pictures?, Address Before the Nat'l Investor Relations Inst. 1-2(Oct. 24, 1973).

行人向公众提供高风险证券,[24] 而是要求其披露信息(发行人必须向潜在投资者提供信息,用于判断证券的安全性是否太冒险)。[25] 表1展示了将在下文中阐释的披露要求。

---

〔24〕 值得注意的是,国会确实讨论了实质审查制度的可能性。James Mott 代表赞扬了实质审查的优点:根据[某些州遵循的实质审查法规]……证券专员[有权]对申请发售的每一种证券进行调查。调查的范围是无限的,由在该领域接受培训的专家组成。根据其调查,法律规定专员有责任确定所审查的证券是否合法并且是善意发行的。如此这般,专员可以颁发授权销售许可证。如否,那么根据法律,他有义务驳回许可。这样一来,投资者就不会受到欺诈——经验表明唯一的例子就是他可以得到真正的保护。

77 Cong. Rec. 2910,2947(1933)[hereinafter House Consideration](statement of Rep. James Mott),reprinted in 1 Legislative History of the Securities Act of 1933 and Securities Exchange Act of 1934,item 7,at 2947(J. S. Ellenberger & Ellen P. Mahar comps.,1973)。然而,最后,国会拒绝了实质审查,反而采用了披露模式。结论是基于 Clarence Lea 代表和联邦贸易委员会(FTC)主席 Houston Thompson 之间的以下交流:

Lea 先生:我认为,这项法案的主要目的是提供信息而不是禁止。

Thompson 先生:该法的传播是法律的主要目的。换句话说,我们认为如果公开信息能够到达到每个家庭,那么邪恶就能被纠正。当然,你目前还无法保护傻瓜,因为他们是那种完全不小心的人;但是我们给了他们一切合理的机会来提醒他们自己。如果他们购买太多投机性的股票,那这是他们自己的风险。

Lea 先生:换句话说,政府没有试图向他们说明他们是否应该购买或有权购买?

Thompson 先生:没有。

Lea 先生:但仅仅是让他们掌握信息?

Thompson 先生:是的。此外,政府对他们说:我们没有考虑到这种股票的极度投机性质。我们正在努力做的是让您在平等的基础上,或尽可能平等地与卖方达成一致。如果你想冒这种投机风险,好吧,那就取决于你了。

Federal Securities Act:Hearing on H. R. 4314 Before the H. Comm. On Interstate & Foreign Commerce,73d Cong.,40(1933 [hereinafter House Hearing])(FTC 主席 Clarence Lea 和 Huston Thompson 的声明)reprined in,Legislative History,前注〔3〕,item20 at 40(1973);请参阅 Stephen M. Bainbridge,*Dodd - Frank:Quack Federal Corporate Governance Round II*,95 Minn. L. Rev. 1779,1801(2011)(讨论国会否决了有利于披露模式的价值评估的事实)。还请参阅 Daniel J. Morrissey,*The Road Not Taken:Rethinking Securities Regulation and the Case for Federal Merit Review*,44 U. Rich. L. Rev. 647,679(2010)(询问国会是否应该通过实质审查,以及披露模式)。

〔25〕 Carlos Berdejo,*Going Public After the Jobs Act*,76 Ohio St. L. J. 1,9(2015);James D. Cox,*Premises for Reforming the Regulation of Securities Offerings:An Essay*,63 Law & Contemp. Probs. 11,14 - 16(2000).

表1　时间段和可用信息之间的关系[26]

时间段	预备期(安静期)	等待期	有效期
触发事件	企业管理向实现上市迈出了实质性的步骤(例如,与承销商的初步认识)	公司向 SEC 提交注册声明	SEC 批准注册声明
平均天数[27]	39.3 天	38.9 天	不适用
可以发行或销售吗?	不可以	可以发行	可以发行和销售
哪些信息可能会提供给公众?[28]	没有。发行人被禁止与投资大众进行沟通	招股说明书包含注册说明书的前27 项	

联邦强制披露制度的一个特点是由特定的时间点来决定注册人可以或不能提供给潜在投资者相关信息。在上市期间,发行人不能向投资者提供任何信息。[29] 在登记声明被提交证监会之后的等待期内,且在批准之前,允许发行人与潜在投资者进行沟通,但只能通过招股说明书

[26] 表 1 是根据附注 26 ~ 38 所列的资料汇编的。

[27] SEC Rep. of the Advisory Committee on the Cap. Formation & Reg. Processes, app. A, tbl. 2(July 24,1996)(列出每个时期的平均长度),载 https://www. sec. gov/ news/ studies/capform/appatbls. txt。

[28] 有例外。例如,在预购期间,发行人可能仍会做广告。Securities Act Rule 169,17 C. F. R. § 230. 169(2007)。在等待期,"自由书写"是被允许的。Securities Act Rule 433,17 C. F. R. § 230. 433(2007);参见 Stephen J. Choi, *Behavioral Economics and the Regulation of Public Offerings*, 10 Lewis & Clark L. Rev . 85, 99 – 100, 99 n. 71 (2006)(讨论自由写作包括附有法定招股说明书的封面信件,甚至包括预先录制的路演)。

[29] John C. Coffee, Jr. , *Brave New World?: The Impact(s) of the Internet on Modern Securities Regulation*, 52 Bus. L. 1195, 1206(1997)["1933 年法案"……在提交注册声明前确立发行人(及其代理人)不得招揽或限制市场的"安静期",以及禁止在发送法定招股说明书前使用其他书面发行材料(所谓的"自由写作")]。Alan D. Morrison & William J. Wilhelm Jr. , *Trust, Reputation, and Law: The Evolution of Commitment in Investment Banking*, 7 J. Legal. Analysis 363, 388(2015)("通讯在安静时期受到严格管制:公司不能做出可能会影响市场的口头或书面声明")。

来再现正在由证监会审查的注册声明中包含的前27项内容。[30] 这个较短版本的注册声明(有时被称为“法定章程”,因为它包含法规中规定的项目)是可能提供给潜在投资者的唯一信息。[31] 法定招股说明书必须包含的信息已经清楚划定。它必须包含资产负债表和损益表、关于资本化和投票权的信息、董事信息及其报酬、投资者信息及其报酬以及有关承购人及其报酬的信息。[32] 最后,在生效后的期间中,许多信息限制被放宽,发行人可以开始销售活动(但只能在向法定投资者提供法定招股说明书和所有必要信息之后)。[33]

不遵守披露规则可能导致证监会拖延甚至阻止公开发行,[34] 甚至可能引发私人诉讼。[35] 如果发行人使用法定招股书以外的资料提供担保,买方可以对撤销(寻求支付该证券的对价及利息,减去得到的任何收入金额)或所受损失提起诉讼。[36]

---

〔30〕 John C. Coffee, Jr., *Re - Engineering Corporate Disclosure: The Coming Debate Over Company Registration*, 52 Wash. & Lee L. Rev. 1143, 1151(1995)(声明密切监视通信以防止“任何书面通信……为吸引投资者的注意可能与美国证券交易委员会提交的初步招股说明书竞争”)。

〔31〕 15 U. S. C. §77e(b)(2012)(要求担保须由法定招股说明书提供)。关于法定招股说明书的定义,[一份]“法定招股说明书”符合“证券法”第10节实质性要求,因此可以用来满足第5条的程序要求。“第10(a)条规定了所谓的法定章程(也称为最终招股章程)的要求,必须在1933年之前或之时根据第5(b)(2)条出售公开发售的证券。”Brent J. Horton, *For the Protection of Investors and the Public: Why Fannie Mae's Mortgage - Backed Securities Should be Subject to the Disclosure Requirements of the Securities Act of* 1933, 89 Tulane L. Rev. 125, 138 n. 72(2014)[引自 Joseph A. Franco, A Consumer Protection Approach to Mutual Fund Disclosure and the Limits of Simplification, 15 Stan. J. L. Bus. & Fin. 1, 10 n. 15(2009)]。该主题与“证券法”定义部分提供的更广泛的招股说明书定义有关:“任何招股说明书、通知、通告、广告、信件或通讯,书面或无线电或电视提供任何证券销售或确认证券出售任何证券。”15 U. S. C. §77b(a)(10)(2012);参见 Gustafson v. Alloyd Co., 513 U. S. 561, 585 - 589(1995)(Thomas, J., 反对)(将招股说明书作为“艺术术语”讨论)。

〔32〕 15 U. S. C. §77j(a)(1)(2012)(解释法定招股说明书必须包含的内容)。

〔33〕 同上, §77e(a)(2012)。

〔34〕 Abba David Poliakoff, SEC Review: Comfort or Illusion?, 17 U. Balt. L. Rev. 40, 43 - 47(1987),引自 James D. Cox et al., Securities Regulation: Cases and Materials(7th ed., Aspen Publishers, 2003, pp. 147 - 149.)。

〔35〕 15 U. S. C. §77l(a)(2)(2012).

〔36〕 同上。

正如"引言"所述，联邦政府出台强制披露制度是为了回应国会的调查结果，即在1929年股市暴跌之前，企业发行人未能向投资者提供必要的信息以证明其所提供的证券存在价值。[37] 然而，联邦政府强制披露制度需要时间成本和金钱成本。[38] 证券法规定的首次公开招股(IPO)成本往往达到数百万美元。[39] 仅准备登记注册声明(作为法定招股说明书的基础)可能就需要数千小时，需要公司的律师、承购人和会计师的参与。[40] 鉴于成本巨大，目前国会之所以会放松管制并限制披露要求适用性的做法就可以理解了。[41] 但是在这样做的时候，应该牢记在证券法颁布之前糟糕的披露状况，并且联邦强制披露制度确实提高了投资者可获得的信息的质量和数量。[42]

二、学术争辩

该部分概述了关于法案颁布前投资者所得的是否是不充分披露信息的学术辩论(如传统学者所主张的)，或者说法案颁布前投资者是否

〔37〕 House Report，见前注〔3〕，第7页；Senate Report，见前注〔3〕，第2页。

〔38〕 Andrew A. Schwartz, *Crowdfunding Securities*, 88 Notre Dame L. Rev. 1457, 1468 (2013)("结果除了最大的发行人之外，注册公开发行对于所有人来说都太昂贵了")。

〔39〕 Robert Anderson IV, *Employee Incentives and the Federal Securities Laws*, 57 U. Miami L. Rev. 1195, 1196 n. 8 (2003) [引用 Harold S. Bloomenthal, Going Public and the Public Corporation 1 -9 to 1 - 11 (1986)]。Bloomenthal估计1986年的成本为100万美元。目前经过通货膨胀影响后，成本将超过200万美元。

〔40〕 C. Steven Bradford, *Securities Regulation and Small Business: Rule* 504 *and the Case for an Unconditional Exemption*, 5J. Small & Emerging Bus. L., 1, 4 (2001)(讨论高成本会阻止一些公司在公开募股中募集资金)；Schwartz，见前注〔38〕，第1469页。

〔41〕 Kevin McCarthy, *How The House Will Roll Back Washington's Rule By Bureaucrat*, Wall St. J., Jan. 25, 2017, at A17(承诺"接手证券交易委员会的披露规则")。

〔42〕 见前注〔18〕。

获得了有关投资的充分信息(如怀疑论者所主张的)[43]。在讨论传统学者和怀疑论者的相关学术研究的同时,大部分内容都是围绕着两位当代怀疑论者 Roberta Romano 和 Paul Mahoney 提出的理论,以及他们的理论无法通过下文第四部分所述的考察法案颁布前招股说明书的方法来证明。

A. George J. Stigler 和 George J. Benston

在证券法通过后的几十年间,很少有人质疑传统的观点,即需要联邦强制的披露制度来弥补披露不足和信息不对称。[44] 但是,在 20 世纪 60 年代,这一切开始发生变化。[45] 一些学者使用经济学领域提供的新工具来质疑事前披露不足的传统观点。[46] 1964 年,George J. Stigler 在《证券市场的公共监管》[47]中发起了第一次对传统观点的重大冲击。关于具体情况,Stigler 的论点如下:

1. Stigler 假定如下前提:如果证券法提高了招股说明书披露的质量,那么那些投资于法案颁布后的 IPO 的投资者将获得更高的回报;[48]

2. Stigler 调查了投资于证券法颁布前后的 IPO 的投资者的回报,发现并没有显著的差异;[49]

3. Stigler 将上述发现应用于一个命题逻辑规则:A 推出 B,因此非 B

---

〔43〕 我记得 John C. Coffee 教授曾对持传统观点和持怀疑论学者之间的争辩进行形象地描述:学术评论与第一次世界大战起源史上的战争有很多共同之处,都可划分明确的阶段。首先,有一个正统派倾向于把历史事件看作对抗邪恶的道德戏剧。接下来是修正主义者揭穿所有人,并解释说好人们实际上是坏人。最后,一批更专业更有工匠意义的学者涌入现场,纠正修正主义者的粗俗夸张,并产生更平衡的评估。参见 John C. Coffee Jr., *Market Failure and the Economic Case for a Mandatory Disclosure System*, 70 Va. L. Rev. 717, 717(1984)。

〔44〕 正如一位评论家在 1937 年所写的那样,招股说明书举例说明了该法所遵循的证券分配的变化特征。信息的可用性……意味着我们正在接近一个阶段,即一个聪明的投资者将拥有足够的正确数据对证券做出比 20 年代更合理的判断。

〔45〕 Stigler,见前注〔7〕,第 120 ~ 124 页。

〔46〕 同上。

〔47〕 同上。

〔48〕 同上,第 120 ~ 121 页。

〔49〕 同上,第 121 页。

推出非A。[50] 根据Stigler的前提和结论，如果证券法提高了招股说明书的披露质量，那么那些在法案颁布后投资于IPO的回报会有所提高：但他们的回报没有提高：因此，证券法并没有提高招股说明书的披露质量。[51]

Stigler的结论是，证券法并没有提高招股说明书披露的质量，[52] 这被怀疑论者经常引用，即证券法发行前的披露是充分的（没有什么可改进的）。[53] 然而，Stigler也可能只是在说，联邦监管并没有改善信息披露，而不是在说证券法颁布前几十年里的披露是充分的。[54]

对传统观点的第二次重大冲击是在1969年，George J. Benston发表了《美国证券交易委员会会计披露要求之价值》。[55] 像Stigler一样，Benston使用了经济学领域提供的以下工具：

1. Benston假设如下前提：如果“证券法”提高了披露质量，那么公司

---

〔50〕 这在形式上被称为命题逻辑的“拒取式”规则。然而，命题逻辑可能不是推动法律论证的最佳工具。参见Scott Brewer, *Exemplary Reasoning: Semantics, Pragmatics, and the Rational Force of Legal Argumentby Analogy*, 109 Harv. L. Rev. 923, 943 (1996)（“有充分的理由相信，三段论逻辑本身和命题逻辑都不足以代表法律论证的逻辑”）；Cass R. Sunstein, *On Analogical Reasoning*, 106 Harv. L. Rev. 741, 743 - 744 (1993)（认为使用命题逻辑不是解决法律问题的最佳工具）。

〔51〕 Stigler，见前注〔7〕，第120～124页。

〔52〕 同上，第124页。Stigler的假设中，改善披露会导致更好的投资回报。但这是有争议的，因为很难让各方就各种假设达成一致；在最坏的情况下，辩论的另一方会说该假设是“荒唐的”。参见Joel Seligman, The Transformation of Wall Street, Aspen Publishers, 2003. p. 565。当然，有很多竞争投入可能导致回报的增加或减少；尚不清楚Stigler是否能够掌握了解它们。

〔53〕 例如，Paul G. Mahoney, *The Allocation of Government Authority: The Exchange as Regulator*, 83 Va. L. Rev. 1453, 1468 - 1469 (1997)［主张股东在证券法通过之前已有自愿披露服务（引用Stigler，前注〔7〕，第122页）］；Romano, Empowering Investors，前注〔9〕，第2373页、2376页和2347页［认为1933年法案没有改进披露（引用Stigler，见前注〔7〕，第120～121页）］；Romano, Metapolitics，见前注〔9〕，第1004页。“大多数所需信息已在［颁布］［证券法］之前自愿披露”（引用Stigler，见前注〔7〕，第121页）。

〔54〕 Carol J. Simon, *The Effect of the* 1933 *Securities Act on Investor Information and the Performance of New Issues*, 79 Am. Econ. Rev. 295, 295 (1989)［“［Stigler］得出结论［d］：鉴于现有私人市场的财务信息来源，对新发行市场的联邦监管是无效的，或者至少是多余的。”（强调增加）］。

〔55〕 Benston，见前注〔8〕，第525～526页。

在法案颁布后通过公开市场后将提高厂房和设备的资本比例;[56]

2. Benston 调查了在证券法颁布后,企业是否通过公开市场提高了厂房和设备的资本比例,却发现他们并没有;[57]

3. Benston 将前述内容应用到这个命题逻辑的规则中:A 推出 B,非 B 推出非 A。

根据 Benston 的前提和结论,如果证券法提高了招股说明书的披露质量,那么公司将通过公开市场提高厂房和设备的资本比例,而公司没有通过公开市场提高厂房和设备的资本比例,因此,证券法并没有改善招股说明书的披露质量。[58]

与 Stigler 不同,Benston 明确地将他的结论与怀疑论者的论点联系起来,认为在证券法通过之前信息披露是充分的。[59] 他表示,他正在测试"是否有足够普遍的信息披露缺乏……以保证联邦法规的实施"。[60] 他总结说,不存在普遍缺乏的信息披露,缺乏信息披露的故事只是一个"民间传说"。[61]

B. Joel Seligman

1983 年,Joel Seligman[62]完成其著作《公司强制性披露制度的历史需求》。[63] Seligman 的大部分文章都在批评 Stigler 和 Benston 的著作。[64] Seligman 抨击了他们"未能……充分考虑到公司强制披露制度必

---

〔56〕 同上。

〔57〕 同上,第 524 页,表 II。调查显示在法案颁布前,高达 36.8% 的工厂和设备总支出来自公募市场募集资金,而后则只有 21.9% 来自公开市场筹集的资金。

〔58〕 同上,第 517 页。在本文中我将讨论 Benston 的论点,因为它们涉及新发行的公开要求的适用(招股说明书的要求)。然而,Benston 也质疑是否需要 1934 年证券交易法的持续披露要求,并指出纽约证券交易所上市协议通常需要在 1934 年之前持续披露,包括资产负债表、损益表和其他财务信息。

〔59〕 同上,第 519 ~ 520 页。

〔60〕 同上,第 519 页。

〔61〕 同上,第 517 页。

〔62〕 Joel Seligman 是证券法律和市场的首席历史学家之一。George W. Dent, Jr., *Dual Class Capitalization: A Reply to Professor Seligman*, 54 Geo. Wash. L. Rev. 725, 725 (1986)。

〔63〕 Seligman,见前注〔18〕,第 1 页。

〔64〕 同上,第 10 ~ 18 页。

要性的历史证据”。[65] 这篇文章同样批评了最近的怀疑论者，因为他们拒绝考虑历史证据。Seligman 认为，“这可引发对怀疑论者所提出批评的严重质疑”。[66] Seligman 花费了大量时间来呈现法案颁布前信息披露不足的历史证据，[67] 并取得了有限的成功。例如，Seligman 讨论了参议院财务委员会在听证期间如何对在美国出售外国债券和证券的一百份招股说明书进行审查。[68] 国会发现，国外债券的招股说明书通常会忽略银行家出售债券（总费率）的数额和发行国的收支，“在任何情况下收支都不会被划分为特定项目，因为这些项目应当出现在公司损益表上”。[69] 初看来，审阅一百份招股说明书很合理。然而，外国债券只是证券法规定的一小部分证券。[70] 审查这些招股说明书，很难说明国内证券招股说明书的情况。这个学术漏洞也是本文试图通过审查国内企业的二十多份法案颁布前招股说明书来进行填补。[71]

Seligman 教授根据二手资料得出结论，认为证券法颁布前的信息披露是不充分的。[72] 他非常重视知情人士的言论，如 20 世纪 20 年代 Cravath 的律师曾说：

在 1933 年法案之前，问题在于甚至高信誉房屋也常常在今天被认为是相当粗略的信息的基础上出售。在此期间内，一个典型的发行通知书极少或没有包含财务信息，同样情况的还有关于收益使用的信息、对证券本身的简要描述以及与发行人业务有关的重要事实（如果

---

〔65〕 同上，第 8 页。

〔66〕 同上。

〔67〕 同上，第 18 ~ 30 页。

〔68〕 同上，第 25 页。Joel Seligman，*The Reformulation of Federal Securities Law Concerning Nonpublic Information*，73 Geo. L. J. 1083，1105 n. 110（1985）（“应委员会的要求，九家主要投资银行为听证记录招股说明书提供资金，或提供在 20 世纪 20 年代关于出售 100 多次外国政府债券的通告”）。

〔69〕 Seligman，见前注〔18〕，第 25 页。

〔70〕 从 1919 年到 1929 年，外国投资（不仅是外国债券）的平均投资率仅为 17%。参见 Jeff Frieden，*Sectoral Conflict and Foreign Economic Policy* 1914 – 1940，42 Int'l Org. 59，66，tbl. 3（1988）；W. Mark C. Weidemaie，*Sovereign Immunity and Sovereign Debt*，2014 U. Ill. L. Rev. Online 67，83（讨论 20 年代对外国债券的投资）。

〔71〕 见下文第四部分。

〔72〕 Seligman，见前注〔18〕，第 31 ~ 32 页。

有的话)。[73]

基于基础证据和二手材料,Seligman 教授《公司强制性公开披露制度的历史需要》一文为"强制披露显著提高管理披露的质量和数量"这一传统观点提供了有力的学术支持。[74] 然而,怀疑论者仍然质疑联邦授权披露制度的必要性,其中包括 Roberta Romano 和 Paul G. Mahoney,下面将详细进行讨论。

C. Roberta Romano

1. 论点:利己主义推动证券法颁布前之披露制度的产生

耶鲁大学的 Roberta Romano 是当代最著名的怀疑论者之一。1998 年,Romano 教授撰写了《授予投资者权力:证券监管的市场化方法》。[75] 在争论竞争性联邦主义的过程中(实际上就是回归到蓝天法案拼凑物时代,这一时期蓝天法案是证券法颁布前的主要规则),[76] Romano 认为证券法颁布前存在的不足并非披露问题。[77] 她很大程度上认同 Stigler 和 Benston 之前的工作,"几乎没有确凿的证据证明,在证券法颁布之前的几十年里,公司信息是披露不足的"。[78]

根据 Romano 的说法,在甚至还没有联邦法规的 20 世纪 20 年代,企业向潜在投资者提供信息是合理的。[79] Romano 的理由是,公司在提供

---

〔73〕 同上,第 32 页。[引自 Thomas A. Halleran & John N. Calderwood, *Effect of Federal Regulation on Distribution of and Trading in Securities*, 28 Geo. Wash. L. Rev. 86, 94 (1959)。]

〔74〕 Roger J. Dennis, *Mandatory Disclosure Theory and Management Projections: A Law and Economics Perspective*, 46 Md. L. Rev. 1197, 1205 (1987) [引用 Joel Seligman, The Historical Need for a Mandatory Disclosure System, 9 J. Corp. L. 1 (1983)]。

〔75〕 Romano, Empowering Investors, 见前注〔9〕,第 2359 页。

〔76〕 在竞争性联邦制下,每个州和公司法一样,都会制定自己的证券法,特别是公司必须向潜在投资者披露信息。同上,第 2361 ~ 2362 页。除了公司决定纳入的其他因素(有关股东权利,受托责任等的规则)时,公司还将考虑国家有关证券监管各方面的规定,包括要求披露和防止欺诈。同上,对她的建议的可预见的批评是,如果得到执行将导致全面的竞争。参见 James D. Cox, *Regulatory Duopoly in U. S. Securities Markets*, 99 Colum. L. Rev. 1200, 1244 (1999)。

〔77〕 Romano, Empowering Investors, 见前注〔9〕,第 2373 页。

〔78〕 同上。

〔79〕 同上。

信息方面符合自己的利益——它能够降低资本成本。[80] 她的论点大体上是基于 George Akerlof 在出售汽车时提出的著名的“柠檬问题”。[81] 适用于证券市场的柠檬问题如下:[82]

当卖方知道他们正在出售的证券的质量,但购买者并不知道时,“柠檬问题”会发生作用。想象一个由两种[证券]组成的[证券]市场:高质量[证券](……“桃子”)和低质量的[证券](……“柠檬”)……如果买家不知道他们是柠檬还是桃子,他们不会支付桃子的价钱。[83]

适用于证券“柠檬问题”的一个解决方案是,联邦政府可以强制所有发行人披露信息(如同“证券法”一样),[84] Romano 相信市场机制可以解决在没有政府干预情况下出现的问题。[85] 将其应用于 20 世纪 20 年代,Romano 认为,一家想要以“桃子”价格(而不是“柠檬”价格)提供“桃子”证券的公司必须自己去向投资者说明证券的质量。[86] 有趣的是,在这种利己主义理论下,“存有不利信息的企业也被迫披露信息……

---

〔80〕 同上,第 2374 页。

〔81〕 Romano, Metapolitics,见前注〔9〕,第 1002 页[将“柠檬问题”与证券披露问题联系起来,引用 A. Akerlof, *The Market for "Lemons": Quality Uncertainty and the Market Mechanism*, 84 Q. J. Econ. 488 (1970)];参见 Romano, Need for Competition,见前注〔9〕,第 489 页(因为更多关于优质股票的信息会对其价格产生上行压力,“管理人员应主动向投资者提供信息,无论是否有强制性制度”)。

〔82〕 在这句话中,“汽车”被“证券”替换。

〔83〕 Tom Baker, *Health Insurance, Risk, and Responsibility After the Patient Protection and Affordable Care Act*, 159 U. Pa. L. Rev. 1577, 1609 (2011)(总结 Akerlof 的论点)。

〔84〕 Romano, Metapolitics,见前注〔9〕,第 1002 页。

〔85〕 同上。请参见 Jonathan R. Macey, *Efficient Capital Markets, Corporate Disclosure, and Enron*, 89 Cornell L. Rev. 394, 411 (2004)[引自 Frank H. Easterbrook & Daniel R. Fischel, *Mandatory Disclosure and the Protection of Investors*, 70 Va. L. Rev. 669 (1984)]。Macey 引用了 Easterbrook 和 Fischel 的论述,他们将 George A. Akerlof 阐述的“柠檬”问题与证券发行挂钩:除非提供“更好的证券”的人……能够与其他人区分开来,否则投资者会将所有证券视为平均值。质量较高的证券的价格低于信息无偿提供的价格,并且对良好投资的投资太少。同时,低质量证券将吸引太多资金。提供低质量的安全性会很便宜;这样的产品将被过度补偿。随着投资质量的恶化,“柠檬”将主宰市场。Easterbrook and Fischel,第 673 ~ 674 页(引用 Akerlof,见前注〔81〕)。

〔86〕 Romano, Empowering Investors,见前注〔9〕,第 2374 页。

因为不披露信息的证券会给投资者投以不利的信号（没有消息就是坏消息）”。[87]

2. 利己主义理论的缺陷

Romano 教授过分依赖自我利益作为披露的驱动力。公司发行人可能会更看重向投资者披露信息所带来的资产流动，但也可能会更看重保密所带来的竞争地位。[88] 美国苏门答腊烟草公司诉证监会[89]一案说明了这一点。该案在证券法通过后不久做出判决，美国苏门答腊公司方面涉及三名原告：美国苏门答腊烟草公司，加拿大国际镍材公司，以及 Bulova 钟表公司。[90] 每个原告都对在纽约证券交易所注册时必须包含某些特定信息（其副本须提交证监会）的做法表示不赞同，[91] 理由是“公开信息等于是揭示商业秘密”。[92] 经过几年的诉讼程序后，华盛顿巡回法庭最终支持了美国苏门答腊公司的诉求（彼时国际镍材和 Bulova

---

〔87〕 Romano，Need for Competition，见前注〔9〕，第 418 页（认为秘密导致潜在投资者承担最差）；Easterbrook & Fischel，前注〔85〕，第 683 页（“沉默意味着坏消息”）。

〔88〕 正如 Francis Bacon 所言，“知识就是力量”。Justin Kaplan，Familiar Quotations，Little Brown，1992，p. 158（Justin Kaplan ed. ，16th ed. 1992）；见书评，*Loss and Seligman on Securities Regulation：An Essay for Don Schwartz*，78 Geo. L. J. 1753，1766 – 1767（1990）（“［公司］不愿意……削弱他们的竞争地位”）。我也不一定相信，至少在牛市期间，不公开披露是一个巨大的缺点。举例来说，在互联网泡沫期间，投资者忽视了那些公司“没有盈利，没有财政，没有前景”的信息，并热情地投资了他们的证券。Steven M. Davidoff & Claire A. Hill，*Limits of Disclosure*，36 Seattle U. L. Rev. 599，606 – 607（2013）。在房地产泡沫期间，抵押贷款支持证券（MBS）的投资者无视信息，标的抵押贷款的债务人不太可能能够偿还抵押贷款，并积极购买 MBS。Brent J. Horton，*Toward a More Perfect Substitute：How Pressure on the Issuers of Private – label Mortgage – backed Securities Can Improve the Accuracy of Ratings*，93 B. U. L. Rev. 1905，1923（2013）（讨论 MBS 市场中的非理性投资者）；Horton，见前注〔31〕，第 175 页。

〔89〕 110 F. 2d 117（D. C. Cir 1940）.

〔90〕 American Sumatra Tobacco Corp. v. SEC，93 F. 2d 236，237（D. C. Cir. 1937）.

〔91〕 同上。

〔92〕 同上。证券交易法允许进行这种保密处理：任何提交此类申请，报告或文件的人可以对其中所含信息的公开披露提出书面异议，并说明该异议的理由，并且委员会有权在其认为适当的任何此类案件中听取异议。在这种情况下，委员会只有在判断披露这些信息符合公共利益时，才可以向公众提供任何此类申请，报告或文件中包含的信息。同上，第 238 页（引用 15 U. S. C. § 78x）。

已不再参与诉讼)。[93] 美国苏门答腊公司担心要向公众披露一份损益声明,其中包括以下信息:销售总量、销售成本、总销售额、总支出、净销售额、其他收入、总收入、其他费用以及净收入。[94] 而美国苏门答腊公司不愿透露"销售总量和销售成本的数额,因为前者扣除后者可以得出毛利"。[95] 美国苏门答腊公司抱怨说,披露总销售额会导致竞争对手获得商业秘密用于对付自己。[96] 正如一位评论员所解释的那样,"公司(像美国苏门答腊这样)的竞争对手因为没有在任何交易所上市而不需要披露利润,这就可以使其将获得各种竞争优势,例如能够说服买家那些有公共记录的注册人的利润是过高的"。[97] 事实上这也是美国苏门答腊公司所主张的。[98] 法院并没有认可美国苏门答腊公司的这一主张而支持了证监会,证监会认为这些信息应包含在美国苏门答腊省 = 公司的注册声明和招股说明书中。[99] 然而重点很明显:即便公司正在向公众发售证券,他们并不愿披露资本成本信息。[100]

正如第四部分将要详细讨论的内容那样,对证券法颁布前招股说明书的考察印证了这样的论点:公司重视保密。以招股说明书中的财务报表为例。所考察的招股说明书常常没有提供资产负债表和损益表(这是

---

〔93〕 参见 American Sumatra,110 F. 2d,第 118 ~ 119 页。正如一位评论员所说,美国苏门答腊是唯一剩余的诉讼人:原因尚不明确。也许寻求保密处理的发行人选择了美国苏门答腊进行测试。早在 1936 年 2 月(美国证券交易委员会立法建议修改[第 12(f)和 15 条]的日期),必须明确的是,在场外交易市场进行交易并且未公开的发行人产品永远不会受到披露要求的约束。另一个原因可能是发行人学会了如何以不影响其业务的方式遵守该行为。例如,有利可图的单一产品公司与其他业务相结合,因此无法再识别盈利的产品线,或者他们从交易所退市。……美国苏门答腊处于一个特别不可战胜的竞争地位,因此可能比其他人更愿意成为测试案例。Edmund W. Kitch, *The Theory and Practice of Securities Disclosure*, 61 Brook. L. Rev. 763, 871 n. 270(1995)。

〔94〕 American Sumatra,110 F. 2d,第 118 页。

〔95〕 同上,第 119 页。

〔96〕 同上,第 118 ~ 120 页。

〔97〕 Kitch,见前注〔93〕,第 872 页[援引评述, *Confidential Treatment of Information Required by the Securities Exchange Act*, 47 Yale L. J. 790, 795(1937)]。

〔98〕 American Sumatra,110 F. 2d,第 119 页("披露出的毛利率与其他大多数公司相比较大,会引起强烈的客户不满,并引起买方罢工造成损害和损失")。

〔99〕 同上,第 120 ~ 121 页。

〔100〕 同上,第 118 ~ 120 页。

上述美国苏门答腊公司不是唯一不愿提供财务信息的发行人的证据)。[101] 所考察的招股说明书有近 2/3 缺少资产负债表或损益表,有时两者均缺少。[102] 当然,上述情况并不是绝对的,但它应该引起人们质疑利己主义理论在证券法通过之前就引起了公司披露信息的说法。

D. Paul Mahoney

1. 论点:纽约证交所推动证券法颁布前的信息披露

弗吉尼亚大学的 Paul Mahoney 则是另一位怀疑论者。在他 2015 年的著作《浪费危机:为什么证券监管会失败》中,他首先称在证券法颁布前几十年里信息披露不足的说法“显然是错误的”。[103] 他坚持认为,潜在投资者已拥有包括财务报表在内的“庞大的信息”[104]。奇怪的是,该论断引自 Adolph Berle 和 Gardiner Means,他们在《现代公司与私有财产》中用了大量篇幅来论证与上相反的观点:披露,尤其是财务披露是不充分的。[105] Mahoney 教授表示,投资者获得这种庞大的信息是被有组织的交易所煽动的。[106] 他解释说,从 1900 年开始,一些有组织的交易所(例如纽约证交所)就要求公司披露关于上市申请的信息。[107] 典型的上

---

[101] 见附录 A。

[102] 同上。

[103] Mahoney,见前注[5],第 3 页。他特别回应 Arthur Levitt 的以下陈述:

> [大萧条之前]投资者在没有招股说明书或发行通告的利益的情况投资证券;从未见过资产负债表;不知道除了公司名称和股价的其他事。在接下来的黑暗时期,人们拼命寻求解决方案[他们创制了证券法。]……
>
> 六十一年后……
>
> 披露已经改变了资本市场。披露已经通过确保投资者向他们提供他们需要做出明智决定所需的信息,将赌场转变为国际象棋游戏。

Arthur Levitt, Chairman, Sec. and Exch. Comm'n, *Remarks at University of Virginia Law School*, *Investor Education*: *Disclosure for the* 1990*s* (Nov. 1, 1995), https://www.sec.gov/news/speech/speecharchive/1995/spch063.txt. Arthur Levitt 是 1993 年至 2001 年 SEC 的主席。SEC 简历:SEC 主席 Arthur Levitt, http://www.sec.gov/about/commissioner/levitt.htm(2017 年 7 月 7 日访问)。

[104] Mahoney,见前注[5],第 4 页。

[105] 同上。(援引 Adolph A. Berle, Jr. & Gardiner C. Means, The Modern Corporation and Private Property, Transaction Publishers, 1932。)在 The Exchange as Regulator 一文中,Mahoney 教授表示,“对 1933 年之前新发布信息披露实践基本上存在缺陷的观点缺乏支持。”Mahoney,见前注[53],第 1468 页。

[106] Mahoney,见前注[5],第 79 ~ 80 页。

[107] 同上。

市申请包括有关资本结构和投票权、历史背景、责任、财产、投资者和财务报表的信息。[108]

令人震惊的是，Mahoney 教授在《浪费危机》的开篇就有了一个大致的立场，即在证交所的鼓励下，法案颁布前的披露是充分的（或者更确切地说，缺少披露的观点是"明显错误的"）。[109] 使用"明显错误"这个词似乎太过分了。此外，他所采用的双重论点完全没有必要：国会应该避免出台综合性立法（将几百条在无关的游说中提出的条款汇集在一起的立法）；相反，国会应当只通过那些有针对性的新立法。[110]

他之后又论称一些新增的变化是必要的，[111] 这与"明显错误"一词的使用有所矛盾。例如，后来在《浪费危机》一书中，Mahoney 教授似乎认识到，他说披露混乱是"明显错误"的这一观点有些全盘否定。[112] Mahoney 教授承认，就卖方披露利益冲突这一点而言，证券法中的披露要求较之过去有所改善。[113]

2. 纽约证交所论断的弱点

然而抛开细微差别，Mahoney 认为区域性的交易所（而不是联邦政府的）须规范信息披露的这一论点有待商榷。[114] Mahoney 教授过分相

---

〔108〕 同上。有关上市申请内容的更详细讨论，请参阅 Seligman，见前注〔52〕，第 46 页。

〔109〕 Mahoney，见前注〔5〕，第 3 页。

〔110〕 同上，第 7 页、166 ~ 167 页。

〔111〕 同上，第 166 页。

〔112〕 同上。

〔113〕 同上。同样，Mahoney 教授也承认投资者在参与公开发行之前应该掌握信息。同上，第 78 页（"［不知情的交易中］公司发售自己的股票时风险极大，在二级交易中也是如此"）。

〔114〕 同上，第 79 ~ 81 页。（认为有组织的交易所在执行披露规则方面处于有利地位）。Mahoney 教授表示，"证券交易所监管机构中的声明监管权力［应该下放］给第一批监管机构——证券交易所自己。特别地，交易所应该是上市公司披露相关规则的主要撰写者和执行者……" Mahoney，见前注〔53〕，第 1455 页；Cox，前注 76，第 1230 页（"Paul Mahoney ……建议证券上市的交易所应规范披露……"）；A. C. Pritchard，*Markets as Monitors*：*A Proposal to Replace Class Actions with Exchanges as Securities Fraud Enforcers*，85 Va. L. Rev. 925，964（1999）（讨论学者包括 Mahoney，"认为证券交易所有适当的激励措施来保护投资者"）；Robert B. Thompson，*Collaborative Corporate Governance*：*Listing Standards*，*State Law*，*and Federal Regulation*，38 Wake Forest L. Rev. 961（2003）（"Mahoney 教授认为交易所应该是有关披露规则的主要作者和执行者"）。

信有组织的交易所强制披露的能力。例如,Mahoney 将在提交上市申请和向招股说明书中的投资者提供充分信息披露联系在一起。[115] 这犯了一个错误,因为我们无法保证上市申请中的信息就一定存在于招股说明书中。[116] 事实上,在 20 世纪 20 年代纽约证交所才开始认识到,在上市申请中提供给交易所的信息往往没有什么太大作用。[117] 当纽约证交所最终实施旨在确保这些信息被纳入的措施时已经太晚了,这些措施充其量只能取得有限的成功。[118]

其次,上市协议(并非上市申请)也未能强制招股说明书的信息披露。[119] 上市协议旨在强制持续性披露(承诺提供年度或季度财务报表),而不是通过发行招股说明书来披露。[120] 即使上市协议能够披露招股说明书的内容,公司仍可以与纽约证交易自由谈判上市协议,然后谈判他们能够提供的信息范围。[121] 当然,公司规模越大,谈判的立场就越理想,因为公司希望尽可能少地提供信息。[122]

再次,Mahoney 教授的论点只适用于一部分公司[123]。正如 Joel Seligman 在《华尔街的变革》中所讨论的:

纽约证交所的上市要求比蓝天法案更有效。作为纯粹的自愿性标准,任何一家在纽约场外交易所(1953 年更名为美国证券交易所)上登记为“非上市”证券的公司或任何其他 17 家允许证券在“不公开”的基

〔115〕 Mahoney,见前注〔5〕,第 80 页。

〔116〕 House Report,见前注〔3〕,第 7 页。

〔117〕 同上。

〔118〕 许多纽约证券交易所交易公司的招股说明书不完整。参见可口可乐招股说明书,见前注〔13〕;内陆钢铁公司招股说明书(1923)[下称内陆钢铁招股说明书](存档于作者);联合雪茄招股说明书,见前注〔14〕。

〔119〕 Roberta S. Karmel, *The Future of Corporate Governance Listing Requirements*, 54 SMU L. Rev. 325, 328(2001).

〔120〕 同上。

〔121〕 同上,第 330 页。

〔122〕 同上,第 325 页。

〔123〕 Seligman,见前注〔52〕,第 47 页。甚至对于该分支,纽约证券交易所在执行其规则方面也不统一,这意味着其上列出的多达 30% 的股票不需要报告必要的信息。参见 Robert A. Prentice, *Regulatory Competition in Securities Law: A Dream (That Should Be) Deferred*, 66 Ohio St. L. J. 1155, 1186 n. 147(2005)。

础上交易的证券交易所都可以选择不适用该标准。[124]

纽约市场交易所的上市标准则要宽松得多。[125] 人们可以推测标准较为宽松的原因，但最有可能的是如果一家公司不能满足纽约证交所上市要求（或者因规模太小而不能与纽约证交所进行有效关于上市要求的谈判），那么这将会是公司取得业务的一种方式。[126] 纽约场外交易所常被“用作为许多规模较小发展程度较低的发行人进入市场的跳板”。[127]

最后，Mahoney 教授关于纽约证交所强制披露的论点并未被笔者考察的法案颁布前招股说明书所证实。本文第四部分考察的几份招股说明书是针对纽约证交所的上市公司。例如，在纽约证交所上市的联合雪茄优先股、[128] 内陆钢铁[129] 和可口可乐。[130] 每家公司都无法充分披露自己收入报表，[131] 也都没有提供管理者和董事名单以及他们的报酬。[132]

E. 关于学术争辩的结语

以前的辩论基本上只限于立论与反论，很少有解决方案。例如，赞成和反对利己主义可能导致企业向潜在投资者提供信息的主张就是如此。更深层次的理解可视情况通过考察法案颁布前招股说明书的披露或不披露模式来完成。本文第三部分简要说明了笔者收集和考察这些证券法颁布前招股说明书的方法，然后在第四部分将提出个人意见。

---

[124] Seligman，见前注〔52〕，第 47 页。

[125] Karmel，见前注〔119〕，第 330 页。

[126] 同上。

[127] 同上。

[128] Application to List, Wall St. J., June 27, 1927, at 7（“联合雪茄商店联合雪茄公司共计 2,000,000 美元股票，面值为 100 美元的 6% 累积优先股”）。

[129] Concerns Report Earnings Often, Wall St. J., Nov. 22, 1923, at 13。在由招股说明书提供的证券中 7% 的累积优先股在 1928 年宣布摘牌。Stock Exchange News, Wall St. J., Apr. 3, 1928, at 20。

[130] Stock Exchange Listings in 1919 Show Increase, Wall St. J., Jan 5, 1920, at 2.

[131] 可口可乐招股说明书，见前注〔13〕，第 2 页（包含一份仅包括销售净额和净收入的损益表）；内陆钢铁招股说明书，见前注〔118〕，第 3 页（仅列出净收益）；联合雪茄招股说明书，见前注〔14〕，第 3 页（由于收益声明不成熟，未能提供费用或税款明细）。

[132] 见附录 A。

三、方法

笔者之所以研究法案颁布前的招股说明书,而非年度报告或公司与投资者之间的其他类型的交流,是因为在证券法通过之前,招股说明书是公司向投资者提供的首个也是最重要的披露。[133] 此外,正如文章第一部分所阐释的那样,招股说明书的内容将在日后由证券法[134]进行规范,以便进行同类比较。

法案通过前的招股说明书没有单独的存放点。笔者从哈佛大学、密歇根大学和耶鲁大学的图书馆档案馆亲自收集了招股说明书。纽约的美国金融博物馆是非常有帮助的,各种历史社科和地区博物馆也是如此。[135] 总而言之,笔者成功收集到了证券法颁布前二十年里公布的25份招股说明书。[136] 它们可代表各种交易所交易的证券,包括纽约证券交易所,纽约场外证券交易所,以及波士顿、芝加哥、克利夫兰和旧金山的交易所。[137]

笔者采取了特别的方式来收集招股说明书,所以一些"幸存性偏见"总是如影随形。因为当笔者从各种档案中检索文件时,发现有一些文件能够得以保存但其他文件没能留存的问题。[138] 所以读者可能会

---

[133] 1932年,Berle和Means解释说,提供担保的过程通常始于[公司]发表所谓[招股说明书]的声明……可能比任何后来给予市场的信息更重要,因为在它出现的时期,当时有问题的公司和银行家或促进组织可能是唯一允许准确评估证券的群体。Adolph A. Berle, Jr. & Gardiner C. Means, *The Modern Corporation and Private Property* 300 – 301 (1932) (emphasis added)。

[134] 15 U. S. C. §77j(2012).

[135] 非常感谢Hagley博物馆和图书馆、Heinz历史中心、Maryland历史协会和Toledo Lucas县公共图书馆。

[136] 见附录A。

[137] 同上。

[138] 详见Howard Bodenhorn, *Voting Rights, Shareholdings, and Leverage at Nineteenth Century U. S. Banks*, 57 J. L. & Econ. 431, 439 – 440 (2014) (讨论幸存性偏见); Alaxander Lee, How (and How Not) to Use Archival Sources in Political Science 7 – 8 (2015), http//www. rochester. edu/college/faculty/alexander_lee/wpcontent/uploads/2014/07/archives. pdf(讨论使用档案来源时固有的其他形式的偏见)。

问,这些收集到的招股说明书是否真实反映了 20 世纪 20 年代的情况呢?

首先,笔者确信“幸存性偏见”不会因个人的选择偏见而加重。也就是说,既然事先制定了规则,那就要坚持下去。例如,只要找到的招股说明书是 1910 年至 1929 年(股市崩盘前的 20 年)的,笔者都进行了收集,而不考虑公司的规模。毕竟投资者的投资损失不限于公司的大小。

其次,笔者做出保守的结论以期认识到这些方法论上的挑战。对于那些有关定性的法律学术问题,尤其是那些依赖于档案文件的,〔139〕这篇文章不能涵盖全部文章,只能对因证券法颁布而导致的问题进行一次不完美的管中窥豹。不过,笔者相信这是迄今为止最完整的观点。虽然文章根据这些信息提出自己的结论,但读者可能会以不同的方式来解读这些信息。应当承认,这些从观察中得出的结论并不是无懈可击的。

一份法案颁布前的招股说明书必须包含哪些信息才能被视为充分披露?或者说招股说明书必须包含哪些信息才能确定它可导出一项合理的投资决策?Berle 和 Means 在《现代公司与私有财产》解释道,在证券法通过之前,新证券的发行需要具备一份招股说明书,如果披露充分,内容应当包含有关发行目的、发行价格、承购人以及公司的常规信息,包括管理人及董事的名单、财务报表以及资本总额。〔140〕(问题是根据 Berle 和 Means 的说法,当时大多数招股说明书都没有提供这样的信息。)Berle 和 Means 提供的清单是一个很好的起点,引起了当时一些政治家的关注。

那么政治家认为招股说明书中应当包含哪些信息呢?以下是立法史上的两段摘录。众议院报告指出,对新发行证券的披露应要求“包括

〔139〕 Lee,见前注〔138〕,第 8 页。

〔140〕 Berle & Means,见前注〔133〕,第 302 页。Adolph A. Berle 是 FDR“智囊团”的一员。William W. Bratton,*Berle and Means Reconsidered at the Century's Turn*,26 J. Corp. L. 737,738(2001);参见 George W. Dent,Jr.,*Toward Unifying Ownership and Control in the Public Corporation*,1989 Wis. L. Rev. 881,895(1989)(“Berle 和 Means 帮助提案联邦证券法的完整披露政策”)。

利润分配、股票掺水值以及达到通常未向买方透露的价格,尽管买方在评估证券稳健性方面具有不可或缺的重要性”,“资产负债表明确显示了发行人资产和负债的情况,能够公平地反映其运作状况的权证和损失声明”。[141] 其次,在众议院审议证券法时,Mott 代表和 Pettengill 代表进行了一些争论。[142] Mott 先生反问法案中招股说明书的要求如何能够帮助到投资者,而 Pettengill 代表强调,招股说明书必须包含银行家从发售中获得的佣金额,该项目体现了优先留置权的种类及性质,体现了排除“水分”后的实际成本有多少……体现了其他类别证券的转换权可能比待售证券还要多,还有其他许多细节。[143]

从以上的段落可以看出,学者和国会都担心,证券法颁布前的招股说明书往往没有披露(或披露不足),主要是以下六个方面:

1. 财务报表。财务报表是用来估值的工具(股票价格是否公平?)。[144] 然而财务报表的存在还有其他目的。[145] 正如 Mahoney 所指出的那样,“会计的目的是为了记账,即为了追踪代理人如何使用(资金)”。[146] 因此,它提供了一个工具,让潜在投资者可以确定一家正通过公开募股来积累资金的公司谨慎地使用了托付给它的资金。[147]

---

〔141〕 House Report,见前注〔3〕,第 7 页。

〔142〕 House Consideration,见前注〔24〕,第 2930 页。

〔143〕 同上。

〔144〕 Mahoney,见前注〔5〕,第 46 页。缺少财务报表似乎是国会的主要忧虑之一。在众议院考虑证券法时,Reilly 代表表示,如果没有资产负债表和损益表,无良的发起人只是凭空造出了他们出售的证券的价值。House Consideration,见前注〔24〕,第 2951 页。他提到“无良股东购买的是基于[空造价值]的股票,而不是真实价值”。同上。

〔145〕 Mahoney,见前注〔5〕,第 46 ~ 47 页。

〔146〕 同上。

〔147〕 根据这些原则,财务报表的进一步运用(特别是在 20 世纪 20 年代仍尤为重要)是为了确定存在注水股票的情况。同上,第 47 页。注水股票是指发行的股票的基础既不是与支付给公司的现金等额的股票面值,也不是等值于股票面值的财产,而是基于转移给公司的财产以超额估值换取股票。William W. Cook, *Stock Without Par Value*, 19 Mich. L. Rev. 583, 584 – 585 (1921)。在 20 世纪 20 年代,最基本的公式是发起人向新成立的公司提供 X 的公平市场价值的财产,以换取面值为 2X 的股票。同上,第 585 页。

2. 资本结构。在最基本的层面上,资本结构是指一个公司的普通股、优先股和债务工具的组合。[148] 公司的资本结构决定了各投资者的经济权利,也就是说,投资者必须了解公司的资本结构才能知道自己在经济融资中所处的位置。[149]

3. 投票权。投票权是指既有证券是否允许其持有人就董事会事务到并购事项进行投票。这与资本结构密切相关:普通股基本上拥有投票权(普通股股东以投票来保护自己的经济权利);[150] 优先股可能不会有表决权(优先股股东可以使用其他机制来保护其经济权利);[151] 债券不具有表决权(债券持有人可以使用其他机制保护其经济权利)。[152]

4. 高管薪酬。披露管理人员的薪酬有助于投资者明确企业是否存

---

〔148〕 Iman Anabtawi & Lynn Stout, *Fiduciary Duties for Activist Shareholders*, 60 S Tan. L. Rev. 1255, 1280 (2008) (讨论资本结构不断变化的复杂性); Paul G. Mahoney, *Mandatory Disclosure as a Solution to Agency Problems*, 62 U. Chi. L. Rev. 1047, 1082 – 1083 (1995) (讨论当公司开始发行不止一类股票时,资本结构在20世纪如何变得更为复杂)。

〔149〕 Mahoney, 见前注〔148〕, 第1082页。

〔150〕 Model Bus. Corp. Act §6.01 (AM. Bar Ass'n 2010) (要求至少有一类股票有投票权); N. Y. Bus. Corp. Law § 501 (2016) (同上); 另见 Arthur R. Pinto, *The United States, in Public Companies and the Role of Shareholders* 13, 19 (Sabrina Bruno & Eugenio Ruggiero eds., 2011) ("公司必须至少有一类股票投票权利,大多数上市公司的标准是拥有一类普通股,每股拥有一票……")。

〔151〕 优先股的一个共同特征是当股息在指定的时间段内没有申报时的投票能力。Dale A. Oesterle & Alan R. Palmiter, *Judicial Schizophrenia in Shareholder Voting Cases*, 79 Iowa L. Rev. 485, 518 (1994) ("当公司未能在指定期限内支付股息时,优先股股东通常会获得投票权"); 参见 John C. Coffee, Jr., *Systemic Risk After Dodd Frank: Contingent Capital and the Need for Regulatory Strategies Beyond Oversight*, 111 Colum. L. Rev. 795, 832 (2011) (解释说优先股股东只有在错过优先股利时才会获得投票权)。

〔152〕 Thomas W. Dunfee, *Challenges to Corporate Governance: Corporate Governance in a Market with Morality*, 62 Law & Contemp. Probs. 129, 131 n. 13 (1999) (解释债券持有人能够通过合同保护他们的经济权利)。

在浪费文化,更甚者,企业的存在是否仅为高管中饱私囊。[153]

5. 承销人报酬。披露向承销人支付的报酬,有助于投资者发现投资被挥霍的情况。[154]

---

〔153〕 Faith Stevelman Kahn, *Pandora's Box: Managerial Discretion and the Problem of Corporate Philanthropy*, 44 Ucla L. Rev. 579, 624 (1997) ["联邦证券法"反映了这样一种观点,即系统地要求披露公司信息,结合市场的运作来作为对各种形式管理机会主义的审查……联邦披露要求……反映了一种共识,即虽然基础行为应当是(或者必须是,例如在高管薪酬的情况下)被允许的,但是需要一个基于所需宣传的问责制来阻止企业浪费和管理不善]。在证券法听证会上,代表 George Huddleston 与 Kuhn, Loeb & Co. 的投资银行家 George Bovenizer 讨论了为了防止机会主义,潜在股东必须知道公司向高管支付的酬金:

Huddleston 先生……如果发行公司向其官员支付了大笔款项,我认为证券购买者应该知道这一点。就 Bethlehem 公司而言,已经披露了已支付的巨额津贴,我认为应该向潜在股东提供这方面的建议。Bovenizer 认为,证券持有人有权知道与公司有关的所有重要事实。

House Hearing, 见前注〔24〕, 第 156 页 (statements of Rep. George Huddleston and George Bovenizer, Partner at Kuhn, Loeb & Co.)。Huddleston 先生谈到了 1902 年在 Bethlehem 钢铁公司开始实施的一项奖金制度,该制度旨在"保证那些被选中的人承担高层管理职位的责任"。Harwell Wells, "*No Man Can Be Worth $1,000,000 a Year*": *The Fight Over Executive Compensation in 1930s America*, 44 U. Rich. L. Rev. 689, 699 (2010) [引用 Kenneth Warren, Bethlehem Steel: Builder and Arsenal of America 80 (2008)]。但是,该计划失控了。同上。到 20 年代后期,一些支付款项与股东以股息支付的全部金额相当。同上。Huddleston 先生的担忧反映了最近获悉 Bethlehem 奖金计划的美国公众的愤慨,该计划同时也是美国烟草公司的奖金计划,允许该公司总裁在 1931 年获得 200 万美元的奖金。

〔154〕 国会认为支付给投资银行的佣金会对投资者造成"沉重打击"。House Consideration, 见前注〔24〕, 第 2929 页 [引用 Louis D. Brandeis, Other People's Money 94 (1914)]。这些佣金可能高达 1/3 或更多。例如,在 Nebraska Mausoleum Co. v. Matters, 188 N. W. 231, 232 (Neb. 1922) 一案中,发起人 Matters 与该公司签订了一项协议,由他发售面值为 150,000 美元的股票,赔偿由他确定。最后赔偿金额为 5.1 万美元,或超过 1/3 报价的金额。

6. 风险。投资风险的披露对投资者做出合理投资决定是必要的。[155] 不同的投资者可承受的风险门槛不同。

四、审查证券法颁布前的招股说明书

通过研究证券法颁布前的招募说明书,我试图在已有的"混杂信息"中再增加一些证券法颁布前的披露情况。因此,我们可以从中得出是否需要联邦强制披露制度,以及现在是否仍然需要。[156] 如下所述,对法案颁布前招股说明书的考查表明,尽管良莠不齐,但传统学者的论点更具说服力。

具体而言,即使是最好的招股说明书也往往不能提供充分的财务报表、资本结构、投票权信息以及有关高管和承销人薪酬的信息。[157] 此外,他们过分夸大了所发行证券的质量,而牺牲了冷静的风险评估。[158]

A. 财务报表

本部分将首先讨论充分提供了财务报表(统一资产负债表和损益表)的联合雪茄招股说明书。从信息方面看,联合雪茄招股书是"最佳"招股说明书之一。但"最佳"是相对的,它仍有很多缺点。其后本部分将继续讨论美国铝业公司 1925 年的招股说明书,其章程提供的财务报表明显不够充分。

---

[155] 与上述其他要求不同,证券法目前并未要求在招股说明书中列入风险因素。附表 A 没有包含明确的要求。然而,国会未能披露风险的意图十分显然。详见众议院听证会,见前注[24],第 40 页(讨论告知投资者风险)。证券法赋予美国证券交易委员会广泛的权力来弥补这一问题,自此该权力常被行使。参见 15 U. S. C. §77j(c)(2012)("任何招股说明书均应包含委员会可能按照规则或法规为保护公众利益或保护投资者所必需或适当的其他信息")。为此,美国证券交易委员会随后颁布了 SK 条例第 503 条,该条例要求披露才风险包括:缺乏经营历史,近期缺乏盈利业务,财务状况导致的风险,业务或拟议业务造成的风险,以及缺乏发行证券的市场。参见 17 C. F. R. §229.503(2016)。

[156] 限制披露的当代尝试之讨论,详见第五部分。

[157] 详见第四部分 A – D。

[158] 详见第四部分 E。

联合雪茄是20世纪20年代末在全国拥有超过1200家商店的零售商。[159] 该公司出售雪茄、香烟、杂志、糖果和杂物。[160] 店里还设有午餐柜台和桌子。[161] 像今天的星巴克一样,这里是一个休闲的去处。[162] 表2为联合雪茄招股说明书中提供的资产负债表。

资产负债表的最大特点是能够披露足够的信息,因为投资者可以使用提供的数据做出各种有用的推算。例如,投资者可以使用资产负债表来推算联合雪茄的账面价值。[163]

---

〔159〕 联合雪茄公司招股说明书,见前注〔14〕,第1页。

〔160〕 Bruce M. Stargatt, Reminiscences, 19 Del. Lawyer 6, 6 (2001).

〔161〕 同上。

〔162〕 同上。

〔163〕 从资产负债表中,可以计算账面价值。然而,正如1921年的《华尔街日报》所解释的那样:

账面价值并不是决定是否购买股票的全部重要因素。它是通过增加资本和盈余并将数量除以未偿还股份而获得的,代表了持有人在清算和分配资产和盈余的情况下实现其股票的价值。有意持有股票作为投资的谨慎投资者很可能会查看股票的账面价值,因为它具有一定的内在价值,但通常两个合约买入和卖出股票的人认为市场价值往往不同于面值和账面价值。影响市场价值的要素有很多,因此尽管不是唯一的,但账面价值依然是市场价值的强有力标准。

Answers to Inquiries: "*Intelligent Inquiry Is the Public's Great Safeguard*", Wall St. J., Oct. 11, 1921, at 2。今天,我们将提到根据资产负债表对公司进行估值作为"资产估值方法",在这种方法中,潜在投资者"根据公司的资产负债表中显示取得的资产账面价值,扣除负债的账面价值,最终获得公司的净资产(或权益)价值"。Joshua R. Williams, *Comment, Belk of Spartanburg, S. C. v. Thompson: An Overview and Analysis of the Techniques Employed to Value Minority Interests in Closely Held Corporations in Dissenters' Rights Cases*, 52 S. C. L. Rev. 391, 397 (2001)。Williams说道:

净资产价值法是三种估值技术中最简单,最便宜且最不主观的方法。然而,因为其原始纯粹的形式,这种方法并不能说明公司目前的公平市场价值。因为使用这种方法,评估师是参考公司的资产负债表来获取资产的账面价值,在扣除负债账面价值,最终取得公司的净资产(或权益)价值。

同上。参见 Matthew G. Norton Co. v. Smyth, 51 P. 3d 159, 161 (Wash. Ct. App. 2002)("资产净值估值方法……最简单的说就是调整每个公司的资产负债表,以反映截至估值日期的资产和负债的当前市场价值")。

表 2　1927 年 United Cigar 招股说明书中的资产负债表[164]

资产			负债		
资本资产			**股本**		
房地产，建筑物和土地使用权(减少折旧)	$ 29,485,603		6% 累积优先股(授权 $ 50,000,000.00)		$ 20,000,000.00 47,729,271.07*
			普通股(授权 $ 60,000,000.00)		
较少：附属公司的抵押贷款	10,701,092.30	$ 18,784,511	突出的总股本		$ 67,729,271.07
土地使用权和商铺的改进		4,286,344.56	流动负债		
附属品、固定装置和设备		5,034,359.15	应付票据	$ 3,000,000.00	

[164] 联合雪茄招股说明书，见前注[14]，第 3 页。

* 英文原文对此画线，未说明原因，应该只是强调作用。

续表

资产			负债		
资本资产			**股本**		
商标，商号，商誉，品牌	21,400,000.00	$49,505,203.30	应付账款 应计税款	7,164,060.03 292,072.81	
			联邦所得税储备金	900,000.00	11,356,132.84
当前资产					
现金	$16,347,252.73		递延负债		
应收票据	162,613.41		收到的分期付款		
应收账款	3,521,915.94		员工股票收到的分期付款	$573,205.62	
商品（由雪茄，香烟，烟草，吸烟者的杂物，其他杂物和高级商品组成）（按成本计算）	13,474,331.86		提前收到的租金	856,881.87 430,350.00	1,860,437.49
			租赁奖金支付期限		

续表

资产				负债		
资本资产				**股本**		
用品（包括证书，安全纸库存，建筑用品等）（按成本计算）		251,742.91				
有价证券		6,396,461.21		储备		
抵押贷款应收款		5,678,974.65	45,833,292.71	未兑换证书等	$3,471,419.50	
				附属品，固定装置和设备折旧	1,256,437.86	4,727,857.36
其他资产				盈余		16,594,377.28
杂项投资		$3,860,976.24				
为员工购买的股票	$4,113,657.00					

续表

资产					负债
资本资产				股本	
较少的：由证券股票担保的贷款	3,500,000.00	613,657.00			
特殊存款		37,495.55	4,512,128.79		
递延费					
预付保险，利息等		$717,907.82			
预付租金		1,699,541.42	2,417,449.24		
		$102,268,076.04		$102,268,076.04	

或者投资者可以用资产负债表来计算联合雪茄的流动比率(流动资产÷流动负债),这有助于衡量投资风险。[165] 对于联合雪茄来说,目前的比率是4.04。[166] 由于超过1的流动比率都可以看作良好,[167] 所以可以认为联合雪茄的财产状况是健康的。[168]

但是,仅从资产负债表来判断投资是不够的,我们还需要一份损益表。[169] 我们的例子中,表3显示了联合雪茄招股说明书的损益表。

表3 1927 United Cigar 招股说明书中的损益表[170]

(单位:美元)

截至12月31日	总销售额	净利润(税后可用于分红的)
1922	72484254	4359806
1923	74199273	4757928
1924	77283877	5448909
1925	79984674	7518031
1926	87262217	7553231

上述损益表提供了足够多的信息,但也仅仅是如此(依然不够)。无可否认的是,投资者可以利用损益表来衡量联合雪茄的增长趋势。[171] 对于联合雪茄,净利润从1922年的4,359,806美元增加到1926年的

[165] Kate Litvak, *Defensive Management: Does the Sarbanes-oxley Act Discourage Corporate Risk Taking*, 2014 U. Ill. L. Rev. 1663, 1670(2014)。

[166] 联合雪茄招股说明书,见前注[14],第3页(流动资产45,833,292.71美元除以11,356,132.84美元)。

[167] 对于某些类别的优先股,当流动比率低于1时,会触发优先股的投票权。参见马里兰州的Canneries,招股书2(1924)[以下简称马里兰州Canneries招股说明书](存档于作者处)。

[168] 联合雪茄招股说明书,见前注[14],第3页。

[169] 美国国会于1933年通过的《证券法》规定,除了资产负债表之外,还需要损益表。参见15 U. S. C. § 77aa(1934)。

[170] 联合雪茄招股说明书中的损益表,见前注[14],第3页。

[171] David Walker, *Financial Accounting and Corporate Behavior*, 64 Wash & Lee L. Rev. 927, 935–936(2007);参见Christopher H. Hanna, *Corporate Tax Reform: Listening to Corporate America*, 35 Iowa J. Corp. L. 283, 289(2009)("净收入被视为企业管理绩效的主要指标")。

7,553,231美元,在四年内增长了75%。[172]然而,联合雪茄的损益表披露标准确实达不到20世纪30年代的标准,该标准要求将营业收入部分分为“销售和收入的净额以及由此产生和导致的费用这两个部分”。[173]此外,投资者可能会发现,知道收入的来源是有帮助的。一位学者写道:“投资者……感兴趣的是……从什么货物和什么样的服务中获得收入。例如,在通用汽车公司的损益表中,对于投资者来说,知道每排汽车的总收入的占比是非常重要的。”[174]对于联合雪茄的投资者来说,了解收入是来源于销售烟草产品还是来源于联合雪茄大量投资的房地产是十分有帮助的。[175]

基于上面的讨论,我们知道联合雪茄的招股说明书中披露的损益表是不太充分的,但其他企业的损益表更是明显不足的。例如,美国铝业公司1925年的招股说明书只包含一个简短的陈述,以取代正式的损益表,[176]见图1。

---

〔172〕 参见联合雪茄招股说明书,见前注〔14〕,第3页。

〔173〕 Maurice C. Kaplan & Daniel M. Reaugh, *Accounting, Reports to Stockholders and the SEC*, 48 Yale L. J. 935, 942(1938)。联合雪茄的损益表同样不符合现代标准。现代的损益表将进一步突破销售成本,运营费用,研发和税收。考虑苹果公司损益表的以下公式:

A	净销售额
B	销售成本
C = A – B	毛利润 营业费用
D	研究与开发费用
E	销售、日常和行政费用
F = D + E	总运营费用
G = C – F	营业收入
H	其他收入/费用,净额
I = G + H	税前收入
J	提交所得税费
K = I – J	净收入

Apple, Inc., 季度报告(表10–Q),第3页(2016年7月27日)。

〔174〕 Kaplan & Reaugh,见前注〔173〕,第943页。

〔175〕 参见联合雪茄招股说明书,见前注〔14〕,第1页。“通过自费购买和长期租赁,公司和子公司几乎在美国所有重要城市的突出业务领域都拥有广泛和宝贵的不动产资产”。

〔176〕 美国铝业公司1925年招股说明书,见前注〔12〕,第1页。

美国铝业公司(及其附属公司)可用于支付 1915 年至 1924 年(包括 10 年)股息的收入平均为每年 9,843,133.33 美元。1925 年前 9 个月可支付股息的收益为 13,221,946.61 美元。

图 1　1925 年美国铝业公司招股说明书中的损益说明[177]

遗憾的是，由于美国铝业公司的损益说明中提供的是平均收益，因此潜在投资者不能辨明 1915 年到 1924 年的收益的增减趋势。[178] 提到的 1925 年的收入，可能会让读者认为收入在增加，但是如果在 1925 年有非常规的特殊利润呢？那会使这个数字毫无意义。[179] 而投资者在查看招股说明书的损益说明部分时无法知晓这些情况。[180] Berle 和 Means 指出，"一流的银行家通常不会支持[这样的表述]"。[181] 然而，美国铝业公司的这种行为并不是一夜之间的操作，[182] 这种表述得到了编制招股

〔177〕 同上。

〔178〕 Berle & Means，见前注〔133〕，第 309 页。"平均数"的使用可能有助于掩盖第一印象的潜在副作用。考虑到证券法，Beck 讲述了以下故事：

我在伦敦时，我去刑事法庭听取了 Lord Kylsant 的审判。Lord Kylsant 是 Royal Mail Steam Packet 公司的董事总经理。在发行债券时他发行了一份招股说明书，或者更确切地说是用他的名字发行了一份招股说明书，其中只有两件事被指称是虚假的：其一，他给出了过去 10 年 Royal Mail Steam Packet 公司的平均收入。他表述的很准确，但他因没有告诉投资者 10 年之中前些年的收入是不正常的，并且使用 10 年的平均收入误导投资者而被定罪。他被定罪的第二项罪名是他忘记说在其中一年的收入中有一项非常规且特殊的收入。因此，Lord Kylsant，英格兰最伟大的一代人之一，就这样被定罪，并且被送入监狱，这一切都做得非常迅速。

House Consideration，见前注〔24〕，第 2937 ~ 2938 页(Beck 代表的陈述)(强调增加)。

〔179〕 Berle & Means，见前注〔133〕，第 309 页("例如，一份声明称'过去五年的平均收入'一直是如此，这可能掩盖了这五年收入一直在稳步下降的事实")。

〔180〕 美国铝业公司 1925 年招股说明书，见前注〔12〕，第 1 页。

〔181〕 Berle & Means，见前注〔133〕，第 309 页。

〔182〕 Learned Hand 法官在美国 1945 年的 United States v. Aluminum Comp. of America 案中谈到了美国铝业公司在金属行业的主导地位，148 F. 2d 416，422(2d Cir. 1945)：

[美国铝业公司]是一家在 1888 年 9 月 18 日根据宾夕法尼亚州的法律组织成立的公司；其原名"Pittsburgh Reduction"公司，于 1907 年 1 月 1 日改为现在的名称。该公司一直从事铝锭的生产和销售，自 1895 年以来，也开始从事将金属加工成成品和半成品. 随着业务的扩大，在 1900 年至 1929 年的不同时间里，该公司逐渐拥有了众多子公司。

说明书的匹兹堡联合信托公司的批准。[183] 当然,美国铝业公司所提供的损益说明是一些无稽之谈,包括 Berle 和 Means 在内的许多前管理学者对此都持质疑态度。[184]

从更广泛的角度来看,审查证券法出台前的 25 份招股说明书清楚地表明,财务报表质量差异很大,从什么都没有,到初具模型,到大体充分。在我审查的 25 份招股说明书中,只有 12 份包含资产负债表,[185] 另外 13 份没有。令人惊讶的是,作为当前道琼斯 30 指数成分股的可口可乐,也是没有提供资产负债表的公司之一。只有 14 份包含了收益报表(P & L)(通常情况下,这些提供的表格应该是非常明确的,美国铝业公司的收入报表在图 2 中,而可口可乐的收入报表在表 4 中)。[186]

B. 资本结构和投票权

本节首先将讨论可口可乐招股说明书,该招股说明书提供了有关资本结构和投票权的充分信息(虽然仍有几个缺点),然后再讨论证券法颁布前发行的、提供信息不足的另一份招股说明书:Alpena Motor 招股说明书(可口可乐的资本结构说明在图 2 中)。

---

[183] 美国铝业公司 1925 年招股说明书,见前注[12],第 1 页。

[184] Berle & Means,见前注[133],第 300 ~ 316 页。关于证券法出台前后有关会计计算缺陷的更多信息,参见 Gary J. Previts & Barbara D. Merino, *A History of Accountancy in the United States* 117(2d ed. 1998)(“这个年代的会计系统的一个共同特点是使用‘私人分类账’,这是一个配备了锁和钥匙的账簿,其中保存了资本支出账户,员工工资记录……以及任何其他企业希望保持清晰的积累的会计信息”);另见 Kaplan & Reaugh,前注[173],at 938(其中得出结论认为,在证券法通过后的几年中,会计披露仍然不合格);另见 Robert Prentice, *Whither Securities Regulation? Some Behavioral Observations Regarding Proposals for Its Future*, 51 Duke L. J. 1397, 1418 n. 94(2002)(“Westinghouse 在 1897 年至 1905 年没有发布年度财务报表”)。

[185] 见附录 A。

[186] 同上。这一发现证实了国会的成果。后来成为担任众议院议长最长时间的 Sam Rayburn 代表抱怨说,潜在投资者“无法从他收到的财务报表中得到公司更多的情况。问询的投资者除了模糊不清以外几乎没有什么收获。”House Consideration,见前注[24],第 2918 页。

7% 累计（无投票权）优先股……10,000,000 美元
普通股（无面值）……500,000 股 *
* 投票信托证书
完成目前的融资后……将不存在资金欠债。

优先股应优先于本公司将发行的任何股票和资产分配；如果拖欠 7% 的分红拖欠六个月，每股优先股应有一票表决权。本公司可以选择在任何半年度分红日，提前 90 天以面值和应计分红进行通知，退出任何或全部优先股。

星号为英文原文如此标注，未说明原因。

图 2　1919 年可口可乐招股说明书中的资本结构说明[187]

这是一个好的开始。[188] 普通股的购买者会认识到他们的经济权利（定期和清算分配）比优先股的经济权利差。[189] 然而，相差的程度需要加以说明，为此，招股说明书确实包含以下内容（见表 4）：

表 4　1919 年可口可乐招股说明书中的预估收益[190]

（单位：美元）

新普通股的预计收益能力			
假设净收益为	扣除优先股分红和联邦税	普通股的预估收入	每只普通股的收益
5000000	1740000	3260000	6.52
6000000	2200000	3800000	7.60
8000000	3120000	4880000	9.76
10000000	4040000	5960000	11.92
12000000	4960000	7040000	14.08

从以上所述可以看出，在向优先股股东派发股息后，大约有 60% 的净收益可用于普通股股东的分红。[191] 然而，由于优先股息和联邦税收

〔187〕 Coca－Cola 招股说明书，见前注〔13〕，第 1 页。
〔188〕 同上。
〔189〕 同上。
〔190〕 同上。
〔191〕 同上。

的金额在损益表中莫名其妙地混合在一起,使计算有些困难。

关于投票权,可口可乐招股说明书指出,普通股是以表决权信托(股份表决权)的形式持有的。[192] 在表决权信托中,"一组受托人(通常是管理层的一部分)被赋予完全的权力,可以对所有置于信托中的股票进行投票……当大多数股票是信托的时候,通常情况下,受托人几乎可以完全控制股东的事务"。[193] 虽然股东获得"信托证书,有权分享董事可能选择分配的支付款项",[194] 但他们没有必要的管理控制力来保护该利益,因为他们已经放弃了对投票受托人投票的权利。[195] 这种安排的适当性超出了本条的范围。[196] 然而,招股说明书中应当提供更多关于投票受托人相对于普通股东权力和责任的信息。[197]

其次,可口可乐招股说明书指出,"如果拖欠 7% 的分红达 6 个月,则每股优先股将获得一票表决权"。[198] 这当然会稀释投票信托持有的普通股的投票权。然而,由于招股说明书并没有说明有多少优先股尚未偿还[它只是说"7% 累计(无投票权的)优先股……是 10,000,000 美元"],因此无法确定稀释的程度。[199]

有关可口可乐招股说明书的最后一个重点是它提供了一个广泛的思路。通常当公司的资本结构比较复杂时,如当资本结构包括普通股和优先股时,披露并没有充分反映复杂性。比如,Alpena Motor 汽车公司

---

〔192〕 同上。

〔193〕 Berle & Means,见前注〔133〕,第 77 页。

〔194〕 同上。

〔195〕 John Ohnesorge, *Legal Origins and the Tasks of Corporate Law in Economic Development: A Preliminary Exploration*, 2009 Byu L. Rev. 1619, 1625 – 26(指出投票权对保护经济权利是必要的)。

〔196〕 其他人已经详细讨论了这个问题。例如,Joel Seligman, *Equal Protection in Shareholder Voting Rights: The One Common Share, One Vote Controversy*, 54 Geo. Wash. L. Rev. 687, 694(1986)。

〔197〕 Berle 和 Means 提到,公司往往没有透露投票权何时被稀释,或者有时不存在(通常用于优先股,但有时也用于普通股)。Berle & Means,见前注〔133〕,第 75 ~ 76 页。在第一个公式中,发行的股票含有投票权,但它只是作为资本结构的一部分,在这个资本结构中,另一级股票拥有更多投票权。同上。在第二个公式中,股票根本没有投票权。同上。

〔198〕 Coca – Cola 招股说明书,见前注〔13〕,第 1 页。

〔199〕 同上。

1912 年的招股说明书提供了优先股说明。[200] 它提供了“资本存量 45 万美元，优先股 7%，累计 15 万美元，普通股 30 万美元”。[201] 它继续解释优先股股东的经济权利如下：“股息为 7%，每半年支付一次，并累计……在优先股退回之前普通股不能分红……”[202] 然而，招股说明书并未提供在错过股息分红的情况下有关优先股投票权的任何信息。[203] 也就是说，如果错过了分红，那么优先股是否有投票权是不清楚的——而投票权是优先股股东保护其经济利益的最普遍的保障措施（对比确实披露了这种表决权的可口可乐的招股说明书）。[204] 在不了解他的投票权的情况下，潜在投资者肯定处于信息劣势。[205]

对证券法颁布前发行的 25 份招股说明书进行更广泛的审视可以发现，尽管这些招股说明书中普遍对资本结构本身（普通股、优先股、债券的数量）进行了很好的披露，但关于表决权的信息往往披露不足（而表决权对于维护与特定投资相关的经济权利来说是必需的）。[206] 具体而言，在我考查的 25 份招股说明书中，23 份提供了关于资本结构的充分信息。[207] 但是，只有 7 份提供了有关投票权的充分信息。[208]

C. 高管薪酬

首先，需要指出的是，一些招股说明书甚至没有提供公司高管名单

---

〔200〕 Alpena Motor 汽车公司的招股说明书 1（1912）［以下简称 Alpena 招股说明书］（存档于作者处）。

〔201〕 同上。

〔202〕 同上，第 4 页。

〔203〕 同上。

〔204〕 Oesterle & Palmiter，见前注〔151〕，第 518 页（“当企业未能在特定时期内支付分红时，优先股股东通常会获得表决权。”）；Coffee，见前注〔151〕，第 832 页（解释了优先股股东通常只有在错过了优先股分红时才会获得投票权）。

〔205〕 如果投资者不能确定自己的经济权利，或者无法确定投票权（后者对保护前者是必要的），则投资者处于信息劣势。Daniel R. Fischel, *Organized Exchanges and the Regulation of Dual Class Common Stock*, 54 U. Chi. L. Rev. 119, 133（1987）（说明经济权利和投资者的投票权是密不可分的，因为第二个保障第一个）；Ohnesorge，见前注〔195〕，第 1625～1626 页（指出投票权对保护经济权利是必要的）。

〔206〕 Ohnesorge，见前注〔195〕，第 1625～1626 页。

〔207〕 见附录 A。

〔208〕 同上。

(显然,这是披露他们的报酬的先决条件)。[209] 例如,Maryland Canneries的招股说明书写道:“公司总裁在马里兰州巴尔的摩的Booth Packing公司工厂从事罐头行业长达24年……”[210] 可以说,如果读者熟悉罐头行业,那么该招股说明书提供了足够的信息去确定该人的身份。[211] 但是它没有提供实际的名字。[212] 这种只是暗示而并没有提供实际高管姓名的奇怪的做法并不仅限于马里兰州的Canneries公司一家。[213] 令人惊讶的是,在这25份招股说明书中,只有12份提供了高管名单。[214]

即使招股说明书确实有高管名单,但很少披露他们的报酬。[215] 事实上,在我研究的25份招股说明书中,只有两个披露了高管薪酬(而且只是说高管没有得到任何补偿)。[216] 关于高管薪酬的首次讨论载于

---

〔209〕 同上。

〔210〕 Maryland Canneries的招股说明书,见前注〔167〕,第1页。马里兰州的另一家公司,Maryland Paperboard公司,也做了相同类型的准披露:“工厂的运作将由经验丰富的总经理掌握,公司的事务将由在财务上非常感兴趣的成功商人进行。”Maryland Paperboard公司的招股说明书1(1931)[以下简称Maryland Paperboard招股说明书](存档于作者处)。

〔211〕 Maryland Canneries的招股说明书,见前注〔167〕,第1页。

〔212〕 同上。

〔213〕 其中一个提供说“这项业务将继续由过去管理主要房产很成功的人负责管理,并且他们将保留对优先股和普通股的大量投资”,但未提供任何这些人的名字。Foltis - Fischer Incorporated的招股说明3(1929)[以下简称Foltis - Fischer招股说明书](存档于作者处)。另一个提供,“管理权将继续留在活跃的高管和董事手中,这些高管和董事多年来一直与这家公司联系很多,并且给公司创造了很大的经济收益”,但没有提到任何这些高管和董事的名字。Inland Steel招股说明书,见前注〔118〕,第2页。

〔214〕 见附录A。

〔215〕 证券法颁布前发行的招股说明书并没有向潜在投资者披露高管薪酬信息,而是把这个问题当作一个严密保密的秘密。参见Linda J. Barris, *The Overcompensation Problem: A Collective Approach to Controlling Executive Pay*, 68 Ind. L. J. 59, 61 - 62 (1992)[“获得额外丰厚的薪酬的高管不会被审查,因为薪资水平被严格保密”;Wells,见前注〔153〕,第699页(“当时的社会把查询某人的财务视为‘坏口味’和一种‘偷窥狂’的形式”)]。

〔216〕 有两个汽车公司的招股说明书是例外情况。Alpena的招股说明书,见前注〔200〕,at 2;Northway Motors公司的招股说明书2(1918)[以下简称Northway招股说明书](存档于作者处)。

Northway Motors 公司的招股说明书中。[217]（见图 3）

本公司承诺以高效和经济的方式开展业务，除了实际提供服务外，绝不向公司任何董事，高管或员工支付报酬或其他形式的报酬，只有与服务相称的报酬。尽管 NorthwayMotors 汽车公司的董事和高管们为公司的成功而付出了大量时间，精力和精力，并且在过去的几个月里一直这样做，但他们中没有一人已经收到或正在收到一分钱以直接或间接地作为报酬……

图 3　1918 年 Northway Motors 公司招股说明书中的高管薪酬说明[218]

图 3 中的披露只比完全不披露稍微好一些，它留下很多没有说明的。虽然它明确指出，没有一位高管“现在已经收到或正在收到哪怕‘一分钱’”，[219]那么未来他们会不会收到呢？另一个问题是他们是否收到股票？在《美国投资者杂志》（一份涵盖投资和银行业务的期刊）上发表的一篇同时期的文章称，Northway Motors 公司的高管收到了股票。[220] 关于高管薪酬的第二次讨论载于 Alpena Motors 的招股说明书中。但是就像 Northway Motors 的招股说明书中对高管薪酬的讨论一样，它给出了更多的问题而不是答案（见图 4）。

当然，如果提到的高管们的个人投入（可能是股票）没有用现金或财产支付，那么他们正在从已经到手的股票中（从招股说明书中无法辨别的数量）获得报酬。[221] 因此，声称披露高管薪酬——就像之前的 Northway

〔217〕 Northway 招股说明书，见前注〔216〕，第 2 页。

〔218〕 同上。

〔219〕 同上。

〔220〕 What Is Ahead of Northway Motors, U. S. Investor, Feb. 12, 1921, at 297 [hereinafter Investor Article]. 这篇投资者文章呼吁该公司披露“现在每个股票持有者持有的确切股票数量”。它是为了回应读者们发来的询问在 Northway Motors 公司投资的安全性的来信而发布的。新英格兰地区达到峰值的钢铁成本，以及来自底特律的更为成熟的制造商的竞争让该公司陷入困境。到 1921 年，交易价格降至 5.00 美元（日常价格为 7.50 美元）；也可参见 2 Moody' S Manual of Railroads and Corporation Securities 1487 (Moody's Manual Co. ed. 1922)（指出失败的原因是经济总体下滑）。Northway 的总裁通过向波士顿邮报发函否认了该指控。Letter from Northway Motors, Boston Post, Dec. 5, 1920, at 1（鉴于这个日期，这似乎是 Northway Motors 公司对该投资者文章先发制人的攻击）。Northway 公司于 1923 年被出售给 Amalgamated Motors 公司。Amalgamated Motors, Wall St. J., Dec. 29, 1923, at 2。

〔221〕 同上。

Motors 的招股说明书中的披露一样——比没有披露好不了多少。

> Alpena 汽车公司的高管们是能够无偿投入工作的商人。公司高管们的目的是为了使阿尔皮纳市及他们的个人投资取得成功,同时不会以不必要和昂贵的间接费用消耗公司的资源。

图 4 1912 年 Alpena 汽车公司招股说明书的高管薪酬说明[222]

D. 承销商报酬

与高管酬一样,承销商报酬似乎也是一个严格保守的秘密。[223] 只有 Northway 的招股说明书中提到有关承销商报酬的一些信息(而且这种信息令人无奈)(见图 5)。

> 根据商定的免税额,配售证券[224]的全部现金费用(包括佣金,印刷费,广告费,办公室租金,文员租金和所有其他工作费用)将在整个发行中平均低于票面金额的 11% ,因此保证进入制造公司财政部门的证券的每一美元面值上能有超过 89 美分作为净营运资本。[225]

图 5 1918 年 Northway Motors 公司招股说明书中的承销商报酬说明。[226]

我考查的其他 23 份招股说明书中对承销商的报酬问题都没有提

---

[222] Alpena 招股说明书,见前注[200],第 2 页。

[223] Gourrich,见前注[44],第 67 页(讨论了 1920 年代承销商薪酬得保密问题)。此外,在没有提供承销商薪酬的 25 份招股说明书中,9 份招股说明书甚至没有提供承销商的名称。见附录 A。然而,这可能部分是由于,在第一次世界大战后,才从发起人身份转为承销商身份。Mahoney,见前注[5],第 45 页。发起人是承销商的前身,有关条款有时可以互换使用。Mahoney 教授解释说:

第一次世界大战后……在美国,一个新成立的公司经常利用能为它提供股份支持的投资银行的服务上市,这些投资银行以折扣价购买公司的股份,并向公众转售。金融中介机构的批评及其薪酬问题都集中于承销商而非发起人。

同上。(引用省略)。简而言之,那些没有列出承销商的招股说明书可能依靠发起人获得认购,收集收益并分配股票。发起人是"积极参与发行人组建的人""……要积极参与组建,必须参与发行人获得开展业务所必需的财产的交易……或参与到承销和注册流程的机制"。Ingenito v. Bermec Corp. ,441 F. Supp. 525 ,537(S. D. N. Y. 1977)(引用略)。

[224] 该发行在招股说明书中被称为贷款,但实际上是普通股的发行。同上。第 3 页。每借 1 美元借给公司,投资者将在每个普通股中收获 0.5 美元。同上。

[225] 同上,第 2 页。

[226] Northway 招股说明书,见前注[216],第 2 页。

及。即使是知名度较高的公司也没有透露支付承销商的报酬。[227] 例如,1919 年可口可乐的公开发行是由 Georgia 信托公司(现为 SunTrust 银行)承销的。[228] 然而,招股说明书并未披露 Georgia 信托公司的薪酬。[229] 可口可乐公开发行时发表的报刊文章揭示了一些有争议的报道;至少有一家报纸报道说,该银行获得了 16% 的利润(股权)或 400 万美元以作为承销 2500 万美元发行量的报酬。[230] 目前更多的消息报道说,该行获得了大量可口可乐股票,在今天其价值超过 20 亿美元。[231] 这两个陈述——前者表示大量的现金支付,后者表示大量的股票支付——未必是矛盾的。投资银行同时收取费用和获得股票是常见的。[232] 这里的重点是不能从招股说明书中看出这笔薪酬的数额(以及支付所采取的形式)。[233]

---

〔227〕 参见,例如 Coca – Cola 的招股说明书,见前注〔13〕,第 1 页(披露了承销商的姓名,但没有披露薪酬)。

〔228〕 同上;参见 New Directors of Coca – Cola Co. to Pursue Old Policies, Fort Worth Star – Telegram, Aug. 7, 1919, at 5(讨论 Georgia 信托公司与可口可乐公司之间的关系)。

〔229〕 Coca – Cola 的招股说明书,见前注〔13〕,第 1 页。

〔230〕 Enormous Profits to Coca – Cola Syndicate, Miami Herald, Apr. 29, 1920, at 2(声明披露是在一个饮料瓶销售商对可口可乐提起诉讼时,对 Georgia 信托公司的副总裁 W. C. Wardlaw 进行盘问期间作出的).

〔231〕 Martha Brannigan, *Sun Trust Bank Plods Its Way Along to Strong Returns*, Wall St. J., Mar. 31, 1993, at B4("多亏了购入可口可乐公司股票的决定,在 1919 年该软饮公司公开上市时,Sun Trust 银行拥有其超过 10 亿美元的股份")。在 1919 年,可口可乐和 Georgia 信托公司之间已经有了密切的关系。事实上,当 Georgia 信托公司处理可口可乐公开发行时,Georgia 信托公司的总裁 Ernest Woodruff,立即被安置进了可口可乐董事会。New Directors,见前注〔228〕,第 5 页;一年后,他的儿子 Robert Woodruff 成为了可口可乐公司的总裁。参见 Bruce Borowsky, SunTrust Banks(Trust Company Bank), New Georgia Encycclopedia (Mar. 11, 2005), http://www.georgiaencyclopedia.org/articles/business – economy/suntrust – banks – trust – company – bank。

〔232〕 Brandeis,见前注〔154〕,第 95 页。

〔233〕 Coca – Cola 的招股说明书,见前注〔13〕,第 1 页。当然,当一家公司与可口可乐一样成功时,对承销商的大量薪酬很容易被忽视。一股 1919 年以 40 美元购买的普通股今天价值 1000 万美元(假设所有股息都用于再投资)。*Notice of Special Meeting of Shareholders and Proxy Statement*, COCA – COLA CO. 18(July 10, 2012, 10:00 AM), http://www.coca – colacompany.com/content/dam/journey/us/en/private/fileassets/pdf/2012/11/special – meeting – proxy.pdf。

值得花一点时间记住的是,当我们对主要源文件进行考查时,作为证券法的主要起草者之一的 Louis D. Brandeis 最先反对的就是公司不披露承销商报酬的行为。[234]《别人的钱》一文的很多话题都集中于发行人不持续披露支付给证券发行销售的承销商的报酬上。[235] 他以美国钢铁公司(US Steel)发行的招股说明书为例,该招股说明书没有提及 JP 摩根公司在承销美国钢铁公司 62.5 美元每股的股票发行中获得了 1250 万美元的报酬。Brandeis 认为这只耗费了 JP 摩根公司"几周的时间"。[236] Brandeis 认为,支付给 JP 摩根公司的报酬过多,至少投资者有权知道,他们的大部分投资不是用于厂房和设备,而是付给了承销商。Brandeis 认为这是对投资的"隐性税收",[237] 而银行拿到的则是"不义之财"。[238] Brandeis 用 JP 摩根公司和美国钢铁公司的轶事传达了一个明确的信息:当时的招股说明书并没有充分告诉投资者他们的资金被如何使用。[239]

E. 风险因素

大多数证券法颁布前的招股说明书也缺乏风险因素的披露。[240] 在我考查的 25 份招股说明书中,只有一个对风险因素进行了讨论。[241] 可

---

[234] Cynthia A. Williams, *The Securities and Exchange Commission and Corporate Social Transparency*, 112 Harv. L. Rev. 1197, 1211 - 1212 (1999) (Brandeis 在 1914 年讨论,接下来 Berle 和 Means 在 1932 年讨论,"倡导把披露作为一种监管方法")。尽管许多学者认识到对联邦授权的披露制度的需要,但国会在经济大萧条之前并未被迫采取行动。参见 Lynn A. Stout, *Why the Law Hates Speculators: Regulation and Private Ordering in the Market for OTC Derivatives*, 48 Duke L. J. 701, 728 (1999) ("直到 1929 年的市场崩溃和随后的大萧条,国会才决定采取行动")。

[235] Brandeis,见前注〔154〕,第 94 页。Brandeis 及 Other Peoples' Money(《别人的钱》)一文,在帮助证券法制定方面的作用已有详细记录。参见 Williams,前注〔234〕,第 1212 ~ 1215 页(详细讨论了 Brandeis 的作用)。国会报告的开头是富兰克林·罗斯福总统的一条消息,该消息认为,披露将防止银行和公司滥用"其他人的钱",这是对 Louis Brandeis 及其工作的一个不那么微妙的提法。同上,第 1228 页[引用 H. R. Rep. No. 73 - 85, at 2, 3 (1933)]。

[236] Brandeis,见前注〔154〕,第 94 ~ 95 页。

[237] 同上,第 110 页(把银行家的薪酬比作税收)。

[238] 同上,第 103 ~ 104 页。

[239] 同上,第 106 ~ 107 页。

[240] 参见前注〔155〕(讨论为什么甚至连"证券法"最初都没有规定需要披露风险因素;后来需要将风险因素作为 Reg. S - K 的一部分)。

[241] Coca - Cola 的招股说明书,见前注〔13〕,第 3 页。

口可乐公司就是这个例外,它坦率地揭示了其强制执行商标的能力的问题[242](见图6)。

可口可乐披露这个信息当然符合潜在股东的最佳利益。[243] 如果商标不可执行,会对公司的价值产生不利影响。对可口可乐公司来说,幸运的是,最高法院禁止了对其商标的侵权使用。[244] 法院指出:"使用多年的商标……已经可以单独表明[可口可乐]的产品。发现被告的混合物是模仿原告的商品制造和销售的,而选取'Koke'这个词的目的是收取原告的广告收益和出售模仿原告的产品而制作的商品。"[245]

我们收到了以下律师的意见:应您的要求,我们仔细审查了可口可乐公司商标的合法性……法院已……禁止使用名称,标签和其他模仿可口可乐公司所使用的名称和标签的事情,公司的该权利是排他性的。一个例外情况是美国巡回上诉法院对第九巡回法院作出的决定不利于可口可乐公司……美国最高法院已经批准了对于该决定的审查申请,目前该法院正在对该决定进行审查。

图6 1919年可口可乐招股说明书中的风险因素说明[246]

将可口可乐公司的坦率披露与一家生产番茄酱的 Harbauer 公司进行比较,后者在其1916年的招股说明书中隐瞒了其正面临农业部的行政处理。[247] 据农业部长说:

1917年2月15日,美国俄亥俄州北区的律师根据农业部长的报告,提交了一份反对 Harbauer 公司的信息,声称该公司的货物违反食品和药物法,1916年1月20日左右……一些名为"复方番茄酱"的存货里,部分蔬菜产品已经腐烂。该信息声称此公司的货物是掺假的,因为它含有肮脏的,已腐烂的和已被分解的蔬菜物质。1918年1月21日,被告

[242] 同上。

[243] 今天,一个这样的未决诉讼可能会出现在招股说明书的未决诉讼部分。17 C. F. R. § 229.103(2016)(指导注册人"简要描述任何悬而未决的法律诉讼")。

[244] Coca – Cola Co. v. Koke Co. of America, 254 U. S. 143(1920).

[245] 同上,第145页。

[246] 同上。

[247] United States v. Harbauer Co., F. & D. No. 7668(1917), https://ceb.nlm.nih.gov/fdanj/bitstream/123456789/42278/3/fdnj06144.pdf.

公司对这一消息提起了异议(不愿辩护也不承认有罪),法院判处了75 美元的罚款。[248]

此外,请注意,调查始于 1916 年 1 月 20 日,即 1916 年 8 月 18 日招股说明书发布前 7 个月。[249] 在我看来,这是任何潜在投资者都有权知道的信息。[250]

五、证券法颁布前招股说明书的现实意义:从犯过的错误中学习

要求削弱《证券法》披露要求的学术观点通常是从对证券法颁布前披露不足最低估计的角度出发,因为如果你能够证明该法规在一开始就不是必要的,那么说服政策制定者放松监管是比较容易的。[251] 例如,正如在第二部分的 D 中所讨论的,Mahoney 教授赞成基于交易所信息披露规则的观点(—也就是证券法出台前的披露模式,即每个有组织的交易所都会创建并执行其自己的披露规则—)是建立在 20 世纪 20 年代的披露并不是那么糟糕的主张之上的。[252] Mahoney 教授认为,这些有组织的交易所在鼓励披露方面做得很好。[253] 他的这个论点在他最近的一本

---

[248] 同上。

[249] Harbauer 公司的招股说明书(1916)[以下简称 Harbauer 1916 招股说明书](存档于作者处)。

[250] 有些招股说明书甚至告诉潜在投资者无视风险。参见,例如 Pacific Oil 公司的招股说明书 2(1901)[以下简称 Pacific Oil 招股说明书](存档于作者处)。由于其 1901 年的日期,本招股说明书未被列入附录 A 所列 25 份招股说明书清单中,但其内容当然值得注意。该招股说明书实写到,"我们让您不冒风险。"同上。显然,太平洋石油公司的发起人对他们的商业头脑非常自信,以至于他们认为投资他们的公司是一个肯定且当然的选择。或者,有人可能会得出结论,太平洋石油是毫无信誉的操作或纯粹的欺诈行为,只要它吸引了投资者的资金,它就不会关心被其招股说明书中的内容。然而,似乎太平洋石油公司是一家两年后仍在运营的实际公司,尽管当时石油的成本很低。Financial Inquiries:PacifÏc Oil Co. Ltd. ,U. S. Investor,Feb. 7,1903,at 259。

[251] Mahoney,见前注〔53〕,第 1468 页;Romano,Empowering Investors,见前注〔9〕,第 2372 页。

[252] Mahoney,见前注〔5〕,第 3 页;Mahoney,见前注〔53〕,第 1468 页。

[253] Mahoney,见前注〔5〕,第 79 ~ 80 页;Mahoney,见前注〔53〕,第 1455 页。

书《浪费危机》中有所体现。[254]

本文的结论使人们怀疑 Mahoney 教授关于证券法颁布之前的信息披露是充分的这一说法的准确性。[255] 有人可能会回应，Mahoney 教授的提议可能永远不会实现，所以即使他对证券法颁布前信息披露的说明是不完全准确的，又有什么关系呢？事实上，Mahoney 教授的作品并不只限于他对交易所信息披露规则的理念，甚至不限于在象牙塔内。[256] 美国决定证券披露政策的仲裁组织国会也会聆听 Mahoney 教授的意见。[257] 2015 年，Mahoney 教授在国会声明，提到 1933 年金融新政改革的第一个产品《证券法》，它几乎被普遍认为是"良好"监管的典型例子，但主要是因为在《证券法》出台前，律师、经济学家和历史学家对市场是如何运作的重视程度不够。我们的律师通常将《证券法》描述为一个"完全披露"法令，并且说的好像 1933 年以前的证券公开发行都完全没有披露信息一样。这是不正确的。事实上，《证券法》只是对披露方法做出了微小的改变……[258]

Mahoney 教授似乎在说，这与他的大部分工作是一致的——《证券法》的披露规定是不必要的，或者说也许是过度的。[259] 后来他的声明确实是这样的，Mahoney 通过承认利益冲突的公开条款确实是对以前的改进这一观点来缓和他的评论。[260] 不过，Mahoney 教授的小小让步真的就只是一个小小的让步。[261] 被 Mahoney 教授最小化了的披露问题其实

---

〔254〕 Mahoney，见前注〔5〕，第 3 页、79 ~ 80 页。

〔255〕 见本文第四部分。审查的招股说明书中有 6 份是在纽约证券交易所交易的证券。见附录 A。

〔256〕 Mahoney 教授多次在国会就证券监管等金融监管主题进行过测试。例如，*The Dodd - Frank Act and Regulatory Overreach: Hearing Before the Subcomm. on Oversight and Investigations of the H. Comm. on Fin. Servs.*，114th Cong. 30 - 38(2015)［以下简称 Mahoney 2015 Testimony］（为 Paul G. Mahoney 的声明做了铺垫）；*Systemic Risk: Are Some Institutions Too Big to Fail and If So, What Should We Do About It?: Hearing Before the H. Comm. on H. Comm. on Fin. Servs.*，111th Cong. 61 - 67(2009)［以下简称 Mahoney 2009 Testimony］（为 Paul G. Mahoney 的声明做了铺垫）。

〔257〕 Mahoney 2015 Testimony，见前注〔256〕。

〔258〕 同上，第 34 页。

〔259〕 同上。

〔260〕 同上，第 36 ~ 37 页。

〔261〕 同上。关于 Mahoney 作品中细微差别的进一步讨论，参见本文第二部分的 D.1。

远远不止利益冲突。[262] 如第四部分所示,问题还包括未能提供财务报表,未能解释资本结构和投票权,还有未能讨论风险因素。[263] 考虑到他过去二十年的观点的主旨,Mahoney 教授对于"证券法颁布前公开披露是不足的"这一观点作出更广泛让步的犹豫也是有道理的:他一直认为《证券法》通过之前的信息披露是足够的,或者至少是不差的,联邦强制的披露制度应该回归《证券法》颁布前的传统披露模式,即有规模的交易所——纽约证券交易所规定的披露方式。[264]

有趣的是,上文引用的 Mahoney 教授的证言是支持中止多德—弗兰克法案的,而该法案影响的是金融机构(而不是证券发行人)。[265] 但是,这两个主题——金融监管和证券监管,是密不可分的。[266] 因此,国会在听取那些说辞之后提交的法案(《2017 年金融监管改革法案》)[267] 中也

---

〔262〕 参见本文第四部分。

〔263〕 参见本文第四部分。

〔264〕 Mahoney,见前注〔53〕,第 1468。

〔265〕 Mahoney 2015 Testimony,见前注〔256〕,第 30 ~ 31 页。

〔266〕 Mahoney 教授在他的宣言开头说,"虽然我的学术重点是证券监管,但同样的教训可以应用于'Dodd - Frank 法案'中所包含的更广泛的金融改革"。Mahoney 2015 Testimony,见前注〔256〕,第 30 页。事实上,国会认为证券改革和金融改革的主旨有一些无法言明的联系。这就是为什么 Dodd - Frank 法案在增加监管时同时影响了两者,也是为什么 Financial Choice 法案在减少监管时同时作用于两者。

〔267〕 Financial Choice Act of 2016, H. R. 5983, 114th Cong. § 452(a)(2)(2016)。此外,国会已经采取了一些行动。2017 年 2 月 3 日,国会通过立法废除了以下规定:要求公司披露他们为获得提取矿物权而向外国政府支付的款项。H. R. J. Res. 41, 115th Cong. (2017)。这正是 Mahoney 教授的理论上所支持的披露类型,即披露可以防止投资资金被内部人士或第三方"掏空";披露"对于打击浪费,欺诈,腐败和管理不善是至关重要的"。Timothy Cama, Senate Votes to Repeal Transparency Rule for Companies, Hill (Feb. 3, 2017, 6:53 AM), http://thehill.com/policy/energy - environment/317700 - senatevotes - to - repeal - transparency - rule - for - oil - companies(引用自参议员 Sherrod Brown)。

包含了一些可能会减少强制性披露的规定就也不那么让人惊讶了。[268] 具体而言,《2017 年金融监管改革法案》中的一些隐性规定将减少必须接受《证券法》规定的披露要求的投资者数量。[269] 《2017 年金融监管改革法案》于 2017 年 4 月重新推出,[270] 减少披露如下:

1. 它扩大了认证投资者的定义——证监会允许那些按照 Reg. D 条款注册的私人投资者进行投资,包括相关领域专家的专业人员。也就是说,Financial Choice 法案第 860 条确定为 Reg. D 类发行的一个全新种类的投资者——专家。[271]

2. 因此,会有更多的人参与 Reg. D 的注册发行(由于扩大了受众基础,可能还有更多的注册发行)。

3. 对于 Reg. D 的注册发行,发行人可以通过私募备忘录(PPM)进行发行。私募备忘录无须提供招股说明书所要求的一些信息。[272]

例如,即使没有进行《证券法》规定的信息披露,一个电力工程师(并且没有投资经验)可以被允许投资一家正在生产和销售新型微处理

---

[268] H. R. 5983 § 452(a)(2)。当国会在 Financial Choice 法案中规定了第 452 条时,我不是说国会的这个行为是在 Mahoney 教授的直接督促下做出的。然而,毫无疑问,Mahoney 的宣言影响了 Financial Choice 法案的部分起草工作;以至于国会在他们的拟议立法的综合纲要中都提到了他的宣言。参见 House Comm, on Fin. Servs., *Comprehensive Outline*:*Financial Choice Act* 4(2016),http://financialservices.house.gov/uploadedfiles/ financial_choice_act_comprehensive_outline.pdf(引用 Mahoney 来佐证这一观点:与人们的直觉相反,Dodd – Frank 法案反而使大银行的市场份额得以增长)。如果国会支持 Mahoney 教授关于加强大银行市场份额的金融监管这一更广泛主题的宣言,那么得出以下结论并不是无道理的:Mahoney 教授关于《证券法》监管过度的言论也影响力 Financial Choice 法案有关披露制度的规定。参见 H. R. 5983 § 452(a)(2)。

[269] H. R. 5983 § 452(a)(2).

[270] Financial Choice 法案基本上以同样的形式重新引入;只是对资者的定义的修改从第 452 条的(a)(2)部分移到了第 860 条的(a)(2)部分。参见 *The Financial Choice Act of* 2017, H. R. 10, 115th Cong. § 860(a)(2)(2017)。

[271] 同上。该部分扩大了获许投资者的定义,纳入了"委员会通过规定认证的,具有能够证明该人具备与具体投资相关的专业知识的教育或工作经验的任何自然人。"

[272] 对于依据 Rule 504 的小型上市来说,不需要披露信息。17 C. F. R. § 230. 502(b)(1)(2016)。对于依据 Rule 505 or 506 的大规模上市来说,非获许投资者需要简化披露。同上。

器的初创公司。[273]

在国会扩大可以豁免《证券法》披露要求而发行投资证券的投资人人数之前,应该先反思自己旨在补救的关于强制披露的历史遗留问题:缺少财务报表;未能解释公司的资本结构和投票权;未披露高管、董事和承销商的薪酬;以及未能披露风险因素。[274] 国会应该问,如果联邦强制信息披露制度被削弱(通过扩大能够在 Reg. D 投资发行证券的投资者人数),那么这些问题在今天是否会再次出现?要回答这个问题,我们可以看看在 Reg. D 发行的披露记录。[275] 1977 的 Doran v. Petroleum Management Corp. 案立即浮现在我的脑海。[276] 在这个案件中,受到 PPM 中包括"拟议钻探地区的钻探日志和技术图"等信息的鼓励,Doran 投资了该石油管理公司。[277] 然而,PPM 并没有向他提供一份法定招股说明书中会包含的信息,包括一个重要的风险因素,即是否存在一些法规,触犯之后会限制生产以及使油井无法盈利。[278] 让 Doran 十分懊恼的是,该公司触犯了这些法规,他失去了他的投资。[279] 他也没有因为他是石油和矿物开采方面的专家和拥有德克萨斯州 A & M 的石油工程学

〔273〕 H. R. 10 § 860(a)(2). 在讨论 Fair Investment Opportunities For Professional Investors Act, H. R. 2187, 114th Cong. § 2(2016),后来成为 H. R. 10 § 860(a)(2),Schweikert 代表讲述了一个他掌管的市政厅的故事:

观众中有一位绅士……站起来说:我为你讲一个故事.我有电子工程博士学位,我在钱德勒的英特尔工厂工作。我有一些朋友在一两年前开始创业,制作电脑组件。而我是一位专家……我不被允许投资,因为我没有达到[获许投资者]的收入和资产门槛。

162 Cong. Rec. H379(2016)(Schweikert 代表的发言)。

〔274〕 参见 Seligman,前注〔18〕,第 57 页(作出过类似论证)。

〔275〕 H. R. 10 § 860(a)(2).

〔276〕 545 F. 2d 893(5th Cir. 1977).

〔277〕 同上,第 898 页。

〔278〕 同上。

〔279〕 同上。

位而幸免。[280]

因此,不仅1933年以前的招股说明书能证明信息披露不足,而且私募的现代经验(豁免《证券法》的披露要求)也证明,如果不受监管,发行人通常不会向潜在投资者提供足够的信息。[281] 因此,尽管私募发行豁免《证券法》的披露规定可能存在合法的公共政策理由(由于小型企业筹集资金的费用较低),[282]但考虑到潜在投资者的信息劣势,将豁免范围保持尽可能的狭窄是有意义的。[283]

结论

为了回应国会的发现,即在1929年股市崩溃之前,公司发行人没有向投资者提供必要的信息以判断他们发行的证券的价值,更确切地说,无法让投资者判断出他们地证券是否有价值,美国证券法创设了联邦强制披露制度。[284] 《证券法》创设了证券发行人必须提供给潜在投资者的一项综合信息列表,包括财务报表,资本结构和投票权信息,高管薪酬,承销商薪酬和风险因素。[285]

然而,即使在80年后,一些学者还对证券法颁布前信息披露真的很糟糕这一传统观点表示怀疑,因而他们同样怀疑联邦强制披露制度的必

〔280〕 同上,第902页。我们不需要追溯到1977年去寻找一个因为私募配售备忘录披露不佳而导致投资者蒙受损失的案例。参考2006年的Grubka v. WebAccess International, Inc. ,445 F. Supp. 2d 1259(D. Colo. 2006)。在那个案例中,WebAccess公司的成立是为了向科罗拉多州的中小型企业提供互联网。同上,第1262页。WebAccess公司通过私募备忘录发行证券,除其他重大事实之外,它也并没有披露拖欠了与其供应商和其他债权人一百多万美元的事实。同上(引用修改后的投诉)。这正是那些在证券法出台前发布的招股说明书中经常忽略的信息。见本文第IV部分的A(讨论证券法出台前的招股说明书中财务披露的缺乏)。

〔281〕 Doran,545 F. 2d at 902;Grubka,445 F. Supp. 2d at 1262.

〔282〕 见本文第三部分(讨论与提供强制披露相关的费用问题)。

〔283〕 Doran,545 F. 2d at 900(将私募豁免描述为"有限的避难所")。

〔284〕 House Report,见前注〔3〕,at 7;Senate Report,见前注〔3〕,at 2。

〔285〕 15 U. S. C. § 77aa(1)-(27)(2012).

要性。[286] 这些学者认为,在《证券法》通过之前的几十年中,公司通过自身利益和纽约证券交易委员会的指示提供了充分的披露。[287]

本文将怀疑论者的断言,即公司发行人确实向投资者提供了必要的信息(信息披露不充分是George Benston所称的"民间传说"[288]),与20世纪10年代和20世纪20年代的主要源证据对比。[289] 发现与怀疑论者的说法相反,在证券法颁布之前发现的招股说明书提供的信息披露通常是不充分的。以下是结论的摘要:

1. 财务报表——结果不一。[290] 例如,联合雪茄招股说明书提供了财务报表,虽然还没有达到当代标准,[291]但是其他大型企业提供的更少或没有提供。例如,可口可乐公司提供了损益表,但没有资产负债表。[292] 我考查的证券法出台前发布的10份招股说明书中没有任何财务报表。[293]

2. 资本结构和投票权——一般来说,大部分招股说明书都充分讨论了资本结构——普通股,优先股和公开发行债券的组合。[294] 但是,在谈到披露与每只证券相关的投票权时,这些招股说明书常常披露不足。[295] 只有七份招股说明书对投票权进行了充分的讨论。[296]

3. 高管薪酬——几乎所有的招股说明书都没有讨论高管薪酬问题。[297] 当人们通常认为内部人员能"掠夺"一个公司的主要方式就是过高的薪酬时,这点是特别麻烦的。[298]

4. 承销商报酬——几乎所有的招股说明书都没有讨论承销商报酬

[286] 见本文第二部分的B和D。

[287] 同上。

[288] Benston,见前注〔8〕,第517页。

[289] 见附录A(列出了审查的招股说明书)。

[290] 见本文第四部分的A。

[291] 联合雪茄的招股说明书,见前注〔14〕,第3页。

[292] Coca-Cola的招股说明书,见前注〔13〕。

[293] 见附录A。

[294] 见本文第四部分的B。

[295] 同上。

[296] 见附录A。

[297] 见本文第四部分的C。

[298] Wells,见前注〔153〕,第699页。

问题，[299] 即 Brandeis 描述的对投资的“隐性税收”[300]，和银行家“不公正地获得的财富”[301]。

5. 风险因素——几乎所有的招股说明书都没有提到风险因素问题。[302]

这篇文章提出了一些新的和主要的源证据，这些证据挑战了学术上的传统观点，即像怀疑论者所认为的那样：证券法颁布之前的信息披露是足够的。[303] 肯定有足够的证据可以质疑怀疑论者认为的证券法颁布之前的信息披露并不是那么糟糕的主张。因此，按照 Joel Seligman 的话说，在没有“考虑导致设立这一制度的问题类型”以及“这些问题在今天还可能会反复出现”这一事实的前提下，国会不应该像在《2017 年金融监管改革法案》[304] 中做的那样削弱联邦强制披露制度。[305]

---

[299] 见本文第四部分的 D。

[300] Brandeis，见前注〔154〕，第 110 页（将银行家的佣金比作隐性税收）。

[301] 同上，第 103 ~ 104 页。

[302] 见本文第四部分的 E。

[303] Benston，见前注〔8〕，第 517 页。

[304] The Financial Choice Act of 2017, H. R. 10, 115th Cong. § 860(a)(2)(2017).

[305] Seligman，见前注〔18〕，第 57 页。

附录 A

审查的证券法颁布前的招股说明书列表[306]

公司	招股说明书年份	公司注册地	交易所	行业	股份类型	资产负债表	收入(损益)声明	股本结构[307]	投票权[308]	董事名单/报酬	高管名单/报酬	承销商名单/报酬	风险因素	来源
Scott Bar Hydraulic Mining 公司 No. 2	1910	CA	没有/不知道	采矿	普通股	有[309]	无	有	无	无/无	无/无	无/无	无	3 Law. & Banker & Bench & B. Rev. p. 494
Alpena Motor Car 公司	1912	MI	没有/不知道	制造业(汽车)	优先股	无	无	有	无	无/无	有/无	有/无 L. R. Latrobe	无	密歇根大学宾利历史图书馆

[306] 按年代顺序。

[307] 对于一些招股说明书,虽然没有资本结构部分,但资本结构可以从资产负债表中确定。例如,ALCOA 1927 年的招股说明书,见前注[12];ALCOA 1925 年的招股说明书,见前注[12],第 3 页;Inland Steel 的招股说明书,见前注[118],第 3 页;United Cigar 的招股说明书,见前注[14],第 3 页。

[308] 如果只提供一类普通股,未披露投票权可能不是真正的问题,因为州法律规定同一类别的所有股票具有相同的投票权。Pinto,见前注[150],第 19 页("公司必须拥有至少一类有投票权的股票,大多数上市公司的标准是拥有一类普通股,每股股票只有一票……")。"不适用(N/A)"出现在债券中,因为债券通常没有投票权。Dunfee,见前注[152],第 131 页 n. 13(解释说债券持有人能够通过合同保护他们的经济权利)。

[309] 虽然包括资产负债表,但它只是最初级的,并且不平衡。Scott Bar Hydraulic Mining 公司,招股说明书 9(1910 年)(存档于作者处)。

续表

公司	招股说明书年份	公司注册地	交易所	行业	股份类型	资产负债表	收入（损益）声明	股本结构	投票权	董事名单/报酬	高管名单/报酬	承销商名单/报酬	风险因素	来源
International Automobile League Tire& Rubber 公司	1915	NY	没有/不知道	制造业(轮胎)	普通股	无	无	无	无	无/无	有/无	无/无	无	Harvard 博物馆和图书馆
Harbauer 公司	1916	OH	没有/不知道	制造业（酱）	优先股	有	有	有	有	有/无	有/无	有/无 United Security 公司	无	Toledo Lucas County 公共图书馆
Nashville Street Jitney 公司	1916	TN	没有/不知道	号衣	普通股	无	有	有	无	有/无	无/无	无/无	无	作者的收藏

续表

公司	招股说明书年份	公司注册地	交易所	行业	股份类型	资产负债表	收入(损益)声明	股本结构	投票权	董事名单/报酬	高管名单/报酬	承销商名单/报酬	风险因素	来源
Northway Motors 公司	1918	MA	没有/不知道	制造业(汽车)	普通股[310]	无	无	有	无	无/无	有/无	无/有	无	作者的收藏
Simon Silver – Lead Mines 公司	1918	NV	纽约证券场外交易市场,旧金山	采矿	普通股	无	无	有	无	有/无	有/无	有/无 Bankers Trust 公司	无	哈佛商学院,贝克图书馆历史馆藏
Coca-Cola 公司	1919	DE	纽约证券交易所	制造业(饮料)	普通股	无	有	有	有[311]	无/无	无/无	有/无 格鲁吉亚信托公司	有	可口可乐档案馆,佐治亚州亚特兰大市

[310] 此次发行在招股说明书中称为贷款,但实际上是普通股的发行。参见 Northway 的招股说明书,见前注[216],第 3 页。每借给公司 1 美元,订户收到 0.5 美元的普通股。同上。

[311] 普通股受到投票信托的约束。参见 Coca – Cola 的招股说明书,见前注[13],第 1 页。

续表

公司	招股说明书年份	公司注册地	交易所	行业	股份类型	资产负债表	收入（损益）声明	股本结构	投票权	董事名单/报酬	高管名单/报酬	承销商名单/报酬	风险因素	来源
American Ship and Commerce 公司	1920	DE	纽约证券交易所,芝加哥,费城	运输	普通股	有[312]	有	无	无	有/无	无/无	有/无 Simmons & Slade	无	哈佛商学院,贝克图书馆历史馆藏
Associated Producing & Refining 公司	1922	DE	不知道[313]	石油炼制	债券	无	无	有	不适用	有/无	有/无	有/无 Union Trust and Savings Bank	无	哈佛商学院,贝克图书馆历史馆藏
Chloride Queen 公司	1922	WA	没有/不知道	采矿	普通股	无	无	有	无	有/无	有/无	无/无	无	作者的收藏

[312] 以净资产头寸的形式。参见 American Ship and Commerce 公司,招股说明书 3(1920 年)(存档于作者处)。

[313] 招股说明书指出在纽约证券交易所上市。参见 Associated Producing and Refining 公司,招股说明书 2(1922 年)(存档与作者处)。但是,我无法找到任何有关它的记录。

续表

公司	招股说明书年份	公司注册地	交易所	行业	股份类型	资产负债表	收入（损益）声明	股本结构	投票权	董事名单/报酬	高管名单/报酬	承销商名单/报酬	风险因素	来源
Marmite Inc. of America	1922	MA	没有/不知道	制造业(食品)	普通股	有	有	有	无	无/无	有/无	无/无	无	哈佛商学院，贝克图书馆历史馆藏
American Steam Truck 公司	1923	IL	没有/不知道	制造业(汽车)	普通股；优先股	有	无	有	无	有/无	有/无	无/无	无	虚拟汽车博物馆[314]
Inland Steel 公司	1923	DE	纽约证券交易所	制造业(钢铁)	优先股	有	有	有	有	无/无	无/无	有/无 Kuhn, Loeb & Co.	无	美国金融博物馆
Maracaibo Oil Exploration 公司(申请列表)	1923	DE	纽约证券交易所	石油生产	普通股	有	有	有	无	有/无	有/无	有/无 担保信托公司	无	哈佛商学院，贝克图书馆历史馆藏

[314] 虚拟汽车博物馆的网址是 http://www.virtualsteamcarmuseum.org。

续表

公司	招股说明书年份	公司注册地	交易所	行业	股份类型	资产负债表	收入（损益）声明	股本结构	投票权	董事名单/报酬	高管名单/报酬	承销商名单/报酬	风险因素	来源
Southern States Oil 公司（申请列表）	1923	DE	波士顿;纽约证券场外交易市场	石油和天然气生产	普通股	有	有	有	无	有/无	有/无	有/无 National Shawmut Bank	无	哈佛商学院，贝克图书馆历史馆藏
Maryland Canneries	1924	MD	没有/不知道	制造业(罐头食品)	优先股	无	无	有	有	无/无	无/无	无/无	无	Mary-land 历史学会
Harbauer 公司	1924	OH	Cleve-land	制造业（酱）	普通股	有	有	有	无	无/无	无/无	有/无 R. V. Mitchell, & Co. ,Bell & Beck-with, he Herrick 公司	无	Toledo Lucas County 公共图书馆

续表

公司	招股说明书年份	公司注册地	交易所	行业	股份类型	资产负债表	收入（损益）声明	股本结构	投票权	董事名单/报酬	高管名单/报酬	承销商名单/报酬	风险因素	来源
Aluminum Company of America	1925	PA	纽约证券场外交易市场	制造业（铝）	优先股	有	有	有	有	无/无	无/无	有/无 匹兹堡联盟信托公司	无	Heinz 历史中心
American Superpower 公司	1925	DE	纽约证券交易所	控股公司（电气和照明公司）	优先股	无	有	有	有	有/无	无/无	有/无 Bonbright & Company	无	哈佛商学院，贝克图书馆历史馆藏
Annie Creek Gold Mining 公司	1926	SD	没有/不知道	采矿	普通股	无	无	有	无	无/无	无/无	无/无	无	哈佛商学院，贝克图书馆历史馆藏

续表

公司	招股说明书年份	公司注册地	交易所	行业	股份类型	资产负债表	收入（损益）声明	股本结构	投票权	董事名单/报酬	高管名单/报酬	承销商名单/报酬	风险因素	来源
United Cigar Stores Company of America	1927	NJ	纽约证券交易所	零售	优先股	有	有	有	有	无/无	无/无	有/无 Kuhn, Loeb & Co.	无	美国金融博物馆
Aluminum Company of America	1927	PA	纽约证券场外交易市场	制造业（铝）	债券	有	有	有	不适用	无/无	无/无	有/无 The Union Trust Company	无	Heinz 历史中心
Foltis – Fischer Incorporated	1929	DE	纽约证券场外交易市场	餐厅连锁	普通股	无[315]	有	有	无	无/无	无/无	有/无 A. B. Leach & Co.	无	美国金融博物馆

[315] 招股说明书指出附有资产负债表。Foltis – Fischer 的招股说明书，见前注〔213〕，第 3 页。但是，在美国金融博物馆审查的副本中没有包括资产负债表。因此，出于谨慎的考虑，我将假设公司没有向投资者提供资产负债表。

续表

公司	招股说明书年份	公司注册地	交易所	行业	股份类型	资产负债表	收入（损益）声明	股本结构	投票权	董事名单/报酬	高管名单/报酬	承销商名单/报酬	风险因素	来源
Crescent Aircraft 公司	1929	NJ	没有/不知道	制造业(飞机)	普通股	无	无	有	无	有/无	有/无	有/无 Hadley & Company	无	作者的收藏

附录 B

1919 年可口可乐公司招股说明书[316]

500,000 股

可口可乐公司

（一家位于特拉华州的公司）

普通股

股份转让代理人	注册人
纽约担保信托公司，纽约	大通国民银行，纽约
佐治亚信托公司，亚特兰大，佐治亚州	亚特兰大中央银行，亚特兰大

"可口可乐公司"是为了继承其前身"佐治亚可口可乐公司"的全部业务、财产、配方、商标和信誉而设立的。可口可乐公司的业务从 1886 年开始，并于六年后遵循佐治亚州当地法律注册为公司，以便继续生产其产品。

新设立的"可口可乐公司"的股本结构如下：

7% 的累计优先股（无投票权）	$ 10,000,000
普通股（无面值）	500,000 股

* 股东表决权信托证书

本轮融资结束后，可口可乐公司的公司财产不存在任何抵押或者担保负债的情况。

在过去的 25 年里，可口可乐每年都供不应求。可口可乐的销量已经超过世界上其他任何软饮料的销量。可口可乐在 1919 年 7 月的月销量为 280,000,000 瓶。全美有大约 70,000 台汽水机售卖可口可乐和超过 1500 家装瓶工厂转销可口可乐。

1919 年头 7 个月，可口可乐的总销量大约为 11,099,569 加仑。与此同时，1919 年的预计年总需求量大约为 20,000,000 加仑。1919 年 7 月相比于 1918 年 7 月的销量增长了至少 171%。

1919 年头 7 个月的利润按比例折算约处于税前年利润 5,250,000 美元的水平。根据 1919 年的税率和投入资金成本，可口可乐公司普通股的预计收益能力如下表所示：

[316] 经可口可乐公司许可转载。

(单位:美元)

假设净收益	应扣除的优先股股息和联邦税	预计用于普通股的收益	每股普通股
5,000,000	1,740,000	3,260,000	6.52
6,000,000	2,200,000	3,800,000	7.60
8,000,000	3,120,000	4,880,000	9.76
10,000,000	4,040,000	5,960,000	11.92
12,000,000	4,960,000	7,040,000	14.08

所有和公司组建和发行股票有关的法律细节均由 Rushmore, Bisbee & Stern, New York City; Robert C. and P. H. Alston, Atlanta, Ga.; Anderson, Rountree & Crenshaw, Atlanta, Ga 过目。

在达到 40 美元每股的水平后,我们将会在取得律师同意的情况下,视乎份额为长期认购的股票提供股东表决权信托证书。

我们预计,经理临时收据或最终证书的确切交付日期将会在不久之后确定。与此同时,付款方式将会在分配函中说明。

佐治亚信托公司

亚特兰大,佐治亚州

我们无法对下述陈述和数据给出确切性的保证,但这些陈述和数据来源于我们认为真实准确的渠道。

1919 年 8 月

可口可乐公司

历史和业务

“可口可乐公司”是为了继承其前身“佐治亚可口可乐公司”的全部业务、财产、配方、商标和信誉而设立的。可口可乐公司的业务从 1886 年开始,并于六年后依照佐治亚州法律注册为公司,以便继续生产其产品。

可口可乐的销量增长情况如下:

年份	加仑
1886	26
1896	117,636
1906	2,107,661
1916	9,715,892
1918	10,314,727
1919(头7个月)	11,099,569

可口可乐公司总部位于佐治亚州亚特兰大，同时在纽约、芝加哥、巴尔的摩、达拉斯、堪萨斯城、费城、洛杉矶，以及古巴哈瓦那、加拿大多伦多与温尼伯设有制造工厂。

正常情况下，可口可乐制造工厂的总生产能力约为每年16,000,000加仑，与此同时，该生产能力仍可在不增加制造工厂投入的情况下显著增长。有一家新设立的临近可口可乐公司位于佐治亚州亚特兰大的总部的制造工厂将近完工，该新设的制造工厂预计将会拉动25%的总生产能力的增长。

股本结构

预计新设立的"可口可乐公司"的股本结构如下：

7%的累计优先股(无投票权)	$10,000,000
普通股(无面值)	500,000股

＊股东表决权信托证书

本轮融资结束后，可口可乐公司的公司财产不存在任何抵押或者担保负债的情况。

优先股相对于其他任何可口可乐公司发行的股票在股息和分红上具有优先权。在对于该7%的股息的支付已拖延了6个月以上的情况下，每股优先股应拥有一票表决权。可口可乐公司可以选择在半年度派息日的前90日告知撤下任一或全部优先股，包括其票面价值和累积股息。

经营管理

目前的缔造了显著的业绩增长和成功的经营模式的管理层竟会继续保留,并通过持有大量公司股份的方式获益。为确保公司管理层的连续性,500,000 股普通股将会遵循股东表决权信托协议的相关规定于纽约担保信托公司存放 5 年。股东表决权受托人为:

S. C. Dobbs,副总裁,可口可乐公司

E. W. Stetson,副总裁,纽约担保信托公司

Ernest Woodruff,总裁,佐治亚信托公司

利　润

公司业务多年来一直盈利。根据 Haskins & Sells 披露的报告,可口可乐公司过去五年来的利润如下所示:

年份(截至 12.31)	净销量(美元)	净收入(税前)	加仑
1914	9,120,100	2,402,606	7,231,562
1915	9,529,496	2,436,060	7,521,833
1916	12,345,994	2,328,258	9,715,892
1917	15,047,665	2,572,105	12,109,420
1918	12,892,568	2,672,895	10,314,727

1919 年头 7 个月的利润按比例折算约处于税前年利润 5,250,000 美元的水平。

预计新发行的普通股的收益能力

根据 1919 年的税率和投入资金成本,可口可乐公司普通股的预计收益能力如下表所示:

(单位:美元)

假设净收益	应扣除的优先股股息和联邦税	预计用于普通股的收益	每股普通股
5,000,000	1,740,000	3,260,000	6.52
6,000,000	2,200,000	3,800,000	7.60
8,000,000	3,120,000	4,880,000	9.76
10,000,000	4,040,000	5,960,000	11.92
12,000,000	4,960,000	7,040,000	14.08

概　　况

可口可乐公司将其部分产品直接销往全国各地的汽水机,剩余的部分由五家经销商转销给装瓶工厂。瓶装可口可乐将通过众多代理商零售,如杂货店,水果摊,报摊等。

可口可乐的销量已经超过世界上其他任何软饮料的销量。可口可乐在1919年7月的月销量为280,000,000瓶。全美有大约70,000台汽水机售卖可口可乐和超过1500家装瓶工厂转销可口可乐。

1919年头7个月,可口可乐的总销量大约为11,099,569加仑。与此同时,1919年的预计年总需求量大约为20,000,000加仑。1919年7月相比于1918年7月的销量增长了至少171%。

在过去的25年里,可口可乐每年都供不应求。

可口可乐公司的产品已经在美国、加拿大和古巴广为人知。通过其充满活力的广泛的宣传,可口可乐公司通常被认为是美国广告营销最好的企业之一。可口可乐公司对经销商和消费者的贸易政策已经建立了一种无价的良好声誉,其价值远远超过33年来广告支出的20,000,000美元。

自从公司成立以来,公司与员工始终保持着良好的关系,其中50%的员工在制造部门。在制造部门的工作中,几乎不需要有技术含量的劳动力。事实上,可口可乐生产的全部劳动力成本不到总成本的1%。

许多来自外国的对可口可乐的询问调查表明了有助于可口可乐公司拓展业务的广阔领域。管理层有意在不久的将来拓展可口可乐业务。

法律相关

我们从律师手中收到了如下陈述:

“在你们的要求之下,我们仔细检查了可口可乐公司商标的合法性,以及它对于其名称和标志的所有权。我们认为可口可乐公司已经通过其在美国不同司法体系下州与联邦的众多不同的案件证明了这些权利。在绝大部分案件判定可口可乐公司独享其对于名称和商标等的所有权。唯一的例外是由第九巡回法庭作出的否认可口可乐公司独享其对名称和商标的所有权的裁定。对于第九巡回法庭的裁定,最高法院已同意了请求诉状并开启了对该案件的复查程序。

我们已经查询了事实情况并检查了请求诉状和法律意见书摘要。根据已披露的事实,我们认为第九巡回法庭的决定有误并应被推翻。”

(编辑:胡睿超)

《证券法苑》(2018)
第二十五卷,第469~506页

资本锁定:19世纪公司法为企业组织者实现了什么?(上)*

[美]玛格丽特·M.布莱尔**著　李诗鸿***译

摘要:公司这一组织方式之所以在19世纪流行起来,是因为它的独特之处:公司允许组织者锁定财务资本。即使公司利益可能与个人股东利益相冲突,未经董事会的明确批准,已注册法人企业的股东也不能从公司中撤回资本。尽管这种锁定资本的能力偶尔会导致滥用,但通过使实体能够进行长期的、高度特定的投资,承诺资本的能力通常有助于促进和保护股东整体的利益。它还帮助保护了广泛的企业参与者,他们依赖于公司的持续存在和财务能力展开专业投资。

关键词:公司　个人独资企业　合伙企业　资本锁定

---

* Margaret M. Blair, *Locking in Capital What Corporate Law Achieved for Business Organizers in the Nineteenth Century*, 51 UCLA L. REV. 387 (2003), available at https://www.uclalawreview.org/locking-in-capital-what-corporate-law-achieved-for-business-organizers-in-the-nineteenth-century/.

** Vanderbilt University 法学院 Milton R. Underwood Chair in Free Enterprise 讲席教授。

*** 华东政法大学国际金融法律学院讲师。

导 论

在公司法中使用的"锁定"一词通常有消极的含义,这意味着少数股东在闭锁公司中的可怕命运,其不能出售股份(也许是因为对股票的销售有限制,或者是因为这类股票没有市场),同时也不能强迫公司向股东支付任何收入或资产。[1] 类似地,"所有权与控制权的分离"作为上市公司的一个特征,在过去的几十年里被法学家和经济学家广泛认为是公司形式最严重的缺陷之一。[2] 但本文指出,尽管限制从公司中撤出资本以及由非主要股东的个人控制公司这两点都可能被滥用,正是这些特点使得企业形式在现代工业经济的发展中显得非常有用。

---

〔1〕 William A. Klein & John C. Coffee, JR., Business Organization and Finance: Legal and Economic Principles 139(8th ed. 2002)[根据合伙法律,合伙人可以很容易地终止参与企业。公司法只产生了相反的问题(有时被称为"锁定")]。2 F. Hodge O. Neal & Robert B. Thompson, O'Neal'S Close Corporations: Law and Practice § 9.02(3d ed. 2003)。作者指出:

一家闭锁公司的股东,相对于一家上市公司的股东而言,没有可供选择的退出方案。就上市公司股东而言,如果其对公司运作方式不满意,他们可以在证券市场上出售股票。闭锁公司的股份,尤其是少有控制利益的股份,是不容易被出售的。

Id. 关于"锁定"问题的经典讨论,参见 J. A. C. Hetherington & Michael P. Dooley, *liquidity and Exploitation: A Proposed Statutory Solution to the Remaining Close Corporation Problem*, 63 VA. L. REV. (1977)。

〔2〕 大量的文献质疑"所有者"角色与"控制"分离下的公司效率。参见 KLEIN & COFFEE, *supra* note 1, at 173 (所有权和控制权的分离……在大多数关于公众公司的当代评论中仍然是最重要的。在某种程度上,人们认为管理是不受约束的,因此很容易相信股东的利益没有得到充分的满足)。参见 Frank H. Easterbrook & Daniel R. Fischel, The Economic Structure of Corporate Law(1991); Foundations of Ccorporate Law(Roberta Romano ed., 1993); Bernard S. Black, *Shareholder Passivity Reexamined*, 89 MICH. L. REV. 520(1990); Victor Brudney, *Corporate Governance, Agency Costs, and the Rhetoric of Contract*, 85 COLUM. L. REV. 1403(1985); Eugene F. Fama, *Agency Problems and the Theory of the Firm*, 88 J. POL. ECON. 288(1980); Eugene F. Fama & Michael C. Jensen, *Separation of Ownership and Control*, 26 J. L. & ECON. 301(1983); Michael C. Jensen & William H. Meckling, *Theory of the Firm: Managerial Behavior*, Agency Costs and Ownership Structure, 3 J. FIN. ECON. 305(1976); Henry G. Manne, *Mergers and the Market for Corporate Control*, 73 J. POL. ECON. 110(1965); Ralph K. Winter, Jr., *State Law, Shareholder Protection, and the Theory of the Corporation*, 6 J. LEGAL STUD. 251(1977).

本文通过探究 19 世纪的美国商业企业家为何开始利用公司的形式来组织他们的企业,从而形成了这个论点。

尽管构成当代企业基础的法律规则在早期法律中已有基础,但我们今天在美国所熟悉的企业形式是在 19 世纪兴起,在 19 世纪里,企业成为了组织大型企业的主要方式。[3] 当下,公司是全球经济活动中最具影响的力量之一。

为什么企业形式成为组织大规模业务的首选方式呢? 企业形式的采用是如何通过其他 19 世纪的法律形式来完成的呢? 商业历史学家有以下三种可能的解释:积聚大量资本的能力、有限责任和集中管控。[4] 尽管这些能力在很多情况下都很重要,但公司形式关键优势的第四个因素在于:承诺资本的能力,资本一旦积累起来,就会持续几十年甚至几百年的时间。那么,如何通过公司组织一个企业来促进这些事情,以及它们

[3] 根据一项调查,到 1800 年,全美只有 335 个特许令状被颁发给了商业公司,其中 88% 是在 1790 年之后发放的。参见 2 Joseph Stancliffedavis, Eighteenth Century Business Corporations in the United States, in Essays in the Earlier History of American Corporations 3,24 tbl. (1917)。到 1890 年,有将近 50 万家商业公司。参见 Dow Votaw, Modern Corporations 24(1965)。到 1904 年,在大型交易所上市的制造业股票和债券的总面值为 68 亿美元,超过了 1904 年的官方统计中所有制造业资本账面价值的一半。参见 William G. Roy, Socializing Capital: the Rise of the Large Industrial Corporation in America 5(1997)[citing U. S. Bureau of the Census, Historical Statistics of the United States: Colonial Times to 1970(1975)]。

[4] James Willard Hurst, the Legitimacy of the Business Corporation in the Law of the United States, 1780 - 1970, at 24(1970)["公司通过将强大的集中管控和有限债务(意味着有限责任)合法化的结合,实现了将组织作为主要经济资产的需要]。""通过向投资者提供有限债务框架,公司形式鼓励了资源的集合或保留……" *Id.* at 26;另见 Ronald E. Seavoy, the Origins of the American Business Corporation 1784 - 1855, at 50(1982)(认为纽约在 19 世纪早期的注册设立中具备优势,因为它"为投机企业的投资者提供了有限责任保护")。"注册设立(incorporation)将会……促进财产所有权和在更多人之间分享利润以帮助调动资本。"*Id.* at 63."在法律规定下成立公司而非合伙的唯一好处是……由具备管理机构事务能力的少部分……代理人,以及除个人承诺数额之外的任何责任的免除。" *Id.* at 70[quoting Slee v. Bloom, 19 Johns. 456, 474(N. Y. 1822)(Spencer, C. J.)]; Shaw Livermore, Early American Land Companies: Their Influence on Corporate Development 2 n. 2. (Octagon Books 1968)(1939)(认为 18 世纪晚期和 19 世纪早期的商业领袖们都在寻找一种外部人可以被动投资的组织机构)。"永久存续,管理权有效集中,以及权益的自由转让是达到这一目的的必要手段。"Livermore, *supra*, at 2 n. 2。

为什么重要呢?

本文认为,颁发给公司特许执照合法地改变了商事企业的经营方式,通过个人独资企业、合伙或其他形式的合同法——使用这些至少在19世纪早期被法律所理解的形式——来实现这一目标是不可能或极其困难的。为实现这一目标,第一种方法是,注册设立赋予了企业在法律上的"实体"地位;〔5〕第二种方法是,注册设立需要治理规则,在法律上将商业决策与金融资本的贡献分开。〔6〕

设立企业的实体地位意味着,特许公司被确认为独立的法人实体,与它的任何投资者或管理者分离,以便于购买、出售或持有财产,签订

〔5〕 过去二十年来,许多法律学者都驳斥了将公司定义为法"人"的法律惯例的重要性,认为公司是自然人相互交往的纽带。例如,Easterbrook & Fischel, *supra* note 2,其中总结了先前的研究,并为未来对公司"契约联结关系"观点的研究奠定了基础。然而,一些企业学者最近重新审视了公司人格和实体地位的重要性。参见 William T. Allen etal., *The Great Takeover Debate: A Meditation on Bridging the Conceptual Divide*, 69 U. CHI. L. REV. 1067(2002)(定义和讨论公司的实体模型);Margaret M. Blair, *Firm - Specific Human Capital and Theories of the Firm*, in Empliyees and Corporate Governace 58,86(Margaret M. Blair & Mark J. Roe eds., 1999)(认为通过赋予公司独立的实体地位可以促进个人之间的多边和多维关系与协议)。在一篇关于实体地位作用的特别重要的文章中,亨利·汉斯曼和莱尼尔·克莱克曼讨论了实体地位如何被用来在潜在的求偿者之间分配资产。Henry Hansmann & Reinier Kraakman, *The Essential Role of Organizational Law*, 110 YALE L. J. 387(2000),参见 the discussion *infra* notes 7 - 14 and accompanying text。亨利·汉斯曼等人探讨了商业组织法中实体地位发展的历史,参见 Legal Entities, Asset Partitioning, and the Evolution of Organizations(Feb. 2002)(unpublished manuscript on file with UCLA Law Review)。

〔6〕 尤金·法马(Eugene Fama)和麦克·詹森(Michael Jensen)提供了关于分离收益的经济理论,指出分离允许公司参与者专注于风险承担或决策。参见 Fama & Jensen, *supra* note 2, at 301。其他学者,尤其是那些来自法学和经济学传统的学者,通常将这种效应称为"所有权与控制权的分离"。然而,奥利弗·哈特(Oliver Hart)在产权问题上的重要工作是填补了不完全契约的空白,将"所有权"定义为剩余控制权。参见 Sanford J. Grossman & Oliver D. Hart, *The Costs and Benefits of Ownership: A Theory of Vertical and Lateral Integration*, 94 J. POL. ECON. 691, 693 - 94(1986)("我们不区分所有权和控制权,实际上把所有权定义为行使控制权的权力");Oliver Hart & John Moore, *Property Rights and the Nature of the Firm*, 98 J. POL. ECON. 1119, 1120(1990)("我们利用其所拥有的资产来识别一家企业,并且主张所有权即授予对企业资产的剩余控制权")。根据这个定义,"所有权"不能与"控制"分开。因此,为了避免混淆这篇文章中重要的观点,本文选择不使用"所有者"或"所有权"来描述股东在商业公司中所扮演的角色。

合同,以及起诉和应诉。正如亨利·汉斯曼(Henry Hansmann)和莱尼尔·克莱克曼(Reinier Kraakman)在最近的《耶鲁法律评论》文章中所讨论的那样,〔7〕一个独立法律实体的成立,允许企业组织者对商业中使用的资产进行分割。分割包括两个方面:一是个人参与者不对企业的债务承担个人责任(在商事公司背景下,这方面通常被称为"有限责任"〔8〕);二是参与者和第三方得到保证,在企业资产分配给股东之前,企业的资产池将首先用于满足企业的需求(例如,支付商业债权人的债权)。〔9〕

一些法律学者强调,有限责任在允许商事企业以中小投资者适度投资形式吸引资本方面,发挥了重要作用。〔10〕 本文强调了资产分割的另一个方面,并称之为"资源承诺"(resource commitment)。〔11〕 汉斯曼和克莱克曼最近也提出了类似的观点,即"资产分割的真正本质是……有限责任的反面——保护实体资产免受实体所有者或管理者的

〔7〕 Hansmann & Kraakman, *supra* note 5, at 393.

〔8〕 汉斯曼和克莱克曼使用"防御性资产分割"一词来描述在更普遍的情况下法这种分割. *Id.* at 394。

〔9〕 在关于法律规定的实体地位关键要素的更为普遍背景下,这种形式的资产分割被称为"积极资产分割"。*Id.* at 393; Hansmann et al., *supra* note 5, at 1。汉斯曼、克莱克曼和斯夸尔(Suqire)强调,积极资产分割的主要特征是他们所称的企业"所有者"的个人债权人不能强迫解散企业以满足债权人对"所有者"的债权。Hansmann et al., *supra* note 5, at 1。事实上,这些作者将一个法律实体定义为一个体现积极资产分割的组织。*Id.* at 11。("我们认为积极资产分割是现代组织的核心法律特征")。对19 世纪的商业企业家来说,保护企业免受参与者个人债权人的影响可能是很重要的。然而,正如我们所见,可能更重要的是,那些已注册设立企业的个人股东或者其继承人都不能迫使已注册设立的企业解散,以收回他们在企业价值中的份额。

〔10〕 参见 Stephen B. Presser, Piercing the Corporate Veil (1991)(总结有限责任的早期历史)。有限责任将公司的一些风险转移到非股东的参与者。现代金融理论对单纯的风险转移本身是否能降低资本的总成本(或其他投入)产生了怀疑。此外,历史学家也对有限责任是否是 19 世纪上半叶人们寻求公司执照的主要原因提出了质疑。参见 the discussion *infra* Part III. E。

〔11〕 汉斯曼、克莱克曼和斯夸尔还暗示,有限责任不是实体形式的核心,甚至连筹集资金的能力都没有,就像资源存留一样。Hansmann et al., *supra* note 5, at 8-9。

债权人的请求权影响”。[12]

然而,与保护企业资产不受参与者债权人的影响一样重要的是,公司在建立资产池中所扮演的角色,不受任何可能想要收回投资的个人投资者的清算或解散。这一角色也延伸到了这些参与者的继承人,他们可能更愿意看到公司的资产被清算,而不是接受在已故公司参与者的财产分割中可能存在的请求权按比例分配。因此,这个受保护的资产池可以在相当长的时间内更可靠地向企业作出承诺。公司股票的投资者可以认购小额股份,而一旦购买这些股票的资金被投入,就会对投资者从该公司撤资有一些限制(甚至是严重限制)。[13] 本文认为,股东的资本存留有助于保护其他企业参与者的风险投资。再次使用汉斯曼和克莱克曼的说法,以股票的形式投入的资金或提供的担保将帮助获得一个“担保资产池”,[14]这使得对企业进行其他风险投资更加容易。19 世纪上半叶最重要的其他投资者可能包括银行和贸易债权人(以及其他股东),但独立实体地位的机制以及由此产生的锁定资产的能力,保护了非金融贡献者资产以及金融投资者的利益。[15]

---

[12] Hansmann & Kraakman, *supra* note 5, at 390。汉斯曼、克莱克曼并没有强调保护实体资产不受股东本身影响的重要性,这是本文所指出的一个重要因素。公司形式的一个目的是防止股东过早地收回资本,这与股东是“所有者”的概念不一致。(根据所有权的标准定义,他们应该有权随时撤回资产)这进一步说明了我认为不应将公司股东称为“所有者”的重要原因。参见 Margaret M. Blair, *Corporate “Ownership”: A Misleading Word Muddies the Corporate Governance Debate*, BROOKINGS REV., Winter 1995, at 16。

[13] 早期的公司通常用“可回购的”股份来实现资本化。Edwin Merrick Dodd, American Business Corporations Until 1860 With Special Reference to Massachusetts 74 (1954)。“通常的融资方式……在此期间,商事公司似乎一直获得在一开始就少有或根本没有支付股本的股份认购,人们预期所有或大部分的资金都是通过未来收兑获得。”例如,该公司注册成立时,它可能会以每股 100 美元的价格发行 1000 股股票,但它可能允许投资者仅以每股 10 美元的价格买入,并承诺如果随后由董事会回购,将支付剩余的每股 90 美元。因此,早期的股东往往不仅承诺已经支付的金额,而且可能需要在以后支付更高的金额。参见 the discussion *infra* notes 165 – 167 and accompanying text。

[14] Hansmann & Kraakman, *supra* note 5, at 392.

[15] 在 18 世纪晚期和 19 世纪初,州立法机关授权企业特许设立,也常常授予企业某些特许经营权,如修建收费公路的权利,或向某些社区供水的权利。在这种情况下,人们可能认为,国家或社区已将资源(特许经营权、通行权、对市场的特殊准入等)投入到有风险的企业中。后文将指出,大量专门的“人力资本”也经常在商业项目中被置于风险之中。参见 *infra* notes 28 – 29 and accompanying text。

这就给我们带来了公司法的第二个重要贡献,它是在 19 世纪发展起来的。注册设立公司创建了一种治理机制,将金融资本的角色与经营企业以及对资产使用进行常规决策的角色分离开来。当一个公司成立时,最初的(发起)投资者不仅承诺要在业务中投入若干资本,而且他们还将公司的商业资产和活动的控制权让渡给董事会(在法律上独立于股东和管理者)。本文主张,股权投资者和其他企业参与者对控制权的放弃变得越来越重要,因为他们将管理业务的经理团队聚集在一起,同时与供应商和客户建立长期稳定的关系。[16]

实体地位和独立治理,促进了商业历史学家阿尔弗雷德·钱德勒(Alfred Chandler)所说的“组织能力”(organizational capabilities)的积累。钱德勒广泛而开创性的工作记录了 20 世纪初早期主导市场的数十家大企业的发展和成长历程。他主张,组织能力的积累可能是导致这些占主导地位的公司长期持续盈利和成长的最重要因素。[17] 就其

---

〔16〕 迄今为止文献强调的治理分离的另一个角色是它使财务资本投资者能够发挥更多的被动作用,使他们的投资更易于分割和交易,因此更容易多样化。但是最早的公司中的投资者很少是多元化的,而公司股票交易的流动性市场直到 19 世纪下半叶才得到发展。参见 Robert E. Wright, the Wealth of Nations Rediscovered(2002)(讨论 1850 年以前美国金融市场发展的历史);*see also* Alfred D. Chandler, JR. , the Visible Hand: the Managerial Revolution in American Business 59 – 60 (1977) [hereinafter VISIBLE Hand](注意到 19 世纪 20 年代美国最大的十家公司在马萨诸塞州的洛厄尔(Lowell, Massachusetts),并且“这些企业的股份被紧密地控制”)。

〔17〕 组织能力“说明了几十年来相同参与者长期持续获利的原因。”参见 Alfred D. Chandler, Jr. , *Organizational Capabilities and the Economic History of the Industrial Enterprise*, 6 J. ECON. PERSP. , Summer 1992, at 79, 83;另见 Alfred D. Chandler, JR. , Scale and Scope: the Dynamics of Industrial Capitalism (1990) [hereinafter Scale and Scope],他在书中指出,英国企业未能对组织能力进行必要的投资,至少相对于美国和德国的领先工业企业而言如此,这导致了英国在第二次工业革命期间的经济实力下降。参见 VISIBLE HAND, *supra* note 16(因其对 19 世纪晚期商业史的经典分析而获得普利策奖)。据乔治·大卫·史密斯(George David Smith)和戴维斯·戴尔(Davis Dyer)的说法:“钱德勒对管理革命的描述……如此引人注目,以至于很少有商业和技术的历史学家对此持怀疑态度。”参见 George David Smith & Davis Dyer, *The Rise and Transformation of the American Corporation*, in the American Corporation Today 28, 34 (Carl Kaysen ed. , 1996)。最近,商业史家纳奥米·拉莫洛(Naomi Lamoreaux)、丹尼尔·拉夫(Daniel Raff)和彼得·特明(Peter Temin)更加狭义地将钱德勒的工作定位为描述一种解决无处不在的信息不对称和协调问题及其相关交易成本的解决方案,这种解决方案出现在 19 世纪和 20 世纪的特定技术和社会环境中。

本身来说,实体地位和独立治理并不能确保业务的成功。但是,一旦最初的资本由股权投资者(equity investors)贡献,实体地位和独立治理有助于将资本保留在企业中,从而帮助公司吸收其他有价值的资源。如果成功地使用了资源,公司可以同时积累组织资产和声誉资产,以及额外的专用实体资产(specialized physical assets)。这些有形资产和无形资产又进一步增加了公司的担保资产池(bonding assets in the firm),促进了专用资产的持续利用。

本文阐述了这一基本论点,在这一点上有证据支持,主要是传闻和间接证据。这一证据包括其他的组织形式事实,如个人独资企业(individual proprietorships),合伙企业,以及所谓的"合股"(joint stock)公司(被认为是合伙企业的一种),上述被商业企业组织者使用的组织形式,在19世纪初被广泛使用。但是,这些形式都没有创建具有"实体"地位的组织,在这种意义上,财产(property)可以以实体的名义而不是以企业中所涉及个人的名义持有,而且没有建立一个明确的与参与者分离的治理机制。[18]但在那时,很少有企业雇佣超过一百人,没有企业雇佣数千人。技术的发展开始使规模更大的企业成为可能,利润也更丰厚,对公司形式的需求也急剧增长。到19世纪后半叶,商人们都在叫嚷着要使用公司的形式,而各州则通过越来越普遍和不那么严格的特许规则(chartering rules)来迎合他们。

随着企业形式变得越来越广泛和易得,似乎越来越多的企业开始积累并使用这些组织资产,如科层管理系统(hierarchical management systems)、内部信息和控制系统、结构化内部方法和路径(structured internal approaches)。这些无形的系统和组织结构使公司制度能够持续下去,即便个人参与者来了又走。[19]

参见 Naomi R. Lamoreaux et al., *Beyond Markets and Hierarchies*: *Toward a New Synthesis of America Business History*, 108 AM. HIST. REV. 404(2003)。

〔18〕 今天合伙企业可以被视为具有实体地位。参见 Melvin Aron Eisenbero, Corporations and Other Business Organizations 39 -41(8th ed. 2000)(讨论有关合伙企业是否应被视为"实体"或"集合"的法律辩论的历史)。其他混合形式的组织形式也可使用,例如有限责任合伙和有限责任公司。Id. at 342 -72。

〔19〕 参见 Richard R. Nelson & Sidney G. Winter, an Evolutionary Theory of Economic Change 14(1982)(将商业机构中的"惯例"作为一种机制进行定义和讨论,以前的经验中获得的知识可根据此机制存储在企业中)。

本文分四个部分。第一部分将大规模生产的问题描述为“团队生产”问题,并讨论了这种生产过程中出现的问题。[20] 团队生产问题的本质在于需要从多个个体中获得不同的投入,这些投入很难或不可能被监督或以契约规定地方式明确说明,产出也是不容易被分割或可归属于单个投入的联合产出。这些投入和投资通常是企业特有的,因为一旦它们被投入到企业中,它们的价值就与企业的整体成功紧密相关。投资的特定性或“沉没”(sunk)的质量,增加了在个人之间签订简单合同的难度,这些合同可能会引出并协调这些投入的使用。第一部分论证认为,用个人独资企业或合伙企业组织小型生产“团队”可能是可行的,也可能是有效的,这两种方法都可以在没有法律规定的情况下建立。但是,随着团队规模越来越大,团队成员越来越专业化,这两种形式的组织变得越来越受约束。

第二部分认为,在 18 世纪末和 19 世纪初,商业人士正在尝试不同的组织形式,这将给他们带来现在所公认的与公司形式相关的好处。特别是,他们开始组建所谓的“合股公司”(joint stock companies),利用信托法,结合合伙法,来锁定商业资产,并向投资者提供流动性。[21] 他们也越来越多地向州立法机构寻求公司特许设立(charters)。[22] 第二部分探讨了非注册合股公司(unincorporated joint stock company)的历史,说明为什么这种形式最终不如公司形式成功。

第三部分追溯了企业形式的历史,特别是商事企业的组织者如何使用它。商业组织的特许设立(chartering)使企业组织者能够创建被法律视为独立实体的组织,而治理则与资本贡献分离,至少形式上如此。这在个人独资企业和普通合伙企业的普通法规则下是不可能实现的,而合股形式也不能完全实现法律实体的地位。最初,这些功能可能并不是最

〔20〕 林恩·斯托特(Lynn Stout)和我认为,公司中独立的董事会角色可以被理解为“团队生产”难题的解决方案。参见 Margaret M. Blair & Lynn A. Stout, *A Team Production Theory of Corporate Law*, 85 VA. L. REV. 247(1999)。

〔21〕 The discussion *infra* Part II.

〔22〕 The discussion *infra* notes 146 – 150 and accompanying text.

吸引企业组织者的东西,[23]但是随着时间的推移,生产规模的增加变得越来越明显和吸引人,这些特性变得更加重要。实体地位和独立治理为"团队生产"问题提供了一个新的解决方案,因为这些创新鼓励企业团队成员对彼此作出可信的承诺并继续(甚至还会扩大)在该企业的投资。以公司形式持有的经营性资产有助于这些承诺的实现。[24]

在第四部分中,将讨论大型企业的出现,以及由大型企业雇佣的技能突出的"职业"经理人、科学家、技术人员和营销专家等在内的社会阶层的相应发展。其他学者研究了19世纪末股份所有权的迅速扩张,[25]并提出了为什么成千上万的中产阶级愿意将他们的储蓄投资于那些他们几乎没有控制或影响的组织和企业(今天仍然是这样)。但是很少有人问,为什么在19世纪末,成千上万的人也愿意放弃他们的独立农场和小型企业,把他们的生计和声誉交给那些他们没有控制的组织,而且他

---

〔23〕 早期的公司由立法机构颁发的特别特许令状设立,几乎总是伴随着特权或特许经营权。参见 the discussion *infra* note 139 and accompanying text。对一般公司注册立法的政治压力是一种民主冲动所驱使的,他们想要废除这些特权。参见 HURST, *supra* note 4, at 32 – 33; 另见 Seavoy, *supra* note 4, at 6(描述了一般公司设立法律是如何"将企业家精神民主化",并将机会均等化)。但是,如果公司没有特殊的特权,为什么新的商业组织者会想要使用公司的形式呢? 我所检索的历史著作通常会断言,或者继续假设,即使没有特殊的特许经营,公司也很有吸引力,但很少有学者直接回答为何会这样。

〔24〕 Michael J. Whincop, *Entrepreneurial Governance*, in Bridging the Entrepreneurial Financing Gap: Linking Governance With Regulatory Policy(Michael J. Whincop ed., 2001), at 90。温考普(Whincop)注解道:

企业形式……将每个参与方都锁在企业中,并拒绝他们退出。采用这种形式使各方能够做出可信的承诺来与企业保持合作,在企业在相当长一段时间内开发具有特殊价值的资产时,这可能是有价值的。

Id. [Citing Edward B. Rock & Michael L. Wachter, *Waiting for the Omelet to Set: Match – Specific Assets and Minority Oppression in Close Corporations*, 24 J. CORP. L 913, 919 – 20(1999)]。温考普(Whincop)的声明是现代小型初创公司利用天使投资的资本。洛克(Rock)和瓦赫特(Wachter)的相关主张内容是针对封闭型公司而言的。

〔25〕 Thomas R. Navin & Marian V. Sears, *The Rise of a Market for Industrial Securities*, 1887 – 1902, 29 BUS. HIST. REV. 105(1955).

们在该组织中也没有财产权利。[26] 本文假设,这两种投资者都被上述组织的事实所吸引——商事公司越来越有可能得到有形资产和无形资产在内的大量“担保资产”的支持。

公司的形式现在看起来并不是那么独特或引人注目,因此它的好处可能看起来微不足道。但值得探讨的是,当美国经济从农业、小规模生产经济发展到现代工业经济时,是什么让企业形式对商业组织的吸引力如此之大。在结论部分,本文推测:理解这个过程可能有助于阐明困扰世界各地经济转型的问题,以及小型初创企业的治理安排。实体地位的明确加上治理的合法分离,有助于保护和鼓励企业所有成员进行协调的、专业化的投资。

一、组织团队生产

或许,不言而喻的是,建设和运营一条铁路需要大量的资本。必须购买土地或获得通行的权利,必须铺设钢轨,必须购买或建造发动机、货车、客车、车站,必须安排好人员配备、维护以及提供可靠的煤炭或其他燃料供给。所有这些资源一旦投入,可能很难清算或重新部署到其他类型的业务中。同样,大规模生产制成品往往需要大量投入的资本来建造工厂和仓库,确保原材料供应,并为上市的货物存货融资;而且没有使用或不需要的商业资产的潜在买家也相应缺乏。经济学家、历史学家、商界领袖和政策制定者长期以来都意识到积聚大量物质和金融资本的能

---

〔26〕 历史学家奥利弗·族恩茨(Olivier Zunz)在分析一群中层管理人员的出现时探讨了这个问题。参见 Olivier Zunz, Making America Corporate, 1870 - 1920, at 39 (1990)。族恩茨质问道:如果共和党小巧而独立的美德在中产阶级中根深蒂固的话,那么企业如何能够轻而易举地进入这一阶层,并选择了其中的大部分人呢?让一个成功的专业人士远离私人营业并诱使他为一家公司工作很容易吗?除了高薪,公司还提供其他的诱惑吗?换句话说,为什么中产阶级的一部分参与到公司的政治经济中而另一部分人则抵制它呢?

Id。族恩茨的回答是,尽管公司的中层管理人员与他们的独立企业家或专业人士相比薪酬不高,但他们显然从管理大量公司资源的机会中,获得了精神上的好处和个人的满足感。*Id.* at 49(讨论芝加哥 Burlington & Quincy railroad 中层管理者的动机),另见 the discussion *infra* notes 153 - 155 and accompanying text。

力对工业化和经济发展的重要性。

或许经济学家不太理解和赞同,但长期以来被商界人士认可的事实是,修建铁路也需要大量无形的投入,比如技术和管理技能。[27] 金融资本和实物资本不会自行运作。他们必须每天由人协调、管理、维护和运营,他们必须开发系统、例行程序,使用声誉和信息网络来执行他们的任务。因此,大规模生产和分配需要来自不同个体的大量投入。[28] 通常情况下,所需的投入对特定的任务是高度专门化的,并且很难预先指定,但是必须在很长一段时间内实现。[29]

(一)团队生产问题

为了理解寻找一个足够的法律结构来组合和协调多个复杂的投入以进行大规模生产过程的问题,首先要对经济学家所谓的"团队生产"

---

〔27〕 "可以说,各个部门的铁路管理者,会涉及所有文科与理科的运用和支持。"(citing The Railway Review, Mar. 19,1892)。钱德勒分析了美国大公司所引领的经济发展和增长,认为这是一场企业管理召集和协调管理者技能和资源能力"革命"的产物。参见 Visible Hand, *supra* note 16。经济学理论认为,新思想本身是经济变革和发展的重要力量,这一理论至少可追溯至熊彼特(Schumpeter),但直到过去 10 年左右,主流经济学家才将技术变革作为经济增长的其余(或未被解释)的部分。直到最近,主流经济学家才开始认真努力,明确地将知识和专业技能的积累作为经济增长的一个重要因素。参见 Richard R. Nelson & Paul M. Romer, *Science*, *Economic Growth*, *and Public Policy*, in Technology, R& D, and the Economy 49(Bruce L. R. Smith & Claude E. Barfield eds. ,1996)(在经济增长理论中讨论知识和思想的重要性)。

〔28〕 Peter F. Drucker, Concept of the Corporation 8(1972)。德鲁克(Drucker)认为,大型现代组织和生产的"本质"在于,在组织内具有多种技能和知识的人们一起工作。传统上,除非是最多四五个人的非常小的团队,否则这绝不可能完成。今天我们这样做——或者至少尝试这样做,将数量非常庞大——成千上万拥有不同知识的人,聚集到企业、政府机构或武装部队中,在具有建立和指导大型组织的专门知识的管理层领导下工作。*Id*。钱德勒主要关注 19 世纪末和 20 世纪初的商业组织如何组建一个大型中层管理队伍,分配和协调他们的职责,并开发新的会计和报告技术来协调他们的工作。参见 Visible Hand, *supra* note 16。族恩茨讨论了一个大型社会阶层——中层管理者的发展。ZUNZ, *supra* note 26。

〔29〕 例如,格伦·波特(Glenn Porter)和哈罗德·利夫赛(Harold Livesay)指出,制造机械,比如农业机械和缝纫机,"在技术上很复杂、昂贵,需要制造商和消费者之间密切甚至长期的联系,或者需要精心设计的创新营销方式"。Glenn Porter & Harold C. Livesay, Merchants and Manufacturers: Studies in the Changing Structure of ineteenth – century Marketing 4(1971)。

中出现的契约问题进行考察。[30] 团队生产仅仅是生产,需要不同类型的两个或更多个人的不同类型的投入,同时产出不容易分离成可归因于多种个体投入的组件。[31] 由于投入是复杂的,而且在企业的初期可能还没有被很好地理解,在团队成员之间签订契约以确定每个人的贡献无疑是困难或不可能的。由于产出不能分解为每个团队成员所负责的部分,所以没有明显的方法可以在团队成员之间分配产出或亏损(就像在风险投资中可能发生的那样)。

例如,在 1793 年,一群人组建了一种名为“合股公司”(joint stock company)的合作伙伴关系,并在宾夕法尼亚州开采煤炭。利哈伊(Lehigh)煤矿公司购买了已经拥有一个小矿场的大片土地,并获得从宾夕法尼亚州购买大约一万英亩土地的选择权,这些土地被认为储藏了大量的煤炭。[32] 在接下来的十四年里,该公司的成员定期尝试从该地区开采煤炭,然后通过以下方式进入市场:要么通过利哈伊河航运,而这条河道在一年中的大部分时间都不可航行;要么使用货车运输,而这条道路几乎无法通行。该公司曾多次尝试让宾夕法尼亚州改善河道航行或改善道路,但都无济于事。为了进行必要的交通改进,它呼吁认股人为此做出更多的贡献,“然而这一呼吁是无用的”。[33] 在此期间,这家公司从未能够从这项事业中赚到钱。

这个例子说明了一个团队的生产问题:除非这个产品能够廉价地推

---

〔30〕 斯托特(Stout)和我在前文中回顾了布莱尔和斯托特关于团队生产中缔约问题的经济学理论,*supra* note 20, at 265 - 287。

〔31〕 阿门·阿尔钦(Armen Alchian)和哈罗德·德姆塞茨(Harold Demsetz)通常被认为是首先使用这个短语并定义了用于经济建模的概念的人。参见 Annen A. Alchian & Harold Demsetz, *Production*, *Information Costs*, *and Economic Organization*, 62 AM. ECON. REV. 777(1972);Blair & Stout, *supra* note 20, at 265 - 267,讨论了阿尔钦和德姆塞茨的理论贡献。

〔32〕 Order of the Board of Managers, A History of the Lehigh Coal and Navigation Company (1840)[hereinafter A History of the Lehigh Coal and Navigation Company]. 原件是为特拉华州威明顿(Wilmington)的哈格利(Haley)博物馆和图书馆特别收藏。

〔33〕 *Id.* at 3。在非注册合股公司中,投资者被称为“认股人”,有时也被称为“股东”,因为他们共同贡献了合伙企业所使用的资本存量。参见下文第 2 部分,以进一步讨论非注册合股公司和公司之间的差异。利哈伊煤矿公司是一家非注册合股公司。Livermore, *supra* note 4, at 240。

向市场,否则两个必要的投入(地面上的煤炭和开采它的知识和技能)几乎没有什么价值。该企业需要第三种投入:一个实用的运输系统。但是,就像煤炭在没有运输系统的情况下没有市场一样,没有煤炭的运输系统也没用(至少一开始是这样)。无论投资于整个企业的哪一部分,都将依赖于企业的其他部分进行投资以使项目具有价值。

经营长达14年,却仍未有起色,公司开始向其他人出租土地和矿产权。1817年,在费城经营一家电线制造厂的乔赛亚·怀特(Josiah White)、厄斯金·哈泽德(Erskin Hazard)和乔治·奥托(George F. A. Hauto)建立了另一个合作伙伴关系,希望以低廉的价格购买无烟煤供其工厂使用。他们参观了利哈伊矿山,研究了河道航行问题,发现有关利哈伊河河道改善的最新法律已经失效。怀特、哈泽德和 奥托团队随后与第一家煤炭公司达成了一份20年的租约,以换取每年一穗玉米的租金,以及他们每年向费城和周边地区提供至少4万蒲式耳煤炭的承诺。随后,该小组寻求制定一项法案,授权他们改善利哈伊河流的航运,该法案于1818年通过。[34] 为了换取这一权利,他们的团队将在从斯托达尔茨维尔(Stoddartsville)到伊斯顿(Easton)的河上建造一个"静水航行系统",[35]距离大约50英里。然后,研究小组计划在河中建造一系列的"翼形水坝和河道墙",这样水就会足够深,一艘载满煤炭的平底船可以漂浮在河上,而不会在河岸的岩石上搁浅。[36] 怀特、哈泽德和奥托也必须建造从煤矿到河流的可用道路。这三个人认为,决定做这些事情是可行的,付出的代价是值得的。

这个新团队面临的下一个问题是筹集资金来资助他们的项目。他们的计划是通过寻找他们为此目的而组建的新合股公司的认股人来实现这一目标。但是在讨论他们如何做到这一点之前,本文将简要回顾一

---

〔34〕 A History ofthe Lehigh Coal and Navigation Company, *supra* note 32, at 4 - 5.

〔35〕 根据韦氏词典(修订未删节版),"静水航行系统"指的是一个流动航行的深度增加了,而水流被一个若干个水坝削弱了的航行系统。Webster's Revised Unabridged Dictionary of the English Language 1351(1913)。

〔36〕 A History of the Lehigh Coal and Navigation Company, *supra* note 32, at 6。据合伙人估计,这条河从斯多达尔茨维尔(Stoddartsville)到毛希区(Mauch Chunk)大约36.5英里的距离中,平均每英里下降25英尺,然后从毛希区(Mauch Chunk)到伊斯顿(Easton)大约14英里的距离中,又下降了364英尺。*Id.* at 6 - 7。

下在团队生产环境中出现的一般问题,以及在怀特、哈泽德和奥托所在时期法律规定的各种可用的组织形式。

如前所述,团队生产的两个特点是生产需要来自多个人的复杂的、难以指定的投入,产出也不容易分离到可归因于每个供给者的个人投入。我们已经看到,将足够数量无烟煤运往市场所需的投入,以及以足够低的成本实现盈利的投入,包括含煤土地的物理投入,加上劳动力和管理者,再加上一个有用的运输系统。因为所有这些都是必需的,任何一个投入的应用本身都无法实现将煤炭推向市场的目标。投入必须同时使用和协调。因此,煤矿所提供的价值无法与河流航行系统所提供的价值相分离。

但是考虑一下这个等式的运输方面,并简要假设它本身就具有价值。然后假设,奥托特别擅长筹集资金和商业管理,哈泽德擅长雇用和管理非熟练工人和熟练工人使用运土挖掘和建筑设备来建造翼形水坝和河道墙,怀特在机械方面特别有天赋(事实上,后来证明他确实如此)。此外,假设这三个人没有足够的资金来独自承担这个项目,因此他们不得不向投资者寻求投资。企业中所有的参与者都必须接受河流航行工程,但是没有明显的方法来确定谁应该从这个项目中得到什么。

如果投入是复杂的,并且很难预先明确说明,那么团队生产问题就会变得更加复杂。而且,一旦投资于联合企业(joint enterprise),投入就不能轻易地恢复并重新部署到其他用途——至少在没有重大价值损失的情况下是如此——这样一些投资就必然是"企业特有的"。毫无疑问,这将是这家合资企业(venture)的事实。[37] 如果冒险失败,国家批准的改善河道通航的权利就不能重新部署。这三个合作伙伴所投入的时间和精力也一样。而且,一旦支付了工人工资、供应和现金以及运土挖掘设备租金,金融投资者所提供的资金也不能再被重新部署。这些投资

〔37〕 钱德勒强调,早期大型商业公司所做的实物和组织资产的投资通常都是高度企业化的。参见 Visible Hand, *supra* note 16, at 87(描述运营铁路所必需的专项投资和专业技能和职业培训)。

的价值最终将与整个企业的成败联系在一起。[38] 怀特、哈泽德和奥托和他们的投资者如何一起做生意，可能会有确定的租金或损失，这些都必须以某种方式分担。在许多可能的（分担）共享规则下，如果“团队”中的任何一个成员试图从业务中挪用，为其个人利益使用企业资产，不努力工作，或者只是对一部分业务管理不当，每个人都会受到损害。每个人都很容易受到经济学家所谓的“敲竹杠问题”（hold - up problem）的影响——一个合伙人可能会利用离开公司的威胁（也可能会强制解散）从其他人那里获得更多的租金（或者更少的损失份额）。

由于河道航行计划的组织要求，风险企业中的参与者在回报不确定的情况下建立长期的业务关系，他们必须有某种方式来组织他们的联合业务、分配报酬和风险、分配决策权、提供激励，诱导所有的团队成员进行必要的投资，并且阻止“敲竹杠”行为。

考虑一下他们的可能方案。想象一下，参与者彼此之间签订了一系列的契约。例如，假设奥托已经通过谈判获得了独自改善河流的权利，这样他就有权利控制河流的运输能力。他可以与怀特签订合同，设计水坝和河堤（channel walls），并与哈泽德签订合同，进行实际的施工。反过来，哈泽德也可以雇用和监督那些从事实际工作的工人。然后，奥托可能会试图从费城的一家银行借到必要的资金，尽管银行家们可能会要求奥托拿出自己的大量资产作为抵押，因为这个项目显然是非常危险的。

然而，在这样一种契约网络路径（network - of - contracts approach）

---

[38] 关于“资产专用性”在选择组织形式中的重要性方面的文献，多到无法详细地引证。但大部分文献可追溯到奥利弗·威廉姆斯（Oliver Williamson），他在许多文章和书中认为，如果通过市场交易组织这种生产，“资产专用性”将是增加交易成本的重要因素之一。参见 Oliver E. Williamson, *The Modem Corporation*: *Origins*, *Evolution*, Attributes, 19 J. ECON. LITERATURE 1537, 1548（1981）［“随着资产逐渐变得更加特定化，市场的生产成本优势降低而市场的（比较）治理成本增加”］。参见 Oliver E. Williamson, Markets and hierarchies: Analysis and Antitrust Implications（1975）; Oliver E. Williamson, the Economic Institutions of Capitalism（1985）［hereinafter Economic Institutions］。

下,每一个参与者可能都不愿意让自己面临过多的风险。[39] 正如前文所指出,银行可能会坚持要求抵押品,迫使奥托承担大部分风险。哈泽德同样也不愿意承担整个项目的全部风险,而且可能会坚持将建设工程分成不同的部分,并为每个细分部分提前支付。当项目进行时,怀特几乎没有什么动力去创造性地解决设计和施工问题(当出现这样的问题时,他可能会倾向于将低劣的工程质量归咎于哈泽德)。

在这种复杂的项目中,有无数的潜在激励问题,并且为涉及团队生产的企业所特有(并且是涉及团队生产的企业的通病)。经济学家和法学家在关系契约文献中讨论过这些问题。[40] 本文并不打算在这里重新讨论所有这些论点。相反,我认为,根据团队生产的性质,要制定长期契约来组织这样的生产是极其困难的,因为每个参与者对另一方的期望都不能被清楚确定,法院无法强制执行。[41] 如果河流改进项目的参与者试图预先确定所有的风险和回报,那么每个参与者都会有动机去把风险转移到其他人身上,或者是逃避法庭的审判,或者是阻止其他参与方的行为。相反,假设他们都同意关于共同工作的模糊条款,并同意在他们看到业务进展情况后进一步分配收益。在这种情况下,每个人都有动力耗费资源来配置给自己,以获取更多的收益。哈泽德可能会为他自己购买新的土地挖掘设备,增强他将来承包其他建设项目的能力,但之后他会尝试将新的土地挖掘设备的成本记入本工程中。同样地,怀特可能浪

[39] Charles R. T. O'Kelley & Robert B. Thompson, Corporations and Other Business Associations: Cases and Materials 8(2d ed. 1996)(认为"团队特定的投资越多……该组织作为一个隐性团队就越不令人满意")。奥凯利(O'Kelley)和汤普森(Thompson)的"隐形团队"概念指的是一群人,他们的投入是通过一系列的合同或协议来协调,而不是通过对投入的共同所有权或法律控制。*Id.*, at 8–9。

[40] Simon Johnson ET AL., Courts and Relational Contracts (Nat'l Bureau of Econ. Research, Working Paper No. 8572, 2001)(研究发现,尽管关系是公司之间交易的基础,但法院的有效性也对商业关系的信任程度有明显的影响。); Marc Galanter, *Justice in Many Rooms: Courts, Private Ordering, and Indigenous Law*, 19 J. LEGAL PLURALISM 1, 17–27(1981)(提供实证证据支持由社会关系执行契约的理念); Stewart Macaulay, *Non-Contractual Relations in Business: A Preliminary Study*, 28 AM. SOC. REV. 55, 55–67(1963)(将"关系"契约定义为由关系网络而非法院支持的契约)。

[41] 事先详细描述每个参与者必须做什么几乎是不可能的,或者法院可能无法核实他们中的任何一方是否履行了契约中的义务。

费更多资源,不必要地来回建筑工地以追踪进展,并将所花费的时间和费用向企业报销。如果说怀特还负责寻找该地区其他煤矿工人,将他们的煤炭运输业务扩展到利哈伊河,他可能会在与潜在客户建立关系方面产生不必要的开支。[42]

如果这三个人和他们的投资者共享社区或家庭关系,鼓励他们相互信任,或以值得信任的方式行事,那么这些契约问题就会得到缓解。[43]但是19世纪早期美国的一个主要特征是人们开始意识到将生产、运输和营销扩展到他们自己的社区之外的机会,并且寻找方法来实现这一目标。在利哈伊公司的历史记录中,没有任何东西表明参与者之间存在家庭关系,尽管这段时期的许多商业关系都涉及这种关系。[44] 如果没有这样的约束力量,团队成员还可以通过哪些其他方式来组织他们的法律关系以减少缔约成本?

在19世纪初,法律提供了四种基本的方法来将团队生产企业组织成一个单一的"公司":(1)个人独资企业(individual proprietorships),其中单一的团队成员拥有或筹措企业的所有资产,个人负担企业所有债务和其他的义务,并雇用其他人作为雇员或承包商;(2)合伙企业(partnerships),参与者将共同拥有和管理企业资产并对企业的负债共同承担责任;(3)非注册合股公司(unincorporated joint stock companies),这是

---

〔42〕 族恩茨讲述了一个杜邦公司(E. I. Du Pont de Nemours Powder Company)独立销售代理商的故事,代理商与总部就建立关系的费用发生争执,代理商希望公司支付费用的事项包括"为遇难矿工的家属提供资金","协助矿工埋葬儿童"以及"向被告方提供有关被称为使用L. &R. 粉末的主体信息"。Zinz, *supra* note 26, at 32. 建立这些关系及类似关系的费用成为公司和销售代理之间关系紧张的原因。*Id*。

〔43〕 毫不奇怪,斯托特和我发现,拥有共同群体身份的人更有可能彼此信任,并值得相互信任。参见 Margaret M. Blair & Lynn A. Stout, *Trust, Trustworthiness and the Behavioral Foundations of Corporate Law*, 149 U. PA. L. REV. 1735(2001)。

〔44〕 钱德勒告诉我们,1840年以后许多年"家庭仍然是最基本商业单位"。参见 Visible Hand, supra note 16, at 16。络德睦(Teemu Ruskola)在中国讨论了他所谓的"家族企业",这些公司是专业管理的商业企业,以家庭的形式组织起来。参见 Teemu Ruskola, *Conceptualizing Corporations and Kinship: Comparative Law and Development Theory in a Chinese Perspective*, 52 STAN. L. REV. 1599(2000)。他认为,传统的中国家庭法"履行了现代美国公司法所执行的许多职能"。*Id.* at 1606。在20世纪早期,在美国成功实现了大规模扩张的非注册成立的企业中,可能所有的或者几乎所有的企业都是由一个大家庭的成员管理,但还没有相关研究来证实这一点。

一种合作伙伴关系,使得从被动合伙人(或消极合伙人)那里筹集资金变得更加容易;(4)公司(corporations)。下一部分简单讨论个人独资企业和简单的合伙企业的优势,尽管这两种组织形式都不会对哈泽德、怀特和奥托产生作用,因为这三个人没有足够的资金来开展河流航运工程。

那么,在第二部分中,本文考虑哈泽德、怀特和奥托如何通过组建一家合股公司(joint stock company)来解决他们的一些问题?在第三部分,本文回顾了在美国商业企业中使用的公司形式的演进,最后,本文讨论这三个人为什么要在宾夕法尼亚州寻求一份特许状以使他们可以注册设立企业。

(二)个人独资企业

奥利弗·威廉姆森(Oliver Williamson)是第一位观察到商业关系(business relationships)的经济学家,就像大型运输或制造企业那样,如果双方试图通过市场交易或合同来组织他们的活动,就会产生很高的交易成本。[45] 因此,他和其他人提出,如果企业所有资产的所有权和控制权集中在单一所有者和决策者手中,这样的企业将更加有效。[46] 从原则上讲,个人独资企业可以实现这一目标。在以独资企业为组织的企业中,一个企业家所有人拥有或租赁实物资产给该企业,雇用其他人作为自己努力的补充,为这些员工支付固定薪金或工资,对所有债务负责,并

〔45〕 威廉姆斯(Williamson)没有使用"团队生产"的措辞,但其围绕组织生产活动的问题建立他对市场和组织层级的分析,在存在严重信息问题的情况下,个人对他们计算和衡量相关风险和回报的能力有局限("有限理性"),必须做出特定性投资(specific investments),个人不是完全值得信赖的,而是"机会主义的"。参见 Economic Institions, *supra* note 38, at 47.

〔46〕 *Id.*; Oliver D. Hart, *Incomplete Contracts and the Theory of the Finn*, 4 J. L. ECON. & ORG. 119 (1988); Hart & Moore, *supra* note 6; Benjamin Klein et al., Vertical Integration, *Appropriable Rents, and the Competitive Contracting Process*, 21 J. L. & ECON. 297(1978)。然而,这些经济学家都没有考虑到,企业法律组织形式的选择是如何影响个人企业参与者的分配权利、权力和保护。参见 Naomi R. Lamoreaux, Partnerships, *Corporations and the Limits on Contractual Freedom in the U. S. History: An Essay in Economics, Law, and Culture*(未刊稿)(思考了 19 世纪的组织形式对这些问题的影响)。

从企业中获得所有利润。[47]

在19世纪初,大多数的制造业和贸易企业都是由个人独资企业或合伙企业组织起来的。[48] 例如,在1817年,费城的查尔斯·卢肯斯(Charles Lukens)医生买下了他岳父以及他的另一个伙伴在布兰迪万钢铁制品与钉子厂(Brandywine Iron Works and Nail Factory)的利益。卢肯斯从他们那里租赁了厂房和财产,以个人独资经营者身份接管了工厂的运营。[49] 作为独资经营者(sole proprietor),他必须雇用工人(也许还有车间主管),才能查看钉子和其他钢铁制品是否符合生产规格,才能使设备得到维护、原材料得到有效利用。根据在19世纪早期建立起来的普通法,车间主管很可能是卢肯斯的"代理人",[50]能够代表企业签订销售产品或购买原材料的契约。反过来,卢肯斯可能会向主管和工人支付固定工资,或者卢肯斯可能会雇用主管作为一个独立的承包商,然后主管(或者"工头")可能会雇用、管理那些技能不熟练的工人,并从卢肯斯支付的薪水中拿出一部分支付他们的工资。[51] 当时的法院会承认并执行卢肯斯在企业和产出方面的财产权以及相关责任,并且会执行卢肯斯和其他所有人的雇佣关系条款。卢肯斯可能还会雇用一名独立代理人,

〔47〕 因此,个人独资企业提供对企业的集中控制,这是导论中所讨论的公司注册设立的好处之一。但是,个人独资企业可以积累的资本数额,受所有者的财富和借贷能力所限制,因此无法保证资本能够超越个人所有者的寿命或关注范围。

〔48〕 The Discussion *Infra* Part I. C.

〔49〕 布兰迪万钢铁制品与钉子厂后来被称为卢肯斯钢铁公司。关于公司这段历史的一些基本事实细节来自 Christopher T. Bser, A Guide to the History and Records of the Lukens Steel Company, accession 50(1994),在特拉华州的哈格利(Hagley)博物馆和威明顿(Wilmington)图书馆保存了该企业的记录。其他假设的细节完全基于我自己的推测。

〔50〕 Hurst, *supra* note 4, at 5("早期的普通法一致承认在委托人和代理人之间以及和第三方之间存在有约束力的关系")。

〔51〕 这种在工厂里组织非熟练工人的方法,被称为"内部承包",在工业革命早期很常见。参见 Peter Cappelli, *Market – Mediated Employment: The Historical Context*, in the New Relationship: Human Capital Inthe American Corporation(Margaret M. Blair & Thomas A. Kochan *eds.*, 2000)。

为他出售工厂的产品。[52] 在与第三方打交道时,卢肯斯将对公司的债务负责,即使是工头代表卢肯斯签署了承担债务的合同。

通过以这种方式解决团队生产问题,卢肯斯将会有动力去努力工作,并培育新的市场。他还希望找到更好的方法来降低成本和管理业务账目。例如,卢肯斯可能会雇用一个具有工程或其他技术技能的人来开发新产品或生产产品的新方法,或者他可能需要学习这些技能。[53] 然而,如果企业以独资企业的方式组织起来,那么他所有员工的激励都将被大大削弱,而且在卢肯斯和他的员工以及代理人之间的关系中也可能存在其他的"代理"问题。[54]

在过去的 20 年里,主流经济学的"企业理论"假设"企业"本质上是个人独资企业。即使是现在,在经济学入门的教科书中,企业通常被建模成一种由企业家拥有的实体资产(如工厂和一些机器),他们雇用无差别的劳动力来经营工厂和操作机器。[55] 在 20 世纪 60 年代,理论家们开始研究大公司的经理们被雇用的行为所产生的影响。作为代理人而非所有者,他们可能没有动机从工厂的运作中将利润最大化。[56] 到了 20 世纪 70 年代末,理论学家开始对公司的投资者和这些公司的雇用经理之间的关系建构为"代理"关系,[57]就好像当代公司中股东扮演的角色,与个体经营者在小企业中所扮演的角色完全一致。随后,大量的

---

〔52〕 路易斯·高拉姆博什(Louis Galambos)和约瑟夫·普拉特(Joseph Pratt)指出,早期的工厂通常由提供技术专长的工程师所拥有。参见 Louis Galmbos & Joseph Pratt, the Rise of the Corporate Commonwealth 20(1988)。这些工厂生产的是通用的、无品牌的产品,他们的所有者通常没有多少市场营销方面的专业知识。因此,他们经常雇用独立的代理人为他们推销产品。Zunz, *supra* note 26, at 13。

〔53〕 在 1824 年,卢肯斯工厂是美国第一个推出滚动锅炉板的工厂,卢肯斯为这个产品培育了市场。1825 年,卢肯斯还为第一个实验铁壳蒸汽船轧了铁皮。Baer, *supra* note 49, at 1。

〔54〕 Paul Milgrom & John Roberts, Economics, Organization and Management 214 (1992) ("激励一个人或组织代表另一个人行动的一般问题被经济学家称为委托——代理问题")。

〔55〕 John B. Taylor, Principles of Microeconomics 165 – 78 (3d ed. 2001).

〔56〕 Robin Marris, the Economic Theory of "Managerial" Capitalism (1964); Oliver E. Williamson, the Economics of Discretionary Behavior (1964).

〔57〕 Jensen & Meckling, *supra* note 2; Fama, *supra* note 2; Fama & Jensen, *supra* note 2; Oliver E. Williamson, *Corporate Governance*, 93 YALE L. J. 1197 (1984).

法律文献围绕着公司董事和经理人是股东的"代理人"这一观点而生发出来。

今天,主流经济理论家试图"打开黑匣子"来理解公司内部的情况,他们通常把公司作为"契约的联结"(nexus of contracts)而不是作为一个独立的实体来经营。然而,下文假设,注册设立公司会将金融和人力资本的贡献者之间的关系转变成不同于简单的代理关系的东西,而理解独立实体地位在法律中的作用对于理解其发生至关重要。但首先,本文将考虑当企业被组织为个人独资企业时企业和第三方之间的商业关系中可能出现的问题。

在任何规模的独资企业中都可以购买供应品并向企业以外的各方销售产出品,客户和供应商以及专业员工的信誉几乎完全取决于所有者的技能、人际关系以及作为商人的声誉,或者他的直接代理人建立的关系和声誉。[58] 所有者的个人声誉在企业中处于危险边缘的事实,使他而不是他的代理人对供应商、债权人或客户的直接交易负责。但是,所有者和企业之间的身份使企业本身更容易受到所有者的影响,不仅在企业内部,还包括外生因素,如他的健康状况,以及在他生活其他方面的财富是否允许他将自己的资产投资于企业。如果他死了,他的后代或其他亲戚可能会接手这个企业,或者他的企业可能被别人从其遗产中买走。事实上,查尔斯·卢肯斯于1825年突然去世。他的遗孀瑞贝卡·卢肯斯(Rebecca Lukens)在去年继承了她父亲的磨坊财产份额,然后接管了铁加工企业的商业部分。[59] 她的妹夫所罗门·卢肯斯(Solomon

---

[58] 早期的企业家们经常尝试在社区中建立起值得信赖的声誉,通过对当地的慈善机构做贡献来开展经营。参见 Peter Dobkin Hall, *What the Merchants Did With Their Money: Charitable and Testamentary Trusts in Massachusetts*, 1780 – 1880, in Entrepreneurs: the Boston Business Community, 1700 – 1850, at 371 (Conrad Edick Wright & Katheryn P. Viens eds., 1997)。

[59] 根据贝尔(Baer)的简史,瑞贝卡·卢肯斯(Rebecca Lukens)因此成为"美国第一个从事铁制品的女性"。BAER, *supra* note 49, at 1。在19世纪40年代的改革之前,已婚妇女不能拥有财产,甚至不能保护她们不受丈夫债权人的控制,无论其财产是在婚前还是婚后取得。如果瑞贝卡·卢肯斯(Rebecca Lukens)在1848年宾夕法尼亚州的已婚妇女财产法律改革之前再婚,那么磨坊的所有权将会传给她的新丈夫。参见 Richard H. Chused, *Married Women's Property Law*: 180 – 1850, 71 GEO. J. L. 1359, 1399 n. 209 (1983)。

Lukens)离开了他的农场,作为工厂的负责人,帮助家庭继续经营这家企业。但是,当这些事情发生时,新的所有者必须花费资源来保护和重建这些关系。[60] 同样地,如果所有者的家庭发生了危机,所有者可能不得不将资源从企业中抽离,以处理其他需求。

考虑到这些弱点,如果客户和供应商避免过度依赖于与单一所有者做生意,如果机械师、工头、簿记员、销售代理和其他技术工人可能想要保留为其他企业工作的灵活选择权而不是成为单个个体的专门雇员和代理人,也就不足为奇了。根据阿尔弗雷德·钱德勒的说法,直到 1840 年,经济社会的任何地方都不存在中层管理人员。[61]

(三)合伙企业

回到利哈伊河航运项目,哈泽德、怀特和奥托的一个明显的替代选择是——作为合作人一起做生意,事实上,在我们的故事开始的时候他们已经利用了这一点。根据一位评论员的说法,合伙关系“可能是最古

---

〔60〕 贝尔(Baer)在哈格利(Hagley)图书馆的文献收藏中所提供的简史,并没有讨论瑞贝卡·卢肯斯是否在试图与查尔斯·卢肯斯(Charles Lukens)的供应商、客户和同事打交道时遇到了严重的偏见。但在这些商业关系中,她显然是相当成功的。这一业务保持盈利,但到 1840 年,所罗门·卢肯斯(Solomon Lukens)离开了公司,约瑟夫·贝利(Joseph Bailey)成为了合伙人。这时,该公司更名为 R. W. Lukens & Company。Baer, *supra* note 49, at 1。

〔61〕 Visible Hand, *supra* note 16, at 3. 唯一的例外可能是当时已经创立的邮政系统。1792 年的邮局法案导致了从骑马邮差到驿站马车以及辐射状交通系统的转变。Richard R. John, Elaborations, *Revisions*, *Dissents*: *Alfred D. Chandler Jr.' s The Visible Hand After Twenty Years*, 71 BUS. HIST. REV. 151, 186(1997)。这导致邮局管理人员雇用中层管理人员到员工分配中心。*Id.* at 185。钱德勒将这种组织创新追溯到 19 世纪 50 年代,当时邮政业改用铁路运输,尽管它实际上发生在 1800 年。*Id.* 。at 195 - 86。但是,邮政系统并没有瑞贝卡·卢肯斯的钢厂或其他个人独资企业可能存在的问题——它是由美国政府运作的,可以清楚地为企业提供必要的长期资源,并在各种各样的管理人员的来来往往中存活下来。到 1840 年,大多数商事企业都是传统的单一制企业,由所有者管理。Visible Hand, *supra* note 16, at 14。唯一的例外是特许设立的银行和建造运营运河等交通基础设施项目的特许经营机构。这些可能都是以公司形式组织起来的。

老的商业组织形式”。[62]根据19世纪早期的普通法，商业人士只要同意作为合伙人，并同意分享企业的利润（以及清算时的净资产），就可以形成合伙关系。[63]

根据在当时早就适用的（合伙企业的）合伙规则，[64]在商业中使用的资产可能是合伙人的共同财产，或者是合伙人各自所有并租赁给企业的财产。如果是共同拥有，则可能是由合伙人向企业出资以换取合伙企业的份额，或是用入伙金购买。[65] 任何与该企业有关联的合伙人与第三方签订的合同，对所有合伙人都具有法律约束力。[66] 除非合伙人在正式的合伙协议中另有约定，否则该协议将被视为随意的。[67] 这意味着任何合伙人都可以终止这种关系，从而在任何时候、以任何理由强制解散该企业的资产。[68] 例外情况是，如果他们明确同意保持合伙关系至某一特定时间，或者直到满足特定条件（如某个风险项目或工程的完

---

〔62〕 Robert W. Hillman, *Private Ordering Within Partnerships*, 41 U. MIAMI L. REV. 425, 428（1987）；3 JAMES KENT, COMMENTARIES ON AMERICAN LAW 1（Da Capo Press 1971）（1828）（提到合伙企业法“在司法裁判的过程中被培养和极大拓展了，直到合伙法最终成为了科学的常规分支，并且成为了商法学的一个重要组成部分”）。这一点很重要，因为在对比之下，当时涉及合股公司和公司的法律是非常不完善的。

〔63〕 肯特强调，这是一种“利益交融”，使得个人之间达成一种“合作关系”协议，而不是每个人各自贡献。3 KENT, *supra* note 62, at 3。“如果一个人预付资金，另一个人提供他的个人服务或技能，从事贸易，并分享利润，那就等于合伙。” *Id.* at 2。这是法律的早期认可，人力资本的贡献被认为与金融资本的贡献具有潜在的同等价值。

〔64〕 这部分只考虑标准的普通合伙规则。将讨论合股团体（joint stock associations），这是一种典型的合伙关系，*infra* Part II. A。

〔65〕 合伙人会将合伙企业拥有的房地产和其他财产视其为“共有财产”，每个人都被认为对房地产有直接的利益，与其在利润中的份额相称。法律不认为合伙企业是一个独立的实体，因此土地和其他资产不能以合伙企业的名义持有。3 Kent, *supra* note 62, at 14 – 16。

〔66〕 *Id.* at 17.

〔67〕 *Id.* at 28.

〔68〕 钱德勒告诉我们，在19世纪早期，传统的商业企业通常是“短命的”。“他们几乎都是合伙企业，在合伙人的死亡或退休后……［或者］当一个合伙人决定要和另一个商人合作时，合伙企业将被重组或解散。” Visible Hand, *supra* note 16, at 8。

成)。[69] 如果合伙人去世、精神失常或破产,合伙企业也会自动解散。[70] 尽管法律上没有对合伙人数的限制,但根据当时的经典合伙安排,每个合伙人都有完全的权力约束其他合伙人,而且所有人都是单独地且集体地对企业的义务负责。[71] 所以商业人士在选择合作伙伴时必须相当慎重。起诉合伙企业的第三方会被要求在诉状中列出所有合伙人。与此同时,合伙人不能起诉合伙企业(这样做等于起诉自己),而合伙企业也不能起诉一个单独的合伙人(出于同样的原因)。[72]

作为一个联合企业的合伙人而不是一个个体所有者(个人独资企业)的雇员在某种程度上可以改善每个团队成员在关系中得到保护的水平,这可能会改善他去做好工作的动机。[73] 因为所有人都将共同拥有

---

〔69〕 3 Kent, *supra* note 62, at 29; Edward H. Warren, Corporate Advantages Without Inoorporation 18(1929)("即使这种合伙关系不是随意的,这个国家的权威使得任何合伙人可以在任何时候解散它")。然而,过早的解散被视为违反合同,因此违约方可能要承担损害赔偿责任。*Id.* at 18 n. 1。

〔70〕 3 Kent, *supra* note 62, at 30 – 33。其中一个合伙人破产会迫使合伙企业解散的原因是,破产合伙人的债权人将对合伙资产提出索赔请求权,以偿还破产合伙人所欠的债务。*Id.* at 33 – 34。

〔71〕 *Id.* at 10。尽管合伙企业的资产并没有明确不能被个人合伙人的债权人夺取,但是,在所有合伙人的个人资产被没收、合伙企业所有债务都得到清偿前,合伙资产不能被用来偿还合伙人的债务。*Id*。汉斯曼、克莱克曼和斯夸尔都指出,这赋予了合伙关系部分或微弱的"积极资产分割"功能。Hansmann et al., *supra note* 5, at 3。因为他们通过一个组织是否具备任何形式的积极资产分割来定义"实体"地位,他们把合伙企业看作实体。*Id.* at 8。但是,正如将在第 16 ~ 128 页和附带文本中详细讨论的,在 19 世纪早期的法庭上,法院并没有将合伙企业视为持有财产的独立实体。事实上,美国的合伙法并没有明确将普通合伙企业作为可持有财产的单独实体,直到 20 世纪末期,在 1997 年修订统一合伙企业法时才得以明确。它的前身 1914 年统一合伙企业法案一直对这个问题模糊不清。参见 Revised Unif. P' Ship Act § 201 (2003)。

〔72〕 与本文相关的一个有趣的例外是,法院似乎已经认可第二部分提到的合股组织的权利,即起诉其成员迫使他们支付最初承诺的金额。参见 Warren, *supra* note 69, at 350, and the discussion *infra* Part II。

〔73〕 拉摩洛克斯(Lamoreaux)认为,一家公司的合伙人比员工更不易受到"敲竹杠"问题的影响。参见 Lamoreaux, *supra* note 46, at 18。她解释道:与普通合同相比,合伙关系针对"敲竹杠"提供了更大程度的保护,因为如果一方试图向另一方索取收入,受害方就会威胁解散企业,迫使剥削者要么买下他,要么按比例计算清算公司特定资产的成本。因此,退出的能力为合伙人以一种双方都满意的方式解决分歧提供了动力。*Id*。解除这种合伙关系的威胁显然不是没有代价的,但可以在极端情况下使用。

该企业的资产,并且在比例分享利润方面拥有可强制执行的法律请求权,因此每个人都将有更大的动机来进行适当的投资以改善业务。每个人都可以合法地获取企业所有的记录,这可以帮助他们监督他们的合伙人,以确保其他人不会偷懒卸责。[74] 而且,如果他们中的一方觉得自己没有得到公平的份额,他可能会威胁要解散这段关系,以迫使执行之前商定的收益共享。[75] 最后,因为每个合伙人都要对合伙企业的合同和侵权索赔承担连带责任,因此每个合伙人都有理由在与分包商、供应商和客户的业务关系中小心谨慎。

然而,在合伙企业中做出决策可能是庞杂而难以处理的(unwieldy)。由于合伙人有权在与外部人的契约中相互约束,合伙法要求在新合伙人被接纳入伙、重要的交易或财产出售时,需要征得所有合伙人的批准。[76]

因此,合伙关系可以为合伙人提供相当大的权力和控制。在某种程度上,这可以保护每个团队成员不受不公平的剥夺团队生产利益,并为所有合伙人提供积极的激励。但在另一方面,合伙关系也允许单个的团队成员使用他们的控制权来阻碍其他团队成员,并且这增强了他们相互

---

〔74〕 然而,如果他们相信团队会在没有他们贡献的情况下赚取租金,并且他们将会在任何情况下按比例分配租金,那么关于租金分割的事前协议可能会导致合伙人逃避责任。出于这个原因,本特·霍尔姆斯特伦(Bengt Holmstrom)建议,解决团队生产问题的解决方案可能是,如果租金低于某个规定的最低水平,就可以安排一个外部人来收取所有的租金,如果没有人懈怠(或卸责),就只能达到这个最低水平。只有当租金超过了最低限度,团队成员才能得到其中的任何一种。参见 Bengt Holrmstrom, *Moral Hazard in Teams*,13 BELLJ. ECON. 324(1982)。这是一种在实践中很少见到的解决方案,至少不是显式的(以一种清晰明确的形式)。然而,Stout 和我认为,将资产放在一个单独的法律实体中可能是解决这个问题的另一种方法。参见 Blair & Stout, *supra* note 20, at 269。

〔75〕 Lamoreaux, *supra* note 46, at 18.

〔76〕 克利福德·霍尔德梅斯(Clifford Holdemess)认为,像合伙关系这样的总体所有权安排阻碍了财产相对于个人所有权的“可剥夺性”,以及相对于一个独立实体的所有权。参见 Clifford G. Holderness, *Joint Ownership and Alienability*, 23 INT'L REV. L. & ECON. 75,83 - 84(2003)。

进行浪费性"寻租"活动的能力。[77] 有了更多的合伙人,与合伙关系提供的激励利益相比,这种风险增加了。因此,只有在特定的限制条件下,合伙关系才可能为团队生产问题提供解决方案:团队成员的数量很少,而且/或者个人、专业、家庭或社区的纽带关系则相对较强。[78]

我们还必须考虑与分包商、供应商和客户等第三方打交道时合伙关系的利弊。与合伙人签订明确合同的第三方,可能受到所有合伙人共同承担的完全、无限责任的保护。[79] 但这种保护本身并不鼓励合伙人建立专属性关系投资。为了进行这样的投资,外部人士希望确保这项业务是可靠且可持续的。在一个合伙企业中,这样的信誉不仅取决于个人良

---

〔77〕 在当代的一个例子中,关于企业组织设计的问题的重要性,戈登·史密斯(D. Gordon Smith)描述了企业家对风险资本家的脆弱性,以及在什么时候以及在什么条件下可以退出的问题。D. Gordon Smith, Control Over Exit in Venture Capital Rekions ups, (June 5, 2001), available at http://papers. ssm. com/sol3/delivery. cfm/SSRNID272231_codeOl0604600. pdf? abstractid = 272231#PaperDownload. 史密斯指出,"无论是企业家还是风险资本家,都不愿意进入一种关系,在这个问题上,另一方对退出决策的权力不受约束"。*Id.* at 6。霍尔格·穆勒(Holger Muller)和卡尔·沃内德(Karl Warneryd)讨论了合伙的这些问题,并建议企业形式使"外部所有权"成为可能,他们认为在某些情况下可以降低与这些问题相关的成本。参见 Holger M. Miller & Karl Warneryd, *Inside Versus Outside Owners *: A Political Theory of the Firm*, 32 RAND J. ECON. 527(2001)。然而,他们论点的基本原理与本文所阐述的观点有些不同。

〔78〕 Charles R. T. O'Keliey & Robert B. Thompson, Corporations and Other Business Associations: Cases and Materials 56(3d ed. 1999)("就典型的一般合伙关系而言,一般合伙法律的默认和不可变的规则是理想的,因其是一个小型的、密切的公司,其中,每个合作伙伴都参与到业务的各个方面,并对合作伙伴的诚信和技能有很大的信心")。奥凯利(O'Kelley)和汤普森(Thompson)还表示,"如果合作伙伴对服务和资本做出类似贡献,普通合伙法律规范将是最有效的"。*Id.*, at 57。霍华德·博登霍姆(Howard Bodenhom)提出了证据,在 19 世纪早期,伙伴关系通常涉及合伙人类似的年龄、经验和手段,而合伙人必须在人力、物质和金融资本做出实质性的贡献,他认为这是为了实现他们的承诺,而不是为了机会主义。Howard Bodenhorn, Partnership and Hold – up in Early America(Nat'l Bureau of Econ. Research, Working Paper No. 8814, 2002), *available at* http://www. nber. org/papers/w8814。

〔79〕 "有限合伙",即某些消极合伙人可以免受个人责任的限制,在 1822 年在纽约得到了法律的授权,其他州随后也效仿了纽约的做法。Warren, *supra* note 69, at 302. 但即使是在有限合伙关系中,合伙人的某些子集也必须被指定为一般合伙人,并承担全部责任。*Id.* at 302 – 303。直到 20 世纪晚期,州法律才开始提供有限责任合伙(所有合伙人都具备有限责任)作为一种标准的组织形式。

好的健康、财富和声誉(就像个人独资企业一样),还取决于每个合伙人的健康、财富和声誉,以及他们持续合作的能力。这是因为任何合伙人都可以拖累企业的资产、使其负债,或者在任何时候退出,从而迫使企业解散或重组。尽管合伙企业的债权人在任何解散和结束合伙企业的过程中拥有优先权,但无论是外部人还是个人合伙人本身,都不能保证企业会继续下去。

因此,虽然少数人相互认识,他们作为合伙关系的团体有能力维持一个中等规模的制造、贸易或其他业务,但是,合伙规则赋予每个合伙人的隐性否决权,以及随着业务发展,基于每个合伙人的财富、能力和良好行为而产生的担保资产池的脆弱性可能会成为问题。一个巨大的商业关系网络中的参与者(在这种关系中,相互的成功依赖于大量的个人在一段持续时间内进行的团体专属投资)需要一定的连续性和财务稳定性。合伙关系似乎是提供这种连续性和稳定性的糟糕工具。[80] 这样的合伙关系可以帮助积聚资本,但这种组织形式不提供集中控制,也不利于促进长期资本的承诺。

二、合股公司和公司

本文的中心假设是,在19世纪中期,对企业形式的需求急剧上升,因为这种形式特别地促进了建立持久企业的能力,这些企业可以积累大量的企业特定的有形资产,形成广泛的专门组织结构。很难准确地指出,“现代”的注册设立法律——尤其是实体地位和独立治理,能为商业组织者自由使用。这是因为现代企业的形成和治理规则在多年的时间

---

〔80〕 钱德勒(Chandler)告诉我们,在19世纪40年代之前,合伙企业是组织商业活动的主要方式。参见 Visible Hand, *supra* note 16, at 36。但显然,在19世纪50年代,随着商事企业开始大规模扩张,这种形式是不够的。“有限合伙”的形式,在某些州法律中可用,解决了一些资产分割问题,因为有限合伙人不能在合伙的期限内收回他们的资本,并且受到了免于个人责任的保护。参见 Seavoy, *supra* note 4, at 97。积极合伙人也不应在合伙协议中规定的期限内撤回资本,但如上文所述,衡平法院可能会支持他们随时撤出资本的权利,但会让他们承担损害赔偿的责任。

里不断演变,州立法机构通过了法律,拓宽了可被授予公司地位的目的范围以及公司得以被组织的条款。但从历史记录来看,早在 18 世纪晚期,商人们就在试图找到合法的方式来集合资产与人员,以使组织得以生存和发展。简单地说,他们开始尝试建立持久的商业机构。

这些早期的努力有两条道路:非注册合股公司和特许设立的公司(the specially chartered corporation)。合股公司是通过合伙法和信托法来制定的,目的是创建具有商业人士想要的具备许多公司特征但不需要从立法机构获得特许状的组织。与此同时,各州的立法机构正逐渐将公司特许状授予更多的人,以实现更多的用途和目的。一旦公司特许状可以自由获得,公司形式相对于合股公司的好处——最重要的是作为独立法人的特许公司有不受质疑的法律地位,导致了后者的消亡。

这部分回顾了法律的历史发展,解释了合股公司和公司的平行发展,以及它们之间的法律差异。然后,接下来的部分将讨论公司法律的历史发展,即公司是一个独立的法人实体,并展示了实体状态和独立治理如何帮助解决了许多早期公司的团队生产问题。

(一)合股公司

尽管大多数商业史学家都认为,一直到 19 世纪,合伙企业和独资企业是美国商业企业组织的最普遍方式,但是早在 17 世纪早期,欧洲就有特许设立的合股公司在欧洲开展贸易活动。[81] 在最早的合股公司中,[82]"一群商人会把他们的股票"(他们用来交易的商品)集合起来,并集体雇用一艘船来进行贸易任务。这些团体各自的国王授予的特许状(charter)赋予了他们贸易的权利,以及在世界上某些地方建立殖民地的权利。这些公司的船只将开始他们的贸易任务,当他们返回时,在贸易中获得的货物将会被商人分配,同时"公司"被解散,并将在下一个贸易任务时重新组建。后来,一些特许公司决定在每次贸易任务结束时停止分配收益,转而将初始资本进行较长时期的投资。1623 年,荷兰东印

---

〔81〕 汉斯曼、克拉克曼和斯夸尔提供了这一发展过程的详细历史。Hansmann et al., *supra* note 5。

〔82〕 英国东印度公司在 1600 年被特许设立;荷兰东印度公司在 1602 年被特许设立。*Id.*, at 43。

度公司被授予永久存续权。[83] 在这种新安排下,公司成员将不能在每次航程结束时要求偿还(这标志着合股公司"资源承诺"特征的开始),但他们可以出售他们的公司"股份"。[84] 1654 年,英国东印度公司也采用了永久存续的原则,并且股份能完全转让。[85] 在英国和整个欧洲都建立了许多类似的组织,证明了商业人士可以建立永久组织的原则,这些组织包括一个相对较大且数量不断变化的人群,以及固定的资本和独立的管理。

在 17 世纪晚期和 18 世纪早期,企业家们追求其他类型的企业(尤其是银行和保险公司)寻求特许状,并以这种方式组织他们自己。事实上,英国对特许状的需求超出了国会授权给他们的意愿。[86] 结果,许多"公司"尽管没有收到特许状,但也复制了公司的组织形式,并开始出售股份。金融市场的迅猛发展促进了这些公司的股票交易。然而在 1720 年,英国金融市场的繁荣突然且灾难性地结束了。作为对相关丑闻的回应,国会通过了一项法案,虽然措辞含糊,但似乎是使得出售未获特许状的合股公司股份变得非法。[87] 这一法案在长达一百多年的时间里延缓了这种组织形式在英国的发展,直到 1825 年所谓的"泡沫法案"被废除。[88]

---

〔83〕 *Id.*

〔84〕 *Id.*

〔85〕 *Id.* at 44.

〔86〕 *Id.*

〔87〕 1720 年的泡沫法案规定,在没有皇家特许状的情况下"利用公司法人实体",或者"募集可转让的股份"的行为均是非法的。Paul G. Mahoney, *Contract or Concession? An Essay on the History of Corporate Law*, 34 GA. L. REV. 873, 887 (2000) [citing Armand B. Dubois, the English Business Company After The Bubble Act, 1720 - 1800, at 41 (1938)]。

〔88〕 Ron Harris, *The Bubble Act: Its Passage and Its Effects on Business Organization*, 54 J. ECON. HIST. 610 (1994)(回顾一下关于泡沫法案与传统观念中令人沮丧的效果,然后为其目的和效果提供另一种解释)。英格兰并没有清理混乱,通过了一项全面的明确允许商人将自己组织成公司的注册法案,而是通过注册获得特许状,直到 1844 年英国公司法案的通过,使公司更广泛地获得注册。参见 Mahoney, *supra* note 87, at 889[引用一项针对合股公司注册、合并和监管的法案, 1844, 7 & 8 Vict., c. 110 (Eng.)]; Bishop C. Hunt, *The Joint - stock Company in England*, 1830 - 1844, 43 J. POL. ECON. 331 (1935)。

早期的美国定居者对合股公司的形式很熟悉,因为至少有一家这样的公司——哈德逊湾公司(the Hudson's Bay Company),被特许在殖民地的部分地区进行交易。在美国革命之前,一些合股公司已在殖民地出现。[89] 当然,在革命之后,没有人质疑各州授予特许状的权力。但他们显然很少这么做,据一个来源估计,直到 1800 年,美国只有 335 家特许经营公司。[90]

然而,就像在英国发生的一样,商人们试图通过私人合同在美国获得公司地位的好处,而不从州立法机构获得特许状。[91] 他们成立的组织是技术上的合伙关系,合伙人同意将企业的资产置于由一组受托人控制的信托之中,[92]然后在信托份额的发行中出售可转让的债权。通过这种方式,发起人能够实现资源的存留(即使个人投资者有来有往,资产也保留在信托中),从而与管理控制实现了一定的分离。一位历史学家说,土地促销者在 18 世纪晚期和 19 世纪早期形成了所谓的"商业托拉斯"以出售土地。[93] 我们在第一部分提到的利哈伊煤矿公司和由怀特、

---

〔89〕 利弗莫尔(Livermore)描述了一些成立于 1748 年的非注册合股公司,这些公司是为了土地清算和投机而成立的。参见 Livermore, *supra* note 4, at 75 – 80。Kent 指出,在 19 世纪的美国存在几家特许公司"在殖民地政府的统治下,其起源归功于王权。" 3 Kent, *supra* note 62, at 223。赫斯特(Hurst)指出,英国特许公司在建立殖民地方面是突出的,而且一旦建立起来,殖民地的皇家总督们就会特许一些商业公司。Hurst, *supra* note 4, at 7 – 15。

〔90〕 Davis, *supra* note 3, at 24 tbl. l. Davis 还提供了证据,表明在 1800 年有相当多的非注册合股公司存在。

〔91〕 Seavoy, *supra* note 4, at 63(注意到,早期的新英格兰钢铁公司以股份公司的方式组织起来,合同协议"规定了公司的大部分权力,除了两个关键的内容,即永久存续和单一法人实体",这两项内容"只能由国家批准")。休·索厄德(Hugh Sowards)和詹姆斯·莫夫斯基(James Mofsky)注意到,在 18 世纪末和 19 世纪初,还没有记录下有多少家非特许股份公司成立的记录,这恰恰是因为这些公司没有得到特许,也没有登记。Hugh L. Sowards & James S. Mofsky, *Factors Affecting the Development of Corporation Law*, 23 U. MIAMI L. REV. 476, 481 (1969)(讨论那些没有得到特殊授权,而是为了实现公司形式的一些优势而组织起来的企业);William R. Bagnall, the Textile Industries of the United States(1893)(表明在 1813 年之前,非注册合股公司经常被用于组织纺织业的企业)。参见 Livermore, *supra* note 4(描述在土地投机中使用的合股公司)。

〔92〕 建立这些信托的文件有时被称为"财产托管证书"(deeds of settlement)。

〔93〕 Livermore, *supra* note 4.

哈泽德和奥托组成的利哈伊航运公司一样,都是这种联合体(association)的例子。

利哈伊航运公司的历史让我们了解到这些组织在实践中是如何运作的。在1818年成立公司的过程中,发起人找到了认股人,并以委员会的结论为承诺投资的条件,该委员会由"两位最受尊敬的公民"组成,[94]他们被派去调查利哈伊河及其周边地区的实际情况。根据历史记录,"他们得出了结论报告说,航运的改进是完全可行的,而且成本不会超过5万美元,但是开辟一条通往矿井的好路是完全不可能的"。[95]

在这一点上,历史告诉我们,利哈伊发起人分成两组,一组认为煤炭业务将被证明是能盈利的,但对航运业务的潜力存在质疑;另一组认为,河流改进项目可行并且具备盈利能力,但对煤矿项目的风险投资存在疑虑。利哈伊航运公司接着从投资者处筹集了5万美元,"条件是,那些提供资金的人应该从航运中得到至多25%的利润,所有超出的利润都归属于怀特、奥托和哈泽德,他们也保留了对该项目的独家管理权"。[96]后来,在1818年10月成立了一个新的联合体,叫做利哈伊煤炭公司,"目的是建造从河流到矿井的道路,通过新的航运系统把煤炭带到市场"。[97] 这家公司另外还募集了5.5万美元资金,与航运公司的情况类似,除了认购者获得了前20%的利润外,超出的其他利润归属于管理者,"他们将煤矿公司土地的租赁权以及他们购买的其他几块土地,都让与给了受托人,以获得社团的利益"。[98]

煤炭公司的工作进展很快,到1819年,他们开辟了通往矿山的一条可通行的道路。但是,河流航运工作比预期的更加困难。结果发现,在旱季的时候,河流水位下降,比发起人预期的季节性最低点还低了12英寸。航运公司必须建造一组水闸,以确保在所有季节都可以通行,[99]

---

[94] A History Ofthe Lehigh Coal and Navigation Company, *supra* note 32, at 8.

[95] *Id.*

[96] *Id.* at 9.

[97] *Id.*

[98] 从历史上来看,"利润高达25%"或"利润高于20%"的说法是不清楚的。"想象一下,投资者期望每年的投资回报率至少达到20%或25%,这似乎是不现实的。"

[99] 根据历史记录,这些水闸采用了由怀特创造的独特设计。*Id.* at 10。

而且还需要筹集更多资金。历史记录显示,管理人员中出现了一些“困难”,而怀特和哈泽德同意购买奥托在该公司的全部权益。[100] 然后,在1820 年春天,管理者安排了两家公司的“合并”,组成利哈伊航运和煤炭公司,前提是他们可以再筹集 2 万美元。[101] 额外资金筹措完毕,河道上的剩余工作也就完成了,公司把 365 吨煤运到了费城。不幸的是,当时费城的市场无法吸收大量的无烟煤,价格暴跌,公司根本没能赚到钱。[102]

到此时,认股人失去了信心,但其中一名管理人员借给了公司一些资金以维持运营,该公司又一次被重组为利哈伊煤炭和航运公司。通过新认股人的加入,资本存量再次增加。同时,为了鼓励新投资者,怀特和哈泽德同意向公司释放所有“他们保留的专有权利和特权以及剩余利润,并且将利用利哈伊河水力的权利转给受托人供公司之用,他们以简单的股东身份进入公司。”[103] 此外,新认股人在股息分配中获得每半年最多 3% 的优先支付,原有股东获得每半年最高 3% 的股息,“最后,除此之外的任何超额利润都要被分配给怀特和哈泽德,直到他们获得了 3% 的半年度股息。”[104] 一旦这些回报水平得到满足,“股票中的所有歧视都会停止,全部所有者都将获得与持股比例同等份额的利润。”[105] 最后,历史显示,在最后的这次重组中,怀特和哈泽德创造了一个由 5 人组成的类似共同控制企业的管理者委员会。[106]

这个独特的未注册合股公司的历史为我们提供了了解团队生产项目所有风险的丰富视角。在合伙人可以筹集到任何外部资金之前,他们必须从可信的第三方获得可行性意见。然后,项目的一些方面按计划进行,而其他方面则没有。随着项目的进行,最初的协议必须重新制定。在每一点上,各种参与者无疑都有不同意和进行投机行为的机会。我们

---

[100] *Id.* at 11.

[101] *Id.*

[102] *Id.*

[103] *Id.* at 12.

[104] *Id.*

[105] *Id.* at 12 – 13.

[106] *Id.* at 13。从官方公司历史上的记录来看,哈泽德和怀特是否属于管理委员会的五名成员目前还不清楚,但从其他细节来看,他们很可能属于这个委员会。

从最终保留下来的公司管理者委员会听到这个故事,很可能这是一个偏向于怀特和哈泽德的版本。但是,第一轮的认股人很可能并不高兴,因为这项工作未能按照原来的计划完成,因此他们不得不给予下一轮认购人在后续股息分配方面的优先权,以吸引他们加入。

同样有趣的是,怀特和哈泽德必须购买奥托的全部权益,表明了这种修改后合伙关系的一个潜在问题:任何一方合伙人都可以随意撤回出资或者强制解散,或者迫使其他合伙人购买其权益。我们从管理人员在20年后粉饰过的历史记录中无从知晓,是否发生过与这些艰难时期相关的诉讼和指责,但我们很容易想象会有这样的事情发生。无论如何,我们都可以看到,怀特和哈泽德在获得足够的投入资金并将其留在企业方面过得很艰难。

另外,在最终的重组中,怀特和哈泽德不得不把所有相关的权利和财产控制权移交给一个信托,并建立一个实行多数票决的管理者委员会来监督企业的运作。林恩·斯托特(Lynn Stout)和我认为:将控制权委托给这个委员会可能有助于解决团队生产的问题,因为它有助于让各方当事人确信,他们中的任何一方都不能单方面做出以牺牲他人为代价来提高自身价值的决定,并且这种决策更可能做到"公平"。[107] 例如,怀特和哈泽德可以通过这一设置,更可信地向投资者保证,至少有三名其他的管理者会仔细考虑决策(假设怀特和哈泽德本身都是董事会成员)。

法律史学家称,像利哈伊企业这种公司的章程在1760年开始变得越来越复杂,直到各州在1810年之后开始慢慢地通过普通公司法案。[108] 因此,这些团体开始采用现代公司的更多结构和治理特征。但

---

[107] Blair & Stout, *supra* note 20, at 276(论述成立公司及董事会是构建"所有人都认为公平的决策程序")。

[108] Sowards & Mofsky, *supra* note 91, at 481。这些作者声称,州立法机构最早的普通公司设立法案条文,与一些更为复杂的非注册合股公司章程的条款非常相似。1809年,马萨诸塞州通过了一项法案,使得纺织厂更容易设立;1811年,纽约通过了一项法案,将便捷设立公司的特权扩展到许多不同的制造企业。参见 Seavoy, *supra* note 4, at 65; Lawrence M. Friedman, A History of American Law 195(2d ed. 1985)。参见前文第三部分关于公司法出现的讨论, *infra* Part III。

法律史学家也提及,这些“公司原型”被法院视为一种合伙关系。[109] 这可能意味着,在这些组织中,成员或“股东”的有限责任不会被认可。这也意味着,这些“公司”的投资者被视为在公司财产中按比例持有利益,“公司”不应被视作持有财产而存在的独立法人实体。[110] 当一名成员去世,并试图将他的股份传给他的继承人时,这种法律处理造成了复杂的情况,下文将再详述。

利哈伊煤炭和航运公司担心这些问题,因为在 1821 年,该公司试图筹集更多的资金。事实上,怀特和哈泽德重新返回宾夕法尼亚州立法机构,请求它通过一项公司注册法案,以将非注册企业转为一家公司。[111] 该公司于 1822 年 2 月 13 日由宾夕法尼亚州立法机构通过特别立法进

---

〔109〕 WARREN, *supra* note 69, at 327 - 328(提到合股公司是“合伙关系的一种”);SEAVOY, *supra* note 4, at 47(将合股公司称为“增强的合伙关系”);Gary M. Anderson & Robert D. Tollison, *The Myth of the Corporation as a Creation of the State*, 3 INT'L REV. L. ECON. 107, 110(1983)[“非注册合股公司是‘法律的继子’,留下了‘难以克服的严重法律障碍’。从技术上讲,他们遵守合伙法……”quoting A. Dubois, the English Business Company After the Bubble Act, 1720 - 1800, at 217 (1971)];Mahoney, *supra* note 87, at 888[在“泡沫法案”于 1825 年废止的时候,法官们——1 个世纪以来,与非注册合股公司没有任何关系——已经决定将他们纳入一个现有的法律范畴(如合伙企业关系),而不是将他们视为一种完全不同的契约形式]。

〔110〕 Paddy Ireland, *Capitalism Without the Capitalist: The Joint Stock Company Share and the Emergence of the Modem Doctrine of Separate Corporate Personality*, 17 LEGAL HIST. 41, 44 n. 13(1996)[citing William Watson, A Treatise of the Law of Partnership3 - 5 (2d ed. 1807)]. 帕迪·爱尔兰(Paddy Ireland)追溯了英格兰法庭的历史,表明在大约 1837 年之前,法院始终认为,合股公司的股东——无论注册与否,对公司的资产都有直接的财产权益。*Id.* at 49 - 50。Ireland 说明:例如,在 1799 年判决的 Howse v. Chapman 案中,在注册设立的巴斯(Bath)航运公司的股份被认为是不动产,并且属于 Statute of Mortmain 法令管辖,因为属于公司的财产部分上属于不动产……这也是对非注册合股公司股票的普遍看法,从诸如此类的案例,如 Buckridge v. Ingram 案(1795 年)中可以清楚地看到,这与非注册设立的埃文河航运(Avon Navigation)有关。*Id*。

〔111〕 An Act to Incorporate the Lehigh Coal and Navigation Company, reprinted in Acts of the General Assembly of Pennsylvania Concerning the Lehigh Coal and Navigation Company 20(1837)[hereinafter Acts of the General Assembly](指出,该公司想要注册设立的原因之一是:“这家公司想要尽快地完成利哈伊河的航运项目……但是需要额外的资金,由于合股关系的非法人性质,他们很难获得自身股票的必要认股人”)。

行注册设立。[112]

这样的要求有时在政治上有争议;一年后,一场关于类似要求注册设立一家煤矿公司的公开辩论发生了。[113] 在1823年由试图组织斯古吉尔(Schuylkill)煤炭公司的7位商人出版的一本小册子中,[114]发起人列举了他们想要注册设立公司而不是建立合伙企业或者非注册合股公司的三个原因:

1d. 拥有公司的不动产,包括他们所持有以及允许获得的有限额外数量的煤矿土地,对矿山工作进行必要的和适当的改进,并且不受自然人继承和继承法的约束;2d. 只要组建公司的几个人用其财产承担了组织的所有责任,公司即应被免除一般合伙法的责任;3d. 尽管可能在任何特定时间内,组成公司的成员可能会死亡或变更,法律认可仍以公司名义行事,并永久存续。[115]

换句话说,该群体希望获得有限责任的好处,以及能够以公司名义运营的便利。但他们首先担心的是,如果一家法院将这种联合视为一种合伙关系,那么将企业资产保留在一起用于企业(包括保护资产不被合伙人的继承人解体)是不可能的。[116] "如果一个合伙人去世了",这本小册子说,"他那不可分割的利益将作为遗产进行继承,或者遗赠给继承人,继承人可能由众多的子女(包括婴儿)或者分布广泛并且很难辨认的旁系亲属组成"。[117]如果这种情况发生了:

在这个事件中,公司的运作必须立即停止,而共有财产(joint estate)

---

〔112〕 *Id.* at 29.

〔113〕 接下来的几场关于煤矿公司注册成立辩论中的几本小册子,以及关于利哈伊公司是否对进入河流收费过高的争论,都保存于哈格利(Hagley)图书馆的藏书中。正是基于此,下文的描述才得以构建。

〔114〕 Manuel Eyre et al., Remarks and Observations Showing the Justice and Policy of Incorporating "the Schuylkill Coal Company" 1-8(Philadelphia 1823). 这本小册子保存在哈格利图书馆的藏书中。

〔115〕 *Id.* at 1.

〔116〕 汉斯曼、克莱克曼和斯夸尔强调了实体地位的重要性,以保护企业的资产不受团体成员的债权人的损害,但是这家煤矿公司的发起人并没有提到对其成员债权人的任何担忧。参见 Hansmann et al., *supra* note 5; Hansmann & Kraakman, *supra* note 5。他们关心的是公司财产继承人的权利,如果他们是合伙而不是公司的话。

〔117〕 Eyreetal., *supra* note114, at 1.

将被分割为若干部分出售,或根据合法的法庭判决,在死者的遗属和继承人之间进行分配,也许是在一套冗长的诉讼之后错综复杂的合伙人索赔、账目与清算问题。[118]

这些发起人清楚地意识到,他们可以利用信托法律来保护企业的资产不受债权人、继承人或想要退出的合伙人的影响。但他们不相信作为一家非注册合股公司,并且使用商业信托可以提供足够的保护:

通过复杂的信托、契约和规定,确实可以避免其中的一些困难;但是,这些普通的商业人士既不能自己架构,也难以理解;即便在最有法律能力者的建议下架构,他们仍受制于各种各样的结构,陷入频繁出现的麻烦的和有害的争议,审慎的人会急切避免这种情况的发生。[119]

该群体的担忧可能不是没有根据的。詹姆斯·肯特(James Kent)在 1826 年出版的《美国法律评论》中对公司做了很长的讨论,[120]并对合伙进行了很长的讨论。[121] 在合伙部分,他通过提及"由大型非注册设立团体组成"的合伙,[122]指出其通常是由协议的特殊条款所规定的,但是无论他们的章程中如何规定,"合伙所在地的已有法律与一般情况下一样。"[123]肯特为支持这一观点而提出的案例都是英国的例子。[124]

19 世纪初的美国法院正在寻找英国关于这些组织合法地位的先例,发起人也会有更多的担忧。在威廉·沃森(William Watson)于 1807 年出版的关于合伙的著作的第二版中,他强调了注册设立合股公司和非注册合股公司之间的法律区别。他解释说,"未经公共权力机构确认"的合股公司仅仅是合伙关系。[125] 在帕迪·爱尔兰(Paddy Ireland)引用的 1837 年之前的几个英国案例中,[126]法院认为"注册设立的公司"和

---

[118] *Id.*

[119] *Id.* at 2.

[120] 2 James Kent, Commentaries on American Law 215 - 253 (Da Capo Press 1971) (1828).

[121] 3 Kent, *supra* note 62, at 1 - 4.

[122] *Id.* at 4.

[123] *Id.*

[124] *Id.*

[125] Watson, *supra* note 110, at 3.

[126] Ireland, *supra* note 110, at 49 - 50.

“非注册设立的公司”的股东在公司财产中拥有直接共同利益,而不是股东拥有公司股份、公司拥有财产。[127]

同时在美国,法院所做的区分似乎是基于该公司是否有特许状。为了持有财产,公司被视为独立的实体。但是,美国法院是否将非注册合股公司视为独立实体还存在很大的不确定性。而在1827年以前,美国法院并没有明确地表示非注册合股公司的股票可以自由交易。[128]

因此,对于非注册合股公司来说,缺乏明确的实体地位使得这些公司在积累大量的实物和组织资产方面成为一种高风险的组织形式。我们转向公司法的兴起历史,来看看为什么会出现这种情况。

(编辑:姜沅伯)

〔127〕 *Id.* at 49. 爱尔兰(Ireland)对早期的合股公司进行了分析,并指出:“在一家公司拥有‘股份’意味着拥有公司所有资产的所有权……股东被认为是公司财产权益的所有者,分享股份作为对公司资产不分割部分的衡平法权利”。

〔128〕 Sowards & Mofsky, *supra* note 91, at 482[citing Alvord v. Smith, 22 Mass. (5 Pick.) 232(1827)]。一些法学者认为,如果法院认可为持有财产的目的合股公司是独立法人实体,那么就没有必要由各州向公司颁发特许状,由商人创设的契约即可赋予他们与设立公司同样的好处。参见 Anderson & Tollison, *supra* note 109; Mahoney, *supra* note 87。但是美国的法院并没有朝这个方向前进。因此,为了获得企业地位的全部利益,特许经营是必要的。随着法院确认和支持私营商业人士发展出新的组织契约,我的目标不在于辩论公司法是否应该作为契约法、合伙企业法和信托法的普通法延伸来发展,或者法院在没有立法授权的情况下不批准新的组织形式这一做法是否正确。

《证券法苑》(2018)
第二十五卷,第507~538页

国际证监会组织关于交易场所异常波动管理和交易秩序维护机制的最终报告*

彭鲁军　滕玉琳** 译

摘要:报告针对各成员国或地区交易场所目前正在使用的各类异常波动风险管理措施进行了研究,并着重讨论了以下问题:交易场所在异常波动事件中采用的暂停或者限制交易的各种自动反应机制;上述机制中建立和观察初始价格和参考价格的处理方法;关于上述机制设计、运作和触发的何种信息以何种方式提供给监管机构、市场参与人和社会公众;在何种程度上与境内外交易场所进行信息共享。对于以上问题,报告针对性地提出了八条建议。

关键词:异常波动控制机制　交易场所　国际证监会组织

---

* 本文翻译自国际证监会组织2018年8月发布的报告"Mechanisms Used By Trading Venues To Manage Extreme Volatility And Preserve Orderly Trading",载http://www.iosco.org/library/pubdocs/pdf/IOSCOPD607.pdf。

** 作者均任职于上海证券交易所法律部。上海证券交易所2018年度暑期实习生唐晓宇、裴佳琦和袁营仪同学参与了本文的校对,特此致谢。

一、执行总结

国际证监会组织的核心目标之一是确保市场的完整、效率与透明。异常波动事件会损害上述目标，削弱证券市场的公平性，影响投资者对市场的信心。近年来科技的应用呈指数级增长。与此同时，金融市场的异常波动（包括极端波动）事件大量出现。

本报告针对各成员国或地区交易场所[1]目前正在使用的各类异常波动风险管理措施进行了研究。特别地，本报告讨论了以下问题：

1. 交易场所在异常波动事件中采用的暂停或者限制交易的各种自动反应机制。

2. 上述机制中建立和观察阈值和参考价格的处理方法。

3. 关于上述机制设计、运作和触发的何种信息以何种方式提供给监管机构、市场参与人和社会公众。

4. 在何种程度上与境内外交易场所进行信息共享。

为确保交易和价格形成机制的运转，报告支持使用价格限制机制拒绝或者限制特定订单，而非暂停交易。另外，报告还肯定了信息共享和强化相关交易场所之间沟通机制的重要性。

报告包含了关于协助交易场所和监管机构在作出波动控制措施实施、运作和监督决定方面的建议。本报告着重强调了以下几个方面的内容：

1. 交易场所应当有效设计和监督波动控制机制，以管理异常波动。

2. 监管机构应当考虑他们对辖区内整体波动控制机制框架进行监控所需要的信息，并确保交易场所保存了相关记录。

---

〔1〕 就本报告而言，"交易场所"一词通常被定义为交易所或其他多边交易设施，包括如替代交易系统（ATS）和多边交易设施（MTF）。然而，我们认识到，一些成员国扩展了"交易场所"的范围。例如，该概念可以由其管辖区域的个别成员自行决定，还包括互换执行设施（SEF）或欧洲"有组织的交易设施"（OTF）。但是，对于该项目，"交易场所"不包括单个经销商系统或经纪人过境设施。除特别说明外，本文脚注均为原报告脚注。——译者注

3. 关于波动控制机制以及何时会触发该机制的信息应当及时向监管机构,市场参与人公开,必要时还需要向社会公众公开。

4. 当相同或者相关的证券在同一或者不同国家或地区内的多个交易场所交易时,各交易场所之间应当保持恰当的沟通。

二、引言

最近的事件显示了异常波动对不同辖区内的证券市场及相关资本市场产生的消极影响。例如,2015 年 8 月 24 日,美国市场波动与亚洲市场波动联动;2010 年 5 月 6 日,闪崩同时对美国股票和期货市场[2]产生影响,并且对加拿大等其他市场产生连锁反应。其他波动事件包括:

1. 2014 年 10 月 15 日,美国国债市场在 9 点 33 分至 9 点 45 分经历了大幅波动,10 年期国债收益率下降了 16 个基点,市场深度相比全年平均水平下降了 20%。[3]

2. 2016 年 5 月 31 日,中国股指期货价格大幅下降 12.5%,然后在数秒钟后返回之前水平。

3. 2016 年 10 月 6 日,英镑汇率大幅下挫 6% 然后迅速回升。

4. 2017 年 2 月 16 日,法国政府债券期货在 85 秒内下降 11 个基点,并且出现严重的流动性不足,8 分钟后又大致恢复到先前的水平。

上述异常波动事件使得许多监管机构重新审视和评估异常波动事件的后果,明确应对措施。在不少国家或地区,交易场所和监管机构已经或者正在采取措施解决市场异常波动问题,帮助维护市场秩序。[4]

Greenwald and Stein (1991 年)[5] 的研究表明,波动控制措施可以

---

[2] 参见 https//www. sec. gov/news/studies/2010/marketevents – report. pdf。

[3] *Joint Staff Report*: *The U. S. Treasury Market on October* 15, 2014 (July 13, 2015), https://www. sec. gov/files/treasury – market – volatility – 10 – 14 – 2014 – joint – report. pdf.

[4] 此外,其他保障措施,如在订单录入之前进行的价格检查和交易逆转,可用于提供额外保护,防止过度波动,并有助于确保公平和有效的价格发现。

[5] Greenwald B. C., Stein J. C., *Transactional Risk*, *Market Crashes*, *and The Role of Circuit Breakers*, J Business 64, 1991, pp. 443 – 462.

在市场不景气的时候帮助实现市场稳定。但是,由于全市场范围内的熔断触发事件仅发生过一次,关于全市场范围内的熔断机制效力的实证研究十分有限。[6] Goldstein Kavajecz (2004 年)[7]研究了 1997 年 10 月 27 日的熔断事件,发现熔断之后的交易时间中市场流动性有所下降。他们认为,流动性下降的主要原因是限价订单交易商不愿再次提交熔断发生之前的订单。在对纽交所、芝商所和其衍生品交易所采用的熔断机制进行研究后,Santoni and Liu (1993 年)[8]发现,全市场范围的交易暂停不能缓和波动。Fama (1989 年)[9]认为,熔断机制阻碍价格发现,影响效率,强调合理的价格并不意味着低波动。Subrahmanyam (1994 年)[10]认为,熔断机制加剧了之后一段时间和其他市场的价格变动。

近期,特别是在"闪崩"事件之后,相关研究重新评估了波动控制机制的功效。总体上,熔断机制被认为对市场有利。Kirilenko 等人 (2017 年)[11]认为,熔断价值能够平抑市场波动,重建投资者信心,强调必须采取恰当措施以适应科技发展带来的交易行为改变。Ackert (2012 年)[12]提出,全市场的熔断机制打破了价格发现的过程,但也在巨大冲击后给交易所和市场参与者时间去重新评估市场,暂停对错误信息的羊群式反应。她还强调不同市场之间协调的重要性,以减少风险传递。此外,由于不同金融产品能够在不同交易场所进行交易,并且订单可以在

---

[6] "这些交易暂停是 1997 年 10 月 27 日首次触发的,当时道琼斯工业平均指数下午 2 点 35 分跌了 350 点。在下午 3 点 5 分重新开放后的 25 分钟内,道琼斯指数再次下跌 200 点,引发了第二次暂停,从而关闭了当天的市场。"

[7] Goldstein M., Kavajecz K., *Trading Atrategies During Circuit Breakers and Extreme Market Movements*, J Financial Markets 7, 2004, pp. 301 - 333.

[8] Santoni G. J., Tung Liu, *Circuit Breakers and Stock Market Volatility*, Journal of Futures Markets 13(3), 1993, pp. 261 - 277.

[9] Fama E., *Perspectives on October* 1987, *or*, *What Did We Learn from the Crash*? In R. J. Barro, R. W. Kamphuis Jr., Black Monday and the Future of Financial Markets, Homewood, IL: Irwin, 1989, pp. 71 - 82.

[10] Subrahmanyam, A., *Circuit Breakers and Market Volatility*: *A Theoretical Perspective*, J Finance, 49(1), 1994, pp. 237 - 254.

[11] Kirilenko A., Samadi M., Kyle A., Tuzun T., *The Flash Crash*: *High - frequency Trading in an Electronic Market*, The Journal of Finance, 2017.

[12] Ackert L., *The Impact of Circuit Breakers on Market Outcomes*, Foresight UK Government Office for Science, 2012, EIA9.

本市场或其他市场成交,Ackert 认为监管措施应当简单清晰便于市场参与者充分认识其效果。Brugler and Linton (2014 年)[13] 的研究表明,尽管交易暂停不能改善特定金融产品的交易过程,但确实能够阻止相关市场下挫的蔓延,可以成为维护市场稳定的有效工具。

其他市场也有类似的机制,关于其效果的研究也不尽相同。Lauterbach & Ben – Zion (1993 年)[14] 研究了特拉维夫交易所 1987 年闪崩期间由于极端订单不平衡导致交易所关闭而引发熔断的案例。他们发现,尽管交易暂停没有阻止市场的总体下滑,但确实通过减少订单不平衡实现了减轻市场价格波动的效果。

国际证监会组织的研究,特别是《交易暂停与市场关闭的报告》[15] 对证券交易暂停,[16] 如何实施交易暂停,如何分享信息以及多市场挂牌的证券和衍生品进行了分析并提出了一系列建议。[17]

此外,2011 年,国际证监会组织发布了《科技进步对市场透明度和效率影响所引入的监管问题》,[18] 旨在解决广泛的科技进步对市场的影响,包括高频交易、抑制波动的措施、暂停交易、熔断机制和价格限制等。在 2011 年报告的建议第二部分,国际证监会组织认为,监管机构应当考虑交易场所须在何种程度上采取波动控制措施(如熔断机制、价格笼子、

---

〔13〕 Brugler J., Lindon O., *Circuit Breakers on the London Stock Exchange; Do They Improve Subsequent Market Quality?* Cambridge – INET Institute Working Paper Series No: 2014/04.

〔14〕 Lauterbach, Beni, Uri Ben – Zion (1993), *Stock Market Crashes and the Performance of Circuit Breakers: Empirical Evidence*, J Finance 48(5), 1909 – 1925.

〔15〕 参见 https://www.iosco.org/library/pubdocs/pdf/IOSCOPD138.pdf (Oct. 2002)。

〔16〕 在 2002 年的报告中,"trading interruptions"被形容为"trading halts"或"trading suspensions"。"2002 年报告"进一步指出,"trading halts"通常是暂时中断金融工具,证券组合或证券衍生工具的交易,以预期或反应影响金融工具或组合的异常事件或情况。某些监管交易暂停有时被称为"trading suspensions",通常比"trading halts"范围更广、持续时间更长。

〔17〕 这些建议包括确定在初始上市市场交易已经停止的情况下是否应该允许交易某项金融工具。更一般地说,参与者应该意识到可能出现交易暂停的基础,并且应该建立沟通机制,以便参与者知道何时发生交易暂停。此外,报告还建议,当主要市场因"极端事件"或基础设施故障而关闭时,其他市场(包括衍生产品市场)的反应应取决于对所有相关事实的评估。

〔18〕 参见 http://www.iosco.org/library/pubdocs/pdf/IOSCOPD361.pdf。

波动阈值等）进行风险控制，预防价格突然变动对市场的影响。[19]

2011 年报告出版后，随着计算机和通讯技术的发展，市场的复杂和关联程度进一步发展。因此，国际证监会组织委员会要求二级市场监管委员会基于 2011 年报告所设定的目标，对交易场所和监管机构正在使用或者考虑使用的旨在控制市场异常波动的各种维护市场交易秩序的措施进行评估。

在准备本报告的过程中，二级市场监管委员会调查了其会员管辖区内的监管机构和交易场所。报告对现行的监管框架和政策逻辑进行了研究，并对已经或者准备采取的各种机制及原因进行分析。但是，报告没有对市场结构变化、科技变化如何影响波动[20]或者其确定或评估的因果联系进行研究。报告包含了一系列关于管理异常波动机制建立、使用、监测的建议，以维护正常的交易秩序。

固定收益产品不在本报告的范围之内。鉴于自动化交易在许多市场的普及，本报告重点关注了自动化暂停交易或者拒绝订单的波动控制机制，例如：

1. 基于波动自动触发的机制，采用预定方式暂停或者管理交易，例如：

（1）一只或者特定证券交易被暂停（或者连续交易被自动转换为集合竞价）若干秒钟或者分钟，以便于市场参与者能够重新考虑其订单[21]（单一股票熔断）。

（2）全部或者部分证券被暂停交易一段时间（全市场范围的熔断）。

2. 自动拒绝或者冻结特定订单而不暂停市场交易的机制。价格限制机制使用订单价格或者数量标准，连续交易可以维持但超过阈值的订单将会被拒绝。

---

〔19〕 该建议继续指出："系统和算法应该稳健而灵活，以便它们能够处理和适应不断变化的市场条件。在交易系统的情况下，这应该包括适应消息流量变化（包括突然增加）的能力。"

〔20〕 本报告并未考虑停止或限制交易的非自动化机制，例如由于技术故障导致的交易暂停。

〔21〕 在这些情况下，交易通常但不是总是通过竞价恢复。

2016 年,世界交易所联合会对熔断机制导致的价格变化开展了调查,[22]发现反馈的交易所中有 86% 使用类似熔断机制的措施来实现投资者保护,改善市场的稳定性和透明性。其中,全市场范围的熔断机制应用最为广泛,在现货市场中占比约为 72% 。

在实施波动控制机制的情况下,以下因素经常被纳入考虑范围之内:

(1)影响各自市场的异常波动历史案例(包括交易场所对历史事件的回溯测试)。

(2)限制触发频率。

(3)行业和市场参与者的投入与反馈。[23]

此外,监管机构和交易场所还要将重大全球事件和类似情况纳入对机制效果的评估之中。[24]

三、波动控制机制的讨论

波动控制机制试图将以下触发事件导致的市场不利影响降低到最小:

1. 明显错误订单(clearly erroneous orders),即由于人工订单输入错误、市场交易者算法失灵或者自动订单输入系统错误,导致价格或者数量出现明显错误。

2. 大型侵略性订单(large aggressive orders),即导致流动性提供者和流动性需求者之间出现不平衡,可能会消耗所有或大量的限价订单或触发一连串的止损订单。

---

〔22〕 Gomber P., Clapham B., Haferkorn M., Panz S., Jentsch P., *Circuit Breakers-A Survey Among International Trading Venues*, Commissioned by WFE, 2016.

〔23〕 例如,2015 年 8 月 24 日加拿大股票市场的极端波动表明,杠杆 ETF 的价格需要以更大幅度增加;因此,IIROC 增加了单股熔断触发阈值以适应这些类型证券的潜在波动性增加;马来西亚衍生品交易所改变了其结构性认股权证的动态价格限制(DPL),原因是其参与者经常要求扩大阈值,因为限制阻碍了交易机会。

〔24〕 见附录 A。

3. 正反馈循环(positive feedback loops),即大的价格运动进一步导致同方向的买入或卖出,并可能会因一系列止损订单而加剧。

本部分将对波动控制机制和不同交易场所采取的措施背后的合理性进行分析。

(一)波动控制机制的重要性

市场异常波动会损害市场公平有序运行以及投资者的信心。缺乏波动控制措施,抑或不恰当、不合适的波动控制措施则会影响市场的稳定、公平和效率。近期,监管机构和交易场所采取的措施显示了波动控制机制的重要性。相应地,许多监管机构和交易场所对他们针对极端波动采取的措施,如暂停、限制交易机制进行了评估。

在短时间内出现价格大幅波动的情况下一般会实施暂停交易,这是一种典型的应对市场价格波动的事后措施。最近,一些交易场所开始采取自动拒绝订单的事前措施(例如,阻止超出特定范围的订单)。此类机制允许交易继续进行,并且只在规定的阈值内执行。

交易场所采取波动控制措施的主要原因有以下几个方面:

1. 解决重大或者异常价格波动;

2. 维护或者确保交易秩序;

3. 促进有效地价格发现;

4. 保护投资者,维护市场的透明和信心。[25]

尽管交易暂停能够帮助维护市场的公平和有序,但太多的干预会影响市场效率。因此,波动控制机制应当成为全市场的复原机制框架的组成部分,与交易系统控制测试(订单输入前对其进行检查)和压力测试(应对不断增加的订单流)等一道发挥作用。在适当情况下,应设计波动控制机制,作为全市场复原机制框架其他组成部分的补充。

最近的事例显示,极端波动事件会对市场的稳定、完整、效率以及投资者信心产生消极影响。国际证监会组织相信,市场波动控制机制能够成为交易场所减轻上述效应和维持交易秩序的有效途径。

---

〔25〕 在一些司法管辖区,个人投资者构成相当大比例的市场活动,也可以设计波动控制机制来阻止过度投机和/或极度价格波动,从而加强投资者保护。

建议一:交易场所应当设置恰当的波动控制机制。

交易场所应当在交易时间建立和维持恰当的波动控制机制以管理市场波动,维护金融工具交易的有序进行。

(二)波动控制机制

1. 理解适用的市场结构

在分析波动控制机制时,理解他们所要运行的市场结构十分重要。

不同管理过度波动的路径反映了市场结构和监管机构及交易场所所需的灵活程度不同。因此,并不存在适应所有资产类别和司法辖区的波动控制机制。在设计和运行保护价格发现机制和避免破坏交易秩序的机制时,流动性或产品类型的不同使量身定制十分必要。例如,由于波动情况差异明显,针对大盘股的方法应当与小盘股的方法做出区别。

有些人提出,自动波动控制机制优于人工波动控制机制。之所以会有这样的观点,是因为他们认为,相比人工波动控制机制,自动波动控制机制能够针对无序的市场和混乱的交易进行更透明和公平的应对。大多数交易场所得益于高度自动化,尤其是完全自动化和提供连续交易。然而,人工干预在特定情况下还是十分必要,如规模较小或者没有采取连续竞价的非自动化市场。交易场所应该考虑其市场的特定条件和结构来设置恰当的波动控制机制。

此外,尽管大多数交易场所都采用了某种形式的波动控制机制,但波动控制机制并不一定适合交易量较低的交易场所。在这种情况下,异常波动可通过其他途径加以解决,包括依靠专家或者做市商在订单输入或者执行前调节价格波动。

总之,在设计市场波动机制时,将交易场所的规模和结构以及金融产品的类型等因素考虑其中十分必要。

2. 交易场所采取的波动控制机制的类型

采用波动控制机制的交易场所通常采用以下任意一种或者两种类型:

(1)价格幅度(price banding):执行或者输入的订单只能在规定的价格幅度之内。有些国家或地区的交易场所设定较宽的价格幅度来解决潜在的异常波动事件,但其他一些交易场所则设定较窄的价格幅度并密切观测是否应在特定情况下放宽限制。在有的国家或地区,如果在特定的期间内,没有合适的价格幅度内的订单,该价格幅度将会自动或者按照特定规则进行调整。调整后,交易和订单输入将会在新的价格幅度内进行。在其他国家或地区,如果在特定价格幅度内没有接收到订单,交易将会停止或者暂停。

(2)交易暂停(trading halts):在单一股票熔断的情况下,一旦订单交易价格超过预先设定的阈值,特定金融工具将会在一段时间内被暂停交易,暂停时间最高可达数分钟。在交易暂停期间,订单簿通常继续接受订单输入、修改和取消。如果初始交易暂停无法达到预期效果,交易场所将会决定延长交易暂停时间或者启动新的交易暂停措施。全市场熔断以全市场范围的价格波动(通常以指数进行衡量)而非特定金融产品的价格波动作为参考。当指数波动超过预定的阈值,该交易场所或者该国家或地区的全部证券将暂停交易。一般而言,暂停交易的时间是预先设定的,并且取决于交易暂停何时发生,以及当天是否剩余足够的时间在不损害市场完整、公平和效率的情况下重新进行交易。

当触发波动控制机制导致交易暂停时,停止的时间长度以及停止后交易恢复的方式是重要的设计考虑因素。

波动控制机制通常在连续交易期间实施,但有些国家或地区也会在集合竞价阶段实施。在这种情况下,当价格超过预定的阈值,集合竞价将会被推迟。

多数波动控制机制依赖于动态、静态或者二者相结合的参考价格。

(1)静态参考价格(static reference prices)。静态参考价格通常在一段时间内,一般是一个交易日内保持不变。他们通常是依据特定金融产品或指数的开盘价或收盘价设定。静态参考价格通常比动态参考价格幅度更宽。与动态措施相比,静态参考价格一般用于解决长期的波动事件。

(2)动态参考价格(dynamic reference prices)。动态参考价格通常在连续的基础上进行计算得出。计算方法变化多样,既可能以特定证券或指数的现有报价或最后交易价格作为参考,也可能将前期发生的交易活动纳入考量。动态参考价格通常比静态参考价格的设定更为严格,以便于解决短期内发生的波动事件,如极端快速流动性需求导致的波动。

3. 波动控制机制的标准

设计波动控制机制,参考价格的标准或者阈值十分重要,以下因素应当被纳入考量:

(1)金融工具或者基础资产的性质;

(2)特定金融工具或者资产种类的流动性或者波动情况;

(3)金融工具的价格。

上述因素帮助确保波动控制机制的适用范围不至过宽或者对特定金融工具正常的市场波动作出反应。在确定波动控制机制时,极少有国家或地区采用统一的标准。

在一些案例中,波动控制机制仅适用于流动性良好的金融工具。在其他案例中,所有的金融工具均被波动控制机制所覆盖,流动性在标准设定时被考虑其中。流动性较差的金融工具一般适用更宽泛的标准。

在确定波动控制机制阈值时,金融工具的价格或者价值,无论是绝对值还是百分比都会被纳入考虑。例如,有些交易场所基于价值对金融产品进行分类,对不同的类别的金融产品适用不同的标准。[26]

考虑最小价格变动同样十分重要。从绝对意义上讲,低价金融产品的变动比高价金融产品的变动更显著。换句话说,当以价格涨跌百分比反映阈值价格波动时,低价金融工具通常需要更高的百分比价格变动来触发波动率控制机制。

很多情况下,衍生品的交易场所建立的异常波动控制机制阈值具有明显不同。一般来说,他们会运用模型去确定恰当的标准,而这些模型一般会考虑基础产品的价格。在衍生品的模型价格与基础产品价格一致时,订单将会被允许输入和执行。当衍生品价格与基础产品的理论价格不一致时,交易将会中断。

由于波动控制机制的效果高度依赖所使用的阈值,国际证监会组织相信,为确保控制机制能够在必要时发挥作用,不影响金融工具的正常

---

〔26〕 例如,ASIC要求某些证券市场(例如,澳大利亚证券交易所和Chi – X Australia)应用自动订单阈值来拒绝与参考价格相距一定距离的订单。价格区间取决于证券的价值。同样,IIROC要求所有加拿大市场都采用市场门槛,拒绝任何执行后的超过计算的参考价格一定比例的订单。该百分比从10%到300%,并基于证券的交易价格而产生。

波动,交易场所运用相关因素合理确定阈值标准十分重要。

> **建议二:波动控制机制的标准。**
>
> 交易场所应当确保恰当确定波动控制机制的标准。为此,交易场所可以考虑以下非穷尽的要素清单:
>
> (1)金融产品或者底层资产的性质,如证券、ETF、衍生品等。
>
> (2)金融产品的流动性或交易概况。
>
> (3)金融产品或者底层资产的波动概况。
>
> (4)相关金融产品或者市场已经建立的波动控制机制。
>
> (5)金融产品的价格。

4. 波动控制机制的管理

波动控制机制需要定期监控,确保他们能够按照预期发挥作用。

(1)波动控制机制的初始测试

按照惯例,波动控制机制应当在使用前进行测试,以确保其按照预期发挥作用(例如,功能测试是为了测试功能性需求的一致性)。在实施前,交易场所可以和其他市场参与人一起进行测试,确保该机制与交易场所相契合。

(2)波动控制机制的监控

国际证监会组织相信,定期监控波动控制机制对于确保其有效运行十分必要。交易场所可以通过以下方式实施监控:

①对波动控制机制进行定期评估。

②确保波动控制机制适应市场变化。

③根据授权调整波动控制机制。

一些交易场所对波动控制机制进行定期评估(如季度评估、半年度评估、年度评估等),但也有交易所没有设定明确的评估时间,但对波动控制机制进行持续或者专门的评估(如根据市场参与者的需要等)。

评估所依据的信息通常包括按照现行阈值拒绝订单的数量、前期取消交易申请、触发实践的数量和性质、市场参与者的反馈、其他市场的针对同样产品的做法等。诸如公司行为、流动性变化等针对金融产品的信息也被作为评估的因素。

有些交易场所设置了较宽的价格带或阈值来解决所有潜在的极端波动情况。在此情况下，一般不会针对特定的异常波动事件暂停或者调整波动控制机制，价格幅度或标准将一直得到适用。这些国家或地区相信，通过提供有关如何处理订单的确定性，一致且可靠的方法可在波动性事件期间增加投资者对市场的参与。

有些交易场所设置了更窄的价格幅度或者标准，但有权根据规则临时调整或者暂停波动控制机制。是否对波动控制机制进行调整要基于现实因素进行个案判断，考虑自动触发阈值是否能够维护市场的完整和交易的秩序。[27] 举例来说，所涉及的因素包括在暂停交易一段时间后重新恢复交易、地缘政治因素等。[28]

不管采取何种路径，国际证监会组织相信，定期评估波动控制机制十分必要，应对包括适用的阈值（如果法律授权或根据交易场所的规则手册）在内的机制进行定期调整，确保控制机制能够有效发挥作用，并且不对正常的价格发现过程进行干扰。

> **建议三：波动控制机制的监控。**
>
> 交易场所应当定期监控波动控制机制，确保其能够有效发挥作用，并确认在目前的环境中是否需要对控制机制进行调整。

四、波动控制机制的监管以及向监管机构提供信息

在二级市场委员会成员国内，对波动控制机制的监管主要有三种方法。

一是一些国家或地区的监管机构强制规定交易场所必须公平、有序运作，[29] 但并不特别要求交易场所采用波动控制机制。为履行其维护

---

〔27〕 例如，在加拿大，IIROC 可能会在通知中临时扩大特定证券的价格阈值，以应对波动幅度可能被视为“正常”交易活动的特殊事件。

〔28〕 2016 年 11 月 8 日，在美国总统大选之前，IIROC 扩大了适用于其单股熔断计划的价格门槛，以适应潜在的波动性增加（IIROC 公告 16－0256－2016 年 11 月 8 日）。

〔29〕 确切的语言因司法辖区而异。

市场公平有序运行的义务,这些交易场所实际上也在不同程度上建立了极端波动控制的规则或机制。[30] 因此,交易场所可能在其规则中设置相关规定,例如触发的阈值,交易暂停的持续时间或暂停后确定开盘价的方式。[31]

二是一些交易场所被特别要求使用波动控制机制,但在决定使用何种方法时具有自由裁量权,以决定使这些机制运作的方法[32]的具体程度。例如,在欧盟,MiFID II 制度包含详细的条款和指导方针,[33] 而其他国家或地区则为交易场所提供了更大的灵活性,以确定适当的波动控制机制。[34]

三是一些监管机构对波动控制机制采取更直接的规定,并就这些机制如何运作提出了详细要求。[35] 例如,加拿大投资行业监管机构(IIROC)规则规定了交易场所可能发生成交的价格阈值以及其他波动控制措施,如突破价格阀值造成的交易暂停的期限。澳大利亚证券和投资委员会(ASIC)同样提供了"极端交易区间阈值",并设定了波动暂停的持续时间。

关于实施波动控制机制的这三种方法,在一些成员国中,监管机构有直接的法定权力来设定具体机制和阈值。[36] 在其他情况下,交易场所在某种方式的监管要求之下设定价格阈值(例如,要求将价格阈值通知监管机构,与监管机构协商或在监管机构监督下设定价格阈值,或经过监管机构的直接批准)。[37] 在大多数国家或地区,交易场所经过监管机构的批准设置阀值。[38]

监管机构通常要求交易场所保存账簿和记录。交易场所通常保存其

---

[30] 见附录 A。

[31] 见附录 A。

[32] 见附录 A。

[33] 见附录 A。

[34] 例如,日本金融服务局允许交易场所设计其波动控制机制,然后由监管部门批准。

[35] 这些司法辖区包括加拿大、澳大利亚、俄罗斯和印度。

[36] 见附录 A。

[37] 见附录 A。

[38] 这些辖区包括澳大利亚、巴西、加拿大、中国、迪拜、中国香港地区、日本(包括 METI 和 JFSA)、韩国、马来西亚、墨西哥、沙特阿拉伯和美国(CFTC 和 SEC)。

规则、政策和程序以及与操作、触发和监控异常波动控制机制相关的记录。国际证监会组织认为,从治理和监管的角度来看,保持相关记录以促进有关监管机构和交易场所对这些机制的有效监督、使用和管理非常重要。

建议四:监管当局监测波动控制机制框架所需的资料。

监管机构应该考虑他们需要哪些信息来有效监督其管辖范围内的波动控制机制整体框架,并确保交易场所保持相关记录。

几乎所有的监管机构都可以获得关于波动控制机制的具体触发信息,并且可以通过以下一种或多种方式获取这些信息:

1. 通过内部、第三方或公共信息渠道提供信息。许多监管机构通过内部、第三方或公共信息渠道实时获取有关触发波动控制机制的信息。[39]

2. 在某些情况下通过交易场所的直接通知。无论是与触发波动控制机制还是定期报告义务相关,其他监管机构可以通过受监管交易场所的交易报告收到信息。[40] 报告义务可以基于基础产品、异常波动情况,和/或交易场所的自由裁量、紧急行动。[41]

3. 应监管机构的要求。有些监管机构可能会在触发波动控制机制实时或事后要求交易场所和其他相关利益相关方(例如,发行人或法定自律监管机构)提供信息。[42]

为了确保监管机构能够履行监管其管辖范围内波动控制机制框架整体有效性的责任,国际证监会组织认为交易场所应向监管机构提供有关其使用异常波动控制机制的信息。

建议五:关于向监管机构报告启动波动控制机制的信息。

交易场所应根据监管机构的要求提供有关执行任何波动控制机制的信息。

[39] 见附录A。
[40] 见附录A。
[41] 见附录A。
[42] 见附录A。

五、向市场参与者和公众告知信息

国际证监会组织认为,应该让市场参与者以及在适当情况下让公众掌握有关特定交易场所的波动控制机制类型的信息,以及该机制如何会触发。

对于市场参与者而言,关于交易暂停的以下信息可能非常重要:

1. 如何触发交易暂停;
2. 交易暂停的类型;
3. 被触发的交易阶段;
4. 暂停的延期和暂停的结束。

虽然交易场所通常向监管当局报告特定的阈值并披露管理其异常波动控制机制的一般政策和安排,但触发波动控制机制的具体阈值可能不会公开披露。这可能有助于防止对波动控制机制的潜在滥用和博弈,如故意触发波动控制机制(如当市场朝着不利方向移动时故意触发股票停盘)。然而,即使在这种情况下,交易场所公开提供的有关波动控制机制的阈值以及如何对其进行调整的一般描述对于市场参与者来说也十分必要。

交易场所通常会向监管机构、市场参与者或整个市场提供关于波动控制机制的规则、政策和程序的信息。在大多数情况下,交易场所还会在触发波动控制机制时公布各种信息,如交易暂停类型、触发暂停的交易阶段、暂停的延期以及交易恢复。

关于波动率控制机制和阈值的信息:

大多数监管机构要求交易场所公开他们所使用的波动控制机制的信息,尽管这些要求的规定程度以及交易场所的裁量权并不完全相同。

根据具体的法律规定,许多监管机构特别要求交易场所公布波动控制机制的有关规则。[43] 其他监管机构则概括要求交易场所应确保市场有序、透明和公平。据此,交易场所应向市场公开重要信息,其中就包括

〔43〕 见附录A。

有关波动控制机制的信息。[44]

在实践中,相当数量的交易场所都规定了波动控制机制规则、政策和程序,并通常经过监管当局批准或审查。这些规则、政策和程序以及对它们的任何更改通常都可以在交易场所的网站上找到。

波动控制机制发生变化时,交易场所通常会在执行前或执行时通知市场参与者,以便交易场所成员可以熟悉这些机制的新特征或经过修改的特征。[45]

因此,在大多数情况下,交易场所使用的波动控制机制的一般设计都向监管机构和公众披露。然而,就具体的参考价格或使用的阈值而言,一些交易场所披露了具体阈值,[46]而其他交易场所则没有。[47]如上所述,一些交易场所不愿意披露对市场参与者或公众使用的具体阈值,以防止波动控制机制的可能滥用和博弈。

国际证监会组织认为,让市场参与者以及在特定情况下让公众充分了解交易场所使用的波动控制机制是非常重要的。此类信息披露使市场参与者能够理解波动控制机制的一般性质和操作,并对促进和维护公平、有序的市场很重要。

建议六:向市场参与者和公众告知异常波动控制机制的信息。

交易场所应向市场参与者—在适当情况下向社会公众—传达充足的信息,使其了解所使用的波动控制机制的性质和运作情况。

一些交易场所需要通知市场参与者和公众何时触发波动控制机制并提供具体的附加信息,例如,交易暂停的类型、触发的交易阶段以及暂

〔44〕 CNBV (Mexico), Capital Market Authority (Saudi Arabia), MAS (Singapore).

〔45〕 例如,Sibex(罗马尼亚)和Euronext(NE)(Sibex指出,它至少在生效24小时之前在其网页上发布更改)。

〔46〕 例如,加拿大多伦多证券交易所报告说,MWCB门槛机制和阈值限制已详细描述并公布在其网站上;然而,某些其他类型(未指定)的阈值限制未公开披露。美国的交易场所报告说,MWCB和LULD阈值已公开披露。

〔47〕 例如,中东的交易场所[Tadawul(沙特阿拉伯)]报告说,它只披露其波动性控制机制的波动限制;亚洲交易平台[CLTX(新加坡)]报告称,只有与管理波动性机制有关的政策才会公开披露;北美的一个交易场所[多伦多证券交易所(加拿大)]也报告说,触发VCM的具体阈值并未公开披露。

停的延期和结束。[48]

通知市场参与者何时触发波动控制机制的交易场所通常通过平台的消息传递系统或市场数据馈送的实时自动警报或消息来实现。[49] 交易场所倾向于告知参与者何时该机制被触发，以及何时恢复正常交易。如果个别参与者的订单由于波动控制机制而被拒绝，一些交易场所也会立即通知该参与者。[50]

交易场所可能向受影响的市场参与者和公众提供不同的信息。大多数交易场所表示，他们在引发波动控制机制时直接通知市场参与者，但许多交易场所表示他们也通知公众。有些交易所指出，他们只在发生全市场范围的异常波动控制机制时告知公众，其他类型的停牌则不一定，如某一只股票的熔断。[51] 一些交易场所报告说，他们只在整个市场范围内的熔断被触发时通知公众，同时信息会被立即发布在他们的网站上。[52] 其他交易场所回应称，他们在通知市场参与者（通常是自动的和实时的）之后的一段时间内通知公众。[53]

除了确定应该交流什么信息之外，还应该考虑使用的沟通渠道。这些可能包括公共（如网站或社交媒体）或私人渠道（如提供给市场参与者的数据）。

在异常波动事件中，国际证监会组织认为，市场参与者和公众（如果适当的话）应该有足够的关于触发波动控制机制的信息。具体来说，市

---

〔48〕 美国（SEC），根据 MiFID II 和 ESMA 指南的欧盟司法管辖区；SC（马来西亚）；FSC－FSS（韩国）。根据 ESMA 关于 MiFID II 交易暂停的最终指导方针，欧盟成员国管辖区内的交易场所将被要求立即通过常规手段公开交易暂停前和暂停后信息，交易暂停类型，它被触发的交易阶段，暂停的延长和结束。在美国，有关交易暂停的信息通过美国合并订单实时传达给公众。

〔49〕 例如，LSE（英国）、CME（美国）、BME（西班牙）。

〔50〕 例如，ISE（爱尔兰）、NXCL（加拿大）。

〔51〕 例如，加拿大的一个交易场所报告称，其网站上会发布信息通知公众发生全市场暂停，但会通知市场参与者“谁是直接从（交易场所）或通过第三方接通或接收信息”更广泛的事件，即但凡发生波动性竞价，单一股票停牌或全市场停市。

〔52〕 KRX（韩国）。

〔53〕 例如，南非的一个交易场所［4X（南非）］指出，当一个 VCM 被触发时，所有数据都会自动发布给该平台的授权用户，然后这些数据将在 15 分钟内提供给该场所的公共信息门户网站供任何人访问。

场参与者应该知道该事件,并有机会增加或减少流动性,在市场恢复时调整订单,这将有助于恢复市场正常状态。

> **建议七:在机制被触发时向市场参与者和公众公开信息。**
>
> 交易场所应向市场参与者和公众(如果适当的话)提供有关触发波动控制机制的信息。向市场参与者提供信息应当及时。

六、交易场所之间的沟通

当波动控制机制被触发时,交易场所之间的沟通非常重要。如果在同一国家或地区内的多个交易场所交易相同的工具,这种沟通尤其必要。[54] 然而,如果金融工具交易集中在单一交易场所,[55] 那么沟通就不太必要。如果相关工具在不同的交易场所进行交易,沟通也很重要。例如,大多数衍生工具与其基础金融工具在不同的交易场所分开交易。

许多国家或地区已经按照监管要求实施了各种沟通方式,或者在交易场所层面解决了这些问题。在研究各种方法时,值得注意的是:

1. 如果一个国家或地区有多个交易场所交易相同或相关的工具,交易场所之间的沟通要求和一套共同的规则或要求是有必要的。如果在一个交易场所停止某个金融工具交易,一些国家或地区将停止该金融工具的所有交易,[56] 而另一些国家或地区允许该金融工具在其他交易场所或柜台继续交易。[57]

---

〔54〕 在很多情况下,交易所的数量非常重要,例如在英国,其中包括超过 70 个 MTF 和 7 个提供各种执行选项的受监管市场。在美国,交易分散在许多高度自动化的交易中心,包括注册交易所,ATS 和经纪商。在加拿大,证券在多个注册交易所和 ATS 进行交易。

〔55〕 例如,在中国香港地区,所有证券都在一个交易场所进行交易,所有期货和期权合约都在一个交易场所进行交易。同样在韩国,韩国交易所(KRX)是唯一指定的交易场所。

〔56〕 这些辖区包括:美国—SEC、澳大利亚、马来西亚、墨西哥、加拿大。

〔57〕 这些司法辖区包括:美国—CFTC、MiFID 辖区、中国香港地区、韩国、日本—FSA、迪拜、俄罗斯。

2. 如果监管部门对波动控制机制设定了详细要求(如描述确定暂停交易的阈值的程序或确定暂停交易的持续时间),应考虑跨交易场所的一致性问题。[58]

3. 在对波动控制机制有更一般要求的国家或地区,交易场所通常需要在建立异常波动控制机制时进行合作,或者与交易相同或相关工具(包括相关衍生工具)的国外或国内交易场所签订信息共享协议、谅解备忘录或其他协议,以协调各自的波动控制机制。

即使在没有监管要求的情况下,一些交易场所也与其他交易相同或相关金融工具的外国场所建立了沟通。这种沟通可以通过正式的双边协议[59]或更加非正式地建立,例如交易场所可以在交易相同或相关金融工具的跨境场所制定相关联系人名单。世界交易所联合会等组织也能够通过其成员可以使用的联系名单来促进这种非正式交流。一些组织如 Intermarket Surveillance Group 等也可能是有用的论坛,以促进该机制操作的信息交流,以及讨论诸如通过操作特定算法触发波动控制机制的重复出现的模式等问题。沟通可能是被动的,如交易场所接收来自相关辖区的实时数据馈送;也可能是主动的,例如交易场所直接与其他交易场所沟通。

沟通需求和方法的主要考虑因素之一是波动事件是否会影响其他国家或地区的交易场所。[60] 此外,沟通的需要可能取决于波动事件的性质,例如,它是否涉及单一股票或是整个市场暂停。整个市场暂停,特别是如果在整个市场触发,可能会影响其他国家或地区的交易场所。另一个考虑因素是其他国家或地区的场所是否交易相同或相关的工具,例如期货或 ETF。此外,沟通的信息可能对其他场所分析自己的市场行为有用。

最后,共享历史信息(例如,触发波动控制机制的数据)可以有助于

---

〔58〕 例如,在澳大利亚、加拿大、俄罗斯、沙特阿拉伯、美国等地建立了更详细的要求。

〔59〕 例如,巴西和 CME 集团(芝加哥商品交易所)在衍生产品部门中持有一个名为交叉上市的协议,该协议要求一个交易所在交叉挂牌交易的情况下遇到市场暂停等情形立即与另一个交易所通信。正式知情交换应取决于所采用的程序,但这不是一项强制性义务。

〔60〕 参见介绍这些事件的例子。

分析可能导致异常波动的市场事件或特定交易活动。这些信息可以有助于评估异常波动控制机制的影响和有效性。

国际证监会组织认为,在交易场所进行的沟通可以成为有效应对异常波动事件或事后评估其有效性的重要组成部分,并应在适当时予以考虑。

建议八:交易场所之间的沟通。

如果相同或相关工具在同一辖区内的多个交易场所进行交易,交易场所应在引发异常波动控制机制时进行适当沟通。如果相同或相关的工具在不同的国家或地区进行交易并且触发波动控制机制,沟通可能是适当的。

七、结论

正如本报告所讨论,实施波动控制机制的重要性得到了全球交易场所和监管机构的认可。国际证监会组织认为,这些机制支持确保市场“公平、高效和透明”的目标。因此,国际证监会提出以下八条建议:

1. 交易场所应当设置恰当的波动控制机制,在交易时间建立和维持恰当的波动控制机制以管理市场波动,维护金融工具交易的有序进行。

2. 交易场所应当确保恰当确定波动控制机制的标准。为此,交易场所可以考虑以下几个方面因素:

(1)金融产品或者底层资产的性质,如证券、ETF、衍生品等;

(2)金融产品的交易情况或者流动性;

(3)金融产品或者底层资产的波动情况;

(4)相关金融产品或者市场已经建立的波动控制机制;

(5)金融产品的价格。

3. 交易场所应当定期评估波动控制机制,确保其能够有效发挥作用,并确认在目前的环境中是否需要对控制机制进行调整。

4. 监管机构应该考虑他们需要哪些信息来有效监督其管辖范围内的波动控制机制整体框架,并确保交易场所保持相关记录。

5. 交易场所应根据监管机构的要求提供有关执行任何波动控制机制的信息。

6. 交易场所应向市场参与者——并在适当情况下向公众——传达充足的信息，使其了解所使用的波动控制机制的性质和运作。

7. 交易场所应及时向市场参与者和公众（如果适当的话）提供有关触发波动控制机制的信息。

8. 如果相同或相关工具在同一辖区内的多个交易场所进行交易，交易场所应在引发波动控制机制时进行适当沟通。如果相同或相关的金融工具在不同的国家或地区进行交易并且触发机制，沟通可能是适当的。

（编辑：高佳敏）

附表 A

脚注 23	在评论中模拟并导致更改的重大事件示例	美国证券交易委员会针对闪崩采取了多项措施。例如,SEC 批准了限价上限和下限计划并更新了全市场熔断规则。此外,证监会批准修改明显错误的执行规则并删除存根引用。美国证券交易委员会监测和评估极端波动事件以及解决这些事件的机制。 • 2010 年 5 月的“闪崩”导致韩国证券交易所在 2014 年审查其熔断机制并引入新的动态波动干预机制,同时辅以 2015 年的静态阈值和 2016 年的追杀机制。 • 2016 年发生事件后,泛欧交易所已做出调整以收紧其静态阈值水平。 • 2016 年 6 月 24 日,由于英国脱欧导致大量单笔交易暂停,受监管市场(Bolsa de Madrid)的市场运营商将所有股票的静态范围扩大至 25%,并通知监管机构此次变更。西班牙也进行了几项研究,证明熔断解决波动的有效性。
脚注 29	管辖法域强制规定交易场所必须运作公平和有序的市场,但没有具体要求交易场所采用波动控制机制	中国香港地区、马来西亚、土耳其、墨西哥、美国、日本、迪拜、中国和沙特阿拉伯。例如,香港证券及期货条例(SFO)就其交易场地进行了高水平的监管规定,包括法定责任以确保公平,知情和有秩序的市场。交易场所需要确保与其业务和运营相关的风险得到审慎管理,然而,证券及期货条例并无规定特别要求交易所应用机制来管理市场波动。墨西哥的《安全市场法》要求其辖区内的交易场所发布内部监管规定,确保监督活动有序进行和正确的价格形成,并有确保市场完整性的机制。
脚注 30	交易场所在其规则中有规定的触发的阈值,交易暂停的持续时间或中断后确定开盘价的方式	例如,在美国,包括美国证券交易所和 FINRA 在内的美国自律组织(SROs)已经制定并实施了一项解决极端市场波动的国家市场体系计划(也被称为限价上限和下限计划或 LULD 计划)。LULD 计划包含具体的规定,例如,如何计算单个股票的参考价格和价格波段,如何宣布交易暂停,交易暂停的时长,向公众公布交易暂停的信息,以及交易暂停后如何恢复交易。

续表

脚注 31	特定法域的交易场所被特别要求使用波动控制机制,但在确定精确的方法时有裁量权	意大利、罗马尼亚、爱尔兰、荷兰、德国、西班牙、法国、英国(统称"MiFID 司法辖区")、南非、韩国和巴西。例如,南非的法律要求交易场所具有管理波动性和维持市场有序交易的机制,但并不具体规定交易场所必须使用的具体机制的程度,也不具体规定适用的金融工具的范围。MiFID II 要求交易场所能够在短期内在该市场或相关市场的金融工具出现重大价格变动时暂时停止或限制交易。
脚注 32	MiFID II 准则	MiFID II 准则要求交易场所根据考虑金融工具性质,流动性和波动性概况以及交易场地交易模式和规则的方法来校准其波动阈值。这些指导方针还要求交易场所建立系统以确保他们通知主管部门,以便当局能够协调全市范围内的反应行动,并确定是否适宜停止该金融工具在其他交易场所的交易。这些指导方针还规定,交易场所的熔断机制应使用静态和动态参考价格,除非交易场所能向其监管者证明只有静态或动态参考价格已经能充分测量波动率。这些新指南于 2018 年 1 月 3 日生效。
脚注 35	在少数几个成员国,监管机构有直接的法定权力来设定某些机制和阈值	这些管辖范围包括:澳大利亚[ASIC 在其市场完整性规则(MIR)中确定极端交易区间阈值,但在制定或修改 MIR 之前需要咨询]、加拿大(IIROC 在公众咨询过程之后为全市熔断,单股熔断以及市场门槛设定阀值)、印度(SEBI 规定了市场熔断的阈值)和俄罗斯(规定了熔断的详细要求)。然而,在这四个管辖区域中,监管机构是否对所有波动机制和阀值拥有唯一的权力:在澳大利亚,市场运营商可以在 ASIC 的通知和监督下设置异常订单阈值;在加拿大,经证券委员会批准,交易场所可能会设定比监管机构设定的限制更严格的阀值;在印度,交易场所和监管机构每周举行一次监督会议,讨论市场安全和诚信问题;而在俄罗斯,交易所可能会制定其他机制或设定更严格的限制和门槛,并获得监管部门的批准。
脚注 36	在某种监管下交易场所设置阀值的例子	司法辖区包括印度、MiFID II 辖区、南非和土耳其。在欧盟,MiFID II(从 2018 年 1 月开始)将要求场所以一致和可比较的方式向交易主管部门报告停止交易的阀值和阀值任何重大更改,主管部门应将其报告给 ESMA。ESMA 为相关国家主管部门和辖区内的交易场所建立了一个通用报告模板,以描述现有机制的细节。

续表

脚注 38	通过内部，公共或第三方信息渠道实时获取有关自动波动控制机制触发信息的监管机构	一些监管机构报告称，他们可以通过市场反馈数据实时获取相关信息[美国证券交易委员会(SEC)，证券委员会(SC)(马来西亚)，新加坡金融管理局(MAS)，期货事务监察委员会(证监会)(中国香港地区)和金融服务局(FSA)(日本)]。一个监管机构可以通过基于订阅的市场数据反馈从指定的合约市场获得一般交易数据(传统的期货交易所或 DCM)[美国商品期货交易委员会(CFTC)]。其他人报告说，他们可以通过市场数据反馈和/或内部市场监督工作[墨西哥国家银行和中国投资委员会(CNBV)(墨西哥)，ASIC(澳大利亚)和 IIROC(加拿大)]。
脚注 39	可以通过受监管交易场所的交易报告接收信息的监管机构，无论是与触发波动性控制机制还是依据定期报告义务进行的报告	CFTC 要求 DCM 和其他报告市场提交每日交易和支持数据报告，如果有要求，可能会包括有关使用特定波动控制机制的信息以及机制触发前后的相关交易数据。对于期货交易，ASIC 每天还会收到 T+1 的监控数据。MAS 还要求交易场所在指数熔断触发后的 14 天内提交报告，说明发生时采取的补救措施以及交易场所采取或打算采取的后续行动。
脚注 40		在欧盟，MiFID II 规定，如果在该金融工具的流动性方面具有实质意义的交易场所停止交易，该交易场地应当具有必要的系统和程序，以确保其通知主管当局，以便他们协调全市范围内的反应，并确定是否适宜在交易金融工具的其他场所停止交易，直到在原始市场上恢复交易。因此，对于 MiFID II 交易场所，只要流动性重要的交易场所停止交易，就需要通知有关当局。(SC)(马来西亚)在指数熔断触发时施加通知要求。如果交易场所行使酌情决定权停止交易，迪拜金融服务管理局(DFSA)和 MAS 等其他部门会强制要求通知。其他如 CFTC 要求 DCM 通知是否采取紧急措施，其中可能包括暂停或缩减合同中的所有交易。

续表

脚注 41	监管当局要求交易场地和其他相关利益相关方(如发行人或 SROs)在波动控制机制被触发时提供信息,无论是实时还是事后	例如,美国证券交易委员会报告说,在全市场范围的事件中,它与 SROs 保持沟通,并根据具体情况在波动事件后要求相关 SRO 提供更多信息。例如,金融服务委员会(FSC)和金融监督服务机构(FSS,以及 FSC - FSS)(韩国)和南非金融服务局(FSB)各自也都指出,经要求,他们可以从所有受监管的交易场所获取有关触发波动暂停的信息。金融管理局报告说,它希望尽快得到通知,而且通常采取电话更新的形式,以便金融管理局尽可能接近实时信息。Autoritédesmarchésfinanciers(AMF)(法国)指出,在特定情况下,交易场所已经形成一定的程序与监管机构沟通,例如,在蓝筹证券发生较大价格波动或其他流动证券发生其他非典型情况时。在这种情况下,交易场所通过电话联系 AMF,然后通过电子邮件通知监管机构何时触发机制。AMF 也可能联系相关金融工具的发行人,以验证导致波动控制机制触发的信息。
脚注 42	监管机构根据特定法律特别要求公布交易场所关于波动性控制机制的规则	在美国股票市场上,波动控制机制("限价上限和下限计划"和 MWCB 规则)及其任何修正案,均在 SRO 网站上发布,并且任何修订均会通知公众并受到其评论,最后经证券交易委员会批准。此外,与交易暂停有关的规则在 SROs 的网站上公布,任何修改都将通知公众并受到其评论。AMF 魁北克,IIROC 和 OSC 同样报告称,首先公布关于波动控制机制的详细信息以征询公众意见,随后作为 IIROC 网站的最终指南发布。IIROC 指南还规定,每个交易场所必须公开详细说明其用于实施市场阈值的机制,其中包括触发市场阈值的订单将如何由该交易场所处理的具体示例。ASIC 还提出了相对较为详细的要求:相关要求在 ASIC 网站上公布,交易场所必须在其个人网站上公布其操作规则,政策和程序。进一步要求交易场所在其采用之前公开提供异常订单阈值的信息,包括每次阈值更改时都要公开,并且必须具有透明的取消策略。根据 CFTC 基于原则的框架,DCM 根据要求公开提供关于"执行交易的规则,规定和机制[……]以及描述合同市场的电子匹配平台或交易执行设施的运作",以及 DCM 必须"确保当局,市场参与者和公众获取所有与[……]交易和产品规则有关的重要信息或其他更改之前由 DCM 披露的信息"。

附录 B

收到的意见摘要
交易场所异常波动管理和交易秩序维护机制

意见来自：

- 贝莱德(BR)
- 芝加哥期权交易所(CBOE)
- 芝加哥商品交易所(CME)
- 德意志交易所集团(DB)
- 泛欧交易所(EU)
- 美国期货业协会(FIA)
- 丹麦金融监管局(DFSA)
- 美国洲际交易所(ICE)
- 纳斯达克(Nasdaq)
- 英国 NEX 交易所集团(NEX)
- 世界交易所联合会(WFE)

	收到的意见摘要	**国际证监会组织对意见的回复**
建议 1:交易场所应当设置恰当的波动控制机制 **交易场所应当在交易时间建立和维持恰当的波动控制机制以管理市场波动,维护金融工具交易的有序进行。**	(BR)单一的安全控制和市场范围的控制应该相互补充。	报告指出,波动控制机制应该只是整体市场弹性框架的一个组成部分。建议 1 涉及“恰当的”波动控制。
	(BR)交易停止后恢复交易需要考虑波动控制触发因素的计算。只有当失衡得到缓解且市场价格代表均衡水平时,才能恢复交易。	我们同意,在触发波动控制机制导致交易停止后如何恢复交易是一个重要的考虑因素。我们在报告中添加了语言以阐明。

续表

	收到的意见摘要	国际证监会组织对意见的回复
	(FIA)不认为衍生品价格发现应与通过使用理论或公允价值计算的基础工具挂钩。在衍生品可以24小时交易的情况下,脱钩是一个重要的考虑因素。	该报告仅将衍生品价格与基础产品价格的关联作为一个例子。我们同意这可能不适用于所有司法辖区或交易场所。
	(FIA)认为控制应该是自动化的,但交易场所仍然可以在恰当时人工干预。	报告的重点是自动波动控制,但承认在某些情况下人工干预可能是恰当的。
	(FIA)不应该采用"一刀切"的方法来确定波动机制的标准。	该报告承认,很少有司法辖区采用"一刀切"的方法,鉴于不同类型的市场结构和模型,我们对此普遍认同。此外,建议3建议交易场所应定期监测波动控制机制,以确保它们继续按预期工作。这将支持交易场所发展和实施最佳实践,以实现预期的结果。
	(DFSA)不应孤立地看待控制机制,还应考虑其他可用工具。	报告指出,波动控制机制应该只是整体市场弹性框架的一个组成部分。建议1涉及"恰当的"波动控制。我们认为该建议支持此意见。
	(ICE)强烈建议交易场所有足够的灵活性来设计其波动控制机制。	建议1并不排除交易场所在设计其波动控制机制时具有恰当的灵活性。
	(NEX)债券市场的波动控制将扭曲市场效率,削弱流动性,扰乱参考利率,并可能放大波动或市场压力。	报告的覆盖范围没有扩展到固定收益。我们在报告中阐明了这一点。

续表

	收到的意见摘要	国际证监会组织对意见的回复
	(WFE)认为在经过仔细分析干预措施的成本和效益后,机制才能最有效,并应根据目标定期审查效率。交易场所应保留实施波动控制的自由裁量权。	成本、效益、效果和效率,是设计、校准和持续监测波动控制机制的考虑因素。建议1、2和3支持此意见。
建议2　波动控制机制的标准 交易场所应当确保恰当确定波动控制机制的标准。为此,交易场所可考虑以下非穷尽的要素清单: (a)金融产品或底层资产的性质,例如证券、ETF或衍生品。 (b)金融产品的流动性或交易概况。 (c)金融产品或底层资产的波动概况。 (d)相关金融产品或者市场已经建立的波动控制机制。 (e)金融产品的价格。	(CME)虽然波动控制应该减轻异常波动的影响,但其目的不应是防止波动,因为这会破坏市场效率。	报告确认,必须恰当的确定阈值标准,以确保仅在必要时应用这些机制,并且在金融工具正常波动期间不会干预。
	(DFSA)建议阐明应如何确定波动控制机制标准的示例或指导(例如最佳实践的示例)。	由于波动控制机制在不同市场结构和模型中广泛应用,对特定方法的说明性指导是不合适的。该文件阐述了高层次的目标和原则。
建议3　波动控制机制的监控 交易场所应当定期监控波动控制机制,确保其能够有效发挥作用,并确认在目前的环境中是否需要对控制机制进行调整。	(FIA)不认为应该根据时间表要求进行评估,应由交易场所与市场参与者及监管机构协商确定。	建议3没有具体规定具体时间表,而是应定期评估波动控制机制。

续表

	收到的意见摘要	国际证监会组织对意见的回复
建议4　监管当局监测波动控制机制框架所需的资料 监管机构应该考虑他们需要哪些信息来有效监督其管辖范围内的波动控制机制整体框架，并确保交易场所保持相关记录。	（FIA）认为交易场所应该继续发展并通过思想领导实施最佳实践。不认为“一刀切”的方法是合适的。	该报告承认，很少有司法辖区采用“一刀切”的方法。这将支持交易场所发展和实施最佳实践，以实现预期的结果。
建议5　关于向监管机构报告启动波动控制机制的信息 交易场所应根据监管机构的要求提供有关执行任何波动控制机制的信息。		
建议6　向市场参与者和公众告知异常波动控制机制的信息 交易场所应向市场参与者，在适当情况下向公众传达充足的信息，使其了解所使用的波动控制机制的性质和运作情况。	（CME）市场基础设施应共享准确的信息，避免传达可能造成混淆的误导性信息。	我们认可交易场所所共享的信息必须是准确和有意义的。
	（DSFA）为避免滥用，建议对特定阈值不进行披露。	这种滥用是指潜在的故意触发波动控制机制来停止交易。我们在报告中增加了一个例子。
建议7　在波动控制机制被触发时向市场参与者和公众公开信息 交易场所应向市场参与者和公众（如果恰当的话）提供有关触发波动控制机制的信息，这些信息应当及时提供。	（FIA）虽然通过非公开渠道传达市场情况是恰当的，但通过公共网站和社会媒体提供信息也是重要的。	建议7提及提供恰当的信息，但并未建议提供渠道。我们在报告中增加了一些措辞，以包括考虑恰当的提供渠道。
	（WFE）公开传达关于触发波动控制机制的信息时，应避免无意中助长周期性行为。	当交易场所确定就其市场结构和模式而言如何传达是恰当的时候，这将是一个考虑因素。

续表

	收到的意见摘要	国际证监会组织对意见的回复
建议8　交易场所之间的沟通 如果相同或相关工具在同一辖区内的多个交易场所进行交易,交易场所应在引发异常波动控制机制时进行适当沟通。如果相同或相关的工具在不同的国家或地区进行交易并且触发波动控制机制,沟通可能是适当的。	(BR)如果同一工具的交易在多个场所进行,则其机制应统一并充分公开,以便一致处理。	这可能是恰当的,取决于管辖权和市场结构。交易场所和监管机构可考虑在设计波动控制机制时进行协调。不过,在某些情况下,波动事件可能是局部性的,直接协调可能会干扰另一交易地点的正常交易。
	(DB)不同意这一建议。争论基于成本与收益的对比,认为局部流动性失衡不会对其他交易场所产生影响。	建议8仅建议交易场所应酌情考虑进行沟通。沟通的程度可能因管辖权及市场结构和模式的差异而有所不同。
	(FIA)触发因素在一个市场或管辖内可能是恰当的,而无需停止在另一个市场或管辖内的价格发现进程。	建议8并未建议将波动控制机制直接联系起来,而是在触发波动控制机制时进行恰当的沟通。
	(DFSA)提出在涉及多个管辖的情况下,就监管框架提出建议。	报告的目的是要在国际证监会的所有管辖范围内广泛适用。实际的设置和设计考虑因素因管辖范围而异,要求在适用于不同的市场结构和模式时具有灵活性。
	(WFE)沟通应该根据市场经营者的判断,而不是过于机械的规则。	该建议并不意味着过于机械的规则,而是指一种恰当的沟通程度。
	(WFE)虽然对双重上市证券和关联证券进行协调可能是恰当的,但这一需要应视情况而定。	该建议提出,交易场所决定何种沟通是恰当的。在确定恰当的联系程度时,可能要考虑不同的情况。

续表

	收到的意见摘要	国际证监会组织对意见的回复
其他意见	(CBOE)支持这些建议。	我们知晓这一意见。
	(CME)支持基于原则的方式,交易场所应具有管理波动控制的灵活性。	我们知晓这一意见。
	(EU)基本上遵守拟定的建议。	我们知晓这一意见。
	(Nasdaq)支持这些建议。	我们知晓这一意见。
	(WFE)基本支持这些建议。	我们知晓这一意见。

征稿启事

《证券法苑》是上海证券交易所主办、面向国内外公开连续出版的法学学术著作，并已被中国社会科学评价中心收录为中文社会科学引文索引数据库（CSSCI）2017～2018年来源出版物。《证券法苑》致力于繁荣资本市场法治研究，弘扬资本市场法治理念，推动资本市场法治建设，促进资本市场健康稳定发展。

《证券法苑》坚持学术性与实践性并重、现实性和前瞻性兼顾，紧紧围绕我国资本市场的改革发展，密切关注资本市场法治动态，集中研究资本市场立法、监管执法和司法等法治活动，深入剖析资本市场法律制度和法律关系，积极探讨资本市场法治建设中的重点、难点、热点问题。

《证券法苑》设置"理论前沿""专题研究""名家论坛""热点追踪""制度研究""市场监管""域外法制""法学随笔""案例评析"等栏目，每卷根据实际情况略有不同。

2017年起，《证券法苑》计划每季度出版一卷、全年出版四卷。现就征稿相关事项说明如下：

一、征稿范围

《证券法苑》选题范围包括：证券法、公司法、金融法等的法理研究，资本市场法治发展动态研究，资本市场监管的法律研究，资本市场创新的法律研究，资本市场典型法律案例研究，境外资本市场法律制度研究等。

参考选题如下（可不受此限）：

1.《证券法》修订：我国《证券法》修订的重大理论问题研究，《证券法》具体制度修改的实证研究，证券衍生品种、债券、理财产品（资产管理）、场外市场监管制度的完善，资本市场法律体系的构建与完善，境外资本市场立法动态及其对我国《证券法》修改的借鉴意义。

2. 证券发行制度改革：各国（地区）证券发行制度比较研究，私募发行的法律规制，我国推进证券发行注册制的法律路径与制度架构，证券保荐与承销制度的完善,中介机构的义务与责任。

3. 证券交易制度:多层次市场上市、交易、登记结算、转板制度的构建,错误交易撤销制度,交易技术发展(ATS、ECN、程序化交易、高频交易、暗池交易等)对传统证券交易制度的挑战与监管对策,自律组织业务规则法律效力比较研究。

4. 公司治理与信息披露制度:我国公司治理的难点与对策,新经济背景下的公司治理问题研究,信息披露的简明化原则,自愿性信息披露制度。

5. 资本市场监管转型:近年来,境外资本市场监管体系与制度的发展变化,我国证券执法机制的完善,监管转型背景下自律监管的角色定位,我国金融监管协调机制的完善,资本市场监管转型的配套制度建设。

6. 投资者保护:网络环境下的投资者保护,投资者适当性制度研究,新型证券违法行为研究,证券市场侵权民事责任与民事诉讼制度的完善,投资者保护基金制度的完善,平准基金制度的构建,证券市场多元化纠纷解决机制的完善。

7. 资本市场对外开放:跨境证券发行与交易的监管,证券法律冲突与法律适用,跨境监管协作机制的构建。

8. 资本市场创新法律制度:私募基金的法律规制,优先股的制度设计,减记债的制度设计,个股期权法律制度比较研究,市场创新对现有法律制度的冲击与立法完善。

9. 公司法律制度:我国《公司法》修订的思路与建议,非上市公众公司监管制度,资本市场创新与公司法的完善。

10. 金融法律制度:金融业综合经营的法律问题,金融统合监管立法,全球金融监管法律制度的发展演变与最新动态,互联网金融的监管对策,金融消费者保护。

二、截稿时间

每卷截稿时间为每季度第二个月的 15 日(2 月 15 日、5 月 15 日、8 月 15 日、11 月 15 日)前。

三、投稿要求

1. 论文应当立论科学、论据充足、论证严密、层次清晰、语言流畅,尤其欢迎贴近市场脉搏、具有学术深度和实践应用价值的文章。稿件篇幅以一万字左右为宜，特别优秀稿件不受此限。

2. 投稿请发送至以下电子邮箱：zqfy@ sse. com. cn（建议投稿后电话确认）。所有投稿应符合国家著作权规定、公认学术规范和本书"编辑体例"要求（详见上交所官方网站 http://www. sse. com. cn/"关于"栏目或《证券法苑》图书）。

3. 本书实行匿名审稿制度，作者投稿时请一律将作者简介（姓名、出生年月、工作单位、学位、职称、研究成果等）、通讯方式（地址、邮编、电话、电子信箱等）以及本文是否为何种课题成果等内容，另页单独注明，正文中不要出现任何个人信息。

4.《证券法苑》保留对来稿进行文字性和技术性修改的权利。《证券法苑》所载文章，均不代表上海证券交易所观点，文责由作者自负。除作者特别说明外，其文章均为其个人观点，与其所在单位、职务无关。

5. 向《证券法苑》投稿即视为授权本书将稿件纳入"中国学术期刊网络出版总库"及 CNKI 系列数据库、"北大法宝"（北大法律信息网）期刊数据库、万方数据库以及本书确定的其他学术资源数据库，本书支付给作者的稿酬已包含上述数据库著作权使用费。如有异议，请在来稿时注明，本书将做适当处理。

6. 联系人：

武俊桥　电话：021 － 68805400；

姜沅伯　电话：021 － 68808775。

编 辑 体 例

一、标题：宋体小三号字，居中。如有关于本篇文章的说明，注脚注，用上标(＊)。

二、作者：宋体小四号字，居中，并用上标星号(＊)作为介绍作者脚注的标志，在脚注中注明作者姓名、工作单位、职务、职称(为便于联系，另请作者向《证券法苑》编辑部提供通信地址、邮政编码、固定及移动电话、电子邮箱，编辑部对此予以保密)。如有两名作者，第二名作者用两枚上标星号(＊＊)，依此类推。

三、中文摘要、关键词：楷体 GB2312 小四号字，摘要 200 字以内、关键词 3～5 个。

四、英文标题、摘要、关键词：Times New Roman 字体，标题小三号字居中，摘要与关键词小四号字。

五、正文：宋体小四号字，首行缩进，行距 18 磅。区分标题和要点，标题层级依次为"一、……""(一)……""1. ……""(1)……"，要点层级依次为"1. ……""(1)……""①……"，一段之内的要点列举使用"(1)……"一级标题采用四号宋体加粗；二级标题采用黑体小四号字不加粗；三级标题宋体小四号字，不加粗。引用具体法律文件应加书名号，如《证券法》、《上市公司收购管理办法》。法条序号(第×条、第×款、第×项)、时间(世纪、年代、年月日等)、数量金额等用阿拉伯数字，但直接引用原文的从原文。

六、注释：采用脚注，全文连续注码，注码放标点之后，注码符号为"1、2、3、……"非引用原文者，注释前加"参见"；引用资料非原始出处者，注明"转引自"；数个注释引自同一资料者，可合并同注某。宋体小五号字。

注释示例如下：

1. 著作类

(独著作品)史尚宽：《民法总论》，中国政法大学出版社 2000 年版，第 19 页、第 22 页。

(合著作品)崔建远、韩世远:《债权保障法律制度研究》,清华大学出版社 2004 年版,第 10 页。

(多人合著作品)蔡守秋等:《可持续发展与环境资源法制建设》,中国法制出版社 2003 年版,第 214 ~ 216 页。

(编辑作品)张文显主编:《法理学》,法律出版社 2004 年版,第 65 ~ 67 页。

2. 论文类

(期刊)俞荣根、刘霜:《立法助理制度述论》,载《法学杂志》2007 年第 2 期。

(论文集)尹田:《论动产善意取得的理论基础及相关问题》,载梁慧星主编:《民商法论丛》(第 29 卷),法律出版社 2004 年版。

(学位论文)刘晓华:《私法上的信赖保护原则研究》,山东大学博士学位论文,2013 年。

3. 译作类

[英]亚当·斯密:《国富论》,唐日松等译,华夏出版社 2005 年版,第 224 页。

4. 报纸类

李希慧等:《"轻轻重重"应成为一项长期的刑事政策》,载《检察日报》2005 年 5 月 26 日。

5. 古籍类

《明太祖实录》卷二十六。

6. 辞书类

《牛津法律大辞典》,光明日报出版社 1988 年版,第 68 页。

7. 网络类

梁慧星:《关于中国物权法的起草》,载北大法律信息网:http://article. chinalawinfo. com/article/user/article _ display. asp? ArticleID = 29283,2009 年 8 月 8 日访问。

8. 外文类

从该文种注释惯例。英文注释体例如下:

著作类：

Harold U. Faulkner, *American Economic History*, New York, Harper & Brothers Publishers, 1960, pp. 23 – 25.

论文类：

Gavin Goh & Andreas R. Iiegler, *Retrospective Remedies in the WTO after Automotive Leather*, Journal of International Economic Law, Vol. 6, 2003.

网络类：

Impact Exchange, *Impact Exchange Board Listing Guide: A Board of the Stock Exchange of Mauritius*, available at https://iixglobal.com/wp-content/uploads/2017/04/Impact_Exchange_Listing_Guide-2017-1.pdf, accessed May 4th, 2017.

图书在版编目(CIP)数据

证券法苑. 第二十五卷 / 蒋锋, 卢文道主编. -- 北京 : 法律出版社, 2018
ISBN 978 - 7 - 5197 - 2790 - 1

Ⅰ. ①证… Ⅱ. ①蒋… ②卢… Ⅲ. ①证券法－中国－文集 Ⅳ. ①D922.287.4 - 53

中国版本图书馆 CIP 数据核字(2018)第 236633 号

证券法苑(第二十五卷)
ZHENGQUAN FAYUAN
(DI - ERSHIWU JUAN)

蒋 锋 卢文道 主编

责任编辑 彭 雨
装帧设计 贾丹丹

出版 法律出版社
总发行 中国法律图书有限公司
经销 新华书店
印刷 中煤(北京)印务有限公司
责任校对 杨锦华
责任印制 张建伟

编辑统筹 法律考试·职业教育出版分社
开本 710 毫米 × 1000 毫米 1/16
印张 35
字数 506 千
版本 2018 年 10 月第 1 版
印次 2018 年 10 月第 1 次印刷

法律出版社/北京市丰台区莲花池西里 7 号(100073)
网址/www.lawpress.com.cn
投稿邮箱/info@lawpress.com.cn
举报维权邮箱/jbwq@lawpress.com.cn
销售热线/010 - 83938336

中国法律图书有限公司/北京市丰台区莲花池西里 7 号(100073)
全国各地中法图分、子公司销售电话:
统一销售客服/400 - 660 - 6393
第一法律书店/010 - 83938334/8335
西安分公司/029 - 85330678
重庆分公司/023 - 67453036
上海分公司/021 - 62071639/1636
深圳分公司/0755 - 83072995

书号:ISBN 978 - 7 - 5197 - 2790 - 1
定价:89.00 元